On Engineering
Management

"十三五"国家重点图书出版规划项目
全国工程管理专业学位研究生教育指导委员会推荐教材

工程管理论

何继善　等◎著

以人为本

天人合一

协同创新

构建和谐

中国建筑工业出版社

图书在版编目（CIP）数据

工程管理论/何继善等著. — 北京：中国建筑工业
出版社，2017.4（2024.5重印）
ISBN 978-7-112-20518-9

Ⅰ．①工…　Ⅱ．①何…　Ⅲ．①工程管理—研究
Ⅳ.①F40

中国版本图书馆CIP数据核字(2017)第048199号

　　本书是中国工程院重点项目"工程管理理论体系研究"的重要成果。书中系统地阐述了工程管理的理论体系、核心价值观和学科视野；揭示了工程管理学科的哲学、决策、实施、文化、伦理等方面的丰富内涵；引用大量实例，详细介绍了工程管理的各种科学方法；指出了跟踪吸收最新科学成就和研究发展新思想、新理论、新方法的策略和重要性。全书逻辑严谨，脉络清晰，文字深入浅出，图文并茂，所论诸点，对学科发展和工程实践都大有裨益。本书可供工程管理领域学者开展科学研究时参阅，可作为工程管理研究生前沿课程的教材，也可以作为从事工程管理实践人员和学生提升管理思想认识、指导实践的参考书。

总　策　划：张兴野
责任编辑：赵晓菲　朱晓瑜
责任校对：焦　乐　李欣慰

"十三五"国家重点图书出版规划项目

工程管理论
何继善　等著
＊
中国建筑工业出版社出版、发行（北京海淀三里河路9号）
各地新华书店、建筑书店经销
北京锋尚制版有限公司制版
北京富诚彩色印刷有限公司印刷
＊
开本：787毫米×1092毫米　1/16　印张：32¼　字数：610千字
2017年5月第一版　2024年5月第三次印刷
定价：80.00元
ISBN 978 - 7 - 112 -20518 - 9
　　　　（30210）

序

...

工程技术

—— 建设现代化社会的科学知识体系

　　工程科学技术（Engineering），简称工程技术，是一门综合性应用科学。它是以现代自然科学、社会科学最新成就为基石，各门技术科学为支柱，继承人类祖传智慧和生存技巧，吸纳人类优秀文化艺术，而形成的指导工程建设的应用科学体系。顾名思义，工程管理是用系统工程的科学方法去论证、设计、建造和运行工程项目，是工程技术中起主导作用的组成部分。它的使命是为经济发展和社会进步服务，建立现代农业、工业、服务业、国防、科研等工程体系，提高社会生产力，增进民生福祉，治理和美化环境，实现全社会的可持续发展。

　　21世纪人类面临许多重大挑战。岁月如江河，世界在疾变。20世纪世界人口迅速增长，今已超过74亿，比前世纪初增加5倍，40年后将达到100亿。中国人口今为13.7亿，比辛亥革命时期增长了3倍，30年后达到近16亿才能停住。魏晋时代仅5000万人口，彼时的世外桃源和狂野竹林不会再有。要在今日这人口密集的庞大社会中实现全民生产、消费、生活现代化是工程技术界前所未有的艰巨任务。

　　现代社会是由大科学、大工程支撑的。衣食住行、生产消费、交通运输、医疗保健、文化教育都要靠大工程的支持，俾人人分享到现代化社会的恩惠。故水、粮、医、学、电、路、通信、环境等今称之为现代社会的生命线。"以人为本"是一切工程建设的最高原则。

大自然是生命之母。地球是人类的摇篮，太阳系中唯一能支持生命的行星，人类的唯一家园。我们每个细胞，每一滴血都是地球的产物。认识自然，尊重自然，在发展中呵护地球，保护和美化环境，古谓"天人合一"，是一切工程技术的神圣责任和道德底线。当然，大自然并非尽善尽美，原生环境并不都好。江河泛滥、火山地震、干旱缺水、资源短缺、淡水含毒，都威胁着人民的生存。人类不能放弃抗争和改造自然的武器，在科学允许和力所能及的范围内改善生态，美化环境，防减灾害，也是"天人合一"、互动为善的含义之一。隧洞大桥、高铁巨轮、高峡平湖、南水北调、找矿探宝、核能发电、拉燧成芯、超级计算等都是互动为善的范例。

各行各业的工程建设和顺利运行是决定工业化、现代化建设成败的关键。过去30年来，中国每年投入到工程建设的资金都占国内生产总值一半以上，这种状况还将持续数十年。工程管理的任务是调动千军万马，组织科学论证、工程设计、建造、运行和保证收益。紧密跟踪和大胆采用现代科学技术各领域的最新成就，保持各项工程的技术先进性和提高效益投资比例，不断提升工程管理的科学水平，是有幸从事工程管理工作者的重要责任。工程技术为人类生存发展而生，随社会和科学进步而前进。科学无绝伦，技术无止境，永无最好，永无至善。推动工程管理科技进步是各代科技工作者的责任，责任大，任务重。大战役出将帅，大工程出领军英才。

鉴于工程管理对现代化建设事业的重要性，中国工程院于2000年成立了工程管理学部，后相继出版《工程管理前沿》科刊，举办"工程管理论坛"，组织开展"工程管理理论体系研究"，以总结我国两弹一星、载人航天、高峡平湖、青藏铁路等重大工程管理的成功经验，发展工程管理的系统理论。有众多从事工程管理工作和理论研究的专家学者积极参与，取得了丰硕的成果。

现奉献给读者由何继善院士等著的《工程管理论》是上述系列研究工作的重要成果之一。书中系统阐述了工程管理的理论体系、核心理念和学科视野；揭示了工程管理学科的史征、哲学、决策、实施、文化、伦理等方面的丰富内涵；引用大量实例，较详细介绍了工程管理的各种科学方法；指出了跟踪吸收最新科学成就和研究发展新思想、新理论、新方法的策略和重要性。所论诸点，对学科发展和工程实践都大有裨益。论著逻辑严谨，脉络清晰，文字深入浅出，图文并茂，对内外方家都具可读性。何继善院士毕生从事科学研究和教育，博学古今，成就卓然。为师50多年，桃李天下，门下常以良师益友相称。读他的文字，见浏阳仁风名不虚传。

遵嘱留记认知数语，祝望《工程管理论》出版发行，奉献读者，与同侪共勉。

宋健

2016年11月22日

前　言

...

　　中华人民共和国成立以来，特别是改革开放以来，中国人民在这片古老的土地上，进行了人类有史以来规模最大的工程建设，极大地改变了国家的面貌，增强了国家的实力，提高了人民的生活水平，人们的衣食住行都产生了翻天覆地的变化，也为世界经济发展做出了巨大贡献。特别是近些年来，每年以超过45万亿人民币的基本建设投资投入到工程建设，中国成为了当代世界上工程建设规模最大、水平最高的国家。

　　中国的工程建设规模宏大，拥有世界上人数最多的工程管理大军。在工程管理岗位上现在大约有超过3000万高级工程师，有400多所大学和100多所独立学院招收工程管理的本科生、硕士和博士研究生，在校总人数超过21万人。大规模工程建设使中国工程管理理论和实践水平有了大幅度提高：从主要是调查、学习、引进发达国家工程管理的经验、模式和方法；到根据中国实际情况加以改变，进行集成创新；再到根据中国文化传统、法律、制度进行自主创新。从而形成了具有中国特色的工程管理理论和方法。

　　在这样的历史背景下，中国工程院工程管理学部审时度势，于2012年4月15日在杭州召开了学部全体院士参加的工程管理理论体系建设专题会议。在会上，时任学部主任的王基铭院士畅谈了工程管理理论体系建设的时代性、必要性和可行性，从而决定启动工程管理理论体系的研究，并表示将举全学部之力，坚决占领这一高地。经学部鼎力推荐，在2012年11月22日中国工程院答辩后，"工程管理理论体系研究"项目被列为中国工程院的重点项目。

学部全体院士积极参与了工程管理理论体系建设研究，该研究也得到了全国工程管理界的大力支持。四年来，先后召开了十余次研讨会。2013年6月22日，在北京召开了以工程管理理论体系建设为主题的第164场科技论坛，一批院士和知名工程管理专家、学者，就工程管理理论体系建设作了专门报告，在此基础上形成了进一步研究的群体，对研究工作的进展给予了很大推动。《工程管理论》的成书和出版十分得益于"中国工程管理论坛"。工程管理论坛十年来有4000多人次参加，参会论文达2500余篇。这些参会论文集工程管理的理论与实践之大成，给了本书以肥沃的土壤。另外，自2013年以后，每年举办的工程管理论坛都安排了工程管理理论体系建设的专题研讨会。可以说《工程管理论》是在工程管理学部的正确领导下、全体院士的热情参与中，由全国工程管理界的积极支持而取得的共同成果。

工程管理学部十分重视工程管理的基本理论研究。殷瑞钰院士最早提出并主持了工程哲学的研究，他在这一制高领域取得非常卓越的成就，已经出版的专著包括《工程哲学》、《工程演化论》，《工程方法论》也即将出版。与《工程管理论》相应的还有一本姊妹篇，即汪应洛院士主持的《工程管理概论》。《工程管理概论》着重于工程管理知识体系的论述，已经出版三年并取得了很好的反响。《工程管理论》着重于工程管理理论体系的梳理，因此，在上述几本专著中已经比较详细涉及的内容，在本书中就从简了。

本书主要有如下特点：

第一，以"以人为本，天人合一，协同创新，构建和谐"的工程管理核心价值观为红线贯穿全书。这十六个字，不是一句简单的口号，也不是为了要用它贯穿而贯穿。它是在调查、研究大量大型、超大型的工程管理实践的基础上，在与中华文化精髓相融合的过程中被总结提炼而来。它是几十年来中国广大工程管理工作者心血的结晶并有着非常丰富的内涵。在"工程管理理论体系建设"项目的研究过程中，从中国大型工程活动和管理素材里，我们越来越清晰地认识到，工程管理活动处处凝聚着"以人为本，天人合一，协同创新，构建和谐"的思想，无数成功的事实都自然地贯穿着该思想。研究得越深入、越明显、越清晰，越觉得工程决策、组织、创新等都是为了人，并且依靠人，都离不开以人为本的主线；无论是工程决策，还是工程环境也都离不开尊重自然、顺应自然、保护自然，即天人合一的思想；同时，许多大型工程都是史无前例的，会面对无数困难与从未遇见的问题，最后的解决办法都要基于协同创新；三峡等大型工程在打破了旧有的平衡之后，形成了新的、更高层次的平衡，从而与自然、与社会构建了新的和谐。可以说，当我们对工程管理的研究达到一定层次、到了哲学高度的时候，工程管理的核心价值观便会自然而然地显现出来。

第二，对于工程管理的理论和方法都尽力求本溯源，从中华文化的源头找到其出处。人的行为在很大程度上会受到文化影响，工程管理作为一种高层次行为，必然也会受到文化影响。也许有人会说自己没有直接读过四书、五经。其实不然。一个人从小受父母、家庭、老师和社会的影响，都会自然而然地、潜移默化地、以各种方式不断地接受中华传统文化理念和思想的熏陶。中华文化是每一个中国人共同的根。不可否认有些管理方法最初是从国外引进的，比如说"项目管理"的方法，但在中国具体运用该方法时，如果只是生搬硬套，效果一定不会很好；反之，如果把它与中国的文化、风俗、习惯、法律相结合，甚至相融合，形成在中国社会和文化条件下的项目管理的方法体系，它便有了新的生命力。那些由中国工程管理界自主创新的理论与方法，更加必然是与中华文化血肉相连，根叶与共。

第三，本书是作为工程管理理论体系建设的研究成果之一，主要希望从理论的角度阐述工程管理。然而理论源于实践，所有这些认识的成果，主要源自中国大型、超大型工程建设过程中所创立的相应工程管理理论与方法。这里需要指出的是，本书没有将工程案例实证研究单列一篇，而是将它们融入理论论述之中。由于三峡工程、青藏铁路、航空、航天、两弹一星、高速铁路以及市政建设工程等的内涵都十分丰富，因此同一个工程在各论中都有可能涉及，这不是重复，而是从不同的角度去认识和解读。例如在工程决策论一章中提到三峡工程是经过几十年的论证，最后在全国人民代表大会上以投票的方式通过的决策过程。在其他如工程管理本体论、工程价值论、工程环境论、工程创新论、工程人文论各章中，也从相应侧面引用了三峡工程成果进行论述。

第四，基于在研究过程中形成的认识，本书对若干术语进行了斟酌。例如：基于人类与自然的关系，本书提认识自然、尊重自然、保护自然、适（顺）应自然、利用自然，而不强调改造自然，更不提征服自然；基于与自然哲学中的提法一致，本书将工程活动中造的"物"称为"人工自然"；"周期"是指周而复始，重复出现的时间长度，而某一工程常常只是一次性，并不反复出现，因此，在研究工程的整个生命过程时，本书采用"全生命期"，不用"全生命周期"，等等。

第五，在研究中我们认识到要使理论有上升空间并得到升华就需要以哲学为指导并尽可能上升到哲学层次。然而，笔者都是哲学门外汉，在学习了相关哲学知识后，依然觉得哲学家的语言多半较深奥和晦涩。因此，本书尽量用工程师的语言而不是用哲学家的语言来表达相关的工程哲学思想，努力使相应的哲学思想以更加通俗的语言融汇在工程管理的理论体系和实践方法之中。当然，这只是我们的一种努力，未必真能如愿。

本书是在"工程管理理论体系建设"项目总报告的基础上升华成书的，全书由项目负责人何继善总体构思，集体研讨，分工撰稿，最后由何继善调整、修改、统一定稿。全书以十论构成工程管理的主体理论。哲学的最基本问题是本体论、认识论和方法论，因此前三章从这三方面切入。后七章是工程管理中的决策、组织、价值、创新、环境、人文和伦理七论。各论撰稿人如下，工程管理本体论：何继善；工程管理认识论：王孟钧、何继善；工程管理方法论：王青娥、徐长山、何继善；工程管理决策论：陈晓红；工程管理组织论：任宏；工程管理价值论：杨善林；工程管理创新论：丁烈云；工程管理环境论：张少雄；工程管理人文论：鲁贵卿；工程管理伦理论：王进。在起草、审稿、修改中还有徐选华、郑文范、王健、许启发、任雪萍、曾山金等教授参加。

虽然本书是许多人共同的研究成果，但限于笔者水平，并且是第一次成书，缺点与错误在所难免，敬请广大读者给予批评指正，以便修改完善，希望能成为中国工程管理界所喜欢的书之一。

何继善

2016年10月1日

目　录

...

第 1 章

工程管理本体论

工程本体论是科学、技术、工程"三元论"观点的理论核心和理论支点。工程本体论认为工程具有"本体"地位，工程不是科学或技术的衍生物或派生物。工程具有自主性而非从属性、附属性、依附性。工程有自身存在的根据（不是附庸），有自身的活动和发展规律，有自身的目标指向和价值追求[1-1]。在研究工程管理理论体系中，笔者认同科学、技术、工程三元论。

本章以科学、技术的论述为切入点，将工程定义为创造新的"人工自然"、运行这一"人工自然"，直到该"人工自然"退役的全过程的活动。注意到学者们对工程的阶段划分有不同意见，在工程定义的基础上，对工程的阶段划分进行了比较深入的讨论。工程是人类在认识和尊重自然的基础上，顺应自然、利用自然和保护自然[1-2]的活动，工程管理是工程活动的灵魂。

我们在工程管理研究中不止一次遇到这样的质疑：工程管理是科学吗？本章就此问题给予了肯定回答。本章以科学、技术、工程的认识为切入点，论述工程管理的定义，将工程管理的定义从一般认识上升到哲学高度加以概括。工程管理包含工程管理科学、工程管理技术与工程管理艺术三方面。工程管理科学是对工程管理客观规律形成认识的知识体系；工程管理技术是在工程管理过程中所应用的各类方法技术，例如协调技术、评估技术等；工程管理艺术是工程管理过程中对物和人的管理，管理者的管理艺术对管理效果有很重要的影响。

在工程管理科学、技术与艺术的认识基础上，从职能、过程、要素和哲学四个维度，对工程给出了全面的定义。根据科学管理和项目管理的历史事实，认定它们首先都是从工程管理发展起来的。

在调查、研究了大量大型、超大型工程管理实践而总结提炼出来的"以人为本，天人合一，协同创新，构建和谐"为工程管理的核心价值观，是工程管理的灵魂，也是本章论述的重点之一。

1.1　科学与技术

1.1.1　科学

1.1.1.1　科学的含义

根据《说文解字》，"科"字是会意字，由"禾"与"斗"构成，"禾"是谷类植物的统称，泛指庄稼；"斗"是量谷、量米的容器；故"科"字的含义是量度谷子的多少。因此，在中国古代，"科学"一词原来的含义是"测量的学问"[1-3]。但从唐朝到近代以前，"科学"是作为"科举之学"的略语，如宋朝的藏书家陈亮在《送叔祖主筠州高要簿序》中有："自科学之兴，世之为士者往往困于一日之程文，甚至于老死而或不遇。"其中的"科学"是指"科举之学"，没有现代意义上科学的含义。

中国传统将所有知识统称"学问"，宋朝苏轼在《登州谢上表》中有："而臣天资钝顽，学问寡浅。"中国古代将关于"自然物"的道理的学问称为"物理"，因此古代的物理就是现代的自然科学。到了明代，直至中日甲午战争以前，与现代科学相应的词是"格致"，是"格物致知"的缩语，"格物致知"意思是研究自然物所得的知识、学问。

英文"Science"的意思是"知识"、"学问"，到近代逐渐主要指关于自然的学问。"Science"于日本明治时代流入日本，西周将其译成"科学"。康有为在他出版的《日本书目志》中，列举了《科学入门》、《科学之原理》等，被认为是最早引入现代意义"科学"一词的中国人。辛亥革命以后，使用"科学"一词渐趋广泛，最后取代了"格致"。

在当代，"科学"是一个出现频率极高的名词，人们常常脱口而出。然而，当问及"科学是什么？"时，并不容易回答。许多人在想到科学时，很容易认为科学是崇高的，是无比正确的，是神圣不可侵犯的，甚至是神秘的，似乎科学应该已经有了一个简单而又明了的定义。许多学者的确为此作过努力，然而并不很成功。笔者无意在本书中花费太多的篇幅研讨有关科学的定义，而是在研究工程与工程管理中，需要涉及科学的概念，因而在此做个简单的梳理。

在众多文献中，笔者认同《现代汉语词典》对"科学"的解释：

科学是反映自然、社会、思维等的客观规律的分科知识体系[1-4]。

虽然这个定义显得有些概略，但它简单明了，而且从总体上指出了科学的本质特征：关于客观规律的分科知识体系。至于这个"体系"要符合哪些限定条件才算科学，对此深究有些复杂且这不是本书的目的。尽管没有加上严格的限定条件，在约定俗成的前提下人们并不难判断哪些知识体系属于科学。应该不会把某些很一般的常识"体系"，或者神学，或者算命，也认定为科学。

在《大英百科全书》中，"科学"条目指出：科学涉及对物质世界及其各种现象并需要无偏见的观察和系统的实验的所有各种智力活动。一般说来，科学涉及一种对知识的追求，包括追求各种普遍真理或各种基本规律的作用[1-5]。以上解释主要说明科学是一种智力活动，活动的目的是追求真理。而《现代汉语词典》则说明了科学本身是什么。

《大英百科全书》中"科学理论（Scientific Theory）"条目是这样叙述的："由人类的想象力构想出的广阔领域的系统性概念化结构，它包括关于物体和事件内在规律性的经验定律的体系；这些物体和事件既可以是观察到的，也可以是假定的；由这些定律所提出的结构并设计用科学的合乎理性的方法来解释这些事物。为了解释他所体验的事物，科学家采用：（1）仔细地观察或实验；（2）报告所发现的种种规律性；（3）系统地说明大纲（理论）。如果这些规则的陈述较精确，那么这一陈述可作为经验定律来表达所观察的事物或特征的联系关系，这样当经验定律由于在事物中揭示出一种条理性而满足了科学家的好奇心时，他就提出一个系统的纲要或科学理论，来提供一种'这些定律为什么会得到'的使人能接受的解释"[1-6]。

这说明科学理论是对事物所作的解释或假定，是人类对客观事物的一种认识。这与"科学是反映自然、社会、思维等的客观规律的分科知识体系"的说法一致。

笔者认为，上述《现代汉语词典》的定义还可进一步概括。从哲学的角度，科学可以表述为：

科学是关于世界的客观规律的分科知识体系。在这里，"世界"包括客观世界和主观世界，也就包括自然、社会和思维等等。

1.1.1.2　自然科学与社会科学

基于前面的讨论，可作如下延伸：

1．关于自然的客观规律的分科知识体系是自然科学

自然科学的任务在于发现自然现象的本质及其规律。其分科包括物理学、化学、生物学、天文学、地球科学，数学则是它们的工作语言。

西方的自然哲学，是指人类思考所面对的自然界而形成的哲学思想。它包括自然界和人的关系、天然自然和人工自然的关系、自然界的最基本规律等。广义的自然哲学，包含了自然科学。在古代，哲学与科学的分界并不十分明显，不仅自然科学包含自然哲学，而且两者通常并无区分。譬如牛顿最著名的著作就叫作《自然哲学的数学原理》。

2．关于社会的客观规律的分科知识体系是社会科学

或者说，社会科学是关于社会事物的本质及其规律的科学。自然科学通常是客观的，而社会科学是有不同立场的，持正确立场时，社会科学成果所反映的社会事物的本质及其规律也是客观的，反之，则不一定。广义的"社会科学"包括了人文科学，是社会科学和人文科学的统称。

1.1.1.3　科学理论是不断发展与完善的

科学是有关事物客观规律的知识体系，是人类对世界的认知。客观规律是客观存在的，是唯一的，而人类的认知却受时间和空间环境的影响，对客观规律的认识需要逐步深入。因而，科学理论处于不可穷尽的发展、变化当中。另外，在发展过程中，由于种种原因还有可能出现某些错误认识。大家熟知的道尔顿原子学说和爱因斯坦等关于量子力学的EPR悖论是说明科学发展的生动案例。

道尔顿是一位化学家，他分析化学实验的事实，在继承古希腊朴素原子论和牛顿微粒说的基础上，于1803年首次明确提出化学元素是由原子构成的[1-7]理论；同时认为，原子的质量是元素的基本特征之一，同一种元素的原子不但性质一样，而且质量都相同；不同元素的原子具有不同质量，不同元素发生化学反应的时候，彼此的原子均以简单的整数比相结合。道尔顿还提出用相对比较的办法，可以求得各种元素的原子量，并发表了第一张原子量表。他的上述理论为大量的实验结果所证实。然而，他在提出原子概念的同时，认为原子是不能够再分的最小粒子。

道尔顿的原子论不是假说，不是哲学理论，是建立在150年化学实验事实基础上，关于物质微观结构划时代的科学理论。虽然它包含着认为原子是不可能再分的错误，但并不能因此否定道尔顿的原子论是伟大的科学理论，它是在那个时代对物质的最先进的认识。

爱因斯坦对于量子力学理论的完备性一直存在质疑。1935年美国《物理评论》的第47期上，爱因斯坦（Einstein）与波多尔斯基（Podolsky）、罗森（Rosen）发表题为《物理实在的量子力学描述能否认为是完备的？》的论文。爱因斯坦承认量子力学的光辉硕果，但他不承认玻尔等人的互补原理。EPR是爱因斯坦、波多尔斯基、罗森这三位物理学家之姓的首字母。这篇论文被称为EPR悖论，是他们为论证量子力学的不完备性而提出的一个悖论。在同一年的第48期《物理评论》上，发表了另一篇题目相同的论文：《物理实在的量子力学描述能否认为是完备的？》，署名是玻尔。玻尔则对量子力学理论的完备性进行了辩护，认为微观体系和测量仪器二者构成了一个整体，这样一来，EPR关联性就可以在量子力学范围内得到合理的解释。争论一直持续进行，此后，量子力学基本上沿着玻尔等人的路线发展着，并且取得了重大成就。但是不能简单地认为爱因斯坦等人是失败者，是玻尔胜利了。正是爱因斯坦等人提出的EPR悖论，促使研究更深入，激发了量子力学的新理论，甚至是新学派的形成和发展。

爱因斯坦在他70岁时公开道歉的故事令人特别感动。爱因斯坦信守静态宇宙模型的概念。然而，美国学者弗里德曼等人的研究结果得出的是动态解，认为宇宙是处于均匀地膨胀或收缩着的状态，不是静态的。爱因斯坦仍然坚持他的静态宇宙观，还不断地批评和嘲笑弗里德曼等人的愚蠢。后来又有一些学者得出动态解，特别是美国天文学家哈勃的观测，发现星球在远离地球而去，这一重要发现也支持动态宇宙模型。爱因斯坦认识到自己是错了，但迟迟没有公开承认。在70岁生日的时候，他给报社写信，说在科学上自己做过很多错事，伤害过很多人，并郑重向弗里德曼等人道歉。

此外，爱因斯坦在晚年用了10年时间，寻求一种能包罗万有引力与电磁现象的统一场论，但并不成功。1950年他发表了新的统一场论的论文，但物理学家们都认为那是不能成立的。也说明科学探索是多么艰辛。

这些案例生动而充分地说明科学理论是不断发展的。

1.1.1.4 小结

通过上述有关科学的定义和案例，再强调如下：

（1）事物的运动规律是客观存在的，是唯一的。

（2）科学是有关事物客观规律的知识体系，是人类对世界的认知。而人类的认知受到时间和空间环境的影响，因而科学理论也是发展、变化的。科学活动的核心是"发现"客观规律，身处各种科学活动的科学家的职责是追求真理，发现人们还没有认知的世界。人类只能不断地发现，不断地接近真理，而不能穷尽真理。这种活动没有止境，没有终结，是一个永恒的过程。爱因斯坦与玻尔旷日持久的争论本身就是科学发展中杰出的典型案例。

（3）科学（科学理论）并不等于正确，或者说不一定完全正确。这并不奇怪，因为既然科学是关于世界的客观规律的知识体系，由于人的认知的局限性，其中就可能包含不正确的部分。由于人的知识有限性和环境的局限性，在构建知识体系的过程中常常从某一个角度，或某一个侧面去认知世界。因而科学理论常常是不完备的。

研究工程管理也是如此。笔者力图将工程管理本身规律的已有认知加以归纳和升华，构建工程管理的理论体系，然而，本书也仅仅是对工程管理科学阶段性的一定程度和一定广度的认知。

1.1.2　技术

1.1.2.1　技术的含义

技术是人类活动的一个专门领域，从人类早期起，"技术"与宇宙、自然和社会环境就已经是人类生活的四个环境因素之一，并且在很大程度上改变了几千年的社会面貌[1-8]。

技术（Technology）一词是由希腊文Techne（工艺，技能）与Logos（词，讲话）组合而成，意思是对造型艺术和应用技术进行论述。当它17世纪在英国首次出现时，仅指各种应用技艺。在19世纪，它被定义为实用艺术的统称。并且，当时"实用艺术"、"应用科学"和"工程"通常指今日所定义的技术。到20世纪，技术的含义逐渐扩大，涉及工具、机器及其使用方法和过程。第二次世界大战以后，技术被定义为"人类改变或控制客观环境的手段或活动"。技术科学则是包括传统的工程学科、农业学科以及关于空间、计算机和自动化等现代学科的一门科学。人类在制造工具的过程中产生了技术，而现代技术的最大特点是它与科学相结合[1-9]。技术本质上是"人类在与自然彼此相互作用时，用来扩展他们肌肉、感觉和智慧的一切手段与方法——在创造文化价值方面也起着重要的作用"[1-10]。

人类活动需求的推动使技术不断创新，技术创新必然推动科学研究，科学研究反过来又对技术创新产生影响，二者是相辅相成的。在古代，常常是上层人物掌握科学，而技术主要是由工匠、工人所掌握的，显得好像科学比技术高贵。随着经济和社会交换的发展，技术在社会生产和生活中所起的作用越来越显著，在现代社会有了它应有的地位和作用。

然而，在人们的印象当中，技术比科学低一等的印象仍然存在，常常认为技术是由于科学的产生和发展而产生和发展起来的，是科学的应用，甚至认为技术是科学的附属物。其实不然。在远古时代，在没有相应的科学理论的时候，人们从生产、生活的实践中间就发明了各种各样的技术，而不是由于应用科学理论才发明的。阿基米德（Archimedes）有一句名言："给我一个支点，我就能撬起整个地球！"现在公认是他论证了杠杆原理。然而，远在阿基米德出生之前，中国人和古埃及人就知道利用杠杆移动重物，但并没有杠杆的理论作为依据。事实上阿基米德就是受古埃及人使用杠杆的启发，而研究出杠杆原理的。因此技术并不简单是科学的产物，它们的发展都有各自的道路。当然，现代技术与科学结合得非常紧密，一方面在进行技术创新的时候，人们常常去研究相应的科学原理；另一方面，当代的重大的科学发现都需要技术的支撑。比如，微观世界或者宇宙宏观的科学发现，如果没有相应的显微技术和观察远距离的技术，这种科学发现是没有办法进行的。因此我们认为科学、技术与工程是三元的。

1.1.2.2　技术创新的"四性"特征

技术创新活动因创新性而引发出多样性、选择性和阶段性，即具有"四性"特征。

创新是技术活动的核心。创新包括发明与革新。发明是指研究出一种以前没有过的技术。革新则是基于原有技术的主体，对若干技术点进行改进。发明或者革新都是由于生活和生产活动中出现的需要促使而进行的，因此具有明显的功利目的。也有很少数的技术发明和革新是由于个人的兴趣、爱好或者好奇，并没有特定的功利目的。技术创新可以有多种途径，多种方式，因此为解决某一问题的技术可以有多种，即技术的多样性。在实际的生活和生产中，对解决某一问题的技术常常只需要一种，必须从多种技术中加以选择。选择的依据主要是基于经济性、方便性和社会的可接受程度，从而导致了选择性。任何一种技术都要随着时代的发展而不断地进步，技术创新活动是没有止境的，即只有更好，没有最好。这就是技术活动的阶段性。

简单的矿泉水瓶可以作为说明技术的创新性、多样性、持续性和阶段性例子。作为矿泉水的容器，除了现在广泛使用的塑料瓶，还可以使用玻璃瓶、金属瓶、陶瓷瓶等，这就是多样性。之所以现在普遍采用塑料瓶主要基于其轻巧、价廉、方便运输和使用方便等特点而选择的。但塑料瓶也有其弊端，如一旦储存矿泉水过久或者温度过高，相当数量的塑化剂就有可能进入矿泉水，从而对健康产生不利影响，因而使用塑料瓶是现阶段的一种折中选择。随着技术不断发展，发明一种集轻巧、价廉、耐用、卫生、健康于一体的新矿泉水容器也是极有可能的。

1.2　工程

1.2.1　工程的定义

从不同的视角看待工程会有不尽相同的认识。《大英百科全书》中对工程（Engineering）的解释是"应用科学知识使自然资源最佳地为人类服务的一种专门技术"。工程的设计者称工程师，"科学家的职责是如何认识，而工程师则是如何实现"[1-11]。还有一些文献也将工程看成是科学的应用。

事实上，从人类发展史来看，工程先于科学。人类在还没有相应的科学知识之前，就能够建筑房屋以遮风挡雨，修桥铺路以方便出行。虽然工程可以应用必要的科学原理，但不能将工程简单地定义为科学的应用。其实，工程最主要的特点是集成应用各种技术。美国国家工程院原院长比尔·沃夫（Bill Wulf）曾经这样说过："科学是关于'是什么'的学问，工程是关于'做什么'的学问"[1-12]。

从工程科学的角度，本书将工程定义如下：

工程是人类为了生存和发展，实现特定的目的，有效地利用资源，有组织地集成和创新技术，创造新的"人工自然"，运行这一"人工自然"，直到该"人工自然"退役的全过程的活动。一般来说，工程具有技术集成性和产业相关性。并且，创造新的"人工自然"与改变"自然物"的性状是相辅相成的。

工程是一种造福人类的实践活动，一种涉及科学技术的知识体系；工程师是一种创造尚未有过的世界的专门职业；工程文化是一种区别于科学文化和人文文化的最古老而又充满活力的"第三种文化"，即与人类物质生活密切相关的造物和做事的文化。

在1.1.1节中关于科学的定义，可以引申到工程科学：

关于工程的客观规律的分科知识体系是工程科学。

中国工程院与联合国教科文组织（UNESCO）、国际工程与技术科学院理事会（CAETS）曾经于2000年和2014年分别在上海和北京举办了两届国际工程科学与技术大会（International Conference on Engineering Science and Technology）。由此可见，在国际上，工程科学得到广泛认同。

工程作为一门独立的学科，它包含工程科学、工程技术与工程管理。

为了更好地理解工程的概念，需要作以下说明。

1.2.1.1 关于人工自然

工程是一种活动，是人类为了达到特定目标所进行的一种活动。在工程的建设阶段，工程活动最重要的特征是创造新的"人工自然"，即造物，或者改变"自然物"的性状，通过这种造物或改变事物性状的活动来达到特定的目标。

"天然自然"是指还没有受到人类实践活动影响的那部分自然。"人工自然"是指人类为了维持自身的生存和发展的需要，在利用自然的过程中，所创造的物和环境。

"人工自然"可分为两类：（1）人工自然物，是人利用天然自然物制造的人工存在物，如房屋、道路、桥梁隧道，又如各种金属和非金属材料，各种制成品，包括衣食住行所需物品，各式各样的机器和工具等;（2）人工自然界，也就是人工生态系统，例如大面积的人工种植的森林、牧场、城市生态系统等。人工自然物与人工自然界之间并没有严格的界线。特别是现代工程规模越来越大，本来的人工自然物也会起到人工自然界的作用。例如，三峡建成的水利枢纽工程是一个人工自然物，但它对在三峡坝区和库区的环境有着很大的影响，也就起到了人工自然界的作用。

人工自然是从天然自然中产生，并存在于天然自然之中，它必然受到天然自然演化规律的制约，并要接受天然自然规律的检验。

在我们的研究过程中，对于工程的产物曾经使用过不同的名称，如"人工存在""存在物""人造物""人工自然"等，这些名词都可以表达工程产物的含义。在本书中则统一使用"人工自然"，这是因为在自然哲学中主要用"人工自然"表达以上含义。自然哲学是现代自然科学的前身。自然哲学主要思考人所面对的自然界的哲学问题，包括自然界和人的关系、人工自然和天然自然的关系、自然界的最基本规律等。

1.2.1.2 **工程的生命期**

所有工程可以大体分三个时期，即建设时期、运行时期和退役时期（图1-1）。

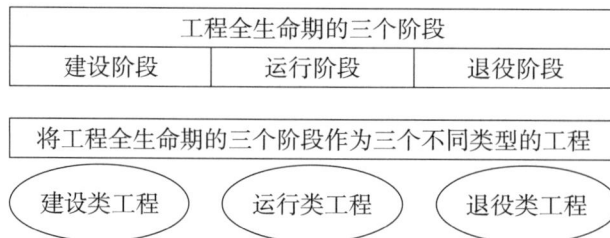

工程全生命期的三个阶段		
建设阶段	运行阶段	退役阶段

将工程全生命期的三个阶段作为三个不同类型的工程		
建设类工程	运行类工程	退役类工程

图 1-1　工程的全生命期

虽然从总体来说工程可以分为以上三个时期，但由于工程种类的多样性导致各工程存在很大差异性，例如三峡枢纽工程，在建设阶段，主要是建设大坝、发电系统和航运系统，当这些竣工之后，三峡枢纽工程的建设阶段就完成了。接下来的运行阶段非常重要，因为工程建设的目的就是为了运行。运行的好坏，是对建设阶段各项工作的评判。由于三峡的主要任务是防洪、发电与航运，所以在运行阶段，需要确保三项主要任务的顺利进行。当然，在运行过程中还有维护、修理，或者技术改造等工作，以保障和提升它的功能。事物总是有寿命的，若干年后，也许是一百年以后，三峡枢纽工程必然要进入最后阶段，也就是退役阶段，尽管距离三峡枢纽工程的退役还有很长的一段时间，但它一定会发生。随着工程产物的老化、退化，不能再继续发挥其原功能时，就必须正视它的退役阶段。

有的学者主张把工程阶段主要认定为建设阶段。那是因为建设阶段完成之后，便是运行阶段，这个阶段无论是工作人员，还是工作内容、管理方式都很不相同，到退役阶段更是另外一番景象。因此有学者认为：建设阶段、运行阶段、退役阶段都各自为一种工程。这种观点也有其道理。如建造航空母舰是一项大型工程。航空母舰建造完成之后便交付使用，它便成为海上的机场和战斗系统。航空母舰运行阶段与建造阶段呈现出完全不同的景象。到航空母舰必须退役的时候，它可以驶回某地进行退役处理。退役工程也可采用不同方式，既可以将其拆卸，回收有用物质，也就是说经过退役阶段，这个航空母舰就消失了；也可以把它停泊在某地，作为观光点进行再利用。这时，它已经没有了军事战斗的任务，而是作为民用的观光点发挥其价值和作用。又比如采矿工程，矿体采完之后，对它进行复垦便是一种退役方式。然而很多矿山在风景优美的地方，人们就把它改造成旅游点，这也是一种退役方式。再如中国的两弹一星工程，两弹包括原子弹和氢弹，把原子弹和氢弹制造出来是一项大型工程。制造出来之后，其运行主要体现在保管、维护和引爆方面。一旦引爆，就不像其他的工程体需要拆卸或者销毁，因为引爆本身就是销毁。像载人航天工程，从建造载人航天器——飞船，到将其成功地发射升空，这是它的建设期；发射升空之后，在空中的运行到回收，是其运行期。回收之后的航天器可以作为进一步改进的研究样品，或者供大家参观，这是它的退役期。再如，人工造雨的工程，发射相应的冰物质，使空中的水凝结降雨，凝结降雨乃是其运行阶段，运行阶段时间很短。

新中国成立以来，特别是在改革开放以来的30多年里，中国建设了大量工程。社会和建设者主要都是聚焦在如何建设好这些工程。我们的工程管理理论和实践，也都主要集中在工程的建设阶段。完成建设的工程都在运行，因此在运行方面我们也有了很多实践。有些建筑物的使用年限到了，或者没有办法再维修，或者维修不合算了，就用定向爆破等方式将其销毁，这就是工程最后的退役，但退役与销毁数量还不是很多。事实上，我国很多大型工程，建造出来的时间还不长，目前是其运行的青年期。对于将来很多年后，如何使其退役，目前的经验还较少。特别是像核电站这类人工自然，其退役工程十分复杂，目前我国还没有经验可言。

将工程的全生命期（建设、运行、退役）作为一项工程，或者将建设、运行、退役分作为三项工程，这两种方式都是可以的，只要概念清楚就可以了。有的文献主张从全生命期看待工程，但是，在定义工程的时候，却只是从建设角度定义，这就需要协调。

本书前面关于工程的定义为：创造新的"人工自然"、运行这一"人工自然"，直到该"人工自然"退役的全过程的活动，这是基于从全生命期来看待工程。中国工程目前主要处于建设和运行阶段，有的房屋拆迁是退役工程，一般只是使用人工，或者加上推土机、铲车等机械完成，对于较大型的建筑，常常采用定向爆破进行拆除。由于笔者所掌握的资料的原因，本书基本没有列举退役期的案例，有待再版时补充、完善。

1.2.1.3　关于全生命期评价

全生命周期评价（Life Cycle Assessment，LCA）是对某产品或者某服务系统，按照其全生命期中物质和能源的投入、产出及环境影响进行定量化评价的一套系统方法，已经得到广泛应用。

"全生命周期评价"中的"周"是指周而复始，反复出现，对于许多产品确是如此，而工程一般是不重复的。因此，在本书中，将"全生命周期"理论应用于工程时，不用"全生命周期"的提法，而用"全生命期"的提法，意思是包括工程的建设、运行和退役的全生命期。英文可以用Whole Life Assessment（WLA）来表达。

1.2.1.4　创造人工自然和改变自然物的性状

创造人工自然和改变自然物的性状，二者常常相辅相成、相伴而生。

三峡工程、青藏铁路工程都是人类创造人工自然的伟大工程，而人工降雨工程则主要是改变事物的性状。然而，三峡工程中也有自然物性状的改变，如水泥成了混凝土；人工降雨也有创造人工自然的方面，即创造了新的人工自然——雨。冶金工程既创造了新的人工自然——金属，同时也改变了作为天然自然物的矿石的性状，使之成了金属和炉渣。

1.2.1.5　技术集成性与产业相关性

技术集成性是指工程表现为相关或系列技术的集成与整合，形成特定形式的技术集成体；但工程不是各种技术的简单相加，而是一种基于特定规律或规则的、面向特定目标的、各种相关技术的有序集成。

产业相关性则是从工程与产品、企业之间的不可分性推演出来的，工程的内涵常常与特定产品、特定企业或特定产业相联系，工程活动与产业活动常常具有不可分割的内在联系。这也表明所有与产业活动相关的专业领域都可成为一门特定的工程领域。

1.2.1.6　工程活动与工程产物

由于工程在人类社会发展中起着十分积极的作用，工程一词被广泛运用于各种语言活动中，而且在文学艺术和传媒用语中常常被借用或扩展其本义。例如，"五个一工程"、"思想建设工程"等的出现和运用。然而，按照上述工程定义，这些日常语言中关于工程概念并非工程科学或工程管理科学意义上的工程。

在日常用语中常常将建设过程及其产物统称为工程。例如，有人站在三峡大坝上感叹伟大的工程，此处他所指的工程是宏伟而美丽的三峡大坝。工程是指特定过程，而不是特定的工程的产物或其实施后果。也就是说，工程的产物（譬如，三峡水利枢纽）与工程本身（建设三峡水利枢纽的过程）是不同的。

1.2.2　工程的分类

1.2.2.1　工程的基本分类

由于建造房屋、兴修水利一类的工程出现早、范围广，且易为人们所感知，因而，大多数人一提到工程就常常想到土木建筑工程，甚至只将土木工程看作工程。然而，现代工程的概念是广义的，它包括土木工程在内的各类工程。工程范围十分广泛，将它分类并不容易，为了方便讨论问题，本书暂作如下归类。

建筑与基础设施类工程：城镇建设工程、交通与运输工程、能源工程、通信工程、医药与公共卫生工程、公共安全工程；

流程与制造类工程：制造工程、化工工程、冶金工程；

探查与采掘类工程：石油勘探与开采工程、天然气勘探与开采工程、金属矿勘探与开采工程、煤勘探与开采工程、其他非金属勘探与开采工程；

种植、生物与环境类工程：农业工程、林业工程、环境工程；

研发与探索类工程：软件工程、基因工程、（民用）航空工程、（民用）航天工程；

国防类工程：航空工程、航天工程、舰船工程、岛礁工程、兵器工程、电子对抗工程等。

这种分类只是概略的，例如，在交通与运输工程中还包含了道路工程、桥梁工程、隧道工程、堤坝工程、港口工程等。

1.2.2.2 工程广义性示例

工程的广义性自古有之。中国楹联学会为中国工程院创作了一副对联，对中国古今工程成就做出了很好的提炼，内容如下：

溯五千年史迹，四大发明，九章算术振先声，仰天工开物，神农尝草，筑拱桥，拓运河，淘滩修堰，长城共铸。灿灿乎！烁今震古数家珍，展经纶频吐凤。

沐八万里春风，一星遨宇，两弹凌云凭自力，看峡坝截流，雪域通途，输西气，调南水，探月载人，香稻杂交。煌煌矣！求实创新添国誉，兴科技竞腾龙。

对联的注释：

上联以"溯五千年史迹"入笔，历数中国古代工程技术成就。"四大发明"，即造纸术、印刷术、指南针和火药，是中华民族对世界文明的巨大贡献。"九章算术"的原作者已难考证，相传为皇帝时棣首所创。南朝梁刘勰《文心雕龙·书记》："《九章》积微，故以为术。""开工天物""神农尝草"，分别指明宋应星《天工开物》、明李时珍《神农本草（本草纲目）》等古代工程技术名著。"拱桥""运河""淘滩修堰""长城"，分别指赵州桥、大运河、都江堰、长城等古代宏伟工程。"先声"，谓使人震慑而先发的声威。"经纶"，指治理国家的抱负和才能。《礼记·中庸》："唯天下至诚，为能经纶天下之大经，立天下之大本，知天地之化育。""吐凤"，《西京杂记》卷二："雄（扬雄）著《太玄经》梦吐凤凰，集《玄》之上。"后因以"吐凤"称颂文才或文字之美。

下联"沐八万里春风"，喻指科学技术的春天，联文展示中国现代工程技术所取得的宏伟成就。"一星""两弹"，指卫星、核弹（包括原子弹与氢弹）和导弹。"峡坝截流"，指三峡电站工程。"雪域通途"，指青藏铁路顺利通车。"输西气""调南水"，分别指西气东输、南水北调工程。"探月载人"，指载人航天工程和探月工程。"香稻杂交"，指杂交水稻工程。"自力"，即自力更生，依靠自己的力量把事情办起来。"腾龙"，犹驾龙，乘龙，汉刘向《说苑·说丛》："腾龙乘云而举。"

上下联文的尾句"展经纶频吐凤"与"兴科技竞腾龙"，充分表达中华民族、广大工程科技工作者的自豪感、责任感，体现科学发展理念，富有科学技术是第一生产力的时代感。

中国现代的工程更是十分广泛。中国工程院成立20周年时，举办了中国工程科技成就展，展览的主线与上述对联的下联内容相呼应，列举如下：

1. 两弹一星工程

"两弹一星"是指核弹、导弹和人造卫星。1964年10月16日，中国第一颗原子弹爆炸成功，1970年4月24日中国第一颗人造卫星发射成功。

在当时国家经济、技术基础薄弱，工作条件艰苦的情况下，国家自力更生，用较少的投入在较短的时间内突破了尖端技术。"两弹一星"工程反映了当时中国经济、科技、社会和军事能力发展水平，是国家综合国力的重要标志，是国防工程的伟大成就。

2. 载人航天和月球探测工程

长征二号F运载火箭（CZ-2F）是中国载人航天工程中主要应用的火箭，火箭由四个液体助推器、芯一级火箭、芯二级火箭、整流罩和逃逸塔组成，是此前中国所有运载火箭中起飞质量最大、长度最长的火箭，高62m，重464t。

中国载人航天工程自20世纪90年代开始实施，并确定了三步走战略。2013年6月，神舟十号与天宫一号交会对接任务完成，标志着中国载人航天工程完成了第二步的第一阶段工作。

中国探月"三步走"战略又称为"嫦娥计划"，包括"绕"、"落"、"回"三步，都是无人探测。它的意义在于完成这三个计划后，中国就有能力研究和实施载人登月的战略。

3. 长江三峡工程

三峡大坝位于湖北省宜昌市的三斗坪镇。由于区域地壳不断上升，长江水流强烈下切而形成长江三峡，其水流湍急，水利资源丰富。在长江三峡建造大坝的设想最早可追溯至孙中山时期，后经毛泽东主席等多位国家领导人反复考量，1992年3月，工程议案提交给第七届全国人民代表大会第五次会议审议并获得通过。三峡水电站1994年正式动工兴建，2003年6月1日下午开始蓄水发电，于2009年全部完工。它是目前世界上最大的水利枢纽工程。三峡工程主要有三大效益，分别是防洪、发电和航运。

4.高速铁路工程

铁路是我们国民经济的大动脉，为经济建设做出了重要贡献，近年来，中国高速铁路发展迅速。截止到2013年底，中国建成高速铁路39条，包括京津城际铁路、京广高速铁路、京沪高铁等，完成营运里程达110000km。目前设计最高时速350km的高速铁路，按时速300km开行；设计最高时速250km的高速铁路，按时速200km开行。

5.青藏铁路工程

青藏铁路被誉为"天路"，是实施西部大开发战略的标志性工程，是中国新世纪四大工程之一。它东起青海西宁市，南至西藏拉萨市，全长1956km。大部分地区高寒缺氧，环境恶劣，并面临多年冻土、生态脆弱、天气恶劣等几大世界性难题。青藏铁路的修建采取了以桥代路、通风管路基等综合措施，解决了冻土问题。工程进行中，采取每破坏1m²植被便恢复1m²植被的方式保证了地区的生态平衡；还开通了33条藏羚羊通道，供藏羚羊、黄羊通过。

6.桥梁工程

中国的桥梁有着悠久的历史，最早可追溯到殷商时期，名桥有赵州桥、卢沟桥等。1957年，建成了中国第一座长江大桥——武汉长江大桥。近三十年来，在长江建造了70多座大桥。如今，中国的桥梁建设位居世界第一，现有的桥梁种类包括拱桥（重庆朝天门长江大桥）、梁桥（石板坡长江大桥）、斜拉桥（苏通大桥）、悬索桥（香港青马大桥）、跨海大桥（杭州湾大桥）等。

7.高性能计算机工程

1946年世界上第一台数字电子计算机诞生，从此人类的生活发生了翻天覆地的变化。1983年，中国第一台巨型计算机"银河"研制成功，其速度可达到每秒钟运算一亿次以上。而目前，以"神威"、"曙光"、"天河"等为代表的国产高性能计算机，在运算速度、产品性能等方面创造出"中国速度"，大大提升了国家竞争力。2010年中国首台千万亿次计算机"天河一号"以每秒钟2566万亿次的持续速度成为世界上最快的超级计算机。2013年天河二号超级计算机系统研制成功，它在2013年国际超级计算机500强排行榜中位列世界第一。

8.辽宁舰工程

辽宁舰是中国人民解放军海军第一艘可以搭载固定翼飞机的航空母舰，长309.3m，吃水10.5m，舰载飞机50余架，其中歼—15有26架。2013年11月，辽宁舰从青岛赴南海展开海上综合演练，标志着辽宁号航空母舰开始具备海上编队战斗群能力。

9．预警机工程

预警机被称为是航空母舰的千里眼，主要由航空母舰舰载预警飞机和侦察卫星等组成，是集电子、信息、航空等多领域技术于一身的信息化特殊军用飞机。中国现有自主研制预警机型号有空警2000、空警200。

10．蛟龙号载人潜水器工程

蛟龙号载人潜水器由中国自主研发，主要用于海底资源开发和海底特定作业。蛟龙号有四大特点：一是下潜深度达到7000m；二是具有悬停定位能力，这为该潜水器完成高精度作业任务提供了可靠保障；三是具有先进的水声通信和海底微地形地貌探测能力；四是配备多种高性能作业工具。"蛟龙号"载人潜水器的研制成功，提升了中国在深海技术领域的国际影响力，增强了中国深海研究者的信心。

11．油气勘探开发工程

经过六十多年的奋斗，中国油气勘探方法技术、炼油及主要石化产品通过自主开发，已全面掌握原油加工技术，达到了世界先进水平。

12．深海钻井平台工程

"海洋石油981"是中国首座自主设计、建造的第六代深水半潜式钻井平台，最大作业水深3000m，最大钻井深度可达10000m，标志着中国在海洋工程装备领域已经具备了自主研发能力和较强的国际竞争能力。

13．特高压技术

特高压输电技术是指1000kV及以上电压等级的交流输电工程及相关技术，具有远距离、大容量、低损耗和经济性等特点。中国能源和电力负荷分布不均衡，西部能源丰富，东部经济发达，全国三分之二以上的电力负荷集中在京广铁路以东地区。现有超高压输电技术无法满足未来电力增长的需要。因此必须加快电网发展和技术创新。

14．杂交水稻工程

民以食为天，世界上有一半以上的人口以稻米为主食。据专家估计，全球稻米产量到2030年要比1995年增加60%才能满足需要。中国是人口大国，更是粮食大国。在国际上，杂交稻被称之为"东方魔稻"，为中国粮食安全和世界谷物生产做出了巨大贡献。

从20世纪60年代开始，以袁隆平院士为首的科技人员经过多年探索，通过野稗杂交，先后育成了三系杂交水稻、两系杂交水稻、超级杂交水稻等品种。2000年，超级杂交水稻品种达到了每公顷产量10.5t；2012年超级杂交稻第三期每公顷产量达到13.5t。

15．医疗工程

新中国成立以来，城乡居民健康水平得到大幅度提高。在新中国成立初期，中国的人均期望寿命为35岁，2010年中国的人均期望寿命是74.83岁。与此同时，中国的孕产妇死亡率和婴儿死亡率大幅下降。随着科技的不断发展，医疗水平的不断创新，国民身体素质也在不断增强，国民整体健康水平大幅提高，生活幸福指数与日俱增。

中华人民共和国成立以来，特别是改革开放以后，在中国这片古老的土地上，进行了人类有史以来最大规模的工程建设，使得整个国家的面貌发生了翻天覆地的变化。以上15类重大工程只是其典型代表，但还没有包括遍及全国、规模浩大的各级城镇和乡村的市政建设工程。

1.2.3　工程技术

工程技术是"人类为了满足社会需要而依靠自然规律和自然界的物质、能量和信息，来创造、控制和应用人工自然系统的手段和方法"。[1-11] 工程技术具有自然与社会双重属性。

建筑工程技术是历史最悠久的工程技术。以往人们常常将工程技术只看作是建筑工程技术。随着人类利用自然所达到的目的不同以及所采用的手段和方法不同，形成了广义的工程技术概念。广义的工程技术包括很多领域，例如，水利工程技术、电力工程技术、冶金工程技术、材料工程技术、采矿工程技术等。近几十年来，随着科学、技术与工程的综合发展，工程技术的概念、手段和方法已经渗透到人类活动的各个方面，从而出现了信息工程技术、基因工程技术、系统工程技术、卫星工程技术等等。军事工程技术则是综合了不同行业的工程技术。工程技术已经突破了工业生产技术的范围，与人们的生产、生活息息相关。

为了进一步说明工程技术的广义性，下面列举两项颇具权威的活动。在进入21世纪的时候，以美国工程院、美国工程师学会联合会和美国国家工程师周刊为主，加上27个学会/协会对20世纪最伟大的工程技术进行了评选。评选出20项工程技术，它们是：电气化、汽车、飞机、供水和配水系统、电子器件、无线电和电视、农业机械化、计算机、电话、空调和制冷、高速公路、航天器、互联网、成像技术、家电、医疗技术、石油和石化技术、激光和光纤技术、核技术、高性能材料[1-12]。中国工程院也组织了一批院士，会同中国宇航学会等24个学会、8个行业协会和14个国家部委和大型企、事业单位对中国20世纪重大工程技术成就进行了评选。评选出25项工程技术：两弹一星、汉字信息处理与印刷革命、石油、农作物增产技术、传染病防治、电气化、大江大河治理和开发、铁路、船舶、钢铁、计划生育、电信工程、地质勘探与资源开采、畜禽水产养殖技术、广播与电视、计算机、公路、机械化重大成套技术装备、航空工程、无机化工、外科诊疗、稀有金属和先进材料的开发应用、城市化、轻工与纺织、采煤工程[1-13]。

在1.1.2.2节中从创新的角度讨论了技术的创新性、多样性、选择性和阶段性，工程技术也具有这四性。工程技术是人类为了生存和发展的需要，在利用自然的活动中所采用的手段和方法，从应用的角度，它必须具有可行性。可行性要求工程技术具有实用性、经济性、成熟性和集成性等特性。

1.2.3.1　可行性

工程技术是为完成工程服务的，在实现目标的过程中，会受到包括工程项目本身和客观条件的约束。工程本身主要有立项、规模、进度；客观条件包括自然条件与社会条件，如环境、资金能力、材料和设备等。就工程技术而言，在工程论证、设计阶段，就必须考虑国家经济和社会发展的需要和可能，形成多种可选方案。经过对各个方案的分析和评价，从中选出既满足需要的要求，又能满足相应的约束条件的技术，才是可行的。

工程技术的可行性，并不完全取决于技术本身的先进性或复杂性，还与工程所处的时间、地域、社会、经济、环境等有关。因此，对于某一种技术而言，可行性不是一个固定的概念。同一种技术在某项工程不可行，也可能在另一项工程中就是可行的；在同一工程这一阶段可行，到另一阶段也许就不可行。决定工程技术可行性的因素很多，主要是实用性、经济性、成熟性和集成性。

1.2.3.2　实用性

任何一种技术都按照自然规律，以一定的物质形态实现其用途，有其自身的特性和应用条件。并且，同类技术各自具有其优点与缺点，在工程活动中必须对于所使用的技术加以权衡，根据其具体用途，使缺点所造成的影响最小，而最大限度地发挥其优点。脱离工程用途的技术，无论它多么先进也都毫无意义。因此，工程技术必须有实用性，否则，它就没有生命力。

1.2.3.3　经济性

工程不仅受自然规律的支配，而且还受社会规律，特别是经济规律的支配。将某种技术用于工程，首先从技术角度必须是可行的，这是最基本的，但不是唯一的，工程技术必须把促进经济、社会发展作为重要任务，做到技术先进和经济效益的统一。这就要求必须实现良好的经济效益，使工程技术的物化形态既是人工自然物，又是社会经济物。否则它就缺乏竞争力，难以持续存在或迅速发展。铱星系统的技术先进性与差的经济性就是最好的例证。原设计在7条轨道上，均匀发射77颗卫星，形成的通信系统，与元素铱（Ir）原子的77个电子分布相似，故称为"铱星"通信系统。它可以使地球上任何地方的通信，都变得畅通无阻，从而，开始了个人卫星通信的新时代。铱星通信在技术上是划时代的先进，然而其价格超过普通卫星通信的10倍，由于种种经济的原因，铱星公司很快背负40多亿美元债务而破产了。

1.2.3.4　成熟性

人们常常有一种误解，即认为工程技术应当采用最先进的技术，然而事实并非完全如此。为了确保工程建成后安全、可靠地持续运行，工程技术必须首先是可靠的、安全的，也就是成熟的。或者说，要在安全、可靠的前提下，采用先进的技术，而不一定是最先进的技术。是否使用最先进的技术，除了必须证实其安全可靠之外，还必须考虑其经济性。

1.2.3.5　集成性

工程技术通常是多种技术的集成运用。例如土木建筑工程就集成了混凝土技术、木材技术、金属材料技术、水暖技术、电工技术、照明技术、空调技术、信息技术等。现代工程技术的发展和进步，它的集成性愈来愈显著。并且集成性是将多种技术有序地融合而不是简单的叠加。

1.2.4　工程教育

在结束本节时，有必要对STEM进行简单介绍。STEM是科学（Science）、技术（Technology）、工程（Engineering）与数学（Mathematics）类学科的统称。"STEM教育"是指科学、技术、工程、数学的教育。2006年1月31日，美国总统布什在其国情咨文中公布了"美国竞争力计划"（"American Competitiveness Initiative，ACI"），提出培养具有STEM素养的人才是知识经济时代教育目标之一，称之为全球竞争力的关键，从此，STEM成了一个流行的词语，美国政府不断加大在STEM教育方面的投入，加强学生的科技理工素养的培养。

就工程科技人才的培养而言，工程实践是关键。国内外发展经验表明，没有工程实践提供的工作岗位不可能产生有作为的工程科技人才，这也是工程科技人才成长的基本规律。

例如，美国1941年的曼哈顿原子弹工程，耗资20亿美元，全国有10万科技人员参加。原子弹的研制成功并在广岛、长崎投放，使盟军取得了决定性胜利；20世纪60年代阿波罗登月计划，政府投资250亿美元、历时11年，全国2万余家公司、120多所大学和研究院（所）、数十万人参加了该计划，于1969年成功实现了人类首次登上月球的壮举，奠定了美国领先的航天工业并带来巨大经济效益；1993年信息高速公路计划，使信息产业成为美国当今的四大支柱产业之一；20世纪80年代新一代汽车合作计划（PNGV），当时美国汽车产业受到日本的强烈冲击，政府相继提出了两个口号："为了美国的利益发展技术""技术是经济的发动机"。1993年9月有8个政府部门、三大汽车公司（通用、福特、克莱斯勒）、38个州的453家单位（高校、国家实验室、技术供应商等）共同参与的"官、产、学、研"大联合工程；还有核发展计划、TMD计划等等，培养和造就了一大批工程科技人才。

然而，由于经济放缓，以及收入和工作条件的差别，美国的优秀中学毕业生最先选择经济、法律、医生等相关学科而不是STEM。美国培养的科学与工程方面的博士数量所占全球份额正从20世纪70年代高于50%的水平下降到2010年的15%。

新中国成立之初，除"两弹一星"工程外，还建成了1.2万t自由锻水压机、九大设备、攀枝花年产150万t钢铁成套设备和第二汽车制造厂全套生产设备等设备。20世纪70年代末改革开放后，将重大装备的研制作为国家目标，用了大约10年的时间掌握了300MW和600MW火电机组、板坯铸机、煤运单元重载列车等重大装备的关键技术，实现了国产化，并且在煤磁脉冲振动卸车技术、浅吃水型运煤船等取得了突破。在杂交水稻、三峡工程、青藏铁路、军工等多方面取得了一批具有自主知识产权的产品和核心技术等等。一大批工程科技人才脱颖而出。

中国有着与世界许多其他国家不同的得天独厚的条件，学生的生源好、规模大，而且就业市场广阔，在中国有多于50%的学士学位是授予科学、技术、工程和数学的学生，相应地在美国只有17%。可以预期，今后15~20年，中国大量的工程建设将培养出大批世界一流的工程科技人才，中国工程科技人才队伍将成为世界一道亮丽的风景线。到那时国际上许多大型工程都将由中国工程师和工程队伍主持建设。事实上，水电站、高速铁路、高速公路、大型建筑等一大批国际上的大型工程，现在已经是中国企业中标承建。不但如此，笔者还认为，到新中国成立100周年时，中国的整体工程科技水平将跻身世界一流。

1.3　工程管理

1.3.1　工程管理的含义

不言而喻，工程管理指的是对工程活动进行管理。

从本体论观点看"工程管理"，就是要确立工程的"主体"位置。在工程管理中，管理依附于工程而存在，没有工程，自然就没有工程管理。但这并不等于说管理不重要，现代的工程，特别是大型工程，没有科学的管理就无法进行科学的工程活动。

首先，在认识和处理工程与管理的相互关系时，要以工程为主体。其次，管理知识并不是一股脑儿照搬，而是根据工程的实际取其所需。第三，对于管理理论和方法，也不是简单套用，而是结合工程的实际，在消化和吸收的基础上，尽力发展和提升，使之适应工程之需，与工程融合成一个整体，从而形成新的存在形式——工程管理。

在1.1.1节中关于科学的定义，还可以作如下引申：

关于工程管理的客观规律的知识体系是工程管理科学。

由此观之，工程管理科学是一门独立存在的科学。而且，由于工程与工程管理涉及工程、社会、自然等诸多方面，它还是一门综合性科学。从下文论述中我们将看到"工程管理"作为一门独立的学科，不仅包含科学，还包含技术与艺术。

中国工程院与联合国教科文组织（UNESCO）、国际工程与技术科学院理事会（CAETS）共同举办的2014年国际工程科技大会（International Conference on Engineering Science and Technology 2014）于2014年6月3日在北京举行。这次大会有9个平行分会，工程哲学与工程管理（Engineering Philosophy VS. Engineering Management）分会是其中之一。这从侧面说明，国际工程界认定工程科学（Engineering Science）和工程管理科学（Engineering Management Science）[1-14]。

为工程管理确立完整定义并非易事。2006年，何继善等在"工程管理内涵与界定"项目的研究中引用亨利·法约尔（Henri Fayol，1841~1925）的思想，并且考虑到决策在工程管理中的重要性，曾经将工程管理定义为"工程管理是指对工程的决策、计划、组织、指挥、协调与控制"[1-15]。类似地，美国工程管理学会2012年将工程管理定义为"对于有技术要素的活动进行计划、组织、分配、指导和控制的一种艺术和科学。"并且认为：工程管理是工程和管理学科间的桥梁[1-16]。这样的定义均从工程管理的职能来论述，属于一维定义。

为了较全面地认识工程管理，本书从职能、过程、要素三维，再加上哲学的概括，构成工程管理的四维定义[1-17]：

（1）从工程管理的职能而言，工程管理是指对工程的决策、计划、组织、指挥、协调与控制；

（2）从工程的过程而言，工程管理是指工程的全过程的管理，即对工程前期论证、决策、设计，中期实施，建成后运行，直至退役的管理；

（3）从工程管理的要素而言，工程管理是工程活动中的组织、质量、费用、工期、职业健康与安全、环境保护、资源、合同、风险、技术、信息、文化等进行的综合集成管理；

（4）从哲学的层面而言，工程管理是关于工程活动中人的地位与作用，人与人、人与工程、工程与社会、工程与自然的关系和互动的科学、技术与艺术。

在这组定义中，工程管理融科学、技术与艺术为一体。

1.3.1.1　**工程管理科学**

就管理学而言，许多原来只是分散的内容已经提炼为科学知识体系，如泰罗的科学管理已发展成为工业工程学；又如，以人为对象的管理已发展成为行为科学；再如，将数量运用于管理已发展成为运筹学，如此等等。可见管理的内容本身就可以发展为科学知识体系，这也就是管理的科学性[1-18]。从工程管理来说，对于诸如工程决策、工程实施、工程运行和工程退役等客观规律的认识都属于工程管理科学范畴。另外，关于工程管理科学的基本内涵可以作如下三个层次的理解：第一个层次，当工程管理活动充分运用了数学这种定量分析的手段和方法，把许多工程管理活动构造成一个个数字模型，找出函数中的变量并努力控制这个变量以求得数学解，再将其运用到工程管理实践中去，便成为工程管理科学，这是工程管理科学最狭义的理解；第二个层次，工程管理科学是在一般管理学论述管理的本质、职能、手段、过程和方法的基础上，融合工程实践，加上数学、统计学的方法和现代科学手段如电脑及网络的运用以形成规律性的认识；第三个层次，工程管理科学已经发展为围绕管理的目的与特征，综合运用哲学、社会学、历史学、法学、政治学、数学、经济学等学科知识包括自然科学、社会科学和思维科学在内的综合学科。现在，随着工程规模的日益巨大，水平和难度的逐渐提高，工程管理科学已经逐步上升到综合学科的层次。

1.3.1.2　工程管理技术

工程管理的技术很多，例如，工程目标控制技术、工程信息技术、工程财务管理技术、工程风险管理技术、工程评价技术等，都属于工程管理技术的范畴。

1.3.1.3　工程管理艺术

尽管工程管理具有科学性，但工程管理行为又具有艺术性。工程管理艺术可以对工程管理科学与技术的作用产生很大的影响。此处的艺术一词，与日常理解的舞台艺术、绘画或者书法艺术是不一样的。工程管理的艺术，指的是作为工程管理者的品德、魅力、风格以及为人、做事的方式、方法等。卡耐基在《领导艺术与管理智慧》一书中，将领导艺术归纳为五大方面的技巧，即：统驭技巧、沟通技巧、说服技巧、工作技巧与口才技巧[1-19]。

有学者认为"科学反映不了全部的工程管理行为。而科学所无法反映的工程管理内容或行为，人们称之为管理的艺术性。管理的艺术性可以有多种表现，但首先表现为工程管理需要凭借人的直觉、经验和洞察力。在许多情况下，直觉、经验和洞察力是难以用语言文字来表达的，所以不能形成一种知识体系。而直觉、经验和洞察力的运用是非常灵活的，是极富创造性的，这也正是工程管理艺术性的微妙之处。其次，在工程管理过程中有些问题在客观上是难以精确定量化的。无法运用数字模式以规范化，也没有固定程序可遵循。例如，人的潜能和行为、人和事的意外变故、管理体系中各个因素相互之间的随机反馈、各种偶然事件等，这些问题都有赖于管理的艺术性来处理。第三，某些管理问题，虽然可以定量化、模式化、程序化地处理，但由于人们的认识能力和认识工具的有限性，就使得由人所决定的、所反映的事物的定量模式和程序也具有局限性。而这种局限性只能靠管理的艺术性来弥补。"[1-18] 在这段论述中，作者很好地归纳了工程管理目前难以形成系统认识的三个方面行为，认为只能用艺术性来表达。

上述事实是存在的，然而结论需要商榷。在1.1.1.1节中曾经提到：科学是反映自然、社会、思维等的客观规律的分科知识体系[1-4]。首先，"人的直觉、经验和洞察力"是属于思维的范畴，因此，反映"人的直觉、经验和洞察力"的客观规律的分科知识体系属于思维科学，只不过目前在这方面研究得还不够而已。其次，对于"在工程管理过程中有些问题在客观上是难以精确地定量化的"，这需要弄清楚一个问题：是不是一定要有模型、能计算、能"精确地定量化"才能算是科学？其实，这是一个误区。任何模型都只是客观事物的一种简化，一种近似表达，是一种研究工具，而不是科学本身。不能说没有"数字模式"的表述就不是科学。即使是有大量公式的物理学和化学中，也有许多定理、公理并没有公式，而是用叙述来表达的。卡耐基的《领导艺术与管理智慧》一书就是对管理艺术的一种科学探索。笔者认为：管理艺术主要属于思维的范畴，其客观规律的知识体系是管理艺术科学。并且艺术本身还包含有技术，例如绘画、表演、口才等都有技术问题。在"工程管理科学、技术与艺术"的表述中的"科学、技术"是相对狭义的，没有包含"艺术科学和技术"。

工程管理虽然有各种各样的技术以及相应的规定，但在实践中，管理艺术的重要性毋庸置疑。由于工程管理不但要管理物，更重要的对象是有思想的人，思想能随着时间和空间的变化而变化。一项制度或规定，如果能够让人们愉快地认同和接受，那么执行起来就会很顺利。有时当工程遇到了前所未有的困难和问题时，管理者的一场动人讲演，就有可能激起群众的热情，群策群力地使问题迎刃而解。

1.3.1.4　工程管理的基本特征

与一般的管理工作不同，工程管理是对于具有技术集成性和产业相关性特征的各种工程所进行的管理工作。一般来说，工程管理具有系统性、综合性和复杂性的基本特征[1-15]。

（1）工程管理是一种系统性管理。从理论上来看，工程管理的系统性表现为一种以实现特定目标的各种技术的有序集成，即工程的各个组成部分有机整合，各个工程子系统相互协调，以实现工程整体目标的过程。在现代工程管理实践中，系统理论和系统思想的应用不可或缺，是工程管理思想的精髓所在。

（2）工程管理是一种综合性管理。由于工程需要技术的有机集成，工程常常与特定的人工自然、特定产品、特定群体相互联系，所以任何形式的工程管理必然是一种考虑不同技术协调性和不同产业特性的综合性管理。此外，工程管理的综合性也表现为工程目标实现所要求的多种资源利用的有效性，以及工程管理主体与工程管理环境的协调性。

（3）工程管理是一种复杂性管理。一般来说，工程由多个部分构成、多个组织参与，工程管理工作极为复杂，需要运用多学科的知识才能解决问题。由于工程本身具有很多未知因素，而每一个因素常常带有不确定性，这就需要将具有不同经历、来自不同组织的人有机地组织在一个特定的组织内，在多种约束条件下实现预期目标。因而决定了工程管理工作的复杂性要远远高于一般的生产管理。

在认识工程管理的地位与作用时，不妨引用江泽民在2000年上海国际工程科技大会上致辞中的话："工程科学技术在推动人类文明的进步中一直起着发动机的作用"[1-20]。由于工程管理在工程活动中起主导作用，因此，我们可以说，工程管理是推动人类文明进步发动机的能源与动力。

1.3.2 科学管理与项目管理均源于工程管理

由于土木工程量大面广，令人印象深刻，在很长一段时间里，人们只把土木工程的管理视为工程管理。正因如此，过去许多本来属于工程管理的事例并没有纳入工程管理范畴。纵观科学管理和项目管理的发展历史，可以清晰地看到，它们的起源都与工程管理密切相关。

1.3.2.1 科学管理源于工程管理

被称为"科学管理之父"的美国著名管理学家弗雷德里克·温斯洛·泰勒（Frederick Winslow Taylor，1856～1915）于22岁时进入费城莱德维尔钢铁公司，28岁时任钢铁公司的总工程师，1898年进入伯利恒钢铁公司从事管理研究。长时间在钢铁企业从事技术和管理工作，从基层做到高层，成为他研究科学管理的实践基础。他毕生主要成就是基于工业工程管理对如何提高生产效率进行了关注。著名的"搬运生铁块试验"和"铁锹试验"是泰勒在1898年受雇于伯利恒钢铁公司期间进行的。1911年，他在早年冶金工程管理实践的基础上，发表了《科学管理原理》，奠定了科学管理的基础[1-21]。

另外，由泰勒创立的科学管理概念所包含的内容不仅仅指兼职学习和合理的工厂组织形式。他最大的愿望是工程师在企业内部争取一定的专业自主权，即在一定程度上不受企业影响的优越地位。他尝试在20世纪以大企业为特色经济环境下，重新建立起工程师企业家的传统自主权以及19世纪的独立工程师形象[1-22]。

作为古典管理理论的主要代表人之一，亨利·法约尔年轻时致力于煤矿的采矿工程，而立之年成为一批矿井的总管，不惑之年便成为煤铁联营公司总经理，他一干就是30年，直到77岁退休。法约尔是管理过程学派的创始人，他的主要成就也是基于工程管理。法约尔认为，管理的职能是计划、组织、指挥、协调、控制。他的主要著作是《工业管理与一般管理》[1-21]。

被誉为现代管理学之父的彼得·德鲁克（Peter F. Drucker，1909~2005）1942年受聘于当时世界最大企业——通用汽车公司。在这样一个巨型制造工程现场，他对其内部管理结构进行了研究。1946年，他将心得写成其成名作《公司的概念》（*Concept of the Corporation*），书中对工程组织做了奠基性的论述："讲述拥有不同技能和知识的人在一个大型组织里怎样分工合作"。德鲁克首次提出"组织"的概念，奠定了组织学的基础。

泰勒的管理实践是冶金工程，法约尔的管理实践是采矿工程，德鲁克的管理实践是制造工程。冶金工程、采矿工程和制造工程都属于工程范畴，可以说，他们都是工程管理的开创者。

1.3.2.2　项目管理源于工程管理

项目管理是一种应用十分广泛而又成功的管理方法，它早期的突破性、奠基性的著名案例都属于工程管理。项目管理不但起源于工程管理，在它的发展过程中，也大量应用于工程管理。

美国路易斯维化工厂必须昼夜连续进行生产，为了进行全面检修，每年都不得不安排一定的时间停止生产。自从应用1957年发明的时间管理技术"关键路径法"（Critical Path Method，简称CPM）之后，检修时间从125小时左右减少到78小时，节省时间达到38%。"关键路径法"至今仍是项目管理中在用的方法。

美国海军1958年开始研制北极星导弹，这是一个巨大的军事工程项目。在"关键路径法"技术的基础上，用"三值加权"方法进行计划编排，形成计划评审技术（Program/Project Evaluation and Review Technique，简称PERT），将项目任务之间的关系模型化，将设计完成时间缩短了2年，只用了4年的时间就完成了预定6年完成的项目，节省时间也达到了33%以上。

有2万家企业参与，40万人参加，700万个零部件，耗资300亿美元的阿波罗登月工程，是20世纪60年代著名的巨型工程，采用了网络计划技术（Network Planning Technology）从而保障了其得以顺利完成。

到20世纪70年代，建设规模更加庞大，项目类型和外部环境日益复杂，项目管理的应用也从军事工程、航天工程逐渐拓展到建筑工程、水利工程、电力工程、石化工程等各个领域。项目管理作为一种成功的管理方法，不再局限于工程管理领域，逐渐成为美欧多国政府部门和大型企业的重要综合管理方法，连世界银行也把每一笔贷款作为一个项目来管理。

1.4 工程管理的核心价值观

中国以两弹一星工程、载人航天工程、三峡水利枢纽工程、青藏铁路工程等为代表的一大批重大工程和遍及全国的市政建设工程取得了举世瞩目的成就。这些工程的管理实践本身就是十分丰富的中国工程管理"百科全书"。笔者通过对其系统调查与研究，提炼出**工程管理的核心价值观**：

以人为本，天人合一，协同创新，构建和谐[1-17]。

"以人为本，天人合一"是中国传统哲学出现最早且历时最久的哲学命题，具有十分丰富的内涵，被认为是中国传统文化的要点。以人为本，天人合一，作为传统文化的要点，其对所有中国人必然会产生潜移默化的影响，也必然会融入工程管理理念之中。

1.4.1 "以人为本"索源

"本"有两种含义：一是来源，一是根本。"以人为本"中的"本"是根本，是事物的根源、基础，是事物最主要的部分。

在人、神、物这三者中，中国古代很早就认定人最重要。《尚书·泰誓上》记述周武王十三年春天，在河南孟津召集诸侯大会时的誓词中说："惟天地万物父母，惟人万物之灵。"意思是天地是万物的父母，人是万物中的灵秀。

"以人为本"的提法最早见于《管子》，在《管子》"霸言"篇中有"夫霸王之所始也，以人为本。本理则国固，本乱则国危"的表述。意思是：要开辟霸王之业，必须以人为根本；理顺了本，国家才能巩固，否则国家势必危亡。《管子》一书是由齐相管仲（约前723～前645）的学生、继承者，编辑管仲生前思想、言论的集子[1-23]。"霸言"是管仲对齐桓公陈述霸王之业的建言。管仲所说的以人为本，其实应该是以人民为本。

儒家的以人为本思想是一贯的。《论语》乡党篇第十，"厩焚。子退朝，曰：伤人乎？不问马。"意思是：马棚失火烧掉了。孔子退朝回来，问道："伤人了吗？"而不问及马的损失情况。这段文字十分突出地表达了以人为本的思想。

《中国文化概论》将"以人为本"作为中国传统文化的四大要点之首，另三者是"天人合一、刚健有为与贵和尚中"[1-24]。

在中国古代，"人"和"民"常常通用，人本也即民本。但作为一种哲学价值观，人本和民本则是有差别的。人是相对于物和神而言的。人本是讲人与物、人与神的关系，相对于物和神而言，人是根本，人更重要；民是相对于君，相对于政府，或者相对于官而言。孟子在《尽心章句下》中说"民为贵，社稷次之，君为轻"。这是孟子提出的一个重要思想，意思是说，人民是第一位，国家其次，君在最后。因为，有了人民，才需要建立国家；有了国家，才需要有"君"。这是中国儒家政治哲学对以民为本的经典表述。

中国共产党十六届三中全会明确提出："坚持以人为本，树立全面、协调、可持续的发展观，促进经济社会和人的全面发展。"中国共产党十八大提出"促进人的全面发展"、"坚持以人为本"，明确把以人为本作为发展的最高价值取向。坚持以人为本，同中国共产党全心全意为人民服务的根本宗旨和代表中国最广大人民根本利益的要求一脉相承，就是要尊重人、理解人、关心人，就是要把不断满足人的全面需求、促进人的全面发展，作为发展的根本出发点。

西方人本主义管理理念以人本主义哲学为基础。"人本主义"源于人本思想。古希腊时期学者们研究的主要对象是自然界，主要关注世界万物的共同本原问题，将人类本身的问题放在第二位。到公元前5世纪，普罗泰戈拉提出"人是万物的尺度"，拉开了人们对人类自身探索的序幕。此后，经近代人本主义和现代人本主义之间理性与非理性的对抗，人本主义发展达到顶峰。虽然人本主义诞生较早，但由于劳资关系紧张，加上怠工和纪律松弛，员工被视为组织的生产要素，组织以获得效益为目标，用铁的制度来提高效率，形成一种不关心人、扼杀人的管理方式。到20世纪70年代，将员工视为与组织相并列的独立体，争取实现员工个体目标与组织整体目标相一致的目标，尊重其自身的价值观念、发展目标，为个人营造广阔的发展空间，同时实现组织的繁荣。"以人为本"的管理，指在管理过程中以人为出发点和中心，尊重人格，确立员工的主人翁地位，关心员工发展，注重员工培训，突出柔性管理，围绕激发和调动人的主动性、积极性、创造性展开的以实现人与企业共同发展之双赢的管理活动。

1.4.2 工程管理中的"以人为本"

工程管理中以人为本的价值取向在于，强调人是工程活动的最终目的，工程建设的最终目的是为了人，要肯定在工程活动中人的主体地位与作用，工程活动中要尊重人、依靠人和爱护人。主张人是工程活动的根本目的，回答了为什么要进行工程活动，工程活动是"为了谁"的问题；而主张人是工程活动的根本动力，回答了怎样进行工程活动、工程活动"依靠谁"的问题。"为了谁"和"依靠谁"是分不开的。一切为了人，一切依靠人，二者的统一构成工程活动以人为本的完整内容。

在工程建设的目的是为了人的问题上，以人为本是使工程建设成果惠及人民，促进人的全面发展。在工程管理中提出以人为本，是相对以工程为本而提出的，是对某些只追求企业或局部利益，"只见工程不见人"的"以物为本"的发展方式的否定与超越。2013年7月，建设"天空城市"——长沙"世界第一高楼"的项目在长沙市望城区签约，这一新闻曾经引起全世界的热议。当时宣布投资90亿元，用7个月的时间，以"搭积木"的方式在长沙建设208层、838m高的"天空城市"，其高度将超越迪拜哈利法塔。天空城市可以为居民提供居住、教育、工作、医疗、购物、娱乐等所有的生活服务。除非去外地出差或者旅游，否则住进楼里可以不用出来[1-25]。其实长沙仍然有很大的建设空间，还远远没有拥挤到必须建这样的高楼来缓解人口拥挤的程度。而且，高楼一旦建成，供水、消防、救援设施等等都会给社会带来许多新的负担。

需要强调的是以人为本是一种思维方式。它要求人们在分析、思考和解决一切工程问题时，确立起人的尺度，实行人性化服务。在工程实践中肯定人的主体地位、目的地位。并且，在实践中做到尊重人、解放人、依靠人、为了人和塑造人的价值[1-26]。

试图建设长沙空中城市只不过是九牛一毛的极端案例，而且，此项目由于受到管理部门的干预，并没有能够完全实施。中国大量的工程建设，体现了以人为本的思想。以人为本的案例比比皆是，不胜枚举。这里仅就长江三峡水利枢纽工程、铁路提速工程、高速铁路和神东煤矿工程加以说明。

长江三峡水利枢纽工程简称三峡工程。三峡包括瞿塘峡，巫峡和西陵峡，李白曾有"朝辞白帝彩云间，千里江陵一日还，两岸猿声啼不住，轻舟已过万重山"的千古名句形容三峡段下行湍急。三峡水电站的大坝高185m，蓄水高175m，水库长600余公里。建设三峡工程有防洪、发电和航运三大目的，其首要目的是防洪，水库运行时预留的防洪库容为221.5亿m^3，水库调洪可削减洪峰流量达27000～33000 m^3/s，属世界水利工程之最，能有效保护人民的生命财产。除了防洪，大坝安装32台单机容量为70万kW的水电机组，是全世界装机容量最大的水力发电站，其发电效益巨大，且每年减少燃煤产生的二氧化碳8500万t以上。这些都充分体现了建设三峡工程的目的是以人为本[1-27]。

1997年4月1日零时，中国铁路第一次大面积提速调图工程全面实施，拉开了铁路提速的序幕。中国在世界最繁忙的铁路干线上，在客货共线运行、不同等级列车混跑的运输条件下实施大面积提速。而且是更加重视平均旅行速度的提高，而不是单纯追求某一区段运行速度的提高。要通过优化运输组织、压缩作业时间、选择最佳的客车到发时刻，最大限度地满足旅客节省旅行时间的需求[1-28]。这次提速调图，提速列车最高运行时速达到了140km；全国铁路旅客列车旅行速度由1993年的时速48.1km，提高到时速54.9km；首次开通了快速列车和夕发朝至列车，极大地方便了广大人民群众的出行。

高铁车站也不再只是铁路乘客的上下车站，而是一个综合交通枢纽，将高铁与公共汽车、地铁、出租车等市内交通系统、长途汽车乃至航空等相连接，实现了"零换乘"。这些都是工程以人为本的范例。

孔子认为管理的本质是"修己安人"，人是中心，使人满意是终极目的。人本管理不同于把人作为工具、手段的管理模式，而是在深刻认识人在社会经济活动中所起作用的基础上，突出人在管理中的地位，实现以人为中心的管理。神东煤炭集团正是遵循这样的管理理念，明确员工在管理中的主体地位，振奋员工的精神，规范员工的行为，建立了以员工为中心的科学管理体制，充分调动了员工的工作积极性，使企业充满活力和希望，有力地推进了公司各项改革工作的圆满完成，实现了神东公司快速、持续、健康发展[1-29]。而且，神东煤矿在井下许多岗位，特别是危险岗位，全面实行机械化、自动化，在地面的可视化和远程操作，实现了"无人值守"。这充分体现了以人为本的理念。

工程建设的目的是以人为本，工程管理中以人为本体现的是工程活动中人的地位与作用。工程管理有关的诸多概念，如工程师、工程伦理、工程组织、工程安全、工程创新和工程文化等，都贯穿着以人为本的红线。

1.4.2.1 工程师——工程活动的灵魂

工程师被认为是一种延续了六千年的职业，工程师群体在人类文明技术进步的历史长河中做出了杰出的贡献。"Engineer"和"Engine"这两个概念早在英国中世纪就已经出现。《牛津英语字典》记录"Engineer"一词在1300年第一次被用来指军事工程师。此外，这个词常常用来指发明者、设计师、制图师和作者[1-30]。世界上最古老的文明当数中国和古代近东地区的国家，这里诞生了古代文明，建成了大城市、经典建筑，具有合理的运作程序，还有官僚体制下的经济管理以及文字使用。这些解决实际工程问题的技术专家在古代东方的文献中由具体的职业名称记载，比如建筑师、河道监理等，或者用一个泛指的概念"智者"来表示。可见，技术人员在古代东方文明中也处于理论和实践的交会点。早期"工程师"的工作范围主要集中在建筑、采矿、基础设施、测量、军工、造船、运输和水利等领域。在这些领域里，设计、生产、规划、管理和研制等具体工作又形成了不同的职业群体，规定了各自不同的工作职责，催生了各种职业名称，与当代所说的"工程师"和"技术员"大致相符[1-31]。

在当今社会，工程师是工程活动的灵魂，是新生产力的重要创造者，也是新兴产业的积极开拓者。工程活动的思维和灵感绝大部分来自于工程师。工程师还是工程伦理的主要载体，承担着工程活动影响社会、经济和环境的责任。工程师应当具有良好的职业道德、创新理念，牢固掌握现代设计、建造技术与工程管理技术。工程师的首要义务是对客户或者雇主忠诚，并且对公众的健康、福祉与安全负责。工程活动必须依靠工程师和工人，要求他们意识到享受工程成果的前提是首先要创造成果，要有凭自身能力为工程多做贡献的意识。

江泽民在2000年国际工程科技大会上指出："中国在现代化建设中取得的一切成就，都离不开工程科技的巨大支撑。中国政府和人民高度评价中国工程师们所做的贡献，我们为拥有以詹天佑、茅以升、李四光、钱三强和钱学森等为代表的一大批国际著名工程师而自豪。"[1-19]改革开放以来，中国在三峡工程、青藏铁路、航空航天、大庆油田等为代表的诸多重大工程和遍及全国各地的市政工程中又涌现出了以陆佑楣、孙永福等为代表的一大批杰出工程师，他们为中国现代化建设做出了卓越的贡献。

1.4.2.2 工程伦理——工程活动的宪法

虽然人们对工程伦理的定义并不完全一致，但从工程伦理的研究范围来看，至少包括两个方面。一方面，工程活动是一种社会实践活动，工程伦理指对在工程实践中涉及的道德价值进行的研究；另一方面，作为一种神圣的职业，工程师本身应当具有其自身独特的职业伦理。无论是作为实践伦理，还是作为职业伦理，工程伦理均有其规范性和描述性的维度。

工程伦理的第一要义是"工程造福人类"[1-32]，意同"以人为本"的理念。工程伦理强调忠诚、诚实、责任和工程师的团队精神，而广义的责任应当包括工程对社会、工程对自然的责任，即环境保护与绿色工程。广义的工程还包括生物工程、信息工程、航天工程等，在这些工程中，工程伦理要引申到诸如克隆人的道德原则、网络伦理、太空伦理等问题。上述工程伦理的诸方面，其核心是体现以人为本与天人合一的理念。

1.4.2.3 工程组织——工程活动中以人为本的主旋律

工程组织是在尊重人的前提条件下，以最优的方式将工程人员组成有机整体，以利于工程的有序进行。在工程组织中既发挥了组织的整体效能，又发挥了个人的主观能动效能。毫无疑问，工程组织是工程活动的主旋律，而工程组织的核心就是以人为本。工程组织的目标是"为人"，如果没有"为人"的观念和思想便难以制定出优化的目标。当然这不仅仅局限于为顾客和用户服务，同时也要考虑为工程作业人员的利益服务，提供符合标准的作业环境，做好安全管理，将劳动保险和医疗保险进行合理安排。工程组织还要"管人"，即运用各种管理职能包括计划、组织、指挥、激励等对工程作业人员进行管理。工程组织还要"依靠人"，即依靠那些组织能力、工程实践能力、专业理论知识和职业道德品质都十分优秀的人。并且，在工程活动中，在人和人的关系上，要强调公正。既要尊重精英群体的能力和贡献，也要尊重弱势群体的基本需求、合法权益和独立人格。要为所有工程人提供良好的人际环境，为不断实现工程人之间的和谐与共赢创造条件。

秦山二期核电站建立健全了组织机构、管理程序和保障体系，在核安全监管、质量保证、环境保护、辐射防护、工业安全、职业卫生、消防和应急管理等领域实现全覆盖，严格执行事前、事中、事后的监督和管理。秦山二期核电站的业主组织机构实行的是二级管理即公司级和处级管理，在工程设计、采购、施工领域的管理职能和计划、合同控制等职能均由分别设置的管理处负责，这些管理处由多名副总经理和副总工程师分管，或者由总经理直接主管。同时秦山二期还设置了独立于工程管理和控制部门的质量保证处和财务处，直属于总经理管理[1-33]。整个工程组织有条不紊，井然有序。秦山二期核电站的这种工程组织模式有利于掌握设计自主化和设备国产化的主动权，设备采购有较大的灵活性，有利于获得技术转让，有利于接口协调和统一指挥，可以降低工程总价。

1.4.2.4 工程安全是工程活动的基本道德，也是工程活动中以人为本的重要体现

确保工程安全是工程管理中以人为本的基本底线。工程安全包括人的安全和物的安全，其中最重要的是人的安全。从制度到各种设施，都必须确保工程人员的人身不受伤害，也不能有损害工程的事故（如火灾、坍塌等）发生。工程安全应当是积极的，不但要确保工程人员身体上不受到伤害，还要保障其心理健康。要全方位关爱工程人员，积极采取保健措施，开展多种文娱体育活动以保证其身心健康。

在工程安全方面，安全宣传教育和警示内容应该充满人性化，积极打造文明施工、职业安全健康的环境，建立清晰瞩目的视觉形象。对于工程来说，安全管理的内容和范围绝不仅仅局限于工程施工区域，非工程区域的安全管理也需要加以重视和强化。

青藏铁路建设阶段充分考虑了员工的生命安全和身体健康，由于青藏铁路的施工建设需要面对高寒、缺氧、干燥、风大、辐射强、鼠疫自然源等威胁健康安全的问题，所以相应地采取了以下措施保障员工的健康安全：建立卫生保障制度，建设高原病预防救治体系，联合预防鼠疫疫情的发生，加强治理高压、易爆易燃设备及物品管理，综合治理交通事故等[1-34]。对于缺氧问题，青藏铁路沿线建立了17座制氧站和25个高压氧舱，4万名职工每人每天平均强制性吸氧不低于两小时。在海拔为4905m的世界海拔最高的风火山隧道，中铁二十局研制出24m³/h的制氧设备，对隧道采用掌子面弥漫式供氧，隧道内空气含氧量增高程度相当于海拔降低了1200m。在青藏铁路5年的施工期间，工地上随处可见帐篷医院，共计诊断患者53万人次，其中470例高原性脑水肿、931例高原肺水肿全部得到有效救治，未发生一例高原病死亡。在鼠疫预防方面，实行"三不"和"三报告"，即不私自捕猎疫源动物、不食用疫源动物、不私自携带疫源动物及产品出区，报告死鼠獭、报告疑似鼠疫病人、报告不明高热病人和急死病人。同时还建立了鼠疫隔离病房，建立监控和医疗制度，培训专业鼠防人员。青藏铁路全线建设期间，未发生一例鼠疫疫情。这些措施都充分保证了青藏铁路施工建设中人的安全与健康。

神舟飞船的根本任务是作为天地往返"运人"工程的运输工具，将航天员安全送入太空并确保航天员安全返回地面。保证航天员的安全是神舟飞船第一任务，这就要求神舟飞船的设计必须贯彻"以人为本"的理念。这种"以人为本"的设计理念，恰恰反映了神舟飞船项目的难点和水平。主要难点：（1）神舟飞船是中国首个载人航天器，必须考虑的与人有关的因素有哪些。（2）航天员在失重环境下的生理和心理特征

怎样？活动能力如何？（3）可靠性与安全性并不是相同的概念，有些时候它们是矛盾的。"可靠不一定安全，安全一定要可靠"，因此，在进行可靠性设计时必须同时进行安全性分析，有时必须不断地进行权衡和分析以降低风险。贯彻"以人为本"设计理念，确保航天员安全是贯彻神舟飞船研制、试验全过程的主题。通过系统分析和试验，飞船系统开展了大量与人有关的专题研究工作。主要包括：（1）航天员医学专题；（2）工效学设计及评价专题；（3）着陆冲击试验验证专题；（4）航天员手动控制系统设计和验证专题；（5）自主应急返回设计和验证专题，等等。据此设计、研制的神舟五号飞船，将中国第一位航天员杨利伟顺利送上太空，并且安全返回[1-35]。

1.4.2.5　工程文化——工程活动的人性化

工程文化指工程活动的人性化，是工程中以人为本的具体体现。每项工程都有自己特定的环境条件和历史传统，从而形成独特的哲学信仰、意识形态、价值取向和行为方式，由此每个工程都有其独特的工程文化。工程文化是在特定的文化背景下，在工程管理实践中形成的一种分支文化，是一种与工程管理实践紧密结合的应用型文化。文化是基础，工程是平台。文化的作用是巨大的，它可以渗透到工程管理的各个方面。例如，在工程队伍中提倡创新文化，可以使工程创新活动更加深入；提倡安全文化，可以使工程活动的各个空间与时间都更加自觉地加强安全措施，等等。因而，在工程管理中，进行工程文化建设是凝聚工程团队、提高工程管理水平、促进工程成功完成的重要保证。加强工程文化建设，发挥文化导向作用，不仅有助于降低事故发生，更有助于提高工程人员的工作热情与工作质量，从而提升工程的综合效益。通常认为，工程文化是工程主体为达到工程目标而形成的行为取向，如果这种行为取向背离了工程活动内在规律的要求，就可能形成一种不利于工程顺利开展的文化氛围。

工程文化还有另一方面的内涵，即工程成果本身所体现的文化与艺术。正因为工程是为人服务的，工程成果就应当体现人群在享用这一成果时的愉悦感受。例如，北京人民大会堂和历史博物馆体现庄重、朴素和凝重的中华传统，在它们面前，能自然激发起人们的民族自豪感和爱国热情；而任何一座清真寺必然体现的是伊斯兰文化，并为各族人民所喜爱。

中国载人航天工程始终坚持着"勇于创新、团结协作、科学求实、以人为本、爱国奉献"的精神。航天是最具创新活力也最需要创新精神的领域之一，对中国载人航天来说，创新既是发展动力，也是根本出路。航天事业具有投入高、风险大、技术密集、系统复杂等特点，科学求实是航天事业永恒的主题，也是确保航天任务圆满成功的保证。2013年6月，神舟十号在酒泉发射，升空后和目标飞行器天宫一号对接。整个过程在轨飞行15天，其中12天与天宫一号组成组合体在太空中飞行。神舟十号发射成功标志着中国载人航天工程进入应用阶段，载人航天水平迈上了新台阶。在中国载人航天工程的八大系统中，航天员系统是第一系统。为了让航天员飞行更安全、乘坐更舒适、操作更便捷，人性化的设计理念贯穿飞船、火箭等航天产品的设计、研制、生产全过程。体现了载人航天，以人为本。中国航天从起步的那一刻起，就承载着国家的使命、民族的尊严，凝聚着亿万人民的热切期盼。航天精神生动诠释了以爱国主义为核心的民族精神和以改革创新为核心的时代精神，是社会主义核心价值体系在航天领域的具体体现[1-36]。正是由此文化的引领，才保证中国航天人不断进取，开拓创新。

1.4.3 "天人合一"索源

"天人合一"是中国古典哲学的根本观念之一，也是中国哲学与西方哲学最显著的差别之一。天人关系是中国传统哲学的一个重要论题。在中国思想史的长河中，不同学派和不同时代，甚至同一学者在不同时期，对天和人的论述有着不同的内涵。虽然不能把"天"和"人"简单地等同于自然与人类，但总体来说，它包含着人与自然之间相互关系的理论。

在古代汉语里，作为"天人合一"命题里的"天"，是泛指自然界，有时候称"天"，有时候称"天地"，单独称"天"的时候也包括天和地。"人"是一种德性主体、责任主体，承担着对于天地万物的责任、使命。德性主体是一种和谐共存的关系。"合"是积极的"合"。什么是"合"？如何合？首先是参赞化育，即通常说的参天地，赞化育，能够做到这一点，就可以与天地并列为三。其次，在自然面前，人应该发挥主动性。"合"还必须延天佑人。所以"天人合一"的"合"，不是以人为中心，一切自然为人所用，也不是将人镶嵌在自然里面不动，而是人和自然在相互交往、各尽其性的过程中的辩证统一。人和自然是椭圆的两个焦点，两者共同构成大自然[1-37]。

儒家的天人关系论的主流是"天人合一"，但各个代表人物的思想内涵有所不同。

《礼记·中庸》说："诚者天之道也，诚之者，人之道也。"也就是：诚实是天道的准则，使自己诚实是人道的准则。意思是人要发扬"诚"的德性，才可以与天一致。孟子在《尽心》中说："尽其心者，知其性也，知其性，则知天矣。"大意是说，尽人的善心，就能觉悟到人的本性，觉悟到了人的本性，也就懂得了天命。董仲舒是汉朝著名的儒家，他在《春秋繁露·深察名号》中提出了："天人之际，合而为一。"董仲舒还提出了"天人感应"说。董仲舒的"天"与"人"大体是人与自然关系，但他在"天人感应"说中认为"天"是具有自然外貌的，有意志、有目的的神，如果人做了坏事，天就要降下灾祸，予以惩罚。虽然他提出"天人相分"是劝诫汉武帝，要他顺天应民，施行德政，否则要受到上天的惩罚。本意是好的，但却掺入了迷信成分。

"天人合一"一词作为哲学概念首先是由北宋大儒家张载在《正蒙》乾称篇第十七中正式提出，他在批评释家的虚幻思想之后，表明儒家是"因明致诚，因诚致明，故天人合一"。上述内容都是从道德和思想层面的论述，把人的理念当作"天"的属性，因此这里的"天"指的是理念之天，基本上不包含人与自然关系的意义在内。

荀况（世称荀子）在天伦中提出"天人相分"。按照李根蟠的研究[1-38]荀子的"天"既包括"列星随旋，日月递照，四时代御，阴阳大化，风雨博施"等自然界的物质和现象，也包括人生而有之的器官和情感（"天官""天情"），相对的"人"则指人类主体的活动。因此荀子的这种"天人关系"论大体相当于人与自然的关系。荀子认为，"天"和"人"各有自己的运行规律，不同的是"天"没有意志和目的，而"人"则是有其意志和目的的。并且，"天"不会有意识地给"人"赐福降祸，"人"也不能影响"天"的运行。"人"虽然不能影响"天"的运行，但可以"制天命而用之"，"各得其和以生，各得其养以成"。意思是说，并不因为"天人相分"，人和自然就处于对立状态，而是人类和天地万物共处于和谐的整体之中，人虽然不能改变天的运行，但可以在掌握了天的运行规律的基础上，利用它为人类谋福利。笔者认为，荀子虽然在字面上说的是"天人相分"，究其实质，则是天人合一。

道家也是主张天人合一的。老子说："故道大，天大，地大，人亦大。域中有四大，而人居其一焉。人法地，地法天，天法道，道法自然"（《老子》第25章）。在这里将天地人三才与道并列，来表明人与自然的一致与相通。《庄子》齐物论进一步提出"万物一体""天地与我并生，万物与我为一"。老子却又说"以辅万物之自然而不敢为"（《老子》第64章），认为人在自然面前要顺从自然规律，而不能随意作为。以农耕而言，《庄子》则阳中说："昔予为禾，耕而卤莽之，则其实亦卤莽而报予；耘而灭裂之，其实亦灭裂而报予。予来年变齐，深其耕而熟之，其禾繁以滋，予终年厌餐。"意思是，如果粗耕莽种，则没有收成。一旦精耕细作，就会丰收，吃都吃不完。说明人类善待自然，自然就给人类以善报，否则就会恶有恶报。

张岱年先生指出:"中国哲学中,关于天人关系的一个有特色的学说是天人合一论。"[1-39]季羡林先生对"天人合一"的解释是:天,就是大自然;人,就是人类;合,就是互相理解,结成友谊[1-40]。他还认为,天人合一论是中国文化对人类最大的贡献。天人合一就是人与大自然要合一,要和平共处,人类要适应自然,不要讲征服与被征服。

英国著名学者李约瑟对此也有一段非常精彩的论述:"中国思想家基本上不相信有一个专一管理宇宙的神,而宁可从非人力'天'方面进行思索。非人力实际上意味着'天'或许多'天',然而这里最好译成'宇宙的秩序'。与此相似,道(或天道)是'自然的秩序'。因此在中国古代的世界观中,人并不被看成是造物主为其享有而准备的宇宙的主人。从早期起,就有一种自然阶梯的观念,在这个阶梯中,人被看成是生命的最高形式,但从未给他们对其余的'创造物'为所欲为的任何特权。宇宙并非专为满足人的需要而存在的。人在宇宙中的作用是'帮助天和地的转变与养育过程',这就是为什么人们常说人与天、地形成三位一体,天、地、人三才。对人来说,他不应探究天的方式或与天竞争,而是要在符合其基本必然规律时,与它保持一致。这就像有三个各有自己组织的层次,如那著名的叙述'天时、地利、人和'。因此,关键的字眼始终是'和谐'。古代中国人在整个自然界寻求秩序与和谐,并将此视为一切人类关系的理想。"[1-41]人类生活的世界是由自然、人、社会三个部分构成的,以人为本的新发展观,从根本上说就是要寻求人与自然、人与社会、人与人之间关系的总体性和谐发展。党的十八大指出,建设社会主义和谐社会、社会主义生态文明,促进人的全面发展,并提出了"推动建设和谐世界"的目标[1-42]。

1.4.4 工程管理中的天人合一

天与人各代表了万物矛盾间的两个方面。在工程管理中,"天人合一"是指工程与人、工程与社会、工程与自然的和谐统一。它不仅仅只是指工程环境,诸如工程决策、工程经济、工程质量与工程艺术都是在以人为本的前提下贯穿着天人合一的红线。

1.4.4.1 工程环境包括工程的社会环境与自然环境,是工程活动中天人合一的综合体现

工程环境的核心是工程与社会的和谐,工程与自然的和谐。因此,需要贯彻落实可持续的发展战略,在强调发展主题、鼓励经济增长的同时,应该认识到可持续发展要以保护自然与社会为基础,与资源永续利用和生态环境承载能力相协调。当代人在

创造和追求今世的发展与消费时，既要满足所有当代人的需要，又不对后代人满足需要的能力构成危害。解决好工程发展与环境保护，并且与社会的相互协调问题，是实现工程活动天人合一的关键。

　　青藏高原是自然生态十分脆弱的地方。党中央、国务院明确提出："青藏铁路建设要珍爱高原一草一木。"保护生态环境是中国的基本国策。在青藏铁路建设全过程中，自始至终贯彻《环境保护法》、《水土保持法》、《野生动物保护法》等环境保护法律法规。确立了"预防为主、保护优先、开发与保护并重"的环保工作方针和"环保设施与主体工程同时设计、同时施工、同时投产"的"三同时"环保工作原则。提出了确保江河源水质不受污染，野生动物迁徙不受影响，多年冻土环境、植被和湿地环境、铁路两侧景观不受破坏，努力建设具有高原特色的生态环保型铁路的环境保护总目标。青藏铁路建设部门与青海省和西藏自治区政府签订了中国铁路建设史上首份环保责任书，树立了法制意识并强化了法制监督。为了恢复铁路用地上的植被，科研人员积极开展高原冻土区植被恢复与再造研究，采用先进技术，使植物试种成活率达70%以上，比自然成活率高一倍多。青藏铁路在中国铁路建设史上首次建设野生动物通道。青藏铁路总指挥部的监测表明，藏羚羊已经适应了人工营造的迁徙环境，大批藏羚羊通过野生动物通道自由迁徙[1-43]。青藏铁路在建设施工中有效地保护了生态环境，在处理工程与自然的关系上，堪称典范。

　　当工程环境的和谐发展达到一定高度，便会孕育出工程艺术。工程艺术源于工程是为人服务的本质，正因为工程要进入人们的视野，才需要有艺术的体现。也可以将工程艺术看作是工程环境的一部分，工程艺术表现的最高要求就是工程与社会、工程与自然的和谐统一。

1.4.4.2　工程决策——工程以人为本与天人合一的综合体现

　　工程决策指工程决策者针对拟建工程项目，确立总体部署，并通过不同工程建设方案进行分析、比较和判断。对实施方案做出选择的行为是贯穿整个计划阶段的主线。工程决策，特别是关乎国计民生的重大工程决策，一般取决于政治家，但需以科学为前提，同时保证民主。重大工程决策是一个复杂的过程，因此需要政治家权衡利弊、趋利避害，应对各种可能的挑战和问题，坚决摒弃好高骛远和急功近利的思想。在这个过程中，需要注意研究工程的必要性和可行性，充分体现工程的以人为本与天人合一，在此前提下进行科学决策，建立一个包容多重意见的论证机制，通过民主的方式防止决策脱离理性轨道，真正做到兼听则明。

有人认为，中国最大的浪费来源于战略决策的失误。根据世界银行的统计，"七五"到"九五"期间，中国投资决策失误率在30%左右，资金浪费及经济损失在4000亿~5000亿元，突出科学正确的工程决策十分关键。

在中国重大的工程决策中，三门峡工程决策的失误带给我们诸多启示。三门峡工程于1957年开工，是新中国兴建的第一个高坝大库，显示了中国人民驯服江河的豪气，并在发电等方面取得了一些实效，但忽视了其对生态环境的负面作用，在工程设计中有所失误。在三门峡的工程决策阶段，过分追求政治意义，以至于忽略了客观事实，违背了客观规律。该工程是苏联援建的重点项目之一，在决策中过分信赖国外技术专家，对黄河流域多泥沙和生态环境的实际状况考虑不足。以至于后来三门峡大坝进行了两次改修，三次调整运行方式，并在2003年造成了渭河水患[1-44]。工程决策的失误不仅造成了经济上的损失，也给社会和当地百姓生活带来了严重的负面影响。

三峡工程从最初的设想、勘察、规划、论证到正式开工，经历了70多年不平凡的历程。1924年，孙中山先生首先提出了建造三峡大坝的构想，从20世纪50年代开始，中央老一辈革命家和时任中央领导多次深入三峡视察，并组织专家组进行反复论证。1992年4月3日，全国人大七届五次会议以1767票赞同、171票反对、664票弃权、25人未按表决器，以近三分之一的人反对或者弃权的结果，通过了《长江三峡工程决议案》。1994年正式动工兴建，2003年开始蓄水发电，2009年全部完工。三峡工程的正确决策带来三大效益，即防洪、发电和航运。防洪被认为是三峡工程最核心的效益。三峡水库正常蓄水位175m，有防洪库容$2.215 \times 10^{10} m^3$。给荆江的防洪提供了有效的保障，对长江中下游地区也具有巨大的防洪作用。三峡水电开发是中国可持续发展，尤其是清洁能源开发的一个重要里程碑。三峡水电站装机总容量为$1.82 \times 107kW$，年均发电量$8.47 \times 10^{10} kW \cdot h$，将产生巨大的电力效益。三峡工程位于长江上游与中游的交界处，地理位置得天独厚，对上可以渠化三斗坪至重庆河段，对下可以增加葛洲坝水利枢纽以下长江中游航道枯水季节流量，能够较为充分地改善重庆至武汉间的通航条件，满足长江上中游航运事业远景发展的需要。

1.4.4.3　工程经济是工程与社会的桥梁与纽带

任何工程的实施都必须在经济上为社会所接受。工程经济是要从有限的资源中获得最大的工程利益，是人们在使用技术的社会实践中，效果与费用及损失的比较，是对取得一定有用成果和所支付的资源代价及损失的对比分析，也就是经济效果评价。工程技术与经济之间是对立统一的辩证关系，经济是工程技术进步的目的，工程技术是达到经济目标的手段，是推动经济发展的动力，但是同时工程技术与经济还存在相互制约和相互矛盾的方面。某一工程技术的使用是为了增加工程利益，而先进的技术并不一定具有经济合理性，不具有经济性的技术是不适用的，必须研究哪些技术以及以何种方式组合是经济适用的。因此，工程经济分析的重点是工程预见，是对工程经济活动的系统评价，当然满足可比条件是技术方案比较的前提，在比较时需要满足相关使用价值、投入相关成本、时间、评价参数等因素的可比性。对工程技术与经济辩证统一的判定，必须处理好技术、经济、环境、社会等多方面的关系，应用相关学科的知识解决技术实践中遇到的经济问题，通过大量的数据进行分析计算，特别是事前的估计和判断，还应该注意系统的平衡。

南水北调是缓解中国北方水资源严重短缺局面的重大战略性工程。中国南涝北旱，南水北调工程通过跨流域的水资源合理配置，大大缓解中国北方水资源严重短缺问题，促进南北方经济、资源、环境、社会与人口的协调发展。南水北调工程满足城市和工业的用水需要，通常比重新分配灌溉用水更经济，也更容易操作，可以节约成本，创造较大价值。南水北调工程可以改善北方地区的自然环境特别是水资源条件，增强水资源承载能力，提高资源的配置效率，促进经济结构的战略性调整；对于扩大内需，保持全国经济的快速增长，实现全国范围内的结构升级和经济社会环境的可持续发展，具有重要的战略意义。南水北调工程通过改善水资源条件来促进潜在生产力，形成现实的经济增长；通过建立南水北调工程新型的运行机制，促进受水地区加大节水、治污的力度，逐步改善黄淮海地区的生态环境状况；使中国北方地区逐步成为水资源合理配置、供水有保障、水环境良好的节水、防污型社会[1-45]；能有效解决北方一些地区地下水因自然原因造成的水质问题，如高氟水、苦咸水和其他含有对人体不利的有害物质的自然水问题，改善当地农村饮水的质量；有利于缓解水资源短缺对北方地区城市化发展的制约，促进当地城市化进程，改善城市生态环境和自然景观，满足人们生活水平提高后，对周边生态环境质量越来越高的要求。

1.4.4.4　工程质量——工程为社会接受的通行证，也是工程活动的基本要求与道德底线

广义的工程质量观不仅仅是只考核人工自然的最终质量，还应当包括工程活动全过程中的组织、经济、安全、社会、环境等的整体效益。质量与和谐这两个概念的范畴不仅是物质的，还应该包含精神文化层面；不仅有个人的、产品的，还有社会的。质量反映生产力发展水平，映照出政府管理的水平，反映一个国家的工业化、现

代化程度以及社会和谐程度。工程质量浓缩了工程企业的综合素质，包含了工程相关领导者的境界、队伍的素质、技术水平的高低、企业文化的优劣，也标志着政府对建设行为监管的水平。工程质量关联社会各个方面、各个阶层、各个阶段，深入到每个家庭、每个社会团体，直接影响到人们生活的各个环节。工程质量与社会和谐密不可分，工程质量的优劣，直接影响到经济发展的效益、公共安全、社会运转效率、人民生活幸福指数、百姓对政府的信任程度等一系列问题。工程质量的监管，是政府义不容辞的责任与义务，既是对人民负责，也是对社会公共安全负责。因此，作为工程质量监督工作者，应该努力推动工程质量管理法律法规体系更加健全，工程质量管理体制机制更加完善与协调，工程质量责任得到进一步强化与落实，建设工程全生命期质量得到保障，工程质量整体水平和人民群众满意度明显提高。

汶川地震，直接经济损失高达8451亿元人民币。其中，学校、医院和其他非住宅用房损失占20.4%，民房和城市居民住房损失占27.4%，占全部损失的将近一半[1-46]。造成汶川地震伤亡人数如此巨大的重要原因就是大量房屋的损毁倒塌，这充分反映了建筑结构布置和形式不合理、施工质量偏低等问题。因此，地震过后，要求调查与问责灾区内建筑物质量的呼声十分强烈。凡是按照抗震规范进行正规设计，而且施工质量有保障的房屋，在高烈度地区大部分做到了开裂而不倒塌，在低烈度地区震害程度大部分较轻。然而汶川地震中大量倒塌的房屋确实反映了工程施工质量问题，如配料上的偷工减料，还有不按抗震要求施工、操作上的不合理，都使得震害雪上加霜。

1.4.5　协同创新

工程创新是工程活动中充分发挥人主观能动性的最好体现。工程创新也是创新活动和建设国家创新系统的主战场，工程创新的过程是不断突破壁垒和躲避陷阱的过程。工程创新的原动力来自以人为本和天人合一。以人为本要求工程更加人性化，以便更好地为人类服务，天人合一则要求工程又好又快又经济。这些要求都促使了工程不断进行创新。而技术创新与管理创新的结合，即二元创新的成功与否决定了工程创新的成败。其中管理创新则是指组织形成创造性思想并将其转化为有用的产品、服务或作业方法的过程。技术创新与管理创新是工程进步的统一助推器，技术是生产力，管理是生产关系，两者相辅相成，辩证统一地存在于工程的发展中。因此，需要在以人为本的前提下，同时进行技术创新与管理创新，并将二者有机结合。现代工程，特别是大型工程，参与单位众多，工程程序复杂。一些涉及工程优劣与成败的重大创新活动，牵涉到许多方面，既有技术创新，也有管理创新；既有创新的攻关单位，也有创新成果的实施单位等。因此，协同创新是工程创新的必由之路。在7.2.2节中对此有全面深入的论述，这里就不再展开。

青藏铁路建设工作始于20世纪50年代，原铁道部在青藏铁路的技术创新过程中处于主导地位，充分认识了青藏铁路建设中的"三大问题"：多年冻土、高原缺氧、生态脆弱，并通过技术创新逐一克服。在青藏铁路工程管理的创新实践中，公益性铁路工程项目首次实行法人责任制，提出了适应项目特殊要求的五大控制目标：工程质量、环境保护、健康安全、建设工期、投资规模，通过责任层层分解、目标处处落实、人员个个参与和过程步步控制来实现。以责任制为核心的工程质量管理，实行环境保护管理的专职监理制度，并突出关键控制的工期与投资管理。在制定总体技术创新方案的基础上，青藏铁路工程将站前工程分为33个标段、站后工程分为17个标段进行公开招标，择优选择了国内外优秀的承包商和供应商参加工程的技术创新与建设工作。原铁道部安排了88个大项、120多个科研试验子项目，结合现场实际开展有针对性的科研试验，并为冻土问题开展了80多项科研攻关[1-47]。青藏铁路的工程创新发挥了科研先行的作用，保证了工程的顺利完工，并产生了一大批自主创新的科技成果，创造了100多项世界第一。

1.4.6　构建和谐

构建和谐是工程的终极目标。无论是在建设阶段、运行阶段和退役阶段的工程活动，都应当构建和谐。就工程建设阶段而言，任何工程的建设都打破了原有的平衡。工程规模越巨大，它对环境、对社会的影响也就越大，对原有的环境与社会的平衡，产生了巨大影响。在工程建设完工之后，构造了一个新的平衡。如果这个新的平衡能够优于原有的平衡，那就是构建了和谐。否则尽管造物过程完成了，但是从系统的观点来说，这个工程并没有很好地完成。三峡工程不但修建了一个航电枢纽，更重要的是能够发挥防洪的作用，而且还进行了生态的治理与修复，这就使得建成的三峡枢纽工程与自然和社会和谐地存在着，即构建了和谐。构建和谐是工程活动的终极目标，也是最高的目标。

构建和谐的含义具有多样性，工程必须与社会，与自然相和谐。与社会和谐包括经济、政治、文化等各个方面。任何一项工程，它必须在经济方面为社会所接受，社会各界要认同投入到这个工程的资金是合适的。然而，由于种种原因，有些工程达不到这方面的和谐。美国波士顿中央隧道工程就是著名案例，为了解决波士顿中央区域的拥堵等交通问题，工程建设十分必要。但1983年的预算是23亿美元，到2005年实际费用达到了147亿美元,在议会、社会引起巨大的争议。苏格兰议会大厦更是一个以延长工期和大幅度增加投资而闻名的工程,1997年预算为4000万英镑,2004年增加到4.3亿英镑,拖到2007年竣工,最后耗资4.144亿英镑,比预算增加了10倍。从文化和谐来说,可以举浙江金华建筑艺术公园作为负面例子。建设金华建筑艺术公园的初衷是希望成为人们休闲、娱乐,欣赏建筑艺术的一个良好场所。但是由于选址,特别是公园内涵在文化上并不为市民所认同,即使节假日都少有人来赏园、度假。这个公园以高调开始,经过几年之后,变成了一片废墟。青藏铁路一开始就注意到了对环境的影响,在设计中就注意对环境保护和修复,在其330亿的投资中,将12亿用于环境的有效修复与治理,使之成为与自然和谐的成功范例。

参考文献

[1-1] 殷瑞钰,李伯聪. 关于工程本体论的认识 [J]. 自然辩证法研究,2013(29):43-48.

[1-2] 庞兴雷,李刚. 习近平在青海考察时强调:尊重自然顺应自然保护自然,坚决筑牢国家生态安全屏障 [N/OL]. 人民日报2016-08-25(1)[2016-10-18]. http://paper.people.com.cn/rmrb/html/2016-08/25/nbs.D110000renmrb_01.htm

[1-3] 许慎. 说文解字 [M]. 北京:线装书局出版社,2014.

[1-4] 中国社会科学院语言研究所词典编辑室. 现代汉语词典 [M]. 北京:商务印书馆,1978.

[1-5] 不列颠百科全书编辑部. 不列颠百科全书国际中文版(第15卷)[M]. 北京:大百科全书出版社,1999:157.

[1-6] 不列颠百科全书编辑部. 不列颠百科全书国际中文版(第15卷)[M]. 北京:大百科全书出版社,1999:158.

[1-7] 朱根逸. 简明世界科技名人百科事典 [M]. 北京:中国科学技术出版社,1999:170.

[1-8] 不列颠百科全书编辑部. 大不列颠百科全书(第7卷)[M]. 台北:丹青图书有限公司,1987:233.

[1-9] 不列颠百科全书编辑部. 不列颠百科全书国际中文版(第15卷)[M]. 北京:大百科全书出版社,1999:485.

[1-10] 欧文·拉兹洛. 多种文化的星球——联合国教科文组织国际专家小组的报告 [M]. 北京:

社会科学文献出版社，2001：216.

[1-11] 不列颠百科全书编辑部. 大不列颠百科全书（第5卷）[M]. 台北：丹青图书有限公司，
1987：413.

[1-12] 尼尔 A.阿姆斯特朗. 工程师铸造的世纪 [M] //美国国家工程院编. 常平、白玉良译. 20
世纪最伟大的工程技术成就. 广州：暨南大学出版社，2002：9.

[1-13] 常平. 20世纪我国重大工程技术成就 [M]. 广州：暨南大学出版社，2002.

[1-14] 何继善. 工程哲学与工程管理 [M]. 北京：高等教育出版社，2016：3.

[1-15] 何继善，陈晓红，洪开荣. 论工程管理 [J]. 中国工程科学，2006，7（10）：5-10.

[1-16] Hiral Shah. A Guide to the Ehgineering Management Body of Knowledge [M]. Rolla：The
American Society for Engineering Management，2012：3

[1-17] 何继善. 论工程管理理论核心 [J]. 中国工程科学，2013，14（11）：4-11.

[1-18] 邓蓉. 关于管理的科学性与艺术性 [J]. 经营与管理，1995-11-15.

[1-19] 戴尔·卡耐基. 卡耐基领导艺术与管理技巧 [M]. 刘祐译. 天津：天津社会科学院出版
社，2014.

[1-20] 江泽民在国际工程科技大会上的讲话 [EB/OL]. [2000-10-12]
http://www.gmw.cn/01gmrb/2000-10/12/GB/10%5E18571%5E0%5EGMA1-106.htm

[1-21] 何继善，陈晓红，等. 管理科学：历史沿革、现状与发展趋势 [M]. 长沙：湖南人民出
版社，2003.

[1-22]（德）Walter Kaiser. 工程师史——一种延续六千年的职业 [M]. 顾士渊，孙玉华，胡春
春，周庆，译. 北京：高等教育出版社，2008：173.

[1-23] 戴望. 万有文库：管子 [M]. 北京：商务印书馆，1936：8.

[1-24] 张岱年. 中国文化概论 [M]. 北京：北京师范大学出版社，1994.

[1-25] 刘涛. 远大集团世界第一高楼成大水坑被疑是骗局 [EB/OL]. [2014-07-10]
http://finance.china.com.cn/industry/estate/20140710/2530108.shtml

[1-26] 龚建方，董彬. 科学发展观的以人为本与西方的人本主义的关系 [J]. 青春岁月，2015
（21）：210.

[1-27] 陆佑楣，尚存良. 长江三峡工程的生态环境影响与对策 [A]. 何继善. 工程哲学与工程管
理 [C]. 北京：高等教育出版社，2016：9-21.

[1-28] 傅志寰. 中国铁路改革发展探索与实践 [M]. 北京：中国铁道出版社，2004：575.

[1-29] 王安. 传统产业的变革——神东快速发展的思考 [M]. 北京：中国科学技术出版社，
2006：69-70.

［1-30］（德）Walter Kaiser．工程师史——一种延续六千年的职业［M］．顾士渊，孙玉华，胡春春，周庆，译．北京：高等教育出版社，2008：8.

［1-31］（德）Walter Kaiser．工程师史——一种延续六千年的职业［M］．顾士渊，孙玉华，胡春春，周庆，译．北京：高等教育出版社，2008：129.

［1-32］肖平．工程伦理导论［M］．北京：北京大学出版社，2009.

［1-33］黄国焐，杨兰和．秦山核电二期扩建工程项目管理实践（综合篇）［M］．北京：原子能出版社，2012.

［1-34］魏玉光，杨浩，刘建军．青藏铁路运输组织的特殊性及安全保障体系初探［J］．中国安全科学学报，2003（3）：22-26.

［1-35］袁家军．神舟飞船系统工程管理［M］．机械工业出版社，2006（1）：396.

［1-36］马兴瑞．践行航天精神不断创造奇迹［J］．中国航天，2012（2）：7-8.

［1-37］乔清举．继承传统文化智慧，推进生态文明建设［N/OL］．光明日报，2015-08-01（10）［2016-10-18］.
http://epaper.gmw.cn/gmrb/html/2015-01/01/nbs.D110000gmrb_01.htm

［1-38］李根蟠．"天人合一"与"三才"理论——为什么要讨论中国经济史上的"天人关系"［C］//中国经济史上的天人关系学术讨论会论文集．北京：中国社会科学院经济所，1999，12，01.

［1-39］张岱年．中国哲学大纲［M］．北京：中国社会科学出版社，1982：181.

［1-40］季羡林．"天人合一"新解［J］．传统文化与现代化，1993（1）：14.

［1-41］李约瑟．历史与对人的估计——中国人的世界科学技术观［A］．潘吉星．李约瑟文集［C］．沈阳：辽宁科学技术出版社，1986.

［1-42］胡锦涛．坚定不移沿着中国特色社会主义道路前进为全面建成小康社会而奋斗：在中国共产党第十八次全国代表大会上的报告［R］．北京：全国人民代表大会，2012.

［1-43］孙永福．铁路建设管理论集［M］．北京：中国铁道出版社，2004：143.

［1-44］卢广彦，付超，季星．国家重大工程决策机制的机构［J］．科技进步与对策，2010（6）：81-85.

［1-45］马骏，郑垂勇．南水北调东中线受水区水资源与社会经济和谐度评价［J］．中国人口：资源与环境，2010（11）：36-41.

［1-46］丁烈云，陈兴海．从汶川地震灾害看我国建筑质量风险分担机制［J］．科技进步与对策，2009（21）：113-117.

［1-47］魏玉光，杨浩，刘建军．青藏铁路运输组织的特殊性及安全保障体系初探［J］．中国安全科学学报，2003（3）：22-26.

第 2 章

工程管理认识论

认识论作为辩证唯物主义的重要组成部分，是关于人类的认识来源、认识能力、认识形式、认识过程和认识真理性问题的科学认识理论。首先，它是可知论。认为客观物质世界是可知的，人们不仅能够认识物质世界的现象，而且可以透过现象认识其本质。其次，它的基本前提是反映论。认为物质世界是不依人的主观意志而独立存在的，人的意识是人脑的机能，是对物质世界的反映，必须坚持从物到感觉和思想的唯物主义认识路线，与从思想、感觉到物的唯心主义认识路线划清界限。再次，它是实践论。认识的辩证法，表现在认识和实践的关系上，认识来自实践，又转过来指导实践，为实践服务。表现在认识过程中，人对世界的认识不是一次完成的，而是一个多次反复、无限深化的过程。

依据辩证唯物主义认识论的基本理论，工程管理认识论可理解为工程管理主体对过程管理客体的反映。它其实内含有一个具体与抽象的逻辑演进过程，即科学的工程管理一般需要经历"感性具体—抽象分析—理性具体"三个阶段。"感性具体"阶段，是对工程管理的表象认知阶段，表现出对工程建设中种种具象东西的关注；"抽象分析"阶段，表现出对工程管理的分析与综合，是在工程管理具体的感性行为中开始有了形而上的思考，是由外在行为向内在本质的迈进中介；经过"抽象分析"必然地上升到更高的"理性具体"阶段，此时人们对于工程管理完成了表象和内部关系的结合，上升到了整体性、过程性的本质层面的认识和把握，实现了工程管理实践的跃迁。

本章以工程管理的历史沿革为经线，以工程管理的理论发展为纬线，试图构建工程管理认识论"经纬之网"，通过对古代工程管理、近代工程管理和现代工程管理理论与实践的梳理勾勒出工程管理的发展轮廓。并在此基础上，多维透视工程管理理论与实践的流变，挖掘出工程管理的客观规律和基本准则，揭示工程管理认识的本质。传统的农业社会工程管理、工业社会工程管理受限于当时的生产力水平和科技水平，一般来说，有固有的边界，而现代工程的鲜明特点是以高新技术为基础，以创新为动力，将各种资源、新兴技术与创意相融合，向技术密集型、知识密集型方向发展。显见，我国工程管理的理论与实践发展历史呈现出明显的螺旋递进的辩证发展特质。

2.1　我国工程管理理论与实践的历史嬗变

　　工程世界是一个人化世界，工程管理理论是以人作为管理主体，以人工自然的建造、运行和退役为管理客体，以各个阶段的计划、组织、控制等为管理载体，以提高其效果、效率和效益为目标而形成的一种管理理论。工程管理理论的起点和落脚点均指向工程管理实践，工程管理实践是以现有客观事物为基础，将工程管理理论作用于工程规划、设计、投资、建设、运行、退役等部分，在主体作用于客体的过程中，促成理论由潜在的生产力向现实的生产力转化，达成"成物"与"成人"的目标。

2.1.1　工程管理理论与实践的循环演进

　　现代工程管理过程依循实践—认识—再实践—再认识的辩证路径，工程管理理论与实践不断实现着交互作用，并在双向互动性重构与建构中协同发展，循环推进，使两者在新的历史条件与环境下达到新的更高水准的统一，这也正是唯物辩证法过程论的真谛所在。故而，有必要对具体的工程管理经验由抽象分析进而予以辩证综合，将其上升到哲学思维的高度，从中提炼出一些普适性与规律性的东西[2-1]。

　　首先，工程管理实践是工程管理理论的现实基础，工程管理理论是在实际的工程管理实践中生发和总结出来的。从源头上讲，没有工程管理实践，就没有工程管理理论。原始人类以构木为巢、掘土为穴、削木为棒、磨石为器等作为其必需的生存工程实践，在以生存为目的的实践中，工程活动与生产活动、生命延续需要"原始综合"在一起，活动本身多少带有"先验自发"的因素，这中间有管理因子的存在，但显然还没有形成清晰的理论形态。随着人类生产力的积淀和生存技艺的提高，生活的内容变得宽阔了，生活的水准也提高了，在物质享受的同时融入了精神的元素，稍大型的古代工程开始出现，这些工程具备了一定的复杂性，与原始的生存工程活动相比，它的正常运作呼唤着工程管理理论的诞生。从管理学历史来看，管理作为一种社会活动的出现也是工厂出现后产生的现实需要，当工厂面临内外各种关系需要协调，各类问题需要专门的人员进行解决的时候，迫使早期的工厂主对管理的重要性和必要性开始有了自觉的意识，许多学者开始尝试将管理作为一门独立的知识领域乃至独立的知识体系来研究和发展。对此，科学管理的创始人泰勒先生就提出过"管理实践先于理论"的观点，他非常重视科学调查、研究和实验，他强烈地希望按照客观事实改进和改革事物。他所倡导的工作定额原理理论、标准化原理理论、差别计件工资制理论等，无一不是管理实践的产物。他曾经说过，我所知道的所有同科学管理有关的人都准备随时抛弃任何方法和理论，而支持能找到的其他的更好的方法和理论。故而，不满足于理论的现状，不满足于已经取得的理论成果，不断地切入实践，在实践中不断地修正原有的理论，创立契合时代的新的理论是历史的启迪，也是每一位理论工作者的追求。据此，作为工程管理理论首要的任务是在对现有的工程管理实践作一番完整、全面、系统的分析和考察的基础上，依据工程实践需要抽象出基本概念、基本原理，找出它们之间的内在联系，最终有机耦合生成具有逻辑完整性的工程管理理论。

其次，在工程管理实践中创立的工程管理理论，一经形成就具有了方法论的意义，它在创立磨砺中融有的实践因子，内在决定了它对未来工程管理实践的指导意义。以辩证唯物主义认识论的观点来看，实践需要以正确的认识作为先导，没有理论指导的实践是盲目的实践，正确的理论指导实践会使实践顺利进行，达到预期的效果，错误的理论指导实践时，就会对实践产生消极乃至破坏性的作用，使实践失败。理论作为实践的"对立面"，并不仅仅在于理论的"观念性"和实践的"物质性"，更在于理论的"理想性"和实践的"现实性"。人是现实性的存在，但人又总是不满足于自己存在的现实，而总是要求把现实变成更加理想的现实。理论正是以其理想性的世界图景和理想性的目的性要求而超越于实践，并促进实践的自我超越。而理论之所以能够"反驳"实践并促成实践的自我超越，是因为理论自身具有三重特性：其一，理论具有"向上的兼容性"，即理论是人类认识史的积淀和结晶，因而它能够以"建立在通晓思维的历史和成就的基础上的理论思维"去反观现实的实践活动；其二，理论具有"时代的容涵性"，即理论是"思想中的时代"，因而它能够以对时代的普遍性、本质性和规律性的把握去批判地反思实践活动和规范地矫正实践活动；其三，理论具有"概念的体系性"，即理论是概念的逻辑系统，因而它能够在概念的相互规定和相互理解中全面地观照实践活动，并引导实践活动实现自我超越[2-2]。人类的任何实践活动，包括现今的工程实践活动，不同于动物的本能活动就在于人类在实施活动之前就以理论的模式计划着未来的行为和可能的结果。现代工程实践活动的复杂性和高科技性决定了其具有更多的选择性，也具有了更高的风险性，稍有不慎即会带来无以弥补和回复的破坏性，这些决定了科学的工程管理理论的导向、预测和促进作用在未来的工程管理实践中变得越来越重要。今天我们回首20世纪人类的某些工程，依旧感慨良多。由于在早期决策论证阶段的理论指导中匮缺了工程建设多方面价值元素的考量，而导致这些工程未能达到预计的综合利用效益，反而带来了一系列的生态和社会问题。由此可见，一项工程建设在实施前的理论指导正确与否、完善与否已经"先验"地决定了它未来的命运[2-3]。

再次，工程管理理论与工程管理实践在不断的检验、总结中螺旋式地发展，循环推进。人类对于事物本质和规律的认识，受到多种条件的制约，不可能一蹴而就，需要经过实践、认识、再实践、再认识的多次反复才能达到一个相对比较正确的认识。这主要是因为：其一，在工程建设过程中，工程管理者作为主体对被改造的客体的认识要受到客体本身的发展过程及其表现程度的限制。任何工程建设所面对的对象物作为系统都具有多方面、多层次的特性，诸多方面和层次间的交互作用使得事物不断地变化和发展，始终处于一个动态的过程，这也造成事物本质和规律的暴露表现为一个过程，人们对其本质和规律的把握相应地也要有一个时间的沉淀，当工程建设对象物的现象未能最大程度地展现在人们面前的时候，人们的认识易于被对象物的假象所遮蔽，以致可能造成对对象物本质特征错误或片面的认识。其二，在工程建设过程中，工程管理者作为主体对客体的认识还受历史条件和科技水平的限制。任何时代的工程建设都建立在特定的生产力水平和社会意识水平的基础上，人们对于对象物的认识能力和作用能力都要受到所处时代条件的制约，难以一下子透过现象抓住本质，形成对对象物较为完整和全面的认识；同时人们对对象物的认识和改造还会受到政治、文化等意识形态等因素的影响，使认识过程失去其应有的客观性。其三，在工程建设过程中，工程管理者作为主体对客体的认识状态还要受到工程管理者自身因素的限制。这些限制包括人的实践范围、知识水平、认识能力、实践能力、立场、观点、方法以及生理素质等，人们只有在工程管理实践的推进中不断打破这些限制，其认识方可不断得到超越，工程管理理论才能不断发展和推进。

基于以上论述可以看到，工程管理理论与工程管理实践的关系不是简单的"实践—认识—实践"即告结束的闭合式关系，而是"实践—认识—再实践—再认识"的无限循环的关系，并且这种无限性不是简单的圆圈式的循环，而是表现为螺旋式的上升过程。同时必须看到，在这一循环上升的过程中，人在工程实践活动中以主观意图和计划建造、运行和退役人工自然，无疑已将主体的价值因素融入认识之中，即工程实践中往往表现出意图、计划和方案的先行，说明工程在具体实施前已经打上了主体的价值烙印，已经体现了真理和价值的统一。而这种统一的根本意义说到底是实现了人们在工程管理的理论与实践循环上升过程中所渴盼的主观与客观的统一。

人类文明和社会发展过程伴随着大量的工程管理实践活动，历经两千年风霜依然造福人类的都江堰，依山势绵延万里的长城，这些伟大工程昭示着一个民族的伟大，成就了中华文明。以青藏铁路等为代表的一大批现代重大工程更是人们有意识地遵循工程管理规律的典范。青藏铁路是全球海拔最高的一条"天路"，青藏铁路建设者在极端艰苦恶劣条件下攻克了"多年冻土、高寒缺氧、生态脆弱"三大世界性难题，全面实现了"以人为本、天人合一"的工程管理目标，构建了藏羚羊在青藏铁路边悠闲地徜徉，拉萨火车站与布达拉宫交相辉映的人—工程—环境共处的和谐图景。

我国工程管理经过了漫长的发展历程，在逐步积累、提炼和发展中，从经验走向科学，从传统走向现代[2-4~2-6]。我国工程管理的历史发展可沿着古代工程管理、近代工程管理、现代工程管理进行划分。

2.1.2　中国古代工程管理

2.1.2.1　中国古代工程管理思想与制度

1. 朴素的古代工程管理思想

人类最初用物和造物的活动就表明了工程活动的起源[2-7, 2-8]。我国古代时期的工程特色鲜明，气势与艺术兼容并蓄，工程与自然联结呼应，其中不仅凝聚着古代劳动人民的聪慧与机智，更沉淀了大量丰富且宝贵的思想与经验，据此产生了朴素的古代工程管理思想[2-9, 2-10]。

古代时期进行工程设计主要依靠人的主观感受与认知，以人为中心，呈现"以人为本"的重要思想[2-9, 2-11]。如宫廷建筑物中所运用的龙凤雕饰、"福禄寿喜"装饰表明着"吉祥如意"的寓意等，这些既来自于现实生活，又融入情感，加入对理想美的追求。

古代一直将工程与自然巧妙结合。例如，"因地形，用险制塞"的长城修筑经验，"托物言志、借景抒情"的古典园林营造手法，"天地人和合风水"的宫殿建筑的风水讲究等无不说明对自然规律、法则的恪守，都存在着一种"天人合一"的共同思想。

古代工程所体现的系统整体思想，即使今天看来都是难能可贵的。虽然"整体大于部分的总和"的思想在公元前4世纪就已被认识，在我国古代工程建设中也映射出系统整体思想[2-12]。比如都江堰以岷江鱼嘴分水工程、飞沙堰溢洪排沙工程和宝瓶口引水工程三大主体工程，构成系统的水利分洪灌溉系统。另外，"丁谓造宫，一举三得"更是我国古代工程中系统思想的运用典范。在北宋大中祥符二年（1009年）4月，玉清昭应宫的修建任务由丁谓承担，其工程规模十分庞大，共包括2610区建筑，同时除资金问题外还存在三处困难：首先是皇宫修建需要泥土，但由于京城空地较少，需要花费大量劳力前往郊外取土；其次是缺乏建筑材料，同样需要花费劳力从汴河运输和码头搬运；最后是工程建设所产生的碎砖破瓦等垃圾又需要从京城清运出去。由此丁谓制定了缜密的施工方案：第一，由施工现场发散，朝城外挖掘许多深沟，将挖出的土方以备施工所需的新土，从而解决新土难题。第二，将汴河水引至深沟，从而利用木排或船只运输木材石料等建筑材料，解决材料运输难题。第三，待材料运输完毕，排尽深沟中汴河水，并将工地遗留垃圾埋至沟中，将深沟填为平地。如此一举三得，使得原本计划15年的施工时间，仅用7年即完成，既节约了时间和花费，又使得工程建设井然有序，并未对皇城内交通和生活造成过大干扰。

古代工程注重整体的优化，也包含一种朴素的工程管理思维。如宋代水工高超在黄河治堤工程中提出不同于传统"整埽塞决法"的新型"三节压埽法"（埽是在治河时用来护堤堵口的材料），用树枝、秫秸、石头等捆扎而成。"合龙门"作为堵塞决口的关键性步骤，由于水深流急，水势猛烈，运用60步的埽进行合龙未能取得成功，于是结合水势、材料、技术等多方因素，提出将60步的埽改短为3节，每节20步，彼此用绳索连接，通过逐节分次下埽，即先下第一节，削弱水势，压下固定后再下第二节，固定后再下第三节，最终以此种省力优化方法巧合龙门，成功封堵决口。

2. 古代建设组织管理

古代因生产力水平低下，且工程建筑规模较小，建造与管理方式较为简易，均是采用建造者自营的方式。由工程建造者自主负责资金、材料与图纸，建筑设计、施工与管理都集中于建造者自身，雇佣工匠即可完成。政府工程（如宫殿式建筑）规模庞大，结构形式复杂，建造费用牵涉国库开销，据此有必要设置配套的管理措施、制度[2-13]。例如我国古代建立的工官制度，是官营并为王室、宫廷和官府提供服务的土木建造与运营事务制度，这是我国古代中央集权管理的产物，主要采用（准）军事化的管理手段，以保障短期内依据预期质量建成规模宏伟的大型工程。该制度是由国家组织与推行，并由朝廷或地方官府指派人员筹划和监督，工程建设负责人通常为朝廷、官府或军队领导人，同时设置临时管理机构，工程完工后即可撤销。如都江堰工程由太守李冰负责建造；秦代万里长城由大将蒙恬和蒙毅负责建设。

奴隶社会时期，工官即管理工匠的官吏，如周朝的最高工官为"司空"。封建社会对工官制度进行了调整与完善，将其设为掌管工程营造事务官署中的一部分，其职能涉及城市规划、工程设计、征工征料、标准制定、生产和管理等，如秦代设有"将作少府",由其操办土木营造事宜;汉朝有"将作大匠",曾负责初期长安城的城市规划及设计;隋朝以后设有"将作监"和"工部",其中主管人称之为"将作监丞"和"工部尚书";清朝保留"工部",并另设"内务府",负责坛庙、官署等的建造运营事务。通过工官集权制度以朝廷或军队成功建造与运营许多大型工程,这种模式不仅持续了很长时间,也体现了我国传统文化、政治体制与经济体制的特色。

3.古代建设过程控制的实施

标准编制方面,古代工程建设制定了相应的规范、标准和程序。如我国春秋战国时期的建筑制度《考工记》、北宋元丰年间的标准化文集《筑城法式》及稍后的《木经》和《营造法式》、元代著作《河防通议》,以及清代规定《工部工程做法则例》。其中《营造法式》主张"分工专其业",由此提出十多项专业分工以完成不同的专业具体工程[2-14],《工部工程做法则例》将部分官方建筑构件尺寸与数量进行了统一。

资源配置方面,古代大型工程建设需要消耗大量的人力与物力,因此有必要进行统筹安排以保障工程实现。例如,《孙子兵法》云"夫未战而庙算胜者,得算多也",虽应用于军事战争,但在大型工程建设中同样需要运筹帷幄、周密分析、缜密谋划[2-10]。长城修筑过程中采用各种办法进行材料运输,在行走困难之处以队伍形式传递材料,冬天通过泼水使路面结冰从而便于推拉石料,深谷中通过"飞筐走索"牵拉材料,如此既节约人力资源,又节省时间[2-6]。

质量安全管控方面,颇具古代特色。如《吕氏春秋》中详记了战国时代吕不韦非常关注产品质量,提出"物勒工名,以考其诚;工有不当,必行其罪",规定在产品上刻下工匠名字便于追责。长城修建过程中也采用了责任制管理手法,运用石刻碑文对工程建设位置进行记录,还刻录监督官员、石匠和木匠等名字以方便追责;同时设立质量验收制度,以一定距离运用弓箭射城墙,箭头未穿入墙则表明合格,不然返工重筑。北宋时期在建设高达360尺木塔时,每一层修建时均采用帷幕遮挡,以避免工程落物伤及路人,此种安全管理方式至今仍在沿用。

造价控制方面,因古代时期大型工程结构复杂,资源耗费多,技术不够先进,从而更为重视工料消耗与费用计算。如宋朝《营造法式》统计了各工种的材料用量情况,以形成定额基础方便后续用工用料[2-15]。清朝时期颁布的《工部工程做法则例》中记载着大量工料计算方法,同时编制了细致的用料规范《营造算例》[2-11]。

我国古代工程建设积淀了人类数千年的工程智慧,工程建设蕴涵了以人为本、天人合一的思想,同时积累了大量自发、朴素的工程经验,这些思想、理念、经验、做法深刻影响后续工程的建设与发展,极大地推动了人类社会的文明进程。

2.1.2.2　中国古代工程管理典型实践案例

1．灵渠

灵渠位于桂林东北60km处兴安县境内，是现存世界上最完整的古代水利工程，与四川都江堰、陕西郑国渠齐名，并称为"秦代三大水利工程"。郭沫若先生称为："与长城南北相呼应，同为世界之奇观。"灵渠全长37km，建成于秦始皇三十三年（公元前214年），由铧嘴、大小天平、南渠、北渠泄水天平和陡门组成。灵渠设计科学，建造精巧。铧嘴将湘江水三七分流，其中三分水向南流入漓江，七分水向北汇入湘江，沟通了长江、珠江两大水系。

秦始皇统一北方六国之后，又于公元前221年对浙江、福建、广东、广西地区的百越发动了大规模的军事征服活动。秦军在战场上节节胜利，唯独在两广地区苦战三年，毫无建树，原来是因为广西的地形地貌导致运输补给供应不上。所以改善和保证交通补给成了这场战争的成败关键。秦始皇运筹帷幄，命令史禄劈山凿渠。史禄通过精确计算终于在兴安开凿了灵渠，奇迹般地把长江水系和珠江水系连接了起来，使援兵和补给源源不断地运往前线，推动了战事的发展，最终把岭南的广大地区正式划入了中原王朝的版图，对秦始皇统一中国起了重要作用。

2．万里长城

万里长城是世界工程建筑奇迹之一。万里长城已被视为中国古代文明的象征，闻名于世界。

长城已有2000多年的历史，它的修筑是从战国时期开始的。当时的秦、赵、魏、齐、燕、楚等诸侯国，为防御北方游牧民族南侵，都兴建了长城。秦兼并六国后，为防范北方匈奴的突袭，于公元前213年发起了修筑长城的巨大工程，把秦、燕、赵、魏的原有长城连接起来，并加以扩建。整个工程共征用民工30万人，连续花了十多年方告完成，建成了西起甘肃临洮（今岷县），沿着黄河到内蒙古临河，北达阴山，南到山西雁门关，东抵辽东的长城，全长达3000多公里。

汉代除重修秦长城外，又修筑了内蒙古河套南的朔方长城，以及凉州西段长城。凉州西段长城北起内蒙古居延海（今额济纳旗境内），沿额济河，经甘肃金塔，西到安西、敦煌、玉门关进入新疆。整座长城"五里一燧，十里一墩，卅里一堡，百里一城"，构成了一个严整的防御体系。汉以后的北魏、北齐、隋、金等朝代都对长城进行过部分修建，到了明代则进行了全面的重修。明代所修的长城西起嘉峪关，东至鸭绿江边，全长约6700km（13000多华里）。整个重修过程前后达100多年，可见工程的浩大和艰巨。其中，山西以东的长城采用内部夯土，外面用砖石砌筑的方式，山西以西的长城全用夯土筑成。整座长城上又建有很多关城，关城都建在地势险峻的要地，著名者有嘉峪关、居庸关、山海关等。其中嘉峪关是现存长城关城中最完整的一处。它始建于明洪武五年（1372年），气势雄伟，布局周密，结构严谨，有"天下第一雄关"之称。相传，在修建这座雄关时，不但设计和建造技艺高超，而且连用料的计算也非常精确。在关城建成之后，仅剩了一块砖，这块砖被后人放在重关的小楼上，作为纪念。现在人们所看到的长城，主要是明代重修的，以前的长城则只剩下一些遗迹了。

绵延万余里的长城穿越在崇山峻岭、急流、溪谷等险峻的地段之上，工程之艰巨是难以想象的，表现了中华民族的磅礴气概和聪明才智，也反映了中国古代测量、规划设计、建筑技术、工程管理的高超水平。

3. 都江堰

都江堰坐落于成都附近。都江堰水利工程在四川都江堰市城西，是全世界至今为止，年代最久、唯一留存、以无坝引水为特征的宏大水利工程。

这项工程主要由鱼嘴分水堤、飞沙堰溢洪道、宝瓶口进水口三大部分构成，科学地解决了江水自动分流、自动排沙、控制进水流量等问题，消除了水患，使川西平原成为"水旱从人"的"天府之国"。岷江是长江上游的一条较大的支流，发源于四川省北部高山地区。在都江堰建成以前，每当春夏山洪暴发之时，江水奔腾而下，由于河道狭窄，常常引起洪灾，洪水一退，又是沙石千里。岷江东岸的玉垒山阻碍江水东流，造成东旱西涝。

秦昭襄王五十一年（公元前256年），秦国蜀郡太守李冰和他的儿子，吸取前人的治水经验，率领当地人民，主持修建了著名的都江堰水利工程。都江堰的整体规划是将岷江水流分成两条，其中一条水流引入成都平原，这样既可以分洪减灾，又可以引水灌田、变害为利。主体工程包括鱼嘴分水堤、飞沙堰溢洪道和宝瓶口进水口。

首先，李冰父子邀集了许多有治水经验的农民，对地形和水情作了实地勘察，决心凿穿玉垒山引水。由于当时还未发明火药，李冰便以火烧石，使岩石爆裂，终于在玉垒山凿出了一个宽20m，高40m，长80m的山口。因形状酷似瓶口，故取名"宝瓶口"，把开凿玉垒山分离的石堆叫"离堆"。

宝瓶口引水工程完成后，虽然起到了分流和灌溉的作用，但因江东地势较高，江水难以流入宝瓶口，李冰父子又率领大众在离玉垒山不远的岷江上游和江心筑分水堰，用装满卵石的大竹笼放在江心堆成一个形如鱼嘴的狭长小岛。鱼嘴把汹涌的岷江分隔成外江和内江，外江排洪，内江通过宝瓶口流入成都平原。

为了进一步起到分洪和减灾的作用，在分水堰与离堆之间，又修建了一条长200m的溢洪道流入外江，以保证内江无灾害，溢洪道前修有弯道，江水形成环流，江水超过堰顶时洪水中夹带的泥石便流入外江，这样便不会淤塞内江和宝瓶口水道，故取名"飞沙堰"。

为了观测和控制内江水量，李冰又雕刻了三个石桩人像，放于水中，以"枯水不淹足，洪水不过肩"来确定水位。还凿制石马置于江心，以此作为每年最小水量时淘滩的标准。

都江堰的三大部分，科学地解决了江水自动分流、自动排沙、控制进水流量等问题，消除了水患。成都平原从此沃野千里，成为"水旱从人"的天府之国。这项工程直到今天还在起作用，目前灌溉面积超过1000万亩。

4．京杭大运河

举世闻名的京杭大运河，是世界上开凿最早、最长的一条人工河道。大运河北起北京，南达杭州，流经北京、河北、天津、山东、江苏、浙江六个省市，沟通了海河、黄河、淮河、长江、钱塘江五大水系，全长1794km。在中华民族的发展史上，为发展南北交通，沟通南北之间经济、文化等方面做出了巨大的贡献。

京杭大运河从公元前486年始凿，至公元1293年全线通航，前后共持续了1779年。在漫长的岁月里，主要经历三次较大的兴修过程。

第一次是在公元前5世纪的春秋末期。当时统治长江下游一带的吴王夫差，为了北上伐齐，争夺中原霸主地位，调集民夫开挖自今扬州向东北，经射阳湖到淮安入淮河的运河（即今里运河），因途经邗城，故得名"邗沟"，全长170km，把长江水引入淮河，成为大运河最早修建的一段。

第二次是在公元7世纪初隋朝统一全国后，建都洛阳，为了控制江南广大地区，使长江三角洲地区的丰富物资运往洛阳，隋炀帝于公元603年下令开凿从洛阳经山东临清至河北涿郡（今北京西南）长约1000km的"永济渠"；又于公元605年下令开凿洛阳到江苏清江（淮阴）约1000km长的"通洛渠"；再于公元610年开凿江苏镇江至浙江杭州（当时的对外贸易港）长约400km的"江南运河"；同时对邗沟进行了改造。这样，洛阳与杭州之间全长1700多公里的河道，可以直通船舶。

第三次是在13世纪末元朝定都北京后。为了使南北相连，不再绕道洛阳，元朝花了10年时间，先后开挖了"洛州河"和"会通河"，把天津至江苏清江之间的天然河道和湖泊连接起来，清江以南接邗沟和江南运河，直达杭州。而北京与天津之间，原有运河已废，又新修"通惠河"。这样，新的京杭大运河比绕道洛阳的大运河缩短了900多公里。

2.1.3 中国近代工程管理

近代时期主要指鸦片战争以后至新中国成立的阶段。鸦片战争后，我国传统建筑生产与组织管理方式发生翻天覆地变化[2-10]。清朝后期废除工部，工官制度也随同封建制度消逝，此时西方的工程建设方式逐步渗入中国，掀起了近代时期工程管理的变革。

2.1.3.1 中国近代工程管理的思想与制度

1. 中国近代工程管理的思想

1840～1949年，中国处于剧变时期。这一阶段的工程管理各方面的发展进程，也表现出了剧变的性质和特征。清王朝的闭关政策阻挡了西方工程管理理念和实践管理模式的传入。一直到19世纪中叶，除了北京圆明园西洋楼、广州"十三夷馆"以及个别地方的教堂等少数西式建筑工程外，这一时期，中国工程管理的各个方面基本依循中国古代的工程管理。鸦片战争后，特别是辛亥革命后，伴随着西学东渐，西方的工程管理思想和实践模式开始进入中国，并与中国文化融合，深刻地影响了中国，这些变化突出地表现在中国近代的建筑工程管理制度和实践上。

中国近代建筑包含着新旧两大体系：旧建筑体系是原有的传统建筑体系的延续，基本上沿袭着旧有的功能布局、技术体系和风格面貌，但受新建筑体系的影响也出现若干局部的变化。新建筑体系包括从西方引进的和中国自身发展出来的新型建筑，具有近代的新功能、新技术和新风格，其中即使是引进的西方建筑，也不同程度地渗透着中国特点。从数量上说，旧建筑体系仍然占据着优势。广大的农村、集镇、中小城市以至大城市的旧城区，仍然以旧体系的建筑为主。大量的民居和其他民间建筑基本上保持着因地制宜、因材致用的传统品格和乡土特色，虽然局部地运用了近代的材料、结构和装饰。从建筑的发展趋势来看，中国近代建筑的主流则是新建筑体系。特别值得一提的是，从近代建筑史走出来的建筑大师梁思成先生作为中国建筑史研究的开拓者之一，于1931～1945年，和他在中国营造学社的同事对15个省2000多项古建筑和文物进行了调查研究，积累了大量资料。根据这些资料，于1943年完成了第一本中国人自己编写的《中国建筑史》，第一次对中国古建筑特征及其发展历程作了系统的论述。

2.中国近代工程管理的机构设置与制度建设

鸦片战争以后，西方近代资本主义的工程建设生产特点侵入我国通商口岸城市，以上海最为典型，上海租界的工程建设管理方式及相应制度具有深远影响，且不同于古代以工官、工匠和民役共同构成的工程建设组织架构，西方资本主义特色在我国近代工程建设与组织管理方面初具雏形。

1854年，英国、美国和法国领事在租界选举产生行政委员会，随后更改为市政委员会，也就是工部局，其职能主要是规章制度的编制与修订、图纸审查、许可证核准与颁发等，同时工部局下设立工务处，由其操办租界中市政工程建设与管理等工作。从租界孕育而出市政工程建设管理体制从19世纪60年代开始逐步影响全国，北京、天津等多个城市效仿并设立市政机构，如工务局，颁发与推行相应规章制度，加快城市基础设施工程建设，推动我国近代化进程。如清政府在1909年颁布《城镇乡地方自治章程》，首次将“城”和“乡”进行区分，意味着我国城市建设制度的起步。民国时期逐步推行与设立市政机构[2-16]。在1921年颁布《市自治制》和《市自治施行细则》，同时受近代西方“自治城市”理念影响，对行政与立法进行分离，建构了由自治会、市政公所、参事会组成的市政机构。其中北京古城建设尤为典型，1933~1935年是北京市政规划时期，期间颁布与推行市政工程建设法规22项，房地产6项，道路交通7项，建筑业（包括工程承包、招标、材料采购等）4项、环境卫生5项[2-17]，可见其城市建设和管理及相关事务均基于一定法律规章。

历经长期摸索与实践，1938年国民政府颁布《建筑法》，这是我国历史上第一部具有现代意义的全国性建筑管理法规，随后又编制建筑业管理规则，如《建筑师管理规则》和《管理营造业规则》，以及相关技术规范，即《建筑技术规则》，另外还将政府建筑管理机构进行统一与体系化，中央层面设立内政部营建司，省级设立建设厅，市级则为工务局。

3.中国近代工程管理的实施方式

古代工匠集设计者与施工者于一身，西方早期出现建筑师这一职业，同样主持建筑设计并参与工程建造。1840年鸦片战争后，西方近代建筑方式影响我国传统工程建设方式的同时，也将西方建筑师这一身份一同引入我国，使得我国传统工匠负责设计与施工的制度被打破，将工程设计与施工进行分离，逐渐形成作坊式的经营方式，由此成立营造厂（即工程承包企业），并参与到近代建筑市场招标竞争中。同时，针对营造厂的创办有配套的严格法律程序，首先由工部局进行资质审核，再到工商管理部门进行登记注册。另外，营造厂根据资本金、代表人学历、经营范围、承揽工程规模可划分为甲、乙、丙、丁四级。如1880年由泥水匠杨斯盛开办的杨瑞泰营造厂，是上海首家由中国人创办的工程承包企业；1893年建成的当时规模最大的西式建筑——江海关二期大楼，则是由杨瑞泰营造厂中标而承建的；随着我国营造厂模式的成功，据此得以推广与发展，逐步出现张裕泰、余宏记等众多营造厂。

西方近代建筑生产方式的引进与影响还涉及工程招投标模式。1864年法国领事馆的建造首次采用招投标，我国起初尚未适应从而没有营造厂参与，直至1891年江海关二期工程实施招标时，我国才有杨瑞泰营造厂参与投标，逐渐招标投标被我国营造厂商接受，如1903年德华银行、1904年爱俪园、1906年德国总会和汇中饭店、1916年天祥洋行大楼等工程均是由当地营造厂商参与投标并中标承建。

西方近代建筑技术、工程结构、建筑材料等也随之引入，如1906年上海汇中饭店安装使用电梯，而这一设备于1887年在美国第一次得以使用；1908年上海德律风公司采用钢筋混凝土框架结构技术，这一技术首次应用于1894年巴黎蒙马特尔教堂；1882年钢结构最早应用于上海电气公司；1883年水泥首次应用于上海自来水厂；1903年钢筋混凝土首次运用于英国上海总会大楼；1923年冷气设备最早应用于汇丰银行。这不仅减少了我国建筑行业与西方发达国家之间的差距，同时学习与吸收西方近代建筑技术也促进了我国建筑业的发展。

2.1.3.2　中国近代工程管理的典型案例

民国时期是我国工程建设与管理从传统走向近代化的时期，新的理念与制度实施于诸多工程建设与管理过程[2-18]，涉及铁路工程、桥梁工程、水利工程等领域。

1. 铁路工程

1909年由詹天佑负责建设的京张铁路（北京至张家口）在近代中国工程建设历史上具有重要地位。

京张铁路全长约200km，1905年9月开工修建，1909年竣工建成，是我国首条未采用外国资金和相关人员，由我国人员自行建成与运营的铁路。京张铁路连接北京丰台与河北张家口，途经居庸关、八达岭、沙城和宣化，高山峻岭，地形地势复杂，桥隧居多，工程艰巨。京张铁路原计划建设时间为6年，在詹天佑和建筑工人的共同努力和艰苦奋斗下，最终提前2年完工，同时较预算工款节约实拨工款达356774两，不仅全部建造费用远远小于外国承包商所提价格，而且工程建设质量很好。

在京张铁路的实施过程中，解决了许多技术难题。例如南北两头同时向隧道中间点凿进，但由于隧道过长，从而考虑在中部开凿两个直井，再向相反方向凿进，由此形成6个工作面共同工作；利用青龙桥东沟的天然地形，采用之字形展线，并结合利用33.33‰的坡度，避免过多地开挖隧道；用马莱（Mallet）复式机车（0-6-6-0），该机车较轻便（重仅136t）、灵活，可以通过很小的曲线半径；将美国人詹尼发明的自动挂钩加在每节车厢，使之结合成一个牢固整体，确保爬坡时的安全；工程中大量采用混凝土拱桥，就地取材，节省工费。另外詹天佑主张工程标准化，京张铁路工程标准图是我国第一套铁路工程标准图，包括桥梁、涵洞、轨道、线路、山洞、车库等共49项标准，为工程质量提供了保证，为其他铁路的修筑提供了借鉴。

2．桥梁工程

以钱塘江大桥为例，钱塘江大桥是由我国著名桥梁专家茅以升设计和主持施工的第一座现代化铁路、公路两用桥，该桥为上下两层钢结构桁梁桥，全长1453m，宽9.1m，是中国铁路桥梁史上的一座里程碑。

钱塘江大桥于1933年开始筹备修建，1935年4月正式开工。在设计之初，以方便运输需求、顾及军事防御、最大限度节约资金等为目标，综合考虑技术可行性与经济有利性，优选设计方案。同时通过公开招标、招商承办的方式吸引专业的施工队伍，并解决了机械设备问题。另外，为了高质量快速地完成工程建设，实行"上下并进，水陆兼顾"的操作思想，即能同时动工、平面铺开；对上下有关联的工程，先做下面后做上面，不仅要针对水上的工程进行校核，对水下基础工程也要逐一检查。钱塘江大桥实施过程中则是基础和桥墩同时动工，桥墩与钢梁同时动工，并采用沉箱的方式可现场观察水下施工，保证施工质量。

建设过程中最大的困难是基础工程，最严重的问题是流沙。为了攻克桥基难关，抓住"如何打桩，如何建桥墩，如何架设钢梁"等关键问题，利用钱塘江的水来克服其流沙，因地制宜，最终通过"射水法"打桩、"沉箱法"建桥墩、"浮运法"架钢梁和"套箱法"修桥墩等一系列技术创新成功克服重重困难。

3．水利工程

传统的水利工程一般由州县官员或地方民众自行组织管理，缺乏专业化的水利管理机构。相比之下，民国时期的水利工程建设在制度、理念、方法等方面都表现出了许多不同的内容。

以江西省水利工程建设为例，1928年江西省政府成立了省水利局，设立总工程师室、测量处、工程处和设计勘测队等机构，并在一些重要工程设立专门机构或人员进行管理，如万安渠灌溉工程完工后，省水利局设立了万安渠管理所，在贵溪、南康等十几个县市设立了乡镇水利协会。随着西方科学技术的引入以及到西方国家学习的人员学成归国后，涌现出了李仪祉、郑肇经等一批水利专家，开始了由水利工程技术人员主持与开展水利建设的时代，不仅总工程师聘请水利专家担任，还在全省各地区设置水文、气象、水力等测站，对全省各地区的水文、气象、水力及一般航道进行测量，对各地雨量、雨日、温度等方面进行计量，统计数据绘制成图表，并且在大量乡村水库及水利电力工程的兴建中得以应用。此后，省水利局制定了详细的水利建设规划，曾拟定了全省水利六年计划，如在山区丘陵之地兴修塘坝水库、疏浚赣江上游河道、分期兴修各县大型水库等。

近代西方建筑思潮涌入，打破了传统的建筑生产方式，借鉴与学习西方的工程建设经验，推进了我国近代化工程进程，是迈向现代化工程管理的重要转型期。

2.1.4 中国现代工程管理理论与实践

1949年至今，中国现代工程管理以1978年的十一届三中全会为界大致可分为计划经济和改革开放两个时期。由于政治经济背景的变化，这两个时期的工程管理制度表现出不同的特质。

2.1.4.1 计划经济时期的工程管理

1．计划经济时期的工程管理理论

中国计划经济时代的工程管理理论的突出成就是在这一时期各项建设实践中孕育和成长的"系统论"和"双法"。

（1）系统论

一般系统论的概念最初由贝塔朗菲在芝加哥大学哲学研究班上提出，经过总结与完善，于1945年发表了《关于普通系统论》。其系统思想的来源之一是工程技术，其中提到"技术的发展使得人们不再按照单个机器而是按照'系统'去思考，'系统方法'成为了必需"。正是这种工程技术起源的论述，促进了我国科学家钱学森萌发和形成系统思想。可见钱学森系统思想的来源之一是工程技术，而另一来源则是技术科学。当一般系统论、控制论、信息论等第一批著作于20世纪40年代先后发表，当时，努力探索技术科学前沿的钱学森最为关注控制论，由于火箭导弹研制的一项关键技术是发动机和弹体的自动控制，因而关注控制论的意义显而易见。受1948年数学家维纳的《控制论》影响，加上在航空航天科技方面的研究与实践，钱学森于1954年运用控制系统理论和方法，首创了工程控制论，并推广应用于工程技术领域[2-19]，特别是在我国重大国防工程中的成功应用，20世纪60年代我国"两弹一星"工程，第一颗原子弹爆炸、氢弹空爆试验和人造卫星发射均接受了控制论的指导。

随后，基于马克思主义哲学和毛泽东哲学著作的全面学习，以钱学森为代表的科学家们在实践的基础上实施以系统科学为对象的研究，如1978年的《组织管理的技术——系统工程》可谓我国系统科学领域的重要里程碑[2-20]；1980年的《系统思想和系统工程》体现了其系统科学与哲学思想。然后转向系统学的探索与创建，1986年试图综合耗散结构论、协同学等经典系统学，于1989年在《自然》杂志上公开发表《一个科学的新领域：开放复杂的巨系统及其方法论》，其中界定了开放复杂巨系统的概念并指出处理此类系统所采用的综合集成方法论。系统论的思想对我国当时乃至后来的工程管理实践具有重要的方法论意义，也是唯物辩证法的基本原理在现实领域具体运用之典范。

（2）"双法"

"双法"是指以改进生产工艺和提高质量为内容的"优选法"和以处理生产组织与管理问题为内容的"统筹法"。

1958年，我国杰出数学家和教育家华罗庚率领一大批数学家走出校门到工农业生产单位寻求线性规划的实际应用案例。但由于线性规划以及其他复杂方法要求繁杂的计算，难以进行大规模推广，"线性规划"运动逐渐冷却下来。20世纪60年代初，基于CPM（关键路径法）和PERT（计划评审技术）的引入、吸收与改进，并依据毛泽东主席"统筹兼顾"和"抓主要矛盾"的指导思想，华罗庚教授提出"统筹法"。同时，国际上提出的最优化方法也受到关注，华罗庚教授结合提出"优选法"。

随后展开推广试点工作，如1965年2月，在北京774厂进行试点，虽未获得预期成果，但得到了宝贵经验，即"统筹法必须应用到一次性的项目"；同年6月，华罗庚教授在《人民日报》上发布《统筹方法平话》，并在北京、南京等地开办统筹法学习班。1970年3月，周恩来总理指出要支持华罗庚教授继续试验其统筹法。同年4月，华罗庚教授向国务院部委领导介绍统筹法和优选法，引起了很大反响。随后他应邀至上海炼油厂进行"双法"推广与试点工作，统筹法的运用使酚精炼扩建工程工期从30天减为5天，优选法的采用使军工用的605降凝剂凝固温度从-38℃降到-41℃。且电子行业与化工行业的试点推广同样取得可喜成果。因此，1972年起华罗庚教授成立"推广优选法统筹法小分队"，前往28个省市自治区进行"双法"的大面积推广工作，并带动群众一同参与科学试验活动，获得显著成绩。

新中国成立以后，我国开始实行计划经济体制，承担着恢复与发展国民经济的重担，并历经国民经济恢复期（1949~1952年）、第一个五年计划（1953~1957年）、"大跃进"和国民经济调整时期（1958~1965年）以及"文化大革命"时期（1966~1976年）。在此期间，如火如荼地上马了许多基本建设工程，"双法"的使用，即采用集中财力办大事的方式获得一连串重大成就，不仅促进了我国工程管理实践发展，同时也为我国工程管理理论发展夯实基础。

2．计划经济时期的工程建设组织模式

在计划经济时期，建设组织模式主要有建设单位自营、基建处、工程指挥部等模式。

（1）建设单位自营模式

新中国成立初期设计和施工力量薄弱且分散，更多的是由建设单位自行安排设计、施工等人员，采购相应材料设备，从而展开工程建设，由此建设单位自营模式应运而生。此模式中建设单位具有建设与生产两种职能，紧密联合建设和生产，尽管对于建设与生产效益无法做到准确估量与筹算，但能够减少建设与生产之间的冲突矛盾，并灵活调动已有资源，实行边生产、边建设，提高建设速度与效率，从而提升投资效益。

（2）基建处模式

新中国成立初期还孕育了一种模式，即基建处模式，主要是在执行日常行政管理工作的各行政单位下设立基建处，由其开展工程建设的实质工作，一些工程较多的单位同样也采用了基建处这一模式。尽管基建处模式可能由于政府投资的无偿性，这些负责工程项目管理的行政部门可能会想尽办法争取投资，不断增加预算，最大限度获取建设资金[2-21]，但该模式快速灵活，针对性强，能够迅速满足行政部门的需求[2-22]。

（3）工程指挥部模式

工程指挥部模式出现于1958年以后，通常是政府主管部门为了分离建设与生产职能，从而召集建设单位、设计单位、施工单位等就具体工程设置临时性指挥部、筹建处或办公室等，由其主持工程建造过程中设计、采购、施工管理工作直至工程完工后。然而，因该指挥部随工程项目开展而组建，随工程项目竣工而解散[2-23]，由此产生管理经验难得累积的缺陷，但这种模式能够运用强效行政手段调和各方关系，及时调动工程建设需要的设计、施工以及材料设备等资源，为基本建设工作的开展起到了重要作用。

3．计划经济时期的典型工程建设

从"一五"计划开始，我国进行了大规模的经济建设，目标为工业增速、超英赶美，优先发展重工业，建立国家工业化的基础，基本建设方面取得了巨大成就，如"解放牌"第一批国产汽车试制成功，康藏、青藏公路通车，武汉长江大桥建成等。

（1）"156项工程"

1950年2月14日，中苏两国签订为期30年的《中苏友好同盟互助条约》、《关于苏联贷款给中华人民共和国的协定》。同时，还签订了由苏联援助中国建设和改造50个大型企业的协定，后改为47个，包括10个煤矿、11座电站、3个钢铁企业、3个非金属企业、5个化工企业、7个机械企业、7个国防企业和1个造纸企业[2-23]。1953年5月，两国政府代表商定91个新增援建项目，其中国防工业及相关项目占了一定比例。1954年8月，苏联政府表示愿为中国15家国防企业提供设备与其他援助，并在14个援建的工业企业中安排了国防内容。1955年3月28日，中苏又签订了苏联援建工业项目的协议，分别属于国防、造船、原材料和制造业等领域。

"156项工程"主要分布在哈尔滨、齐齐哈尔、吉林、长春、沈阳、抚顺、包头、西安、洛阳、太原、兰州、成都、武汉、株洲等城市，大多集中在东北，改变了过去70%左右工业企业集中在沿海的布局。其中106个民用工业企业，50个设在东北，32个设在东部；44个国防企业，35个布置在中、西部地区，其中21个安排在川陕两省。这都是为了就近利用资源，即冶金化工企业安排在矿产资源和能源充足地区，机械工业安排在原材料产地附近，并有利于改变经济落后地区面貌，同时为了军事需要，将新企业布置在后方。

"156项工程"在"一五"时期投产的并不多，大多在"二五"期间建成投产。其中1951~1956年，有26个企业建成投产，31个企业部分建成，另有17个单独车间和工厂建成投产[2-24]；东欧援建的64个项目中27个全部或部分投产[2-20]，涉及飞机、汽车、新式机床、发电设备、矿冶设备等制造企业及合金钢、有色金属等冶炼企业。"156项工程"显著提高了我国工业制造能力，为新增工业生产能力、完成"一五"计划做出了突出贡献。

（2）导弹、核弹与卫星研制工程

在"两弹一星"工程的研制过程中，不仅采用了预先研究，进行科学决策，还渗透了并行工程的理念，运用两条指挥线的管理模式进行组织管理，调动各行各业与行政部门共同协调合作、集中指挥，并在进度安排、资源分配和费用优化等方面试用计划评审技术[2-25, 2-26]。

1）科学决策

20世纪五六十年代，我国主管"两弹一星"研制的科学家与领导注意到了预先研究的重要性，并付诸实践。1960年12月起，我国成立了中子物理小组，开始预先研制氢弹，先后40余人参加了预先研究，对氢弹的原理做了初步探索，提出可能的技术途径及建立模型，氢弹的理论预研为我国在原子弹爆炸后的2年零8个月内爆炸氢弹赢取了时间。且1956～1980年这20余年内，我国导弹从近程到洲际跨越式前进，这也与理论预研分不开。

1955年、1956年我国先后做出发展"两弹"的决定。1958年，我国划拨2亿专款用于研制卫星。随后我国进入3年经济困难时期，当时考虑"两弹"的重要性大于卫星，中央于1959年做出调整空间技术研究任务的决定，先研制探空火箭，同时筹建空间环境模拟实验室，研制地面跟踪测量设备，不仅保证了"两弹"研制的需求，也在卫星研究方面取得了循序渐进的成就。20世纪60年代前期在空间科学技术单项研究和试验设备方面取得一系列成果，这也为1965年全面发展人造卫星打下良好基础。

2）组织管理

我国"两弹一星"的研制过程中体现了"并行"的理念，可谓中国式并行工程法，采用了两个"三结合"，即科研单位、生产单位、使用单位相结合与科技人员、工人、领导干部相结合。实现科研、生产、使用单位"三结合"的做法之一是"厂所结合"，其中核武器研究所则是厂所结合的典型，参与了原料生产、理论设计、原子弹制造、核武器试验的各环节。1960年核武器研究所建立了科学研究和实验楼、加工车间及其他相应设施，并成立了理论部、实验部、设计部和生产部（含13个研究室）；同年10月，根据需要改编为6个研究室和1个加工车间；1962年再次改组为4个部的组织形式。

导弹和卫星研制体系内所形成的行政和技术两条指挥线式管理体系发挥了重要作用。1962年中近程导弹因总体设计失误导致发射失败，因此设立总设计师制度；同年制定了《国防部第五研究所暂行条例》明确规定两线式指挥管理。每个型号设置一个设计师系统，内含负责型号的总设计师、负责分系统的主任设计师和负责单项产品的主管设计师。以各级设计师为核心，辅以各级技术负责人，构成型号研制工作的技术指挥系统，负责研制中的设计、技术决策和协调等工作。同时各级行政领导、计划管理部门和指挥调度部门构成行政指挥系统，负责组建队伍、组织协作、计划调度、后期保证及思想政治等工作。这种两线式管理模式在后续20世纪70年代末80年代初的洲际火箭、通信工程和潜地火箭中都卓有成效。

3）指挥协调

1962年，我国科学家钱学森提出在计划和技术管理部门试用计划评审技术（PERT）。1963年，国防部五院在远程火箭制导系统的地面计算机制造过程中试用PERT管理方法，发现电源是设计制造过程中的短线产品，随后也在我国洲际火箭、通信工程和潜地火箭的研制任务中发挥了重要作用。

1962年11月，我国原子弹研制进入攻坚阶段，中央成立了十五人专门委员会，专抓尖端事业大范围内的指挥协调。在原子弹研制成功后于1965年转抓导弹、卫星和核潜艇等工程，1962~1974年，中央专委共召开40余次会议，组织上百个部、委、局级单位，26个省、市、自治区和上千个厂矿、院、校、所及各军兵种的有关单位进行分工协作，指挥调动各行各业齐心协力为"两弹一星"发展做出贡献。

（3）桥梁工程

武汉长江大桥、南京长江大桥都是我国在万里长江上的铁路、公路两用桥，都是在建设资金紧张、技术难题重重等艰难环境下孕育诞生的。

1）武汉长江大桥

武汉长江大桥是新中国第一座长江大桥，也是万里长江上修建的第一座铁路、公路两用桥。建于1955~1957年，正桥为双层钢桁梁桥，上层为公路桥，车行道宽18m，人行道每侧各宽2.25m；下层为双线铁路桥。这个时期由于建设资金集中投入，国家财政比较紧张，如何在形式美观和经济实用之间寻找平衡点是武汉长江大桥建设面临的难题。因此，在进行武汉长江大桥设计时，对各种设计方案进行比较，最终选定了钢筋混凝土结构的重檐四坡攒尖顶桥头堡。

在建设期间，由于长江江面宽阔，水深流急，涨水季节水深40余米，高低水位差最高达19m，高水位时期每年持续8个月。江底泥沙覆盖层又深浅不一，最深达到30余米，覆盖层以下的岩层，地质结构复杂，给水下基础施工带来巨大困扰。通过不断试验和探索，大胆摒弃深水基础气压沉箱法，创新提出深水筑墩"管柱钻孔法"，扩大桥墩基础桩直径，为今后大江大河近海港湾深水急流中，抗拒巨大水平力的大跨度梁桥墩开拓了基础结构形式。

除布置通过火车、汽车和人行道的纵向运输通道外，两侧设有电梯、楼梯供行人上下。引桥上层采用连续拱的形式。两端桥头配合蛇山和龟山公园进行了适当的绿化布置，并且在武昌岸桥头利用蛇山地形，在铁路面上留有宽敞平台，供游人上下憩息观赏，凭眺江色。另外，武汉长江大桥还和周围商业联系紧密，带动周边成为人们活动的密集地带，与周围生态、生活环境和谐共处，融为一体。

2）南京长江大桥

南京长江大桥是我国第一座自行设计、自行施工、使用国产材料建设的铁路、公路双层式两用特大桥[2-27]。其中铁路桥全长6772m，宽14m，双线；公路桥全长4588m，宽19.5m，正桥全长1577m，4车道。全桥共有262孔，其中正桥10孔，引桥252孔。于1960年1月动工兴建，总投资2.87亿元，1968年12月建成通车。

1958年10月，铁道部、江苏省及南京市领导机关共同组成"南京长江大桥建设委员会"。1959年11月，成立"南京长江大桥工程指挥部"。1960年1月，大桥正式施工，所用钢材为我国自己试制成功的鞍钢16锰钢，并且首次使用无缝铁路，使用高强度螺栓代替铆钉，大桥的公路行车道板首次采用粉煤灰陶粒轻质混凝土，减少了钢梁的用钢量。

由于大桥桥址所在自然地理条件复杂，江面开阔，比武汉大桥桥址还要宽400m，最深水深达60m；地质复杂，不仅岩层有破碎带，且强度相差悬殊。因此如何确保高七八十米的9座桥墩稳如磐石成了技术难题？大桥工程局综合各种基础结构长处，通过实践经验摸索，创造性地采用了重型混凝土沉井、钢板桩围堰管柱、钢沉井加管柱、浮式钢筋混凝土沉井4种方式，使桥墩牢牢固定在江底的岩层上。

南京长江大桥在建筑艺术上也独树一帜，富有时代特色。最吸引眼球的则是巍峨伫立的南北桥头堡，采用的"红旗"造型。大桥的正桥与引桥接壤处采用复堡形式的桥头建筑过渡，由大堡和小堡组成。大堡由两座塔楼和大厅等组成，每层塔楼高约70m，共10层，底层与大厅相连。同时设有电梯与楼梯通向铁路、公路桥和瞭望平台，在桥头堡堡身周围刻有"全世界人民大团结万岁"等浮雕。

（4）铁路工程

新中国成立之初，我国既有铁路少、标准低、分布不均，中央提出"分流补白、速成路网"的目标，贯彻"先抢通，后补备"的建设理念。天兰铁路（天水至兰州）全长354.3km，于1946年5月开工，但至1949年只完成了部分土石方工程和隧道工程。西北铁路干线工程局于1950年成立，负责天兰铁路建设。按照"先通后备"的建设理念，增建便线和便桥，先通工程列车，解决材料运输困难的问题，降低修建费用，加快施工进度。

这种建设理念在我国国民经济发展第一个五年计划时期起到了积极的促进作用。在1953～1957年这五年中，集中力量修筑铁路，尽可能节省初期投资，大力推进边远地区、工矿企业和森林铁路建设，对各大干线进行技术改造和改建，加速铁路工程的配套建设，重点满足国民经济发展对铁路运输的迫切需求，使得我国铁路具备了较强的综合运输能力。

1958年"大跃进"时期兴起"全民修铁路",强调确保与铁路运输直接相关的设施设备坚固、可靠,而其他设施则能简则简,能省则省,以节约投资,体现了"固本简末"的建设理念。这种理念强调的是"多、快"建设,对系统、完整的工程进行分割,较难达到全面提升运输能力的目的。

1964年在西南三线建设中提出"成昆铁路要快修,川黔、贵昆铁路也要快修"的号召。由于西南三线为山区铁路,沿线地质、地形复杂,沿河隧道居多,跨越深谷、河流桥梁多,而在"强干弱支、固本简末"的理念指导下,投资主要用于主体工程,忽略了附属工程,使得山区铁路的路基防排水和边坡防护工程先天不足,为铁路运营留下了隐患,导致后期运营坍塌、滑坡、泥石流等病害频发,甚至断道停运。实际上,整治病害所花费的投资可能比建设时节约的投资还要多。这种"全民修铁路"的做法虽轰轰烈烈,但有些"蛮干"的工程效果并不理想。铁路工程具有复杂性、系统性,需要科学的管理理念、系统的统筹安排,认真进行勘测设计、研究论证,合理安排投资与工期,并科学地进行管理,才能实现预期目标,收到预期效果。

这一阶段主要受我国经济发展的影响,采用集中财力办大事的理念取得了一系列进展与成绩,所采取的符合当时时代背景的对策与做法推动了工程管理实践的发展,国内外相关理论与方法的兴起也为我国工程管理的发展奠定了良好基础。

2.1.4.2　改革开放时期的工程管理

改革开放以后(1978年至今),随着社会主义市场经济体制的推进以及经济快速增长和科学技术进步,随之带来建设管理体制的改革、项目管理理念与方法的推行,这些促进着我国工程管理理论与实践的提升[2-8],并使得工程管理理念趋于科学化、方法趋于专业化、价值趋于多元化。

1. 改革开放时期的工程管理理论与学科

改革开放时期中国的工程管理理论与学科日趋成熟和完善。

随着社会经济发展与科学技术进步,工程管理地位日趋重要,工程实践日益丰富,理论研究日渐深入,工程管理的学科地位也不断得到认可。发达国家对工程管理的重视从学术机构设置、专业协会创办等多方面均可反映。部分国家工程院均成立了工程管理相关学部,如美国国家工程院中电子工程学部、经济学学部、教育与研究政策学部等学部中设有管理子领域,且其中院士构成不只来自学术组织,同时吸纳了企业界人士，美国国家工程院院士涉及企业界与学术界，法国科学技术院和英国皇家工程院主要由工程师构成。同时，美国土木工程师学会（ASCE）成立于1852年，其名下公布的期刊涵盖工程管理领域，如*Journal of construction Engineering and Management*和 *Journal of Management in Engineering*；美国工程管理学会（American Society for Engineering Management，ASEM）成立于1979年，主要负责"工程管理知识体系"的编写、修订等工作，出版物包括《工程管理知识体系指南》（*Guide to the Engineering Management Body of Knowledge*，*EMBOK Guide*）和《工程管理手册》（*The Engineering Management Handbook*）。

我国工程管理学科发展经过了从单纯的工民建管理或土木工程管理，转变为广义的工程管理。20世纪80年代初期，我国高校纷纷设置工程管理专业。随后教育部针对《普通高等学校本科专业目录》历经多次调整，1989年第二次修订过程中加入"建筑管理工程"和"基本建设管理工程"专业；1993年进行第三次修订，加入了"管理工程"和"房地产经营管理"专业；1998年将原管理工程（建筑管理工程方向）、房地产经营管理、涉外建筑工程营造与管理和国际工程管理四个专业合并为工程管理，同时设立于管理科学与工程类一级学科下[2-28, 2-29]。专业学科的调整不止于教育部与高等院校，在2000年中国工程院设立工程管理学部，意味着国内工程界与学术界就工程管理学科地位的关注与认同。从2007～2016年，中国工程院已成功举办十届"中国·工程管理论坛"，论坛主题涵盖和谐创新、科学发展、西部开发、中部崛起、"一带一路"基础设施建设等，推动我国工程管理学术深度研讨与交流的同时也促进理论教育的革新与进步。另外，2008年国家自然科学基金委管理科学部在"十一五"项目资助中设置"G0118工程管理"代码，真正意义上鼓励与提倡学者们围绕我国工程建设展开深入研究。2010年，工程管理硕士（MEM）专业学位得到批复与设置，体现了我国当代工程建设对工程管理人才的迫切需求，同时将我国工程管理人才培养提到新的高度。

2．改革开放时期的建设管理制度

改革开放后，我国工程建设管理制度发生了重大转变，推行招标投标制、合同管理制、建设工程监理制和项目法人责任制等一系列建设管理制度。

（1）招标投标制。1979年，我国首先在部分地区的建筑安装市场试行招投标制度。1983年6月，城乡建设环境保护部发布了《建筑安装工程招标试行办法》，在工程建设领域实行招标投标承发包制度。1984年，国务院《关于改革建筑业和基本建设管理体制若干问题的暂行规定》中明确指出："大力推行工程招标承包制。要改革单纯用行政手段分配建设任务的老办法，实行招标投标。"同年我国六届人大二次会议《政府工作报告》中，明确提出了工程建设领域实行招标承包制。1985年，国家计划委员会、城乡建设环境保护部共同颁布了《建筑工程招标投标暂行规定》。1992年，建设部颁布《工程建设施工招投标管理办法》和《招标投标公证程序细则》。1999年9月正式颁布《中华人民共和国招标投标法》，于2001年1月1日起正式施行。

（2）合同管理制。改革开放后，建筑市场面临激烈竞争，要求改进与提高工程管理水平，工程合同管理逐渐引起重视。FIDIC合同条款在1982年的鲁布革水利工程、1984年的京津塘高速公路等工程中的引入与应用体现了我国工程建设合同管理的发展。1999年3月，第九届全国人民代表大会第二次会议通过颁布《中华人民共和国合同法》，同年12月建设部、工商行政管理总局印发了《建设工程施工合同示范文本》，即各类公用建筑、民有住宅、工业厂房、交通设施及线路、管道的施工和设备安装的合同文本。随着经济快速增长以及工程范围的扩大，合同管理制度在工程实践中得到推广与应用。

（3）建设工程监理制。1988年开始试点建设工程监理制，1996年末，建设部发布《建设工程监理规定》，标志着我国工程建设领域开始逐步依据国情建立工程建设监理制度。1997年颁布的《中华人民共和国建筑法》明确规定"国家推行建筑工程监理制度"，使建设工程监理在全国范围内进入全面推行阶段，从法律上明确了监理制度的法律地位。2000年底，建设部发布《建设工程监理规范》，使工程建设监理制度逐步走向规范化。

（4）项目法人责任制。1992年11月国家计划委员会印发了《关于建设项目实行业主责任制的暂行规定》，要求从1992年起，新开工项目和进行前期工作的全民所有制单位基本建设项目，原则上都实行项目业主责任制。1996年国家计划委员会制定颁布《关于实行建设项目法人责任制的暂行规定》，要求国有单位经营性基本建设大中型项目必须组建项目法人，实行项目法人责任制，即将原来的项目业主责任制改为项目法人责任制，规定由项目法人对项目的策划、资金筹措、建设实施、生产经营、偿还债务和资产的保值增值，实行全过程负责。

3. 改革开放时期的工程管理模式

（1）项目融资模式

改革开放后，随着社会经济快速发展，工程投资规模越来越大，单一的资金筹措方式和融资渠道无法满足工程建设需求，需要综合采用多种筹资方式，从不同渠道筹集所需建设资金。公司融资模式是最为普遍的融资模式，在工程项目发展过程中，很长一段时间内，项目发起人采用的都是公司融资模式。这种模式最大特点就是结构简单明了，易操作，即由项目发起人成立的公司为项目法人，直接向金融机构融资，按约定进行偿还。

20世纪80年代我国开始试点和采用BOT模式（Build-Operate-Transfer，建造—运营—移交）。进入90年代，我国政府开始重视BOT模式，选择更多电厂、自来水厂项目作为BOT模式的试点工程，进一步推广试点。1995年1月，对外经济贸易合作部颁发《关于以BOT方式吸引外商投资有关问题的通知》，同年8月，国家计划委员会、电力部和交通部联合颁布《关于试办外商投资特许权项目审批管理有关问题的通知》，保证试点工作有序进行。由于基础设施种类、投融资回报方式、项目财产权利形态等不同，出现了许多变异模式，包括强调项目财产权属关系的BOOT模式（Build-Own-Operate-Transfer，建造—拥有—运营—移交）、不包含运营阶段的BT模式（Build-Transfer，建造—移交）、类似于融资租赁的BLT模式（Build-Lease-Transfer，建造—租赁—移交）等。

21世纪初期，我国开始出现大量PPP（Public-Private-Partnerships，公用部门与私人企业合作）项目，即政府、营利性企业和非营利性企业给予某项目而相互合作，共同承担责任和融资风险，如2002年8月，深圳打破市政公用设施的政府垄断，将能源集团、燃气集团、公共交通集团等国有企业以招标方式转让部分股权；同年9月，成都市政公用局将6条公共汽车线路的特许经营权拍卖，有偿转让国内公共汽车线路。2003年浙江省17家民营企业组建5家投资公司承担杭州湾跨海大桥，利用民间资本建设重大基础设施工程，省政府颁布《关于进一步扩大民间资本的意见》，并明确指出沿海铁路、火力发电厂等工程将继续吸引民间资本。2008年北京奥运场馆——国家体育场的建设运营模式同样采用PPP的特许经营模式，此外2009年北京地铁四号线和2011年深圳地铁四号线也都采用PPP模式。另外还有许多优化和创新的项目融资模式被采用，如PFI模式（Private-Finance-Initiative，私人主动融资）、ABS模式（Asset-Backed-Security，资产证券化）等。

（2）组织管理模式

1996年，参考国有企业改革的经验和企业法人的设立原则及模式，国家计划委员会出台的《关于实行建设项目法人责任制的暂行规定》，使得我国组织管理模式从传统模式走向了项目法人责任制模式。计划经济特色的工程指挥部模式逐渐不能适应市场经济规律，与项目法人责任制模式的结合既保留了原有决策、指挥的优势，同时能够确立工程的责权利关系，保证工程的投资效益和应有成效。同时随着我国社会经济技术的进一步发展，工程建设规模越来越大，技术越来越复杂，以项目法人模式实施工程管理越来越不能满足对工程管理专业化的需求，结合我国国情，出现了项目法人+项目管理咨询公司的组织管理模式，是由项目法人担当业主，仅针对工程项目提出建议并进行重大问题决策，由项目管理咨询公司为业主提供全方位、全过程的服务。常见的PM模式（Project Management，项目管理服务）、CM模式（Construction Management，施工管理服务）等都是项目法人+项目管理咨询公司的一种组织管理模式。

代建制是针对我国政府投资项目管理中"建设、监管、实用"多位一体的弊病应运而生的一种模式，是指通过设立专业的建设代理机构，代理（或提供咨询服务）建设单位负责有关工程项目建设的前期和实施阶段的工作。早在1993年厦门便开始试行将市级财政性投资、融资社会事业建设项目委托给一些有实力的专业公司，由其代替业主实施建设管理，可谓我国"代建制"的雏形。1998年重庆、青岛等城市开始推行试点工作。2004年我国正式发布《国务院关于投资体制改革的决定》，提出"对非经营性政府投资项目加快推行'代建制'，即通过招标等方式，选择专业化的项目管理单位负责建设实施，严格控制项目投资、质量和工期，竣工验收后移交给使用单位"。截至2005年12月，我国约有47个省、自治区、直辖市、计划单列市和副省级省会城市先后试行代建制模式。在此基础上，上海、深圳和北京都开创了符合自身城市特点的代建制模式。

（3）承发包模式

传统承发包模式DBB（Design-Bid-Build，设计—招标—施工承包）是目前最为通用的工程管理模式，世界银行、亚洲开发银行贷款项目和采用国际咨询工程师联合会（FIDIC）土木工程合同条件的工程项目均采用该模式。这种模式由业主与承包商签订合同，通过其代表与承包商联系，负责项目管理，或授权监理工程师管理。

2003年建设部发布《关于培育发展工程总承包和工程项目管理企业的指导意见》，指出DB模式（Design-Build，"设计—施工"工程总承包）是工程总承包的一种形式，由工程总承包企业按照合同约定，承办工程设计和施工，并对承包工程的质量、安全、工期、成本全面负责。实际早在2000年的柳州市双冲桥工程项目中就采用了DB模式，但由于法律法规、人员素质等原因失败。

EPC模式（Engineering Procurement Construction，设计—采购—施工），又可称为交钥匙模式，是另一种工程总承包形式。1984～2000年期间，建设部、国家计委和财政部等国务院有关部门，先后颁发《关于设计单位进行工程总承包试点有关问题的通知》《关于设计单位进行工程总承包资格管理的有关规定》《关于大力发展对外承包工程的意见》等文件，许多设计单位开展以设计为主体的工程总承包工作，转换成为具有设计、采购、施工管理等全功能的工程公司。

另外，《关于培育发展工程总承包和工程项目管理企业的指导意见》指出工程项目管理的具体方式有PM模式（Project Management，项目管理服务）和PMC（Project Management Contractor，项目管理承包）。2003年中国寰球工程公司与越南化学总公司签订计划投资约1.8亿美元的越南最大的海防磷酸二铵项目工程建设管理承包（PMC）合同项目，是越南迄今投资最大的重点项目，也是国内企业在海外签订的首例PMC合同。

4．改革时期的重大工程建设

21世纪以来，工程管理领域不断扩展，应用范围由建筑、国防领域逐渐向航空、机械、石油化工、信息工程等领域延伸，各行各业工程实践中，产生了大量宝贵的成功经验和做法，如高速铁路、神舟号飞船工程、三峡工程、西气东输等。

（1）载人航天工程

1985年，国防科工委和航天部向中央提出将载人航天作为我国下一步航天发展方向的建议。1986年，载人航天被列入863计划。1992年9月，中央批准了《关于开展我国载人飞船工程研制的请示》，其中明确了载人航天工程的发展方针、战略、任务目标和总体构想，并提出了第一步载人飞船的四大任务、七大系统及经费、进度、组织管理等方面的建议[2-30]。

我国载人航天工程是在中央专委直接领导下实施专项管理，由总装备部、国防科工委、中国科学院和中国航天科技集团公司等部门及单位组成的跨部门、跨行业、高度集中统一的组织管理体系。在专业层面，工程由工程总体和航天员、飞船应用、载人飞船、运载火箭、发射场、测控通信、着陆场等七大系统及其各自相应的若干分系统构成；在管理层面，根据任务的性质形成了平时和飞行任务期间两种管理模式。这样，总指挥和总设计师两条指挥线自上而下纵向贯通，各级载人航天工程办公室横向管理，各级定岗定责，共同编织成矩阵式的组织体系和网络。

载人航天工程计划体系的核心在于综合统筹，配套管理，接口协调，节点控制，瓶颈突破。实施专项管理的过程中，计划体系显得尤为重要。载人航天工程计划是以工程关键和短线项目为主线，采取合理并行、交叉安排的方法，依据技术流程制定出计划流程和节点计划，形成网络流程图，再层层分解，落实到各系统直至单机设备。

我国载人航天工程的复杂性、研制周期长及研制过程中的不确定性，使得工程总体和各系统总体设计受到重视。工程总体是根据中央决策的发展目标，采用有利于全面完成基本任务的三舱飞船方案，不仅充分借鉴了航天型号的成熟技术，也体现了我国特色。此外，工程总体和各系统总体设计部从研制需求出发，制定了各研制阶段的技术要求和基本方案，明确技术流程，制定完成任务的标志，使整个工程在各研制阶段起始前有明确要求，过程有可遵循的技术流程，研制结束后以完成标志作为检查评价标准。

载人航天工程的最大不同在于载人，要求将航天员的安全放在首位，提高工程的安全性和可靠性成为工程质量的核心。由此采取了系统研制、整机研制质量与协作配套产品质量并重、工程硬件产品与软件产品质量并重等做法，一抓"头头"（领导和管理机关），二抓"源头"（元器件、原材料、设计和工艺），将质量控制点落实到每个系统、每个单位、每个工作岗位。同时建立"载人意识"和"以人为本"为主体的质量意识，并制定了《航天员安全性工作指南》、《首次载人航天飞行放行准则》等质量控制制度，坚持质量问题一票否决制、进度服从质量，全面、全员、全过程抓质量。

（2）能源工程

1）石油化工工程

中国石化是我国最大的石油化工一体化的能源化工公司，将项目管理理论与中国石油化工工程建设实践相结合，探索与创立了适合于我国石油化工重大工程项目管理的建设管理模式，即"IPMT+EPC+工程监理"的管理模式，其中IPMT（Integrated Project Management Team）是项目一体化管理组，EPC（Engineering Procurement Construction）为设计、采购、施工工程总承包。

这一管理模式首先在中国石化与BP公司合资的上海赛科90万t/年乙烯工程中采用，中外双方各占50%的股份。建设初期采用"PMC+EPC"管理模式，实施过程中矛盾突出，如合同管理方面，整套工程合同的分段签署造成承包商、专利商等漫天要价以致商务谈判旷日持久；组织管理方面，各方各行其是，很难进行全过程协调等。针对这些矛盾、问题，中国石化反复与BP公司高层沟通，最终采用"IPMT+EPC+工程监理"的管理模式。这种管理模式核心在于三层组织架构：第一层为决策层，由IPMT主任组成员组成，授权决策工程建设的重大及关键问题；第二层为管理层，由矩阵方式构成的IPMT项目管理部成员组成，主要承担与EPC单位、监理单位间的协调工作，实施HSE、质量、进度、费用和合同执行的有效控制；第三层为执行层，由项目前期咨询商、EPC承包商和监理承包商组成，执行具体的工程管理与建设任务[2-31]。其中IPMT的矩阵式架构纵向以项目管理为主，横向以专业管理为主，主要由石化建设行业从事工程管理工作的专业人员组成。这种集成化的管理模式强化"以技术改造为主，消除'瓶颈'制约"的工程建设理念，促进技术创新。相比采用"PMC+EPC"管理模式的南京扬巴60万t/年乙烯工程，采用新型建设管理模式的赛科工程更为节省投资，节约IPMT和PMC管理成本，并缩短了建设工期。随后该模式在海南炼油项目、青岛1000万t/年炼油工程、天津100万t/年乙烯工程、镇海100万t/年乙烯工程等重大石油化工工程中得到推广应用。

2）油气田工程

苏里格气田是我国已发现的最大的天然气气田，位于内蒙古鄂尔多斯境内，北起敖包加罕，南至定边，东至桃利庙，西达鄂托克前旗，勘探面积为$4 \times 10^4 km^2$，天然气资源量近$4 \times 10^{12} m^3$ [2-32]。苏里格气田采用的是合作开发的模式，形成了长庆石油勘探局、辽河石油勘探局、四川石油管理局、大港油田集团公司、华北石油管理局5个单位和长庆油田公司"5+1"的合作开发模式，在苏里格气田开发建设过程中，逐步总结了大量宝贵的工程建设管理经验。

首先进行标准化设计，根据地面井站的功能和流程，设计了一套通用、标准、相对稳定、适用于地面建设的指导性和操作性文件，做到统一工艺流程、统一平面布局、统一模块划分、统一安装尺寸、统一型号规格、统一配套标准，其核心是工艺流程通用化、井站平面标准化、工艺设备定型化、安装预配模块化、建设标准统一化、生产管理数字化。其次是进行模块化建设，根据油气站场各个工艺环节的划分，对不同的单体设备、不同规模的处理模块进行定型设计，在模块定型设计的基础上，按单体模块进行预制。最后数字化管理则是集成运用信息技术、自控技术，采用"一体化工作平台"的信息化管理方式，其核心是"智能化、数字化、模块化"开发建设和生产管理系统，即"数据自动录入，方案自动产生，异常自动报警，运行自动控制，单井电子巡井，资料自动共享"，主要由数据传输系统、远程开关井系统、气井配产与动态预测系统、生产管理系统4部分组成，共同使整个气田开发建设和生产管理过程实现了以信息化为基础的一体化管理。

3）煤炭开采工程

煤炭开采领域以神东煤矿为例。神东煤田位于陕西省榆林地区北部与内蒙古鄂尔多斯南部的交会处，是我国最大的煤田，其含煤面积大，储量丰富；煤田赋存条件好，适于机械化开采；且煤质好，是低硫、低灰、中高发热量的优质动力煤、冶金喷吹用煤和气化、液化用煤[2-33]。20世纪90年代初，我国为了解决当时煤炭供不应求的现状，决定建设神华工程，主要目标是将神东煤田建设成我国21世纪的煤炭基地。

神东矿区采取快速建井策略，即简化开拓方式，缩短工期，做到建一个投产一个，实现低投入、高产出、滚动发展；根据资源状况研究和采用最佳生产工艺和技术装备；优化取费定额，降低投资成本；使非生产人员和设施减少到最低。通过快速建井策略的实施，使得矿井和洗煤厂的建设速度惊人缩短。煤炭开采过程中，主要以生产规模化、生产技术和装备现代化、队伍专业化和管理信息化为特征展开，体现为以科学发展观为指导，以理念创新为灵魂，以管理创新和技术创新为核心，实现经济—生态—社会的和谐发展。

（3）水利工程

三峡工程是一项特大型的多功能综合性工程，1992年第七届全国人民代表大会五次会议表决通过立项建议，完成了近半个世纪的研究论证和决策程序，转入实施阶段[2-34]。1994年12月14日正式开工，分三个阶段逐步建成大坝、电站和通航建筑物，建设工期长达17年，动态投资1800亿元，投资之大，周期之长，规模之宏大，都是前所未有的。在工程建设之初，就确定了采用工程项目业主负责制和国家宏观调控有机结合的建设管理体制，由国家起宏观调控和监督作用，实行以项目法人责任制为中心的招标承包制、工程监理制和合同管理制的运行机制。

国务院成立了三峡工程建设委员会（以下简称"委员会"），由国务院总理担任委员会主任，国务院有关部委和有关省市领导为成员，成为三峡工程建设的最高决策机构，负责三峡工程建设重大问题的决策、有关各方协调、宏观资源配置和监督，结合市场运作与政府宏观调控。三峡工程的兴建，导致13个城市、县城全部或部分淹没，动态移民量100万人以上。为了解决好三峡水库移民工作，委员会下设移民开发局，制定移民政策，协调移民工作。同时为了确保三峡工程顺利实施，防止一切违规违纪现象，委员会下设监察局，成立了中国长江三峡工程开发总公司（以下简称"中国三峡总公司"）。

中国三峡总公司作为三峡工程项目法人，全面承担三峡工程的筹划、筹资、建设、经营、还贷、资产保值和增值等工作。中国三峡总公司依据三峡工程特点建立了"三个层次，两个结合"的建设管理组织体系，即决策层、管理层和执行层，以工程建设管理为重点的工作重心与以经营管理为中心的现代企业制度相结合[2-35]。决策层由中国三峡总公司领导班子组成；管理层为工程管理综合部门，涉及计划、财务、建设管理、科技管理、物资设备等部门；执行层主要是指项目法人现场代表。

三峡工程从动工至今，相继攻克了175m直立高边坡开挖的边坡稳定、大坝高强度混凝土浇筑、截流和深水围堰施工等各类技术难题。这些工程技术问题离不开科学决策，不论在设计过程还是在施工过程，三峡工程都体现了集体智慧和创新思想。如采用一条近30km的高等级全封闭的山区准I级公路和长江水运相结合的运输方案解决了对外交通问题；采用人工砂方案，并放弃离坝址30km的石灰岩制砂方案，采用离坝址10km以内，云母含量低于国家标准的下岸溪花岗岩料场，由此得到了相对优质的砂料，保证了大坝混凝土的质量；选择在国内外尚未大规模采用的连续输送浇筑方案，即从混凝土工厂生产出的混凝土直接用皮带机、高架自升式皮带栈桥、塔式皮带机直接入仓的浇筑施工方案，于2000年成功地创造了年浇筑混凝土542.8万 m^3 的世界纪录，从而确保了大坝混凝土浇筑的质量和进度。

三峡工程涉及多个学科领域，需要各学科领域通力合作，信息技术的引入和采用必不可少。结合三峡工程建设实际情况，采用统筹规划、分步实施的模式实现三峡工程信息化，通过开发建设三峡工程管理系统（TGPMS）、建设应用发电控制和管理系统（EPMS）、集团层面信息化等三阶段信息化管理系统形成全方位规范高效的信息化管理体系，实现了跨部门、跨地域、全方位的规范化管理，对三峡工程建设的进度、质量、安全和投资控制等方面发挥了重要作用。

（4）铁路工程

1）高速铁路

高速铁路是20世纪中期随社会发展的需要而出现的新事物，是科技进步的重要成果。我国高速铁路起步较晚，前期围绕我国是否需要发展高速铁路、是否有能力修建高速铁路和怎样修建高速铁路等问题，经历了10多年的反复研讨论证。1993年国家科委、国家计委、经贸委、体改委及铁道部领导组织47个单位120余名专家参与开展"京沪高速铁路重大技术经济问题前期研究"，认识进一步加深。1994年6月，中央财经领导小组召开会议，铁道部汇报了"关于京沪高速铁路开展预可行性研究的建议"，获得中央领导同志认可。同时铁道部组织科研、设计、高校等单位深入开展高速铁路基础理论、关键技术、建设和运营管理模式等专题研究，在铁道科学研究院设立了高速铁路技术研究总体组，安排铁路第三、四勘察设计院对京沪铁路走向和重点工程进行研究，这为我国高速铁路设计、施工规范提供了科学依据，也为引进关键技术做好前期准备工作。

从1997～2007年，铁道部先后对繁忙干线成功组织了六次大提速，将既有线列车最高运行速度从120km/h提高到140～160km/h，有些干线区段在2007年提高到200～250km/h。秦沈铁路2002年底试运行时列车速度达160km/h以上，为高速铁路的设计、施工进行了探索。先期修建山海关至绥中综合试验段66.8km，为高速列车试验提供了实际场地。2008年8月1日京津城际铁路开通运营，列车最高运行速度达350km/h，标志着我国跨入高速铁路时代。

我国高速铁路依据自身国情，借鉴国外经验，依靠自主创新解决了高速铁路关键技术，建立了以铁路主管部门为主、企业为主体、市场为导向、产学研相结合的技术创新体系。我国自主研究箱型简支梁、路基沉降控制、无砟轨道及一次性铺设无缝铁路技术和列车运行控制技术等。2004年4月1日，国务院听取铁道部关于提升铁路机车车辆装备水平的汇报，提出"引进先进技术、联合设计生产、打造中国品牌"的基本原则，明确重点扶持的主力工厂，确定引进少量原装、部分国内散件组装、大批量国内组织生产的项目运作模式。不仅很快掌握国外转让的关键技术，且在此基础上消化吸收取得再创新成果。"和谐"号动车组则是我国铁路引进消化吸收再创新的典范。

高速铁路是一个复杂巨系统[2-36]。我国高速铁路系统包括工务工程、牵引供电、通信信号、动车组及运输管理等子系统，各子系统之间相互关联、相互作用，不仅要研究各子系统专业技术，还要研究不同子系统之间或本系统与外界环境之间存在的界面搭接关系、不同子系统设备等存在的主要参数和功能配合关系，即系统接口技术管理。如土建工程与通信信号、牵引供电、动车组的接口关系，动车组与牵引供电、通信信号、列车控制的接口关系等。铁道部经过总结提炼，颁布了一系列高速铁路设计施工规范和专业技术标准，形成200～250km/h和300～350km/h的成套技术文件，建立起较为完整的中国高速铁路技术体系。这些都是系统集成创新成果，具有鲜明的中国高速铁路特色。

2）高原铁路

青藏铁路格尔木至拉萨段（以下简称"格拉段"）是世界上海拔最高、线路最长的多年冻土铁路，线路全长1142km（其中新建正线1110km，既有线改造32km），共设车站34个[2-37]。2001年6月29日开工，2005年8月全线路基、隧道、桥涵等线下工程基本完成，2006年7月1日全线开通试运营。青藏铁路从修建至全线贯通这一过程不仅解决了"多年冻土、生态脆弱、高寒缺氧"三大世界性工程难题，更加积累了高原多年冻土地区修建铁路的宝贵经验。

青藏铁路是典型的公益性建设项目，全部投资由国家安排（其中75%为国家财政资金，25%为铁路建设基金），经国务院批准成立青藏铁路公司作为项目法人，既有别于传统的"建设指挥部"，又有别于有限责任公司或股份有限公司。这是一种制度创新、管理创新的有益探索。青藏铁路公司直接负责建设管理，既管建设又管运营，消除了建、管脱节的弊端，使建设与运营紧密衔接，且其受政府主管部门的管理与监督，得以有效控制工程项目投资。同时在格尔木设立青藏铁路建设总指挥部，并下设党工委，吸纳主要施工企业主管领导为党工委成员，将行政上无隶属关系的施工单位由党工委统一领导，形成既管建设、又管施工队伍，既管工程、又管思想政治的新模式。

在青藏铁路建设中，所制定的"拼搏奉献、依靠科技、保障健康、爱护环境、争创一流"的建设方针体现了新时期铁路建设"以人为本、服务运输、强本简末、系统优化、着眼发展"的新理念。不仅体现了艰苦奋斗、顽强拼搏的精神，又体现了科学技术的先进力量；既按期、优质完成了建设任务，又体现了人文关怀，保证了参建人员的身体健康和生命安全；既整体推进了各项工程，又实现了经济效益、社会效益和环境效益的统一。只有以拼搏奉献精神为基础，以依靠科技进步为动力，以保障人员健康为前提，以保护生态环境为己任，才能最终实现争创一流的目标。

青藏铁路建设是一项宏大的系统工程，基于青藏铁路建设客观条件和影响因素的全面分析和反复论证，制定了一套远近期衔接、统筹协调的目标体系。将总目标和各分项目标层层分解落实，围绕卫生安全、环境保护、质量控制、工期控制、投资控制等目标建立了"自上而下层层展开、自下而上层层保证，全员参与、全方位落实、全过程控制"的目标管理体系，并研究开发了青藏铁路建设项目管理信息系统，做到信息畅通、资源共享，使青藏铁路各项工作处于规范、有序、可控之中。还积极探索了质量—环境—职业健康安全一体化管理体系，即将质量、环境、职业健康安全各要素加以整合，并将一体化管理的各项要求纳入工程合同之中。

从古代萌发的朴素工程管理思想，到对近代西方工程建设方式的初步探索，再到计划经济时期对工程管理的学习吸收和探索实践，最后到改革开放后对现代工程管理理念和模式的创新，以上时间轨迹大致勾勒出了工程管理的发展轮廓。常言道，"观今宜鉴古，无古不成今"，梳理和明晰工程管理历史沿革，是遵循辩证唯物主义认识论的基本规律，从工程管理实践历史发展中总结对工程管理认识的发展过程，不仅为理论研究提供丰富素材，而且为工程管理实践提供宝贵的经验。

2.2　工程管理理论体系及其发展

工程管理历史沿革勾勒了工程管理发展的实践轨迹，揭示了工程管理是社会发展和现实需求的产物。在工程管理实践过程中，人们通过不断的总结和提炼，将工程管理经验系统化和理论化，并进一步指导实践，在实践—理论—再实践的认识循环中，逐步形成工程管理的理论和方法。大量文献资料表明，人们对工程管理的认识逐步深入，在工程管理内涵与范畴、工程管理思想与理念、工程管理方法与手段、工程管理理论体系框架等方面取得了丰富的研究成果与理论进展，并将随着社会和科技进步而不断发展。

2.2.1　工程管理内涵与特征

工程管理涉及的工程领域范围非常广泛，随着各种先进技术的不断发展，工程管理的内容也在不断更新与扩充。因此，对工程管理内涵与范畴的认识与思考也呈现出百家争鸣、百花齐放的状态。

2.2.1.1　工程管理的内涵

从历史沿革来看，工程管理对象经历了一个由单纯的土木工程到更为宽泛意义上的工程的转变。工程管理具有多学科交叉的特点，与社会、经济、自然等环境联系密切，并处于动态发展中，其内涵在不断地丰富和完善，正确界定和认识"工程管理"有利于促进我国工程管理理论与实践的健康发展。

相关研究机构从不同角度对工程管理进行解释，如美国工程管理学会（ASEM）从科学的角度界定工程管理，认为工程管理是"一种有技术成分地进行计划、组织、资源分配、指挥和控制活动的科学和艺术"。美国电气电子工程师学会（Institute of Electrical and Electronics Engineers，IEEE）定义工程管理是"关于各种技术及其相互关系的战略和战术决策的制定及实施的学科"。有不少学者[2-38~2-40]突出了工程管理中工程师的作用和地位。Rothman[2-41]提出环境管理、人力资源管理等是对工程管理内容的补充。Ferris 及 Cook[2-42]认为工程管理是一个多学科协同优化问题，包括项目团队、团队管理、调度和财务等，需要综合考虑这些因素建立一个统一的框架平台。随着对工程管理的认识不断加深，对其特征的理解也越来越清晰，工程管理与技术、经济、政治等环境之间有着互动的关系，与环境紧密关联才能实现可持续、有效的工程管理[2-43, 2-44]。

国内学者也从不同角度探讨了工程管理的概念与内涵。张寿荣[2-45]从工程的内涵和工程进展过程论述了工程管理的重要性，指出了正确决策是工程建设成功的决定性因素。何继善、陈晓红等[2-46]从广义上理解工程管理，认为其领域包括建设工程实施管理、新型产品开发和生产管理以及技术创新管理等。何继善、王孟钧、王青娥[2-47]凝练了工程管理学科特性，并构建了工程管理理论体系框架。

由于"工程"的概念与技术、产业紧密联系，"工程管理"与技术、产业相关联。因此，工程管理不同于一般形式的管理，它是工程管理人员在特定产业环境中对于特定形式的技术集成体的管理，是面向特定对象、特定形式的决策、计划、组织、指挥、协调与控制的工作[2-46]。

2.2.1.2　工程管理的本质特征

工程管理本质特征是价值化特征、物化特征和智化特征的融合与统一[2-48]。

（1）物化特征。工程管理有明确的价值取向，其目标为通过造物活动创造出更有价值的世界。比如，修建铁路、水利设施等的目的是为实现人们安居乐业。工程管理活动应符合客观规律，在自然、社会等环境协调平衡中进行。比如，青藏铁路将其立项时人与自然和谐相处的初衷转化为建设及运营中环境保护措施，在目标实现与规律遵循方面都体现了"以人为本"和"天人合一"的理念。正是在这样的理念指导下，来自各个方面的建设大军实现了建设高原一流铁路的目标。工程管理在遵循客观规律前提下，应用不同技术方法来实现目标的追求，体现工程管理的目标与规律同一和技术与方法存异的本质特征。

（2）智化特征。信息普遍存在，但只有经过主体加工形成被主体接受的信息才具备价值。工程管理活动中会产生大量信息，对各类信息进行智化处理是工程管理活动主体展开管理活动的前提。在系统论的思维方式引导下，工程管理活动主体将分散的资源要素进行整理，以实现工程目标。例如，青藏铁路的建设面临冻土、缺氧和生态脆弱三大难题，为解决三大难题，青藏铁路全面整合包括科学、技术和社会等各类资源要素。

技术是工程能否得以成立的重要因素，对工程管理而言，合理运用技术来实现目标的最优化是一项重要问题。通过技术集成，可对现有成熟技术进行合理调配，以实现最终目标。

（3）价值化特征。都江堰工程是古代工程遵循人—工程—自然和谐相处理念的典范，其设计、建造过程中充分顺应自然和利用自然，保证了这一工程的可持续性。青藏铁路作为世界第一条海拔最高铁路，在建设中对沿线生态环境、稀有物种予以充分保护，使得沿线风光与青藏铁路相互映照。

工程的最终目的是为人，具有主观能动性的人是工程活动的根本动力。人通过工程造物活动，与环境形成密切联系，人—工程—环境关系在工程活动的各个阶段都得以突出表现。人—工程—环境关系能否得到妥当处理，直接对工程最终价值的实现产生影响。从这一视角理解工程关系，其实质是在工程造物活动中对人—工程—自然关系的协调与平衡，并以此来提升工程价值。

综上所述，国内外学者对工程管理内涵和特征的认知主要是从工程的概念与内涵，以及工程管理的概念、内涵、特征等方面展开，厘清工程和工程管理的各种概念及概念之间的关系，有利于揭示工程管理的本质特征，从而推动工程管理理论体系的深入研究。

2.2.2　工程管理思想与理念

工程管理实践在我国历史悠久，早期的典型工程积累了丰富的工程管理实践经验和认识，也体现了当时的管理思想，但没有形成系统的工程管理思想。20世纪80年代钱学森提出了系统工程和综合集成思想，学者们开始借鉴系统思想、哲学思想、伦理观念、可持续理念等相关学科的思想与理念来思考工程管理，并成功应用于工程管理实践，逐步形成了系统思想、工程哲学、工程伦理以及工程可持续等工程管理的思想和理念。

2.2.2.1　系统思想

钱学森1983年出版的《论系统工程》，提出了系统思想和系统分析方法，并基于航天工程的研究提出开放的复杂巨系统概念及其方法论——综合集成方法。它为工程管理理论提供了基础，为研究大型复杂性工程指明了新的发展思路，人们开始运用系统思想解决工程管理的问题。学者们认为运用系统思想是工程管理的基础，工程管理是与社会、经济、自然相关的复杂生态系统，具有系统层面上的复杂性[2-49～2-51]。在此基础上，有学者基于复杂性系统的管理思维，探索关于大型复杂工程的具有中国情景的综合集成管理的方法论[2-52]，并从整体性、开放性、动态性、层次性、自适应性几个方面分析大型工程项目的复杂性，提出有效大系统理论[2-53]。

2.2.2.2 工程哲学与工程管理哲学

随着工程实践的不断发展和工程影响力的不断增强，国外哲学家们开始对工程实践过程作认识论分析，同时越来越多的工程师也从哲学层面去反思自己的工作成果，涌现了大量从本体论、认识论、方法论、价值论几个角度论述工程哲学的研究成果[2-54~2-56]。此后，国内学者和专家们也开始研究和分析在工程过程中出现的各种哲学问题。李伯聪[2-57]提出关于科学、技术、工程的"三元论"，并将"三元论"视作开拓工程哲学研究的现实基础和理论前提，并指出应该把工程哲学建设成为一个和科学哲学、技术哲学相并立的学科。徐匡迪[2-58]认为重大的工程问题中必定有深刻、复杂的哲学问题，工程需要哲学支撑，工程师需要有哲学思维。汪应洛等[2-59]认为应该树立新时代新工程观，包括：具有可持续发展内涵和可持续发展利益的工程观、工程辩证观、工程系统观、工程价值观、工程生态观。杜祥琬[2-60]提出关于工程哲学的研究应涉及包括工程调研、论证、工程决策等工程实践活动的全过程。傅志寰[2-61]认为工程哲学应着重研究工程与环境、工程与人、工程与文化、工程的进度与质量及成本等。陆佑楣[2-62]基于工程哲学视角，提出以动态和谐的工程生态观来审视和评价我国当代工程发展问题。殷瑞钰等[2-63]在《工程哲学》（第二版）中强调需要对工程思维、知识及方法展开深入研究，认为工程思维渗透并贯穿于工程活动的全部环节和全部过程，工程思维的基本任务和基本内容是要提出工程问题和解决工程问题，工程思维不但与工程知识密切相关，而且还具有价值内容和意志因素。随着工程哲学研究的深入，相关学者对工程管理进行哲学反思，并在此基础上对工程实践和发展进行指导。何继善、王孟钧[2-64]从工程的物质性、变化性和时空性等维度对工程的本质特征进行辨析，并在此基础上对工程管理的理念、价值观、方法论、组织与创新等方面的哲学内涵进行了探讨，比较分析了工程哲学和管理哲学的范畴与关注点，指出提升工程管理哲学的必要性，探讨了哲学视野中工程管理的六大主题和三大变化。

2.2.2.3 工程和谐管理

席酉民等[2-65]提出和谐管理理论，并运用到水利水电工程项目的开发与管理。吴伟巍、成虎等[2-66]将和谐管理上升到方法论层面进行探讨，认为其应贯穿在工程管理整个认识层次，并提出工程项目和谐管理模式。李静[2-67]基于和谐管理理论，对工程项目HSE和谐主题进行辨识与分析，从价值观、文化和激励三方面构建了工程项目HSE管理体系。何继善[2-68]认为提升工程管理实效的核心在于工程管理者在完善工程和谐与创新的基础上，实现和谐与创新的互动发展。张炜等[2-69]利用可拓学中的关联函数，建立建筑工程项目和谐管理的物元模型进行项目不相容问题的和谐分析。杨卫兵等[2-70]从组织结构设计、工作流程管理、和谐体系构建、公众参与机制建设等方面探讨了政府投资项目的和谐管理。邱星萍等[2-71]通过构建进度、费用、质量三个属性的效用函数模型求得三者的均衡优化点，即工程建设项目的和谐主题；并以和谐管理理论为指导构建了进度、费用和质量三者之间的和谐控制模型。

2.2.2.4 工程可持续

工程可持续性的概念是在"城市基础设施的供应和需要不均衡"的条件下提出[2-72]，此后，工程的可持续发展问题逐步受到重视。成虎[2-73]提出建设项目可持续发展的概念及指标框架，指出工程项目管理与可持续发展理论与实践的关系是重要概念和认识转变。刘忆和李晓凯[2-74]等从必要性评价、经济、技术、科技和环境影响评价等方面提出重大工程项目的可持续性评价内容。郑小晴[2-75]建立了建设项目可持续性的定性指标体系，并引入生态足迹方法和能值分析方法计算环境相容性和经济合理性。丰景春等[2-76]提出应该以科学发展观为指导进行水资源开发，在水资源工程项目中秉承人与自然和谐相处理念进行工程规划设计和运营管理。张建新等[2-77]在生态经济学的视域范围内和系统分析建筑工程项目可持续建设的内涵基础上，从工程专业、工程生命周期和工程生态三个维度建立建筑工程项目可持续建设系统，并运用生态经济学的生态效率测度工具对工程生态维度进行实证分析。

随着工程管理与相关学科的进一步交叉渗透，人们在工程管理实践中不断引入新的管理思想和理念，使工程管理思想从经验走向科学，逐步形成了以工程哲学、工程管理哲学、工程伦理、工程和谐管理以及工程可持续为主要内容的工程管理思想体系。

2.2.3 工程管理方法与手段

国内外学者在工程管理实践中针对特定工程或特定技术，创造性地运用管理学和经济学的一般理论和普遍方法，系统总结工程决策、计划、组织、协调和控制过程中的新思想和新方法，并进一步指导和应用于新的工程管理实践。

2.2.3.1 工程决策

工程管理中的"决策",狭义上讲是指工程的风险投资决策,广义上则包含投资决策、计划决策、设计决策、实施决策、管理决策等,决策的过程则包括发现问题、确定目标、确定评价标准、方案制定、方案选优和方案实施等。现代科学背景下的决策,可以通过数学建模仿真多种技术对工程技术、经济、环境进行有效的评估和决策。下面是一些学者从不同角度,提出的有代表性的观点。

Denton等[2-78]分析了能源行业的市场风险问题,采用实物期权模型和随机优化技术对市场风险进行管理。Chinowsky等[2-79]提出了五阶段的价值工程模型,利用施工仿真技术和循环运行网络进一步减少主观性,利用价值工程更好地节约成本和时间。刘宁[2-80]将决策理论和方法运用于工程目标决策实际,探讨了水资源工程投资的模糊风险决策、水资源规划管理的多目标群决策。郭建锋等[2-81]针对传统工程决策支持系统(EDSS)在知识获取和适用范围等方面的固有不足,提出将数据挖掘技术与工程决策支持技术进行集成的新机制。雷丽彩等[2-82]指出大型工程决策涉及多元决策主体和多层次决策目标,提出了基于相对熵原理的大型工程项目交互式多属性群决策方法。任宏[2-83]认为巨项目是一个有效大系统,并研究了巨项目决策的基本原则、决策方法与评价。目前,从研究范围来看,学者们关于工程决策方法和手段的认知主要集中在建设方案中的投资风险分析、工程分包协作中的预期风险分析等;从研究方法视角来看,投资决策分析由于受不确定因素影响较大,因此不少专家引入实物期权、仿真技术、多目标优化、数据挖掘等统计学、运筹学相关学科的基本方法进行数学建模和求解;另有部分学者对工程决策管理的属性、决策的原则进行研究并提出相关建议。

2.2.3.2 工程计划

工程管理中的"计划"包含两层含义:一是指工程的长期性规划,包括工程选址设计、方案设计及产品设计等;二是工程实施过程中的短期性计划。聂增民[2-84]从施工企业的计划体系、协调与控制流程、计划管理信息化及计算机辅助等方面提出施工企业工程项目计划管理的改进途径。AbouRizk[2-85]总结了在土建工程设计过程中应用仿真理论的最新研究进展,分析建筑工程管理中实现仿真的关键因素,并提出建筑设计长周期仿真技术可以实现项目规划和控制过程中的可视化管理集成功能。梁冰[2-86]基于复杂产品制造工程工作分解结构理论,设计了冲突协调机制对多项目资源进行计划管理。王家金[2-87]基于多项目管理理论，对业主方项目管理中的计划编制管理、计划实施管理和计划考核管理三方面的计划管理方法进行了研究。

工程计划有两个层面的含义，即工程的长期性规划和工程实施过程中的短期性计划。当前，学者对两个层面的工程计划都展开了研究，其中工程设计中的影响因素、仿真技术在工程规划设计中的应用、多项目计划编制方法受到广泛关注。

2.2.3.3　工程组织

工程管理中的"组织"是指在工程实施过程中，为了实现工程管理目标和计划，对所必需的各种业务活动进行组合分类，明确管理人员的职能与职责，并规定上下左右的协调关系，同时必须不断对结构进行调整的过程。

工程建设涉及众多利益相关方，包括政府、业主、承包商、设计、监理、材料设备供应商、金融机构、科研机构、用户和当地居民等，如何优化配置各组织资源并高效实现管理目标是工程管理组织创新所要解决的基本问题。传统组织管理理论倾向于认为组织是一个封闭系统，侧重于内部如何保证较高的生产率，但缺乏考虑组织与外部环境之间的关系，不利于工程决策和实施者准确觉察外部环境特点，以使组织及时适应外界环境的变化[2-88]。工程管理组织模式应将对待利益相关方的方式从告知逐渐演变到提供信息、咨询、参与和建立合作伙伴关系，以促进资源、信息共享，实现各方共赢。不少学者从建设主体联盟[2-89]、伙伴选择[2-90]、利益与风险分配机制[2-91]等视角对工程组织群体行为进行了大量研究，涉及博弈论、评价方法等方面[2-92, 2-93]。Chinowsky 等[2-94]分析了工程管理过程中，不同部门之间的相互信任和良好沟通的重要性，研究了建筑管理中的社会网络模型，结果表明该模型可以加强工程各要素之间的组织与协同，进而创造一个高效的项目团队。

目前，针对工程组织协同的重点研究方向主要包括：从产业链一体化协作角度研究组织间协调和整合的方式、手段、途径以及工程对社会、经济和环境的影响[2-95, 2-96]；从信息化角度通过信息管理系统研发与应用，促进各项目参与方信息共享，并提高各方协同工作效率（Eriksson and Westerberg，2011）[2-96]；从学习与创新角度通过加强项目各方间知识共享和组织内外部知识的融合，形成技术管理与创新平台，促进自主研发技术，以解决工程实践中的重点、难点问题（Bossink，2004）[2-97]。

从上述文献中可以看出，组织效率是工程组织研究的核心，随着对工程组织认识的逐步深化，工程组织管理的关注范围从组织内部资源配置扩大到组织系统与外部环境关联，组织模式从传统的告知向关注组织群体行为及组织的协同转变。但现有研究均过于从工程项目的直接利益相关方角度进行研究，对于个体行为与群体行为、群体心理与群体行为的相互作用机理缺乏更为深入的认知。

2.2.3.4　工程协调

工程管理的"协调"既包括对工程的不同环节或阶段之间、各部门或机构之间进行有效的沟通与协调，也包括对工程资源的优化与配置。丛培经[2-98]研究了施工项目组织协调的分类、内容及方法。王延树等[2-99]对进度计划的协调机理进行研究，提出计划阶段展开工程管理协调管理的程序和方法。郭峰[2-100]从利益相关方、协调管理信息系统、协调管理文化等视角展开项目协调管理研究。

资源优化配置在工程协调管理中占据非常重要的位置。钟登华[2-101]利用离散事件仿真系统结合常用的三种启发式算法对某大型水电站地下洞室群施工进行了仿真优化，结果表明遗传算法可以较好地解决复杂工程施工过程中的资源均衡问题。Behzadan等[2-102]使用GPS和无线定位技术，根据现场人员的角色及其在工地所处的位置，为其提供相应的现场信息，并利用增强现实技术将这些信息以可视化的方式实时显示出来。

通过上述文献整理发现，学者们多对工程协调管理的内涵、内容、影响因素、方法等进行研究。资源优化配置是协调管理研究的重要内容之一，大批学者对多项目资源动态优化配置的实现条件、资源优化配置的算法、仿真技术及信息技术在资源优化配置中的应用展开研究。

2.2.3.5　工程控制

工程管理中的"控制"是指为了保证工程预期目标的实现，在工程实施过程中，对工程质量、安全、进度、投资、风险等多种指标和要素进行检测、衡量和评价，并针对性地提出纠偏措施。

在工程质量控制方面，丰景春和杨建基[2-103]建立了水利水电工程项目质量控制系统灰色摆动模型，分析质量控制系统运行机制的稳定性，预测质量控制系统的未来状态。王家柱等[2-104]通过对三峡工程质量管理实践进行分析，指出三峡工程建立了一套比较完善的质量保证体系。袁剑波和阎国平[2-105]提出应用多变异图分法来分析施工现场质量变异原因和进行质量控制。孙永福[2-106]对青藏铁路工程管理实践进行研究，指出严密的工程质量管理组织机构、完善的质量管理规章制度、以责任制为核心的工程质量管理体系是青藏铁路质量管理成功的关键。钟波涛和丁烈云[2-107]将知识管理的理念应用到施工质量控制，开发了集建筑质量控制知识管理和决策支持功能于一体的施工质量控制和事故处理系统（CQIS）。王孟钧和谢洪涛[2-108]通过问卷调查方式，研究分析了我国重大工程质量管理现状及影响质量管理的主要因素，认为工程质量责任制发挥了良好的作用，但仍然存在不足之处。

在安全管理方面，方东平、强茂山等[2-109, 2-110]运用定性与定量相结合的方法对施工现场工作环境安全评价、安全投入指标与绩效的关系、施工伤亡事故的致因分析、行业安全氛围对安全行为影响机理、施工安全风险概率评估、工人不安全行为产生的认知原因等进行了较为深入的研究。周诚和丁烈云等[2-111]从安全控制黑箱、信息孤岛以及知识遗失等维度进行分析，构建面向知识应用的安全集成控制模型。陈涛[2-112]等针对城市公共场所的应急能力评价问题，提出了基于突发事件风险维、应急能力时间维、应急能力空间维为划分依据的三维度应急能力构成模型，并提出了以《突发事件应对法》规定的应急阶段为主线的指标体系分析方法。还有学者采用模糊综合判断、动态评价、灰色理论等对施工现场的安全管理、评价以及预测进行了分析和研究。

在进度控制方面，王广斌[2-113]提出总进度纲要的编制、跟踪管理的组织方案和网络平台上的PSWS解决手段在实践过程中的成功应用。惠彦涛等[2-114]针对工程项目管理中实际存在的进度管理和费用管理不能有效结合的缺陷，以挣值管理法作为实现手段，应用MATLAB软件中提供的SIMULINK工具箱进行了工程项目进度—费用联合控制的动态仿真，提出将进度—费用联合控制思想。胡长明等[2-115]介绍了宝钢进行进度控制的参数——综合进展率，以实际综合进展率为原始数据，建立灰色GM（1，1）模型进行进度预测，并进行了模型的通用性检验。武乾等[2-116]基于现场调研和编码分析方法，应用模糊综合评价法展开工程进度评价。朱玉兵和刘国良[2-117]针对上海世博会工程建设难点，分析了影响进度目标实现的关键问题，通过对进度计划进行动态编制及调整、制定完善的进度考核办法、组织结构的动态调整以及主动做好进度协调工作等一系列管理措施，确保进度目标的实现。

在投资控制方面，冯为民、曹跃进和任宏[2-118]运用模糊数学的有关理论，介绍了基于案例推理（CBR）的土木工程造价估算系统的主要结构和数学模型。胡韬频、吴学军和郭树元等[2-119]认为工程投资控制效果是与人直接相关的，结合新制度经济学中关于人的行为的3个假定等相关理论，对三峡工程投资控制中制度的作用进行了理论分析。卢梅等[2-120]构建BP神经网络模型预测工程造价，进而优化清单计价模式，实现工程造价的全过程控制。

在风险管理方面，刘金兰[2-121]等结合大型工程建设项目风险特点，综合应用模糊集与影响图理论建立了模糊影响图方法，并以工程项目风险分析系统为背景进行了应用研究。何寿奎等[2-122]从新古典经济学角度基于利益分歧对业主和承包商在工程质量风险管理方面决策进行经济学解释，并从经济学角度提出防范工程质量风险的措施。唐文哲等[2-123]创建了基于伙伴关系模式的项目风险管理模型。王梦恕[2-124]在对我国地下工程事故案例分析的基础上，提出利用信息化施工技术和变位分配原理来加强施工安全控制。王飞等[2-125]分析了轨道交通车站同期建设和动态风险管理的特点，形成了车站基坑同期建设施工期动态风险管理思想，建立动态风险管理模式和实施流程。尹贻林等[2-126]通过ISM方法构建了工程项目风险分担影响因素的递阶结构模型，并进一步揭示风险分担影响因素之间的作用机理。

工程实践过程中，需要通过信息化和规范化的管理手段来实现工程控制的目标。姚兵[2-127]提出土木工程信息化应从设计、施工、控制方面进行落实。张建平等[2-128]在IFC和4D基础上，构建4D项目管理系统对进度、资源等进行动态管理。朱高峰[2-129]认为信息技术的发展改变了工程管理组织，进而对工程管理思想和方法产生影响。刘人怀[2-130]从全生命期理论出发，将工程管理信息化的内涵概括为：运营管理、伙伴协作、公众服务和集成创新四个方面，对工程管理信息化的指示体系与企业管理信息化的区别和联系进行了探讨。王孟钧、张力锦等[2-131]从程序化、合同化、格式化、信息化等范畴对重大工程规范化管理技术进行探讨。王要武等[2-132]充分应用BIM、BLM等信息技术的优化，对工程项目管理进行全生命周期管理。

质量控制方面，学者从质量控制方法、质量控制系统的可靠性、质量管理体系构建和影响质量管理的政策法规等方面展开质量控制研究；安全管理方面，安全评价、安全风险评估、安全行为、安全集成控制和应急管理是研究重点；进度方面，进度的动态跟踪管理、进度—费用联合控制、进度控制参数及预测、进度影响因素等受到广泛关注；投资控制研究集中在估算方法的改进、工程造价的预测方面，工程投资的影响因素也受到学者关注；风险管理中，风险产生原因、风险动态管理模式、风险分担及信息技术在风险管理中的应用是学者研究的主要方面；此外，工程管理信息化也受到广泛关注，学者主要从信息化目标、内涵、应用实践、信息化对工程管理的影响等方面展开研究。

2.2.4 工程管理理论体系框架

随着我国工程建设经验的积累、各相关学科快速发展以及实践界和理论界对工程管理的积极探索，形成了大量适合我国国情的管理思想、理念、方法和手段，然而还未形成完整的理论体系，影响了工程管理学科的发展和对实践指导作用的发挥。因此，学者们开始总结和提升工程管理经验，梳理零散的应用理论，开展适合我国国情的工程管理理论体系框架研究。

2.2.4.1　工程管理理论体系框架的认识

何继善等[2-47]在界定工程与工程管理的概念，剖析工程管理学科特点与学科理论渊源的基础上，构建了工程哲学指导下的工程管理理论体系框架。刘应宗（2009）[2-133]突破国外工程管理理论中的工程投资、建设总承包、施工管理理论的框架体系，提出以工程生命周期为主线的工程管理理论体系，即包括工程规划管理理论、工程设计管理理论、工程投资管理理论、工程建设管理理论和工程使用管理理论。王卓甫等[2-134]从工程实践中分析了价值思维取向下工程思维的演化，提出工程思维模式下现代工程管理理论形成的动力模型，并构建基于工程投资决策管理理论、工程交易管理理论和工程项目管理理论为基础的现代工程管理理论模型；其后又在分析工程管理知识发展维度、工程管理知识创新模式和结构模式基础上，梳理并提出在工程思维模式下工程管理知识体系框架，包括基础知识体系框架和应用知识体系框架。王青娥和王孟钧等[2-135]分析工程管理理论体系构建的逻辑起点，阐述工程管理理论体系的实践起点论和环境起点论，构建"本体+外延"结构的理论体系框架，并阐释了各部分的内涵和关系。何继善[2-136]从理论模块、活动模块和应用模块来构建工程管理理论体系。

2.2.4.2　工程管理理论体系概念模型

工程管理理论体系是工程管理理论的系统化、体系化，需明确其所涵盖工程管理理论内容，揭示各构成要素之间的内在逻辑结构与层次关系，厘清工程管理理论的关系与脉络。工程管理理论体系概念模型如图2-1所示。

工程管理理论体系概念模型扎根于我国特殊国情和文化背景，如同一株大树，其土壤为我国丰富的工程管理实践及相关政策和制度；作为交叉学科，工程管理学科与相关学科关系错综复杂，在相互交叉与交融中形成工程管理的基础理论，构成大树的根基；主体理论是主干，支撑起工程管理理论体系；工作管理的应用理论作为其枝干，所延伸出来的分支代表着具体的应用技术和方法[2-137]。

工程管理基础理论是具有稳定性、根本性、普遍性特点的理论原理，起到基础性

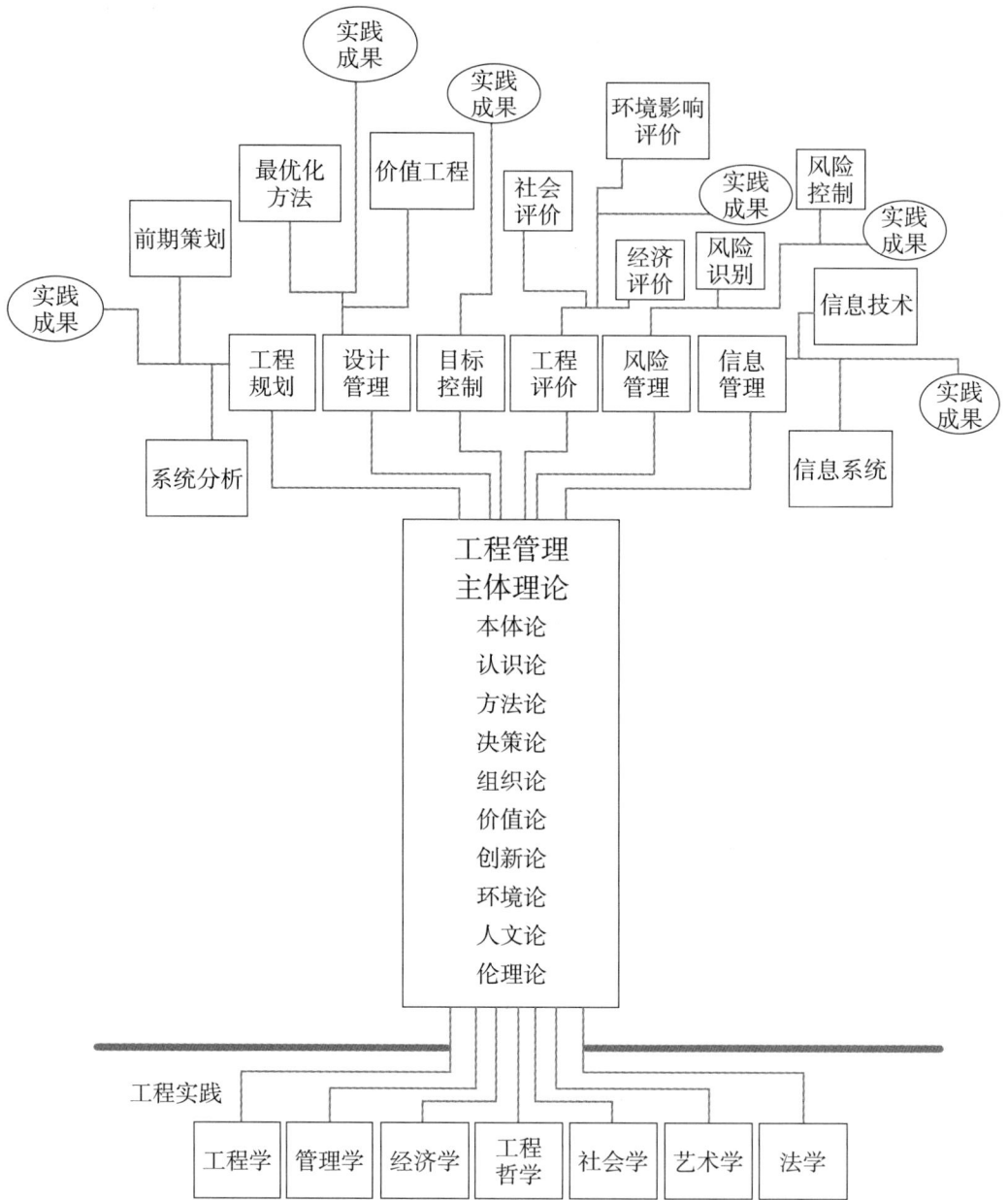

图 2-1 工程管理理论体系概念模型

作用，包括工程学、管理学、经济学、工程哲学、社会学、艺术学、法学等。

工程管理主体理论主要包括工程本体论、认识论、方法论、决策、组织、价值、创新、环境、人文、伦理。从本体论观点看"工程管理"，就是要确立工程的"主体"位置，工程管理依附于工程，同时在工程活动中占据重要位置。工程认识论和方法论是对工程管理知识体系的认识和对工程管理方法的梳理。工程决策主要是指工程管理活动中决策的方法、思想等。工程组织主要是指工程管理活动中组织管理方式、原则和规律等。工程价值主要是指工程管理活动中涉及价值实现与提升的经济问题、质量与安全问题等。工程创新主要是指二元创新，即管理创新和技术创新。工程环境主要是指工程管理活动中与社会环境、自然环境的互动分析等。工程人文主要是指工程伦理、工程文化与工程艺术，研究工程师的地位与作用、工程中的伦理问题、工程文化的功能与塑造以及工程的艺术表现等。

工程管理应用技术可分为工程规划技术、工程设计管理技术、目标控制技术、工程评价技术、信息管理技术等，如目标控制技术包括成本控制、进度控制、质量控制等，工程评价则包括经济评价、社会评价、环境影响评价等，信息管理技术涉及信息技术、信息系统等。

近年来，学者们更多地关注工程管理理论体系建设，对工程管理理论体系的构建有助于厘清工程管理的各种概念之间的关系，揭示其本质特征和原理，催生工程管理理论与实践发展所必需的关键命题、公理，推动工程管理理论的丰富和完善。

参考文献

［2-1］　徐匡迪. 发展工程哲学落实科学发展观［J］. 北京师范大学学报（社会科学版），2008（1）：90-92.

［2-2］　孙正聿. 理论及其与实践的辩证关系［J］. 新华文摘，2010（4）：41-43.

［2-3］　陆佑楣. 从哲学高度不断认识水电工程［J］. 中国三峡，2005（2）：4-8.

［2-4］　何继善，王孟钧，王青娥. 中国工程管理现状与发展［M］. 北京：高等教育出版社，2013.

［2-5］　汪应洛. 工程管理概论［M］. 西安：西安交通大学出版社，2013.

［2-6］　任宏，陈圆. 工程管理概论［M］. 北京：中国建筑工业出版社，2007.

［2-7］　A. A. Harms E A. Engineering in time［M］. London：Imperial College Press，2004.

［2-8］　殷瑞钰，汪应洛，李伯聪，等. 工程哲学（第二版）［M］. 北京：高等教育出版社，2013.

［2-9］ 何继善. 中国古代工程建筑特色与管理思想［J］. 中国工程科学，2013（10）：4-9.

［2-10］成虎. 工程管理概论［M］. 北京：中国建筑工业出版社，2007.

［2-11］朱红. 浅析中国古代管理思想的深远影响［J］. 经营管理者，2013（07）：104-105.

［2-12］郑俊巍，王孟钧. 中国工程管理的历史演进［J］. 科技管理研究，2014（23）：245-250.

［2-13］傅仁章. 中国古代的工官制度与工程主持人［J］. 建筑经济，1990（11）：30-32.

［2-14］何成旗. 古建工程中的项目管理思想［J］. 施工企业管理，2011（12）：100-102.

［2-15］王茂华，姚建根，吕文静. 中国古代城池工程计量与计价初探［J］. 中国科技史杂志，2012（02）：204-221.

［2-16］孙希磊. 民国时期北京城市管理制度与市政建设［J］. 北京建筑工程学院学报，2009（03）：51-54.

［2-17］北京档案馆编委会. 北京档案史料［M］. 北京：新华出版社，2002.

［2-18］廖艳彬，金诗灿. 民国时期水利现代化建设的一次尝试——以1932—1942年时期的江西省为例［J］. 理论月刊，2008（05）：45-46.

［2-19］盛昭瀚，张军，杜建国，等. 社会科学计算实验理论与应用［M］. 上海：上海三联书店，2009.

［2-20］苗东升. 系统科学家钱学森［J］. 辽东学院学报（社会科学版），2010（03）：16-22.

［2-21］卢汝生，王孟钧，罗甲生，等. 政府投资项目管理模式与总承包管理实践［M］. 北京：中国建筑工业出版社，2009.

［2-22］张伟，朱宏亮. 政府工程管理模式综述及改革方向［J］. 建筑经济，2005（07）：19-23.

［2-23］张伟，朱宏亮. 我国政府投资项目管理的制度变迁［J］. 土木工程学报，2007（05）：79-84.

［2-24］李丹慧. 北京与莫斯科：从联盟走向对抗［M］. 南宁：广西师范大学出版社，2002.

［2-25］刘艳琼.“两弹一星”工程中管理层面的成功经验（下）［J］. 航天工业管理，2002（07）：23-26.

［2-26］刘艳琼.“两弹一星”工程中管理层面的成功经验（上）［J］. 航天工业管理，2002（06）：13-16.

［2-27］张桂霞. 抹不掉的记忆——南京长江大桥建设纪实［J］. 新长征（党建版），2009（05）：62-64.

［2-28］汪应洛，王能民. 我国工程管理学科现状及发展［J］. 中国工程科学，2006（03）：11-17.

［2-29］任宏，竹隰生，顾湘. 工程管理专业的发展展望［J］. 高等建筑教育，2001（02）：32-34.

［2-30］胡世祥，张庆伟. 中国载人航天工程——成功实践系统工程的典范［J］. 中国航天，2004
（10）：4-7.

［2-31］王基铭. 中国石化石油化工重大工程项目管理模式的创新［J］. 中国石化，2007：（07）
45-49.

［2-32］冉新权. 长庆油气田开发建设中的工程管理创新［J］. 中国工程科学，2008（12）：58-62.

［2-33］叶青. 神华工程管理模式［J］. 煤炭学报，2003（02）：113-116.

［2-34］陆佑楣. 三峡工程建设项目管理的实践［J］. 中国三峡，2002（09）：3-4.

［2-35］贺恭，陈文斌. 三峡工程八年来建设管理经验综述［J］. 中国三峡，2001（08）：1-6.

［2-36］孙永福. 中国高速铁路的成功之路［J］. 铁道学报，2009（06）：135-139.

［2-37］孙永福. 青藏铁路建设管理创新与实践［J］. 管理世界，2005（03）：1-6.

［2-38］Thamhain H J. Engineering management：Managing effectively in technology-based
organizations［J］. 1992.

［2-39］Lock D. Handbook of engineering management［M］. Butterworth-Heinemann，1993.

［2-40］Lannes W J I. What is engineering management? ［J］. IEEE Transactions on Engineering
Management，2001，48（1）：107-115.

［2-41］Rothman J. Successful engineering management：seven lessons learned［M］. 1999.

［2-42］Ferris T L J，Cook S C. Away from a single theory of engineering management［C］//
Engineering Management Conference，2005. Proceedings. 2005 IEEE International. 2005：271
-275.

［2-43］Chinowsky，P. S.，Diekmann，J.，Brien，J. O.. Project Organizations as Social Networks，
Journal of Construction Engineering And Management，2010，136（4），452-458.

［2-44］Xu，J.，Li，Z.. A review on Ecological Engineering based Engineering Management，2012，
Omega. 40（3），368-378.

［2-45］张寿荣. 工程管理的范畴及工程管理的重要性［J］. 武汉理工大学学报（信息与管理工程
版），2002，24（3）：7-10.

［2-46］何继善，陈晓红，洪开荣. 论工程管理［J］. 中国工程科学，2005，7（10）：5-10.

［2-47］何继善，王孟钧，王青娥. 工程管理理论解析与体系构建［J］. 科技进步与对策，2009，
26（21）：1-4.

［2-48］朱卫华，王孟钧，郑俊巍. 工程管理的哲学思考［J］. 理论月刊，2015（8）：47-51.

［2-49］Knoepfel，Knoepfel H. Systematic project management［J］. International Journal of Project

Management, 1983, 1（4）: 234-241.

[2-50] Saynisch, Saynisch M. Project management system for a large international project ☆ [J]. International Journal of Project Management, 1983, 1（2）: 115-121.

[2-51] Payne, J.H.. Management of multiple simultaneous projects: a state-of-the-art review. International Journal of Project Management, 1995, 3（3）: 163-168.

[2-52] 盛昭瀚, 游庆仲, 李迁. 大型复杂工程管理的方法论和方法: 综合集成管理——以苏通大桥为例 [J]. 科技进步与对策, 2008, 25（10）: 193-197.

[2-53] 任宏, 曾德珩, 张巍, 等. 巨项目的有效大系统 [J]. 中国工程科学, 2012（12）: 75-80.

[2-54] Mitcham, 1991 Mitcham C. Book Review——Philosophy of Technology [J]. Digital Library & Archives of the Virginia Tech University Libraries, 1991.

[2-55] Mitcham C. Metaphysics, epistemology and technology [M]. JAI, An imprint of Elsevier Science, 2000.

[2-56] Bucciarelli, Bucciarelli L L. Designing engineers [M]. MIT Press, 1994.

[2-57] 李伯聪. 努力向工程哲学领域开拓 [J]. 自然辩证法研究, 2002, 18（7）: 36-39.

[2-58] 徐匡迪. 树立工程新理念, 推动生产力的新发展 [J]. 工程研究——跨学科视野中的工程, 2004, 1: 4-8.

[2-59] 汪应洛, 王宏波. 当代工程观与构建和谐社会 [J]. 工程研究——跨学科视野中的工程, 2005, 02: 26-28.

[2-60] 杜祥琬. 对工程哲学的几点思考 [J]. 中国工程科学, 2005, 7（2）: 24-25.

[2-61] 傅志寰. 我国铁路提速工程的哲学思考 [J]. 浙江大学学报（人文社会科学版）, 2007, 37（3）: 5-14.

[2-62] 陆佑楣, 张志会. "原生态"概念批判与动态和谐的工程生态观的构建 [J]. 工程研究——跨学科视野中的工程, 2009, 1（4）: 346-353.

[2-63] 殷瑞钰, 汪应洛, 李伯聪, 等. 工程哲学（第二版）[M]. 北京: 高等教育出版社, 2013.

[2-64] 何继善, 王孟钧. 工程与工程管理的哲学思考 [J]. 中国工程科学, 2008, 10（3）: 9-12.

[2-65] 席酉民, 尚玉钒. 和谐管理思想与当代和谐管理理论 [J]. 西安交通大学学报（社会科学版）, 2001, 21（3）: 23-26.

[2-66] 吴伟巍, 侯艳红, 成虎. 和谐管理理论视角下的工程项目管理 [J]. 土木建筑与环境工程, 2007, 29（4）: 129-132.

[2-67] 李静. 基于和谐管理理论的工程项目HSE管理体系设计与绩效研究 [D]. 天津大学, 2007.

［2-68］何继善，王进，喻珍．工程和谐与工程创新的互动关系研究［J］．中国工程科学，2008，10（12）：4-9.

［2-69］张炜，杨赟．建筑工程项目和谐管理的可拓研究［J］．工程和商业管理国际学术会议，2001，1186-1188.

［2-70］杨卫兵，后小仙．Partnering模式视角下的政府投资项目和谐管理［J］．经济师，2011，2011（1）：29-30.

［2-71］邱星萍，张龙，宗恒恒．基于和谐管理理论的工程建设项目和谐主题优化控制［J］．项目管理技术，2012（5）：90-93.

［2-72］Carter R C，Tyrrel S F，Howsam P. The Impact and Sustainability of Community Water Supply and Sanitation Programmes in Developing Countries［J］．Water and Environment Journal，1999，13（4）：292-296.

［2-73］陈光，成虎．建设项目全寿命期目标体系研究［J］．土木工程学报，2004，37（10）：87-91.

［2-74］刘忆，李晓凯．工程项目的可持续性研究［J］．中国工程咨询，2004（1）：13-14.

［2-75］郑小晴．建设项目可持续性及其评价研究［D］．重庆大学，2005.

［2-76］丰景春，邵翔．水资源工程和谐的涵义与层次［J］．水资源与水工程学报，2009，9（5）：19-23.

［2-77］张建新，王立国．生态经济学视角下建筑工程可持续建设体系研究［J］．建筑经济，2012（10）：5-10.

［2-78］Denton M，Palmer A，Masiello R，et al. Managing market risk in energy［J］．IEEE Transactions on Power Systems，2003，18（2）：494-502.

［2-79］Paul S. Chinowsky. Construction Planning，Programming and Control［J］．Construction Management & Economics，2009，27（12）：1269-1270.

［2-80］刘宁．工程目标决策研究［M］．中国水利水电出版社，2006.

［2-81］郭建锋，张建平，胡振中，等．基于数据挖掘的智能工程决策平台［J］．哈尔滨工业大学学报，2006，38（9）：1518-1522.

［2-82］雷丽彩，周晶，李民．基于相对熵原理的大型工程项目交互式多属性群决策方法研究［J］．中国软科学，2011（2）：166-175.

［2-83］任宏，马先睿，金海燕．基于决策"核心三原则"的巨项目投入评价研究［J］．科技进步与对策，2012，29（18）：81-85.

［2-84］聂增民. 施工企业项目计划管理的改进［D］. 郑州大学，2005.

［2-85］Abourizk S，Mohamed Y，Taghaddos H，et al. Developing complex distributed simulation for industrial plant construction using High Level Architecture［J］. 2010：3177-3188.

［2-86］梁冰. 基于关键链的复杂产品多项目计划与调度方法研究［D］. 江苏科技大学，2012.

［2-87］王家金. 商业地产项目开发计划编制研究［J］. 安徽建筑，2012，19（2）：213-213.

［2-88］Nadler D，Tushman M L，Nadler M B. Competing by Design：The Power of Organizational Architecture［M］. Oxford University Press，1997.

［2-89］盛峰，戚安邦，王进同. 政府投资项目利益相关者博弈与合作伙伴关系管理模式研究［J］. 生产力研究，2008（7）：86-88.

［2-90］刘书庆，董雅文. 虚拟企业设计合作伙伴选择模型及其应用［J］. 工业工程，2007，10（5）：78-84.

［2-91］郝海，郑丕锷，ZHENGPi-e. 基于Shapley值的供应链合作伙伴利益风险分配机制［J］. 哈尔滨工业大学学报（社会科学版），2005，7（5）：71-75.

［2-92］孙东川，叶飞. 动态联盟利益分配的谈判模型研究［J］. 科研管理，2001，22（2）：91-95.

［2-93］万杰，李敏强，寇纪淞. 供应链中分配机制对牛鞭效应的影响研究［J］. 系统工程学报，2002，17（4）：340-348.

［2-94］Chinowsky P S，Diekmann J，O'Brien J. Project Organizations as Social Networks［J］. Journal of Construction Engineering & Management，2010，136（4）：452-458.

［2-95］Eriksson P E，Pesämaa O. Buyer-supplier integration in project-based industries［J］. Journal of Business & Industrial Marketing，2013，28（1）：29-40（12）

［2-96］Eriksson P E，Westerberg M. Effects of cooperative procurement procedures on construction project performance：A conceptual framework［J］. International Journal of Project Management，2011，29（2）：197-208.

［2-97］Bossink B A G. Managing Drivers of Innovation in Construction Networks［J］. Journal of Construction Engineering & Management，2004，130（30）：337-345.

［2-98］丛培经.《建设工程项目管理规范》系列讲座第13讲施工项目组织协调［J］. 施工技术，2003（4）：58-59.

［2-99］王延树，李跃水，成虎. 计划阶段工程项目协调管理的机理与设计［J］. 施工技术，2007，36（7）：90-92.

［2-100］郭峰，徐浩，屈纲，等. 建设工程供应链合作伙伴协调管理的创新与实践研究——以深圳地铁5号线项目为例［J］. 科技进步与对策，2011，28（13）：26-31.

［2-101］钟登华，杨晓刚，李景茹. 长隧洞TBM施工全过程仿真优化研究［J］. 水利水电技术，2005，36（4）：85-87.

［2-102］Behzadan A H，Iqbal A，Kamat V R. A collaborative augmented reality based modeling environment for construction engineering and management education［C］// 2011：3568-3576.

［2-103］丰景春，杨建基，FengJingchun，等. 水利水电工程项目质量控制系统灰色摆动模型［J］. 河海大学学报（自然科学版），1999，27（5）：57-62.

［2-104］王家柱. 三峡工程及其几个岩石力学问题［J］. 岩石力学与工程学报，2001，20（5）：597-602.

［2-105］袁剑波，阎国平. 基于多变异图分法的公路路基工程质量控制方法［J］. 公路，2003（7）：108-112.

［2-106］孙永福. 青藏铁路建设管理创新与实践［J］. 管理世界，2005（3）：1-6.

［2-107］钟波涛，丁烈云，周薇. 大型建筑工程知识流分析及知识集成研究［J］. 科技进步与对策，2005，22（10）：120-122.

［2-108］谢洪涛，王孟钧. 我国重大工程项目决策阶段工作现状与问题问卷调查分析［J］. 中国工程科学，2010，12（1）：18-23.

［2-109］周全，方东平. 建筑业安全氛围对安全行为影响机理的实证研究［J］. 土木工程学报，2009（11）：129-132.

［2-110］强茂山，方东平，肖红萍，等. 建设工程项目的安全投入与绩效研究［J］. 土木工程学报，2004，37（11）：101-107.

［2-111］周诚，丁烈云，周迎，等. 面向知识重用的地铁工程施工安全集成控制过程研究［J］. 施工技术，2010，39（9）：17-20.

［2-112］陈涛，袁宏永，苏国锋. 城市公共场所应急能力的三维分析框架［J］. 中国应急管理，2012（2）：28-31.

［2-113］王广斌. 大型建设项目总进度纲要的编制与跟踪管理［J］. 同济大学学报（自然科学版），2003，31（11）：1359-1363.

［2-114］惠彦涛，李辉山，宁丰荣. 工程项目进度—费用联合控制系统仿真研究［J］. 西安科技大学学报，2007，27（3）：498-501.

［2-115］胡长明，梁森，王建平，等. 基于综合进展率的GM（1，1）进度控制模型及其应用［J］.

西安建筑科技大学学报（自然科学版），2007，39（4）：468-473.

［2-116］武乾，高书华，周韬．建筑施工项目进度控制的综合评价［J］．西安科技大学学报，
2011，31（4）：412-419.

［2-117］朱玉兵，刘国良，ZHUYu-bing，等．上海世博会工程建设进度控制与协调研究［J］．建
筑技术，2010，41（4）：301-304.

［2-118］冯为民，曹跃进，任宏．基于案例模糊推理的土木工程造价估算方法研究［J］．土木工
程学报，2003，36（3）：51-56.

［2-119］胡韫频，吴学军，郭树元，等．对三峡工程投资控制的新制度经济学分析［J］．人民长
江，2006，37（2）：14-16.

［2-120］卢梅，韩小康，孔祥坤，等．基于BP神经网络和TOC的工程造价预控研究［J］．西安建
筑科技大学学报（自然科学版），2011，43（1）：106-112.

［2-121］刘金兰，韩文秀．关于工程项目风险分析的模糊影响图方法［J］．系统工程学报，1994
（2）：81-88.

［2-122］何寿奎，傅鸿源．工程质量风险的经济学解释与风险防范［J］．土木建筑与环境工程，
2006，28（6）：106-110.

［2-123］唐文哲，强茂山，陆佑楣，等．基于伙伴关系的项目风险管理研究［J］．水力发电，
2006，32（7）：1-4.

［2-124］王梦恕，张成平．城市地下工程建设的事故分析及控制对策［J］．建筑科学与工程学报，
2008，25（2）：1-6.

［2-125］王飞，胡群芳，黄宏伟，等．轨道交通多车站基坑同期施工动态风险管理［J］．地下空
间与工程学报，2010，06（5）：1027-1032.

［2-126］赵华，尹贻林．基于ISM的工程项目合理风险分担影响因素分析［J］．北京理工大学学报
（社会科学版），2011，13（6）：15-19.

［2-127］姚兵．论土木工程的信息化建设［J］．土木工程学报，2003，36（9）：88-90.

［2-128］张建平，韩冰，李久林，等．建筑施工现场的4D可视化管理［J］．施工技术，2006，35
（10）：36-38.

［2-129］朱高峰．对工程管理信息化的几点认识［J］．中国工程科学，2008，10（12）：32-35.

［2-130］刘人怀，孙凯．工程管理信息化的内涵与外延探讨［C］//中国工程管理论坛．2010.

［2-131］王孟钧，张少锦，程庆辉．重大工程规范化管理技术研究［J］．科技进步与对策，2010，
27（6）：23-26.

［2-132］王要武，吴宇迪. 智慧建设理论与关键技术问题研究［J］. 科技进步与对策，2012，29
　　　　（18）：13-16.

［2-133］刘应宗. 工程管理理论体系探析［J］. 科技进步与对策，2009，26（21）：56-58.

［2-134］王卓甫，杨志勇，丁继勇. 现代工程管理理论与知识体系框架（二）［J］. 工程管理学
　　　　报，2011，25（3）：256-259.

［2-135］王青娥，王孟钧. 关于中国工程管理理论体系框架的思考［J］. 科技进步与对策，2012，
　　　　29（18）：6-8.

［2-136］何继善. 论工程管理理论核心［J］. 中国工程科学，2013（11）：4-11.

［2-137］王青娥，王孟钧，等. 工程管理理论体系概念模型构建分析［J］. 中国工程科学，2013
　　　　（15）：103-107.

第 3 章

工程管理方法论

方法是人类认识世界和适应世界的方式、途径、策略、工具、手段及程序的总和。方法论是关于人类认识世界和适应世界所用方法的理论系统。工程技术的进步有赖于方法论的创新，从牛车马车到航天飞机，从烽火台到微波通信等，都是如此[3-1]。工程管理领域中的一系列复杂科学问题的解决同样需要方法论指导。工程管理方法论就是研究工程管理问题的方法系统，它致力于能动地处理工程管理中遇到的各种定性或定量的问题，具有综合性、知识性、实践性和创新性，是现代科学方法在工程管理范畴内的集成与发展。

战略性重大工程具有决策难度大、投资额高、技术复杂、影响面广等特点，其建设与运行还面临着各种复杂的自然、社会、人文、技术等环境的严峻考验，需要多种学科、技术的综合集成。现代工程管理是一个综合性和系统性的实践过程，必须在方法论的指导下，结合工程实际，创造性地开展工程管理实践。

按照方法论的一般架构模式，本章将工程管理方法论分为工程管理哲学方法论、工程管理一般科学方法论和工程管理具体科学方法论三个层次。构建完整的工程管理方法论体系，不仅需要系统梳理和总结工程管理理论和实践中应用的具体方法集合，而且还需要针对各方法间的关联性及其共性问题进行探讨。完善的工程管理方法论体系是促进工程管理方法创新的助推器。在按照三个层次论述工程管理方法论时，鉴于系统科学方法和项目管理方法已自成体系，而二者突出贡献的层次有所不同，系统科学方法更为引人瞩目的是其作为一般科学方法论体现出的重大价值，项目管理方法的贡献则在于其较为完善的具体方法体系，因此，一般科学方法论层次，本章重点论述系统科学方法；在具体科学方法论层次，则重点论述项目管理方法。

3.1　工程管理哲学方法论

哲学是关于世界观的学问。哲学具有最高的概括性，它是对包括自然、社会和人类思维在内的整个世界一般本质和规律性的抽象和概括。也正因此，哲学具有最广泛的渗透性，人类生产和生活的所有领域都渗透了哲学，所有自然科学、社会科学和思维科学都要受到哲学的影响，工程管理理论与实践也不例外。

工程管理哲学方法论是工程管理领域最抽象、最高层次的思想方法。从系统观、辩证观、和谐观等角度，对工程管理过程、模式、规律等进行哲学思辨，从而得到指导工程管理研究和实践的普遍原则、思维模式[3-2, 3-3]，即工程管理哲学方法论。

在工程管理实践中形成的工程管理理论，就学科而言是"工程学"与"管理学"的交叉学科，工程管理理论直接的理论来源是工程学和管理学，是二者的结合与融合。但由于工程是在自然环境、社会环境、人文环境中存在的复杂系统，涉及自然、社会、文化的许多复杂因素，因而经济学、法学、社会学、心理学等也是工程管理理论的理论基础，没有这些学科的"嵌入"，工程管理理论也就是不健全的。而贯穿于管理学、工程学、经济学、法学、社会学、心理学中的理论又是什么呢？那就是哲学，因而工程管理理论又以哲学为最深层的理论支撑，由此说明，工程管理方法论需要从哲学层面上展开思辨。

工程管理理论研究需要有哲学理论的支撑，马克思主义哲学应该成为我们研究工程管理问题，构建工程管理理论体系的"主导"哲学。同时也需兼顾与马克思主义哲学相契合的中国传统哲学和西方哲学中有价值的思想。

马克思主义哲学对科学方法论的指导主要体现在科学实践观原则、唯物辩证法原则和历史唯物主义原则。因此，站在哲学的高度，工程管理哲学思想方法应该包括：实事求是、矛盾分析、知行统一、辩证思维、真理尺度和价值尺度统一，它们共同构成了工程管理哲学方法论的精要。

3.1.1　实事求是

实事求是在中国是一个古老命题，包含了朴素唯物论和辩证法思想。毛泽东借用这一命题解决党的思想路线问题，为此，他从辩证唯物主义对其进行解释："'实事'就是客观存在着的一切事物，'是'就是客观事物的内部联系，即规律性，'求'就是我们去研究[3-4]。"可见，实事求是，体现了唯物论和辩证法的统一，客观规律性与主观能动性的统一，成为辩证唯物主义的一个命题。

实事求是既是辩证唯物主义的世界观，也是科学的方法论。正如毛泽东形象比喻的那样，方法如同过河的船和桥，至关重要。搞革命、搞建设、搞改革都要实事求是，实事求是的方法应该贯彻于一切工作之中。工程管理当然也要坚持实事求是的方法，才能达到目标，取得成效。

工程管理各个环节都应该遵循实事求是原则，从客观实际出发，将主观能动性和客观规律有机结合。唯有如此，工程规划设计才是科学合理的，工程实施才是有效的，运行才是健康的。

实事求是不仅是工程管理的一种基本方法，也是工程管理者以及工程管理理论研究者应该具有的基本立场和态度。工程共同体中的投资人、决策者、管理者、工程技术人员和工人，以及与工程相关的政府官员，如果缺乏实事求是的态度，那么工程活动就会偏离正确的轨道，导致工程活动的失误甚至失败。工程管理理论的核心价值观是"以人为本，协同创新，天人合一，构建和谐"。如果要把"核心价值观"说清楚，论明白，首先要有实事求是的态度。其实，这"核心价值观"本身就是通过实事求是的研究，从工程实践中提炼、归纳、总结出来的，而非主观想象和臆断出来的，是符合实际的。不仅工程管理理论的"核心价值观"如此，其他所有工程管理问题的研究都应当贯彻实事求是的方法，具有实事求是的态度。

实事求是是工程管理创新的基础，也是保证创新方向正确的向导。工程及其工程管理的发展、进步当然也要靠创新。工程创新在整个国家创新体系中居于核心地位，没有工程创新就没有产业的形成和发展，就没有整个国家经济的进步和提升。这其中当然也包括工程管理创新的作用。但工程管理创新一定要实事求是，要从工程管理发展的实际需要出发，选择工程管理创新的方向、课题和任务，要努力探求工程管理实际的内在规律性，进行"有的放矢"的协同创新，只有这样才能取得成功，也只有这样，才算是真正有价值的工程管理创新。

实事求是是工程管理创新的最高准则，工程管理创新不能"无的放矢"，不能闭门造车，不能纸上谈兵。因此，工程管理研究者一定要迈开双脚，深入火热的工程建设战场，做深入细致的调查研究工作并力求找出工程管理的规律性问题，借助各种科学技术手段和方法，提炼、总结、概括出反映工程管理一般规律的理念、原则和方法。工程管理创新当然也要注重前人或他人总结出来的既有经验，但由于工程是日新月异变化发展着的，这就需要我们着力于现实中的工程管理实践，并对其进行实事求是的考察。"理论是灰色的，生活之树常青"，如果工程管理研究者囿于既有的经验，抱着书本搞研究，无视极为生动活泼的工程管理实践，那就既不可能了解工程管理真正的"事实"，也不可能获得对工程管理的"是"，即规律性的把握，当然更不可能对工程管理理论进行真正的创新。对于工程管理的实际工作者来说，最重要的是要善于总结不断发展着的工程管理实践经验，适时提出工程管理的新思路、新原则、新方法。而对于高层工程管理者来说，也需要深入基层、到工程建设第一线调查研究，否则工程管理创新便无从说起。调查研究是实事求是的基本要求，不调查研究就无法做到实事求是，没有实事求是就根本谈不上有效的工程管理创新。

工程管理创新应坚持"适度"原则，过于"超前"和过于"繁杂"的创新，由于尚不具备适用的条件或脱离工程实际，必定会在实际工作中遭遇"壁垒"，甚至落入"陷阱"，不仅徒劳无用，还浪费了资源。"适度"是一个哲学范畴，就是保持事物质和量的限度，既不要"过"也不要"不及"。孔子说"过犹不及"，讲的就是要"适度"。在工程管理创新实践研究活动中曾出现过很多偏差，最突出的莫过于脱离工程管理的实际条件进行"超前"研究，这些所谓的"超前"研究不一定是科学预见，很多是照搬照抄来的"舶来品"或胡思乱想出来的东西，因此提出工程管理创新的"适度"问题绝不是无的放矢。过于"繁杂"的所谓工程管理创新也是不"适度"。数不清的公式和条条框框，会使实际的工程管理者云里雾里、无所适从。其实工程管理与任何事物一样，既是复杂的又是简单的，工程管理创新研究恰恰是要对复杂的工程管理实际进行概括和抽象，以简单化的一系列"范式"以及概念、原则、方法体现出来。"适度"的工程管理创新就是实事求是，一切以工程管理的客观条件、实际需要和能够应用为标准。

工程管理创新需要借鉴国外的哪些经验，自己需要怎样的创新？这需要结合实事求是来寻找答案。一些工程管理理论的研究者"唯洋是举"，生搬硬套了大量西方理论，硬将其生生塞进中国的工程管理理论中，结果中国工程人根本看不懂这些"似中非中，似西非西"的理论，这说明严重脱离中国工程管理实际是没有任何用处的。国外的好东西当然要借鉴，但更应看重中国工程人在长期的工程实践中积累起来的自己的宝贵经验。其实，我国古代的哲学、经济学、军事学、社会学、政治学中，就包含了许多宝贵的管理思想，如孔子的"礼治"、"仁爱"思想，孙武的基于"五事"，即"道"、"天"、"地"、"将"、"法"进行正确的战争决策的思想，老子的"以百姓为心"的"贵柔"领导之术，韩非的"法"、"术"、"势"相结合的控制思想等。这些思想虽然是就国家层面的治理或就军事而言的，但也渗透于古代的工程管理活动之中，值得今天的中国工程管理者借鉴。现代中国的工程管理实践更是创造出许多工程管理的成功经验：大庆油田开发形成的"三老四严"作风，既是一种工程精神，也是中国石油人创造的一种管理理论和方法；"两弹一星"工程、载人航天工程、三峡工程、青藏铁路工程等等，我国的工程人在工程管理上都有许多的成功创造。所以，中国的工程管理创新应该以我为主，因为研究和应用工程管理理论都离不开中国这块土壤，这才是实事求是。借鉴国外的东西也要与中国的实际结合起来。例如，"扁平化"组织、"项目制"、招标投标制这些从西方引入的管理模式及制度，就与中国的工程管理实际相结合，融入了许多"中国元素"，因而得以在我国工程管理领域广泛推行。这是引进—吸收—再创新的体现，也是实事求是的体现。

工程管理创新怎样进行"协同创新"？要使决策、计划、组织、指挥、协调与控制联动起来；要将前期规划论证、设计、实施、运行做出恰当的安排；要实现质量、费用、工期、职业健康安全、环境保护目标，并对资源、合同、风险、技术、信息、文化等进行集成综合，显然都需要协同创新。而要实现协同创新，就需要实事求是。例如，我国著名科学家钱学森创立的"系统工程理论"，就是从工程系统的实际出发，在揭示了工程系统诸多部分、方面、要素的内在联系即规律性的基础上提出来的。"系统工程理论"不仅在我国火箭工程和"两弹一星"工程中得到成功应用，而且长远地影响了后来所有航空、航天、军事工程的实践，也广泛地影响了我国工程建设的所有领域。"系统工程理论"被世界公认为既是一种工程管理创新的理论，也是一种工程管理创新的方法。同样，我国著名数学家华罗庚提出的"统筹法"和"优选法"，也是基于我国经济建设的实际，通过调查研究和深入思考而创立的管理理论，它不仅在工农业生产的管理中得到应用，而且也成功地应用于我国的工程管理实践中。无论是系统工程理论，还是统筹法、优选法，都是强调经济建设、工程活动的所有"参与项"和"相关方"，即所有的部分、方面、环节、要素必须统筹兼顾的同时又要突出重点，因而它们都是"协同创新"的理论。钱学森和华罗庚是科学界、工程界实事求是、协同创新的典范。

因此，能否坚持实事求是的方法，从根本上关乎工程的成败与得失，是工程管理中必须坚持的基本思想方法，也是工程管理理论研究与实践必须坚持的基本原则[3-1]。

3.1.2 矛盾分析

矛盾具有普遍性。工程作为改造社会、构建人工自然的造物活动，与人、自然、社会的矛盾不可避免。基于矛盾的特殊性，工程与人、自然、社会的矛盾随着工程活动的开展而表现为规划、设计、施工、运营等阶段的具体矛盾。因而在工程管理中，一定要正视矛盾，并且善于解决矛盾，如此才能推动工程管理的健康发展。矛盾作为一种客观存在，存在一切事物的发展中，以工程活动为对象的工程管理既不能害怕矛盾，更不能逃避矛盾，而应该从矛盾的同一性和斗争性入手，找到解决矛盾的正确方法。在工程管理中，区分内部矛盾和外部矛盾、主观矛盾和客观矛盾、主要矛盾和次要矛盾以及矛盾多侧面的不平衡性，相应地找准应对、化解的方法，并且按照轻重缓急的次序解决矛盾是至关重要的[3-5]。毛泽东在《党委会的工作方法》一文中提出了著名的"弹钢琴"的工作方法，就是关于轻重缓急解决问题即矛盾的艺术。在《矛盾论》一书中毛泽东尤其强调了分析和解决矛盾特殊性的重要性，用了大量篇幅来谈矛盾的特殊性，这是基于中国革命特殊性的考虑，是为了解决中国革命的问题。工程管理中的矛盾是复杂多样的，不仅工程与自然、工程与社会、工程与人三个维度的矛盾各不相同，而且各个工程管理阶段上的矛盾也都各具特殊性。例如，发挥主观能动性与遵循客观规律性的矛盾，在决策阶段上较为突出；追求内在功能性与外在审美性的矛盾，在设计阶段较为突出；进度和质量的矛盾，在实施阶段较为突出；安全保障和运行效率的矛盾，在运行阶段较为突出，如此等等。虽然矛盾特殊性中有普遍性，但解决矛盾的着眼点和着力点必须放在特殊性上，找到解决具体矛盾的具体方法，所谓"一把钥匙开一把锁"就是这个意思。具体问题具体分析是马克思主义活的灵魂，工程管理者如果不懂得这个辩证法的"灵魂"，工程管理工作就难以真正奏效，毫无疑问，工程管理理论的研究也必须抓住这个"灵魂"。

　　"和谐"是当今最响亮的具有多方面意义的一个命题，对工程管理也有至关重要的意义，工程管理的核心价值观之一就是"构建和谐"。"和谐"作为哲学命题，以承认矛盾和差别为前提，是矛盾的统一性或同一性的体现。"和谐"内涵下的矛盾同一不是绝对、僵死的同一，而是在一定差别下的多个对立面间的同一，即孔子所讲的"和而不同"。和谐并不意味着要彻底消灭矛盾、抹杀矛盾，而是遵循矛盾的普遍性原理下实现矛盾的"同一"。工程及工程管理中充满各种各样的矛盾，工程管理就是要致力于调节和化解这些矛盾，以达到工程和谐、有序、健康地实施和运行。可见，工程管理中的矛盾是前提，正因为有矛盾，才要去调节和解决以及追求和谐。同时要看到和谐也是相对的。当工程活动在某一阶段上达到了和谐，也只是基本上或者总体上的和谐，其矛盾必然犹在，只不过这时工程活动中各个利益相关方对立的一面不占据主导地位了，占据主导地位的是同一；然而到了工程的另一个阶段，矛盾可能又突出起来，这时工程管理工作又需要调节和化解新矛盾，以使工程中各个利益相关方达到新的和谐。同理，一个工程完满地完成，实现了和谐的目标则另一个新的工程开始，又开始了新的和谐工程目标的追求。矛盾，和谐，矛盾，和谐……这个过程循环往复、永无止境。

因此，矛盾是推动一切事物发展的动力，也是推动工程管理进步的源泉。在工程管理实践中，矛盾分析方法是认识工程管理，构建和谐工程的根本方法。

3.1.3 知行统一

早在先秦时代，中国就提出了知行统一的哲学命题，并在后期逐步丰富和发展。知就是认识，行就是实践，古人叫践履。知和行的关系就是认识和实践的关系。正因如此，毛泽东的名著《实践论》的副标题就是：论认识和实践、知和行的统一。在认识和实践的关系上，马克思主义更看重的是实践，实践的观点是马克思主义认识论的首要基本观点，这也是马克思主义哲学区别于以往一切旧哲学的显著标志。"哲学家们只是用不同的方式解释世界，而问题在于改变世界[3-6]。"中国古代的知行统一观，当然不能等同于马克思主义认识论，但也确有相通之处和契合之处。明末清初的王夫之说："行先于知，由行致知；知之明也，因知进行；以行验知，以行证知；知行并进，相资为用。"像这样的论述古代还有许多，都强调了实践第一的观点，客观表达了认识和实践的关系：实践是认识的基础，反过来认识对实践有指导作用。所以，只要我们把知行统一观赋予马克思主义哲学的意义，它就可以成为一个辩证唯物主义认识论的命题，成为一个实践论的命题。

知行统一观，或者说马克思主义实践观，既坚持了认识论上的唯物论，又坚持了认识论上的辩证法，因而是辩证唯物主义认识论的命题。知行统一观，是马克思主义的世界观，也是马克思主义的认识论和方法论。

工程是适应自然、利用自然、创造人工自然的实践活动，工程管理的职能是对这种实践活动的决策、设计、组织、指挥、协调与控制。工程管理的理念、原则、手段、方法等都源于实践，是对实践的总结和概括，而非主观自生，显然，实践性是工程管理活动的显著特征。如果脱离实践，工程管理理论必然失效，且毫无用处。所以，在工程管理理论研究中必须遵循实践第一的观点，重视工程管理活动实践的调查和总结。只有从实践中凝练的工程管理理论，才能真正对实践活动进行有效指导，且在指导过程中，理论的正确性、合理性得到考验，并伴随实践得以修正、补充和丰富，促进理论的发展。只有在工程管理实践到工程管理理论再到工程管理实践的循环往复中，工程管理的理论和实践才能得以不断升华。这就是马克思主义认识论，也是知行统一的方法。现实的工程管理实践中，一些工程管理者、决策者总以为自己"高明"，喜欢"拍脑瓜"决策或想当然地行动，他们不愿意深入实际，对与工程相关的自然、社会、经济、政治、文化、科技等因素做艰苦细致的调查研究工作，结果导致决策失误，行动背离工程的目标，给国家和人民造成不应有的损失。从认识论上讲，就是这些决策者和管理者缺乏实践的观点，背离了知行统一观的要求。他们是"懒汉"，是"唯意志主义者"，让他们指导工程管理实践就没有不失败的。

相信人民群众是历史的创造者，是推动社会发展的决定性力量，是唯物史观的一个基本观点。坚持"一切为了人民，一切依靠人民"，"从群众中来，到群众中去"的领导方法，即群众路线的方法。工程管理也要坚持群众路线的方法。群众路线的方法是知行统一观的具体表现。毛泽东在《关于领导方法的若干问题》一文中指出："在我党的一切实际工作中，凡属正确的领导，必须是从群众中来，到群众中去。这就是说，将群众的意见（分散的无系统的意见）集中起来（经过研究，化为集体的系统的意见），又到群众中去作宣传解释，化为群众的意见，使群众坚持下去，见之于行动，并在群众行动中考验这些意见是否正确。然后再从群众中集中起来，再到群众中坚持下去。如此无限循环，一次比一次地更正确、更生动、更丰富。这就是马克思主义的认识论[3-7]。"这是把群众路线上升为认识论，上升为知行统一观的经典表述。

工程管理是面向工程实践的，工程实践的主体是工程共同体的人，也就是从事工程规划、设计、实施、运行和退役的群众。工程管理理论是从实践中来，也就是从工程共同体群众的实践中来，然后还要回到工程共同体群众的实践中去。群众路线实际上贯穿于工程活动的每个阶段。走群众路线，在工程规划决策阶段需要强调不能凭领导者个人或少数人"拍脑瓜"决定，而要充分听取各方面专家的意见，还要广纳民意，进行民主化的可行性论证；在工程设计阶段需要动员更多的设计师或设计机构参与竞争，对多种方案请多方面的有识之士进行优劣比较、评审，最终确定最佳设计方案；在工程实施和运行阶段，是由成千上万的工程人共同承担的建设任务和使用任务，则更需要走群众路线，发挥工程共同体所有人的智慧和力量，才能达成确定的工程目标。

因此，知行统一方法恰当地表达了工程管理中认识和实践之间的关系，在工程管理活动中，运用知行统一的方法，坚持群众路线，是达到工程管理目标，推动工程管理发展的重要方法。

3.1.4　辩证思维

恩格斯说过，一个民族要想站在科学的最高峰，就一刻也不能没有理论思维。思维是对客观事物本质的抽象，是由一系列的概念、范畴构成，并以逻辑的形式组织起来的。随着人类认识的发展，思维作为人类认识最高精神成果，呈现出多样化形式，构成五彩缤纷的人类"思维之网"，每一个经过实践验证的概念和范畴，都是人类思维之网上的一个"纽结"。思维可以分为科学思维、技术思维、艺术思维、工程思维等等，而哲学思维，也就是辩证思维，是最高抽象，因而也是最深刻反映客观事物最一般本质的思维。辩证思维必然贯通于人类的所有思维之中以及人类所有的活动之中。工程管理活动以及工程管理理论研究，当然也需要具备辩证思维。

辩证思维的内容和形式丰富多样。辩证法的一系列规律和范畴都是辩证思维的体现，而在漫长演化中凝结起来的归纳与演绎、分析与综合、抽象和具体等辩证思维方法则是辩证思维的形式，是指导人们认识世界、从事科学研究的工具和方法。工程管理也需要使用这些已被实践证明了的行之有效的方法。

"归纳"是从个别事实中概括出一般原理的思维方法，是一种由个别性前提过渡到一般性结论的推理形式。"演绎"则是从一般原理中引出个别结论的思维方法，是由一般性原则推导个别结论的推理形式。简单地说，前者是由个别到一般，后者是由一般到个别的思维方法。工程管理是十分丰富多彩的实践活动，需要工程管理理论研究者有所选取，把各类工程、各行业的工程、各领域的工程中有代表性的工程项目、工程物或工程阶段加以"解剖"，从中概括出具有普遍意义的东西，并将其上升为理论。这就是"解剖麻雀"的方法，"典型实验"的意义。从个别工程中归纳出的东西，因为具有普遍的理论意义，因而可以用这些一般性的结论去指导所有同类别、同质化、同过程的工程活动，由此便可以得到不同的个别结论，然后再归纳、再演绎，如此循环往复，就可以形成相对稳定的工程管理理论的原则、范畴、方法等等。

需要注意的是，这种归纳和演绎，不应当只面向有代表性的浩大工程，如青藏铁路、三峡工程、大庆油田工程、载人航天工程；也可以面向那些虽然工程规模比较小但也有"样本"意义的工程，如高速铁路沿线许多火车站中的一个或几个，星罗棋布的小水电站中的一个或几个，城市无数住宅小区中的一个或几个。还要注意的是，这种归纳和演绎，不应当只面向成功的工程，也应面向失败的工程。其实，失败的工程往往更具有归纳和演绎的意义。

"分析"就是在思维中把认识对象分解为各个部分、各个方面、各个要素，对它们分别加以研究的思维方法。分析实质上就是分析事物的矛盾。"综合"是在思维过程中把对象的各个部分、方面、要素结合为整体的思维方法。综合实质上是从整体性出发，找出各部分、方面、要素的内在联系。任何一个工程都是复杂的系统，是由科学、技术、文化、经济、法律、政治、道德等许多复杂因素构成，而且又是由规划、设计、实施、运行等若干环节构成，涉及业主、设计者、施工方、监理方、使用方等多种利益相关方，同时也与政府机构密切相关。因而在从事工程管理活动时和研究工程管理理论时，都必须注意用"发散思维"的方式，首先对复杂的工程进行科学的分解，然后分门别类地加以研究，找出各个部分、方面、要素的特点和规律，最后再用"收敛思维"的方式对分解研究过的各个部分、方面、要素加以综合，提升出整个工程系统的特点和规律，并据此形成解决工程问题和驾驭工程的具体策略、方法和措施。

"抽象"和"具体"的思维方法，是黑格尔逻辑学的重要范畴，马克思对其非常赞赏并将其成功地应用于《资本论》的研究。"具体"分为感性具体和理性具体。感性具体是人们通过感官对事物整体所形成的一种"混沌的表象"，是一种生动、丰富但相当笼统的感性认识。把丰富生动的感性具体进行归类逐一加以抽象规定，使之达到对事物许多部分、方面、要素的本质的认识，然后再进一步上升到理性具体。理性具体或者说思维具体，是指关于某一对象的各种抽象规定按照其内在联系统一起来的有机整体在思维中的完整的、具体的再现。正如马克思所说，具体之所以是具体，因为它是一系列抽象规定的综合。显然，由抽象上升到具体的过程，是一个分析和综合的过程，是一个由感性认识上升到理性认识的过程。

工程管理是实践活动、智力活动，工程管理的理论研究是创造性的脑力劳动，且都遵循由感性到理性的思维规律。20世纪70年代，当工程技术人员开始勘察、设计青藏铁路时，对青藏铁路的三大难题——多年冻土、生态脆弱、高原缺氧尚处于感性认识层面。俄罗斯、加拿大等国外的经验都是有限的，毕竟修建世界上最高的高原铁路是第一次。经历了几代科研人员、工程师在风雪高原上反复摸索、研究、实验，才逐步达到理性具体的思维高度：弄清其本质和规律，形成对青藏高原特殊地理、气候、生态等的整体把握。在此基础上，青藏铁路创造性地提出解决三大难题的系列方案、措施和办法，保证了青藏铁路建设和运营安全，如片石气冷、碎石护坡等主动降温措施，建立高原病预防和治疗体系，依据动物习性设计野生动物通道等环境保护方案。需要指出的是，在这个过程中青藏铁路的建设者们也遵循着由抽象到具体的思维规律，在感性认识的基础上逐步探寻出理性认知下的具体实施方案，在运营阶段，这一认识的思维过程仍在继续。

恩格斯说："历史从哪里开始，思想进程也应当从哪里开始，而思想进程的进一步发展不过是历史过程在抽象的、理论上前后一贯的形式的反映[3-8]。"历史和逻辑的统一是指逻辑的结构与演化同对象的客观发展史、人们对该对象的认识发展史相一致。但这并不意味着逻辑范畴与历史事件一一对应，而是有一定偏离，因为逻辑范畴是对历史进程中本质和规律的抽象，因而可以更深刻、更正确地反映历史。

工程活动及其工程管理自古有之，伴随于整个人类社会的历史进程。可以说，一部工程史及其工程管理史是人类历史的一部分。源远流长、不断演化的工程及其工程管理活动可谓丰富多彩，并呈现出由低级到高级、由简单到复杂的曲折发展过程。工程管理理论应当反映古今中外工程的发展历史，工程管理理论的研究者应当遵循工程及其工程管理的历史脉络，工程及其工程管理的历史从哪里开始，工程管理理论的研究也应当从哪里开始。但是工程管理理论的研究没有必要，也不可能对工程及其工程管理的细枝末节做出详尽的描述（如果有必要，那也是工程史和工程管理史研究的任务）。作为工程管理理论的研究，着重点要放在工程管理概念的提炼、范畴的论证、规律的揭示、本质的把握上。虽然这种把握一定要以工程及其工程管理的历史为依据，但又必须排除工程及其工程管理史中许多偶然的、次要的、非本质的因素，着力于那些带有必然性、主要性、本质性的研究，如此才能更深刻、更正确、更全面地反映工程及其工程管理的历史。在工程管理理论研究中，引用工程及其工程管理史中的典型例证是必要的，但举证的目的是为了引出某些理性的工程管理理论的结论。例如，讲历史上的建筑，举中国古代的园林建筑或四合院，是要证明"天人合一"这一工程管理的核心理念之一，当然从中也可以有其他管理理念的引申。

3.1.5　真理尺度和价值尺度统一

真理是客观规律在人们意识中的正确反映，真理具有客观性，也是绝对性和相对性的统一。价值，就哲学意义上说，它是指揭示外部客观世界对于满足人的需要的意义的范畴。价值具有客观性、主体性、社会历史性和多维性的特性。评价一个事物，既要依据真理尺度，也要有价值尺度，坚持真理尺度和价值尺度的辩证统一。真理是实践追求的价值目标之一，价值则是实践追求的根本目标，两者相互制约并统一于实践。将真理尺度和价值尺度作为哲学方法应用于工程管理实践和理论研究，即要求我们在工程活动中必须坚持和弘扬科学精神和人文精神。工程管理的核心是"以人为本"，即工程造物的最终目的是"为人"，在工程管理理论研究中必须坚持"以人为本"理念，而真理尺度和价值尺度的统一就是"以人为本"理念的具体化。例如，从重视人、关怀人的基准点出发，工程管理提出职业健康保证，这是以将生命视为最高价值的人道、人文精神层面的价值尺度做出的规定，是"以人为本"的工程管理理念的具体化。另一方面，职业健康安全又必须依据真理尺度。在工程实施各阶段中怎么保证建设者和运行工作者的健康安全呢？显然需要通过制定一系列安全生产管理的规章与制度，最大限度降低安全风险，防范安全事故的发生。然而，相关规章制度的制定，不能凭借主观臆断进行，而是应该在工程及工程生产活动特点的掌握基础上，依据工程建设和运行的客观规律并充分考虑生产人员的行为习惯提出和制定的，这一制定过程遵循的就是真理尺度。追求"天人合一"是工程管理的又一个核心思想，同样是真理尺度和价值尺度的统一。"天人合一"在工程中体现为工程活动应坚持保护生态环境原则，以追求绿色工程、生态工程和环保工程作为工程活动的目标之一。保护生态环境的最终目的依然是为了人的可持续、健康发展。"天人合一"是人文精神的体现，依据的是价值尺度。工程管理中的绿色理念、生态标准和环保要求并非凭空产生，而是建立在对工程与自然和谐共处的内在联系的把握上。否则，所谓绿色工程、生态工程、环保工程就无从谈起。现实中的工程及工程管理之所以出现背离"以人为本"和"天人合一"的各种问题，从方法论层面来说，就是没有把真理尺度和价值尺度统一起来。如一些现代大城市中由于高楼大厦过于密集，人口过度集中所产生的"热岛效应"、交通拥堵、空气污染、地面沉降、供水紧张、垃圾围城等，就是我们在规划、设计和建设城市时既违背了气流、水文、地质等自然规律，也违反了人体的生理规律（这个也属于自然规律）。结果居住在这样的大城市，人们越来越感受到它从多方面对人生理和心理的损害，从而降低人们的幸福感。试问，这样的城市建设还是"以人为本"和"天人合一"吗？实际上，这样的城市建设是把价值尺度丢掉了，因为首先把真理尺度丢掉了，后者和前者是一个因果关系；反过来说也一样，如果丢掉了价值尺度，也就不能遵循科学真理，甚至胡来。二者是双向的因果关系。

面对工程管理价值多元化的问题，经济利益不再成为唯一的追逐目标，坚持真理尺度和价值尺度统一的方法，可以有效地避免"一叶障目"的局限性，真正实现天人合一和构建和谐的工程管理宗旨。

实事求是、矛盾分析、知行统一、辩证思维以及真理尺度与价值尺度统一等思想方法共同构成了工程管理哲学方法论的精要。在工程管理实践中，如果恰当地将其应用于工程管理实践和工程管理理论研究中，意义将是无可置疑的。

3.2　工程管理一般科学方法论

工程管理的一般科学方法论是工程管理普遍适用的原理和方法，相对于哲学思想方法，操作性更强，具有一般的程序、步骤或规则；相比较工程管理哲学方法论，其解决的是工程管理实践和研究领域所普遍适用的方法和范式问题，属于横向的综合方法层面。

工程管理作为典型的综合性、应用型交叉学科，其涉及的科学研究跨越了管理学、经济学、社会学、法学、工程学、艺术学等领域。因此，工程管理领域普遍适用的思维原理和方法必然也是工程管理与其近缘或相邻学科联姻内生后的产物。系统科学、信息科学、数学等一般科学方法论已在工程管理领域得到广泛运用并起到重要的指导作用且将继续产生深远影响。

物质世界普遍联系及其整体性的思想就是系统思想。举世闻名拥有2200多年历史的中国古代水利工程都江堰，通过鱼嘴分水、宝瓶口引水、飞沙堰溢洪，形成一个完整的"引水以灌田，分洪以减灾"的分洪灌溉系统，达到人—工程—自然的和谐，其总体构思是系统思想的杰出运用。被古人赞誉为"一举而三役济"的"丁谓造宫"工程，将取土烧砖、运输建筑材料、垃圾回填看成一系列连贯环节并有机地与皇宫修筑工程联系起来，其综合解决问题的思想就是一种典型的朴素系统思想。我国载人航天工程也是一项规模庞大、系统复杂、技术难度高、可靠性与安全性要求高且极具风险性的国家战略性重点工程。在整个工程实施过程中，需要集成多种理论、技术、方法、工具和设备，协调优化人与自然、人与人、人与组织、组织与组织之间的关系，实现既满足技术要求，又合理配置设施、经费、人力资源，降低成本，确保质量的目标[3-9]。

信息科学是关于信息的本质和传输规律的理论和知识，是研究信息的计量、发送、传递、交换、接收和储存的一门新兴学科。信息科学方法作为一种方法论，是指用信息的观点来考察对象的行为和功能，通过对信息的获取和处理，达到对某个对象运动规律的认识。工程信息数量庞大、类型复杂、来源广泛、存储分散且应用环境复杂，具有非消耗性、系统性以及时空上的不一致性等特点，始终处于动态变化之中。在当今的大数据时代，人们逐渐意识到工程实施管理过程其实是一个信息管理的过程，信息科学和先进信息技术的发展为工程管理科学化提供了方法和手段基础[3-1]。

数学思想是关于数学概念、理论方法以及形态的产生与发展规律的认识，是对数学知识及方法的本质的认识。数学方法即用数学语言表述事物的状态、关系和过程，并加以推导、演算和分析，以形成对问题的解释、判断和预言的方法。工程管理研究方法最早注重实证类研究方法或实验研究方法，这是由人们对其学科属性的认识决定的。随着人们对工程管理问题认识的加深和规范研究方法的发展和引入，数学方法逐渐被广泛应用于工程管理领域，典型的有运筹学、数理统计、模糊数学等[3-1]。

在以上一般科学方法论中，系统科学方法应用的广度和深度已不仅仅停留在一般科学方法论层面，它已形成相对完整的系统科学方法论体系，渗透到哲学思想和具体方法层面，有着工程管理思想方法的三个不同层次方法论的含义、功能和作用。系统科学中关于从整体出发，并恰当处理整体与局部关系的思维方式（整体、综合、层次、优化、发展等）和研究方法，是认识系统、改造系统和构建系统的最一般的方法理论，属于哲学方法论层次；系统工程中关于研究系统的程序化的基本方法和解决问题的程序化的工作步骤，是适用于众多有关领域、具有一定的普遍意义的方法理论，属于一般科学方法论层次；结合具体系统工程问题所提出或应用的科学方法，是系统工程研究具体现实系统的方法理论，属于具体科学方法论层次。系统科学方法集中体现了上述三个不同层次方法论的基本思想和基本方法，三者之间相互依存、相互影响、相互补充，构成了一套独特的思想方法、理论基础、基本程序和方法步骤。

但是就工程管理领域的应用而言，其在一般方法论层面的指导意义远大于在另外两个方法论层次的指导意义。因此，下文着重论述系统科学方法，包括系统科学与系统工程的概念、四种典型的系统科学方法和新兴的系统科学方法，即大系统分解协调方法。

3.2.1　系统科学与系统工程

系统科学是以系统为研究和应用对象，以系统思想为中心、综合多门学科内容而形成的一个新的综合性科学门类。系统科学按其发展和现状，可分为狭义和广义两种。狭义的系统科学是指一门学科，它包括理论基础和实践应用两个部分。其理论基础是指对系统的特性和规律进行阐明的系统论；其实践应用则是指系统工程。广义的系统科学是指以系统为研究对象的基础理论和应用开发的学科组成的学科群，它着重考察各类系统的关系和属性，揭示其活动规律，探讨有关系统的各种理论和方法。系统科学具有交叉性、综合性、整体性与横断性的特征，这也是系统科学区别于其他科学理论的一个显著特点。

现代科学与技术呈现出相互依赖、相互促进的发展趋势，即科学的技术化和技术的科学化，使得科学和技术日益一体化。钱学森把现代科学技术作为一个整体系统，纵向划分为自然科学、社会科学、数学科学、系统科学、思维科学和人体科学等部门分系统，横向划分为基础科学、技术科学和工程技术三个层次，从而创立了现代科学技术的体系结构。其中，系统科学包括系统论、信息论、控制论、协同论以及运筹学、系统工程、信息技术等许多学科，这些学科本来都是独立形成的科学理论，但相互间紧密联系、相互渗透，在发展中趋向综合、统一，可以形成一门有着严密理论体系的综合性科学[3-10~3-12]。

系统工程产生于20世纪50年代，是在一般系统论、控制论、信息论、运筹学和计算机科学以及由其发展产生的自组织理论、耗散结构理论、协同学理论和突变理论的基础上发展起来的，它既是一门组织管理的技术，又是一种对所有系统具有普遍意义的科学方法[3-13]。

运用系统工程理论与方法来研究与解决现实系统问题时，需要从整体出发，充分考虑整体与局部的关系，按照一定的系统目的进行整体设计、合理开发、科学管理与控制协调，以期达到总体效果最优或显著改善系统性能的目的。与一般工程技术和管理方法比较，系统工程具有以下特点[3-14]：

3.2.1.1 研究思路的整体性

运用系统工程理论与方法研究系统问题时，坚持融合整体论的思想方法和还原论的分析方法，即在详细了解组成系统各要素间相互关系的基础上，再从整体出发，研究系统与要素之间的关联关系[3-15]，认识系统的整体涌现性，揭示系统的内在特征与运动规律，科学地把握全局。

南水北调工程是解决京津华北地区21世纪可持续发展问题的基础，在规划、建设、运行管理等各阶段都要运用系统工程思想。决策者将南水北调工程置于经济、社会、环境的大背景中，对水源地和缺水地区视作整体进行统筹规划，设计中、东、西三条线路分别解决苏鲁皖地区、西北地区和京津冀地区的缺水问题。

3.2.1.2 研究方法的多样性

研究系统工程问题时，必须根据实际问题的需要灵活地选择科学方法。描述系统工程问题的方法一般是定性描述与定量描述相结合、整体描述与局部描述相结合、确定性描述与不确定性描述相结合。分析研究系统问题的方法一般是模型分析与仿真实验相结合、系统分析与系统集成相结合、系统预测与系统控制相结合、系统评价与系统设计相结合。

南水北调工程，既要考虑当前的经济条件和供水区的可调水量与受水区的实缺水量，又要考虑丹江口水库大坝加高和与三峡枢纽联合调度后的可供水量；既要考虑为城市供水高保证率（95%）的可调水量，又要考虑长江丰水年、华北干旱年支持受水区农业和生态环境的可调水量；既要考虑汉江发生大洪水、华北干旱少雨时的临时增调水量，又要考虑解决黄河断流问题的补水需要[3-16]。工程研究历经半个世纪，规划方案也是几经反复，每一个方案都综合运用了定性与定量、模型分析与仿真实验、系统预测与系统控制、系统评价与设计等相结合的多样化研究方法论证方案的技术可行性和经济合理性，最终方案还需得到社会支持。

3.2.1.3　运用知识的综合性

系统工程的研究对象主要是由人主导或由人参与的复杂大系统，所以处理系统工程问题既要有科学性又要有艺术性[3-17]。系统工程作为一个学科，它是由自然科学与社会科学交叉融合所形成的边缘学科，所以在研究系统工程问题时，既要运用数学、物理、化学、生物、信息、技术等自然科学和技术科学知识，又要运用经济学、社会学、心理学、行为科学等人文学科和社会科学知识。

南水北调工程纵贯中华大地，跨越江、淮、黄、海四大流域，是一个涵盖政治、经济、人文、法律、科技等多学科、多行业的庞大系统工程。因此，在南水北调工程多个阶段的工作中，都要充分体现知识运用的综合性，对于调水与供水、基础产业与基础设施、经济效益与社会效益等，要用到水利工程、土木工程、环境工程、经济与社会等工程领域的知识，研究调水与经济的关系，寻求调水量与经济发展的最佳结合点。

3.2.1.4　应用领域的广泛性

系统工程的学科属性决定了它具有十分广泛的应用领域，例如：科技系统工程、工业系统工程、农业系统工程、交通系统工程、建设系统工程、军事系统工程、生态环境系统工程、资源系统工程、经济系统工程、社会系统工程、管理系统工程等。

在我国，系统科学与系统工程是伴随着"两弹一星"的研制而兴起与发展的。1956年春，中国历史上第一个科技规划——《1956-1967年科学技术发展远景规划纲要（草案）》，把发展以导弹、原子弹、氢弹为代表的尖端技术放在突出位置，1958年4月，毛泽东在中共八大二次会议上说："我们也要搞人造卫星！"从此轰轰烈烈的

"两弹一星"研制拉开帷幕，并分别于1960、1964、1967和1970年成功发射导弹、原子弹、氢弹和"东方红一号"人造卫星。在"两弹一星"战略发展的基石上，我国航天事业形成了完整配套的研究、设计、生产、试验体系和航天工业体系，拥有了以运载火箭、人造卫星、载人飞船和导弹武器系统为主的航天型号系列产品，成功实施了载人航天和探月工程为代表的重大工程任务，实现了从无到有、从小到大、从弱到强的历史性跨越，奠定了我国航天大国的国际地位。经过50多年的发展建设，系统科学与系统工程已经成为航天科技的核心竞争力和重要软实力，不仅推动我国航天科研管理步入正规化、科学化轨道，指导了整个国防科研工作，而且对社会主义现代化建设中所涉及的大型工程提供了有效指导。

3.2.2　典型系统科学方法论

近几十年来，系统科学已经形成了多种具有一定影响的科学方法论。在工程管理实践中，往往需要结合具体工程问题，创造性地综合运用和发展这些方法论的基本思想和基本方法，并运用相关的系统工程分析技术，进行系统建模、系统分析、系统预测、系统设计、系统综合、系统评价和系统决策。主要的系统科学方法论有霍尔方法论、切克兰德方法论、综合集成方法论和物理—事理—人理方法论。

3.2.2.1　霍尔方法论

霍尔方法论[3-18]是由美国著名的通信工程师和系统工程专家A.D.Hall于20世纪60年代提出的，它为解决具有良性结构的大型复杂系统的规划、组织、管理等问题提供了一种思想方法，并得到了广泛应用。按照霍尔方法论，可将系统工程的全部任务分解为前后紧密相连的七个阶段和七个步骤，并同时考虑为完成各阶段和各步骤中的活动所需要的各种知识，这样就形成了由时间维、逻辑维和知识维构成的三维结构模型，如图3-1所示[3-19]。

时间维表达的是系统工程从开始启动到最后完成的整个过程中按时间划分的各个阶段所需要进行的工作，包括规划阶段、设计阶段、分析阶段、运筹阶段、实施阶段、运行阶段、更新阶段七个阶段；逻辑维是指系统工程每一阶段工作所应遵从的逻辑顺序和工作步骤，一般分为明确问题、系统设计、系统综合、系统分析、系统评价、系统决策、系统实施7个步骤；知识维是指完成上述各阶段、各步骤中的工程活动所需要的各种专业知识和管理知识，包括自然科学、工程技术、法律、经济学、管理科学、环境科学、计算机技术等知识。

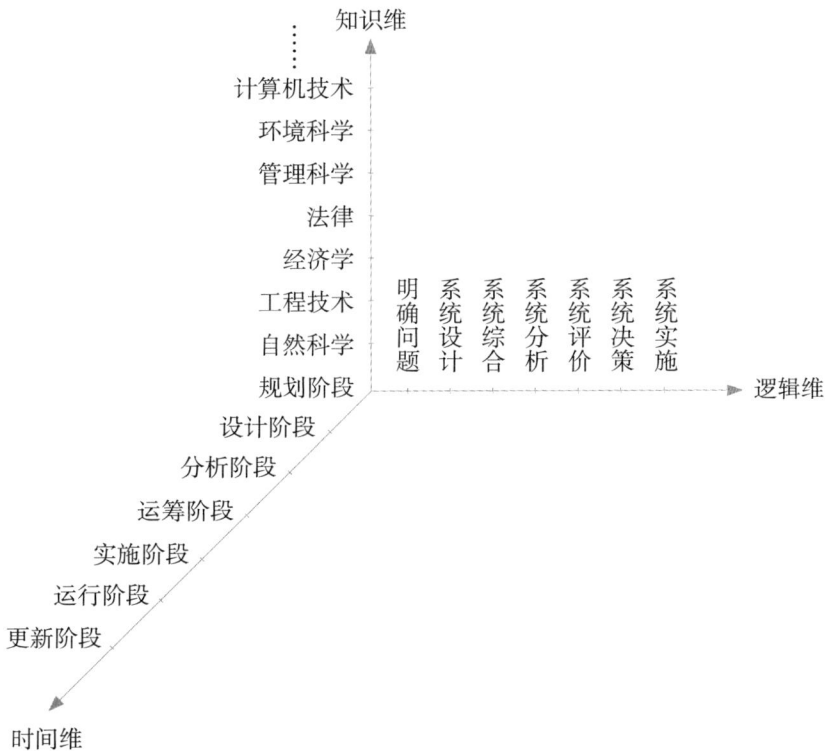

图 3-1　霍尔三维结构模型

霍尔三维结构主要以工程系统为研究对象，更多关注定量分析方法，而工程系统往往缺乏样本和信息，给运用系统工程方法展开系统构建、方案评定及因素影响分析等方面带来影响。因此，模型和模拟方法占据极为重要的地位。只有这样才能对问题有更深入的认识，从而帮助启发思想和加速系统工程研究的进程[3-20]。霍尔方法论强调目标明确，其核心内容是最优化，认为现实问题都可归纳为工程类的问题，应用定量分析的手段求得最优解。该方法论具有研究方法上的整体性（三维）、技术应用上的综合性（知识维）、组织管理上的科学性（时间维与逻辑维）和系统工程工作的问题导向性（逻辑维）等突出特点。

3.2.2.2　切克兰德方法论

随着系统科学研究的不断深入，应用领域也不断扩大，系统科学理论与方法越来越多地应用于经济、社会的发展战略和组织管理等问题的研究。这些系统的行为很难用数学模型来描述，往往只能靠人的直觉判断，用半定量半定性的方法来处理。针对这类具有不良结构的复杂大系统，从20世纪70年代中期开始，许多学者在霍尔方法论的基础上提出了多种软系统科学方法论，其中最具有代表性的是英国兰切斯特大学P. Checkland教授提出的切克兰德方法论[3-21]，其核心不是寻求系统的"最优化"，而是"调查、比较"或者说是"学习"，从现状调查和模型比较中，学习改善现存系统的途径。切克兰德方法论的问题处理流程如图3-2所示[3-22]。

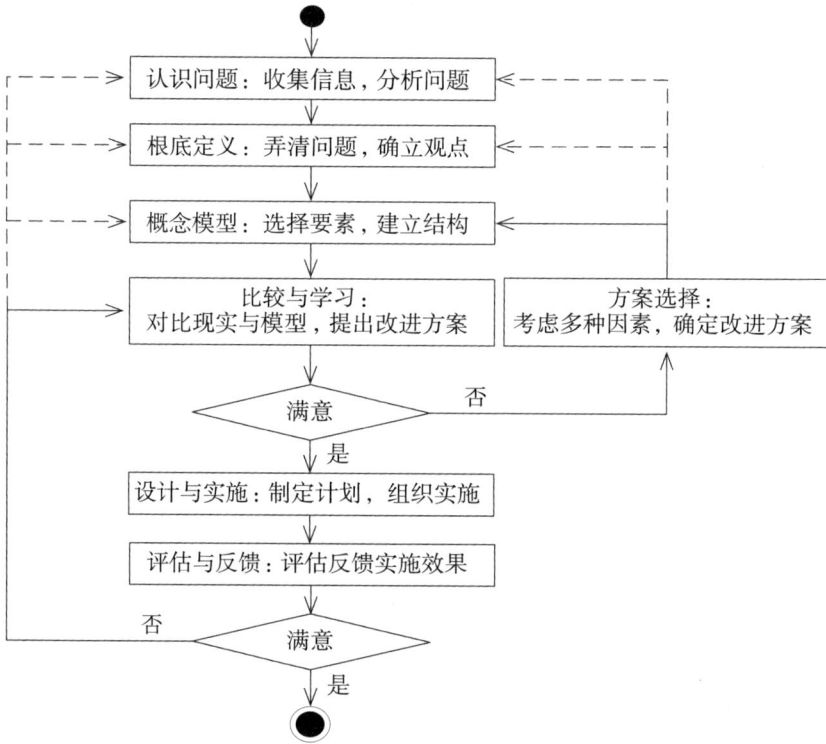

图3-2　切克兰德方法论的问题处理流程

切克兰德方法论更适合于对社会经济和经营管理等"软"系统问题的研究，其核心是比较与学习，即从模型和现实的比较中学习改善现状的途径，更加强调定性或定性与定量有机结合的基本方法。

3.2.2.3　综合集成方法论

钱学森在开创我国航天事业的同时，将一些富于创造性、前瞻性的重要学术思想和有重大价值的建议进行凝练、概括，形成了以系统科学和综合集成体系为核心的钱学森系统科学思想，并将系统论方法具体化，于20世纪80年代初提出了"从定性到定量的综合集成法"，以及它的实践形式"从定性到定量综合集成研讨体系"，将两者合称为综合集成方法，总体设计部是运用综合集成方法、应用系统工程技术的实体部门[3-23]，这就形成了一套可以操作的、行之有效的方法体系和实践方式。

"两弹一星"工程涉及行业和人员众多、专业技术复杂，组织研制这一工程本身就具有极大的挑战性。面对这种大规模科学技术工程，必然需要科学的组织管理方法和技术来实现人员的有效组织，以较短时间完成高可靠产品的研发。钱学森独到地把工程控制论的思想融入航天科技工业体系中，经过不断发展和完善，中国航天形成了一个总体设计部，型号指挥系统和型号设计师系统两条指挥线，"预研一代、研制一代、生产一代"三步走型号发展路线，"方案、初样、正样试样、装备定型"四个技术状态控制阶段。航天系统中每种型号都是一个工程系统，对每种型号都有一个总体设计部，总体设计部由熟悉这个工程系统的各方面专业人员组成，并由知识面比较宽广的专家（称为总设计师）负责领导。一方面，总体设计部将该系统置于其所从属的大系统下，从实现大系统的技术协调展开研发；同时，总体设计部又将该系统视作由若干分系统构成的有机整体，从保证系统技术协调的角度考虑分系统的技术要求。分系统之间的矛盾，分系统与系统之间的矛盾以及系统与大系统之间的矛盾，都应遵循服务总体目标的原则进行协调。总体设计部的实践是系统科学方法论的体现，不仅有如何合理和优化配置资源问题，还涉及体制机制、发展战略、规划计划、政策措施以及决策与管理等问题，无论是预先研究、型号研制，还是各项管理工作，都始终贯穿着整体优化、系统协调、环境适应、创新发展、风险管理等系统思想、体系与方法。

综合集成方法论基本思想是：研究系统工程问题时，首先从系统的整体出发，通过有机结合科学理论、经验知识和专家判断力，形成系统问题的经验性假设，例如对问题的判断、猜想、思路、方案等；再利用现代信息科学与技术建立一个高度智能化的人机结合、以人为主的决策分析系统，通过相关多领域专家的共同研讨和人机交互，在反复比较的基础上，不断进行系统分析和系统综合，实现对问题从定性到定量的认识，逐步对经验性假设做出明确的科学结论。作为科学方法论，综合集成方法构建在思维科学的理论基础、系统科学和数学的方法基础、信息技术的技术基础和辩证唯物主义的哲学基础之上，实现了信息、知识、经验、智慧和创造力的综合集成，为研究社会系统、人体系统、地理系统等复杂巨系统问题提供了规范化和结构化的有效方法[3-10]。

综合集成方法论的工作流程为：（1）收集实际问题的信息资料，为建立模型提供基础数据；（2）专家群体对问题进行分析研究，明确系统特性，确定建模思想；（3）将理论知识与经验假设相结合，逐步形成从定性到定量的系统模型；（4）对系统行为进行计算机仿真研究；（5）专家群体对仿真结果进行分析评价和有效性检验，提出修改建议；（6）根据上述结果调整系统模型，再运行并评价系统，直至得到满意的结果。综合集成方法的工作流程如图3-3所示[3-24]。

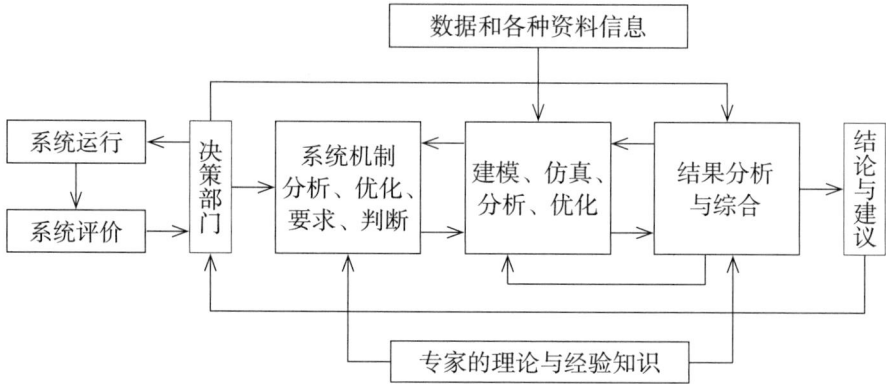

图 3-3　综合集成方法的工作流程

综合集成方法论是通过从定性综合集成到定性与定量相结合综合集成，再到从定性到定量综合集成这三个步骤来实现的。这套方法体系具有综合优势、整体优势和智能优势，是目前处理复杂系统和复杂巨系统以及社会系统的有效方法，在社会经济系统工程等领域已得到了成功应用。

3.2.2.4　物理—事理—人理方法论

物理—事理—人理方法论[3-25]是中国科学院顾基发教授等于1995年提出的。物理主要涉及物质运动的机理，通常要用到自然科学知识；事理是做事的道理，主要解决如何去安排这些事物；人理是做人的道理。物理—事理—人理方法论的核心思想是：系统工程工作者不仅要明物理，懂自然科学，明白世界到底是什么样的；还应通事理，通晓科学方法论，善于选择科学合理的方法处理事务；更应晓人理，掌握人际交往的艺术，充分认识系统内部各部门的价值取向，协调考虑系统各方利益。只有把这三方面结合起来，利用人的理性思维的逻辑性和形象思维的综合性去组织实践活动，才可能产生最大的效益与效率，取得创造性成果。物理—事理—人理方法论的主要内容如表3-1所示[3-19]。

物理—事理—人理方法论特别强调自然科学、工程技术与社会科学的交叉渗透和综合集成。物理—事理—人理方法论的工作步骤包括：理解意图、调查分析、形成目标、建立模型、提出建议、实施方案、协调关系。协调关系在物理—事理—人理方法论中处于核心地位，体现了系统科学的综合性和社会性，其工作流程如图3-4所示[3-26]。

物理—事理—人理方法论的主要内容　　　　　　　　　　　表3-1

	物理	事理	人理
道理	物质世界法则、规则的理论	管理和做事的理论	人、纪律、规范的理论
对象	客观物质世界	组织、系统	人、群体、关系、智慧
着重点	是什么（功能分析）	怎样做（逻辑分析）	应当怎样做（人文分析）
原则	诚实、追求真理，尽可能正确	协调、有效率，尽可能平滑	人性、有效果，尽可能灵活
需要的知识	自然科学	管理科学、系统科学	人文知识、行为科学

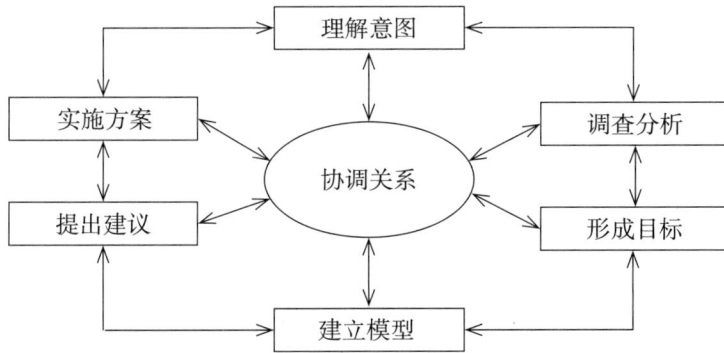

图 3-4　物理—事理—人理方法论的工作流程

（1）理解意图——明确要解决的问题、理解决策者的意图。在大多数情况下，决策者对要解决的问题，或系统的愿望可能是清晰的，也可能是模糊的，这就需要沟通和协调，因为决策者站在不同的角度，对问题、愿望等会有不同的理解，这就需要分析者理解他们的意图，同时也需要理解相关人员的意图。

（2）调查分析——调查分析是一个物理分析过程，只有在深入、仔细地调查分析之后才可能得出结论。开展调查分析，要协调好与被调查者关系，争取被调查者（专家、广大群众）的积极配合，还要对调查得到的资料、信息进行必要的处理。

（3）形成目标——在领会和理解决策者的意图以及进行深入的调查分析、取得相关信息后就要进行系统目标的确定从而形成目标。这些目标可能与当初决策者的意图不完全一致，在进行大量分析和进一步考虑后它可能还会有所改变。所以为了使形成的目标达成共识，在整个过程中需要不断进行协调。

（4）建立模型——模型是比较广义的，除数学模型外，还可以是物理模型、概念模型、运作程序、运行规则等。在这一阶段，主要运用物理和事理开展设计工作，即选择相应的方法、模型、步骤和规则对目标进行分析和处理。在工程管理领域应用物理—事理—人理方法论时，不仅需要遵循综合集成、以人为主的人—机结合、迭代和学习等原则，还需要应用人的理性思维和形象思维，基于自然科学、人文社会科学和行为科学，提出建议方案，协调各方关系，有效实施，实现工程管理目标。

3.2.3 大系统分解协调方法

大系统一般是指影响因素众多、任务目标多样、系统规模庞大、体系结构复杂，且具有随机性的系统，常规的建模方法和优化方法难以用于这类系统的分析和设计。1960年Dantzig-wolfe在研究大型数学规划的分解算法时提出了大系统分解协调方法，其基本思想是：首先将复杂的大系统分解为若干个简单的子系统，以便实现对子系统局部的正确控制，再根据大系统的总任务和总目标，提出各子系统之间的协调策略，从而实现全局最优化。

关于大系统分解与协调方法有很多研究成果，主要有基于递阶控制结构的大系统分解与协调方法和基于概率网络与Agent技术的大系统分解与协调方法等。

3.2.3.1 基于递阶控制结构的大系统分解与协调方法

递阶控制结构是指将组成大系统的各子系统及其控制器按递阶的方式分级排列而形成的层次结构。基于递阶控制结构的大系统分解与协调方法是一类迭代优化方法[3-27]，主要有基于关联预测原理的分解与协调方法和基于关联平衡原理的分解与协调方法。基于关联预测原理的分解与协调方法的基本思路是：

（1）首先将高阶复杂大系统分解为若干个低阶子系统，大系统与每个子系统之间分别设置一个关联参变向量，即协调参数向量α，并根据预测结果，为各子系统初步设定协调参数向量值；

（2）再根据大系统的整体优化原则，设置一个协调器，对各子系统的优化过程进行协调，以指导各子系统的优化活动；

（3）各子系统按照初始给定的协调参数向量α分别进行独立优化，并将优化后得到的解耦参数向量s汇报给大系统的协调器；

（4）协调器根据大系统的整体目标和系统的当前效果，对协调参数向量α进行修正，并下达给各子系统；

（5）如此反复迭代，进行协调优化，直到各子系统的解收敛为大系统整体问题的满意解。

按照分解与协调策略，对复杂大系统可以进行逐级分解，形成多级递阶控制结构。图3-5是一个三级递阶控制结构的示意图。

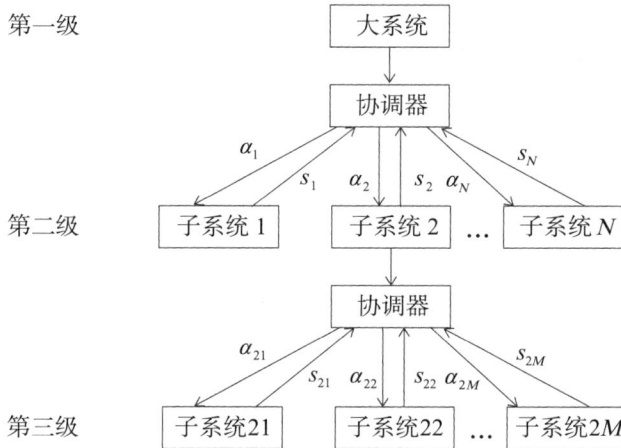

第一级　　　　　　　　大系统

协调器

α_1　　s_1　α_2　s_2　α_N　　s_N

第二级　　　子系统 1　　　子系统 2　…　子系统 N

协调器

α_{21}　　s_{21}　α_{22}　s_{22}　α_{2M}　　s_{2M}

第三级　　　子系统21　　　子系统22　…　子系统2M

图 3-5　三级递阶控制结构示意图

基于关联平衡原理的分解与协调方法同基于关联预测原理的分解与协调方法有所差异。按照基于关联平衡原理的分解与协调方法的要求，各子系统进行局部优化时，不考虑关联约束，子系把关联参变向量当作独立寻优变量来处理；而协调器通过干预信号逐步修正各个子系统的优化目标，以保证关联约束得到满足，从而实现系统的整体优化。

3.2.3.2　基于Agent技术与概率网络的大系统分解与协调方法

Agent是处于一个环境之中并作为这个环境的一部分，能够感知这个环境并采取相应的行为，可建立自己的行为规范并能影响环境变化的智能体。Agent具有自主性、反应性、预动性和社会性的特征，能够进行推理和规划。多Agent技术能有效地简化复杂大系统的设计、实现及维护工作，基于多Agent的协作与推理求解可以有效减少系统的内部冲突，降低问题求解难度与求解复杂性，多Agent技术一直是对复杂大系统动态建模的重要技术。

概率网络模型是图模型中的一种，能够以灵活直观的形式描述系统结构，并且能够在不确定环境下进行高效的推理计算，从而做出规划和决策，实现系统的功能。

对于一个具有随机性的复杂大系统，采用多Agent技术和概率网络相结合的方法，通过对系统的分析，按照自上向下、由浅入深的过程，逐步将系统功能进行细化，将其分解为若干个子系统的集合（子系统可继续分解）；针对子系统分别建立概率网络模型，每个模型交由一个智能Agent进行管理，对子系统目标、功能和资源进行合理安排[3-28]；通过Agent之间的交互与协商，达到子系统之间的联合与协调，从而形成系统的整体模型，实现系统总体功能，其分解与协调过程如图3-6所示。这种分解—联合的复杂大系统建模方法，能有效降低大系统建模的复杂性，合理解决系统分解与协调的问题。

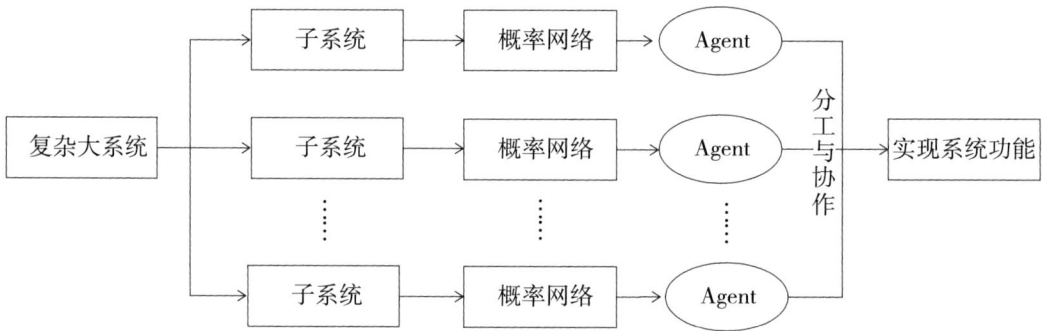

图 3-6 复杂大系统的分解与协调

基于Agent技术与概率网络的大系统分解与协调方法的基本思路是：综合运用理论知识和实践经验，以及适当的系统分解方法，对复杂大系统进行逐层分解，再分别建立子系统的概率网络模型和管理Agent组织，然后建立Agent组织之间，即子系统之间的联系方式和协作模式，最后通过相互协作的Agent组织之间的有效协作实现整体系统的最优化，如图3-7所示。

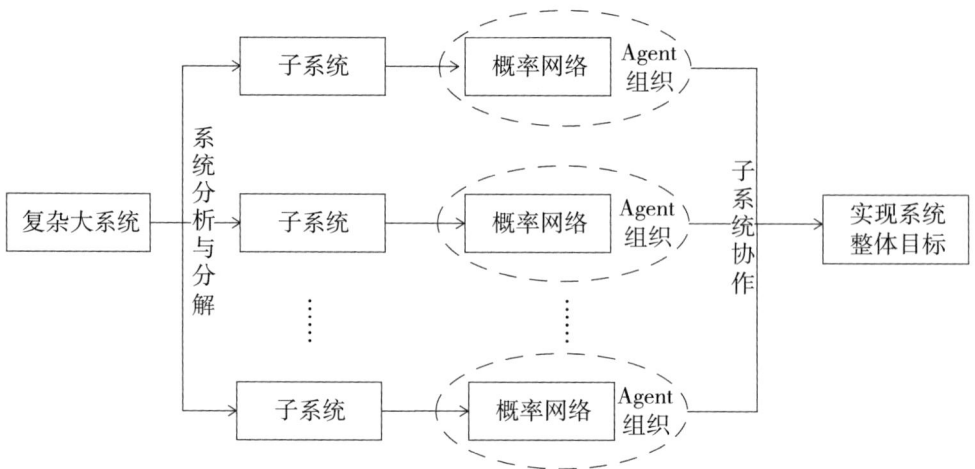

图 3-7 基于 Agent 技术与概率网络的系统模型

这种基于"分解—联合"策略的复杂大系统作为工程管理一般科学方法论，能有效降低大系统的复杂性，合理解决系统分解与子系统之间的协调问题，具有重要的意义和价值。

3.3　工程管理具体科学方法论

工程管理的具体科学方法是在特定的研究范围内，针对特定问题和对象实施的更具操作性的方式、方法、手段等，是推动工程研究精细化的重要工具，同时也是在工程管理哲学方法论和一般科学方法论的统领下，推动工程管理科学化的重要工具。工程管理具体科学方法论不仅需要系统梳理和总结工程管理理论和实践中应用的具体方法集合，而且需要针对各个方法间的关联性及其优化问题进行探讨。在此，本节结合工程管理理论与实践，阐述工程管理常用具体科学方法，随后重点论述项目管理方法。

3.3.1　常用研究方法

现阶段，工程管理领域常用的具体研究方法有问卷调查、案例分析、模拟仿真、统计分析、调查研究、文献研究、比较分析、数据挖掘、实验研究、情景分析等。

3.3.1.1　案例研究方法

案例研究是一种研究策略，其焦点在于理解某种单一情境下的动态过程。案例研究的科学益处在于它能够打开发现问题的通道，也有可能为进一步的研究提供洞察力或者提出一些假说打下基础，这是就其方法论的独特意义而言的。

案例研究法为实现工程管理理论的本土化、促进中国情境下工程管理理论的创新提供有效途径。工程管理理论源自工程管理实践，通过对工程管理实践的对比、分析、归纳和演绎，对西方的理论进行一定程度的修正，才能真正形成具有中国特色的工程管理理论。

3.3.1.2　模拟仿真方法

当前，系统动力学、计算实验方法是工程管理常用的模拟仿真研究方法。

20世纪50年代，福瑞斯特教授首次提出以计算机仿真技术为手段的系统动力学方法，随后，该方法被广泛应用于社会经济系统的量化研究。系统动力学以系统论为基础，充分应用控制论和信息论的原理，通过模型将系统内在的结构以流、积量、率量、辅助变量等元件进行刻画，从而探寻系统问题的内在因果关系，为解决问题提供帮助。

计算实验通过计算机实现对现实系统的模拟，以此归纳系统内部微观主体的行为特征及相互关联，揭示系统演化规律以及系统与环境间的作用机理等。计算实验室的一种情景建模方式，是计算机技术、复杂系统论等多门学科、理论的综合应用。

目前，人们对计算机模拟仿真技术的期望越来越高，逐步将仿真技术用于描述复杂系统，甚至是众多不同系统组成的系统体系，并将其应用到解决工程问题上来。产品开发中的设计、制造、物业管理等大多需要靠计算机仿真来描述、检验和验证，具体来说包括装配过程仿真、加工过程仿真和生产计划调度仿真，这些问题的解决急需对模拟仿真技术加以研究深化。

3.3.1.3　统计分析方法

统计分析方法指通过对研究对象的规模、速度、范围、程度等数量关系的分析研究，认识和揭示事物间的相互关系、变化规律和发展趋势，借以达到对事物的正确解释和预测的一种研究方法。统计分析方法以其科学性、客观性和精确性受到越来越多的关注，应用广泛。它方法简单、工作量小，但对数据完整性和准确性要求较高。常用的有结构方程模型SEM、AHP方法、科学计量学方法等。

结构方程模型方法。结构方程模型（Structural Equation Modeling，SEM）融合了因素分析和路径分析这两种统计方法，同时检验模型中包含的显性变量、潜在变量、干扰或误差变量间的关系，进而获得自变量对依变量影响的直接效果、间接效果或总效果。

层次分析法（AHP）。利用层次分析法分析问题时，首先将所要分析的问题层次化，根据问题的性质和所要达到的总目标，将问题分解为不同的组成因素，并将这些因素间的相互关联影响以及隶属关系按不同层次聚集组合，形成一个多层次的分析结构模型，最后将该问题转化为最底层相对最高层（总目标）的比较优劣的排序问题，借助这些排序，最终可以对所分析的问题做出评价和决策。

科学计量方法是应用数理统计和计算技术等数学方法对科学活动的投入（如科研人员、研究经费）、产出（如论文数量、被引数量）和过程（如信息传播、交流网络的形成）进行定量分析，从中找出科学活动规律性的一门科学分支学科。科学计量学试图通过定量方法寻找科学活动的内在规律或准规律，并为更有效率地开展科研活动提供指导。典型的科学计量学问题有：科学研究的生产率问题、科研资金投入的最优化、通过科学计量学方法和指标预测学科发展趋势和确定资助重点等。其中将科学计量学方法、信息可视化技术等方法引入工程管理的学术研究领域，可对工程管理学术主流方向进行尝试性的探索[3-29]。

词频分析和共被引分析是两种基本的统计分析方法，如下：

（1）词频分析主要通过对所出现的关键词的频率进行统计分析，以寻找研究领域或学科的研究热点，同时也可观察关键词的变动而带来的研究热点的发展或转移趋势[3-30]。

（2）共被引分析通过对两份文献同时被引用的频率统计来判断两者之间的关联度，共被引的频次越高则表示两者的学科背景越相似，关系越密切。关键节点文献的聚类群可以反映相关性理论，结合时间点，可以揭示理论的演进路径。

数据在当今经济发展中起着越来越重要的作用，如何从海量数据中获取有效信息早已成为各学科的研究课题，其中统计分析方法的作用日益突显。结合工程问题，探讨怎样有效地收集、整理和分析带有随机性的数据，以对所考察的工程问题做出推断或预测，直至为采取一定的决策和行动提供依据和建议的研究已经成为工程管理研究领域的迫切需求。

3.3.1.4　调查研究方法

调查研究法指通过考察了解客观情况直接获取有关材料，并对这些材料进行分析的研究方法。调查研究方法通过问卷调查、访谈调查、抽样调查、实地观察等形式对调查对象进行详细了解，并对现象、问题等展开研究，在描述性、解释性和探索性的研究中应用广泛。

问卷调查方法。问卷调查是以书面（或电子书面）提出问题的方式搜集资料的一种研究方法，该方法假定研究者已经确定所要问的问题，这些问题被打印在问卷上，编制成书面的问题表格，交由调查对象填写，然后收回整理分析，从而得出结论。这个方法的运用，关键在于编制问卷，选择被试者和结果分析。

访谈法。是指通过访员和受访人面对面地交谈来了解受访人的心理和行为的心理学基本研究方法。访谈法可依据研究对象特性、访谈目的等以不同形式展开，快速收集大量分析资料，因此，该方法受到广泛应用。访谈法虽然运用面广，且收集到的数据相对真实可靠，但是也要求专门的访谈技巧，且费时间和精力，工作成本高。

毛泽东曾指出:"应当从客观存在着的实际事物出发,从其中引出规律,作为我们行动的向导[3-31]。为此目的,就要像马克思所说的详细地占有资料,加以科学地分析和综合地研究[3-32]。"对于中国情境下的工程管理科学研究更是如此,例如针对我国重大基础设施工程的特殊性、多元性、复杂性,研究人员必须通过调查研究方法掌握工程的第一手资料,深入了解工程系统的运行特点与规律,才能为科学决策提供可靠依据。

3.3.1.5 文献研究方法

文献研究法就是针对所研究的对象,对相关联的文献进行查阅、比照、分析、判断、整理,从而找出研究对象的本质属性或内在规律,证明研究对象的一种科学方法。

将自己的研究建立在他人研究的基础之上,是现代学术研究的一个突出特点。通过文献研究,能够获得某一研究领域发展的历史脉络和主要路径,同时发掘出学术界共同面临且亟待解决的问题。工程管理学科已形成庞大的学科知识体系,同时新的理论、技术和方法不断涌现。通过对工程管理领域的已有文献进行梳理,将工程管理领域的发展规律与主线借助科学计量软件进行可视化的研究已经悄然兴起。

3.3.1.6 比较分析方法

比较分析法是把客观事物加以比较,以达到认识事物的本质和规律并做出正确评价的目的。在科学研究中,比较是一种最常使用的研究工具,其发端于20世纪70年代的日本与欧美的比较研究,应用到管理学中已取得一系列重大成果,如麦肯锡的7S模型,波特的钻石模型。比较研究方法在工程管理研究领域也是不可或缺的,如在城市轨道交通领域,杜亚灵在国家自然科学基金项目"回购式契约视角下政府对BT项目的投资控制研究"中通过三个BT项目案例的比较分析,得出BT模式按控制权分为弱BT、强BT和标准BT,对BT模式下项目控制权的合理配置提供了有益的参考。

3.3.1.7 数据挖掘方法

数据挖掘是通过算法搜索寻找大量数据中的隐含信息,是一种基于互联网技术的计算方式。通过这种方式,共享的软硬件资源和信息可以按需求提供给计算机和其他设备。

众所周知,充分、有价值的信息是科学决策的必备条件,工程决策更是一项涉及社会经济因素和自然因素等多方面的综合集成系统工作，大量数据的支撑是科学工程决策的前提与基础。以"大数据"为基础，采用"云计算"等各种先进的信息处理工具和辅助决策手段对决策管理进行研究，是具有科学性和前瞻性的研究领域。

3.3.1.8　实验研究方法

实验研究方法是研究者依据研究问题的本质设计相应的实验，将现实环境进行简化，并通过控制某些变量，重复实验现象并观察结果，从而找出其中的规律。

实验研究方法首先在自然科学中得到运用并逐步发展成为自然科学的主要研究方法。从文艺复兴时期开始，正是由于实验方法的采用，才使自然科学建立了理论与经验事实的联系，推动了自然科学的飞速发展。近几十年来，各学科领域的研究人员越来越认识到实验方法对于学科发展的重要性，开始努力将实验方法运用于各自的学科。工程管理领域亦是如此，强调人的行为在解决各种科学问题中的作用的心理行为实验研究方法逐渐开始应用于工程决策、工程管理实施与控制及工程管理涉及的社会问题等领域。

3.3.1.9　情景分析方法

情景分析法又称脚本法或者前景描述法，是假定某种现象或某种趋势将持续到未来的前提下，对预测对象可能出现的情况或引起的后果做出预测的方法。通常用来对预测对象的未来发展做出种种设想或预计，是一种直观的定性预测方法。

朱跃中提出，在情景分析前，人们需要对过去的历史进行回顾分析，然后对未来的趋势进行一系列合理的假定，或者说确立某些未来希望达到的目标，亦即对未来的蓝图或发展前景进行构想，再来分析达到这一目标的种种可行途径及需要采取的措施[3-33]。

如在交通工程领域，宗蓓华在交通部软课题"情景分析法在港航企业中应用的研究"中，首先在国内交通运输企业发展战略制定中应用情景分析技术，随后将该技术应用到"海南交通运输30年发展战略相关关系研究"中，为海南省2020年交通运输发展战略的制定提供了科学的决策依据[3-34]。

3.3.2　项目管理方法

项目管理方法起源于人类造物活动的工程实践，是在工程实践中所形成的项目管理特有的方法以及源于其他领域但在项目管理中经常用到的、行之有效的方法。工程是最为常见、最为典型的项目类型,所以项目管理方法在工程管理中得到了广泛运用。

项目管理是指以项目为对象,运用系统管理方法,通过一个临时性的专门的柔性组织,对项目进行高效率的计划、组织、指导和控制,以实现项目全过程的动态管理和目标综合协调和优化的管理活动[3-35]。现代项目管理开始于大型国防工程项目,由传统的重视计划到关注变化,项目成功的标准是满足或超出干系人的期望,因而采用集权变思想、系统思维与平衡理念于一体的管理方法体系[3-36]。

3.3.2.1 项目论证与决策方法

论证与决策是工程项目生命周期的第一阶段,包括项目机会研究、方案策划、可行性研究、评估与决策等过程。项目论证是项目启动阶段的重要内容,通过对项目必要性、可行性和合理性的论证,得出项目是否可行。项目决策是为了实现项目的预期目标,采用科学的方法,在可行性研究和项目评估的基础上,选出最优方案的过程。项目论证与决策常用方法包括要素分层法、方案比较法、SWOT分析法、项目财务评价、项目国民经济评价、项目环境评价。其中,财务评价、国民经济评价和环境评价在本书后续相关章节有详细论述。

1. 要素分层法

要素分层法是工程项目机会研究中常用的方法,它将工程项目涉及的众多影响因素按照项目机会、项目问题、项目实施者的优势和劣势进行分层。通过要素分层分析,并采用主观评分的方法,判断机会与问题、优势与劣势及其强弱,从而做出判断和决策。

要素分层法是一种定性与定量相结合的方法。首先通过定性分析将影响工程项目的各要素按类分层;再用定量方法,根据要素影响大小进行主观评分。经分层评分后,将影响工程项目的有利因素和不利因素直观展示出来,便于工程决策。

2. 方案比较法

方案比较法是通过比较来选择最佳方案的方法,是运用多方案评价的指标及综合评价方法,对方案进行优选的统称。方案比较法可以对项目机会研究和可行性研究中提出的众多方案进行比较分析,从中选出技术先进可行、经济社会效益佳的方案,作为详细论证的基础。

方案比较法要遵守可比性原则,即工程目标可比(满足需求)、消耗费用可比、价格可比(价格体系必须一致)和时间可比。

3．评价指标体系法

评价指标体系是指通过多个指标，多方面地对项目评价的方法。其基本思想是针对工程项目的相关目标，选择多个指标，并根据各个指标的不同权重，进行综合评价。其工作内容为：

（1）确定评价指标体系，即确定指标项和各指标项的权重；

（2）收集数据，并对不同计量单位的指标数据进行同度量处理，确定标准值；

（3）对经过处理后的指标，根据前面指定的标准，结合权重，进行汇总计算；

（4）根据评价指数的变化，总结变化规律，并得出结论。

4．项目组合优化方法

项目组合优化是指在可利用的资源和企业战略指导下，进行多个项目或项目群的投资选择和资源综合优化配置，从而实现组织战略目标。项目组合优化强调组织的战略目标、组合投资回报以及资源约束下的多项目优化与资源配置。项目组合优化需要遵循以下原则[3-36, 3-37]：（1）战略性，项目组合优化以企业战略目标为导向；（2）动态性，项目组合优化关注各项目及项目间的动态变化，适时配置项目资源，解决资源冲突；（3）强调组织的整体性，系统地选择每一个项目、评估组合中的每个项目状态及其与组织目标的符合度；（4）强调项目选择的重要性，组合管理关键在于选择"正确"的项目。

通过项目组合优化，确保项目组合和资源配置符合企业的战略目标，从而实现企业收益最大化。项目组合优化过程是一个动态的持续执行和循环反复的过程，随着环境的不断变化，项目组合与优化也随之变化。因此，需要动态地跟踪和优化项目组合。

3.3.2.2　项目计划编制方法

项目计划是为实现一个具体项目目标而确定的一组任务顺序和关系，是经过正式批准的、用于指导项目执行和控制的文件。项目计划一般包括：项目整体介绍、组织描述、管理程序和技术程序、进度安排、经费预算、质量标准和控制方法、风险规划和应对策略、项目干系人分析、多目标优化等。项目计划编制是项目实施的前提，贯穿整个项目活动，是项目目标能够有效实现的保障。常用的项目计划编制方法包括工作分解结构、网络计划技术、资源费用曲线、责任矩阵等。

1．工作分解结构（WBS）

工作分解结构（Work Breakdown Structure，WBS）是编制项目范围计划的主要方法，通过创建WBS将项目可交付成果分解为较小的且易于管理的单元，实现项目范围的量化管理。WBS是面向可交付成果的层次分解结构，它按照项目的自身规律，对项目任务进行系统的、相互关联和协调的层次分解，产生"树"状的层次结构。结构层次越往下层，项目组成部分的定义越详细，其最底层的树叶称为项目工作单元。WBS也是一个功能性文件，它为项目质量、进度、成本和风险等管理提供了基础。项目团队按照WBS实施项目，项目利益相关者通过测量、检验和测试等方法来核实项目工作的完成情况，从而决定是否接受项目。

青藏铁路格尔木至拉萨段铁路于2001年开工，建设过程中用电负荷不断增加，同时铁路沿线地区用电力负荷增长速度也较快，因此，规划建设安多—那曲—当雄—柳梧110kV变电站[3-38]。为明确项目范围，细化管理，项目团队对青藏铁路电力送出工程进行工作分解结构，如图3-8所示。

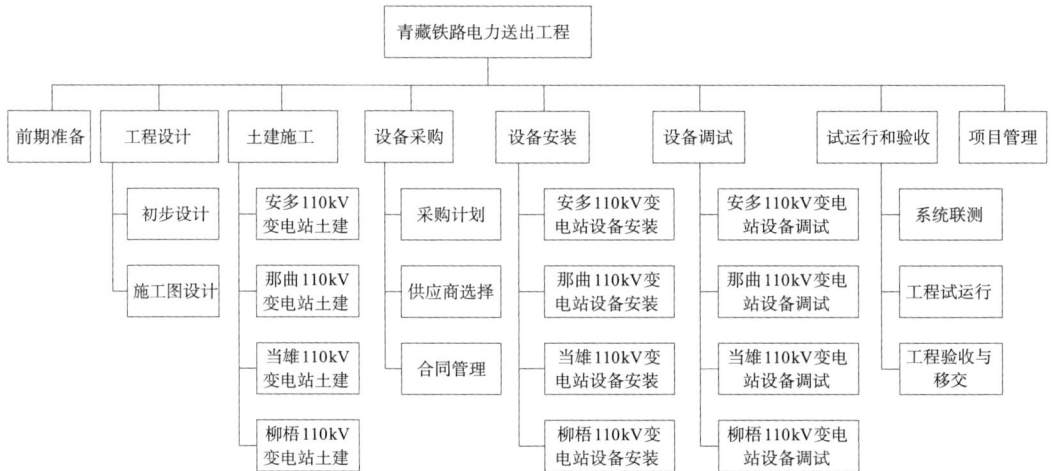

图3-8 青藏铁路电力送出工程项目的工作结构分解图[3-39]

2．网络计划技术

网络计划技术是进行项目计划与控制的管理技术，其核心是将工作关系和工程持续时间以网络的形式进行表达，揭示工程进度控制中的关键环节。网络计划的基本形式包括计划评审技术（Program Evaluation and Review Technique，PERT）和关键路径法（Critical Path Method，CPM）。

（1）计划评审技术（PERT）。PERT更侧重于对工作安排的评价和审查，更适合应用于工作时间不确定的研究、开发类项目中。（2）关键路径法（CPM）。关键路径法通过对费用、工期的关联分析，通过对各项工作展开最早开始时间、最早结束时间、最晚开始时间、最晚结束时间等分析，找到工作计划中的关键路线并将其作为控制重点。

三峡工程规模巨大，技术复杂，更有必要编制网络计划[3-40]。采用网络计划技术编制三峡工程进度网络计划，能够清楚地表达各工作之间的逻辑关系，有效地控制项目工期，同时也有利于对进度方案的优化。在三峡工程规划设计阶段，对不同方案进行进度网络计划评审，分析其按期完工概率，为工程的顺利完工奠定基础。

3．资源费用曲线

资源费用曲线是资源计划和控制的一种常用方法和工具，是根据项目投入总资源费用或人力等资源费用的累计额与项目进展时间的关系得到的曲线。资源曲线以时间为横坐标，以累计的资源费用为纵坐标形成一条S形曲线，如图3-9。若将计划与实际的资源费用累计投入量反映在同一图形中，则称为双S曲线。

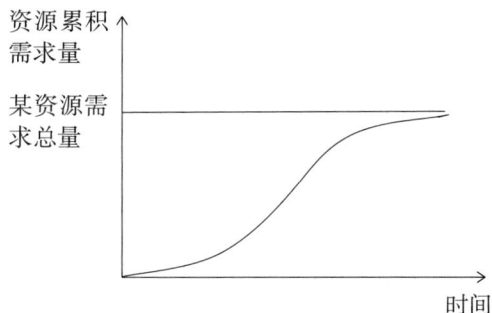

图 3-9　资源费用曲线

资源费用曲线主要通过二维平面曲线方式来展现项目资源费用计划与消耗情况，绘制方法简单且容易解读，因而被广泛使用。采用资源费用曲线可以简明粗略地反映项目在全生命期内的计划和实际情况。同时，在计划实施过程中，通过资源费用曲线反映的实际情况，将实际情况与计划相比较，可以得出项目是否超支，从而得出项目实际进展情况与计划的偏差，为进行项目费用和进度控制提供相关依据。

4．责任矩阵

责任矩阵是一种在工作分解结构与项目组织结构间建立起关联关系的矩阵结构，用于明确项目团队成员的角色与职责。责任矩阵的"行"表示工作元、"列"表示组织单元，矩阵中的符号表示项目成员在每个工作单元中的角色和职责。责任矩阵具有制作简单、容易解读的特点，通过责任矩阵可以清晰地反映出项目各工作部门或成员之间的工作责任和相互关系。

表3-2是中国铁路工程总公司马来西亚铁路项目工作职能责任矩阵。责任矩阵可以对项目整体工作的责任关系明确化，项目团队各个部门和成员能够了解组织和个人的工作目标，从而实现员工自我管理。同时，责任矩阵也能够促使团队成员之间达成对各项工作责任的共识，实现无缝衔接。

中国铁路工程总公司马来西亚铁路项目工作职能责任矩阵　　　表3-2

管理任务＼管理层次	项目总经理	商务部			财务部			工程部								综合部		
		商务经理	预算师	商务工程师	财务部长	项目会计	项目出纳	施工经理	计划工程师	设计工程师	设备工程师	桥涵工程师	轨道工程师	土建工程师	系统工程师	安全工程师	综合部长	秘书	人事
编制项目资质管理和促进计划	C	I						A											
项目相关注册及年检	C	I						A											
专业人员职业认证和促进		A						I											A
项目公共关系促进计划	C	AD			AD			AD									IE		
建立和更新联络指南		AD			AD			AD									IE		
礼节函、件，贺卡准备	C	R			R			R										H	
礼仪礼品准备	C	R			R			R										H	
多媒体宣传资料		A			A			A									IE		
公益、慈善活动	C																AH		
社会团体活动	C																AH		
市场推介	C	A			A			A									AH		
公共娱乐	C	A			A			A									AH	H	

注：A—协助；C—控制批准；P—起草建议；E—交流；D—提供数据；R—审阅评论；I—发起；
　　H—处理。

3.3.2.3 项目实施控制方法

项目计划工作完成后，就进入组织实施阶段。通过组织管理来安排各种人力和物力资源，然后开展有组织的活动，实现既定的目标和计划。这一阶段的主要工作是生成项目产出物的业务与管理工作。项目实施组织包括项目计划执行和控制两个过程，在项目计划执行过程中，项目团队必须对项目各种技术和组织界面进行管理，即协调项目内外的各种关系；项目计划付诸实施后，需要项目经理和项目团队对项目进行控制，找到项目实施与项目计划的偏差原因，采取纠偏措施。项目实施控制方法包括干系人管理、生产要素管理、质量控制方法、挣值分析和综合变更控制等。

1．干系人管理

一个项目往往涉及许多组织和个人的利益，尤其是工程项目涉及的利益很广泛，这些直接和间接的个人与组织就是项目干系人。处于目标分歧，项目干系人可能对项目及其可交付成果和项目团队成员施加影响，从而影响项目的正常实施。项目管理团队应对项目所涉及的内外部干系人范围进行明确，了解各干系人的利益诉求并且管理好各干系人对项目的影响。

干系人理论对项目管理的启示体现在四个方面：一是制定项目实施方案时，不仅要从技术和经济方面进行分析比较，还要从干系人的潜在影响方面进行考察；二是明确选择某一方案时的积极观点和消极观点，采取适当措施使利益受损者减少对项目的阻碍；三是干系人的态度和影响是动态变化的，在项目实施不同阶段，干系人分析评价工作是动态持续的；四是在项目变更或重大决策实施前，需要分析该决策对所有干系人的影响及其可能的反应，并制定好应对策略。

对项目干系人进行管理，一方面易于获得干系人对项目的支持，为项目争取更多资源；另一方面，通过与项目干系人的沟通与协调，能够获取干系人对项目的理解，从而减少项目干系人对工程实施的不利影响。因此，项目关系人管理十分必要。

克利兰（Cleland，1998）提出了项目干系人管理期阶段模型[3-41]，见图3-10。

图 3-10　克利兰干系人管理模型

按照克利兰的模型，首先是识别干系人，接下来收集他们的信息，识别在项目中承担的任务或角色，分析其优势与劣势，预测他们拟采取的战略和行为，确定干系人管理策略。干系人管理策略包括使干系人对项目支持最大化策略和对项目干扰最小化策略，采取行动促使中立者转为支持者，反对者转为支持者。

2．生产要素管理

生产要素是指生产力作用于项目的各种要素，这些要素简称为"5M"，即人力（Manpower）、机器（Machine）、材料（Material）、资金（Money）、管理（Management）。生产要素管理是指对要素的配置和使用进行管理，其目的在于节约活劳动和物化劳动。对项目生产要素进行管理，可以实现对生产要素的优化配置和优化组合，实现在项目运转过程中，对生产要素的动态管理，以及合理地、节约地使用资源。

生产要素管理的主要内容包括：

（1）生产要素的优化配置。生产要素的优化配置，是指通过科学合理配置各类要素，既满足项目生产需求，又能实现要素资源的价值最大化。

（2）生产要素的优化组合。生产要素的优化组合包含两个方面的含义：一是生产要素自身的优化，即各种要素的素质提高的过程。二是优化基础上的组合，组合就是谋求总体结构的合力，有效形成生产力。

（3）生产要素的动态管理。生产要素的动态管理是指依据项目本身的动态过程而产生的项目施工组织方式。由于项目实施过程是一个不断变化的动态过程，所以动态管理的基本内容是按照项目的内在规律，有效地计划、组织、协调、控制各生产要素，使之在项目中合理流动，实现动态配置和统筹优化[3-42]。常用的动态管理方法有动态平衡法、日常调度、核算、生产要素管理评价、现场管理与监督、ABC分类法、存储理论与价值工程等。

3．质量控制方法

质量控制是对项目的实施状况和实施结果进行监督，将项目实施的实际状况与质量计划标准进行比较，找出偏差，并分析原因的过程。质量控制同时还应找出避免产生质量问题的方法，找出改进质量的方案。质量控制贯穿于项目实施的全过程。简单来说，质量控制就是对项目实施过程的作业和活动进行持续不断的检查、度量评价和调整，保证满足组织质量目标的活动。质量控制的内容是为了保证和提高项目质量而对项目的生产要素、工序、计划、验收、决策等要素进行质量规划、工序控制、检验、验收控制、异常因素分析与消除等一系列工作。项目质量控制主要方法有直方图法、控制图法、排列图法、流程图法、因果关系图、趋势分析。

4．挣值分析法

挣值分析法是一种分析项目目标（如进度和费用）实际执行情况与计划之间偏差的方法，因此又称偏差分析法。挣值分析法通过测量和比较已完成工作的预算费用、已完成工作的实际费用和计划完成工作的预算费用，得到有关进度与费用的偏差，从而判断项目预算与进度的执行情况。之所以称为挣值方法是因为该方法引入了一个关键参数——挣值，即已完成工作预算费用。

挣值分析法综合分析工作（任务）、费用和进度的计划与执行偏差，是一种集成化的分析方法。在实际完成同样任务的前提下，比较预算成本和实际成本之差，得到成本差异；在花费同样成本的前提下，计划完成的任务与实际完成的任务进行比较，得到进度差异。

挣值分析法涉及三个主要参数，即计划完成工作的预算费用BCWS（Budgeted Cost of Work Scheduled）、已完工作的实际费用ACWP（Actual Cost of Work Performed）、已完工作的预算费用BCWP（Budgeted Cost of Work Performed）。

挣值分析法的主要评价指标包括两个偏差指标（CV和SV）、两个绩效指标（CPI和SPI）：

（1）费用偏差（CV）＝BCWP-ACWP。当CV＜0时，表明项目实施处于超支状态；当CV＞0时，则项目处于节支状态；当CV＝0时，实际费用和计划一致。

（2）进度偏差（SV）＝BCWP-BCWS。当SV＜0时，表明项目实施进度拖延；当SV＞0时，则项目进度超前；当SV＝0时，实际进度和计划一致。

（3）费用绩效指数（CPI）＝BCWP/ACWP。当CPI＜1时，表明项目实施处于超支状态；当CPI＞1时，则项目处于节支状态；当CPI＝1时，实际费用和计划一致。

（4）进度绩效指数（SPI）＝BCWP/BCWS。当SPI＜1时，表明项目实施进度拖延；当SPI＞1时，则项目进度超前；当SPI＝1时，实际进度和计划一致。

5．综合变更控制

项目的一次性和独特性，使得项目在计划阶段面临诸多不确定因素。这些不确定因素必将导致项目在实际执行过程中其范围、进度、成本和质量等与项目计划不一致，发生各类变更，并且这种变更往往是相互关联的，例如，范围的变更必然会导致成本或进度等变更。因此，需要对项目变更进行综合管理。

变化是绝对的、正常的，而不变则是相对的、不正常的。对于项目管理者来说，很多不确定性是难以预见的，难以对所有变化进行有效预测和预防。因此，项目综合变更控制的目的并不是控制变更的发生，而是对变更进行管理，确保变更有序进行。

项目综合变更控制是通过综合变更控制系统实现的。综合变更控制系统定义了综合变更控制的程序、方法和管理规范，包括：变更管理流程、责任划分、授权及授权变更所需要的批准层次、变更的文档管理、变更的跟踪监督等。综合变更控制的内容包括对变更的起因施加影响，保证各方均同意变更；确认变更已经发生和在实际变更出现的同时进行管理。在进行项目综合变更控制时要做到维护绩效度量基准的健全性，确保产品范围变更反映在项目范围定义中，并协调跨领域的变更。项目综合变更控制系统流程如图3-11所示。

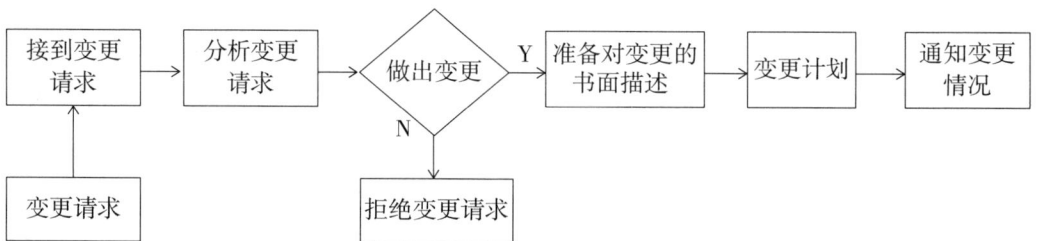

图 3-11　项目变更控制系统

综合变更控制的结果将对项目计划以及相关辅助资料的内容进行更新，并在综合变更控制过程中，对某些干扰项目目标的因素进行纠正，保证项目管理的有效性，同时找出产生偏差的原因，吸取经验教训并形成文档，成为组织内项目历史数据库组成部分。

3.3.2.4　项目收尾与评估方法

收尾是工程项目实施全过程的最后一个阶段，当工程按目标的规定内容全部实施完毕或由于某种原因项目终止时，需要进行工程项目收尾工作。在工程项目收尾阶段，需要对工程项目完成的最终成果进行总结和评估，实施资料整理归档，结束工程项目实施活动及过程，完成项目管理的工作。工程项目收尾主要包括合同收尾和管理收尾两部分。合同收尾就是对照合同，逐项核对是否完成了合同所有的要求，审核合同是否被有效执行。管理收尾包括工程项目各类文档的归档、资产移交和资源解散、项目经验教训总结。项目收尾常用方法包括核检表法、专家评分法，项目后评估方法主要有逻辑框架法和对比分析法。

1．核检表法

核检表法又称为"核检清单法"，它是一种独特的结构化方法。核检表法是工程项目收尾阶段检查工作时，将计划与实际情况进行对比，核对检查项目任务完成情况。收尾核检表因项目不同而异，主要反映项目计划进度、剩余工作的界定、项目团队自检和他检情况、自我评价和结束会议记录等内容。

2. 专家评分法

在进行项目终止决策时，一般由工程投资方、业主方和建造方邀请相关领域专家判断影响项目实施的关键因素，如技术难度的解决、定位市场的改变、政策调整、材料价格变动等是否发生重大改变。

如果某个关键因素变化后，导致项目不能继续进行或继续进行却无法实现项目目标时，就需要进行项目终止决策；如果这些关键因素都没有重大改变，则进一步对这些因素或影响指标（如进度、成本和质量等指标）进行判别和决策。

3. 逻辑框架法

逻辑框架法是一种用于项目设计、计划和评价的方法。逻辑框架法将工程中几个内容相关且必须同步考虑的动态因素组合起来，通过分析它们之间的关系及其目标与实际结果来评估一个工程项目。其核心是揭示事物层次间的因果逻辑关系，即"如果"提供了某种条件，"那么"就会产生某种结果；这些条件包括事物内在的因素和事物所需要的外部条件。

逻辑框架法通过构建统一的评价指标，如项目效益、成本、进度指标等，分别对项目进行前评估、实施中评估和后评估，反映项目发展过程中的变化。

4. 对比分析法

对比分析法又称比较分析法，是将同一个指标在不同时期或不同场景的执行结果进行对比，从而发现差异的一种方法。对比分析法又可分为"前后对比"和"有无对比"。"前后对比"是对比项目实施前和实施后的情况，以确定其作用和效益；"有无对比"是对比项目实际存在和无该项目可能发生的状态，以度量项目的真实效益和作用。对比分析法根据分析的需要又可分为绝对数比较和相对数比较两种形式。

参考文献

[3-1] 何继善，徐长山，王青娥，等. 工程管理方法论 [J]. 中国工程科学，2014，16（10）：4-9

［3-2］ 殷瑞钰，汪应洛，李伯聪. 工程哲学（第二版）［M］. 北京：高等教育出版社，2013.

［3-3］ 何继善，王孟钧. 工程与工程管理的哲学思考［J］. 中国工程科学，2008，10（3）：9-12.

［3-4］ 毛泽东选集　第3卷，1991年版，第801页.

［3-5］ 毛泽东. 毛泽东选集第1卷［M］. 北京：人民出版社. 1991，306.

［3-6］ 马克思恩格斯选集　第一卷，人民出版社，1995年版，第61页.

［3-7］ 毛泽东选集［M］. 北京：人民出版社，1991（3）：899-900.

［3-8］ 马克思恩格斯选集　第二卷，人民出版社，1995年版，第43页.

［3-9］ 胡世祥，张庆伟. 中国载人航天工程——成功实践系统工程的典范［P］. 中国航天，2004，10，3-6.

［3-10］ Glansdorff P，Prigopine I. Thermodynaimics Theory of Structure，Stability and Fluctuations［M］. New York：Wiley-Interscience，1971.

［3-11］ Haken H. Synergetics：An Introduction［M］. Berlin：Springer，1983.

［3-12］ Zeeman E.C. Catastrophe theory［P］. Scientific American，1976，234（4）：65-83.

［3-13］ 钱学森. 论系统工程［M］. 长沙：湖南科学技术出版社，1982.

［3-14］ 王儒述. 三峡工程论证回顾［P］. 三峡大学学报（自然科学版），2009，36（6），1-6.

［3-15］ 成虎，韩豫. 工程管理系统思维与工程全寿命期管理［P］. 东南大学学报（哲学社会科学版），2012，14（2），36-40.

［3-16］ 李志强. 用系统工程思想规划建设管理南水北调工程［J］. 河北水利，2002（4）：16-17.

［3-17］ Foerster H V. Principies of self-organization in a socio-managerial context［M］. Self-organization Management of Socil Systems，Berlin：Springer-Verlag，1984.

［3-18］ Hall.A D. A Methodology for Systems Engineerning［M］. Princeton：VanNostran，1962.

［3-19］ 刘军，张方凤，朱杰. 系统工程［M］. 北京：清华大学出版社，2011.

［3-20］ 吴梦溪. 基于系统工程的项目管理创新与实践［J］. 工程建设，2010，42（4）：54-56.

［3-21］ Checkland P，Scholes J. Soft Systems Methodology in Action［M］. Chichester：Wiley.

［3-22］ 郁滨. 系统工程理论［M］. 合肥：中国科学技术大学出版社，2009.

［3-23］ 于景元，周晓纪. 从综合集成思想到综合集成实践——方法、理论、技术、工程［J］. 管理学报，2005，2（1）：4-10.

［3-24］ 汪应洛. 系统工程（第四版）［M］. 北京：机械工业出版社，2011.

［3-25］ 顾基发. 物理—事理—人理（WSR）方法论［M］. 系统科学与工程研究. 上海：上海科技教育出版社，2000.

［3-26］ 陈宏民. 系统工程导论［M］. 北京：高等教育出版社，2006.

［3-27］詹姆希迪 M.大系统：建模与控制［M］. 北京：科学出版社，1986.

［3-28］杨善林，胡小建. 复杂决策任务的建模与求解方法［M］. 北京：科学出版社，2007.

［3-29］王孟钧等. 工程管理理论研究主流可视化分析［P］. 科技进步与对策，2013，30（23），1-5.

［3-30］陈悦，王续琨，郑刚. 基于知识图谱的管理学理论前沿分析［J］. 科学学研究，2007，25（s1）：22-28.

［3-31］毛泽东选集　第3卷. 北京：人民出版社，1991年第2版，第799、801页.

［3-32］毛泽东选集　第3卷. 北京：人民出版社，1991年版，795-803.

［3-33］朱跃中. 中长期能源发展情景分析方法对我国未来节能规划的启示［J］. 中国能源，2000（5）：5-6.

［3-34］宗蓓华. 情景分析在港口发展战略中的应用［J］. 上海海事大学学报，1992（4）：28-35.

［3-35］王长峰，李建平，纪建悦，等. 现代项目管理概论［M］. 北京：机械工业出版社，2008.

［3-36］中国（双法）项目管理研究委员会. 中国项目管理知识体系（修订版）［M］. 北京：电子工业出版社，2009.

［3-37］蒋翠清，马坤. 基于证据理论的项目战略符合度评价研究［P］. 合肥工业大学学报（自然科学版），2008，31（10），1660-1663

［3-38］项目管理案例及WBS模板——青藏铁路电力送出工程案例. http：//www.docin.com/p-49522759.html. 2010.4.13.

［3-39］蔡泽民. 大型国际项目管理——大型国际工程项目营销及实施. http：//wenku.baidu.com/view/af6126d726fff705cc170a4c.html.2012.6.2

［3-40］吴垂涛. 三峡工程施工总进度网络计划研究［J］. 水利水电技术，1990（6）：28-30.

［3-41］DI Cleland – Project management handbook［M］，1998 – Jossey-Bass New York，NY.

［3-42］刘炜. 建筑企业的施工管理［J］. 中国新技术新产品，2010（23）：179.

第 4 章

工程管理决策论

4.1 概述

决策是指对是否进行某一行动做出决定，是现代管理的核心，贯穿管理活动的全过程。美国著名管理学家、诺贝尔经济学奖获得者西蒙甚至说："管理就是决策。"基于系统理论、运筹学、计算机科学、行为科学等的综合运用，现代决策已经形成了较为完整的理论体系，包括决策的类型、准则、过程与方法。工程决策，早在宋朝曾巩在《本朝政要策·黄河》中说："然水之为迹，难明久矣，非深考博通，心知其详，固难以臆见决策举事也。"意思是对黄河的治理，如果不深入调查研究，弄清水流规律，是很难做出正确决策，进行治理的。

事实上，中国古代的官府对于工程设计和施工就有严格的规定，在唐代就已规定了标准工时定额（即中功），并且规定按照增减10%的季节工时定额（即长功和短功），一直延续到清代，朝廷颁布了"营缮令"法令，其中规定了各类建筑的规模和形式[4-1]。随着现代工程的迅猛发展，涌现出了大批类似三峡工程、青藏铁路等这样规模巨大、决策流程复杂、涉及技术种类繁多、组织结构庞大、历时漫长、参与人员众多的大型工程。这些工程的决策过程中，需要收集包括技术、人员、组织、环境、生态等在内的大量信息数据，运用各种经验性的、理性的决策方法，以一定的评价标准或选择机制对决策方案进行合理评估和判断。

如第1章所述，工程管理的功能就是为了实现预期目标而对工程进行的决策、计划、组织、指挥、协调和控制的活动[4-2]，一般来说，工程管理具有系统性、综合性和复杂性[4-3]。工程决策是工程管理的核心部分，无论工程决策问题面对何种对象，处于何种工程阶段，基本的决策过程、决策标准在相似条件下基本趋于一致。但工程决策的过程和标准会随着时间的推移，社会环境和社会形态的变化发生相应的改变，这种改变体现了工程决策的发展演化，是工程管理沿着"以人为本，天人合一，协同创新，构建和谐"的升华过程。重大工程的决策，因为涉及工程选址、技术应用、施工安全、生态保护等多项复杂工程因素，必须经过长时期谨慎细致的取证、论证、验证工作[4-4]。本章将对工程决策本质及其规律性进行探讨，结合实际案例系统地阐述工程决策的内涵与特点，工程决策的目标与任务，工程决策的程序、模式与方法，工程决策系统等，并重点阐述工程决策内涵、任务、方法三个层面，其中每个层面都体现了工程决策的不同侧面，工程决策的内涵是向"天人合一"哲学层次上抽象和升华，工程决策的任务是对哲学层次上的实现；工程决策的方法是工程决策任务的实现手段。

4.2　工程决策的内涵与特点

4.2.1　工程决策的内涵

4.2.1.1　决策与决策理论

决策同人们生活中的判断选择相似却又不同，它更理性、科学和复杂。经过科学实验、仿真模拟选择一种技术，这是一个决策过程；通过收集信息，反复考察，作可行性研究，最终决定工程启动，这也是一个决策过程。前者是微观过程，后者是宏观过程。决策可以定义为：以特定目标为导向，采用科学的手段和方法，通过收集相关信息，对备选方案进行分析、比较和选择的过程。

第二次世界大战后，关于决策过程、准则、类型和方法的理论体系开始形成和建立。这其中最具代表性的是诺贝尔经济学奖得主赫伯特·西蒙（Herbert A.Simon，1916~2001年）提出的连续有限比较决策论，他细致分析和研究了人类行为对决策结果的影响，提出了有限理性概念在决策中具有重要影响，他的"管理就是决策"的观点为决策理论地位的提升和决策理论的发展起到了举足轻重的作用。另一个具代表性的是詹姆斯·马奇（James G. March，1916~），被公认为在组织决策研究领域中最有贡献的学者之一，他在组织、决策和领导力等领域都颇有建树，他和赫伯特·西蒙一起发展完善决策理论学派，主要著作除了《决策是如何产生的》之外，还有与西蒙合著的著作《组织》、与赛尔特合著的著作《公司行为理论》。除此之外，其他如完全理性决策论、非理性决策论、理性组织决策论和现实渐进决策论也从不同的角度方向对决策的准则、过程和方法进行了深入的探讨和研究。现代决策理论与方法研究问题主要包括不确定性决策问题的建模与分析、网络环境下的决策理论与方法、群决策理论与方法、多目标决策理论与方法、网络数据融合与在线决策理论等，形成的研究成果在社会、经济领域得到广泛应用。随着社会经济环境的快速变化以及大数据的出现，决策环境日益复杂、不确定性日益增加，基础设施建设和环境保护等领域服务型决策日益突出，同时决策问题的复杂性随之加大，带动决策群体的复杂性和规模性大幅上升，决策逐渐依赖于数据尤其是大数据分析，基于大数据分析的决策是决策科学深层次问题，也是大数据环境下的决策科学的基础问题。

决策理论的要点主要体现在：以决策问题为导向、突出决策在管理中的地位、强调决策者的作用。决策理论的形成、发展和应用标志着决策作为一门独立科学已经建立，并且对指导各个领域中的决策问题的解决起到了至关重要的作用。决策科学伴随着决策理论的发展越来越丰富、精细和融合，决策科学与其他科学领域的深度结合，将决策的理论、原则和方法等各方面进行重组和重塑，形成一套独特的决策科学体系。但目前还没有一个特别完整或者特别适用的决策科学体系，可以将大部分的决策理论囊括在内，这既同决策理论形成期较短有关，也同决策应用范围较广有关。

4.2.1.2 工程决策问题的认识

工程决策的活动是对决策问题的认知过程，因此工程决策是一种认识活动，工程决策的方法首先围绕认识活动展开，即在工程决策的提出问题和分析问题阶段，工程决策方法也是认识决策问题的方法。决策是主体为实现特定目标，以其对事物发展规律及客观现实的认识为依据，发挥其自身的主观能动性，通过判定和选择决策方案的活动把人们对客观实践的认识作用于现实世界的过程[4-5]。工程决策的认识过程是尤为复杂的，例如决定工程是否建设实施的关键性决策问题涉及科学技术、价值因素和人为因素等各种潜在指标，这些指标的量化过程，相互影响的联系确定过程都需要花费大量的时间和精力，进行精心细致的整理和归纳。许多工程的决策失误，都是由于对决策问题认识的深度和广度不足，对影响决策结果的各个指标的信息收集不全面，信息的质量和真伪不过关所导致。尤其是公共工程决策过程中，部分决策者过分追求政绩，夸大、隐瞒或者篡改关键信息，影响了对决策问题的认识质量，直接导致决策结果的重大失误。另一方面，追求快决策和快启动的思想，使许多公共工程忽略了对决策问题的深入研究，在没有进行完整必要的决策问题认识之前就决定投资施工，致使工程后期出现成本过高、资金无法到位等诸多问题。

工程是对自然的适应和利用过程，从实践中获取的对客观世界的认识可以帮助人们认识工程的本质，了解研究决策问题，择优选择决策方案。它是一个需要决策主体充分发挥主观能动性，从大量的问题现象和影响因素中认识问题的本质，确定决策的目标，从非理性的感性认识上升到理性认识，将影响因素量化，通过对可行方案的择优选择，达到决策的最终目的。

现代社会正处于一个海量信息的时代，互联网模式已经取代了过去许多传统工业商业模式。影响工程决策的因素很多，然而这些因素也可以不同形式的"信息"表现出来，因此基于数据信息的决策将成为未来工程决策主要模式。工程项目从开始到结束也是一个具备大量数据信息的活动过程，如何判断这些数据的有效和实用性，也是决策者们经常面对的难题。有一些情况下，海量数据中可能只能找到少部分数据组成小样本；在另一些情况下，可能大量数据都是工程决策问题的相关信息，导致样本数据巨大。因此，工程大数据将是工程决策问题新的特征。

4.2.1.3 工程决策的思想

工程决策本质上也是决策，只不过是应用于工程领域，因而还具有有别于一般领域的一些特性。工程最终要服务于人类，因此"以人为本"及"天人合一"是工程决策活动的最高境界。工程活动本质的实现要依赖于对自然界的"非常态"合理引入"常态"，而其合理的准则是其"常态"环境是否体现了"以人为本"，上升为工程决策的哲学层次，是在工程决策本质的基础上对工程决策在理念层次上的抽象和升华，即是否能够满足人类的需求，提高公众的生活质量，同时也要保护好自然环境，实现人"为天地立心"，从而成为工程决策的指导思想。"天人合一"思想是中国古典哲学的根本观念之一，也是中国哲学与西方哲学最显著的差别之一。中国传统哲学与西方哲学因生存环境、社会状况、历史背景和文化传承的差异有所不同，中国传统哲学以天人合一为主导，而西方哲学以天人相分为前提。中国传统哲学以人生哲学为核心，以道德和艺术为精神，以直觉和领悟为方法，充满诗意境界，突出至善至美的价值功能，即所谓"顺乎天而应乎人"。老子主张"道法自然"，天地人三者一以贯通，人生追求的目的不是认识和征服自然，而是泛爱万物。因此中国哲学富有人情味，赋予万物以情，寻求人与自然的沟通。庄子在写《齐物论》时说"天地与我并生，而万物与我为一。"[4-6]

从天然自然和人工自然的关系来看，"天人合一"的实质是天然自然和人工自然的统一。工程活动的演化表明，自然界演化和地球表面上的工程活动演变在一定程度上具有一致性，工程活动使地上的变化与天上的变化大体上一致，即体现"天人合一"。

工程决策是工程管理活动的重要组成部分，围绕决策问题的解决而开展的一系列智能活动，工程决策伴随着工程而来，伴随着工程而去，往往决定工程活动的成败。工程决策理论应该是从"工程"本身的角度去审视决策的主体、任务、形式、方法等各方面内在联系的系统化的知识体系。因此，工程决策思想应该有如下特点：

工程决策思想应该体现工程管理的核心思想。如前所述，工程因为其活动时间、范围、过程的特殊性，常被称为"一次性"活动。然而这些看似完全不同的"一次性"工程，依然存在着许多共性，这些共性的总结和归纳可以帮助人们更好地认识工程、理解工程。工程决策理论思想的建立必须从实践中来，从实际的工程项目中寻找工程的共性，从实际的经验中提炼和升华。工程决策的任务是需要以工程服务为导向进行决策。工程决策从微观上考虑是类似三峡大坝蓄水位的单个决策问题，从宏观上看又是一个个类似蓄水位问题的集合。工程决策因为工程的需要，其任务需求会随着工程阶段的不同而发生变化，同时其决策准则和方法也产生相应的改变。这些决策任务在保留了自身的独特性的同时，体现了决策问题的某些共性。综上所述，工程决策思想应该是整个工程系统下的所有具有普遍性决策问题的主体、任务、形式和方法的深入研究和剖析，反映其主体、任务、形式和方法的理论，发现工程决策从时间和空间两维跨度上的外延和内涵特征。

工程决策思想有其特殊性，是人与自然紧密结合的理论，这是由工程的本质决定的。目前尚没有一个比较完善的工程决策理论，但是长期的工程建设实践形成了初步的工程决策思想，即工程决策问题的特殊性、工程决策合理性标准，"以人为本"与工程决策目标指向"天人合一"的有机统一。

4.2.1.4 工程决策合理性标准

工程决策的内涵决定了其合理性应以"以人为本"的标准来判别，"以人为本"首先和人的使命感有关。人是人与自然协同进化的理智代理者，但地球并不是只为人类准备好的，地球的生存目的并不一定与人类的目的一致。然而，人类发展的事实表明，脱离自然的人类和脱离人类的自然都是不现实的。陈昌曙在他的《哲学视野中的可持续发展》一书中认为：人类是在一个漫长历史过程中，才逐渐从自然选择和生存竞争中脱颖而出、才逐渐摆脱了受自然力支配的被动地位、才逐渐学会了模仿自然，进而成为利用自然的主体；人类成为主体的历史至今还在延续，或许我们将会看到，人类还将成为调适自然的主体和整合自然的主体。陈昌曙要求人类要"充当做依赖自然的主体、做学习自然的主体、做顺应自然的主体、做保护自然和调适自然的主体"，以此实现"以人为本"[4-7]。

4.2.1.5 工程决策从现象到本质

工程决策的过程是从大量现象数据中寻找背后隐藏的客观规律的过程，是剥离现象看本质的过程。这个本质从哲学上讲，可以看作是工程决策本源；从实际活动上讲，可以看作是工程决策的目标，决策目标的另一个说法是工程决策本源的现实反映。以成本为主要考量对象的决策问题，剥开表象，即是以经济价值为主要影响指标的决策问题；以环境为主要考量对象的决策问题，是以生态价值为主要影响指标的决策问题。以此类推，对决策问题的决策目标的确立过程即代表了整个决策问题从现象到本质的一种升华过程。而通过对这些升华的进一步梳理，就完成了对工程决策本源的认知。

4.2.1.6　工程决策从非理性到理性

工程决策问题过程中最重要的步骤之一就是对与决策问题相关的信息资料的整理和加工过程。它需要辨别资料的真实可靠性，并按照信息资料的相关性进行排序和选择。一个好的决策认识是对重要性的全面性了解，但全面不等于信息泛滥。决策者在收集和整理信息的过程中，对决策问题在脑中产生了感性认识，预先构想出决策的目标或者方案。这种感性认识对最终决策有帮助，但不科学。对决策问题信息的认识和梳理，只有上升到理性认识，即通过科学方法对信息进行剖析，才会弥补感性认识中可能忽略的重要问题，对决策方法或者方案的选择产生积极正面的作用。这是工程的复杂性决定的。

4.2.1.7　工程决策实践和认识的相互作用

工程决策最终目的是工程的顺利实施，因此工程决策必须以实践为行为准则，即所有决策的可行方案是要在可以实施的前提下进行筛选和择优的。认识工程决策，必须从历史和实践出发，虽然历史实践经验可能无法完美地提供认知信息，但工程实践的积累借鉴，是工程决策的认知基础。人们从无数个决策实践中，总结出决策的通用程序、方法和模式等，是从实践到认识升华的结果。反过来，这些认知结果会指导和帮助未来其他决策问题的剖析和解决。国内许多工程决策者重视实践多于认识，缺乏从实践转换到认识的升华过程，因此会经常脱离理性认识，盲目地相信经验和主观判断。

4.2.2　工程决策的特点

工程决策作为一般决策的一个子集，既具备一般决策的共性，同时也具有属于本身的特征。工程决策主要包括工程的技术、经济、生态、环境等诸方面的评价方法，风险分析的程序与方法，以及决策准则等。如果把"经营决策"、"（企业）内部决策"作为微观决策来看待，工程决策则是一个中观决策。它在一个国家的经济建设中的地位是十分重要的。有的中观决策的规模也是十分庞大的，如三峡工程的决策，因其工程规模巨大导致其带来的影响同样也是巨大的[4-8]。工程决策主要有如下一些特点。

4.2.2.1 工程决策的主动性

工程决策是为工程服务的，因此工程决策有了"工程"的属性。工程决策同普通决策的区别在于，它是一个创造性的决策过程，它除了具备一般决策的要素之外，必定附加了"工程"带来的特殊要素。工程是一个从无到有的创造过程，其决策方案是对这种创造过程的演练与模拟，因此工程决策在某种意义上说，是从被动地选择备选方案转化为主观能动地创造备选方案，是在摒弃了普通决策的被动和消极本质的基础上，更积极、主动和创新的抉择活动，工程的"一次性"特征，导致相似工程的参考经验严重不足。现实的实践活动并不能给决策者提供适用的工程决策方案和方法，工程决策者需要充分发挥主观能动性，在已有的知识体系和技术体系下，创造出可以满足决策目标的方案或者方法，这是建立在决策者对历史工程实践的理解和总结基础之上的活动。因此工程决策具有主动性，是以解决工程任务和工程问题为目标，通过科学技术和信息数据的收集和积累，对工程方案进行设计、评估和选择的过程。

4.2.2.2 工程决策的全过程性

狭义上的工程决策，仅指工程项目前期阶段的策划和可行性研究，即项目是否进行投资建设的决策。但随着人们对工程内在含义的不断理解和对决策概念认识的逐渐提高，工程决策的本质在工程范围内得到了延展和扩充，设计方案的选择、实施计划的选择等也都被归纳进入工程决策的范围之内。但概念范围的扩延，并不意味着将工程决策泛化，即将所有选择活动都视为工程决策活动。因此，在本书中只将工程活动阶段中对工程活动的方向、程序、结果产生重大影响的决策定义为工程决策。

4.2.2.3 工程决策的阶段性和层次性

工程决策范围的延展，使工程决策问题的种类和数量成倍增长，但其特征也逐渐明显。随着工程技术的不断发展和更新，新的决策问题不断涌现，工程决策问题种类必须不断扩充和完善，因此，本书所提出的工程决策概念区别于以往的工程概念中的决策定义，是广义的和动态的，是具有阶段性和层次性的决策体系。

首先，工程活动本身的阶段性特点，决定了工程决策具备阶段性特征，即决策任务与工程活动阶段性任务密切相关；工程决策具备承接性和连续性特征，即前一阶段的决策结果，影响下一阶段的决策输入，下一阶段的决策结果是对前一阶段决策结果的反馈和支持。

其次，工程决策还具备层次性特征，即各个工程阶段中，决策的主次顺序清晰显著，即在各个工程阶段中，有些工程决策为主，有些工程决策为辅。现在的工程，其目标已不仅仅是质量、工期、费用的控制，还要与资金筹措、风险分析、使用维护以及与所在地经济和环境等联系起来，因此工程的目标和决策应"广义"考虑。首先是工程战略决策层，合理确定合适的工程管理模式，有效地控制由工程人力配置和组织行为产生的风险；其次是工程融资决策层，确定满足融资要求的工程费用估算量化融资决策方案；再次是工程分包规划层，为对预期收益和预期风险进行计算，分析关键影响因素；然后是工程运营层，主要为供应链的规划与管理、运营资源的规划与合理调配、关键人员的配置与流动、分包合同策略与法律法规、监督检查等涉及公司运营等方面的决策；最后是生态环境层，工程建设不应破坏当地的生态环境，包括工程生态环境评估、生态修复等决策。

4.2.2.4　工程决策的综合性

工程决策涉及技术、经济和管理等多种因素。首先，工程涉及科学、技术的各个领域，要管好工程，需要多种科学、技术和知识的综合运用；其次，不断涌现和发展起来的管理科学，如系统论、运筹学、信息论、行为科学及作为工具的计算机系统，已经日益成为工程综合管理的有效手段，工程从立项到交付使用的全过程都要运用科学的管理手段，同时也只有科学的管理才能搞好工程综合管理；再次，工程经营目标是提高经济效益，所以工程管理也应为这个目标服务，工程就是以最经济的生命期费用创造最好的经济效益。一方面，要从工程整个生命期进行综合管理，以降低费用开支；另一方面，要努力提高工程利用率和运营效率。总之，工程的技术是基础，经济是目的，管理是手段，三者相互联系成一个整体，只有相互结合，才能实现工程综合管理的目标。

4.3 工程决策的目标与任务

4.3.1 工程决策的目标

工程决策的内涵决定了应以"天人合一"为目标。"天人合一"就是人与大自然要相互适应，和平共处，不要讲征服与被征服[4-9]。当代意义上的工程活动，则形成天上演化运动与地上演化运动的一致性，实现了实践意义上的"天人合一"。这是"天人合一"的第一层含义。从天然自然和人工自然的关系来看，"天人合一"的另一层含义实质是天然自然和人工自然的相应，即人要与自然和谐相处，使得自然环境与社会环境相统一。人按自然规律办事，自然朝着有利于人类社会的方向发展，在自然界再生能力和自然协调能力允许的范围内，利用科学与技术开发利用自然，通过人的实践活动，为自然界建立一种有益于人类的新平衡，建立起物质交换、能量流通和信息传递的良性循环[4-10]。

工程决策任务因为约束条件的多样性和复杂性，决策的最终考量对象其实是各个可行方案所反映出来的目标，包括经济目标、技术目标、社会目标、生态目标等。这些目标反映了可行方案在特定决策准则下的影响系数，例如在石油化工建设的工程项目中，工程决策中必须包含职业病的危害评价决策。通过对可能产生职业病危害的建设项目进行界定，分析危害因数，评价危害程度，最终提出防护措施。在这一过程中，决策对象已从决策问题本身，转向可能影响决策问题的各个影响目标。

工程决策任务的多位性和阶段性特征，反映了影响决策结果的各种因素的复杂性，即工程决策包含多项影响目标，这些影响目标即是观察工程决策任务的各个视角，它们有主有次，相互关联。这些影响决策结果的目标集合，形成了决策准则中的各种要素，决策需要在这些影响目标中寻找一个或几个主要目标，或者在各个目标中寻找平衡点。这些目标包括经济目标、技术目标、环境目标、安全目标、生态目标等，决策可能会因为具体工程或具体问题有差别，但如果抽离了个体特征和类别，决策对于主要影响目标的选取在很长时间范围内是趋于一致的。因此，工程决策的目标主要体现如下。

4.3.1.1 技术目标

青藏铁路在建设之初面临着多年冻土、高寒缺氧、生态脆弱三大世界性工程难题，是人类工程史上的一个挑战。由于无法将已有的铁路工程技术直接移植到高原上来，青藏铁路在工程技术方面做了许多突破和贡献。例如在多年冻土技术方面，确立了"主动降温、冷却地基、保护冻土"的技术设计思想，丰富了冻土工程理论，提升了高原冻土铁路建设水平。

由此可知，技术目标是影响工程决策的一项重要目标。青藏铁路和高铁这些大型工程，只有在技术突破到能满足项目需求时才有可能实施，因而，技术目标占据主导地位。大型工程常常伴随着新一代的工程技术革命，工程成为新技术的载体和推动者，技术目标的满足往往是必要条件。

4.3.1.2　经济目标

经济目标在国家或地区发展规划等领域经常被提及，反映一定社会经济现象数量方面的名称及其数值。工程决策中的经济目标具有其自身特点，往往表现为工程收益的最大化，如一个建筑工程中的经济目标反映到具体形态就是墙体、地面、门窗和水电等各项工程材料和活动的造价数据，这些数据直接反映了建筑工程的成本，从而可以计算出工程所能获得的最大收益。所以，在保证安全的基础上，挑选何种材料，采用何种工程技术能够使经济效益最大化，是经济目标为主导的工程项目决策首先考虑的问题。

4.3.1.3　社会目标

工程的社会目标，可以称为工程的社会评价目标。通常状况下，社会评价目标在公共工程中应用最为广泛，例如公路建设、水利建设等。公共工程的服务对象是社会，是为了满足国家或地区的发展需要，以增进该国家或地区的社会福利为最终目标的工程项目，因此公共工程对周边地区的经济发展、生活建设等方面的影响必须成为首要的决策影响因素。但随着公共意识的增强，现在许多非公共工程项目也将社会目标放在工程决策中的重要位置，社会目标也从单纯地考量经济发展建设扩展到社会群体对工程项目的接受度和认可度。这也是越来越多的工程项目在选址时逐渐远离市区，远离聚居区的一个原因。

4.3.1.4　生态目标

三峡工程规模浩大，影响因素众多，可能产生的生态影响一直是决策者们的心中之重，是三峡工程在论证、决策中的关注重点。1985年，国务院委托国家计委和国家科委成立了三峡工程生态与环境论证专家组，并先后对正常蓄水位、库区移民环境容量以及对中游平原湖区和河口区的生态环境影响进行了专题审查[4-11]，尤其在生态环境影响这一项，一度成为三峡工程焦点，是影响决策的重要目标。这反映了人们对生态环境保护意识的提高，也是工程在适应自然、利用自然过程中与自然和谐统一的核心体现。目前对生态目标的考量已经是每个工程项目决策前的必备工作，同时也是工程项目在建设和运行中一直需要考虑的重要问题。

4.3.1.5 安全目标

在化工、采矿、核电等行业，安全目标在工程决策中发挥着决定性的作用。由于这些工程其技术或者产品的特殊性，一旦出现安全事故就会造成巨大的人员和财产损失，所以该类工程项目在风险评估、技术方案选择以及运行管理过程中，必须将安全作为首要决策目标，有时宁可舍弃部分新技术、新材料的使用，以确保工程的可靠性和稳定性。随着安全意识的逐渐提升，在所有各类工程的决策中，安全目标所占的比重也在逐渐加强。

4.3.2 工程决策的任务

4.3.2.1 工程决策任务的特征

工程决策任务的特征可以从三峡工程可研阶段最后形成的14个专题研究报告得到体现和展示，主要有多位性和阶段性特征，这种决定了工程成败的决策问题在全部工程决策问题集合中占据了很大的比重。但是工程一旦开始投入建设，在各个流程阶段中依然存在着各种大大小小的决策问题，这些决策问题会因为所处工程阶段的不同、所满足目标的不同、所涉及利益体的不同而呈现出特征差异，且同一个决策问题从不同角度去考量，也会发现不同的决策任务特征，这是工程的复杂性决定的，是工程问题在决策过程中不可避免的问题。由此工程决策任务有下述特征。

1. 工程决策任务的多位性特征

同一工程决策问题从不同角度分析，特征不同，因此具有多位性特征。例如三峡工程蓄水位的决策问题，从技术需求角度思考，这是一个应用何种技术可以满足额定蓄水的决策问题；从安全需求角度思考，这是规定了蓄水位深度之后，对下游流域是否可以满足其汛期安全需要的决策问题；而从生态需求角度思考，这是蓄水位深度的制定是否会改变周围及下游地区的生态环境的决策问题。

不同决策问题从同一角度分析，则可能特征相似。例如工程投资过程中对前期投入多少成本的决策，以及工程建设过程中是否需要建设厂房的决策，它们所处工程过程中的阶段不同、决策目标表象不同，但究其本质都属于目标成本最小、受益最大的财务决策问题。由此可见，站在不同视角去审视这些工程决策问题，会发现工程决策在多个空间或者面上的不同特性，而每个面上的决策特性都为满足某类目标而呈现出不同类别。如从职能角度出发，工程决策任务可以分为财务决策、安全决策、质量决策和进度决策等；从范围程度角度，可以分为战略型决策和战术型决策等；从目标角度，可以分为最优决策和满意决策等；从主体决策模式角度，可以分为个体决策和群体决策等。由工程决策任务的多位性特征决定，无论单独从哪个角度理解工程决策的任务，都无法将工程决策任务的特征全面展示。

2．工程决策任务的阶段性特征

工程活动一般包括工程策划、工程设计、工程实施和工程运行使用等阶段。由于工程决策的特点与工程的特点具有密切相关性，因此，工程决策任务具有阶段性特征，即工程决策任务在工程活动的各个阶段的决策目标有一定差别，或者说工程活动的各个阶段中的主要决策任务是不相同的。

4.3.2.2　工程决策任务的内容

1．工程策划阶段决策任务

工程策划是谋划未来的工程任务、工程进程、工程效果和环境对工程活动的要求以及为此而规定工程实施的程序和步骤的过程。工程策划阶段的决策任务，是确定工程的目的是否合理、是否能够有效地整合各种技术与非技术要素。同时在对工程系统的组织环境和社会环境进行分析的基础上，根据分析结果制定目标工程战略设想与计划安排，并对每一步骤的时间、顺序和方向做出合理的安排。

策划和可行性研究是指从国民经济发展需求的角度，对拟建工程进行系统的论证分析，进而决策的任务是取得工程是否进行建设，即通常意义上的投资决策。策划阶段决策任务所需的时间主要由工程的大小和涉及因素的多少决定。对于涉及国家经济、发展和环境等多方面因素的大型工程项目，需要进行详尽的规划决策。如三峡工程、南水北调工程和高速铁路工程的决策分析的时间跨度都很大，少则几年，多则几十年。而对于涉及国家安全和国家竞争力的工程，如两弹一星工程、载人航天工程、大型飞机工程、宝钢建设和大庆油田建设，工程的必要性不需要进行太多的分析，需要决策的是在现有条件下哪些部分马上建设，哪些部分进行前期准备和研究设计。经过研究发现，工程策划阶段的决策任务是，通过对工程方案进行广泛的前期考察、勘测和调研，分析工程建设的可行性，对工程建设中可能存在的风险进行预评估，对工程所需的资金进行预算，对工程建设对生态环境可能造成的破坏进行分析等。

从工程演化论视域来看，工程策划阶段的决策是对间接引入"非常态"的预先的谋划活动，体现了工程决策过程中因果性与目的性的统一。"非常态"的存在过程是自然过程，即因果性过程；工程决策过程是引入"非常态"过程，即目的性过程。通过工程决策系统功能的发挥，使工程的演化本质得以实现，也就是工程活动目的性和自然过程的因果性相统一[4-12]。

2．工程设计阶段的决策任务

工程设计是属于工程总体谋划与具体实现之间的一个关键环节，工程设计实质上是将知识转化为现实生产力的先导过程，在某种意义上也可以说"设计是对工程构建、运行过程进行先期虚拟化的过程"。在工程活动中，设计工作具有特殊的重要性，成功的设计是工程顺利建设和成功运行的前提、基础和重要保证；平庸的设计预示着平庸的工程；而拙劣、错误的设计则必然导致未来工程的失败[4-13]。完善的规划设计可以提高工程的可行性和安全性，建立健全的工程实施方案，减少工程建设中可能存在的风险。如工程地点的选择直接影响工程能否成功建设，三峡工程、南水北调工程、铁路工程和桥梁建设等基础设施工程都需要选择合适的建设地点，一方面可以确保工程建设高效地进行，另一方面要考虑工程对于社会环境的影响尽可能小；两弹一星、载人航天、大型飞机等国家高科技安全工程的建设地点则需要考虑安全、技术和环境等因素；对于宝钢建设、大庆油田等工业工程选择建设地点也需要考虑技术、市场、未来发展和人力资源等多方位的因素。

工程设计阶段的决策任务主要是针对已经确定建设的工程进行进一步的详细论证，确定工程的建设地点、建设规模、技术方案和资源选择方案等。在工程设计活动中，通过工程决策系统功能的发挥，使工程具有合规律性与合目的性的特点。通过合规律性容纳了"非常态"性，通过合目的性构建了"常态"性，通过合规律性与合目的性的有机结合实现了"非常态"间接进入"常态"，体现了工程活动的演化本质。

3．工程实施阶段的决策任务

工程的实施建设方案会随着时间、技术发展等发生变化，前期的方案可能还会存在考虑不周的地方，在建设过程中需要进一步完善。从系统的角度出发，进行专项管理是每个工程都需要考虑的问题。如在青藏铁路的工程管理过程中，建立了适应工程特殊要求的五大控制目标（工程质量、环境保护、健康安全、建设工期和投资规模）；

在宝钢建设过程中，协调各方力量、统一调度、统一安排施工，保证了工程进度和工程质量，并采用概算包干和节约分成的办法，控制并节约资金。在工程实施阶段，往往会遇到建设和生产原料供应日趋紧张、价格上涨，致使许多工程成本居高不下。降低工程成本的传统做法主要是通过改进工艺和制造手段来降低工程的建设成本，但是当建设成本降低到一定程度时就难以再改进。因此，进行了详细的策划和设计决策之后，工程实施阶段的主要任务是确定如何组织该项目的建设，还需要不断地进行实施建设决策，主要是对于工程的进度、质量、成本、安全、技术等多个方面进行决策。其中，工程进度决策主要有进度计划编制、计划执行、冲突协调优化与进度风险决策等；工程质量决策包括质量检验与质量评估等决策；工程成本决策主要有成本核算与控制、成本分析与预测等决策；工程安全决策主要包括安全识别、安全评估、安全预警与安全风险化解等决策。

在工程实施过程中，技术和工程层次发生了变化。首先，工程集成创新的结果导致原来多项技术的集成，不断被整体化为新技术，而新技术集成的工程也越来越蕴涵了更强大的引进"非常态"的功能。其次是适合工程需要的技术发明的出现。工程决策不仅需要集成已经成熟的技术，而且还需要集成在工程建设活动过程中发明出的适合工程需要的技术。总之在工程实施过程中，工程技术系统中技术与工程的配合性促进了对"非常态"的合理引入。需要通过技术实现对"非常态"的引入，通过工程建设实现对"非常态"的隔离及防护，由此实现"非常态"间接进入"常态"，实现工程的本质。

此外，在工程实施阶段，还必须进行有关工程组织与控制的决策，特别是系统地搜集工程信息，对工程信息进行加工与处理，获得对工程运行状态的判断，据此调整工程管理行为，以实现工程管理目标。因此在工程实施阶段，工程决策系统功能的发挥能够防止和消除工程活动的负效应，防止引进"非常态"目标的偏离。

4. 工程运行使用阶段的决策任务

工程运行管理决策是在现有建设成果的基础上，采用先进的管理技术，使工程能够发挥最大效率和取得最大效益的有效方法。

工程经过实施构建出了一个新的人工自然之后，便进入了运行使用阶段。在运行使用之前以及运行使用过程中都会涉及工程评估问题。工程运行过程是体现工程目标群的关键环节，也是评价工程理念是否正确、工程决策是否得当、工程设计是否先进和工程建造是否优良等的真正证明[4-3]。工程评估是工程活动的最后一个环节，对工程项目的目的、实施过程、投入产出效益等目标进行全面、客观、科学和公正的考察与评价，确定工程预期的目标是否达到，工程的主要效益是否实现，既满足业主等工程共同体对工程项目进展状况知情权的需要，也是确认工程项目实现程度的需要。

运行管理决策存在于所有工程中，如三峡工程、南水北调、青藏铁路、高速铁路和苏通大桥的日常作业调度和维护；三峡工程、南水北调的移民搬迁安置；两弹一星、载人航天的运行调度和维护；宝钢、大庆油田的生产计划调度和维护等。因此在工程建设完成后，还需要对工程进行运行管理决策。

从工程的演化论视域来看，在工程运行与评估阶段，通过工程决策系统功能的发挥实现了对通过工程活动间接引入"非常态"效果的检验，是对工程演化本质的确认。

上述将工程决策遵循的四个活动阶段进行展开，并不意味着工程决策问题是在各阶段内独立存在的；相反，它们彼此联系，相互衔接。但各个阶段内的决策问题的重要性是有区别的，如果说工程决策是整个工程项目的关键和成败，那么策划阶段决策则是整个工程决策最重要的阶段。

4.4 工程决策程序、模式与方法

4.4.1 工程决策程序

工程决策的程序是指完成工程整个决策所经过相互之间有逻辑联系的各个环节。工程决策的程序或流程是统一规范和合理完善的，它是保证决策可以顺利和合理进行的必要手段。工程决策的程序不会规定或指导决策者选择何种具体的决策方法，但是它会在必要的时间和阶段里提醒决策者要做的相应活动，这类活动有可能就是对决策方法的有效选择。规范的程序流程是科学管理的重要方式，例如珠海机场在决策期间有合理的决策程序，就不会出现缺少必要的可行性研究的重要环节，就会避免重大决策失误的出现。

对工程的认识和建立完善的决策机制，是保证工程决策合理有效的重要环节。但这些环节需要规范的程序来执行和监督。通过不断实践和演练，人们在决策过程中提出了标准化的决策程序，这些程序在宏观上将决策流程中的各个环节进行了整理和归纳，通过量化决策问题内的各种因素，努力将决策问题的复杂度，以及非理性因素所

带来的影响降低到最小。从本质上来说，决策
程序是一个提出问题、分析问题和解决问题的
完整动态过程，普通的决策过程一般包括：提
出问题、分析问题、拟订方案、方案择优和执
行反馈五个基本步骤。工程因为其涉及的技术、
人员、资源的多样性，决策环境的复杂性，在
拟定可行方案之前，必须对决策问题有更多的
深刻分析和认识。因此，工程决策的程序一般
来说包含以下5个步骤，如图4-1所示。

4.4.1.1　提出问题，确定目标

决策的目标是工程决策问题的关键，是决
策的导向。为了避免后续工程计划实施等阶段

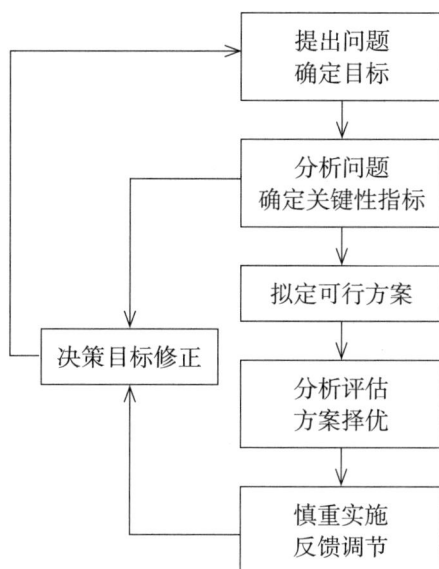

图 4-1　工程决策的程序

的实际难度，决策问题的提出和目标定位，同样承载着非常重要的作用。过高的决策
目标会导致决策问题难度的增加，影响后续工程阶段工作的展开；而过低的决策目标
会浪费工程资源。在以往的很多大型工程决策的案例中，经常会出现"超额完成"、
"提前完成"等各种工程施工的决策目标。工期的大幅度减少，会导致工程质量的大
幅度下降。这是出现很多"豆腐渣"工程的很重要的诱因。正确的决策目标，应该是
在大量的调查分析研究基础之上的科学性目标。

4.4.1.2　分析问题，确定影响决策的关键性指标

决策问题的目标一旦确定，分析和研究影响决策问题的各关键性指标必不可
少。分析决策问题有两个作用：一是清晰解决策问题的复杂性和各关键性指标的内在
联系；二是进一步验证决策目标的正确性。很多实际中的工程决策问题是非常复杂
的，例如：工程决策任务通常机理都不太清晰，采用常规方法难以刻画，被称之为
"黑箱"问题；工程决策任务的主体决策模式都比较分散，决策主体复杂、多样；工
程决策任务的不确定性都很大，决策因素太多；工程决策任务大多是多目标决策问
题。因此，决策问题分析阶段，经常需要通过和借助建立数学模型来进行分析和求
解。如果分析的结果未发现可行性方案，就需要回到第一步，重新审视决策目标的
正确性。

4.4.1.3 拟定可行方案

决策问题的可行性方案是在前期分析问题的基础上整理或者拟定出来的。通常情况下，工程决策问题的可行性方案并不单一，尤其是在多目标或多决策主体的工程问题决策过程中，容易出现多个"可行解"。这些可行解的选取和拟定是分析问题阶段的输出，它必须具备实施条件，同时满足决策目标。三峡工程的蓄水位问题，就是典型的多个可行方案的选择问题。在拟定可行方案的过程中，国内外专家都是对蓄水、排沙、移民等各种影响因素的综合考量和演算之后，对照我国当时的生产和施工技术条件，最终选定可执行方案。

4.4.1.4 分析评估，方案择优

可行方案数量多，不代表决策问题容易解决。相反，过多的可行方案会给后续的评估和判断带来更多的工作难度和强度。尤其在经济指标、社会指标、技术指标等多种影响因素掺杂的大型工程项目中，哪一个方案可以在各指标中寻找到平衡点，达到"多赢"的局面，是对决策者和评估决策方法的高度要求。在现代工程项目中，人们已经开始通过建立数学模型对各项指标进行比重分析等手段，寻找最优的可行方案。但在我国的许多大型工程项目中，通过数学方法对决策问题进行指标量化的方式，仍然没有得到普及和推广。经验性的决策方法占据了大部分的"决策市场"。且许多工程项目，在没有可行方案的情况下，依然做出了施工的执行决策。

4.4.1.5 慎重实施，反馈调节

前期所有的谨慎和细致，都是为了决策后续工作的顺利展开。大型工程项目的施工期较长，方向性或者指导性的决策，不会在短期内发现问题或错误。一旦在施工期间发现决策的重大失误，将会给工程项目带来巨大的损失，且很多情况下，这样的损失是无法弥补的。国内许多工程项目，在没有做好充分的市场调查或者风险预估的情形下，就匆匆上马，结果因为资金无法到位、承包商与开发商之间矛盾重重等原因，致使工程搁置。"半截子工程"的频频出现可能是工程决策的失误导致，也可能是决策执行中的错误导致。决策结果的慎重实施是保证工程顺利进行的必要条件，实施过程中的再次验证也是对最初决策目标的反馈。另一方面，也是对下一个阶段决策目标正确性的保障。

工程决策的程序不同于方法，它是解决工程决策问题的一种流程和手段。每一个

流程或阶段中，有可能需要使用独特适用的科学方法。工程决策过程的复杂性增加了工程决策的难度，在决策方法的选择上需要更加慎重。同一个决策问题，可能在不同程序阶段应用不同的方法，可能也在同一个阶段应用多种方法进行横向比较。工程决策方法由于阶段性目标的不同，呈现出多种特征。因此，决策者需要根据决策任务的不同特征，选择不同的决策方法。而决策方法的研究和探索也必须遵循工程决策任务的特征变化。对工程决策问题进行分析、判断、决策的过程是对工程问题本身的认知过程。通过认知的结果，人们可以遵循着一定的决策程序，采用相应的决策方法，最终达到客观、理性、公正的决策和判断。虽然工程决策的程序可划分为多个阶段，各个阶段的目标和使用的决策方法可能有所区别，但从更宏观的角度来看，它们主要是解决两大问题：认识工程决策问题，寻找工程决策机制。而工程决策中的重大失误通常也都是由于对决策问题的认知出现偏差，或者决策机制出现问题而引起的。

例如：长江三峡工程被人们熟知是近 20～30 年间的重大工程，其决策经历了一个漫长的程序。其实早在 1919 年，孙中山先生就提出了对三峡工程的构想。新中国成立后不久的 1954 年，长江流域洪水为患，国务院开始对长江流域进行规划。1958 年 2 月，周恩来总理率有关领导和中、苏专家进行查勘讨论后，于 3 月通过了《关于三峡水利枢纽和长江流域规划的意见》，同时决定成立长江流域规划办公室。由于三峡工程规模巨大，工程周期漫长、移民等问题众多，与当时中国国力不相适应，于是三峡的航运阶梯工程——葛洲坝工程于 20 世纪 70 年代初率先上马。葛洲坝工程的顺利完成，解决了华中地区的电力问题，三峡工程的实施建设提上了日程。由于工程过于复杂，三峡工程的可行性研究工作从 20 世纪 80 年代初开始，前后经历近 9 年的时间，才最终于 1992 年七届人大五次会议上正式通过了《关于兴建长江三峡工程决议》[4-14]。虽然最后一次的可行性研究花费的时间只有几年，但兴建三峡工程的决策问题从 20 世纪 50 年代初开始，到 90 年代初结束，前后历经了近 40 年，大量论证工作一次次地推翻、重新开始、再推翻、再开始，才最终形成了 14 个专题论证报告和 1 个可行性研究报告。14 个专题论证报告包括了地质与地震、枢纽建筑物、水文、防洪、泥沙、航运、电力系统、机电设备、移民、生态与环境、综合规划与水位、施工、投资估算、综合经济评价等多个重要决策问题。每个专题都成立了专题小组，邀请来自国务院所属 17 个部门、单位，中科院的 12 个院所，29 所高等院校和 28 个省市专业部门的总计 412 位专家进行细致详尽的论证研究。其中三峡大坝的蓄水位高度，在三峡工程诸多决策问题中，花费时间最长，争议也最大。蓄水位高度从最初的 150m，到 175m、180m，各种观点僵持不下。80 年代初，葛洲坝工程开始发电，当时考虑蓄水位如果太高，移民负担太大，泥沙问题也比较复杂，因此将蓄水位定为150m。但很多专家认为蓄水位太低。1984年4月，国务院考虑到专家们的意见，将坝顶抬高到175m，为防洪留有余地。1984年9月，重庆市人民政府向国务院提出申请，希望将三峡大坝蓄水位抬高到180m，以便万吨级船队可以直达重庆。面对各种声音，1986年5月，专题组邀请世界银行和加拿大的咨询公司与国内机构平行进行三峡工程可行性研究，历经国内外专家的多次论证方案比较，最终确立了第一期工程的156m高度[4-8]。这个看似简单的数字问题，前后花费了2年零8个月的时间。由此可以看出，决策过程谨慎细致，是因为工程的决策关系着工程的命脉，是工程成败的关键，决策方案一旦确定，大量人力物力资源投入，工程就无法再回头了，这是工程前期的调查研究工作漫长而且非常重要的原因之一，也就是为什么人们在工程决策阶段，不惜花费大量时间和金钱的主要原因。

4.4.2 工程决策模式

4.4.2.1 工程决策模式变迁

影响决策结果的目标从来都不是单一、独立的，尤其在工程这样一个涉及多技术、多资源、多组织的复杂活动之下，决策必然是多种影响目标相互制约和博弈的过程。但是在众多影响目标中，总会出现一个目标比其他目标在决策过程中所占的比重更大，我们可以称之为"主导性决策目标"。主导性决策目标可能是经济目标，可能是技术目标，也可能是社会目标，它会依据决策任务的特征或者工程资源条件等约束，而采用不同的主导性决策目标。理想状况下，工程决策任务的决策目标只由工程自身特征决定，但在某些特定情况下，主导性决策目标还会受到来自国家及地区的经济与社会环境影响，产生一种变异性。

工程无法脱离地域发展对其本身的影响，但同时，许多工程项目的实施建设也给当地的经济与社会发展带来了突破性的变化。中国自新中国成立以来的经济与社会发展，经历了诸多转变和转型，一系列的经济转型、产业结构调整影响了许多大型工程项目中决策准则导向，而决策准则导向决定了主导性决策目标的选取。由此中国工程中决策任务的主导性决策目标随着中国经济与社会的发展，形成了一系列演变过程，它是中国经济与社会发展的一个缩影和直接反映。

中国经济与社会的发展，大致经历了以下四个大的阶段。

第一阶段：计划经济体制。新中国成立后的前30年，由国家计划委员会规划和制定经济发展各个领域的目标。工厂按照国家计划生产产品，农村按照国家计划种植农作物，商业部门按照国家计划进货和销售，所有的品种、数量和价格都由计划部门统一制定。这种体制使中国经济能够有计划有目标地稳定发展，但也严重地束缚了其本身的活力和发展的速度[4-15]。

第二阶段：计划经济向市场经济过渡阶段。以1978年12月十一届三中全会召开为标志，农村经济体制改革率先展开，家庭联产承包责任制、统分结合的双层经营体制，取代"三级所有、队为基础"的人民公社制度，开始在全国农村普遍实行。1987年10月，"十三大"进一步提出"社会主义有计划商品经济的体制，应该是计划和市场内在统一的体制"，"新的经济运行模式，总体上来说是国家调节市场，市场引导企业"的模式[4-16]。

第三阶段：初步建立社会主义市场经济。在1992年10月召开的十四大和十四届三中全会通过的《关于建立社会主义市场经济体制若干问题的决定》，提出了社会主义市场经济体制的基本框架。一批国有大中型企业被改造成国有独资公司、有限责任公司或股份有限公司；许多全国性的行业总公司被改组为控股公司，发展了一批以资本为纽带，跨地区、跨行业的大型企业集团；众多的小型国有企业，通过改组、联合、兼并、租赁、承包经营和股份合作制、出售等形式进行了改革[4-16]。

第四阶段：完善社会主义市场经济。十六届三中全会通过的《关于完善社会主义市场经济体制若干问题的决定》对建成完善的社会主义市场经济体制进行了全面的部署。按照统筹城乡发展、统筹区域发展、统筹经济社会发展、统筹人与自然和谐发展、统筹国内发展和对外开放的要求，积极推进各个领域的改革[4-16]。其中特别强调要创造和维护公平竞争环境、促进经济和社会可持续发展，提高决策的科学民主化[4-17]。

不同的经济体制在一定程度上影响了社会价值体系，影响了资源利用和分配的标准，因此也直接影响了工程决策任务的主导性决策目标的选择，具体体现在以下方面：

1．计划经济体制下的主导性决策目标

在计划经济体制下，资源由国家进行统一宏观调控，宏观调控的计划代替了市场反馈。在这种情形下，资源被假设不可能浪费，供给和消耗都在计划下达到了绝对的统一。许多工程项目在资源分配与成本计算上进行弱化处理，经济目标不是这种体制下工程决策所应选择的主导决策目标。

处于发展初期的中国，当时最首要的目标是调动一切资源迅速恢复农业和工业生产力，促进各领域全方位的快速发展，在世界范围内增加影响力和威慑力。这一时期中国引进了大批的苏联工业领域的先进技术，快速地在全国范围内，形成了"大跃进"式的生产活动，影响决策者对工程项目决策任务的主导性。与三峡工程差不多同一时期开始筹划的三门峡工程，就是这一时期的典型大型工程项目，于1957年4月破土动工，仅仅用了大约4年时间就使大坝主体工程基本竣工。工程建设过程中一直争议不断，围绕枢纽是按"蓄水拦沙"还是"拦洪排沙"设计方案，许多专家请求重新进行调查研究和可行性分析，但迫切希望做出成绩的决策者们盲目地相信了技术力量的伟大，没有通过严谨的科学论证，就匆匆地拍板做了决定。三门峡大坝的主要技术由苏联列宁格勒水电设计院提供，但是该设计院并没有在这样多沙的黄河河流上建造水利工程的经验，所以造成严重后果的泥沙问题当时被忽视了。决策阶段的盲目，加上规划与设计的不足，使三门峡大坝工程在运行不久就不得不进行了两次改建。运行方式从"蓄水拦沙"改回"拦洪排沙"，修修补补的工作一直延续到20世纪90年代，三门峡大坝可以说"千疮百孔"。周恩来总理在1964年6月同越南水利代表团谈话中就曾承认："在三门峡工程上我们打了无准备之仗，科学态度不够。"当然，三门峡工程在40多年间，还是为黄河流域的防洪工作带来了巨大贡献。如果可以在决策期间更多地考虑安全目标、生态目标和经济目标，三门峡大坝工程可能会比现在更能造福黄河流域人民的生活。

计划经济体制下的主导性决策目标，是因为时代背景的关系，偏向了技术目标。新技术所带来的安全性、可靠性问题在这个时期被忽略了，且经济、生态、安全等各项决策目标也在不完善的决策理论下被弱化。

2. 市场经济体制转化下的主导性决策目标

中国经济体制在第二和第三阶段的发展过程中，是市场经济体制占主导的一个缩影，虽然计划经济体制依然存在，但市场经济体制的抬头，一度压制了计划经济体制的宏观调控，呈现"一面倒"的局面。在这个时期，许多国有企业私有化，民营企业实力开始强劲，市场机制的刺激，使得社会经济发展呈现一片繁荣景象。这个景象的背后，是社会价值的转变，经济效益被放在了大部分企业经营者追求目标的首位。这种价值观念的转变也直接影响了工程决策任务的主导性决策目标的选取。技术目标导向开始转变为经济目标的一枝独秀，追求利益的最大化成为工程决策的一个重要准则。

过度追求经济效益，会导致对技术目标和安全目标的漠视。市场经济体制快速提升的中国社会，出现了"烂尾工程"和"豆腐渣工程"。工程决策者在进行工程造价管理时，偷工减料，用牺牲安全性来换取低成本，加之监管部门监察不力，产生了低质劣质的工程项目。在公共工程建设方面，如公路、桥梁、房屋等工程项目中，过度追求经济效益的情况更为严重。1999年1月4日，建成仅为3年的重庆綦江彩虹桥突然整体坍塌，造成40人在事故中丧命；云南新三公路，通车的第二天出现坍塌；湖南沱江大桥竣工前倒塌；云南省耗资3.8亿元修建的云南省昆禄公路，仅开通18天，就路基沉陷、路面开裂；2007年11月25日凌晨1时，正在修建的山西省侯马市西客站两层候车大厅坍塌，至少造成2人死亡，在坍塌事故发生前10小时，该候车大厅建筑刚刚举行了封顶仪式。工程项目中有许多分包、转包的合作形式，只关注经济目标的后果就是只关注承包者的低廉报价，却没有对涉及安全问题的承包者的建筑资格等方面进行审核和考察。

市场经济体制下工程决策任务的主导性决策目标，是将利益最大化的直接反映，它不光体现了社会价值的转变，也影响了工程决策准则的内在结构和决定性因素。在经过了这么多失败的工程案例之后，人们终于开始反思工程决策的主导性决策目标的重要性。

3. 社会主义市场经济体制下的主导性决策目标

2000年之后，中国开始进入社会主义市场经济的完善时期。然而中国的社会主义市场经济不同于传统的计划经济，也不是纯粹的市场经济，是计划经济与市场经济的结合体，是宏观与微观的有效统一。完全依赖计划经济，就会出现忽略经济效益，忽略安全效益，过分相信计划对于资源的有效合理分配，导致资源浪费。而完全依赖市场经济，就会出现盲目追求经济效益，忽略社会效益，忽略安全效益，过度相信市场的自动调节可以弥补各方面的不足。欧美国家近些年出现的次贷经济危机，某种程度上就是市场经济过度自由主导的结果。随着中国社会主义市场经济的不断完善，社会价值观念的逐渐转变，人们越来越关注经济目标之外的社会效益、生态效益、安全效益等。

这种价值观念的改变，也直接反映在了工程决策任务的主导性决策目标上。近些年工程项目在决策中，生态目标已经作为可行性研究中必须考察的项目之一。工程对周边生态环境会造成哪些影响，是好的影响、还是坏的影响，是利大于弊、还是弊大于利，是可行性研究报告中必须给出的答案，也是工程决策中的重要决策目标。另一方面，随着对工程质量要求的提高，以及工程本身"以人为本"意识的增强，工程中的施工安全方案和人员安全方案是决策过程中非常重要的考量对象，这是杜绝出现"豆腐渣"、"烂尾"工程的必要手段，也是保护施工人员人身安全的有效途径。因此，现阶段的工程决策目标，已经是多种影响因素的集合，是一个多约束的博弈问题，是主导性决策目标和辅助性决策目标相互制约的过程。

随着工程项目数量的增多，人们开始区分工程项目的类型，根据不同的项目类型决定工程决策任务的决策目标。例如采掘业，由于以往国家监管不严，私人采掘作业增多，市场经济体制下的过度追求经济效益，导致作业不规范、施工现场偷工减料，塌方事故频繁发生，施工人员的人身安全无法得到有效保障。因此采掘业工程中，安全目标一定是工程决策的主导性决策目标，它是经济效益的基础，重要性甚至会高于技术目标和经济目标。另一类生态型工程项目，如沼气工程、环保工程等也在近些年逐渐进入人们视野，这类工程通常将经济目标放在最后，主要从生态目标来考察对工程决策的影响，以为人民居住环境、生活条件创造良好的自然氛围为主要目的。随着中国社会人文思想和意识的提升，对社会价值的关注开始升温，许多工程在选择建设地点等决策方面开始更多考虑社会效应，考虑人民群众和社会的反馈，比如会造成一定程度污染问题的工程，在选址时就需要对工程所造成的危害性进行公开和适度说明，大量听取周边地区居民群众的反馈意见，使得决策社会目标的高度达成。

4.4.2.2 决策模式

除了对工程决策认识不足会导致决策失误，决策模式的错误选择，也会导致决策结果的重大偏差。决策模式一般包括决策主体的确立、决策权划分、决策组织和决策方式等。完善的决策模式能够保证对决策问题的充分剖析，保证工程决策程序中每个阶段的顺利进行，保证决策结果的质量。完善的决策模式需要通过反复的推敲验证，形成标准化的决策制度及相关法规。从根本上说，对决策问题的认知失误，也是决策模式不完善的表现之一。我国许多大型项目的决策失误，很大程度上是由于决策模式不清晰、不健全导致的，决策模式的不清晰、不健全，会导致决策的主体、程序、手段的认知模糊，这时候，决策的结果取决于决策者的经验或者主观意识，而非科学的决策方法。如福州长乐国际机场从1997年6月23日通航后，一直严重亏损，4年负债高达30多亿元。国家审计署披露：原国家电力公司领导班子决策失误造成重大损失，而其中因个别领导人违反决策程序或擅自决策造成损失或潜在损失有32.8亿元，占42%[4-18]。由于缺乏必要的决策方法，决策者们容易将自己的主观意志摆在过高位置，导致主观意识大于科学的决策手段；另一方面，即使具备了决策模式，但缺乏严格贯彻执行的实施能力，也可能将决策模式架空。这种工程项目，虽然也进行了必要的决策分析和可行性研究，却为了迎合决策者的喜好，在可行性报告的数据中做手脚，让决策的模式成了形式和摆设。因此，合理的决策模式必须对决策主体之间的相互监督和审查有充分的设想和规范。由于中国目前的大型工程项目基本由政府发起，决策权通常掌握在少数官员手里。随着中国社会民主化的不断发展，群众对于公共工程项目决策的参与程度越来越高。第三方，甚至第三方的决策意见也逐渐进入大型工程项目的决策视野。如何建立合理的决策模式，帮助政府对大型工程项目的决策做出合理的判断，避免低级的、不必要的决策失误，是中国工程决策管理中的重要课题。

工程的复杂度决定决策模式的多样性，不同的经济体类型、法制结构等都会影响决策模式的建立和选择。甚至在同一个工程项目内部，由于决策问题的转变，决策主体结构的变化，都会使原有的决策模式发生改变。决策模式呈现的是决策过程中的一种决策形式。工程决策模式主要有以下几种：

1. 集中式模式

集中式模式是决策权的高度集中，它将决策的所有决定权归于某个或某几个人。在历史特定发展时期，集中式决策模式确实会给工程建设带来快速的经济效益。因为它快速，流程简单，不需要经过反复的推敲论证。在某些需要快速反应和判断的事件中，集中式决策模式是必要和有效的。它在时间上赢得了主动权，避免了损失或者危害的进一步发生。例如在矿井坍塌等突发性的工程事故出现时，集中式的决策模式会做出最迅速的判断和指示，在最短时间内集中人力、物力，对突发事件进行全力补救，避免伤亡的进一步扩大。但集中式决策模式太依赖于决策者本身的素质、经验和决策能力，尤其在重大工程的启动和发展决策中，决策的结果影响的是某个产业甚至是某个行业的发展与规划，决策者如果不能做全面的可行性研究，就会导致工程的投资决策失误，带来巨大的经济损失。

2. 专家论证模式

在很长一段时间里，我国重大工程项目基本采取的是专家论证模式。专家论证模式是科学决策与政府意志的一种有效结合。决策者在启动工程项目之前，会根据工程项目涉及的环境、技术、人员等相关问题，遴选相关领域的论证专家，建立专家论证委员会。专家论证委员会的成员应该来自多个学科领域，例如工程技术、自然科学、社会科学、生态环境以及系统工程等。论证专家的遴选应该遵循定性和定量相结合的原则，构建相应的评价指标体系和评价数学模型，使得遴选出来的论证专家不仅学术功底深厚、工程经验丰富，还要具有高度的责任感。论证专家的职责是通过科学的手段和方法对工程决策问题进行细致的分析和数据采集，对复杂的决策问题，应通过数学方法建立相应的数学模型进行有效的解析，提出合理化的可行性方案。专家论证委员会最后呈现的可行性报告，经由政府部门审核，进行专家论证会议讨论，最终选定可行性方案。由于论证专家来自不同的学术背景，具有不同的工程经验，因此面对同样的工程问题，会给出不同的可行性方案。这是专家论证模式的根本所在，因为不同层面的多项考核，才能充分对工程问题进行合理有效论证，才能避免决策的重大失误。专家论证模式在我国许多大型工程项目中，都发挥了非常重要的作用。

然而，在快速发展的经济环境刺激下，弱化专家论证模式的行为开始出现。轻者将专家论证模式趋于形式化；重者将专家论证环节忽略。论证专家一旦不能履行自己的职责，不能实事求是，专家论证模式就失去了其效用，决策过程就变成决策者主观意识的直接反映。大量实际证据表明，这种缺少实际客观的论证、判断的决策，出现偏差和失误的几率是非常高的。专家论证模式在特定环境下的弊端，是中国政治环境下出现的突出问题。如何改进专家论证模式，提高决策模式的有效性，是摆在决策者们面前的棘手问题。

3. 专家论证＋公众参与模式

专家论证模式是科学与决策的有力结合，专家论证和决策者意志是重大工程项目中两个必不可少的辩证统一体。但是随着工程任务中的价值体系的演变，经济指标到社会指标的转变过程中，现有的决策模式中的第三方决策主体逐渐开始出现，即公众意志。随着人们对环境问题关注度的不断升温，许多工程项目的启动实施不仅仅关系到产业行业的发展，也关系到周围居民群众的生活生产安全。且随着网络信息时代的快速发展，工程项目的相关信息可以在不同媒体介质中广泛传播。人们开始关心大型工程项目自身利益的内在关联。以往，决策者意志可以不用考虑群众意志，以经济发展为主要决策目标，但在中国民主化发展的不断进步中，试图掩盖、隐瞒工程项目弊端的行为，已经越来越受到广泛关注和诟病。

从大连到厦门，从什邡到启东，从宁波到昆明，近几年出现的重大化工项目启动时受到当地居民和社会舆论的反对，引发群体性事件的情况，非常值得决策者们深思。工程项目的社会价值、环境价值的价值体系的出现，必然会带来相应决策目标的增多。公众意志已经作为一股新生力量出现在很多工程的决策主体中，工程的决策者们不能再忽视群众意志的参与，必须将群众意志纳入决策分析中的重要影响因素。因此专家论证和公众参与的有效结合，是目前我国重大工程项目的最合理决策模式。专家论证的结果和可行性报告有必要对公众公开，决策者有必要向公众解释和说明工程项目的利弊，这是工程社会价值体现的重要环节，也是现代社会发展的良性趋势。

4.4.3　工程决策方法

工程决策的方法本质上是在工程决策路径的基础上对工程决策任务的实现手段，人们通过经验认识自然，通过行动利用自然。工程是适应自然和利用自然的过程，工程决策是工程达到"天人合一"境界的必要手段；对自然清晰、条理、系统地认识可以形成理论，对自然规范、逻辑、有效地利用就可以形成方法。工程决策程序及工程决策机制的实现等，都需要工程决策方法支持，否则它们的有效性将难以得到保证。

4.4.3.1　工程决策方法的内涵

工程决策方法是指普遍适用于各种工程决策活动并且起指导作用的范畴、原则、理论、手段的总和。而影响工程决策的目标有很多，工程决策涉及的各个决策目标，有些不是显性和关系明确的，它们之间具有内在联系和相互作用。如何能够认清这些影响目标在决策中的比重，并符合工程决策目标，最终通过有效途径计算或者估算这些比重，是工程决策方法的具体内涵。工程过程本质应该是理性行为过程，但因为其复杂性导致大量的理性行为当中穿插着非理性因素，非理性因素的增多和无法确定性使得工程决策的难度成倍增加[4-19]。科学地寻找和使用科学的决策方法是工程决策者的重要使命。

科学的工程决策方法应该对工程的空间和时间范围内涉及的所有科学技术、价值因素、人为因素等多项目标具有全面的认识和深入的探究。改革开放以来，中国经济发展的速度迅猛增长，各类大型工程项目纷纷启动实施。当工程管理的实践和理论水平还未达到客观需求的高度时，决策者们已经开始利用不科学的决策手段对工程项目进行策划建设。许多决策者们没有认识到工程决策的系统性和复杂性，缺乏必要的学习和研究。另一方面，快速的经济发展，令许多决策理论研究更多地停留在金融领域，决策者们也倾向于更关注工程的经济价值。这种现象致使决策者们缺乏对工程决策的清晰认识，无法掌握科学有效的决策方法，出现了决策失误。使一些行业和地方盲目投资、低水平重复建设严重。一些地方政府根本没有进行科学全面的决策研究，没有对工程进行必要的可行性研究，就匆忙投资建设，违背了科学发展观的核心思想。我国在20世纪90年代中后期出现的"机场建设热"，带来一些决策失误的案例。例如，广东省珠海市曾于1995年前后计划建造"全国最先进的机场"，决定投资40亿元（但总造价达69亿元）建设珠海机场，但其实在半径不到100km的范围之内，就有深圳、广州、香港、澳门等国际机场。这使得珠海机场的客流量在较长时间内很难达到预期的要求，因此直接影响到还款能力。珠海市的决策者们原本期望机场靠营业收入来偿还银行贷款和拖欠的工程款，但不料却陷入了巨大的亏损中。相似地，四川绵阳机场于2001年竣工通航，在当年就亏损了3800多万元。这些工程在决策期间没有对机场客流吞吐量、地理位置、交通需求，以及机场建设的后续问题进行科学的考察，缺少工程决策中非常重要的工程可行性研究[4-20]。导致这些工程决策失误的重要原因在于：太多的非理性因素干扰了决策的正常执行，没有科学的工程决策方法作为决策的有效支持。科学的工程决策方法不只是简单地选择A或者B的数学方法，它应该包含对工程进行可行性研究、避免投资风险、协调各利益体的综合效益的制度规范和保障等实际问题。

4.4.3.2　工程决策数量方法

工程决策方法很多，有传统的方法，也有一些新兴的方法，其中大部分都是定量化分析方法，针对不同的决策问题有不同的决策方法，其中较为典型的决策方法有层次分析法、多目标决策方法、模糊理论决策方法、灰色理论决策方法、不确定性多属性复杂群决策方法、工程决策过程的动态演化与仿真方法、工程复杂风险决策方法、工程项目生态系统评价的动态均衡决策方法、基于大数据分析的资源环境因素预测方法等。

1. 层次分析法

层次分析法（Analytic Hierarchy Process，简称AHP）是T. L. Satty等人在20世纪70年代提出的一种定性与定量分析相结合的多准则决策方法。AHP方法将人们解决复杂大系统的思维过程层次化、条理化和数量化。其基本原理是根据具有递阶结构的目标、子目标（准则）、约束条件及部门等来评价方案，用两两比较的方法来确定判断矩阵，然后把判断矩阵最大特征根对应的特征向量的分量作为相应的系数，最后求出各方案各自的（优先程度）权重，为分析、决策、控制提供定量的依据[4-21]。该方法简便易行，由于让评价者对给出的因素集中两两比较，因而可靠性高、误差小。其不足之处是对于规模很大的问题，如某些因素子集的因素个数众多（比如大于9个），就容易出现问题，如判断矩阵难以满足一致性要求等。该方法已在运载器系统总体设计、空间推进系统综合评价、效益成本决策、装备发展论证与规划等方面得到广泛应用。

2. 多目标决策方法

多目标决策（Multi-Objective Decision Making，简称MODM）方法的基本思想

是将系统的多个目标合成一个从总体上衡量系统优劣的单目标，以便选择和排序。MODM方法经过40余年的发展，本身有很多种方法，但在复杂工程系统决策中用得较多的是基于理想点的多目标决策方法（TOPSIS），基于理想点的多目标决策方法中决策矩阵元素由各备选方案的系统指标组成，其主要思想是通过定义决策问题的正理想解与负理想解，然后在可行方案集中找到一个方案，使其既距正理想解的距离最近又离负理想解的距离最远。其中，理想点是一假定的最好方案，它可从各种方案的不同属性中选取其最优值得到；而负理想解与之相反，即为假定的最劣方案，它可从各种方案的不同属性中选取其最劣值得到。正理想点与负理想点往往在实际中都不会出现，但它代表了决策中努力追求与竭力避免的极端情况，并以此进行多个技术方案综合权衡[4-20]。

TOPSIS方法最大的优点是简单、直接，但其缺点主要是它的结果不具一个确切的含义而仅是表示一种相对水平。另外，由于该方法在确定决策矩阵中的元素及对方案进行排序时，采用确定性的方法给定取值大小，而在实际情况中，尤其是在概念设计决策中，就会产生一定的困难。

该方法一般用于在多个备选方案中进行初步选择，采用该方法可以快速地将其中较劣的方案摒弃，为进一步采用其他决策方法减少工作量。如该方法在飞机制造工程总体技术方案评价及选取方法中进行了应用[4-22]；该法还应用于飞机推进系统总体技术方案选择中[4-23]。

3. 模糊理论决策方法

模糊理论（Fuzzy Comprehensive Evaluation，简称FCE）决策方法主要从数量上研究和处理模糊现象，在决策中应用最为直接的当属模糊综合评价。模糊综合评价是指用模糊数学方法对多种因素影响的事物进行综合评价。传统的模糊理论决策方法具有简单、方便且概念清楚的优点，因而有一定的实用价值。另外，模糊理论还可与其他决策方法相结合产生出一些新的决策方法，如与AHP方法结合产生模糊层次分析法[4-24]等。这些新方法的出现，使得其更加适合实际复杂工程系统决策的环境。

FCE方法可以较好地解决综合评价中的模糊性（如复杂工程系统设计中对象属性的不清晰性、评价专家认识上的模糊性等），由于复杂工程系统设计中有的属性往往是一些模糊概念，因而有着广泛的用途。

4. 灰色理论决策方法

灰色系统实际上是指部分信息已知、部分信息未知的系统；灰色系统理论是研究和解决灰色系统分析、建模、预测、决策和控制的理论，是20世纪80年代初由我国学者华中理工大学自动控制与计算机系的邓聚龙教授提出并发展起来的。由于进行复杂工程系统设计决策时，描述工程系统属性有许多指标是定性的，而对于定量指标的评价标准也不确定，它们的评价实践往往建立在评价者的知识水平、认识能力和个人偏爱之上，这就使得决策者可利用的信息不确切、不全面，也就是具有灰色性。因此，对这类工程问题的决策运用灰色理论决策方法是适宜的，并形成了灰色层次综合评价模型[4-25]。

5. 不确定性多属性复杂群决策方法

由于工程涉及多重不确定性，既涉及外部环境的不确定性，又涉及决策参与者主观偏好的不确定性，因此需要大量处理不确定信息或多重不确定性信息，传统的不确定性决策方法（如模糊决策方法，语言决策方法，贝叶斯决策方法，多重不确定性的随机模糊、区间模糊决策方法等）基本上能够处理不确定信息或多重不确定性信息。然而，对于复杂大型工程，就需要众多不同领域专家提供智慧参与决策，此时参与工程决策的专家也就会呈现出复杂性特征，专家的决策偏好之间可能存在各种各样的显性或隐性关系和冲突，这就给决策偏好的集结带来高度的复杂性和不确定性。这些特性决定了需要与传统群决策方法不同的全新工程决策方法，即不确定信息多属性复杂群决策方法。

6. 工程决策过程的动态演化与仿真方法

工程论证决策过程是一个复杂的系统工程，它既是一个决策主体认识自然、利用自然并与自然和谐相处的科学技术研究活动，又是一个体现战略意志、进行多元价值评判、选择与协调的过程。因此，工程的这种决策过程是一个参与决策的专家偏好冲突不断消解、由混沌到有序不断演化的动态过程，探索其动态演化规律、预测演化趋势是工程决策科学性的要求。因此，需要用演化博弈的方法和动态仿真系统，对工程的决策过程和决策效果进行模拟和分析[4-26]。

7. 工程复杂风险决策方法

工程的风险除了体现在工程项目本身的技术风险之外，更多地体现在项目决策、管理与信用、项目投资与建设实施、建设管理监管等方面的风险，主要落在决策过程、实施过程和监管过程中，具有极高的隐蔽性、衍生性和传导性等特征，因此其风险控制处于信息不完全和不确定状态而变得高度复杂和困难，就需要对工程项目在全过程中的风险进行监测、预警和化解，制定管理对策，指导工程项目复杂风险控制并提高风险控制的准确性和效率，上述新环境需求下需要复杂风险决策方法支持。

8．工程项目生态系统评价的动态均衡决策方法

工程从本质上说既是社会经济工程，也是生态工程，它们之间还存在紧密而复杂的相互关联，"三峡工程"、"西气东输工程"、"南水北调工程"等大型工程，在工程项目实施过程中，或多或少出现没有预见的负面影响（如移民成本追加和生态保护费用提高）或正面效应（如地区经济社会发展进程加速）。因此，要提高工程项目评价质量，就需要一种基于生态系统的动态均衡决策方法。该方法根据组合（经济影响、社会稳定、环境生态等）决策指标体系，根据生态影响程度（生态风险发生的可能性及对项目价值的影响值）设计指标权重以及生态动态修正系数（具体指标赋值及权重在不同时间点相对动态变化），多角度嵌入工程项目关联主体（投资方、承建商、管理方、社会公众等），利用组合均衡动态评估模型判断生态破坏的危害程度。决策路径：关键评价因素的识别—生态破坏发生的可能性估计—成本和时间影响评估—等量价值影响评估—生态破坏程度的组合性动态均衡决策。该方法综合了工程项目关联主体，兼顾了生态多指标之间的平衡，是一个复合型动态均衡决策方法。

9．基于大数据分析的资源环境因素预测方法

预测的目的是为决策系统提供制定决策所必需的未来信息。工程管理领域中，由于环境等外部因素的复杂性在不断提高，不进行预测或预断，很难设想会得到工程建设的成功。所以，可以毫不夸张地说，没有科学预测，就难有科学的决策。大数据环境下需要新的预测方法，如实时动态预测方法、缺失信息预测方法、海量数据挖掘与分析方法等，预测结果用来辅助决策。

4.5　工程决策系统

工程决策系统是以辅助工程各阶段的决策问题的解决为核心，为实现和完成各阶段相应的决策任务、在决策方法的支持下形成的系统。

4.5.1　工程决策系统的特点

工程决策问题是系统性问题，系统论观点是其基本的指导思想，它要求从系统整体目标出发，对系统进行分析，着重系统的总体效果，不计较个别因素的优劣，有时甚至需要牺牲局部和短期的利益换取系统整体和长远的利益[4-27]。由于工程本身的特殊性，因此相对于一般决策系统来说，工程决策系统的特点也具有特殊性，具有如下特点[4-28]。

4.5.1.1 决策问题复杂性

简单决策系统的决策目标一般容易量化表达，依赖主观判断即可追求目标最优，而复杂决策系统的决策问题的目标相对模糊，难以量化表达，总是以系统目标的形式出现，往往没有固定模式或者操作程序可循；简单决策系统往往不考虑外部环境的影响，而复杂决策系统则必须充分考虑系统外部环境的影响，具体包括经济环境、政治环境、社会环境等，因此必须将复杂决策问题放入经济、政治和社会的大系统中进行决策。

4.5.1.2 决策主体多元化

工程（尤其是复杂大型工程）决策问题涉及的领域比较广泛，因此决策主体具有层次性和复杂性。按照决策的范围不同，可以将工程决策分为微观决策、中观决策和宏观决策。从学科分类看，微观决策是一种工程技术层次的决策；中观决策是单学科或单领域意义上的决策，如生态学、经济学和社会学等；宏观决策是一种体现科技、经济与社会如何实现协调发展的决策。由此，将工程决策分成了若干不同层次、不同学科领域的决策单元。要求针对不同的决策单元，选择适当的决策方式、相应领域的专家以及不同职责范围的部门。另外，工程决策涉及多方利益，各方代表基于各自不同的利益观点和价值观点参与工程决策，而各个决策主体的决策权力和程度也不相同，从而形成一个由不同层次、不同影响力的决策主体组成的较大规模决策群体。

4.5.1.3 决策目标多样性

对于一般常规工程来说，可以将长期经济效益作为追求的根本目标，而将其他效益作为限定条件或附属目标来实现。而重大工程决策，不只有一个目标值，而是具有多重目标，各目标值之间存在不同的层次，评价准则也不是单一的，而是多准则，因此是多目标决策问题，其决策追求的总目标应是系统总体最优。在决策过程中，下层目标服从上层目标，各层目标之间以及同层的目标之间既相互联系，又相互冲突。

4.5.1.4 决策过程动态性

工程决策是一个复杂的和循环往复的过程，而不仅仅是选定方案的一瞬间，它是建立在对未来一系列不确定事物的判断预测的基础上，而未来的各种情况处在不断的发展变化中，因此工程决策系统应是动态的决策系统。首先，在工程立项等宏观决策层面上，应从可持续发展的高度，科学预测并适度超前决策（如项目规模和项目选址等），这是由工程建设的长期性以及投资效果的时滞性与快速发展变化的外部环境对工程的需求之间的矛盾决定的；其次，在工程的建设实施等微观决策层面上应保持决策的可调整性，决策留余地，准备应变措施以适应可能变化的形势。

4.5.2　工程决策系统的作用

工程决策系统应该促进工程自然资源进行整合、促进工程产业系统的发展、促进创造社会价值、促进工程人工自然的形成等。

4.5.2.1　促进工程自然资源整合

工程活动总是在一定的自然条件下进行的，所以工程决策活动的重要内容就是对自然资源进行整合，即对工程活动的资源整合问题进行决策。

首先包括和环境协调关系的决策，要通过决策努力使工程活动向"绿色"方向发展。实施工程项目时，要注意所建设的工程项目不能超过环境的承受能力，特别是不能超过环境的生态承受能力等。其次包括使社会的有限资源得到最优利用，并将生态成本补偿的思想贯穿到工程建设活动中，从而推动有利于可持续发展的绿色工程建设等。

4.5.2.2　促进工程产业发展

工程是产业发展的物质基础，某种类型的工程活动转化后表现为相应的产业形态，为此需要对工程转化为相应的产业问题进行决策。首先包括对能够使工程转化为产业活动的决策，特别是使产业具备规模性、营利性、转化性和结构性等特征。其次，包括经济效益是否是合理的决策，在工程决策的各阶段中，需要考虑的经济效益是否是合理的"代价—收益"比，因此需要在经济价值观念的参照下，进行细致的技术经济效益分析，创建更多的可行方案，以经济价值为中心形成评估尺度，判断各种方案的满意度，进行选择分析等。

4.5.2.3　促进创造社会价值

由于工程建设是通过造物形成人工自然，因此工程与社会的关系密切，而工程活动的产生必然引起社会关系的变化，所以工程活动总是在特定的制度环境之中进行，为此需要对工程活动有关的制度要素的创新和集成进行决策。首先，包括工程决策的社会价值，强调社会主体的利益，但也不是否认价值评价的多样性。工程决策的社会价值是在既不损害社会主体的根本利益，又不违背社会发展规律的实现。其次，包括如何针对社会的政策、法律、规章制度、各种利益关系的变化进行决策，促使企业树立社会责任观，善于运用适当的方式、方法和技能解决环境管理过程中出现的冲突和矛盾，使社会普通公众由猜疑工程、拒斥工程走向理解工程，从而保证工程活动的顺利进行。

4.5.2.4 促进工程人工自然的形成

因为工程最本质的特点是通过集成形成工程人工自然，所以工程决策系统的功能应该是创造工程人工自然。

工程作为变革自然、调控社会的手段，又必须服务于人类的目的、满足社会的需要，工程合规律性与合目的性的发挥能够促使工程人工自然的实现，通过合规律性，容纳了"非常态"性；通过合目的性，构建了"常态"性；通过合规律性与合目的性的有机结合，实现了"非常态"间接进入"常态"，构建工程人工自然[4-29]。

"常态"与"非常态"的矛盾是一个永恒的基本矛盾，需要通过技术决策实现对"非常态"的引入，通过工程建设实现对"非常态"的隔离和防护，以防止"非常态"对"常态"的破坏或者损害，因此创造人工自然的过程也是技术和工程的合理配合并且配合程度不断加深的过程，由此实现"非常态"间接进入"常态"，构建工程人工自然。

通过工程技术改造决策扩大生产规模，为相应产业的经济效果和营利性目标的实现提供可能，进而推动区域产业结构的升级换代，使工程投资方向与国家的产业政策相一致，以促进各种资源要素和建设资金的合理配置，因而为促进产业转化性要素的集成提供结构基础，由此实现"非常态"间接进入"常态"，创造工程人工自然。

4.5.3 工程决策系统的功能体系

基于系统的思想，任何一项决策都可以看作是一个系统。而工程决策不同于一般问题的决策，这是由于工程具有投资巨大、结构复杂、建设周期长、影响因素众多等特点，因此一旦决策失误将导致巨大风险。目前，国内工程决策失误并导致严重后果的案例屡见不鲜，究其原因，在于目前在解决工程决策问题方面，缺少一种有效的系统机制将决策过程中关系复杂的影响因素进行有效的组织、管理和高度协调。因此工程本身大都是完整的复杂庞大的巨系统，从系统论的观点出发，采用系统科学方法进行分析，保证工程决策的正确性及有效性等都具有十分重要的现实意义。

工程决策系统划分为六个子系统，即：工程决策信息管理子系统、工程决策咨询子系统、工程决策方法管理子系统、工程决策中枢子系统[4-28]、工程决策监控子系统和工程决策资源子系统。在工程决策过程中，要将不同层次、不同类型和不同功能的子系统组织起来，同时综合利用各种方法和技术形成信息流动通畅、沟通协调方便的系统结构。各个子系统的逻辑关系（即工程决策系统体系结构）如图4-2所示。

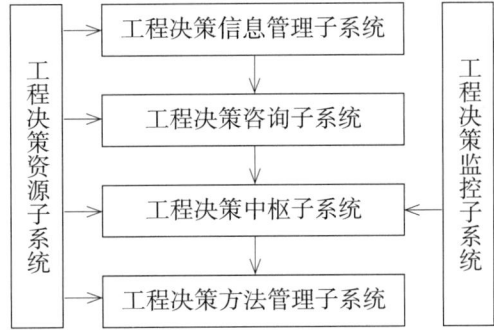

图 4-2　工程决策系统体系结构

4.5.3.1　工程决策信息管理子系统

工程决策系统中，由于各种信息相互制约、甚至相互冲突，因此决策信息管理子系统的作用首先是对所有关联信息进行整理和搜集，以保证信息全面性和完整性；其次，对繁冗复杂的信息进行过滤和提炼，控制信息的适量；然后，需要决策信息子系统对信息进行鉴别，以保证信息的正确性和准确性。

4.5.3.2　工程决策咨询子系统

决策咨询子系统是指委托相关的专业部门和专家对上述信息子系统中输出的信息进行综合处理和比较分析，经充分论证和研究后制定出可行性方案的系统。决策咨询子系统的功能是运用工程知识，形成不同形式的不确定性决策信息，在提出可行性报告的同时注重不可行性研究，站在相对独立的立场，对工程决策提出意见和方案，从而避免决策失误。

4.5.3.3　工程决策方法管理子系统

工程决策方法管理子系统是在工程决策过程中运用各种决策模型与方法，其主要手段是各种定性的调查研究和定量化的数学模型及方法，根据不同的决策问题构建相应的决策模型和方法，形成工程决策方法库及其管理系统，供其他子系统调用。例如选取层次分析法及模糊综合评价法等划分工程决策的各级目标并建立评价指标体系，进行定量评价等。

4.5.3.4 工程决策中枢子系统

工程决策中枢子系统的主要任务是以决策问题解决的目标为导向，以其对决策问题相关信息的掌握和处理为基础，充分运用决策主体长期积累的经验和知识，采取比较、分析、平衡等手段，从决策咨询系统中的各种备选方案中选择出最为合理的方案，从工程决策方法子系统选择出合适的决策方法进行评价和决策，得出最佳决策方案。

4.5.3.5 工程决策监控子系统

由于决策信息和决策环境的不确定性，工程决策过程也具有不确定性，因此工程决策监控子系统的主要任务是对工程项目决策过程实行全程监控，包括决策程序的执行情况、决策目标的实现情况和决策任务完成情况等，一旦出现问题及时纠错，以避免决策出现大的失误，并最大限度地降低决策失误的成本，化解决策失误风险。

4.5.3.6 工程决策资源子系统

在工程决策过程中，为了有效解决工程决策问题，需要利用丰富的工程决策资源予以辅助，包括工程决策知识库及其管理系统、技术库及其管理系统和案例库及其管理系统等。工程决策知识库是由各类与工程决策有关的知识组成的知识体系，在人类的整个知识宝库中，工程知识是数量最庞大、内容最丰富的一类知识，且其中相当一部分是有关工程决策的知识。工程决策知识首先包括多种自然科学知识、技术知识与发明、技术诀窍等作为其基础知识；其次，工程决策知识还包括管理学、经济学、社会学等多种人文社会科学的知识；再次，工程决策知识还包括与工程决策相关的各种已有经验。更重要的是，这种包含并不是上述各类知识的简单堆砌，而是把它们有机地结合并转化为与工程现实境域相符合的、可行的及可操作的知识，使其成为指导工程决策实践的实用性的工程知识，对这些知识的有机管理就形成工程决策知识系统。

当一项新技术发明后，应与已有的技术联系起来构成新的技术体系，然后在生产中加以应用。工程技术体系内部及各类技术之间存在着互补机制，其中某种形态的技术变化都可能影响或牵动其他形态技术变化，不同技术之间具有相互协同性，形成技术库，这些技术的有机管理形成工程决策技术系统。就某项特定工程而言，可以应用的技术可能有多种，不同技术方案的对比取舍、优化组合以及实施后的性能价格比都是工程决策中应该考虑的重要内容之一。工程决策技术系统的重要功能就是决定技术和工程是否具有最佳匹配性。在工程活动中，有特殊的技术发明和创造，这些技术发明和创造是工程活动的一个组成部分，为工程的总体目标服务，工程创新决策不但要集成已成熟的技术，而且还要集成在工程活动过程中发明的适合工程需要的新技术。为此，需要工程决策技术系统促进工程所需技术的开发。

参考文献

［4-1］　夏泽融. 中国古代大型建设工程管理思想分析［J］. 中国市场，2012（23）：34-35.

［4-2］　何继善. 工程管理核心思想初探［C］//中国工程科技论坛，2013.6.

［4-3］　何继善，陈晓红，洪开荣. 论工程管理［J］. 中国工程科学，2005（10）：5-10.

［4-4］　殷瑞钰. 工程演化论［M］. 北京：高等教育出版社，2011.

［4-5］　穆军全，徐婧雯. 决策失误的认识根源探究［J］. 哈尔滨学院学报，2009（11）：41-46.

［4-6］　王利红. 天人合一与天人相分——中西方哲学思想的比较［J］. 广西师范大学学报（哲学社会科学版），1996（2）：66-67.

［4-7］　陈昌曙. 哲学视野中的可持续发展［M］. 北京：中国社会科学出版社，2000：107-113.

［4-8］　钱正英. 三峡工程的论证［N］. 文汇报，1992.1.12.

［4-9］　蔡元森，黄正泉. 文化生态学视角下的德育改革——一种变动中的平衡［J］. 中国农业教育，2012（4）：5-8.

［4-10］张明国. 生态自然观：面向生态危机的新自然观. 中国科学技术协会2008防灾减灾论坛论文集，2008（9）：824-828.

［4-11］陈永柏. 对三峡工程生态与环境影响评价的几点认识［J］. 水力发电，2009（12）：31-33.

［4-12］李伯聪. 工程哲学引论［M］. 郑州：大象出版社，2002.

［4-13］殷瑞钰，汪应洛，李伯聪. 工程演化论［M］. 北京：高等教育出版社，2011.11.

［4-14］邹家华. 关于兴建长江三峡工程决议［J］. 人民长江，1992（4）：1.

［4-15］中国经济体制，http：//news.xinhuane.

［4-16］中国经济体制改革的历史进程和基本方向，http：//www.cser.org.

［4-17］范恒山. 中国经济体制改革的历史进程和基本方向［J］. 经济研究参考，2006（48）：8-14.

［4-18］邓家倍，潘云华. 论对"一把手"权力的监督［J］. 广州社会主义学院学报，2005（2）：

9–12.

［4–19］朱卫华，王孟钧，郑俊巍. 工程管理的哲学思考［J］. 理论月刊，2015（8）：47–51.

［4–20］刘晓东，宋笔锋. 复杂工程系统概念设计决策理论与方法综述［J］. 系统工程理论与实践，2004（12）：72–77.

［4–21］肖华. 问责"决策失误"［J］. 检察风云，2006（23）：24.

［4–22］Michelle R Kirby，Dimitri N Mavris. A method for technology selection on benefit，available schedule and budget resources［R］. AIAA–2000–5563.

［4–23］Cartagena M A，Rosorio J E，Mavris D N. A method for technology identification，evaluation，and selection of air craft propulsion systems［R］. AIAA–2000–3712.

［4–24］车阿大，林志航，方勇. 模糊集理论在QFD中的应用［J］. 系统管理学报，1998（2）：55–57.

［4–25］周前祥，张达贤. 工程系统设计方案多目标灰色关联度决策模型及其应用的研究［J］. 系统工程与电子技术，1999（1）：1–3.

［4–26］卢广彦，付超，吴金园，刘源. 重大工程决策过程与决策特征研究——以三峡工程为例［J］. 中国科技论坛，2008（8）20–24.

［4–27］李亚芳. 公共投资建设项目决策主体研究［D］. 重庆大学硕士论文，2010.

［4–28］李亚芳. 论重大工程项目决策系统的结构、功能与特点［J］. 经营管理者，2010（10）：186–186.

［4–29］翟美荣. 科技生产关系与产学研合作本质探究［D］. 东北大学博士论文，2013.

第 5 章

工程管理组织论

组织是人类文明进步的"主推手"。最早的组织形态是以生物群为主体的原始人部落，他们汇集力量，涌现智慧，夯实了人类抗争自然的能力。之后，以血缘为纽带的家庭组织、氏族组织将人类的群居生活演绎到社会生活。随之产生的私有制促进了以阶层关系为轴的国家组织，标志着人类从此开始实践社会化的组织生产方式。近现代以来，组织形态越发多样，社会组织、企业组织、公益组织如雨后春笋般出现，造就了多样、有机的社会生态。如今，人们总是委身于或此或彼、或大或小的组织形态；个体成为组织的基石和细胞，生于斯，长于斯，终于斯。

"组织的目的在于让平凡的人做不平凡的事。"自从有了人类的实践活动以来，组织就一直伴随其左右。工程组织通过对设计思想、人力资源、材料物料、技术方法的整合规制，实现了工程由构思向实体的转化。工程组织既是一种工程活动中人的集合状态，它体现了工程管理活动中不同利益、不同层级间人群的协作关系；它又是一个资源的转化过程，在工程目标的指引下，将原材料、设备、资本、人员等有计划分配、统筹、协调。工程组织的效率对工程目标的实现具有举足轻重的作用。所以，组织论被称为项目管理的母科学。

追本溯源，人们不禁要问：什么是工程组织？工程组织为何而存在？工程组织怎么演变而来？有何特性？未来发展如何？

围绕着这些疑问与思考，本章首先厘清工程组织的概念，即什么是工程组织，工程组织为何存在。从词源学和语义学的角度，剖析组织的本意；从狭义和广义的角度，阐述组织的内涵；以及分析组织在不同理论学派下的不同所指。进而从一般组织中重点阐述工程组织的定义、形式、构成要素、任务、内核以及工程组织与工程管理的辩证逻辑关系。

其次，探究工程组织在整个工程管理活动中演变的过程。从它创建、维持到变革、消失的过程，剖析工程本体规模的扩大以及参与方的增多所引起的变革；剖析政治、法律、经济、社会、文化、技术等外部环境导致的演变；剖析工程组织形态从早期的"人海"战术为主，到中期的"人—机"结合，到现代的"人—机—网"相结合的进化路径，发掘其与工程本体、外界环境间共生互动的发展规律。

再次，工程组织是一个聚集体，其本质特性包括了聚集、高效与适应。缘何聚集？聚集的周期性缘何而来？工程组织聚集性的演化将去向何方？解答这些疑问之后，尝试寻找工程组织高效性的体现，剖析其形成与发展、维持与消退以及建构模式；之后从组织的动力来源和运作模式分析了组织的适应性。

最后，针对未来工程管理理论与实践的发展趋势，从网络化、组织的柔性、组织的边界等角度探讨了未来工程组织的结构，并从传统组织理论范式到自组织理论新范式展望了未来工程组织的理论范式。

5.1　工程组织概述

人类对"组织"的认识层次和概念的理解见仁见智，特别是随着生产力及科学的发展，社会化分工越来越精细，组织的概念在各学科、工种中被赋予了不同的内涵。美国管理学家哈罗德·孔茨（Harold Koontz）曾说管理学中语义最混乱的也许要数"组织"这个词[5-1]。对"组织"一词的解释可以分为动词与名词、静态与动态，也可以从组织与环境的适应方面、组织的形态方面或者管理方面去理解。由于研究视角的不同，有多少研究学者，就有多少的定义。在工程建设领域，由于参与主体众多，涉及管理技术复杂，要给在工程建设中的项目组织下一个简单的定义是较为困难的。因此，有必要从对一般组织的认识逐步深入对工程组织的解读。

5.1.1　一般组织

在回答"什么是工程组织"问题之前，有必要先厘清组织的基本概念。

5.1.1.1　从词源学和语义学的角度解读

在汉语中，"组"的本义指宽而薄的丝带，"织"的本义指布帛，如《说文解字·糸部》："组，绶属。其小者以为冠缨"，"织，作布帛之总名也"。"组"、"织"二字最初的意思就是用丝麻制成布帛，如《吕氏春秋·先己》高诱注："夫组织之匠，成文于手。"也指诗文或言语的造句构词，如刘勰《文心雕龙（一）·原道》："雕琢情性，组织辞令。"其亦作为安排、整顿之意，清丘逢甲《梦中》诗："奔驰日月无停轨，组织河山未就功。"可见，古人把"组织"一词定义为一些元素构成一个整体之意。

在英语中，"组织"一词是"Organization"，该单词经历了由有机体的组合状态即器官（Organ），到其集成的生物整体（Organism），直至器官之间的协调作用（Organize）以及作用的结果（Organization）的演变过程。1873年，英国哲学家斯宾塞（Herbert Spencer）首次把组织的内涵扩展至社会科学领域，将组织看作组合集成的系统或社会[5-2]。

如今，组织主要包括两重意思：一是经联合而形成的有效工作集体，即对应于具有名词属性的"组织"。按古典组织理论学家詹姆斯·穆尼（James D.Mooney）的定义，组织是一种能将每类人联系起来的形式，并借此以实现共同的目标。美国管理学家切斯特·巴纳德（Chester I. Barnard）指出，组织就是一种协作系统，该系统能够协调两个及以上的人的活动力量。格罗斯（E.Gross）与埃策尼（A.W.Etzioni）则认为，组织是人类为了达到某种共同目标而特意建构的社会单元，典型的组织如企业、部队、学校、教会、监狱。这些定义尽管对组织的理解有不同的侧重点，但都强调了组织是由个体或者群体集合而成的系统。

二是将众多的人组织起来，协调其行为，以实现某个共同目标，即对应于具有动词属性的"组织"。法约尔（Henri Fayol）认为："组织就是为企业经营提供所有需要的原材料、设备、资本、人员[5-3]。"具有动词属性的组织是管理的职能之一，它服从于计划，是在组织目标确定以后，将实现目标所需的工作进行科学合理的分配，统筹协调各项工作，并均由最合适的人来负责完成。组织是一个过程，是为达到目标而创建组织、维持组织、变革组织，使组织成员发挥各自作用的过程。随着环境变化，组织结构需要不断调整，以确保自身高效运转。

5.1.1.2　从狭义和广义的角度解读

从狭义上看，组织是指不同的人为了共同的目标，互相协作，结合而成的集体。该定义侧重于由人形成的、有具体形态的集体。比如社团、企业、部队等。现今社会，人们普遍认为，组织是人们为完成一定的任务、达成预定的目标、以一定的形式集结而成的社会集团。组织不仅是组成整个社会的基本单元，而且是整个社会持续有序运转的基石。

从广义上看，组织是将很多要素按照一定方式相互联系起来的系统。现代社会就是由许许多多、各种各样的组织构成。相比而言，广义的组织包含的对象更为广泛，已经有许多专家学者们运用系统论、控制论、信息论、耗散结构论和协同论等研究方法从不同角度对组织展开研究。可见，广义的组织在某种程度上是和系统类同的概念。

5.1.1.3　不同理论学派的解读

传统组织理论学派将组织当成是达到目标的工具，看重其"工具性价值"，认为组织是为实现共同的目标而按照一定规则、程序所构成的权责结构安排或人事安排。如韦伯（Max Weber）提出的科层制组织，具有严格的规章制度和等级制度，人员按不同的等级被分配于不同的岗位、赋予不同的权力，个人在自身所处的岗位上追求利益最大化和等级提升，通过形成合力推动实现组织共同目标[5-4]。在当时的背景下，依照传统组织理论构建的组织，较之于家庭作坊式的生产单位，具有更强的生产力与竞争优势。

行为科学理论学派认为，组织中个人、目标和信息三者有机联系，它是人与人之间相互作用的系统，组织与组织之间相互协作，需对不同环境下组织中个人和团体的行为做出解释，并提出可行的管理策略。其在传统理论下"经济人"概念的基础上，提出了关注社会和心理因素的"社会人"概念；将组织分为正式组织与非正式组织，认为非正式组织对正式组织可产生积极或消极的影响；将组织的沟通问题作为重要的研究内容。

现代组织理论学派认为组织是包括结构子系统、技术子系统、心理社会子系统、目标（价值）子系统、管理子系统等在内的综合系统，它处于三大环境之中，即物理、文化、技术环境，这些环境同时决定着系统中人们的活动和相互作用方式。组织是人造的开放系统，与外部环境交换物质，并保持密切联系。只有适应环境变化，不断地进行内部调整，以均衡各种复杂角色之间关系，组织才能得以生存。

综上所述，本书将组织定义为，人们为共同目标而组成的具有柔性边界的协作体系。阐释如下：

（1）组织有共同的目标，它是组织存在的根本，能产生强大的吸引力，使组织成员能聚集在一起，共同开展活动。比如，航天工程组织的目的是完成航天发射计划，企业组织的目的是完成产品生产销售任务。

（2）组织由人组成，人是构成组织的基本要素。众多参与人通过各种形式相互联系、相互协调，把每个人的聪明才智汇集在一起，辅之以有效的管理模式，从而形成一个高效的团体，达到"众人拾柴火焰高"的效果。

（3）组织具有柔性的边界。组织是一个开放的系统，存在于一定的环境之中，其边界将组织与周边环境相区分，确定组织的活动范围，起到过滤的作用。波音787飞机制造过程中，经过多重比对，最终选择成飞民机公司作为方向舵的唯一供应商，其他竞争零部件供应商则被组织过滤。再如，苹果公司选择供应商的一个重要标准就是保密性，如有供应商违反该标准，将受到苹果公司的制裁，在苹果产品生产的组织体系中被过滤出去。

（4）组织是一个相互协作的体系。组织中存在着复杂的关系，个人与个人之间，个人与群体之间，以及群体与群体之间，需要依靠良好的制度规范和高效的领导能力，使组织成员各司其职，有机协调，确保整个组织的高效运转，达到组织目标。北京奥组委设置有13个部门，如秘书行政部、总体策划部、国际联络部等，组织内部多部门设置，相互协作、密切联系，保证了北京奥组委的运作效率。

5.1.2　工程组织

工程组织，顾名思义，是一般意义上的组织在工程领域内的延伸与发展。然而，工程组织因工程专有的属性特征而表现出与其他组织有许多不同之处。

5.1.2.1　工程组织的定义

从人类历史进程来看，每一次具有历史性意义的资源开发与利用，都会改变人们的思维、生产和生活方式，对人类的发展起到无可替代的推动作用。如火的使用，使人类脱离了茹毛饮血的时代；石器、青铜器、铁器的发现及使用带来人类农业史上质的飞跃；蒸汽机的发明使人类进入前所未有的快速发展时期；今天人类对电能、核能、风能、太阳能、信息网络的应用，让人类活动变得更加多姿多彩，取得了前所未有的现代人类文明。

从历史遗迹到现代大型项目，蕴藏在这些项目背后的主推手在哪里？是工程？是个体？事实上，人类活动归根结底为造物与用物。造物按其字面释义，即制造物品。从广义上解释，只要是通过一定的劳动，产生一种物品，即便是简单的复制或改进，也可称作造物，且此种"物"既可是具有实体形态的产品，也可是具有虚拟状态的产物（如技术、专利）。从狭义上解释，造物是充分利用各种资源，通过劳动制造出具有实体形态的物品。而人类的工程活动，通过利用人工、材料、机械等各种资源，有组织地集成和创新技术，制造出房屋、桥梁、道路、水利设施等各种实物，创造新的"人工自然"，即造物。只是工程这一造物活动，相较于以个人或集体为单位作坊式的造物活动，其分工更多、更细，拥有更多的参与者，会产生出更为多样的思想和技术，需要构建更为适宜的组织，即工程组织，来对各方的活动进行协调。本章所言的造物就是指狭义的造物。

科学技术的发展为工程管理提供了巨大的发挥空间，尤其"二战"后以军事工程为主的项目活动催生了项目管理，随着其后经济的大发展进一步使其向水利、电力、医药、化工、IT等行业渗透。同时，工程的巨型化、复杂化、多主体的特征对组织的要求也越来越高。由于工程项目具有很强的计划性、程序性和法制性等特点，对经济、社会、环境也具有较大的影响，其施工规律与一般商品的生产规律不同。这决定了工程组织需要担负整个项目体系管理与控制的任务，工程组织者为达成工程项目的既定目标，在工程技术活动中合理、有效地运用各类工程管理理论和方法，促进工程建设的顺利推进。

另外，工程管理作为集体性的社会行动，工程共同体是工程组织的另一种表现形式。任何一项工程仅有工程师群体是难以完成的，现实的工程活动需要业主、承包商、监理单位、金融机构、政府部门以及社会公众等不同类型的成员各司其职、各负其责、协同工作。因而工程共同体是集结在特定工程活动下，为实现特定工程目标而组成的分层次、多角色、分工协作、利益多元、复杂的工程活动主体系统[5-5]，是由业主、承包商、监理单位、工程师、金融机构、政府部门、社会公众和其他利益相关者等"异质"参与主体组成的复杂系统。鉴于建设工程共同体的多元复杂系统，如何构造一个能持续性改进的组织结构是迫在眉睫的。工程共同体是以共同的工程范式为基础形成的活动群体，具有一致的工程价值实现目标，使得工程组织的构建具有了天然合理性，对组织资源的配置是合理高效的。

通过以上的描述与分析，依据组织行为学对组织的定义和工程科学对组织的要求，本书将工程组织定义为：**围绕造物目标，汇集各方力量，高效地配置和利用各种有形资源与无形要素的柔性群体。**

首先，工程组织具有非常明确的造物目标。目标反映了组织努力的方向和潜在的结果。工程组织的目标包括总目标和经营性目标。总目标是工程组织存在的根本原因，是工程组织行为的最终标杆与导向。经营性目标是工程组织管理活动中要完成的主要任务，每个主要任务的具体目标是为组织的日常决策与活动提供指导，包括业绩、资源、市场、雇员发展、创新等方面的目标。我国月球探测工程分为"绕、落、回"三个阶段。"绕"阶段的主要目标是发射一颗围绕月球飞行的卫星（"嫦娥一号"），对月球开展全球性、整体性和综合性探测。"落"阶段的主要目标是实现月球表面软着陆与月球巡视探测。"回"阶段的主要目标是发射月球软着陆器，进行月球样品自动取样并安全返回地球。三个实施阶段目标即经营性目标（分阶段主要任务），实现经营性目标是实现月球探测工程总目标的基础。

其次，工程组织具有黏合作用。现代工程日益大型化、复杂化，单个主体的力量难以完成项目目标，需要汇集多个主体参与，但这绝不是简单的叠加，而是整合各方资源，协调各类工程活动，统一方向，激发凝聚力，实现"1+1>2"的效果。以我国载人航空工程为例，该工程涉及13个系统的110多家研制单位、3000多家协作配套和保障单位。为确保三步走战略目标的实现，中央政府专门组建了中国载人航天工程办公室，负责实施对航天工程的专项管理。政府设立了中国载人航天工程办公室，实施大型系统工程专项管理，充分发挥工程组织的黏合作用，统筹协调上述单位的有关工作。

再次，工程组织具有催化作用。人、财、物、信息、经验、知识等各种资源的投入是确保目标实现的前提，但是，单纯的资源投入还不够，工程组织通过整合各方资源，将资源在恰当的时间、投入到正确的活动中，使其发生"化学反应"，产生新的物化生产力。工程组织的催化作用高度依赖于现代技术，如借助三峡工程信息管理系统（TGPMS）对造物活动实时监控、反馈，保证资源投入的有效性，提升造物活动质量[5-6]。此外，据相关统计数据，三峡工程浇筑混凝土2800多万立方米，使用钢筋46万t，金属结构安装26万t等，这些造物资源依据造物计划，合理、有序地投入三峡工程建设中，保证了建设目标的顺利实现。

此外，工程组织还发挥着润滑作用。工程涉及的参与主体众多，以契约关系实现利益上的相互关联，然而各主体的要求和期望有所差异，冲突和摩擦难以避免。工程组织通过建立沟通渠道、协调人际关系、强调共同目标等方式，尽可能减少参与主体间的冲突、摩擦，提升整体工作效率，实现多方共赢。

最后，工程组织是群组织和柔性组织的结合体。工程组织包含一个个传统意义上的组织，它们有着特定的组织结构、组织规模和组织习性。为了共同的造物目标，它们聚集在一起，形成"群组织"。如苹果公司在其2012年"供应商社会责任进展报告"中，公布了156家供应商和合作伙伴，涉及14个大类[5-7]。这种群组织不仅仅是依靠权力分配、隶属关系等，来保证其中的各个小组织良性运转，还要依靠契约关系来维持各小组织间彼此的互动，使得各方参与者在进入、联合、退出等方面更为灵活与自由，从而保证工程组织这个大组织的协调运转。可见，工程组织终究是一种柔性群组织。

5.1.2.2　工程组织的形式

工程组织具有整体性，需要将诸多要素和成员按照有序的方式组合，实现最有效的连接。工程组织各构成之间的连接，既包括不同等级竖向关系的连接，也包括同一等级间横向的协作关系的连接，还包括相互间的沟通关系。这些关系相互作用形成了多元化的工程组织形式。由于工程的规模、形态、技术要求、环境、目标等各不相同，不存在适宜于所有工程的固定组织形式，而应根据工程的情况，有的放矢，采用适宜的组织形式。

工程组织具有不同的形态，但究其原因在于几种基本组织形式的演变与组合。正如人类的千差万别在于基因表达的丰富多样，但归根结底，这一多样性是由于DNA片段的不同组合所造成的。因此，本书主要讨论工程组织的如下几种基本形式，它们是各类工程组织的有效"DNA片段",共同演绎了工程组织的多姿多彩。

1. 直线制

直线制是工程组织中运用最早、结构关系最简单的组织形式。直线制组织执行垂直领导,从上到下严格按照等级划分,下属只执行一个上级的命令,没有设置专门的职能部门,一切管理活动和职能由上级负责人自己执行,如图5-1所示。

直线制组织形式的优点是:相对于其他组织形式更为简明,上下级关系以及分工清楚,能快速做出决策。缺点是:它对各层级的负责人综合能力要求很高,需要他们精通各种知识和技能,且擅长职能分工,因此在较复杂的大型项目中,其难以运用。所以,直线制的组织形式仅适用于建造规模小、生产技术简单、参与主体较少的工程,或是项目经过分解以后的某一具体的分部分项工程。

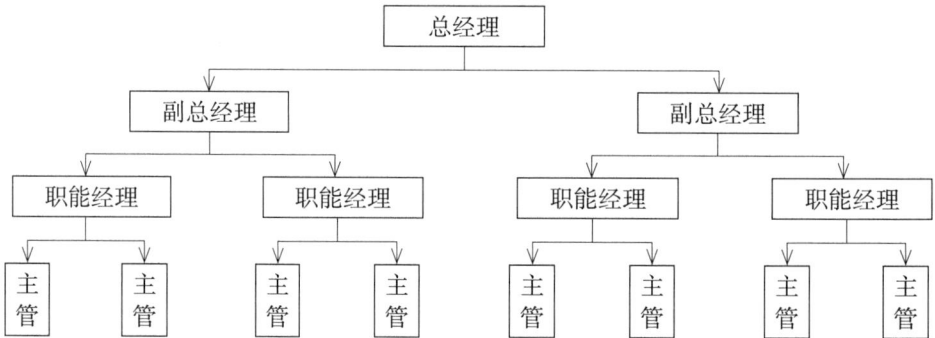

图 5-1 直线制组织结构

2. 职能制

职能制组织结构是在组织内分别设置人、财、物和产、供、销管理的职能部门,各个职能部门都可以在各自工作业务范围内向下级工作部门发出命令。职能制结构要求上级主管充分授权给相关的职能部门。在工程当中,往往是将其工作内容按相关部门的职能进行分工,如技术方面的工作由各专业技术部门负责,财务分析的工作由财务部门负责,人事管理工作由人力资源部门负责等。在组织高层管理者的领导下,各职能部门负责人形成协调层,并亲自安排落实各自部门相关人员的工作。如图5-2所示。

职能制的优点是能适应工程技术比较复杂,管理工作比较精细的工程项目;且能充分发挥职能机构的专业化作用。缺点是往往造成令出多门,不利于必要的集中领导和统一指挥,容易使下级工作无所适从,影响管理机制的正常运行。职能制形式通常在一些产品重复性较高的工业工程中使用,而难以适用在多变的项目上。

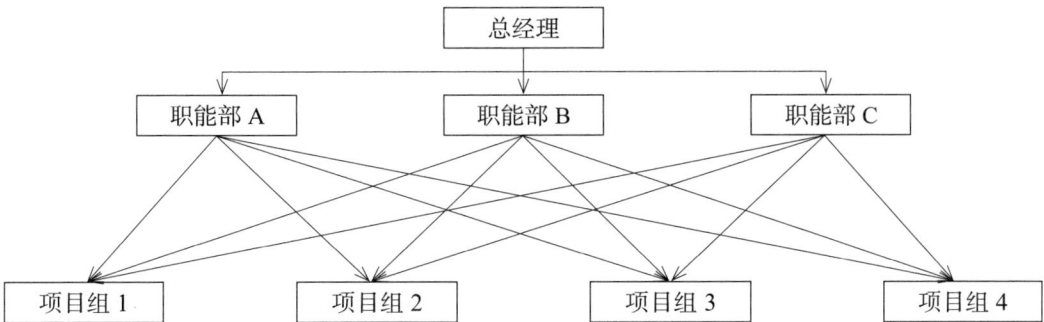

图 5-2　职能制组织结构

3．直线—职能制

直线—职能制组织兼有直线制和职能制两种组织形式的特点，如图5-3所示，这种形式的工程组织管理机构一般可分为两类，即按照统一指挥原则对各级组织行使指挥权的直线型组织机构，以及按照专业化原则行使组织的各项职能的职能式组织机构。直线型机构的管理者按照自身的职责权限行使指挥权并做相应的决策，对本部门的工作负责。职能机构则按照业务进行指导，它不直接对部门下达命令，而是辅助直线制领导做出决策，这种组织形式是上级统一领导指挥和职能部门辅助决策共同发挥管理作用的形式，下级机构既要听从上级领导的命令，又要接受同级其他职能部门的指导和监督。

直线—职能制组织形式的优点在于，同时运用了集中领导和统一指挥的原则，能

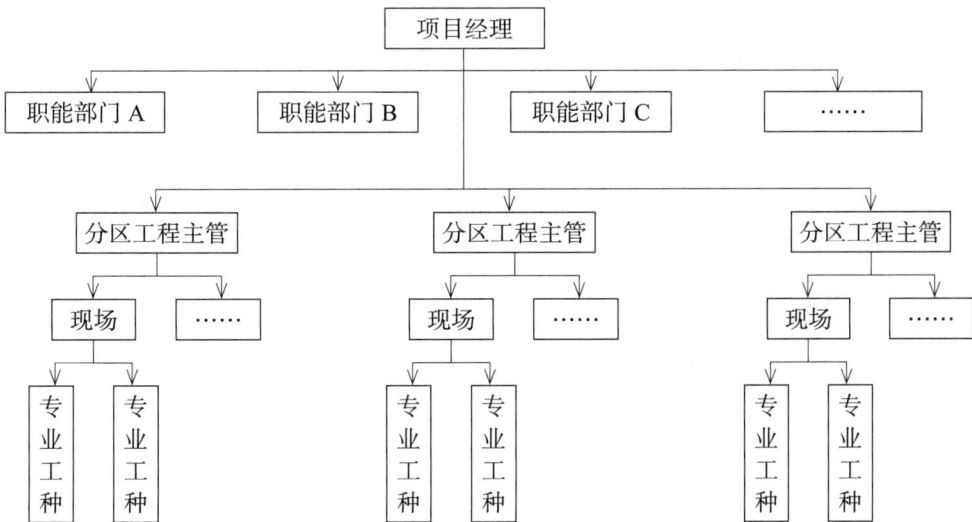

图 5-3　直线—职能制组织结构

够在统一管理下充分发挥各职能部门的专业优势。缺点是职能部门只有参谋权，必须向上层领导请示，造成工作效率低下，因此其不常用于建设工程中，而多用于制造等方面的工业工程中。

4．事业部制

事业部制最早起源于美国的通用汽车公司，是一种高度分权的管理体制，适用于规模庞大，产品种类多，顾客群体广，涉及区域大的大型企业集团、联合公司等。事业部制通常是上层总部只掌握人事决策、预算控制和监督等权限，下层部门按照工程项目所在地域、针对的客户群体特征、对产品的功能品级定位，被分为不同的事业部，单独负责相应产品的研发、设计、采购、生产、销售等。各事业部单独核算，独立经营，其具有很强的自主性，总部通过利润等指标对各事业部的绩效进行考核控制，意即每个事业部就是一个相对独立的组织，如图5-4所示。

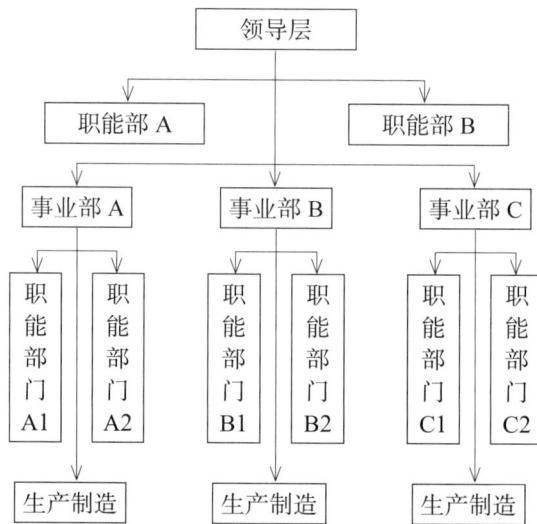

图 5-4　事业部制组织结构

事业部制的优点很多，一是能较好地适应市场变化，各事业部根据自身所处的环境选择最为适宜的生产模式；二是作为一种高度分权的组织形式，各参与方的积极性和创造性得到较好的发挥；三是由于总部权力下放，通过各事业部的业绩指标进行考核，减轻高层管理者的负担；四是各事业部间可以形成竞争，共同促进整个组织的高效运转。缺点也是明显的，表现为各事业部间可能产生恶性竞争，且对总部的管理工作要求高，否则容易发生失控。事业部制的组织形式往往用于跨区域的大型工程。

5．模拟分权制

模拟分权制是一种位于直线职能制和事业部制之间的组织结构形式。该组织形式在直线职能制的基础上，模拟事业部制的单独核算，独立经营，人为地将组织划分为多个生产单位，但这些生产单位并不是真正意义上的"事业部"，因为其受到产品类别、技术条件方面的限制，难以进行严格意义上的独立划分。例如某大型制造企业，其产品有A、B两种，按其产品类别进行生产单位的划分，但由于A产品又是B产品制造的重要材料，则两个生产单位很难作为事业部处理。面临此种情况的大型组织，便可采用模拟分权制的形式，使每个生产单位有独立的职能机构，尽可能拥有较大的自主权，并承担"模拟性"的盈利和亏损责任，以调动他们的生产积极性，提高生产效率，如图5-5所示。模拟分权制的优点是能够合理地解决企业规模过大导致的分权问题，同时能减轻高层管理人员的负担。其缺点是由于模拟分权制中生产单位并不存在独立的外部市场，难于对各生产单位的绩效情况进行考核，各生产单位间任务关联性大，难以明确各自的权责；同时各生产单位领导人之间在信息沟通方面也存在着缺陷。模拟分权制的组织形式常用于具有连续生产性的工程之中。

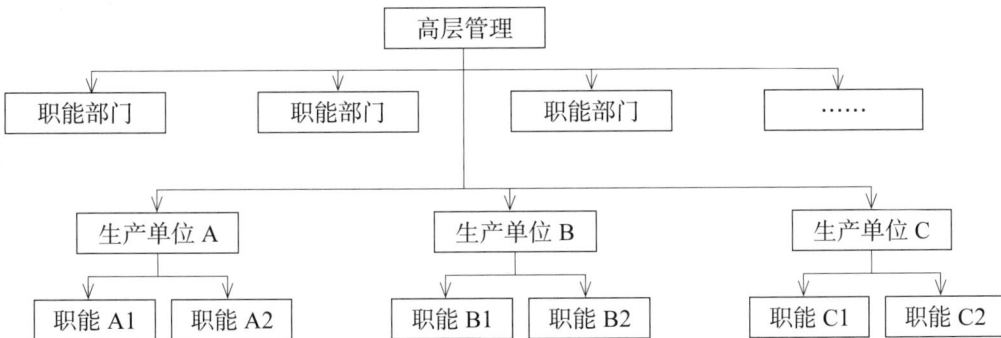

图 5-5　模拟分权制组织结构

6．矩阵制

直线职能制存在着横向沟通少、弹性小等缺点，而矩阵制则是弥补这些缺点而形成的一种组织形式。其在最高指挥者下设横向和纵向两种不同类型的部门，横向部门是职能管理部门，纵向部门则是针对某一特定任务的项目部，如图5-6所示。

矩阵制的优势在于可以为某个项目设立一个独立的跨职能部门机构，所以在新建一个项目时，可以成立专门的项目组来完成工程全寿命周期的工作，从相应职能部门抽调人员在适宜的阶段参与到和自身专业相符的工作中，在纵向和横向工作部门指令产生矛盾时，为确保任务的完成，可通过部门最高指挥者来协调。人员在这种组织结

图 5-6　矩阵制组织结构

构模式下具有流动性，可根据任务的情况机动进行调配。项目组和负责人在这种组织结构中也是临时组织和委任的，有关人员随任务完成后就解散，回各自原来的单位工作。因此，该组织形式对于横向协作和攻关项目来说非常适合。

矩阵制的优点，一是具有较强的灵活性，依项目组建，任务清楚，目的明确，能集聚不同职能部门人员的专业才智，群策群力，充分激发项目团队成员的创造力，攻克项目中的难题；二是能有效克服直线职能结构中各部门互相脱节现象的发生，使不同部门之间的配合和信息交流得到加强。最大缺点是会导致双重领导，由于参与项目的人员都来自不同职能部门，主要接受职能部门的领导，临时担当的项目负责人难以对其进行有效管理，且要承担较大的责任，造成责权不对等。项目组人员也容易产生临时观念，对工作有一定影响。总体来说，矩阵结构是工程组织中常用的组织形式，特别适用于各类重大工程、复杂工程以及需要技术攻关的项目。

5.1.2.3　工程组织的构成要素

工程组织的构成要素可以概括为四点：

1．有明确的造物目标

巴纳德（Chester I. Barnard）认为目标是每一个组织存在的必要条件，并且要保证组织的每一个目标都应被组织成员理解和接受。组织内部的相互协调、合作都是建立在一个明确的目标的基础上的，明确的目标能够给组织的活动提供依据。巴纳德的组织理论认为组织目标还应与组成成员的目标相区分，强调目标的可变性[5-8]。

工程组织以造物为中心，以明确造物目标为导向，并且该造物目标应为工程组织所理解，是阶段性、动态变化的，能综合考虑工程组织的本体和环境，从而凝聚各时期、各阶段所有力量（如资源、技术、信息等）。没有造物目标就不能称其为一个工程组织。有了相应的造物目标后，工程组织方就能确定方向，发挥粘合剂的作用，调动各方资源，汇集各方力量，形成具有造物能力的工作群体。对于大型造物活动，造物目标一般通过分解方式，以分阶段、有序的方式逐步实现。如中国载人航天工程"三步走"战略（包括实现天地往返、建立空间实验室和建立空间站等），逐步推进我国载人航天工程的发展。

2．拥有资源

资源主要包括五大类：人、财、物、信息、知识。

工程组织最大的资源就是人，是工程组织的基本构成要素之一，并且是工程组织造物能力的源泉。例如在普通的工程项目中，普遍存在着技术人员、管理人员、后勤保障人员等，他们各司其职、通力协作，共同服务于造物活动，保障造物活动的顺利开展。

财主要是指资金。离开了资金的支持，工程组织就不能实现发展，就是因为有了资金的支持，各类工程组织活动才能有序开展，特别是现代工程有着大型化、复杂化等特点，从而造成组织对于资金的需求增加。造物活动开展前，需要畅通资金的获取途径，降低融资成本，防范资金潜在的风险。造物活动开展中，要重视资金计划安排，及时、充足地满足造物要求。

物主要指成品、半成品、原材料及设备等。"兵马未动、粮草先行"。于工程组织而言，拥有诸如材料、机械等物质方面的资源，方能发挥其自身的"催化剂"作用，遵循造物计划，适时合理配置、投入各项资源，产生高效的生产力，满足工程组织发展的特定需求和完成造物目的。

信息资源主要指消息（如产业发展文件）、指令、数据（如物价水平）及符号等。现代工程参与方众多，相互间关系繁杂，加之工程的复杂化、大型化，会产生相当大的信息量，工程组织需要有效利用这一资源，保持造物能力，发挥"润滑剂"的作用，维持各方良好的协作关系。比如，工程组织要适时跟踪各类生产材料的价格、供求水平等市场信息，"货比三家"，这对造价目标控制很有帮助。

知识包括隐性知识（如经验、诀窍）和显性知识（如规范、行业标准）。工程组织在造物过程中体现的高效性，相当程度上得益于组织成员的群策群力。每位组织成员的背景、技术、经验，都是一种知识，是造物过程中解决各种难题的重要法宝。工程组织业务流程本身就是知识再造的过程。重视知识管理理念在组织内部的渗入，如知识的获取、共享、创新与应用等，提升造物活动成果的知识比重。

3．保持一定的契约关系

以韦伯、法约尔为代表的古典组织理论强调组织内部的权利关系，正式组织内部权利关系的变换会引起组织结构的变化，进而影响组织目标的实现。行为科学理论在古典组织理论的基础上融入了对人的关注，强调组织不仅是一个经济系统还是一个社会系统，应考虑人的社会和心理方面的需求。组织应超越权责系统，考虑组织的人际关系，注重成员之间的交流及其产生的影响力。现代组织理论在前者的基础上考虑了环境变化，西蒙（Herbert A.Simon）认为社会职能的重要性在逐渐增大，等级地位的重要性则逐渐减少[5-9]。德鲁克（Peter F．Drucker）认为信息技术将不断改变组织的工作和组织结构[5-10]。即组织要考虑内外部关系，这是建立契约的基础。

契约是双方缔约的文书、条款等，以实现买卖、租赁等为目的。《说文解字》解释道，"契，大约也"。契约的分类方式相对较多，如单务契约和双务契约、要物契约和诺成契约、有名契约和无名契约等。科斯（Ronald H. Coase）在《企业的性质》中明确提出契约理论，认为企业和市场是两种可相互代替的协调生产的手段，市场通过契约完成交易，而企业组织则是通过内部权威完成交易[5-11]。

工程组织作为一群组织，组织内部的权利和责任有着明显的划分，因此各项任务有着特定的执行者，而且权责利对等，同时，组织的管理幅度合适、组织层次清晰、组织机构设置合理。此外，在各组织间还有明确的契约关系，从而规定各参与方的权利与义务，保障各方的联系沟通，维持各方的良性互动，保持工程组织这一群组织的规范性和柔性，以形成有序、有逻辑、有效率的协作体系。造物活动的顺利开展离不开大大小小的多方参与者，而参与者的责任、权利等的规定高度依赖于以合同为基础的契约纽带。比如，一架波音飞机的零部件来自全球的5000家左右的供应商，而对如此多供应商进行合理、有效管理的基础便是契约关系。

4．要素的组成结构

无论是自然界还是社会领域，事物的结构一定程度上决定了其功能。自然界中同元素但不同组成构架的两种物质互为同素异形体，如金刚石与石墨就是其典型代表（图5-7）。石墨为碳质元素结晶矿物，六边形层状结构，网层间的距离大，是最软的物质之一；金刚石为正八面体，无色透明，却是自然界中最坚硬的物质。究其原因，在金刚石晶体内部，每一个碳原子之间都紧密结合、相互支持，形成一种致密的三维结构。也正是因为这种致密的结构，才使得金刚石具有最大的硬度。

金刚石的碳原子排列　　　　　石墨的碳原子排列

碳原子

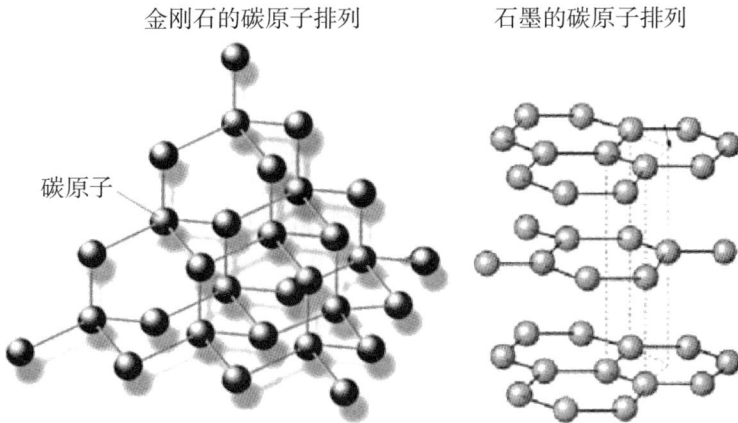

图 5-7　金刚石与石墨原子构成图

在工程组织中同样存在类似现象。前面所提到工程组织的构成要素包括人、财、物、信息、知识等。这些要素组成结构也是工程组织的一个重要方面，要素的组成结构决定了工程组织功能。拥有同样的资源的工程组织，如果内部的组成结构不同，其组织的功能与效率可能是天壤之别。如果工程组织内部的各个元素能够为了同一目标，相互保持紧密的联系，工作中相互支持并依赖，对外保持整体性。毋庸置疑，这样紧密、相互支持的组织团队就会如金刚石一般，迅速发展并逐渐强大的，成为最"硬"的"钻石组织"。而若工程组织内部各个元素间不能紧密联系，相互衔接处松散无力，没有一个共同的目标导向，势必会如石墨般"疲软"。工程组织内部要素的构成及其组织结构的构建，对组织外部的功能起到了决定性的作用，就像金刚石与石墨一样。

5.1.2.4　工程组织的特性

组织的构成要素对组织的特性有着重要的影响，工程组织的构成要素也反映了它的特性。工程组织除具有一般组织的目的性、整体性、开放性特性之外，还有着阶段性、动态性和虚拟性等独到之处。

1. 目的性

工程组织因工程任务而产生，具有非常明确的目标导向性。如我国载人航天工程的最终目标是建造永久的空间站，南水北调工程的总体目标是改善和恢复北方缺水区的生态环境等。可以说，工程项目由于干系人多，利益诉求多，是目标多元化下的矛盾统一体。

2．整体性

纵观历史，人类对整体性的认识，经历了漫长的时间，古代的许多哲学家们对整体性都有着自己独特的见解。在中国古代，朴素的整体观念强调的是整体、和谐和协调，出自《淮南子·精神》中的"夫天地运而相通，万物总而为一"便是有力的佐证[5-12]。许多古希腊的哲学家也探讨过事物的整体性。黑格尔（G. W. F. Hegel）的辩证整体观认为从自然界到精神世界，都是多方面联系着的整体；亚里士多德（Aristotle）提出整体大于部分之和的命题。

工程组织的整体性包括两层涵义。首先，工程组织是由造物目标、资源及其相应的关系等若干要素组成的，各要素和组织不可分割。在造物活动需要时，按照事先确定的计划，合理、有序地投入造物活动中去。如航空航天工程，不仅仅需要多专业人才，还需要资金、技术、材料等要素的支持，各要素缺一不可；其次，工程组织并不是简单拼合各构成要素，而是要素的有机聚拢，其整体功能也不能通过各要素功能的简单相加得到，工程组织的催化效应，使得组织整体具有不同于各构成要素的新的功能和属性。

3．开放性

冯·贝塔朗菲（Ludwig Von Bertalanffy）在《一般系统论：基础、发展和应用》一书中最早提出了："生命系统本质上是开放系统，开放系统被定义为与环境交换物质的系统"[5-13]。工程组织也是一个开放系统，它与外部环境不断地相互影响、相互关联，对物质、能量、信息等要素进行选择、交换和转换，为造物活动所用，其整体性也因此而表现出来。

工程组织的发展离不开这种开放性，而且对外开放也是组织能够稳定存在的先决条件。如在高铁建设过程中，需要不断从外部环境中获取铝合金等轻量化材料、纤维增强环氧树脂等复合材料，用于制造高铁动车车体；获取优质碳素钢、低合金低碳高强度钢、高分子复合材料等，用于制造转向架；获取聚氨酯、碳纤维复合材料、硅橡胶、三元乙丙胶等高分子材料，用于建造无砟轨道系统等。正是由于与外部环境的开放互动，使得高铁建设的工程组织能够不断地获取各类生产要素，供造物活动选用。

4．阶段性

工程组织生命周期是指组织从诞生到死亡的时间过程，这是一个自然过程。达夫特（Richard L. Daft）在《组织理论与设计》一书中将企业组织的生命周期划分为创业、集体化、规范化和精细化四个阶段[5-14]。成长不易，组织每次进入生命周期的一个新阶段，都会伴随一套相对应的新的规章产生。但工程组织作为柔性的群组织，大多具有较强的临时性，其在生命周期内工作重点更多的与工程属性相关，与一般的企业组织等尚有所差异。在工程前期（决策期），工程组织的创业阶段，主要以决策、计划等职能为主；在工程中期（实施期），工程组织的集体化阶段，则以控制、组织、领导与管理等职能为重点；在工程后期（使用期），工程组织的规范化阶段，则以保障交付以及持续运营为主；而一般组织的精细化阶段，对于工程组织而言，则处于旧项目结束而新项目开始的时期，旧有的组织关系行将解散，新的组织有待形成。处于不同阶段的工程组织，其对应的工作性质、范围和目标不同，因此，工程组织的管理者要根据组织所处不同阶段的特点，运用正确的管理方式来提高组织的运行效率。

5．动态性

马克思（Karl Heinrich Marx）的辩证唯物主义认为物质是运动的，运动是绝对的。系统论里强调动态性是系统的基本特征。工程组织的动态性体现在三个方面：首先，工程组织可时刻保持与工程组织所处环境的物质、能力等选择和交换；其次，造物活动具有生命周期，工程组织的产生、发展、消亡整个生命周期是动态变化的；再次，在工程生命周期的不同阶段，工程组织会采取适时的运作方式和工程实施计划来维持适度的生产力，以适应不同阶段造物活动的特征。

6．虚拟性

虚拟组织是工业经济时代全球化协作生产的延续，是信息时代的企业组织新生事物。具体而言，组织借助信息技术手段，突破空间限制，在一定时间内结成的动态联盟，实现资源、信息等在造物上的集聚。对工程组织来说，随着信息技术发展、竞争加剧和经济全球化，由传统的组织形态发展到虚拟组织是必然的。虚拟组织可以帮助组织共享核心资源，从而获得战略优势。可以预见，随着科技发展和全球化加剧，专业化程度的提高，组织之间相互协作力度增大，工程组织将更多地转向虚拟化。如空中客车公司A320飞机制造过程涉及的很多零部件都来自欧洲本土之外，中国的哈飞航空工业有限公司为其提供碳纤维增强复合材料机体结构件等。无疑，虚拟组织在此中起到至关重要的角色。

5.1.2.5　工程组织的任务

时至今日，经济学家米尔顿·弗里德曼（Milton Friedman）的古老公理，"商道之道乃商也"已经不能完全被人们所接受了。社会和人民对工程建设有了更高的要求，强调它不仅要实现自身商业价值，同时要承担一定的社会责任，工程项目管理研究的重点已从传统的"效率"延伸到了"社会"。因此，从满足社会与公共需求出发，工程组织的任务已发生质的提升，由此反映了工程活动的特殊价值。同时，工程活动的跨领域特性以及利益主体多元化的现实决定了工程包含多重社会价值。

现代工程活动作为市场经济活动的一部分，参与其中的工程共同体成员自然都是"经济人"，其追求个人利益最大化，而不考虑社会利益，使得各类工程造成的环境与社会损失转嫁给他人及未来的人类，产生负的外部性，直接影响到工程的社会价值。在这种情况下，需要工程共同体成员充分意识到，他们兼具"经济人"与"社会人"两种身份，不能只注重个人利益而忽视环境效益，要正确树立保护环境的理念，以实现工程社会价值最大化。

工程组织作为共同体成员各方博弈的"平衡阀"，需要做到兼顾组织内部得益和社会外部效益。一方面，从本体论意义上看，工程活动具有多维度性，它涵盖政治、经济、社会、文化等各种因素，是一项综合性实践活动，工程项目需要各利益相关者之间积极协作、相互配合。那么组织成员必然要能够在建设活动中获取相应的利益。另一方面，工程活动作为一种社会性存在，涵盖工程项目决策立项、可行性研究、工程设计、工程施工等一系列环节，都会涉及社会因素，因此任何工程项目都是存在于一定的社会结构和社会关系之中，并受一定时间和空间的限制和制约，因此分析工程活动时不能忽视工程项目的社会价值评价，尤其是对工程项目的社会风险和有可能产生的各种社会影响进行系统分析。

5.1.3 工程组织的内核：工程共同体

如果将工程组织看成人、财、物、知识等构成的系统，那么工程各参与主体的集合构成了工程组织的内核，这个集合即为工程共同体。

5.1.3.1 工程共同体的构成要素与组织形式

"工程共同体"在工程组织理论的相关研究占据了一个重要的位置，这是因为工程活动作为人类最切近的生存方式，在其适应自然、利用自然的过程中，需要结成一定的关系，进行有目的、有组织的社会行动[5-15]。

1．共同体

共同体（Community，也被翻译为"社区"和"社群"等）的概念由亚里士多德（Aristotle）首次提出来。其在《政治学》一文的第一句话便是"我们看到，所有城邦都是某种共同体，所有共同体都是为着某种善而建立的"[5-16]。亚里士多德认为最先形成的共同体是家庭，然后到村落，再到城邦共同体（家庭→村落→城邦）。1887

年，德国社会学家腾尼斯（Ferdinand Tönnies）在《共同体与社会》中指出，人类发展史中共同体要早于社会，但是人们对共同体的认识要明显晚于社会。共同体大部分是以亲情、友情和伦理和谐为纽带而自然生长的，其基本形式主要有亲属（血缘共同体）、邻里（地缘共同体）和友谊（精神共同体）[5-17]。1917年，英国社会学家麦基弗（R.M.MacIver）在《社群：一种社会学研究》中对社会（Society）、社区（共同体，Community）和社团（Association）三者的内涵进行区分，进一步拓展了对共同体的认识。虽然学者们对共同体定义不同，但"共同体是为了特定目的而聚合在一起生活的群体、组织或团队"这一概念得到了社会学家普遍认同[5-18]。20世纪80年代以来，西方的学术界，"社群主义"（Communitarianism）成为社会学和管理学领域的一种重要研究内容。在社群主义中，"社群"或"共同体"包括两个方面，一是国家这种"大共同体"，二是教会、协会、职业社团、阶级、种族等"中间性共同体"[5-19]。21世纪以来，随着网络信息技术的发展，不受时空限制下基于网络平台的各类论坛、虚拟社区和实践共同体（Communities of Practice，CoPs）成为众多学者关注的研究热点。例如，在知识管理领域，实践共同体作为一种有效促进知识扩散的组织形式，被认为是知识共享和创新的最有效的工具之一。实践共同体的特点是打破传统组织部门界限，将对某一特定知识领域感兴趣的人聚集起来形成一个非正式团体，为员工提供非正式的交流平台，从而将员工的个人知识转化为组织的知识[5-20]。

2．工程共同体及其构成要素

人类的发展过程是依靠自然、认识自然、适应自然和合理、适度利用自然的过程，工程活动架起了科学发现、技术发明与产业发展之间的桥梁[5-21]。工程活动是有目的、有组织的集体性社会行动，工程共同体则是工程活动的基本组织形式。长期以来，对工程共同体的认识存在误区，认为工程就是工程师的活动，因而工程共同体就是工程师群体。然而，任何一项工程仅有工程师群体是难以完成的，现实的工程活动需要业主、承包商、监理单位、金融机构、政府部门以及社会公众等成员各司其职、各负其责、相互协作。因而工程共同体是集结在特定工程活动下，为完成预定的工程目标，形成的层次分级、角色多样、分工明确、相互协作、利益多元、内容复杂的工程活动主体系统[5-22]，是由业主、承包商、监理单位、工程师、金融机构、政府部门、社会公众和其他利益相关者等"异质"参与主体组成的复杂系统。

（1）业主。工程建设过程中，投资者（政府投资、企业投资、个人投资等）成立专门组织或委派专人以业主的身份负责工程的管理工作。业主是工程的所有者。在工程实施过程中，业主可以细分为资金筹措者、全过程的管理者与控制者（投资控制、进度控制、质量控制和安全控制等）。

（2）承包商。指有一定的经济基础和建设、生产、运营的能力以及拥有技术、管理人员团队，并且持有能够承担相应业务的营业许可证，能够满足业主要求的承担工程的具体实施的企业。

（3）监理单位。指向业主单位提供包括建设工程进度、投资、质量控制以及合同管理、安全管理、组织协调等专业化服务活动的机构。工程监理是一种有偿的工程咨询服务。

（4）工程师。工程师在工程共同体中具有特殊的地位，扮演着多重角色。首先，工程师拥有专业的技术知识和实践经验，是工程共同体中的"技术权威"；其次，为实现工程的预期目标，工程师需要协助工程管理者，制定有效的工程实施标准和技术管理制度；再次，由于工程活动的不确定性，工程师需要在工程实施过程中，根据具体的环境与条件在不同方案中选择最佳的方案并付诸实施。工程师贯穿于工程活动始终，并有机融合劳动、技术、管理等生产要素于一身。

（5）金融机构。现代大型工程资金需求大，需要金融机构提供支持，具体包括：作为贷款者为工程建设提供资金，作为工程担保的担保人为工程提供信用支持等。

（6）政府部门。按照国家规定的与建设工程相关的法律、法规，从国民利益的角度出发对整个工程项目进行审查、督导、管理和控制等。

（7）社会公众。指工程项目的建设施工以及运营所影响到的包括居民、社区组织、用户等在内的公众群体。

（8）其他利益相关者。其他利益相关者是指除上述七类主体之外工程活动的其他参与主体。例如：与工程相关的非政府组织（NGO）、非营利组织（NPO）和新闻媒体等。

3. 工程共同体的组织形式

根据组织形式不同，工程共同体可以分为"工程活动共同体"和"工程职业共同体"。前者比后者更为基本，没有工程活动共同体，就没有工程职业共同体。从这个意义上说，相对于工程活动共同体，工程职业共同体是派生的亚共同体。同时这种作为次生的亚共同体有其存在的必要性，它服务于工程活动共同体，保障工程职业共同体成员的权益，使得工程共同体的行业规范得以成立，成员的业务素质得到提高，行业认同感得到增强。两种不同组织形式工程共同体的系统比较见表5-1。

两类不同组织形式的工程共同体的区别　　　　　　　表5-1

工程共同体类型	主要表现形式	共同目标	承担任务	成员特性	利益维系	持续时间
工程职业共同体	"工程师协会"、"工会"、"雇主协会"等	成员具有基本一致的共同目标	不承担具体的工程项目	成员同质性	主要维护各职业群体的合法利益	持续时间很长
工程活动共同体	"企业"、"公司"或"项目部"等形式	成员具有各自的目标	承担具体的工程项目	成员异质性	兼顾、协调不同群体的利益	持续时间较短，随着工程项目的结束而解体

5.1.3.2　工程共同体的维系机制

理论阐释工程共同体各组成要素之间关系及其作用机理，需要重点分析不同职业的、"异质"的个体"可以联合"和"必须联合"成为"工程活动共同体"才能进行工程活动的原因，也即工程共同体成立的必要性和可行性（图5-8）。

（1）共同目标是工程共同体生成的前提。工程共同体是由众多"异质成员"组成的分工协作系统，而实质性的协作是在个体追求共同目标中产生的。因此，工程共同体的产生首先要有共同的目标。这种目标可能是共同体成员间的"共同的短期目标"或是"长远的共同目标"，甚至是共同的价值观。

（2）身份认同是工程共同体生成的基础。从认知和心理方面看，个人和社会对工程活动共同体的"内部认同"和"外部认同"是工程共同体存在的基础。异质性个体构成了工程共同体，假如个体没有对此形成基本的认同感，那么该共同体就无法形成和存在，这是个体对工程共同体的"内部认同"。此外，共同体作为社会大系统的一部分，如果没有"社会"的"外部认同"（具体表现为"法律"、"社会习惯"、"其他社会团体"），工程共同体也无法在社会中立足。

（3）各类维系纽带是工程共同体运行的保证。为保

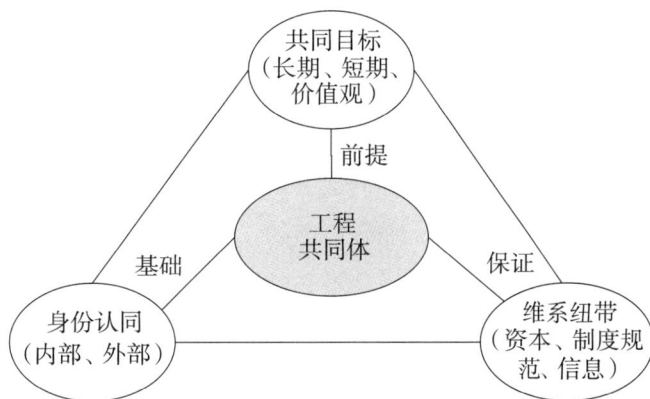

图 5-8　工程共同体的形成机理

障工程共同体健康有序运行，必须从资本投入与利益分享、制度规范、信息沟通和知识共享等方面，构建维系工程活动共同体运转的纽带，否则工程活动共同体可能面临"解体"。具体而言涵盖3个方面[5-23]：①资本纽带，资本不仅指货币资本（金融资本），还包括物质资本（特别是指机器设备和其他生产资料）、人力资本和社会资本等，与此相关则是资本投入者的利益诉求，具体包括经济利益和其他方面利益的获得和分配等。②制度纽带，包括工程共同体内部的分工合作关系、各种制度安排、管理方式、岗位设置、行为习惯、交往关系等。③信息纽带，包括为进行工程建设和保持工程正常运行所必需的各种专业知识和技能，工程师可以将相关知识信息通过操作规程、操作细节等以技术规范的形式传授给工人（显性知识共享），同时工程活动中通过"师徒传授"的模式，熟练工（师傅）可以通过言传身教的方式将自己的操作经验传授给新员工（隐性知识共享），进而提高员工的操作技能，提升工程质量。

5.1.3.3 工程共同体各主体要素之间的关系

工程共同体各参与主体是具有认知能力的行动者，根据各自的角色定位不同有着各自的利益诉求，各参与主体根据自身的利益诉求在规章制度的约束下通过工程活动得以实现，由此产生工程共同体各参与主体间的社会互动关系。

在这一互动关系中，投资者（政府、企业、个人等）成立专门组织或委派专人以业主的身份开展资金的筹措、全过程的管控等工作。业主通过招投标等方式选定承包商进行工程的建设，而承包商也会受到业主委派的监理单位的监督。在项目的实施过程中，由于资金的持续投入，无论投资者或承包商，还需与金融机构建立相应的融资关系。与此同时，政府部门会按照国家相关规定、考虑公众利益对工程项目进行行政监督。而工程师作为受雇于工程活动共同体的技术、咨询、管理等方面的专家，负责工程的设计、技术咨询、技术指导及管理方面的工作。受工程施工及运营影响的居民、社区组织、用户等社会公众，是对工程的实施过程、产出与社会影响进行全程监督的关键主体之一，他们也会以项目的论证会、听证会等途径参与到工程的立项决策工作中。除此之外，非政府组织、非营利组织、新闻媒体等利益相关者也是开展工程全程监督的重要构成，能够与政府部门间构建起有效的反馈渠道。工程共同体各主体要素间的关系见图5-9。

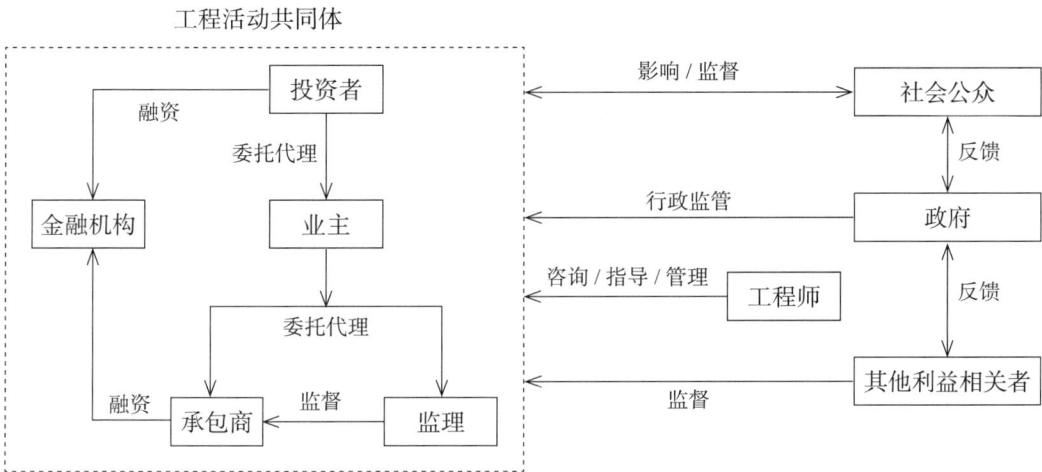

图 5-9 工程共同体各参与主体的互动关系

5.1.3.4 工程活动共同体生命周期内的互动关系

工程活动共同体产生于人类有目的性地利用自然过程中。如果将工程活动比喻为戏剧，工程活动共同体在工程活动中则构成了该出戏剧的"演员"，其出场也必然依照剧情的变化，遵循相应的顺序。而工程活动共同体的生命周期大致可以划分为四个阶段：工程前期准备阶段、工程建设准备阶段、建设施工阶段、竣工验收阶段[5-24]。

工程前期准备阶段。由于工程活动是人类有目的性的社会活动过程，因此工程活动首先需要在"可能世界"中选择一个合适的工程活动目标，那么首先提出工程活动目标的人就是该项工程的倡议者。例如，毛泽东主席在1952年10月就提出"南水北调"的伟大构想，英法海底隧道工程的建设在19世纪初被法国工程师Albrt率先提出。提出工程目标之后，政府部门、投资者、咨询机构以及社会公众等需要对工程的科学性、可行性等进行评估与论证。例如，在"南水北调"工程中，国家有关部门、省市和单位做了大量规划、勘测、设计和论证工作，参与规划与研究工作人员涉及经济、社会、环境、农业、水利等众多学科。规划编制过程中，召开近百次专家咨询会、座谈会和审查会，与会专家近6000人次，其中有中国科学院和中国工程院院士110多人次[5-25]。

工程建设准备阶段。企业或项目部是现代社会中最常见的一类工程活动共同体组织形式，对于特定工程活动共同体的生命历程而言，工程项目部正式设立意味着工程活动共同体的"正式诞生"。例如在"南水北调"从开工之时起，即成立了先后由温家宝、李克强作为建委会主任的南水北调工程建设委员会，还设立了对该工程进行行政管理的建设委员会办公室。同时为了保证工程的顺利开展，需要以项目法人为主导，由对合同的管控来协调承包商、监理、咨询、设计等单位之间的关系。

建设施工阶段。工程建设活动的"全过程"包括"决策、设计、实施、安装、工程运行、工程废弃等"一些基本阶段。在工程施工活动的不同阶段，为完成相应的任务，工程承包商、供应商、设计单位、监理和社会公众等工程活动共同体的成员之间进行各种交互。注重工程施工过程控制，及时解决各种技术难题，特别关注工程的质量。例如，南水北调工程中，参建单位以对国家、对人民、对历史高度负责的态度，全面加强工程质量管理，在全国率先制定关于国家重点工程项目领域的质量责任终身制实施细则，并在其中对工程建设期的留存资料给出了规定，做出了"警示当前，有利长远"的作用。

竣工验收阶段。工程完工后，政府部门和业主等组织对工程的竣工验收，同时业主与承包商、供应商、设计单位等结算工程款等。另外，工程完成和工期结束也就意味着特定工程活动共同体的解体。例如，"南水北调"工程东、中线一期工程分别于2013年、2014年通水，通水后南水北调工程建设委员会与承包商、勘测设计、监理、施工、咨询等参建主体间就东、中线一期建设的关系即告解除，亦即相应的工程共同体解体。

对于一个建设工程，工程共同体在其生命周期内各主体间的交互关系，如图5-10所示。

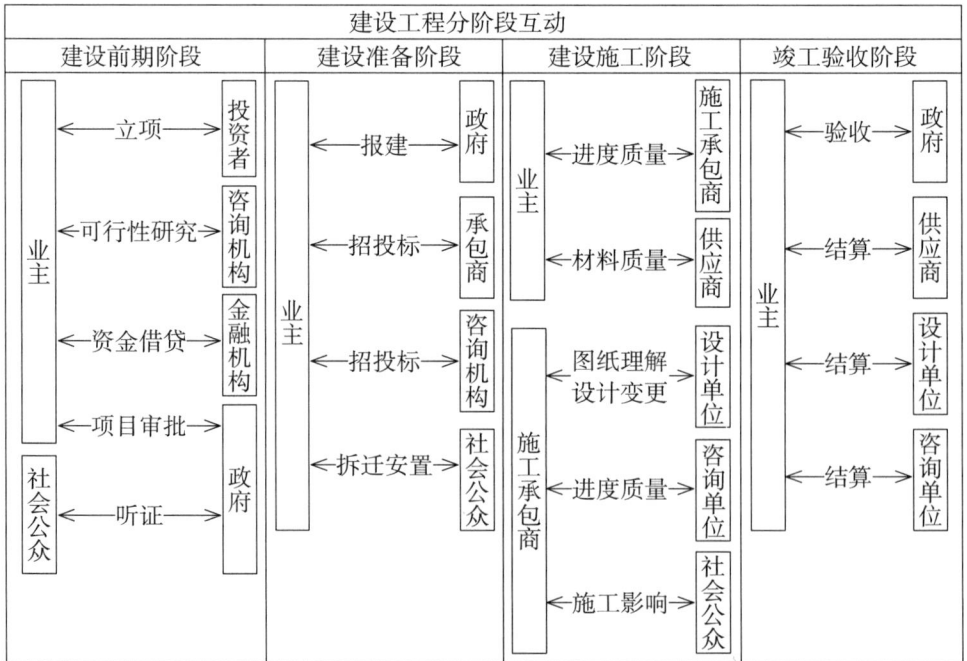

图 5-10　工程共同体生命周期内各主体间的关系

5.1.4　工程组织与工程管理

项目管理的母科学是组织论[5-26]，美国项目管理协会PMI最新版的《项目管理知识体系指南》将"领导力与组织"放在项目管理所有职能之首，这充分反映了工程组织在工程管理中的地位。组织有名词和动词双重性质，从名词角度看，工程组织既是工程管理的主体，也是工程管理的管理对象；从动词角度看，工程组织是工程管理的一项核心职能，它在工程的实施过程中发挥了相当重要的作用。

5.1.4.1　工程组织是工程管理的主体与管理对象

工程组织是围绕造物目标，汇集各方力量，高效地配置和利用各种有形资源与无形要素的柔性群体。工程组织既是工程管理的主体，又是工程管理的管理对象即客体。一方面，各利益相关者按照规则组成工程组织，作为工程管理的主体进行工程管理活动。工程全寿命周期中涉及业主、设计单位、勘察单位、承包商、监理单位、工程师、金融机构、政府部门、社会公众及其他利益相关者。各利益相关者按照一定的契约关系对工程系统中的人、财、物、信息、知识进行管理，确保工程顺利进行。另一方面，工程组织又是工程管理的客体。工程管理的主要目标就是管理工程组织各主体要素之间的关系，使工程组织各方平衡，做到兼顾组织内部得益和社会外部效益。

作为工程管理的主体和客体，工程组织决定工程管理的成败。只有理解工程组织在工程管理中的双重角色，并充分运用其双重性才能顺利完成工程项目。例如，三峡工程是一项世界特大工程，其建设的成功与否将对沿江各省市的直接和间接利益产生深远影响，并极大地改变全国的政治、经济和社会生活。在国人热切关注下，三峡工程组织用15年时间艰辛而有效地完成了百万移民和坝库基本工程，实现了防洪、发电、航运三大功能[5-27]。如何进行工程组织构建，以实现三大功能目标，是长江三峡工程项目初期亟需考虑的问题。

长江三峡工程中，首要的目标是缓解长江中下游地区的洪水灾害，通过水库的调节来蓄滞洪水，减少下泄的洪峰流量，以减轻荆江大堤的防洪压力，提高荆江河段和下游河段的防洪能力，这是最重要的社会效益。其次是利用丰富的长江水能资源产生巨大的电力，从而偿还巨额投资，这是长江三峡工程最直接的经济效益。与此同时，水库的建成在根本上改善了川江航道，将对中国西部地区的开发发挥显著的作用。在进行工程组织时，以三峡工程三大功能目标为导向，构建多级工程组织。其中，以国务院三峡工程建设委员会为中心，下辖国务院三峡工程建设委员会办公室、国务院三峡工程建设委员会移民开发局、国务院三峡工程建设委员会监察局及中国长江三峡工程开发总公司形成一级工程组织。其中委员会办公室、移民开发局、监察局及中国长江三峡工程开发总公司根据各自职能目标构建二级工程组织。例如，中国长江三峡工程开发总公司采用矩阵式组织结构，下辖工程建设部、物资设备部、财务部及机关各部门，其中，工程建设部由各项目部和各支持系统组成。如图5-11和图5-12所示[5-28]。

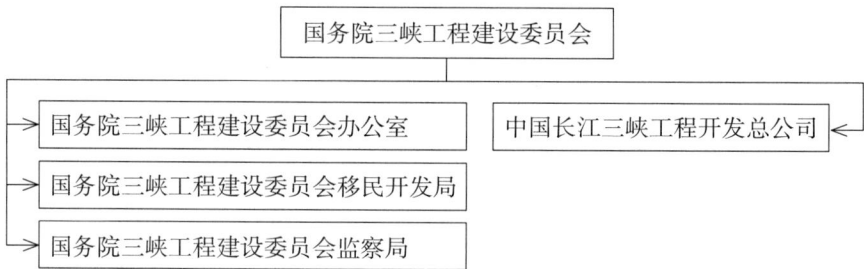

图 5-11　三峡工程一级工程组织图
图片来源：陆佑楣.三峡工程建设项目管理的实践［J］.中国三峡建设，2002（1）：3-4+51

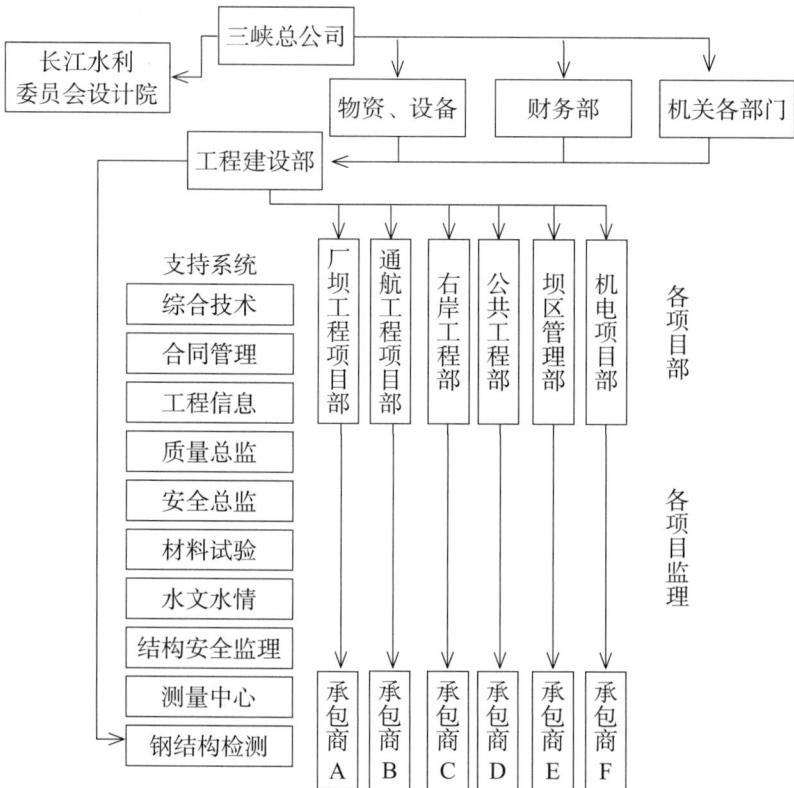

图 5-12　三峡工程二级工程组织图
图片来源：陆佑楣.三峡工程建设项目管理的实践［J］.中国三峡建设，2002（1）：3-4+51

5.1.4.2　工程组织是工程管理的一项重要职能

组织除了名词之外，还具有动词的内涵。管理学家法约尔曾对管理活动提出了计划、组织、指挥、协调和控制等五大核心要素，其中组织是一项重要的管理职能，这里主要指的是组织行为或活动，即通过一定权力和影响力，为达到一定目标，对所需资源进行合理配置，处理人和人、人和事、人和物关系的行为或活动。

而在工程领域，工程项目产品的施工过程具有复杂性，因此更需要发挥组织的职能作用，从施工的全局出发，根据现场具体的条件，以最优的方式解决施工组织的问题，具体而言，需要对人员、机械、材料、工艺、环境、工期以及资金等做出全面、科学的规划和部署，从而达到质量、进度、投资、安全的预期目标，并高效优质地完成施工任务，实际操作中往往通过施工组织设计及具体管理活动来完成该项任务。

对于规模越大的工程项目，施工组织设计及管理活动的重要性往往体现得更为突出，其科学合理与否通常能奠定整个项目成功的基础。例如，众所周知的青藏铁路，在施工过程中遇到了高原气候、技术复杂、舆论压力等多项难题，如何在保证高原生态环境不能破坏、参建人员的人身安全以及经得起社会各界评价的基础上，如期建设一条世界一流的高质量铁路，无疑是一项十分艰巨的任务。

因此青藏铁路的施工组织上，一方面在组织方案的设计源头引入系统化统筹考虑的思想，将整个青藏铁路建设作为一个系统工程，并按照系统优化、整体合理的要求来进行整个工程的施工组织设计，在充分尊重科学的基础上，很大程度地满足了工期、质量、投资三大目标的要求。另一方面，青藏铁路在具体的操作过程中，更是落实到六个关键要素以保证组织方案的有效实施（图5-13）。

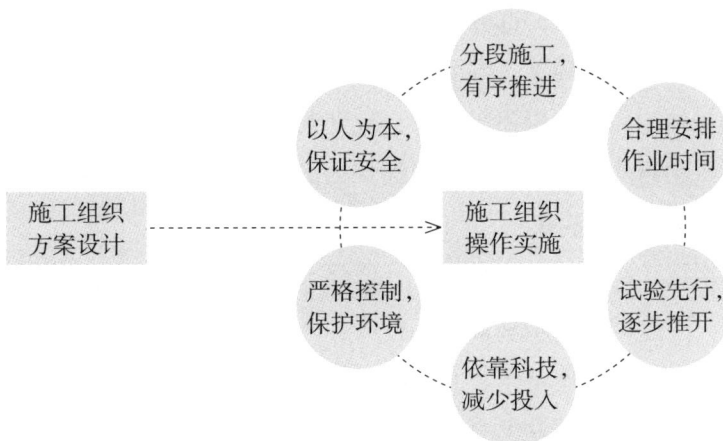

图 5-13　青藏铁路施工组织管理思路

1．分段施工，有序推进

整个青藏铁路建设工程分为三段，即格尔木至昆仑山段、昆仑山至唐古拉山段、唐古拉山至拉萨段。不同地段错开时间施工，如格昆段设定在2001年最先进行施工，昆唐段主要安排在2002年和2003年进行施工，唐拉段则主要安排在2003年和2004年展开施工。这样能够避免施工过于密集，也能够防止投资过早投入，不能发挥效益；既让工期得以保证，又使投资有所节省。

2．合理安排作业时间

原本的施工计划安排一年的施工期约为8个月，但2001年第一年的实践发现，青藏高原上一年的可施工季节仅为5～6个月。从2002年开始，指挥部就对施工时间进行了调整，将每年的5月～10月规定为施工期，这样冬季大量施工作业得以避免，从而使施工人员的健康危害得到有效减少，同时也保证了工程质量。

3．试验先行，逐步推开

由于青藏铁路建设面临的多年冻土、环境保护和高寒缺氧等世界级难题，虽然国内外的铁路建设者和科研人员有过很多有益的探索，然而对于青藏高原的铁路建设还没有一套可以照搬照抄的成功经验。为了实现青藏铁路建设的高标准、高质量、高起点的目标，指挥部决定所有工程的设计施工必须经由科学试验之后，方能大规模展开。因此，在具有四个不同地质条件的清水河、北麓河、沱沱河、安多等地首先进行试验，以验证冻土区、斜坡湿地、高含冰量冻土区等极不稳定地区、沼泽湿地的工程材料、措施能否满足建设世界一流高原铁路的要求。事实证明，此举可促使设计施工措施、方案更加科学可靠，并避免了重大质量问题和返工的产生。

4．依靠科技，降低投入

在施工组织设计方案中，部分桥梁桩基施工改用旋挖钻机干法施工，效率高且污染少，土石方运用机械化施工，混凝土搅拌通过集中拌合、灌车输送，桥梁模板使用整体钢模，桥梁结构大量使用预制构件，减少艰苦地方劳动力。若无这些先进的施工组织设计，青藏铁路的人工数量将增加至少一倍。

5．严格控制，保护环境

从施工组织设计乃至各种临时工程，全部工程施工方案均需总指挥部严格审批后才能进行施工，审批的总原则是：少占草地、保护环境、保护水土。同时，审批的流程也是优化方案的过程，原本施工方案中，部分冻土地区设计为修路方案，但指挥部现场调查和试验实践后，结合全球气候变暖等因素，提出修改设计、增加桥梁、以桥代路的新方案，对冻土环境进行了有效保护，同时工程质量也得到了保证。在自然保护区，指挥部还特地进行了环保施工组织设计。例如在西藏的措那湖，就制定了超级环保设计方案，在湖边四周采取环境保护措施，使美丽的天湖不受一寸废土的污染。

6. 以人为本，保证安全

在施工组织设计中，主要是卫生保障先行，在招标中主要是医疗设备、医护人员要充足，以保障工程施工人员的安全。为此，指挥部建立了一系列卫生管理规章制度，如《高原准入制度》、《工前、工中、工后体检制度》、《夜间查铺制度》、《新上场人员培训制度》等。按照医疗保障先行的原则，各施工单位的队伍进入工地前，需组织有关人员对承包施工区进行现场卫生学勘察，为施工队伍选址和进驻工地后落实卫生保障措施提供科学依据。

因此，工程组织设计及组织管理活动是工程管理中不可或缺的重要一环，只要充分发挥组织活动的职能作用，将项目实施过程中的各方资源进行科学规划和安排，使人力、材料、机械都能人尽其力、物尽其用，充分发挥生产效率，就可以更好地指导项目施工工作的展开，为项目的高质高效竣工奠定扎实的基础。

5.2　工程组织的演进

工程组织演进与工程演化是相伴相生的，在研究工程组织演进之前，有必要知晓工程演化过程。

达尔文（Charles Robert Darwin）创立进化论无疑是生物学上具有里程碑式的科学事件。自从进化论创立以来，其影响力已从生物学延展到工程学、社会学等领域。人类工程活动经过了一个漫长、曲折而又复杂的演化阶段。工程活动的演化性起源于人类实践的能动性、历史性和创造性。工程活动作为人类现代实践的一种典型形态，伴随人类实践形态、内容、领域和环境的历史变迁，持续地演化和发展。可以说，工程活动实质上是一个历史过程，在永恒的、无休止的变动着。工程演化就是将生物进化论的思想、方法、思维方式和研究工具在具体工程活动的研究中运用，用动态的、历史的、演化的观点看待工程活动，深刻揭示工程活动的内涵、形态、演化进程、机制、特征及其规律性。

工程组织作为工程活动的主体，在人类活动历史中，根据工程的不断发展变化而保持演进。伴随着工程活动从简单到复杂，从低级到高级，从物质工程到能量工程再到生命智能工程，工程组织保持不断的创新突破，以更好地满足工程演化的发展要求。总体而言，工程本体变化和工程外部环境变化共同作用，从而引起工程组织的演变，这种演变对应的组织形态有三种，即分别以"人海"、"人—机"、"人—机—网"为特征的早期、中期和现代的工程组织。

5.2.1 工程本体变化引致的工程组织演变

在《辞海》里，"本"指的是事物的根源、本源；"体"主要解释为客观事物或某种思想的表现形态[5-29]。工程本体可以理解为工程的存在、工程产生的活动、工程所需资源，以及由工程活动产生的思维、知识体系。从马克思唯物辩证法的观点看，工程本体指的是，由与工程相关的意识流、物质流、工程活动及其涉及的相关主体之间的沟通交流共同组成的有机整体。工程本体变化可以指工程本身的变化或者与之相关的工程活动变化、相关主体之间意识和物质的变化，以及工程信息流的变化。工程规模越来越大，参与人数越来越多，工程复杂程度越来越高，工程科技含量越来越高，工程本体受环境的影响越来越敏感。

在人们对工程组织变革与发展的多种解释中，最直接的莫过于将工程组织变化视为工程本体变化引致的结果。如德鲁克（Peter F. Drucker）的"目标管理"或是钱德勒（Alfred D.Chandler）的"战略选择"理论[5-30]所指出的，战略或目标的变化先于组织结构变化，并且导致组织结构的变化。传统的工程对于技术和生产力的要求低，主要依靠简单的劳动力堆集和任务的分配去解决问题。如万里长城这一古代巨型工程，同如今相比，其建造并不依靠各种高新技术和先进设备，而是依赖于各施工段上充足的人力资源和上级命令的严格执行。此种工程本体的情况，使得工程决策权多数集中在少数高层管理人员手中，相应的工程组织只需要一种简单、直线的结构形式，来确保命令的有效执行。如汉代的河西长城，由武威、张掖、酒泉、敦煌四郡负责修建，各郡的任务再依次划给下属县，并最终层层下放到各施工段上，由各段防守据点的戍卒最终完成。囿于工程本体的低技术含量和低生产力水平，组织的复杂性和正规化程度都很低。

随着工程本体规模的扩大以及生产力的提高，在诸如技术成熟度较高的房屋建筑、道路桥梁等土木工程上，为了实现目标分解，合理分配资源，工程的松散组织结构向科层制转变，从而实现各参与人员的专业分工，提升造物的效率。如美国的柏克德、凯洛格、福陆等大型国际工程公司，采用了事业部式的科层制组织，在世界范围按照业务领域建立专业分公司，各分公司均设有项目管理部、项目控制部、质量管理部、设计部、采购部、施工部等，以应对工程本体的专业化建设需求。

进入工业化后期，工程以史无前例的速度和规模发展着，工程参与方在更多层次上相互关联和相互依赖，信息流在工程活动中的重要性不断提高，知识与创新逐渐在诸多工程领域成为主导项目成败的关键，这使得工程组织结构日趋扁平化与柔性化。如美国的国防科技重大工程"导弹防御计划"[5-31]，此类需要高科技水平支撑的工程本体，参与单位多元分散化，有承担基础研究的国立研究机构、实验室、大学等，有负责应用研究和技术开发的众多公司企业，如制造导弹的波音公司，制造助推器的洛克希德–马丁公司，制造卫星通信设备的TRW公司，制造拦截器的雷声公司等，形成以联邦政府授权的主承包商为核心、多级供应商配套、产学研结合的橄榄形供应链组织网络模式。面对成千上万的供应商，主承包商只负责工程系统的总体研发设计和装配，而工程分系统的研发和生产管理则由各级供应商负责，各单位之间非行政隶属的上下级关系，而是通过合同连接，构建良好的信息平台进行相互间的协作。此种柔性化的组织，降低了主承包商的管理复杂度，更有利于技术创新。

5.2.2　工程外部环境引致的工程组织演变

钱德勒曾对环境、战略和组织之间的相互关系有着精准的描述："结构（组织）追随策略，策略追随环境"。工程组织所处的外部环境影响着组织的发展，组织的成长反过来又作用于环境，组织与环境的相互作用促成工程组织的演变。工程组织的外部环境可以用PEST模型进行分析，如图5-14所示。系统理论学派的代表人物卡斯特（Kast）指出，在实施组织变革的步骤中关键环节就是审视状态，即对组织内外部环境的现状进行调查分析。Winter和Taylor认为外部环境巨变引发企业组织的变革。

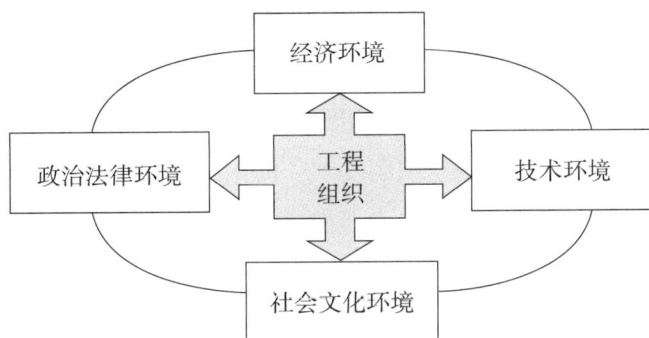

图 5-14　外部环境的 PEST 分析

5.2.2.1 政治法律环境

执政党的意志由政治体现，国家的意志则由法律体现。政治法律环境涵盖了国家的社会制度、执政党性质、经济体制、政治体制、税收制度、环境保护法、反垄断法规、与重要大国关系等。

以经济体制变化为例，改革开放推动中国实现了由计划经济到市场经济的转变。相应地，工程组织也在发生转变。以我国国防工程的发展历程来看，从1992年以前，实行纯政府主导型的组织模式。如我国的"两弹一星"工程，有国家领导人进行总体负责，建立由一个总体设计部和技术指挥线、行政指挥线相互协同的组织模式。后来逐渐发展成为"政府主导+企业参与"模式，由政府部门总体负责，吸纳大型企业参与研制。如载人航天工程，由党中央、国务院牵头，总装备部负责工程顶层总体事务管理，总装备部、工信部、中科院、中国航天科技集团公司共同负责工程各系统的建设。直到现在的"政府主导+企业主体"的模式，组织结构中政府的角色由"领导者+执行者"逐步向"领导者+监督者"转变。如国产大飞机计划，由国家成立中国商用飞机有限公司，吸纳上飞、中航商飞、宝钢、中铝中化等企业作为股东，进行市场化运作，在政府的监督下，充分发挥各企业技术、管理等方面的优势[5-32]。

5.2.2.2 经济环境

经济环境分为宏观环境和微观环境。宏观环境主要针对国家的人口数量及其变化的情况，国民收入、国内生产总值等指标以及指标的变化趋势可以体现国民经济发展水平和发展的速度。微观经济环境主要涉及企业所处地区或所服务区域的消费者的收入情况、消费倾向、储蓄状况、就业水平等。影响工程组织关键的经济变量有：GDP及其增长率、可支配收入、居民消费倾向、通货膨胀率、消费方式、规模经济、利率、汇率、外国经济状况、进出口因素、货币与财政政策等。如一国高速发展的经济环境，会吸引诸多的国内外组织参与市场竞争，必然对原有的工程组织形式形成一定的冲击，从而引致组织的变革。海尔集团1992年实施多元化扩张战略后，在各个领域面临众多国内外知名企业的激烈竞争，其生产制造方面工程组织的问题也日益显现，传统的科层制组织结构影响了信息的有效传递和决策的效率，产生部门的小团体主义，繁琐的规章制度限制了创新力的发展。因此海尔集团采取了大量的组织革新策略，将各事业部的财务、采购等业务分离，整合为独立经营的资金流推进本部、物流本部等，实现集团范围内的统一采购与结算；将各事业部的人力资源、技术质量管理、信息管理、设备管理等职能部门整合为独立经营的服务公司；最终形成直接面对市场的以专业流程为导向的扁平化组织结构，从而突破了原有的垂直式的业务组织结构，极大地提高了生产效率，一举占领了美国小型冷柜40%的市场。

随着全球经济的发展，国际化竞争正在加剧，工程组织的形式也在发生变化，全球内的兼并和收购层出不穷，企业间战略联盟广泛达成，工程组织的边界正在淡化，跨区域的虚拟组织成为组织快速应对竞争和准确把握市场的主要工具。

5.2.2.3　社会文化环境

社会文化环境指一个区域或国家的居民教育水平及文化程度、宗教信仰、风俗习惯、审美水平和价值观念等。文化程度对居民需求层次会产生影响；某些活动会由于宗教信仰和风俗习惯而被禁止或者抵制；居民对工程组织目标、活动及组织自身的认可与否会受到价值观念的影响；人们对工程组织活动内容、活动形式和活动成果的态度则会受到审美观念的影响。

社会文化环境以"润物细无声"的方式对工程组织产生影响。中国传统文化中的高权文化下，人们遵从权威，认同不平等的存在，等级顺序严格。因此，在工程组织结构类型的选择上，决策者倾向于权力高度集中、权力层级较多的结构类型（如直线型），而对于扁平化、柔性化、网络化等发展趋势或多或少有心理抵触。

5.2.2.4　技术环境

技术环境主要包括一个国家或地区的技术水平、技术政策、新产品研发能力及技术发展方向等。在技术水平影响方面，由于技术人才总量的增加与分布的分散，特别是信息科技创造飞快的传播速度，各个国家或组织逐渐转变对全套技术横向全面性的追求，着重朝技术的纵深方向发展。继而对专业的分工逐渐细化，拥有更加显著的国际化趋势，产业逐渐转变为全新的生产全球化模式。因此，无论是从企业单个产品的研发乃至国家战略层面的各种工程，均难以仅仅依靠自身的力量得以实现。越来越多的工程采用"集中+分散"的组织模式，也就是工程决策与监督机构集中，实施机构则以"主制造（承包）商+供应商+分包商"的形式分散。比如，尽管波音飞机的零部件来自全球5000个左右的供应商，然而飞机制造的核心技术依然被极少数公司掌握，这是工程组织的核心竞争力。

5.2.3 工程组织形态进化

从农耕时代的"肩挑人扛",到工业革命开启的机器大生产,再到现代的电子与信息技术带来的互联网、物联网时代,屡屡见证了不断变革的社会生产力。相应地,生产力变革引起了社会生产方式变革,经历了从"家庭和手工作坊式生产",到"机器化大生产",再到"网络化、全球化生产"三次大变革。此中,工程组织在农耕社会、工业化生产社会到现代化的科技信息社会下的表现形式也经历了重大改变。工程组织的发展可分为以下三个阶段。

5.2.3.1 早期工程组织:以"人海"战术为特征

在古代农业社会,生产方式以家庭和手工作坊为主。受制于生产力发展水平,"造物"活动主要依靠人自身的力量,对工具的使用程度有限。人是当时最重要的工程要素,相应的工程组织强调"以人为中心",以人与人之间的黏合,发挥群体的力量和智慧,重视人与物、人与人的协调,最大限度地发挥人的"造物"能力。此谓工程组织进化的最初模式,同时也作为一种最为基本的工程组织模式,时至今日仍被广泛地应用。

"人海"战术是早期工程组织最典型的特征——大规模集聚人力资源用于工程建设或制造。如我国的万里长城,属于世界上修建工期最长、工程量最大的一项古代防御项目,是早期工程组织的杰出代表。当时没有任何机械,全部劳动都由人力完成。根据史料记载,秦始皇时期修筑长城的劳动力就有近百万,达到秦国总人口数的1/20。早期工程组织是历史存续时间最长的工程组织,无论是古时的都江堰工程、万里长城工程,还是如今众多从事产业低端装配制造的企业,莫不是以"人海"战术作为构建工程组织的出发点。

早期工程组织是全能型组织,总揽了计划、指挥、协调、控制等多项职能。由于生产建设的低标准化程度,使得工程组织的分工程度低;由于信息技术的低下,使得工程组织往往困囿于工程实施地点;为了在低技术条件下保障命令的快速执行与行动的统一,组织结构以直线型为主。以明代长城为例,其参与修建人数数以万计,是典型的以"人海"战术为特征的工程组织。各个防区内采用分区、分片、分段包干的办法进行组织,由各辖区的巡抚、巡按等作为分管该辖区营造的最高领导,做出总体的计划;施工时分有督理人员和具体营造分班人员,督理人员包括职位较高的总督、巡抚、总兵官等,而具体营造分班人员包括实际组织工程施工的千总及其下的总分理,以及进行具体建造活动的广大服徭役的百姓。

5.2.3.2　中期工程组织：以"人—机"结合为特征

18世纪60年代，瓦特（James Watt）改良了蒸汽机，标志着第一次工业革命的开始，推动人类社会进入"蒸汽时代"，促使手工业作坊转变为机器大工业生产，也改变了人们的生活和工作环境，真正意义上开启了社会化大生产。而同一时期，电的发现则可以说是人类历史的一场革命。这一时期也正值西方国家工业化、城市化高速发展的时期，工程"造物"活动开始广泛使用二次能源，技术复杂程度不断加强，工程规模愈发加大，标准化程度也越来越高，且大多围绕机器展开。

与工业革命相适应，工程组织呈现新的发展趋势：技术的复杂和规模的加大导致组织内部分工日益深化；手工作坊向机器大生产的转变导致工程组织开始以机器为中心，呈现出"人—机"结合的特征。

基于复杂的工程管理需要，组织模式也呈现出多元化特点，包括直线式、职能式、矩阵式等多种组织模式。工程组织因此进入了中期组织形态，典型代表有美国通用电气公司（General Electric Company）。通用电气公司在20世纪70年代时，采取一种典型的职能式结构，在公司总部之下设6个执行部，为最高领导层分担工作，负责其下属9个总部（集团）、50个事业部及49个战略事业单位的统筹协调活动，而在各战略事业单位之下，又包括了诸多的业务部门、职能部门，负责具体的专业事务。可见中期工程组织仍然是以具体的管理活动为主要职责，专业化水平比较突出，可称之为实体性专业化组织。

5.2.3.3　现代工程组织：以"人—机—网"结合为特征

20世纪70年代，信息技术革命推动了社会经济结构的变迁，使人类社会步入了"网络化大生产"时代。借助互联网平台，人类的"造物"活动有了本质上的变革，各种市场主体在开放、平等、共享及全球互助的基础上，在信息要素的支持下，展开了大规模的网络化协作生产。

与此相适应，工程组织呈现了新的发展趋势：信息化带来组织结构扁平化，全球化分工协作推动组织关系契约化，网络技术则引致组织形态的虚拟化和组织边界的模糊化，工程组织由此开启了现代工程组织发展阶段。现代工程组织由组织内核和外围构成，组织内核主要承担"虚拟造物"的功能，主要产出技术、标准或外观设计，实体性生产功能则由工程组织外围参与方承担，如图5-15所示。

现代工程的组织架构的坚固内核以核心竞争能力为支撑，通过网络和市场契约进

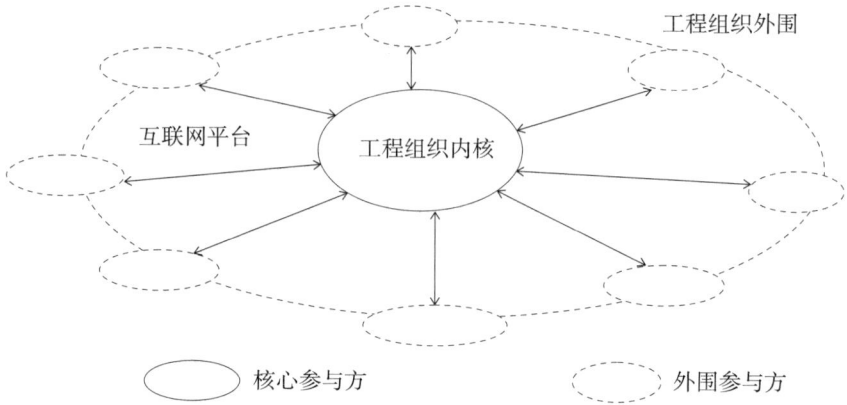

图 5-15　现代工程组织形态

行关联，而其柔性外壳基于社会资源而形成，组织形态的外部边界具有模糊性。现代内核功能进一步缩小，更加专注核心竞争力的保持，因而具有更强的创新能力。更多地利用和聚集外部资源，因而具有更高的产出效率。更加注重利用契约联系参与方，可以更灵活地组织与分解，因而具有更强的环境应变能力。

上述三个阶段的工程组织从出现时期看存在着先后关系，但彼此之间不存在替代关系，而是并存于当今社会，彼此联系，共同构成了工程组织的生态系统。现代工程组织则处于这个生态系统中的"食物链"高端，其下游包括早期和中期工程组织。以IPhone生产为例，苹果公司作为这个工程组织的内核，是典型的现代工程组织，只负责创意和设计；IPhone的原材料、零部件则由分布在全球的150多家专业性公司提供或制造，如处理器供应商AMD公司，这些供应商多数属于中期工程组织；所有原材料、零部件最后汇集到富士康等代工商，由代工商组装完成最后成品，而代工商主要是劳动密集型企业，属于典型的早期工程组织。

5.3　工程组织的聚集、高效与适应

工程组织形同造物的机壳。在机壳内部，通过资源的有效配置实现机体的高效运作；在机壳外部，通过与周边环境的物质、信息和能量交换，达到机体的高强适应力。

5.3.1　工程组织的要素聚集性

　　形式多样、种类繁多的工程组织，以一种令人迷思的魅力、神奇的力量，在有限的时空背景里聚拢了一大批人、财、物。它们从无到有、从小到大、从寡到众，矢志不渝地造物，惠及千秋万代。

　　任何形态的工程组织是由组织内核和外围构成的机壳（图5-16）。机壳内，组织内核和外围的通力协作是维持组织高效运转的基础。组织内核

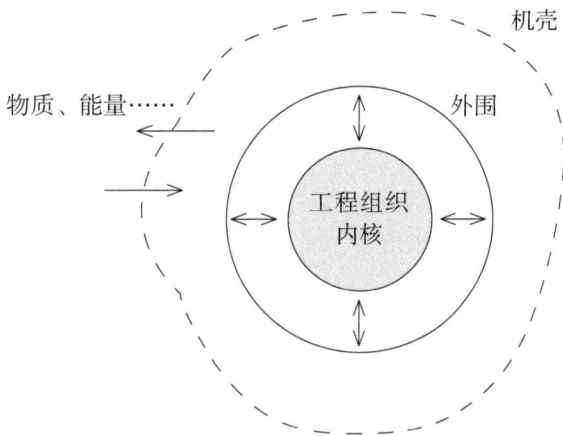

图 5-16　工程组织机壳

重视组织决策力及组织运作力的塑造与保持。组织外围则强调造物整体运作，使造物活动具体化。机壳并非组织内核与外围两者的简单叠加，而是建立在组织运营机制、组织契约关系等基础上的有机系统。机壳自身并非封闭，而是具有高度的开放性和柔性，时刻与造物活动所处的外部环境开展着物质、信息、能量等选择与交换。因此，工程组织外壳的边界时而模糊、时而清晰。

5.3.1.1　工程组织要素聚集的缘由

　　工程组织之所以坐拥神奇，源于其集成了人类智慧的结晶，实现了"三个臭皮匠顶一个诸葛亮"的群集效应。聚集是在工程组织的引导和助推下，甄选出处于杂乱无序状态的且最适合于造物活动的工程生产要素（如人力、技术、材料等），实现要素在有限造物空间上高强度汇集，提供给用物者最优质的规整品的过程。这个聚集过程可形象地用图5-17来反映。

1. 工程组织依托特殊形式的关联和共享机制塑造聚集的"机壳"

　　从载人航天工程到深海探测计划再到普遍的土木工程建设项目，工程组织按工程种类、规模、性质及复杂程度，以最有利于决策指挥、目标控制、协调组织、信息沟通为原则，合理确定管理层次、管理跨度、管理部门和管理职责，配以最佳资源、能力和规则，锻造聚集机体。

　　工程组织是造物活动实施主体，尽管不同的造物活动所处的外部环境不同，可供选择的组织模式千变万化，然而工程组织必须基于造物活动所处的特殊外部环境及造

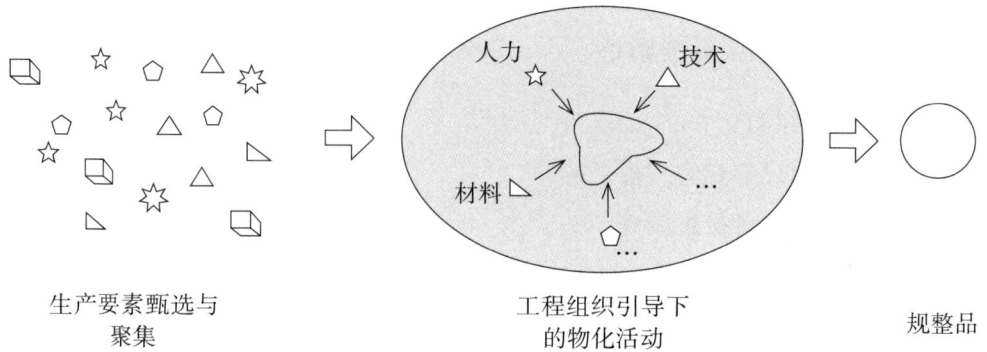

图 5-17　工程组织的要素聚集过程

物活动内部特征，择优设计工程组织模式，确保工程组织的管理层次、管理跨度、管理部门和管理职责等最符合聚集的要求。例如，我国载人航天工程，在我国国防科技高速发展的特殊背景下，由中央专委直接领导下实施的专项管理，总装备部、国防科工委、中国科学院和中国航天科技集团公司等机构、行业及单位，依据工程的科学技术程序和智能的分工，构成跨部门、跨行业、高度集中的组织管理体系。该工程组织的体系保证了组织有能力从迅速变化的外部技术经济环境中获取（聚集）最有价值的信息和资源，及时判断外部环境变化并做出科学合理的响应。

完善的工程组织设计仅仅是确保要素聚集成功的第一步，就像伟大战役的促成者不仅仅需要将军也需要战士，否则聚集只能是纸上谈兵。在工程组织框架下，为避免"巧妇难为无米之炊"，需要给工程组织配以保障聚集活动顺利开展的各类工程生产要素，如人力、技术、经验、知识等，据此保障工程组织"能力"的施展。各类生产要素依据造物计划，合理、有序地投入到造物活动中来。此外，无规矩不成方圆，任何工程组织的聚集功能还都依赖于强有力的工程规则，如因航天工程特殊的战略意义，参与者须遵守严格的保密制度、按章办事、赏罚分明等原则聚集在一起，才能真正地实现由普通工程组织到"造物机器"的质变。

2．工程组织要素聚集的首要任务是人

人是组织中最活跃的生产要素，工程组织的使命是管理人。它按照一定的领导体制、部门设置、层次划分、职责分工等构成有机整体，收放自如，灵活应对。工程组织是由人构成的柔性群组织。工程所处的外部环境及工程本身复杂多变，且造物活动本身是个庞大的系统工程，单体的力量难于实现物化活动的质变。这如同蚂蚁搬家，单凭单只蚂蚁的力量难以实现庞大的"搬家"工程，需要"蚁群"的群策群力。人如同此中的蚂蚁，均为造物活动中"蚁群"的有机组成部分，是工程组织的核心要素，造物活动的有序开展高度依赖于人的能动性，实现对人的高效管理成为工程组织的本质。

聚集人源于工程组织发展内核"引擎"的需要。然而，技术再先进的引擎，没有机翼的通力协作也难以起航。在工程组织实现对人管理的实践中，领导体制、部门设置、层次划分、职责分工等构成的有机整体尤为关键，它们是保障工程组织起航的"机翼"，工程组织高度依赖于此类要素在组织内部的高效整合，这是工程组织管理人实践中的重要特征。

工程组织对人的管理主要从两个方面展开。一方面，无论是在工程组织内核，还是作为组织外围的其他准组织，聚集多元化人力是保障组织顺利开展工作的基础。比如，在西电东送工程中需要配备管理类人才、电力技术类人才、经济类人才及法律类人才等。各类人才通力协作，为共同的造物目标而努力。另一方面，工程组织具有黏合多方参与主体的效应，即工程组织包含多个单体组织形态，它们保留特定的组织目标、组织结构和组织规模，是环绕组织内核的"卫星"组织，共同服务于造物活动。在组织内部，尽管不同的单体组织的权力分配、隶属关系和组织目标不尽相同，甚至有些是对立的，然而契约关系纽带的存在，维持了组织整体的发展，即工程组织是建立在契约关系之上矛盾的统一体，实现对不同的参与主体的管理成为工程组织日常管理的有机组成部分。

中国国家体育场"鸟巢"工程是多方利益主体在契约纽带关系下共同参与完成的。"鸟巢"的施工总承包是北京城建集团，设计是由瑞士Herzog & De Meuron设计事务所、英国ARUP工程顾问公司及中国建筑设计研究院设计联合体承担，财务顾问服务由国家开发银行/美国普华永道联合体、香港汇丰银行提供，此外还有其他若干个相关组织为"鸟巢"的建设提供专业化服务。在工程建设过程中，实现对多方主体的高效管理，是本工程顺利实施的重要保障。

3．形成高效的柔性系统是工程组织要素聚集的目的

工程组织的高度开放性，表现在其拥有强大的自我学习和调节能力，即使"外有忧、内有患"情形下也能迅速地恢复应有的形态、结构、布局、功能，促使造物由无序走到混沌再到有序。

工程组织是造物活动实现与外界环境、资源等交流互换的平台，其本身具有强大的开放性，是物化劳动的"窗口"。造物活动是实现各类工程生产要素量变到质变的过程，工程生产要素（如材料、设备等），依赖于工程组织的高效指挥得以合理有序地参与到造物活动中。然而造物活动并非一帆风顺，工程组织、造物活动的特征，以及工程组织所处的复杂多变的外部环境，使得工程组织容易陷入"内忧外患"的漩涡。

一方面，工程组织是多方参与的矛盾统一群体，内部各个单体组织本身具有特定的目标，目标的矛盾性使得工程组织内部呈现出"内有患"可能性，造物活动本身的复杂性也增加了工程组织出现内患的可能性；另一方面，任何造物活动的外部技术经济环境均处于变动之中，此类变动的量变积聚必然引发造物活动或好或坏的质变，继而可能出现"外有忧"的情景。当造物活动处于"外有忧、内有患"状态下，组织并非束手无策，依赖工程组织强大的自我学习和调节能力，组织可反馈外部不良状态，高效调整组织的形态、结构、布局、功能等，满足造物活动的需要，实现造物活动无序到有序的转变。

5.3.1.2 工程组织要素聚集的周期性

工程组织生命周期内工程生产要素的聚集并非一成不变。初始阶段，工程组织重视生产要素的甄选及契约关系的建立，要素投入不明显，强调生产要素的物理堆积；实施阶段是要素最集中投入阶段，生产要素的供给和需求量大，总投入量可占整体要素投入量的70%~80%，重视不同生产要素的"化学反应"；结束阶段，生产要素的需求量再次降低到较低水平，呈现物理化的规整过程。在工程组织的整个生命周期内，呈现出"倒U形"弧线状（图5-18）。

1. 初始阶段

在初始阶段，各种工程生产要素（如人力、资源、半成品、成品、规章、制度）

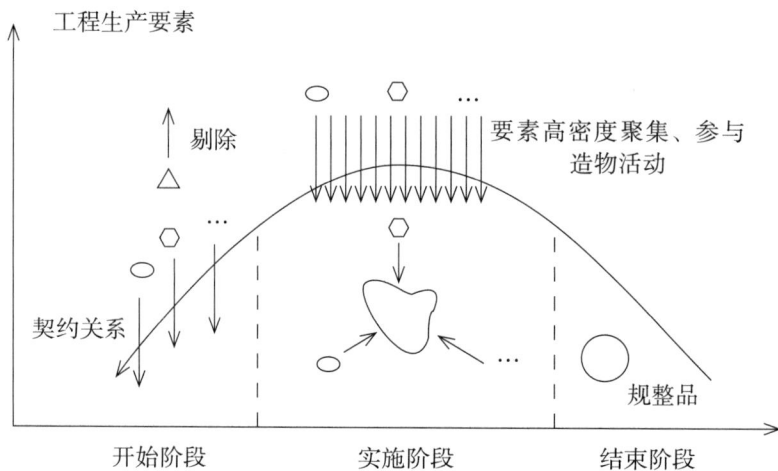

图 5-18 工程组织生命周期要素投入与聚集

或远或近、或多或少、或聚或散、或虚或实地汇集，要求工程组织具备超乎想象的识别力、挖掘力和调配力，如同奥运会一般，组织"帮助"散布于世界各地的运动员聚集，并提供施展拳脚的会场，"引导"运动员入场。

工程生产要素是开展造物活动的基础，而工程生产要素空间上的分散性是促使工程组织产生的基础。在初始阶段，工程生产要素空间上呈现点状布局，高度的混沌无序、不均衡是其典型特征，除了人力之外的工程生产要素具有物质性而非意识性，不能自发地按照造物需求进行最优组合，即使是具有意识的人力生产要素，在没有外力干预下也难于因造物活动而实现高效聚拢，这必然需要某个"组织机构"对工程生产要素进行干预以实现要素汇集。此外，造物活动是个庞大的系统工程，多元化的工程生产要素投入成为必需，如人力资源、信息、经验和知识等，单凭个人力量难于应对复杂多变的生产要素聚集活动，指导造物活动的"组织机构"是多元化群体性组织，如"愚公移山"，"无穷无尽的子孙后代"构成了移山工程中的群体组织。

工程组织是工程生产要素选择、调配及汇集的"引擎"。科学技术日新月异，组织团体的业务类型同质化严重，促使工程生产要素的选择性和替代性在时间和空间范围内更加宽泛，然而并非所有的工程生产要素都适合造物活动，甄选出最适合造物活动的生产要素是工程组织在开始阶段的重要任务。然而，即使是看似"最合适"的工程生产要素，也未必是最优的，因为造物过程是唯一的，影响因素众多，且生产要素处于动态变化之中，任何工程生产要素均与其他生产要素之间存在潜在的矛盾与冲突，这需要工程组织在开始阶段就具有识别最优工程生产要素的慧眼，高效地调配处于分散、无序状态的工程生产要素汇集形成合力，塑造工程生产要素的最优组合，实现工程生产要素优势互补，保证最大的生产力。

初始阶段是任何工程顺利进行的基础。工程组织在初始阶段需克服工程生产要素在空间上分散的障碍，识别最适合造物活动的生产要素，并在空间范围内高效的调配工程生产要素，以实现工程生产要素在空间上集聚，完成造物活动。以波音787客机的生产为例，波音公司采用全球供应链战略，其供应商分布在全球135个角落，波音公司只负责尾翼的生产和最后组装（占生产的大约10%），其余零部件则择优与散状分布的全球供应商合作，如机翼来自日本、起落架来自法国等，波音公司负责挑选全球最适合787客机生产的生产要素，并引导生产要素在全球范围内有序流动与汇集，铺垫787客机造物活动由量变到质变转变的基础。

2．实施阶段

在实施阶段，工程组织是指挥造物活动的"司令部"，在理想与现实中平衡好质量、进度、成本三大矛盾体，磨合各种物质形态，融通各种利益矛盾，在量变中促成质变，直至能提供给用物者最大满意度的规整品。

在实施阶段中，工程组织都是为了实现特定的造物目标而开展物化劳动，具有明确的目标导向性，围绕造物目标，需要事前制定周密计划，正所谓"兵马未动，粮草先行"，否则只能是"望梅止渴"了。实施阶段按照计划，逐步实现工程生产要素由量变到质变的转化，故计划是实现造物活动的保障。造物计划需要重点把握造物活动的质量、进度和成本三大方面，然而这"三大目标"并非协调统一和谐体，因为质量高、进度快且成本低的工程是不存在的，只能是最大限度的平衡造物活动的目标体系，实现三大矛盾的平衡。此外，在造物进程中，影响造物活动的因素众多且大多数不可预见，工程组织要及时观测、反馈造物计划及其执行情况，特别是"三大目标"的执行及完成情况，纠正造物活动中存在的或潜在的偏差，针对造物实际情况适时调整工程组织及目标，合理引导造物活动的实施，平衡造物活动的理想与现实。在三峡工程中，三峡工程总公司组织采用的三峡工程信息管理系统（TGPMS）是一个集成的工程管理数据库系统[5-33]，其加快了工程信息的反馈速度，实现了对三峡工程的有效管理和控制，能够基于已制定的工程计划目标和控制标准，在实施的过程中对获取的信息进行反馈，纠正、调整存在的偏差。三峡工程信息管理系统的采用，改变了传统的工程组织工作模式，不同管理主体对工程的管控更加协调、高效，组织可围绕项目管理核心，全面控制工程管理各方面各阶段数据，增强信息管理控制力度，组织对工程的控制、分析和预测更加精准，大幅度提升了工作效率，保证了三峡工程的顺利实施（图5-19）。

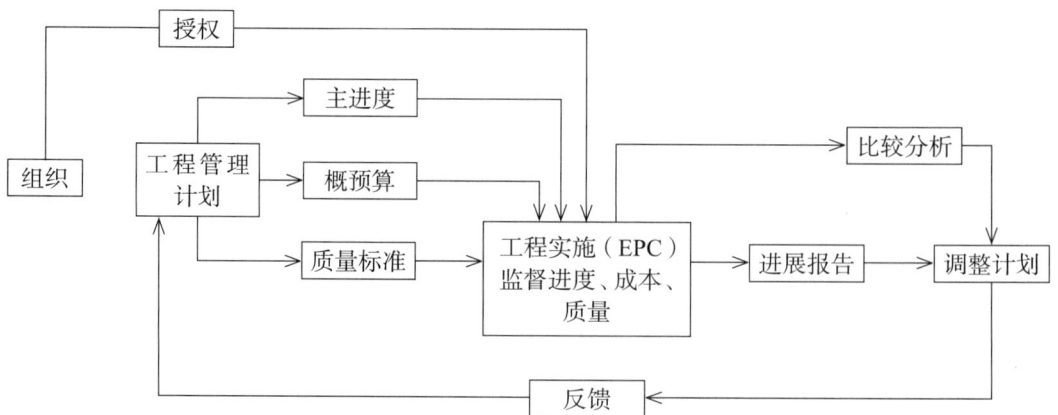

图 5-19 三峡工程信息管理系统（TGPMS）
图片来源：陆佑楣.三峡工程建设项目管理的实践（续）[J].中国三峡建设，2002（2）：31-34

实施阶段是实施物化劳动的最主要时期，各类工程生产要素在工程组织的引导与指挥下，实现由量变到质变的转变。该阶段是在计划指导下，将初始阶段工程组织甄选、汇集出的最符合造物活动的各类工程生产要素进行组合搭配，合理有序地安排不同生产要素参与造物活动的时机，高效配置工程生产要素，并保证在参与造物活动之前和之中各类工程生产要素的供给进度与质量，以造物活动的"三大目标"为管控要点，保证各类工程生产要素在工程组织的引导下，实现合理有序组合与配置，促使造物活动的顺利实施。

工程组织是个包含不同利益主体的群体性组织。实施阶段是各利益参与主体集中出现的阶段，尽管不同的利益主体以契约为纽带为造物活动服务，然而各个利益主体作为独立的组织，都是为了实现各自组织不尽相同的"如意算盘"而参与到造物活动中来，不可避免地造成不同利益主体之间利益摩擦，各方在该阶段造物活动中出现的频率高，利益矛盾突出，使得该阶段工程组织在协调各方利益中承担了大量工作，扮演着重要角色，组织管理活动最关键、最复杂，直接决定着造物活动的成败。

3．结束阶段

在结束阶段，工程产品得以形成，组织将规整品"邮递"给用物者，组织自然物体，烟消云散。

合格的工程产品交付给用物者，并达到用物者的满意度，造物活动结束。造物活动的独特性，使得工程组织表现出临时性特征，在造物活动结束后，工程组织将自然解体，不复存在。然而作为组成工程组织的各个不同单体组织并没有随着造物结束及工程组织的解体而"烟消云散"，这些组织将重新参与到其他造物活动中以提供服务，造物组织在其他空间以不同的单体组织组合方式再次出现，循环往复。如中国建筑设计研究院作为建筑领域的服务者，不仅仅在奥运会"鸟巢"项目中提供服务，也融入其他组织，参与造物活动，如在北京地铁四号线、百度大厦等一系列的造物活动中提供建筑服务。

5.3.1.3　工程组织要素聚集的演进

工程组织的形态演化，经历了最初的以"人海"战术为特征的工程组织，到后来的以"人—机"结合为特征的工程组织，再到以"人—机—网"为特征的现代工程组织，工程组织形态的演进过程也反映出工程组织在不同时代不同的工程组织要素聚集特征。

类似于工程组织的演变，工程组织的要素聚集特征在不同时期的表现不同，也是在工程本体变化和外部环境变化双重作用下的结果。一方面工程本体发生的变化，如最早的造物活动较单一且工程复杂性较弱，主要是人力生产要素的聚集，人力是当时造物活动的绝对主体要素，然而伴随工程本身复杂性的不断增加，工程组织复杂性和专业性随之增强，工程组织逐步从分散状态走向相互关联与依赖，导致工程组织的要素聚集效应不断增强，多种类、多组合方式的工程生产要素在造物空间内聚集，特别是知识、现代技术等当代工程生产要素的广泛采用，提高了造物活动的效率，逐步成为当前参与造物活动的核心生产要素。

另一方面，外部环境的变化，特别是日新月异的现代技术，改变了人们的生活和思维方式，各类工程生产要素的可获得性与可取代性大大增强，生产要素的空间地域问题不复存在，在大型造物活动中，工程生产要素全球化产业链供给方式成为普遍选择。此外，造物活动更多地采用"集中+分散"的组织模式及"制造商+供应商+分包商"的组织机构，给予工程生产要素供应商更多参与造物活动的机会，同时不同的单体组织为实现业务发展，采用工程生产要素联合方式，组成战略联合体，进一步促使不同的工程生产要素在造物空间上的聚集。

1. 早期工程组织的要素聚集

如上所述，早期工程组织是典型的"人海"型工程组织。当时，由于通信、交通等资源匮乏，造物活动难于进行大范围传递，使得在有限的造物空间之外，即使存在可供选择的工程生产要素，工程组织也难于对其形成有效的甄选与聚集，导致工程生产要素的跨空间可选择性与可获得性极弱。此外，受制于生产力发展水平及对客观规律认识的局限性，绝大多数工程生产要素并没有有效地在造物活动中采用，即使采用了部分工程生产要素，其甄选和聚集也展现出与造物活动在空间上高度的就近性，"就地取材"成为普遍做法。如春秋战国时代的齐长城建造时，受限于当时的生产力发展水平不高及信息沟通、传递困难等，可供选择的建筑材料相对较少，多以就地取材为主。

人力是当时造物活动中工程生产要素的绝对主体，整个造物过程紧紧围绕人力而开展，造物活动中的工程生产要素聚集的本质就是人力生产要素在造物空间上的聚集。在造物之前，工程组织重点统一整合人力资源，是实现造物活动的其他生产要素在空间上聚集的前提。在造物之中，工程组织高效指挥人力，并重视人与人之间的协作，充分发挥人力生产要素在造物活动中的能动性，以实现造物目标。如在都江堰水利工程建造中，受限于当时的生产力发展水平，可供选择的生产要素有限，人力成为造物活动中最活跃的生产要素，人力要素的汇集促成了造物活动的质变。

2．中期工程组织的要素聚集

中期工程组织是典型以"人—机"结合为特征的工程组织，机器在造物活动中被普遍采用。

在该类工程组织中，科学技术逐渐发挥效能，人类信息交流方式日趋多样化。随着交通技术、通信技术、图形技术等的发展，工程生产要素在空间转移上变得更加便捷，加之处于西方城镇化和工业化高速发展时期，造物实践活动量较大，促使造物活动所需的工程生产要素在小范围空间内实现高效的流动与汇集。"就地取材"式的工程生产要素获取方式逐渐退出舞台。此外，伴随科学技术的高速发展，人类的知识水平和对客观规律的认识深化，工程生产要素的选择性与取代性大大增强，因工程生产要素"匮乏"而对造物活动产生的诸多限制减弱，造物活动的生产效率逐步提高。

在中期工程组织中，工程生产要素的聚集主要表现为人力和机器要素在造物空间上的聚集。人力生产要素在工程组织中依然发挥不可取代的作用，特别是人力生产要素中蕴含的知识、技术和能力是组织管理的重要保障。此外，各类机器生产要素的采用提升了整个工程组织管理的效率，促使组织内部的分工趋于细化，专业化水平不断提高。此外，伴随着机械化大生产，造物活动对二次能源生产要素的需求逐渐增强。以美国福特公司为典型代表的标准化流水生产方式，因重视人力与机器等生产要素的高效结合与利用，极大提升了造物活动的效率。

3．现代工程组织的要素聚集

现代工程组织是以"人—机—网"结合为主要特征的工程组织。在此类型的工程组织里，伴随信息网络技术的高速发展，信息交流、传递方式更多元化且更加便捷，工程生产要素空间范围内的散状分布不再成为造物活动的制约因素，生产要素在全球网络范围内流动与汇集，全球化的工程生产要素供给方式被普遍采用，整个造物活动呈现出较强的全球协作状态。此外，不同学科的知识以"指数爆炸"的速度产生与传播，人类对于客观规律的认识更加深化，工程生产要素的可选择性与可替代性达到历史最高水平，且伴随科学技术的不断进步，工程生产要素的选择与替代将被推到更高的层级，不断刷新造物活动的效率。一大批跨区域、跨空间的全球协作工程项目应运而生。

在该类工程组织中，工程生产要素主要表现为多元化的工程生产要素在全球范围内流通，最终在造物空间上实现聚集。组织趋于扁平化，工程组织的发展动力来源于组织内核，工程组织内核主要是促进虚拟化的生产要素（如信息、知识、创新和网络等）的全球流动与聚集，这主要是因为组织内核更多地关注造物活动的决策及组织核心能力的构建，而工程组织外围主要是促进实物化生产要素的全球化选择与采购，服务于造物活动的实际执行。工程生产要素全球范围内流动与聚集的基础是组织关系的契约化，它使各类工程生产要素参与或退出造物活动变得更加灵活，提升了工程组织对环境的适应性。例如西门子公司是高效实践全球化采购战略的代表，其成立的采购委员会负责协调全球的采购需求，并在全球范围内寻找战略合作伙伴。此外，严格的生产要素供应商选择机制，保证西门子公司造物活动的质量。

5.3.2 工程组织的运作高效性

工程组织是一个聚集体，通过资源的有效配置达到高效运作，通过与外部环境的物质、信息和能量交换适应外部环境的变化。

5.3.2.1 工程组织的运作"高效性"体现

高效是工程组织的目标，工程组织的运作高效性体现在效率和效益两方面。工程组织溯源于造物，膏泽于技术，惠润于思想，物竞天择，不断进化，满足人类的工程需求，其内在禀赋必然是高效率的，方能适应高速发展的需求。另一方面，工程组织建构的功能体系和产出体系被人类社会的生产系统赋予了明确的生产函数，囿于函数关系的边界条件，工程组织在其畛域内追求系统最优解，其外在获致亦必然是高效益的，以使各方达到最佳的满意效果。

我国的"两弹一星"工程便很好地体现了工程组织对于高效性的追求[5-34]。在机构设置方面，1962年，由于管理原子弹研制的二机部难以较好地协调工程各系统的问题，中央决定成立十五人专门委员会，作为工程的最高决策机构，组织全国性大协作，以解决原子武器工业建设、生产、科研试验中的重大问题。这一机构的成立，有效地解决了国防科学技术委员会、国防工业委员会、国防工办等部门间权责不明的难题，使工程在技术、物资和组织管理决策上的各种问题得到及时处理，极大地提升了"两弹一星"的研制效率。在组织结构方面，将直线式结构与矩阵式结构融合，形成的复合结构既保证了信息传播的高效，又降低了"多重领导"出现的情况；在工程的全寿命期中，始终保证业务部门与参谋机构的分离，以维持信息传播的稳定性。

在原子弹研制的关键时期，全国先后有26个部委、20个省市区，包括900多家工厂、科研机构、高等院校以及解放军各军兵种参加了攻关会战，解决了近千项课题，由此可见该工程组织带来的高效率；在当时经济生产力水平低下、苏联专家撤走和"文化大革命"爆发等不利环境以及人、财、物等各方面资源匮乏的条件下，"两弹一星"工程仍能在相对较短的时间内突破各种关键技术，取得举世瞩目的研究成果，为我国核工业与卫星事业的发展奠定良好的基础，有力地增强我国的国防科技实力，提升我国的国际地位，其工程组织带来的高效益可见一斑。

5.3.2.2　工程组织运作"高效性"的形成与发展

1．工程组织的运作高效性是源于工程要素汇合

工程组织的运作高效性反映工程组织的群体战斗力，这种战斗力是工程生产要素的有机组合与利益相关者的融合统一，是工程组织运作高效性形成的基础。

工程生产要素的有机组合塑造工程组织的运作高效性。造物活动需要不同类别的工程生产要素的支持，是工程生产要素的"堆集"过程，然而多数工程生产要素的物质性而非意识性决定了其无法自发地按照造物活动的要求进行最优组合、匹配，即造物过程不是生产要素简单的、随机的机械叠加，工程组织的引导必不可少。工程组织对工程生产要素的引导过程，是在工程组织作用下的对生产要素甄选、组合的有序堆集的过程，是促使组织逐步走向高效的过程。伴随生产要素的有机组合，工程组织深化认知造物活动本质，并促使工程组织的运行机制、发展策略等各项事务调整、规范并趋于完善，在生产要素有机组合过程中锻炼组织处理造物活动的能力（如工程生产要素的最优配合方式），促使造物活动的最直接表现形式即工程要素有机组合在组织框架下发挥最大的效率，组织高效运转得以实现。

利益相关主体的融合统一塑造工程组织的运作高效性。利益相关主体是工程组织的核心组件，不同的利益主体为了矛盾但又统一的目标依赖于契约关系参与到造物活动中。它们处于工程组织内核的外围，类似"卫星"环绕于组织内核，融合构成工程组织体系，共同维持工程组织的日常运转。不同的利益相关主体依据事先造物规划，在不同的时间段参与、退出工程组织系统，使得工程组织处于高度的动态平衡中，并合理占据、消耗工程组织系统中的空间与资源，辅助造物活动合理有序地开展。此外，不同的利益相关主体在造物活动中分工明确，在造物活动中相互专业化协作，以在工程组织系统中发挥其最大效能，融合统一于工程组织系统中，保证工程组织运作高效性的实现。工程组织的运作"高效"并非单体要素的高速运行或演化，而是工程组织在不确定的约束条件下各要素组合为稳定的"匹配对"或"匹配组"，从而在一定层面实现各要素产出的物质和能量最大化。以某一工业工程为例，其生产效率的提高依赖于设计、技术、生产、流程等要素的组合与匹配，如图5-20所示。

工程组织的要素可分为自主性要素和非自主性要素两类。前者具有目的性、预见

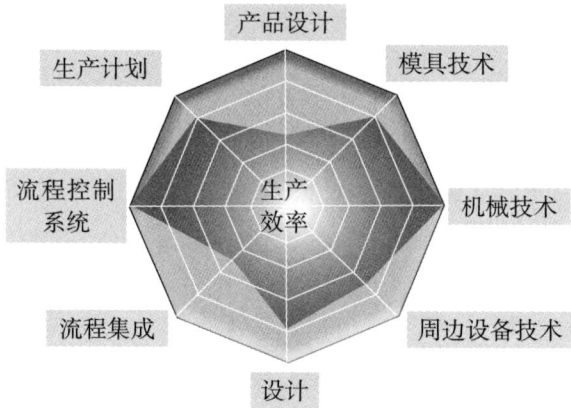

图 5-20　某工业工程生产效率要素集成图
图片来源：http://www.ailab.cn/view/2016092316601.html

性、自觉性和规则性，通常指参与工程实践的自然人或自然人的集合。后者则具有恒常性、被动性和资源性，通常指工程涉及的物质实体、技术、规则及资金等。

在工程实施之前，各要素是标量化的，即没有基于相应目标与规则形成具有"嵌入接口"的开放形态。工程组织的形成一方面汇集了一定的要素，另一方面使上述标量要素"矢量化"（图5-21）。矢量化体现为两种形式，一是自主性要素的"线性化"，即自主性要素思维与行为的复杂性、多值性与随机性在工程层面被规制为依附

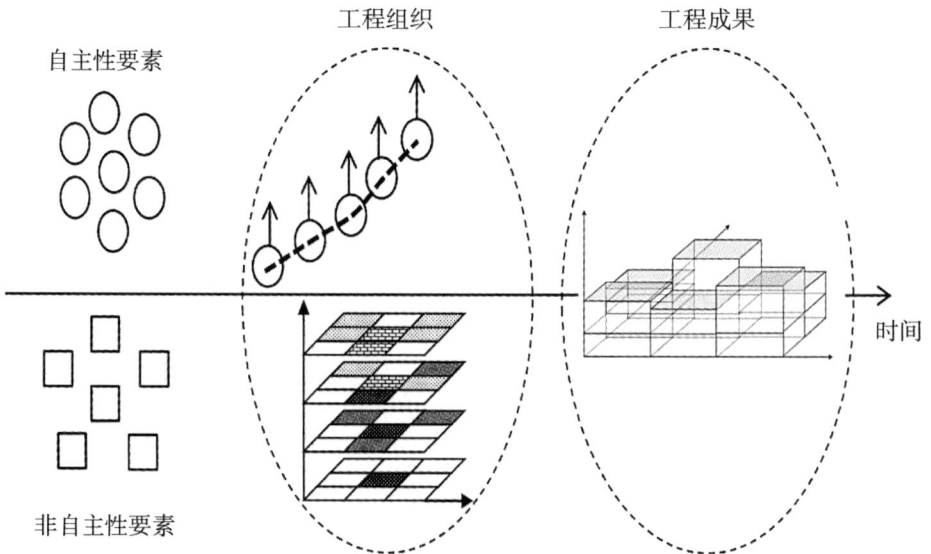

图 5-21　工程组织要素矢量化过程

于相应工程建设或管理行为的线性行为集合；二是非自主性要素的"编码化"或"栅格化"，即各类物质实体、技术与规则、资金等要素在工程目标体系的时空坐标中被设置相应的"编码"，形成工程体系的"栅格"，从而依据编码组合物质，整合转化能量，形成造物的成果。

2．工程组织的运作高效性是基于工程要素多边匹配化

要素矢量化的目的是建立要素间的"多边匹配"状态。"多边匹配"即确定各矢量化的工程组织要素间联系节点的匹配关系，使不同要素在工程目标约束下能效（权值）尽可能达到最大（针对特异性的工程，如土建工程等），或者形成稳定的匹配解（针对阶段性同质工程，如工业工程等），上述过程可以被转化并描述为最大化线性目标函数的线性规划问题。因此，工程组织所建立的要素"多边匹配"状态实质是要素匹配的最优解集合。在最优解下，工程组织内核实现了运作"高效"。

以美国太空探索活动为例，美国宇航局（NASA）仅仅是该宏大造物活动的"导演"，众多的商业化科技公司才是美国太空探索的主角，而这些主角们作为工程组织中的要素，它们在航天目标的约束下，由宇航局确定不同企业在航天计划中的目标、作用和关系等即确定它们的相互匹配关系，充分发挥各企业的优势技术、资源等，构成航天计划的最优解集，实现要素间的"多边匹配"。

在阿波罗载人登月计划中，经过甄选后，其主要设备分包由不同的商业公司提供，如指令舱和服务舱是北美航空工业公司提供、登月艇则由格鲁门航空太空公司负责设计与制造，这些商业公司在该计划中扮演着不同角色，它们高效协作，共同构成了该计划的最优解集，达到"多边匹配"状态，最终实现组织的运作高效。此外，在造物活动中，战略合作关系的构建，很大程度上会保证"多边匹配"状态的稳定。在阿波罗登月计划中大放异彩的北美航空工业公司就是凭借其之前在美国"水星计划"中出色的表现获得服务资格，类似的合作关系的塑造，可维持"多边匹配"的稳定性。

5.3.2.3　工程组织运作"高效性"的维持与消退

1．工程组织的运作"高效性"在于形成内生耗散结构

工程组织能够内生建构并一直维持自身的"高效"状态，主要原因是其内生耗散结构的形成。工程组织在一定时期是一个相对平衡的系统，组织的要素矢量化与多边匹配过程逐渐模式化与规则化。然而这一体系的熵值越来越大，一旦其熵值达到临界值时，将会出现热寂，使组织无法适应外界条件的变化[5-35]。上述情况将"倒逼"工程组织的内部构型做出内生改变，使得其由平衡结构向耗散结构转化。工程组织内部形态的变化过程可以被描述为一个负熵导入的过程。这一过程的核心在于把新的物质、信息以及能量持续地传送到组织内部（如创新管理模式、运用新技术、优化管理手段等），使组织有序度增加，无序度减少，负熵大于正熵，形成耗散结构。

内生耗散结构的存在是工程组织保证自身运作高效的重要手段，促使工程组织从无序状态过渡到耗散结构以维持工程组织系统的高效稳定。工程内生耗散结构的塑造，是在组织远离平衡状态时，工程组织保持高度开放的状态，保证组织可时刻与造物活动所处的外界环境进行物质、能量和信息等的交换，从而使组织能产生负熵流，使工程组织的熵减少，实现工程组织在时间上、空间上和功能上的有序状态，进而保证其运行的高效性。故在工程组织运行中，特别是在其运行出现问题时（如偏离工程组织预期的计划、目标等），需保证组织的高度开放性，并按照规划，合理有序地保证造物工程生产要素（如物质、能量和信息等）的投入，实现工程组织合理有序结构的塑造，再次将工程组织拉回到高效运转的轨道上来。

内生耗散性的存在使得工程组织有更好的环境适应性，能对环境的变化进行快速反馈，并在组织内部构建新的结构状态，保证组织由低级向高级转变，在造物环境日趋复杂多变的情况下，这显得格外"珍贵"。

然而，造物活动具有生命周期属性，工程组织是造物活动的有机构成主体，工程组织在某个时间点也必将消退。工程组织的消退，是工程组织的熵增大的结果。在造物活动生命周期的"后段"，虽然物质、信息、能量等要素的交换时时刻刻发生在工程组织与外部的环境间，然而这种交换的强度伴随"时间的流逝"而逐渐减弱，即进入工程组织内部的物质、能量和信息等逐步减少，组织能产生负熵流减少，工程组织的熵增大，导致工程组织在时间上、空间上和功能上向无序状态发展，发展的最终结果是工程组织的最终消退。

2．组织熵的阈值是工程组织运作高效性的分水岭

工程组织会因为一个微小的随机扰动及其放大作用而打破动态平衡状态，进入不稳定阶段，在达到一定的阈值水平后又会通过自组织重新达到新的动态平衡。因此，现代工程组织竞争力的一个关键因素是准确把握组织熵的阈值，及时从环境中摄取大量的物质、能量和信息，进行相应的内部构型变化，建立组织的耗散结构[5-20]。耗散结构的一个重要特点是虚拟属性的要素（如技术、管理和思想等）在组织输出中的权重高于实体属性的要素（如资源、资金等），一个工程组织产出效率的提升在于其耗散结构形态的优化。

工程组织内外的微小扰动发展成宏大涨落的基础是高度开放的工程组织具有"耦合"功能。耦合是在开放条件下，很多复杂因素共同加强或削弱某一因素的行为，然而这并不是单纯的线性叠加，而是很多因素共同作用的结果。工程组织的"耦合"功能，使得共同加强微小涨落成为可能，最终成长为巨大涨落，导致工程组织突变成非稳定状态。

组织熵的阀值是工程组织运作高效性的分水岭，高效的计划管理有助于实现阀值的确定，然而这种确定并非精确的。因为工程计划是依据已建立的工程生产要素的最优解而事前确定的造物活动流程，是建立在对内外环境充分考虑之上的，而根据计划适时投入的工程生产要素在很大程度上保证了组织能"跨越"熵的阀值，但是很难精确定位组织熵的阀值，组织熵的阀值可以看作一种信号状态。造物活动内外环境终究是复杂多变的，故应急管理措施是工程组织顺利实施计划管理的重要补充。此外，科学技术的日新月异正在深刻地改变着造物活动，传统造物活动中对实体属性要素的依赖在当前的造物活动中已经减弱，取而代之的是管理、理念、决策和知识等具有虚拟属性的生产要素，此类虚拟生产要素的投入是保证工程组织的运作高效的重要手段。如目前知识管理理念在不同的组织内部得到广泛的认可，知识管理保证了组织的知识获取、分享和应用的高效性，进而帮助组织实现运作的高效性。

5.3.2.4　实现工程组织的运作"高效"要坚持以人为本原则

1．人是工程组织中最重要的资源

人是生产力中最活跃的因素，各项其他资源只有通过人的主观能动性的发挥才能实现工程组织"造物"的过程，并实现为人类服务的目的。从微观角度来看，工具、技术、时间、信息等资源都是静态的、被动的，只有发挥人力资源的积极性、主动性和创造性，才能引导其他各类物质向着计划的目标发生组合、流动，形成最优解。从宏观角度来看，工程项目的活的灵魂也是人，工程诞生的灵感来自于人，并在建成发挥作用后对周边环境产生影响，小到一般性项目的经济效益，如一个住宅小区的建设理念直接影响到产品定位和后期销售，大到巨项目的经济、社会、环境综合效益，如三峡工程的规划装机总量、移民的安置、对长江生态的影响，牵一发而动全身，这都需要借助于人的把控。

早期工程组织的"人海"战术，主要的生产要素就是人，依赖于群体的力量和智慧，可以说，没有足够数量的人，就没有长城、金字塔这些世界奇观。中期工程组织

的"人—机"系统，也是人创造了帮助其生产的大机器体系，没有人就没有这个时代的出现。现代工程组织的"人—机—网"系统中，人力资源的相对数量虽然减少了，但项目规模的庞大造成绝对数量仍然十分庞大，这一组织中的人力资源承载着科技、信息等资源，提供了几何倍增的生产效率。

工程组织的"造物"过程和发展历程都表现出人力资源在其中扮演的举足轻重的角色，以人为本强调人的因素是管理中的首要因素和本质因素，工程组织的管理工作就是充分开发人力资源。

2．人在工程实施中的主体地位

工程组织实施的管理活动是以人为主体进行落实的，无论是资源的利用，还是制度的制定与实施最终都落在具体的人身上。以人为本揭示了这一本质规律，强调人的主体地位，只有人的作用充分发挥，才能更有效率地实现管理目标。只有人才能不断地学习，更新人力资源的内涵并重新组合其他各类资源，使组织保持活力，推动组织的重构适应不断变化的外界环境，因此，人的学习是保证工程组织可持续发展的根本。人在对工具、技术、信息等资源进行整合过程中主观能动性的发挥能够形成创新成果，人与人在工程组织中发生或公或私的接触，相互之间的交流碰撞诞生新的灵感，是工程组织不断进步的驱动力。

工程组织活动的基本落实，工程组织的与时俱进及演进发展，都离不开人发挥的主体作用。要形成优化的人文环境，达到良好管理的标准，就是要实现"尊重人的管理"，即：要尊重成员的人格尊严和他们所带来的价值以及个人潜力，把组织成员作为组织发展的关键和根本。对人管理的最终目的是调动人的积极性，人的积极性调动了，才会产生新的思想和观念，才会在工作中有新的发明和创造，产生新的方法和技术革新，管理的目标才会提前实现。

3．工程组织活动的直接目的是"为人"

工程组织活动是为了满足人类需求而进行的，也就是说其直接目的是"为人"。如果出发点不是建立在"为人"的指导思想之下，那么工程组织就失去了方向，其活动也谈不上什么高效，甚至朝反方向发展，从"高产出"转变为"高破坏"。这里不仅仅指的是从为顾客和用户服务的角度出发，以客户需求为导向构建工程组织形式，还包括考虑到受工程实施影响的其他利益相关者并囊括到工程组织形成当中。从工程组织内部，工程作业人员的利益对于工程顺利实施也是相当重要的，工程组织内部的人员健康与安全机构的存在就是为了提供符合标准的作业环境，做好安全管理、劳动保险、医疗保险等的后勤工作。

4．人性化的工程组织文化是工程活动高效的催化剂

2013年6月神舟十号在酒泉顺利发射升空并与天宫一号实现完美对接，成功地实现了该工程项目的任务，标志着中国的载人航天取得了崭新的成就。这一伟大创举实现的过程中，始终坚持了"勇于创新、团结协作、科学求实、以人为本、爱国奉献"的精神，切合人类内心诉求的工程文化氛围充分催化了航天人的积极进取心，进而圆满完成了这一耗时长、任务繁重的巨项目。

人性化的工程组织文化不仅对工程组织内部的组成人员有着强大的激励作用，并使得他们将人性化的理念运用到项目建设当中，中国载人航天工程八大系统中的航天员系统是第一系统，人性化的设计、研制、生产均围绕着航天员的舒适性展开，整个工程组织的活动以及工程组织活动产品发挥作用过程中，都是热情高涨，有序高效的。

人性化的工程组织文化要求从尊重人的本性出发进行组织建设，组织的崇高理想使成员充满了希望和充实感，为成员的努力工作指引了美好的方向。组织的人性化机制与成员的需要达到共鸣，得到成员的普遍认同，最大化地团结了有效的力量。人们在人性化的组织氛围内能够得到各层次需求的满足，因而这一类型的工程组织文化能够顺利推行下去，并在实践过程中不断发展，与成员的实践反馈形成良性循环，保持旺盛的生命力。

总之，组织机构以及制度建设等是规范人们行为的硬性条件，人性化的工程组织文化是工程获得高效实施的软实力，其影响渗透到工程组织的各个环节、各个部分，不仅对组织成员产生积极作用，也在组织成员的活动中薪火相传，是实现工程组织"高效"运作的遗传基因。

5.3.2.5　信息技术背景下工程组织运作"高效"的建构模式

1．IT重新诠释工程组织的运作"高效性"

近年来，在全球经济一体化形成的竞争压力之下，不论生活还是工作都涌现了海量的信息化需求，从而带动了IT市场的飞速发展。IT系统的规模不断扩大、结构异质化不断增强，不仅使得日常生活和工作的运营稳定高效得到保障，而且能在创新和优化等方面给予支持，从而更好地帮助提高和改善我们的生活质量。

面对来自各行各业的差异化需求，IT服务的响应速度和服务效率已成为决定未来的关键。正因为此，以高效的研发手段作为驱动手段，不断提升核心竞争力，确保自身在快速增长的市场中保持优势地位，已成为业界主流IT服务商们的共识。

现代工程的复杂性愈加凸显，传统的一些组织模式已难以适应大型复杂工程的要求。现代工程要求组织模式应更为扁平化、减少中间层次，提高管理幅度与管理效率，IT等高新技术的出现，催生了各种的工程组织模式，如"工程云组织"模式[5-36]。相较传统的要素矢量化与多边匹配过程，"工程云组织"内部构型在要素的时空配置上有较大的不同。虽然其也存在前述两个过程，但由于"信息装定"的直接化与扁平化，使得自主性要素在工程组织的组合形式发生了较大变化。自主性要素基于确定的、精确的目标（目标曲线来源于信息技术平台的快速供给与给定），直接作用于相应的非自主性要素或与其有耦合关系的自主性要素，从而使非自主性要素的"编码"过程更加快捷与准确，非自主性要素能够实现"跃迁"式的组合与转化过程。"云组织"模式的基本原理如图5-22所示。

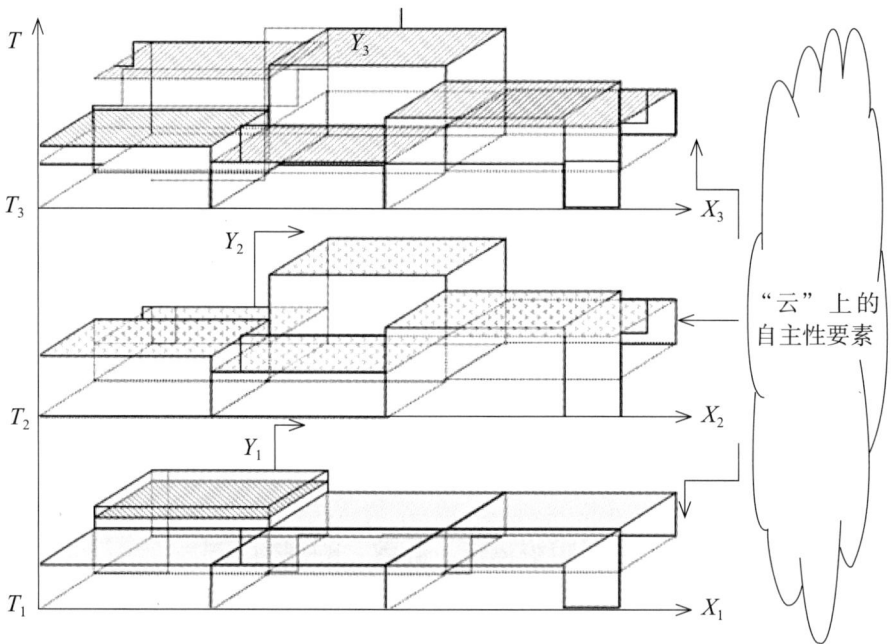

图 5-22　云组织的构成形态

"工程云组织"模式建立了将各个柔性相关的工程组织的有机联系，使得工程组织的效率优化的畛域更为广阔，能够适应更加复杂和庞大的工程实践。

2．IT为工程组织的运作"高效性"创造无限可能

以IBM高效数据库事务处理PureScale技术为例，由于数据量的持续增长，各行各业为了避免客户被动加大硬件和软件的投资，大都选择利用经济高效的方案来扩展自已的存储能力。2009年末，为了满足客户不断增长的业务需求，位于美国得克萨斯州奥斯汀市的Power Systems实验室和IBM多伦多软件实验室共同研发出了为客户提供持续的可靠性和几乎无限的计算能力的DB2。DB2 PureScale可以帮助客户降低扩展计算能力的风险和成本，并且保证他们不需要中断服务，这缘于DB2 PureScale拥有在无须对应用进行调整或对数据库进行调优的状况下使系统的横向扩展能力得到提高的功能。它的这一功能明显优化了在管理上的计算能力，同时也降低了系统中的通信成本。

现代工程的复杂性愈加凸显，传统的一些组织模式已难以适应大型复杂工程的要求。例如，直线式缺乏职能分工，成员之间和组织之间横向联系差，对管理者要求素质高，只适用于小型组织；职能式过分强调专业，配合差，对环境适应性差，不够灵活，成员易着眼于局部目标而降低总体目标；而较多运用的矩阵式又存在欠缺稳定性、双重领导、协调工作量大等问题。而新兴的IT技术，为实现工程组织的运作高效性提供了可能，打开了另一扇窗户。

5.3.3　工程组织的环境适应性

工程组织是一个与外部环境相互作用的开放系统。它总是处于一定的自然、经济、技术、社会、政治、伦理等环境之中，并与环境保持相互联系和相互作用。正如人体的新陈代谢一样，工程组织从环境中摄取各种资源、信息等转变为自身所需要素，同时也释放一些元素、信息到外部环境中，反作用于环境，最终实现自我更新。因此，环境适应是工程组织得以向上发展的前提与人类社会永续发展的载体。

美国达夫特（Richard L. Daft）教授指出："组织是指与外部环境有密切联系，以明确的目标为导向，拥有精心设计的结构和有意识协调活动的系统。"[5-5]理查德·斯格特（W.Richard Scott）教授认为，组织依赖于环境又有利于环境的建构，是使内部参与者互相依赖、联系的活动体系[5-37]。现代管理理论认为组织在与其环境的相互关系之中是个开放系统。工程组织是以工程作为组织对象的组织，也具有典型的组织特征，是一个开放、自组织、不断进化发展、螺旋式上升的系统。

工程组织内部存在大量的非线性关系的规则与模式，是一个复杂的适应性的系统，能够通过"学习"产生适应性生存和发展策略，实现组织创造性演化。工程组织对环境的适应，就是工程组织与环境之间主动的、反复的、非线性的交互作用并实现组织生存和发展乃至创造性演化的过程。

5.3.3.1 工程组织环境"适应性"的动力来源

影响工程组织的环境适应性的因素众多，既有驱动工程组织获得或者加强适应性的因素，也有阻滞工程组织获得或者增强其适应性的因素。

1．在聚集中产生适应力

"物以类聚、人以群分"，我们常常把相似的事物聚集成类——松树、柏树、桦树——然后再把它们看成是等价的。这种聚集的方法便于分析那些相似的情形。既可以是熟悉的片段，也可以是通过将类重新组合生成从未见过的事物。从这个角度可以看出，工程组织构建模型主要采用聚集这种手段。聚集的关键是决定哪些细节与感兴趣的问题无关，从而忽略它们。这样做的效果是，忽略细节的差异，把事物分门别类。而工程组织的建模过程是一种艺术形式的体现，它依赖于建模者的经验和品位。建模者必须决定哪些特性要突出、哪些特性要剔除，这样才能回答问题。

聚集还注重复杂适应性系统做什么，而不只是构建模型。它解释了为什么较为简单的主体的聚集作用，必然会涌现出复杂的大尺度行为。蚁巢就是一个很好的例子，单个蚂蚁非常弱小，且其行为墨守成规，在遭遇人类与其他物种的攻击或者遭遇洪水干旱等灾害性环境下，独立个体只有死路一条。但是，蚂蚁们聚集成群，按照传统构建出精巧蚁巢，并围绕蚁巢分工协作，生活工作，繁衍后代，其群体的适应性就大大增强，可以在各种恶劣环境下生存下来，使其种群得以繁衍生息。蜜蜂构建的由一个个正六边形组织起来的蜂巢也是如此，这些蜂巢精巧无比，类似于人类的城市，蜜蜂们在里边分工协作，既为植物授粉，延续植物代际传递，还为人类制造美味的蜜糖。

关于简单生物体聚集之所——蚁巢和蜂巢的阐述使我们理解了许多更为复杂的现象，如大量相互连接的神经元表现出的智能，各种抗体组成的免疫系统所具有的奇妙特征，或者通过组织弱小的个人群体运用冰冷的机械之后就能够修建金字塔、长城、都江堰、三峡大坝、青藏铁路等大型工程，还能够发射宇宙飞船、建立空间站、探索数千万公里甚至数亿数十亿公里的太空，无数细胞类型组成的生物体也展示了惊人的协调性，还有大城市的协调性和持存性，当然也有工程组织对环境的协调性和适应性。

2．在"流"系中产生适应力

节点（主体）是连接可能的相互作用的处理器，它和连接的出现或者消失由主体是否适应而决定，因此"流"会因为时间的变化、经验的积累反映出变异适应性。流的概念决不仅限于流体的运动。对于工程组织的"流"而言，我们可以想象为是有着众多节点与连接着某个网络上的资源的流动。比如，节点是工厂，而连接是工厂间货物流动的运输线路，这种"流"形成〔节点（工厂），连接者（运输线路），资源（物料）〕三合一的组合系统。

工程组织就是一个典型的"流"系，将工程、参与主体及生产要素连接起来，构成一个完整的多元复合系统。其核心是工程，组织是纽带，工程组织是此流系之节点；合约（契约关系）是连接，类似于工厂的运输线路，将众多参与主体拥有的生产要素通过合约网络源源不断地注入工程组织之中，生产要素通过合约，围绕工程组织这个核心，通过纽带与连接整合为一体，从而实现特定的工程目标。

中国的众多重大基础设施工程，如青藏铁路、三峡工程等如此，其他较小的工程也是如此。以三峡工程为例，节点就是三峡大坝工程主体，而连接着三峡大坝工程主体的与众多参与主体分享收益和共担风险的数以万计的合同（如施工合同、物料采购合同、技术咨询合同、勘

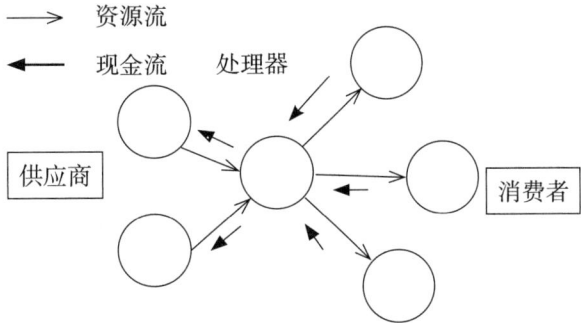

图 5-23　工程组织"流"系

察设计合同等）是纽带，这种"流"形成〔节点（三峡大坝工程），连接者（合同—利益共享、风险共担），资源（物料、信息、技术等）〕三合一的组合系统。

工程组织通过限定关键性的相互作用，即主要的连接，来完善组织的环境适应过程。通过挑选那些有益于相互作用的标识，从而排斥造成不良后果的标识。工程组织的"流"具有两个非常著名的特性，即乘数效应与再循环效应。

第一个特性是乘数效应（Multiplier Effect），是指在某些节点上注入一定的资源，将会通过此非线性系统产生出更多的资源，衡量此连锁反应大小比率的就是乘数。乘数效应概念来自于经济学，并逐渐扩散到其他学科。

在经济学领域，乘数效应是一种连锁反应程度，衡量经济活动某一变量发生变化而造成经济总量的改变，是一种宏观的经济效应。这里的乘数效应包括很多种类，如支出乘数效应是指支出在消费端变化会导致总产出发生数倍的扩张或者数分之一的收缩；增加或者减少财政支出的乘数效应表现为扩大经济总量或者缩小经济总量；增税或者减税的税收乘数效应表现为收缩经济总量或者放大经济总量。

对于区域经济学而言，其相关的乘数效应是指通过产业关联和区域关联对周围地

区发生示范、组织、带动等作用，通过循环和因果积累这种作用不断强化放大、扩大影响。

通常情况下，资源从一个节点传输到另一个节点，会产生一连串的变化。不管所需资源是信息、货物或者货币等，网络和流都具有乘数效应的特征，而当工程组织进化变易发生时，乘数效应会更加明显。

工程组织中的乘数效应表现在多个方面，比如绩效评价机制等制度的变动将可能导致巨大的组织行为变迁，绩效考核机制的激励模式可能从公布执行开始扩散并逐步演化为巨大的正效应或者不良的负效应，新技术的扩散也会表现出比较大的乘数效应等。

第二个特性就是再循环效应（Recycling Effect）。当资源实现再循环时，相同的原材料输入，会在每个节点上产生更多的资源。

在生态产业、工程和循环经济中，为了减少最后的废物处理量和成本，一般在输出端会综合回收、利用废弃物，使之形成可再利用资源。化工流程的再循环是指由于物料经反应器并未完全反应转化，反应后需将未转化的原料分离出来，重新送回进料口，加入新鲜原料中再使用，即将物料由流程下游反馈到流程上游。

工程组织常常发生再循环，循环往复不断上升，从早期、中期发展到现代，并还将发展到未来的某种形式。如在造物活动中，部分材料、资源等是可以循环利用的，实现再循环效应。特别是在建筑工程中，如大规模的模板材料的循环使用等。

3. 在多样性中产生适应力

每种主体都有其限定的适合自己的生态位，因为主体要依靠其他主体提供的环境而存在。而对于工程组织，多样性的产生正是因为新的主体可以产生与该主体在组织中相似的效应而替代该主体。工程组织的多样性是一种动态的模式，具有持续性和协调性，一旦原状被破坏就会迅速作用，回复到原来的样子[5-38]。然而每次的重塑是不断适应的结果，是一次新的创新与成长。工程组织的多样性，实际上就是一种柔性，是与工程本体、工程环境及工程所需物料等资源的相适应的柔性。柔与刚相对，柔性的工程组织，在不同时期、不同工程本体需求、不同组织环境等状况下表现出的多样性，正是其柔性的表现形式。

柔性的力量无穷，正所谓"至柔至刚"。多样性是柔的体现形式，聚集资源的内核则是其刚的一面。工程组织一定是刚柔相济、单一性与多样性并存的复杂适应性组织系统。

5.3.3.2　工程组织环境"适应性"的运作机制

工程组织的适应性是由多个方面的机制共同作用而成，包括标识机制、内部模型机制及分解与还原机制。下面详细描述这些适应性机制。

1．工程组织的标识机制

工程组织的标识机制是为了更好的聚集和边界的明确，就好比同一个班级或者同一个学校的班服和校服一样。又比如美国志愿者陈纳德创立的飞虎队使用勇猛无比的老虎作为其队徽与旗帜图案，漆于战斗机头部的鲸鱼牙齿成为飞虎队飞机的标识；再比如，中国传统军队中的各种旗帜、店家的招牌等直到现在的注册商标、企业LOGO以及QQ空间与微信空间的头像等都是典型的标识。

标识为选择难分辨的目标、主体提供依据，为工程组织选择、合作和特化提供基础，更好地促进组织选择性的相互作用，并保证该作用不受组织变化的影响。

2．内部模型机制

工程组织是一个复杂的非线性系统，其长期运行状况难以预测。但在一定程度上，其短期内的状况是可以预测的。一般的预测行为基本上都是基于对非线性系统的简化，即线性化来实现，比如外推性预测模型等。

内部模型使得工程组织能够预知某些事情。构建模型的基本手段是剔除细节，强调所选择的模式。我们所感兴趣的模型，存在于工程组织的内部，主体需在输入端中挑选出来相应的模式，并将其转化为内部的变化，即模型，必须使主体能够预知，即认识到当该模式（或类似的模式）再次遇到时，随之发生的后果将是什么[5-39]。

3．分解与还原机制

人类拥有能把一个复杂的事物分解成多个部分的能力，当然，组成部分的划分绝不是任意的。人们能够通过经验的积累和学习，把复杂的事物分解成那些已经被认证能够再使用的元素，再构成不同的组合。

例如，当遇到"一架飞行中的客机机舱可能向上前方向45°漏气"这一情况，虽然我们以前没碰到过类似状况，但是我们也会采取一系列的方法来处理。人类面临诸多不确定性的状况，规制确实具有相对稳定性的，以规律与规则应对千变万化的现实状况，将会取得希望的结果。我们当然不可能发现一切潜在运行的规律，也不可能为一切可能发生的情况准备一系列完备的规则。但是历史会告诉我们，哪些东西比较有效率，哪些东西不再具有效率，哪些不能再采用等。

因此，当遇到一些新情况时，工程组织为了适应外部的改变，一般会采取由历史经验和规律得到的方法来行动，以此达到满意的效果。这也反映出工程组织要强调对之前参与项目的技术、经验等方面的积累、分享与应用，以备不时之需。

分解与还原是典型的线性思维模式，是在人类初级阶段逐步发展起来的看待与认识世界的基本方法。虽然世界都是非线性系统，但在局部看来具有一定程度的线性特征，完全可以在误差允许的范围内使用分解与还原机制。

随着科学的发展，分解与还原机制将可能进入历史，在可以预期的将来其还将持续存在，不会消亡，也可能还会被发扬光大。

工程组织通过标识机制、内部模型机制及分解与还原机制提高工程组织的环境适应性。工程组织通过标识机制的选择性相互作用，识别最适合造物活动的参与者（利益相关者），参与者的有机组合，必须保证当工程组织的各部分不断变化时，它们之间的相互作用仍然能维持，这是提高组织环境适应性的基础；在造物活动生命周期内，工程组织内部，当物质、能量和信息等大量涌入时，依赖于内部模型机制，预测造物活动短期内可能发生的变化，以实现对各类"变动"的最有效管控，提高组织的环境适应性水平；最后，造物活动的复杂多变，难免遇到"始料未及"的新情况，在分解与还原机制的辅助下，工程组织依赖于先前项目的经验、规律、规范、法则等，在客观分析新情况基础上，采取恰当的方式处理新情况，取得满意结果，组织的环境适应性再次提升。

5.4　工程组织的未来发展

工程组织创新的实质是基于新的工程为目标，所进行的人、资源等群体要素的重新选择与建构，最终归纳演绎出新的理论范式。工程活动的实践证明，工程组织的创新与发展主要来源于工程本体的变化，理论范式的转变则为这一创新提供了理论基础。

5.4.1　未来组织结构的发展趋势

工程组织存在的一个重要目标是通过任务结构和权力关系的设计来实现组织的协调，以服务于工程目标的完成。组织结构是工程组织的外在形式化表现。工程建设中各项工作如何分配、谁向谁负责、内部协调机制如何，乃至各种规章、职务及权利关系都属于组织结构的范畴。

　　首先，工程本体的变化是引起组织结构变化的原因之一。工程本体的变化，包括工程规模、难度、资源量、目标的变化等往往先于其组织结构的变化，并最终催生新的组织结构。此外，工程的政治、经济、社会文化、技术等外部环境及工程目的的变化也对其组织结构有所影响。所以，工程组织的变化是工程内外部共同作用的结果（图5-24），工程组织的变化根本上来说是组织对工程本体及其外部环境的适应性的映射。未来工程组织结构的演变，以及工程本体与组织结构的演进趋势已成为工程管理理论的一大难点。

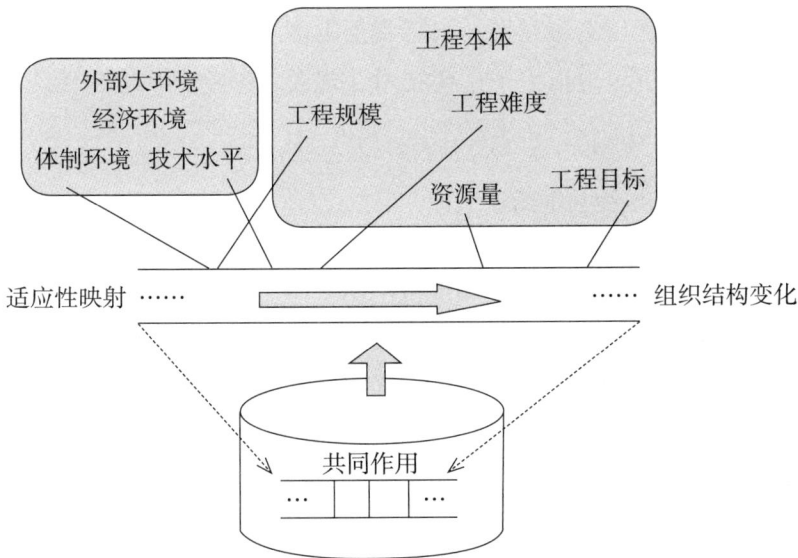

图 5-24　工程组织结构变化映射图

　　工程组织的适应性要求组织既能适应当前的环境要求和组织内部条件，又能一定程度适应未来的外部环境要求以及未来的内部条件的变化。所以，传统的工程组织形态在今天仍然发挥着巨大的作用，在某些传统的工程领域，技术更新缓慢，对知识要求不高，以资本和人力投入为主，固有的组织模式完全能够满足工程目标的需要，强制性地嫁接新组织形态只会适得其反。另一方面，在某些新的工程领域，如航空航天领域等，其变化的速度却超乎大多数人的想象，组织形态不随之变化，就难免成为僵化的巨人，被竞争所淘汰，这也是近二十年来不断有新的组织形态出现的原因。同时，工程所处政治环境、社会环境的变革，也迫使组织形态随之而变。犹如在中国计划经济向市场经济的转轨过程中，铁道部已经变成了铁路总公司，在石油、电信等领域也对民营资本敞开大门的情况下，完全依靠命令与计划的组织形态会自然消亡，取而代之的是以契约与利益为纽带的新组织形态。这并非组织自身或工程本体的原因，而是它存在的土壤已经发生了变化。

所以，对于未来工程组织变革趋势的判断，需要对工程内外部因素的变化有清晰的认识和准确的预见。完全准确地预见未来是困难的，但可以肯定的是，传统的工程不会消失，新兴的工程将不断涌现，新旧组织形态将在长时间内共存。作为工程的管理者而言，需要解决的是工程的组织与工程是否相适应的问题，而不是一味地求新求变。对于如何判断工程的组织是否需要变革，很难有一个准确的标准，但当工程出现目标难以达成、士气低落、创新能力下降等征兆时，也许就是工程组织进行变革的合适时机。而对于工程管理的研究者，则需要把更多的注意力投入新兴工程领域，因为新的组织结构往往更多地诞生于这些技术、规模、影响力都远超传统工程的新领域中。

5.4.1.1 "新型网络化"组织结构

在全球化和信息化的大背景下，工程组织进入了知识经济全面革新，全球网络技术与现代信息不断融合、交互发展的新时代。组织结构在原有网络化的基础上，将更多地向组织形式扁平化、组织水平信息化、组织平台虚拟化的"新型网络化"组织结构演变。因此，未来发展"新型网络化"组织结构就体现出如下三个方面特征。

1．扁平化

未来"新型网络化"工程组织结构发展的趋势之一是组织的扁平化。大型复杂工程所导致的组织内人、资源等要素的增加，以及在知识和信息为主要投入要素的工程中，劳动力与资本的重要性下降，使得传统的工程组织在内部信息传递、知识共享、员工创新等方面都存在障碍，导致组织的管理层次增加，信息传递减慢，组织效率下降，管理成本上升。

由于工程对不确定因素的反应能力需求的提升，随着现代信息技术的发展，未来的网络化工程组织对于复杂化问题的处理将以增加管理幅度为主，由传统的金字塔结构向扁平化结构转变。特别是高速计算机管理信息系统的应用，使得新型网络化组织在工程中应用成为可能。该组织是通过密切的多边联系，相互作用、合作来完成共同的目标，而不是像以前一样依靠层级控制来实现目标。密集的多边联系和充分的合作是新型网络化组织最大的特点，也是与传统工程组织形式最大的区别。

以中国大飞机项目为例，其组织结构没有"两弹一星"时期采用的由政府完全承担的"总体设计+行政指挥+技术指挥"的直线型组织形式，而是采用"政府主导+企业主体"的网络型组织。该组织包括了内部网络（上飞、中航商飞、中铝、宝钢等设计、制造、服务商内部）、垂直网络（设计、制造、服务、材料供应商之间）和总体网络（是指工程中不同行业的所有企业所组成的集成网络，如中国商用飞机有限公司对设计、制造、服务商的集成管理）。实现"各取所长、相互协作、各司其职、目标统一"的系统化管理原则，从而有效消除以往类似项目的组织障碍，理顺各方关系。

2. 信息化

随着社会进步和经济发展，工程组织规模不断扩大、市场竞争不断加剧、组织所处的整个社会经济环境更加复杂，使得组织的信息化程度不断增强，网络化组织结构和行动方式向信息化转型。网络组织和信息技术有效融合的组织结构将是工程组织灵活应对内外环境变化、促进组织信息化沟通的重要途径。

新型网络化组织信息化可以实现超链接、多媒体、全方位的动态性信息服务。以2010年上海世博会建设的工程组织为例，其组织结构引入信息化的理念构建了规范的世博会工程组织（图5-25），用以有效地进行世博会危机管理。这个组织结构合理地运用信息传递—信息处理—信息反馈的信息化流程，建立组织内外部各子系统资源整合优化、信息数据共享、各部门之间互联互通的联络架构，实现了组织结构"自稳、高效、灵敏、共享"等目标[5-40]。

另外，网络型组织的信息化发展，所提供的并行与集成解决方案可以解决传统科层组织结构过分强调分工的顺序化问题。工程目标的实现，是业主、设计单位、建设单位、供应商等各级组织共同努力的结果，他们不仅需要任务的安排，更需要紧密的连接。传统组织的顺序性分工在产生效率的同时，也存在割裂各个部门间联系的问题。而在网络型组织中，各个工程的参与者不断通过网络接收其他部门的信息，调整自己的工作安排，同时也不断地向其他参与者发出信息，使得整个工程的推进表现为一种信息数据的传递、收集与加工的过程，最终形成的工程产品则成为这种数据的物质体现。网络型组织信息化未来可以将顺序完成的分工尽可能地改为同时进行，缩短项目工期；在部门间的不断交流与适时调整的同时实现知识资源的优化配置。

因此，随着网络信息技术的普及，工程组织形成信息网络化组织结构将是顺应时代发展潮流、动态提高工程组织水平的又一趋势。

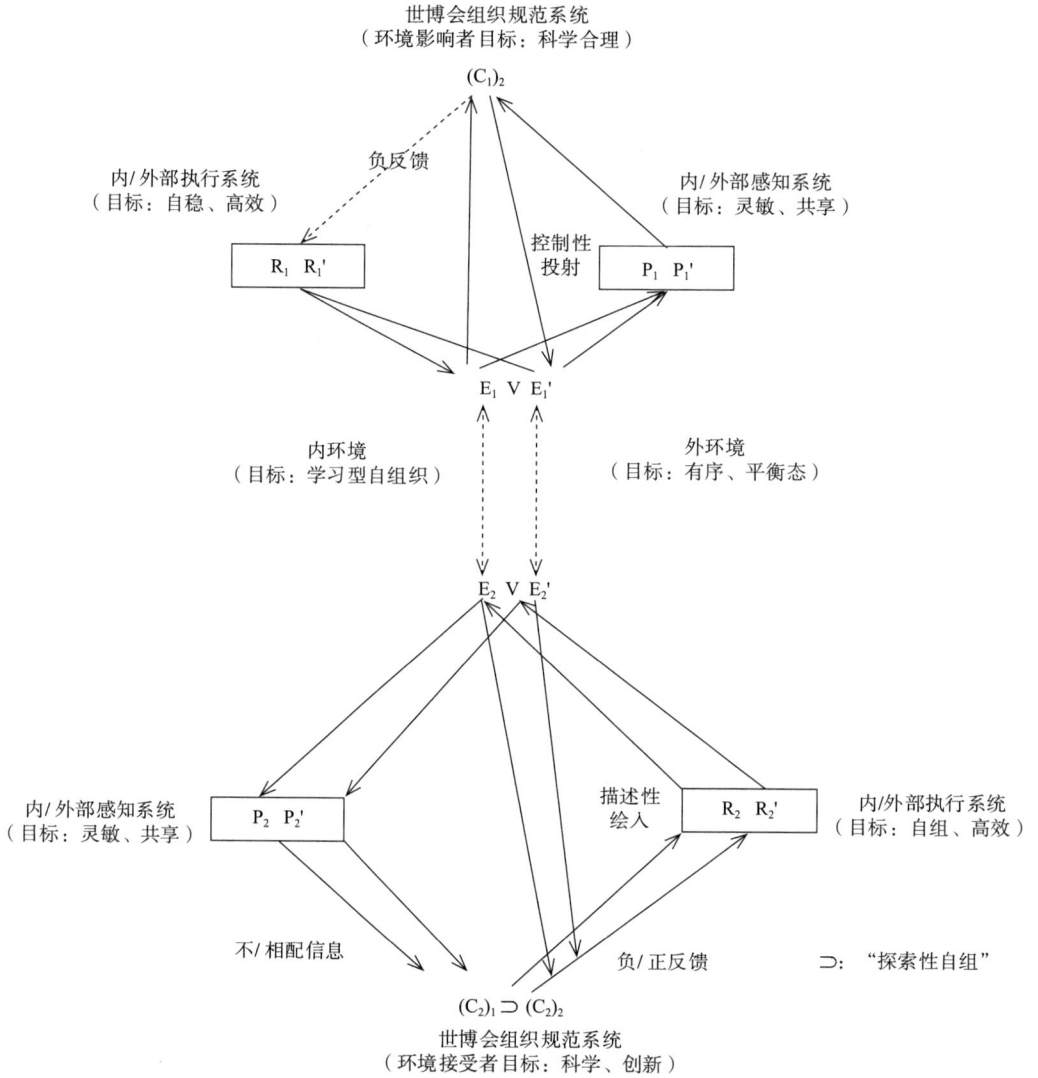

图 5-25　世博会工程组织

图片来源：何清华，李永奎，乐云．上海 2010 年世博会信息化集成与管理系统研究［J］．同济大学学报：自然科学版，2007，35（6）：856-860

3．虚拟化

对于工程网络型组织而言，都存在一定程度的虚拟化。新型网络组织的虚拟化是近年来备受社会关注的热点。通过不断实现虚拟化来参与网络型组织全生命周期的运作，可以敏锐把握市场动向、快速聚集信息资源、迅速推动技术革新，从而满足工程组织发展需求，降低管理风险，节约交易成本。所以推动网络型组织虚拟化也是组织结构革新的重要趋势[5-41]。

推动工程网络型组织虚拟化运作是应对市场竞争加剧、组织内部资源有限、信息渠道急需拓宽的一种高效灵敏的战略。这个战略就是通过保留组织内部最关键、最具竞争优势的功能，虚拟化其他功能，以信息网络为平台，进行资源优化配置。从而最大限度地发挥组织自有资源的优势，达到降低组织成本、提高市场竞争力的目标。网络型组织结构虚拟化可以整合异地资源，是一种超越空间界限的组织模式。在经济全球化加速推动下，社会上劳动力将大量分散于现有固定的组织系统之外，劳动流离、职能外包、通过网络扩张合作领域将会成为新的组织运作形式。虚拟组织结构有利于各工程组织充分发挥自己的核心竞争优势，推动工程组织高水平高质量地发展。

工程网络型组织虚拟化运作重点体现在两个方面，一是组织存在形态的虚拟化。即通过网络信息技术的连接，将组织结构转变为不具有实体形态的无形化结构组织，该组织主要通过互联网实现各种组织交易，从而弱化实体组织结构的作用。二是组织功能形态的虚拟化。即表现为以高速发展的互联网络为支撑，在工程组织管理、设计、运行、调整、联系等功能中，仅仅保留组织核心功能，将其他功能虚拟化，交由外部组织提供的趋势。

因此，新型网络化组织虚拟化成功的关键在于具备核心竞争力的成员组织及组织间核心竞争力的有效整合。例如，现在电子商务技术的更新和基础设施的日益完善使得工程组织内部之间、组织与其他组织之间可以在网络上直接进行组织管理与运行、组织项目建设与经营、组织资源共享与信息查询等活动；通过网络电话、视频会议、电子邮件等技术可以建设工程组织异地的网络化的虚拟工作环境，推动工程组织高效运行。

5.4.1.2 "柔性化"组织结构

面对日益动荡复杂的组织环境，传统固定的、一劳永逸式的组织模式已经不能适应现代组织发展需求，柔性化组织理念以其提高效率与决策、灵活可变、高度协调沟通等优势，日渐成为组织结构变革的方向。柔性化工程组织结构指顺应当前市场发展需求，具备结构简洁性、反应灵敏性、机制灵活多变性的组织结构，该结构能高度适应现代化、高柔度的生产技术。它的本质是"以人为中心"，实现对人性化的管理，具体表现为如下两大特征[5-42]。

1. 团队化组织合作

未来工程组织将更加柔性化，也就是更加重视人的作用。20世纪80年代以来，在信息工程、软件工程等新兴领域，人的知识与智慧对工程的影响越来越大，创新成为决定工程成败的关键。让组织内部人员自觉、自愿地将自己的知识、思想奉献出来，激发人的主动性、内在潜力和创造精神。柔性化工程组织是将工程目标转变为组织内人员的自发行动，工程组织的规范内化为人员的自觉认识。

柔性化工程组织结构实际上是工程组织为了实现同一项目目标，将分布在各个职能部门的、具有不同专业知识和职业技能的成员集中到一个特定的动态团队中，共同协作完成项目任务，待项目完成后所有成员回到各自岗位。柔性化组织结构的关键在于以"团队式合作"的方式来满足工程组织各利益相关者的多样化需求，从而减小工程组织面临的障碍，提高组织决策和行动效率。在工程的设计、研发等创造性要求较高、衡量标准不易量化的部门或单位，组织柔性化将变得更为重要。比如互联网巨头Google公司的项目团队内部，"构建尽可能多的表达渠道，能让不同的人以不同的方式表达不同的想法"被视为构建组织的基本原则之一，通过Moderator、FixIts等内部沟通工具向员工赋权，保持其创新管道的畅通，激发员工的聪明才智并让创新理念可以自由表达。

2. 模块化组织机构

柔性组织结构是以功能的不同来划分的模块式组织，模块组织以其标准化的接口可以快速地与其他模块组织结构重新组合，来完成特定的生产任务。

柔性组织结构形式的最大特点在于，柔性化组织并非是对传统刚性组织的否定，而是把科层制组织结构形式的稳定和效率与临时组织结构形式的灵活性和团队精神结合起来。在模块化组织结构上，以规章制度、目标考核为体现的刚性组织管理是基础，柔性组织是在此基础上的升华，刚与柔的有机结合可以最大程度地实现工程的目标[5-43]。柔性组织可以使一种有机的而非等级制的团队结构与正规化的等级制经理结构并行运行。模块化组织结构在价值观与文化所形成的特定环境实现了跨越职能和部门的人际互动，这一过程又使得生产、传播和积累的知识具备了渐进和持续的创新能力。

5.4.1.3 "无边界化"组织结构

工程组织结构变化的趋势还可能出现在组织边界的变化上。特别是近几年来无边界化组织结构的兴起，在社会上引起了广泛的关注。无边界化组织结构是一种有机组织构成的，其横向的、纵向的或外部的边界不受某种预先设定限制的新型组织设计[5-44]。无边界组织结构是相对于有边界组织而言的，有边界组织为了完全保证组织的稳定与秩序，必须保留其边界。然而无边界并不意味着忽视组织的稳定，或完全否定工程组织必要的控制手段。无边界组织结构也一样必须保证组织结构的稳定性和合理呈现度，只是不能将其僵死化。

1．现代理论无边界

传统工程的组织是依托于现代组织理论，一个明晰稳定状态的组织边界被认为是理所当然的事情。但当工程足够大时，类似官僚主义就会泛滥，每个部门都只是按照组织等级所限定的职责进行活动，而忽视工程的整体目标，不知道自己职责服务的最终目标是什么，也就不会根据所服务的最终目标来灵活地调整自己职责的履行方式和履行内容。越来越多的工程实践表明，现代组织理论所设定的组织边界和范围正在被不断地逾越。

2．组织活动无边界

从组织内部来看，信息扩散速度的加快、工作紧张程度的加剧、协作关系的日益密切使组织的活动突破了传统组织的活动界限。主要表现在两个方面：一是组织职权无边界，上下级之间的界线模糊；二是组织无边界，即组织所在的地域范围十分广阔。特别是一项大型工程的实施，其组织内部已变成了世界性的活动。如高铁一类的交通工程，由于机车技术的要求，组织内部就涉及德国、法国、日本等多个国家，如果考虑零部件分包商则涉及国家更多。从组织的外部边界来看越来越难以区分组织与环境，例如虚拟化发展已成为设计一类的组织的核心生产活动方向。边界的模糊并非对所有边界的绝对否定，只要工程组织存在，稳定和秩序是其存在的前提，边界模糊是在保证这种稳定和秩序的前提下，突破彼此之间的种种界限，以增强组织的灵活性和适应性。

3．组织生态系统无边界

"无边界"组织结构的另一变化趋势是有可能形成以工程本体为核心的"组织生态系统"，组织的共同体和环境的相互作用形成了该系统，而这一群体也是由跨部门、跨行业的企业和个人构成的。在该系统中，有一个或几个中心企业充当着核心的作用，它们领导着和影响着这个生态系统的发展与运动方向，并在经营过程中与这个系统中的其他组织和个人以及另外的组织生态系统建立和形成了一种松而不散、互补互惠的关系，通过合作与竞争走向共同繁荣[5-45]。需要注意的是，在这一系统中的成员及其角色不是一成不变的，成员有进入也有退出，成员间有合作也有竞争，共同的目标和相互的依赖是维系系统稳定的基石。

以美国新航天飞机项目为例，由于高投入、高壁垒、高风险特性，一家企业难以独立完成，项目通过三级竞标机制选择出主承包商，并构建以它为核心、多级供应商配套、产学研结合的橄榄型供应链组织系统。主承包商只承担知识密集的研发、实验与总装，而大量的一级、次级及一般供应商根据专业承担分系统、关键零部件、复合材料等研发制造工作。在这一组织系统中，主承包商纵向联系领导整个项目的运行，而供应商与供应商之间通过横向联系竞争合作推动项目前进，实现在合同约束条件下经济利益的共享。

4. 结构复杂化无边界

另外，由于跨区域、跨国家的大型工程的出现，使得组织结构呈现出复杂性的趋势。这里的复杂性，不仅仅是工程组织中分工更为细致、地理分布更为广泛、横向和纵向等级层次更多，更体现在组织里的人与人之间所表现出的一种非线性的、即时的联结机制。这种机制使得组织结构的复杂性增大，同时表现出动态的特点。同时信息沟通也加强了组织之间的联系，全球化背景下的组织内各子系统以竞合的方式，带来组织结构边界的模糊化。在这种形势下，组织结构复杂性的衡量开始跨越组织结构的边界[5-46]，需用更为宽广的视野来解释组织结构的这一重要特性。

除了以上趋势以外，供应链管理创新、集成化管理的创新等也日渐成为组织结构未来的发展动向。工程组织在功能体系（如工程目标的新的分解方法）、管理结构（如工程管理部门职能的调整、内部工作流程的改进）、管理体制（部门间职责权限的重新划分）、管理行为（规章制度的变化）等方面都存在创新的空间。

5.4.2 工程组织理论范式的发展趋势

组织结构的变化与发展其实只是一种直观的表象，就其理论根源，可以认为是工程组织理论的一种变化。过往的工程组织理论一是来源于工程实践中所获得的经验，二是吸收其他管理学门类的知识。工程组织理论的发展根植于对工程实践中所遇到的各种问题和所从事的各种实践活动，通过收集对自己有用的理论方法，并加以集成、创新、扩展，形成并丰富自身的理论体系。

5.4.2.1 传统组织理论范式

从古典组织理论、科学组织理论到现代组织理论的演进过程可以清晰地看出，组织理论的发展有其内在规律与逻辑。传统的组织基础强调的是"被组织"或"他组织"。"被组织"是指事物不是自发的成为组织，而是被动的，受到外界的干扰与驱动形成的空间的、时间的或功能的结构[5-47]。无论是东西方的工程管理组织，均经历过漫长的"被组织"的阶段。泰勒（Frederick Taylor）的"科学管理"[5-48]、德鲁克

（Peter F. Drucker）的"目标管理"[5-10]，项目管理中的WBS，其思想根源均来自于"被组织"。在当时的工程目标、技术水平、经济环境约束下，"被组织"形态是符合目标需求的。如美国国防科技项目的"集中+分散"组织模式，我国早期武器系统开发所实施的"一个中心（总设计中心），两条指挥线（技术指挥线与行政指挥线）"组织模式，苏联的军事工业委员会制度均属于此类。工程组织在这一思想下，是将整个工程组织视为一台运转机械或精密的钟表，每个人如同齿轮，每个部门视为齿轮组，各个部分的边界明确，任务清晰，只要每个部分能够完成规定的任务，工程总体的目标就能实现。此类组织是以集体和标准化的知识为基础，以形式化、专业化、标准化和集权为特征和指导原则的组织结构形式。

此种组织形式的缺陷在于忽略了因专业化分工而造成的知识分化，这一分化快速地推动了组织知识的增长，知识的传播和利用发生了翻天覆地的变化，而使用价值高的专业化知识已经成为社会组织所利用的主要类型。

5.4.2.2　自组织理论新范式

鉴于传统组织理论缺陷，工程组织的形式必将经历从"被组织"范式到"自组织"范式的转变。"自组织"也就是指事物自发地形成组织的过程。自组织系统无需外部指令而自行组织、自行创生、自行演化、自行创新、自行发展，是一个不断从无序走向有序的过程。很难说在工程领域存在完全的自组织模式，但不可否认的是，20世纪80年代以来，由于人类进入到一个创新密集为特征的后工业经济时代，技术密集型和创新密集型的工程日益增多，给"自组织"模式的发展带来了契机。无论是"学习型组织"还是"柔性组织理论"，乃至"云组织结构"，其根源在于对组织中的人的重视，表现为组织结构更加扁平，层级更少。从某种程度来理解，"自组织"范式使组织结构从典型的金字塔形转化为由高层管理者的权力更多地向工程的其他参与者分享的"中心—边缘"双元结构。

完全"自组织"的工程组织在当下并不存在，但这是工程组织未来发展的趋势。因为工程建设自身的内在价值在完成工程目标的过程中被实现，与此同时，每个构成工程组织的参与者，其发展既受其他组织的影响，亦影响着工程的整个组织群体。在合适的环境下，自组织有可能成为工程项目持续改进以适应动态的基础。把工程组织作为一个复杂的自组织体系，可以协同单个组织与群体的发展意识，避免局部变化的积累导致整个工程项目动荡的情况发生，这也是对工程复杂性与动态性认知的需要。

自组织范式与被组织范式是辩证统一的存在，组织既需要被组织或他组织的理论支撑，又需要从自组织范式中汲取创新、成长的养分。自组织原则要求创设出激发组织成员能动性、持续学习与创新的组织结构，通过自主性的存在连接起相互独立的成员。

对于自组织理论在工程管理中的应用，主要体现在管理工程中为了又好、又快地适应外部条件的变化，应减少使用从上到下的直线管理方法，利用组织多维架构，增大横向流程管理力度。但在中国的工程管理实践中应用自组织并不是一件容易的事情，因为自组织的实现最大的问题在于权力的集中与分配。由于受到传统的集权思维影响，集权的理念在项目开始之时即扎根于中国工程的高层管理者思维中，又出于对项目失控的担心，为了规避风险，集权的管理方式成为更安全的选择。同时，缺乏分权模式下如何更加行之有效的管理方式，使得分权缺乏行之有效的手段。所以，自组织理论的应用多出现在IT、网络、信息等以市场为导向工程领域，而在政府主导的工程领域却少之又少。

此外，复杂多变的造物环境，使得造物活动本身愈发复杂，进而导致指挥造物活动的"中枢系统"——工程组织的开放性、系统性逐步增强。一方面，信息网络化的快速发展，使得造物活动的全球协作成为可能，工程组织全球范围内甄选、采纳适合造物活动的资料，即工程组织凭借其强大的"聚集"效应，吸附全球合适的造物资料服务于造物活动，开放性是全球资源进入造物活动的基础。伴随造物活动的复杂性，为保证造物活动的顺利开展，造物活动所需资源（如资本、人力、技术等）愈发多元，工程组织愈加开放，不同造物资源能顺利进入造物活动的机会就会增多，造物活动就愈发有保障。工程组织总是趋于自发的无序化发展，即向熵值增大的方向发展，此外工程组织有时偏离正常轨道，工程组织开放性的存在，使工程组织可时刻与造物活动所处的外界环境进行物质、能力和信息等的交换，及时获取外部资源，导致负熵流，组织的熵减少，组织向合理有序的方向发展，保证工程组织运行的高效。另一方面，工程组织的系统性愈发增强。新技术、新理论等的运用使得造物活动包含的工程生产要素种类繁多，选择空间范围增大，特别是社会责任理论的发展与重视，使得造物活动的人力生产要素，即利益相关主体范围迅速扩大，这需要工程组织的系统性的增强，保证不同的造物活动参与者能明确分工，提升专业化水平，在工程组织的指导下，增强对造物活动规律性的认识，遵循严整有序的规则，造物活动能循序、系统、连贯地进行，以实现造物目标。

总之，工程组织不断地发展与进化，来自于工程的本体、环境、要素变化过程中带来的不确定性因素的不断注入，这种不确定性因素越多，所带来的创造点越多，组织管理的自由度增大，组织的形态愈丰富。这一变化的结果是组织创新的产生。从工程组织创新看，可以表现为结构创新、理论创新等层面。新型网络组织、柔性组织、无边界组织等都是组织结构创新，而从"被组织"向"自组织"转变则属于根本性、革命性的变革，是组织理论的创新。

参考文献

［5-1］ 哈罗德·孔茨. 管理学：国际化与领导力的视角［M］. 北京：中国人民大学出版社，2014.

［5-2］ 赫伯特·斯宾塞. 社会学研究［M］. 北京：华夏出版社，2001.

［5-3］ 亨利·法约尔. 工业管理和一般管理［M］. 北京：中国社会科学出版社，1985.

［5-4］ 马克斯·韦伯. 韦伯作品集IV：经济行动与社会团体［M］. 桂林：广西师范大学出版社，2004.

［5-5］ 理查德·L·达夫特. 组织理论与设计（第10版）［M］. 北京：清华大学出版社，2011.

［5-6］ 敖麟，金和平. 三峡工程管理系统（TGPMS）的总体结构［J］. 中国三峡建设，1998（9）：22-24.

［5-7］ 苹果公司. 供应商社会责任进展报告［R］. 美国加利福尼亚州：苹果公司，2012.

［5-8］ 西蒙H.A..管理行为［M］. 北京：北京经济学院出版社，1988.

［5-9］ 赫伯特·西蒙. 管理行为［M］.北京：机械工业出版社，2013.

［5-10］ 彼得·德鲁克. 管理的实践［M］.北京：机械工业出版社，2009.

［5-11］ 科斯. 论生产的制度结构［M］. 上海：三联书店上海分店，1994：1-24.

［5-12］ 刘安. 淮南子·精神训［M］. 北京：华夏出版社，1995.

［5-13］ 冯·贝塔朗菲. 一般系统论：基础、发展和应用［M］.北京：清华大学出版社，1987.

［5-14］ 达夫特. 组织理论与设计［M］. 北京：清华大学出版社，2003.

［5-15］ 田鹏颖. 社会工程——现代社会把握世界的基本方式［J］. 中国社会科学，2008（4）：96-107+207.

［5-16］ 亚里士多德. 政治学［M］. 北京：商务印书馆，1965：199.

［5-17］ 腾尼斯. 共同体与社会［M］. 北京：商务印书馆，1999.

［5-18］李伯聪．工程共同体研究和工程社会学的开拓——"工程共同体"研究之三［J］．自然辩证法通讯，2008，30（1）：63-68.

［5-19］韦森．个人主义与社群主义——东西方社会秩序历史演进路径差异的文化原因［J］．复旦学报（社会科学版），2003（3）：1-8.

［5-20］陈建华，肖东生．基于熵理论的企业组织创新分析［J］．经济与管理，2007，21（3）：62-66.

［5-21］刘园园．我国工程伦理失范与工科学生工程伦理教育［D］．株洲：湖南工业大学，2013.

［5-22］李伯聪．关于工程师的几个问题——"工程共同体"研究之二［J］．自然辩证法通讯，2006，28（2）：45-51.

［5-23］李伯聪．工程活动共同体的形成，动态变化和解体——"工程共同体"研究之四［J］．自然辩证法通讯，2010（1）：40-44+16+126-127.

［5-24］李伯聪．工程社会学导论：工程共同体研究［M］．杭州：浙江大学出版社，2010.

［5-25］尚艳玲．南水北调重在环境保护［J］．时事报告，2003（1）：35-37.

［5-26］丁士昭．工程项目管理［M］．北京：中国建筑工业出版社，2006.

［5-27］王秀模，袁国敏，雷立．长江三峡工程的后管理模式的科学选择——坝库合一初论［J］．经济问题探索，2010（12）：20-23.

［5-28］陆佑楣．三峡工程建设项目管理的实践［J］．中国三峡建设，2002（1）：3-4+51.

［5-29］夏征农编．辞海［M］．上海：上海辞书出版社，1999.

［5-30］Chandler，A.D.. Organizational capabilities and the economic history of the industrial enterprise［J］. Journal of Economic Perspectives，1992，6（3）：79-100.

［5-31］贺新闻，王艳，李同玉．美国国防科技重大工程组织管理模式及其启示［C］．2011国防科技工业科学发展论坛论文集，北京，2011：7.

［5-32］李同玉，孔德成，李存金．国防科技重大工程组织管理模式演进路径分析［J］．科技进步与对策，2012，29（24）：42-46.

［5-33］金和平．三峡工程管理系统的设计，开发与实施［J］．水力发电，2000（6）：52-54.

［5-34］廖福生．"两弹一星"工程中的组织传播研究［D］．成都：成都理工大学，2011.

［5-35］陈建华，肖东生．基于熵理论的企业组织创新分析［J］．山西财经大学学报，2007（3），73-77.

［5-36］任宏．巨项目管理［M］．北京：科学出版社，2012.

［5-37］W·理查德·斯格特，杰拉尔德·F·戴维斯．组织理论：理性、自然与开放系统的视角［M］．北京：中国人民大学出版社，2011.

［5-38］张保银. 经济管理复杂适应系统理论与仿真研究［D］. 天津：天津大学，2002.

［5-39］谭长贵. 复杂适应系统的主体性存在与实现［J］. 学术研究，2007（4）：66-71.

［5-40］何清华，李永奎，乐云. 上海2010年世博会信息化集成与管理系统研究［J］. 同济大学学报：自然科学版，2007，35（6）：856-860.

［5-41］范静. 面向虚拟组织的组织虚拟化进程、机理及评价研究［D］. 西安：西安理工大学，2008.

［5-42］孙健. 柔性化组织的管理理念［J］. 中国行政管理，2007（9）：60-62.

［5-43］罗珉. 知识创新与组织结构形式［J］. 当代经济管理，2007，29（5）：1-6.

［5-44］顾春景. 企业组织结构发展概述［J］. 沿海企业与科技，2006（2）：46-48.

［5-45］罗珉. 组织概念的后现代图景［J］. 管理科学，2004，17（3）：16-20.

［5-46］蔡绍洪，汪劲松，徐和平，等. 区域企业群落向产业集群演化的自组织协同机制［J］. 经济问题探索，2007（3）：69-73.

［5-47］罗珉. 论组织理论范式的转换［J］. 外国经济与管理，2008，30（8）：18-22.

［5-48］弗雷德里克·泰勒. 科学管理原理［M］. 北京：机械工业出版社，2007.

第6章

工程管理价值论

工　程活动是一个有价值取向的活动过程，其最终目标是得到一个对人类社会更有价值的世界，其有效实施离不开工程管理。工程管理是以工程活动价值目标为导向的决策、计划、组织、指挥、协调与控制等系列活动，旨在实现与优化一定的价值目标。因此，工程管理过程必须明确其价值导向，树立"以人为本、天人合一、协同创新、构建和谐"的工程价值观。

载人航天是当代最具代表性的高科技工程。从美国、欧洲与俄罗斯等的载人航天工程实践来看，迄今为止还难以看到其明显的经济回报。在我国载人航天的发展道路上，我们必须清醒地思考什么是工程的价值、如何正确认识工程的价值，上述问题的回答涉及工程的价值观问题，其本质属于工程价值论范畴。

工程价值是工程活动及其成果对人与社会需要的满足，工程活动是工程价值创造与实现的过程。工程价值具有多维特征，具体包括：经济价值、社会价值、科技价值、文化价值、生态价值和人才培养价值等多个方面。通常工程决策的主体是多元的，工程价值会随着决策主体的价值取向不同而有所差异。根据价值学理论，价值评价是评价主体对评价客体可能具有的价值、意义与成果等进行的评价，往往依赖于评价主体的需要、兴趣、偏好所组成的评价标准体系[6-1]。因此，在重大工程决策中，应该根据时代发展需要、社会认同标准以及工程活动规范，平衡与协调多元工程主体价值取向差异，进行科学合理决策，实现与提升工程活动的综合价值。

本章将对工程价值观的演变，工程的多元价值进行分析，重点对工程的经济价值与社会价值等问题进行深入探讨。关于工程的文化价值、科技价值等在本书的其他章节将会涉及，本章不再赘述。

6.1　工程价值观

人们在对工程的认识和实践活动中，逐渐形成了对于工程价值的各种看法，并形成了一定的工程价值观。下文将对工程价值观的演变、工程的多元价值，以及如何协调处理好多元价值进行辩证分析。

6.1.1　工程价值观的演变

工程活动始自农业文明社会，伴随着工程理论与工程实践的不断发展，工程价值的核心不断演进，其内涵也不断丰富与拓展，人们对工程活动的认识即价值观也随之不断变化[6-2]。从历史的角度看，工程价值观也存在着古代价值观、传统价值观（主要指近代工程）与现代价值观的分野。

6.1.1.1　古代工程价值观

中国古代工程建筑中，以长城、都江堰、苏州园林等最为著名。这些工程和建筑构思巧妙，建设精密，并配以完善的造价和质量管理。基于古代工程特点的系统总结，把主导这类工程的价值观归纳为"天人合一"的思想，认为"天人合一"是中国古代工程活动的中心思想，是中国古人的价值观、伦理观、自然观和审美观的综合表达。

6.1.1.2　近代工程价值观

近代传统的工程价值观形成于工程科学之前，缺乏对工程现象的系统研究和科学理论支撑，难免存在着一定的局限性。这种局限性主要体现在工程认识视野的狭窄和工程价值目标的单一性两个方面[6-3]。在认识上，传统工程价值观把工程单纯地解释为专门技术的运用，认为工程活动仅仅是建设人工自然的实践活动，往往把人以及由人组成的社会过程排除在工程活动之外。抽象地把工程解读为人与自然、社会之间简单的征服与被征服、攫取与供给的关系，导致人类一味向自然无限制地索取，忽视了工程建筑全生命期中对生态环境的影响，从而使工程活动成为破坏人与自然关系的直接力量。在核心价值方面，传统工程管理片面追求工程经济效益和运行效率的最大化，以质量、成本、工期、安全为四大控制目标。质量控制强调工程自身品质，质量应达到建筑产品本身的标准；成本控制强调的是经济效益指标，追求完成工程所需费用最小化；工期控制强调的是效率指标，要求完成工程所需总体时间最小化；安全控制主要以施工安全和结构安全为核心，以消除一切事故，避免事故伤害发生为主要目标。传统工程管理就是统筹考虑上述不同目标，在协调中达到整体的最优。

6.1.1.3　现代工程价值观

可持续发展观已经深入人心，人们越来越关注人与自然、人与社会的和谐发展，从而形成了对工程以及工程活动的新认识，不同的现代工程价值观应运而生。概括来看，现代工程价值观包括以下几种类型：**政治性工程价值观、经济性工程价值观、生态性工程价值观和社会性工程价值观等，其核心是以人为本、天人合一、协同创新、构建和谐。**

政治性工程价值观是以权力地位为中心的价值观，持该类型价值观的决策主体关注的重点是工程所蕴含的政治效益。政治工程价值观的出发点往往是积极的，是有益于人民的，工程建设开始考虑的核心问题是如何更好地改善民生和促进地方或区域的经济发展，但在实践过程中，往往会被私利化，产生所谓的"政绩工程"和"面子工程"。例如安徽阜阳的国际机场就是该类工程价值观主导下的典型案例，由于过度超前，注重政治需要而忽略经济价值，其结局是"劳民伤财"，昔日的国际机场曾经一度沦为当地农民的放羊场。

经济性工程价值观认为工程活动的核心是考虑其经济性。要求工程完全按照市场机制，从工程的成本、效益、寿命期等角度对工程的建设和运营进行评价。在具体实践中，在该类价值观的指导下，相关主体会盲目地追求个人利益和商业利润，工程的质量、安全和功能等方面往往会被忽略。如今层出不穷的"豆腐渣"工程就是该类价值观下的产物。

社会性工程价值观视工程不仅是一种技术活动，还是一种社会活动。工程活动中，技术要素与社会要素交织融合，技术结构的变化会促使社会关系结构的变革，使之与特定的技术结构关系相适应。同时，工程活动的标准与管理规范又要与特定的文化和社会目标相协调，特定的社会目标又规范着工程活动的模式、过程与特征。社会性工程价值观指导下的工程不仅是建设人工自然的过程，也是建设和谐社会的过程。

生态性工程价值观是将生态诉求加入工程管理理念，要求在工程活动中最大限度地节约资源和保护环境，最终实现人与自然、人与社会的共生与和谐。王建廷、李迎迎[6-4]等较为全面地总结了绿色工程价值观的内涵。生态性工程价值观主要包括以生态目标为导向，兼顾经济、社会、科技、环境等多重目标，赋予质量、成本、工期和安全等以新的内涵，考虑节约资源、保护环境等生态方面的诉求，实行全生命期管理。

以中国航天工程为例，中国航天事业的发展原则是："中国将发展航天事业作为增强国家经济实力、科技实力、国防实力和民族凝聚力的一项强国兴邦的战略举措，作为国家整体发展战略的重要组成部分，保持航天事业长期、稳定的发展。"可见，评价载人航天工程的价值不能只局限于其经济价值，必须综合考虑其对国家经济、科技、国防、民族凝聚力以及国家的整体发展战略的影响。简要概括，发展载人航天工程具有如下五大价值：

第一，载人航天是国家综合实力的体现。可以说，载人航天是当今世界技术最复杂、难度系数最大的人类工程，依赖于众多高科技支撑和强大经济实力作为后盾。如果没有强大的科技支撑体系和雄厚的经济实力，无法实施载人航天工程。因此，开展载人航天工程，有助于充分展示我国的综合国力，增强中华民族的自信心、自豪感与国际影响力。

第二，载人航天可以促进科学技术的进步。载人航天工程不仅涉及近代力学、地球科学、空间科学、天文学、航天医学等学科，而且还涉及系统工程、自动控制、通信、遥感、新能源、新材料等众多高科技领域。我国的载人航天工程在火箭、飞船以及测控系统等方面研制过程中，创新了系统工程理论与方法，攻克了一系列核心技术难题，取得了大量自主创新科技成果，促进了我国科学技术水平的迅速发展与全面进步。

第三，载人航天有利于推动国民经济的发展。目前，虽然载人航天工程难以直接推动国民经济建设与国家经济发展，但发展载人航天工程对国民经济有着深远的影响。一方面，科学家可以利用太空的微重力、高洁净、全真空等特殊环境，进行一系列的科学试验，探索技术创新和方法创新，为地面生产提供借鉴。例如利用太空诱变技术进行航天育种可以产生高产、优质、多抗的青椒、番茄、水稻、小麦等农作物新品种；另一方面，发展载人航天工程，可以直接带动一大批与空间相关的产业发展，优化产业结构。例如，与空间通信、空间导航等相关的制造业、服务业等，已经成为载人航天工程的重要衍生产业。目前，无论是卫星通信还是卫星导航，无论是航天育种还是新药品研究，都已经取得了巨大进步，影响并改善了普通百姓生活，载人航天已成为经济和社会发展的重要推动力之一。

第四，载人航天工程培养了一大批尖端科技和管理人才。发展载人航天工程，能够培养科技队伍。据统计，在载人航天工程中，35岁以下的年轻人已占到科技人员队伍的70%以上。这些精英人才的存在，为我国航天科技事业的可持续发展提供了坚实的保障。在载人航天工程实施过程中，一大批中青年科技骨干得到锻炼、迅速成长，不仅成为航天事业的中坚力量，也成为国家科技支撑体系的领军人才。

第五，载人航天工程有利于保障国家的安全。一方面，载人航天工程的发展，实现了从太空中观察地球的夙愿，人们可以更深入地了解地球全貌及其构造，准确预报洪水、飓风、地震等自然灾害的发生，预防灾害发生、降低灾害损失；另一方面，实施载人航天工程展现的综合国力能够给敌对分子足够的威慑。有人比喻载人航天是当代的万里长城。万里长城是一个象征、一个符号，代表着中原王朝先进生产力，象征着拒敌于国门之外的坚强意志，其象征意义远大于实际功用，但威慑力量与军事价值同样重要。

总而言之，现代工程价值观是在当代学科交叉渗透的趋势下形成的对工程活动的新认识，反映了当代建设工程文化包容整体社会，同经济、文化、生态交叉融合、协调构建的新趋势，是对传统价值观的扬弃和超越。一方面，拓展了工程的内涵和外延。在内涵上，将科学、技术以及非技术要素融为一体，形成完整的工程活动系统，引领工程活动；在外延上，将生态系统和社会系统纳入工程系统，重视自然的内在规律以及工程对社会结构的影响。另一方面，现代工程价值观是多元的。随着现代工程的发展，工程价值观受到科学、技术、社会、环境以及伦理道德因素的影响，并形成与之对应的价值观，这些价值观相互联系，相互交织，共同指导工程实践[6-3]。

6.1.2 工程多元化价值

现代工程尤其是重大工程活动，往往涉及经济、科技、社会、自然、文化、政治等多方面因素，兼具自然性和社会性。这既决定了工程管理目标的复杂性，也影响了工程活动多元价值取向。张小飞、陈莉（2009）指出，任何一项工程活动选择的价值观，都是工程的经济价值、科技价值、社会价值、文化价值和政治价值等相互博弈与综合协调的结果[6-5]。因此，工程管理需要从战略高度，全面审视与系统整合工程实践的多元化价值，实现工程价值最大化。工程的多元化价值包括如下几方面：

6.1.2.1 经济价值

工程的经济价值主要指，通过工程实践活动不断创造出产品与服务，满足人们的需要，进而获得相应的收益。工程管理与工程活动作为一种经济组织行为，可以而且必须具备盈利能力。因为，利润不仅是经济组织行为的驱动力，而且是经济组织存在与发展的前提与基础。工程管理与工程活动如果不能实现与投资成本相匹配的利润水平，不仅工程活动自身难以为继，而且其社会功能发挥将受到影响，更难以实现与社会功能相关的大众福祉。例如南水北调作为缓解中国北方水资源严重短缺局面的重大战略性工程，不仅极大地缓解了我国北方水资源严重短缺的问题，而且促进了南方与北方在经济、社会、科技、人口、资源、环境、文化等多个方面的互补与协调，对于扩大内需，保持全国经济的快速增长，均具有重要的战略意义。

6.1.2.2　社会价值

工程的社会价值是指，工程活动应当承担必要的社会义务，充分考虑并尊重公众的利益诉求与情感依托，最终促进整个社会系统的和谐运行与健康发展。事实上，任何工程活动都不是孤立存在的，它需要融入错综复杂的社会关系中，协调处理好各种关系与多方利益。现代工程活动与工程管理，需要充分考虑公众的利益与情感，将可能发生的利益冲突消除在萌芽状态，促进整个社会体系的和谐与健康。

6.1.2.3　生态价值

工程的生态价值是指，工程活动过程应当以生态环境为依托，充分考虑与体现对生态环境与自然环境的尊重，探索工程实践的可持续性，实现工程与自然、人与自然的和谐。随着人类的发展与社会的进步，人类认识世界与利用世界的能力在增强，在为高能耗、高污染、高消费发展模式付出沉痛代价的同时，逐渐意识到发展过程中的生态支撑与生态约束关系。工程生态价值的实现，需要重新审视生态系统的整体价值、重新审视人与自然的和谐，树立正确的工程价值观，以"天人合一、构建和谐"的理念为指导。历史上系列著名工程如都江堰工程、万里长城、京张铁路等均表明，只有实现了与自然规律高度协调的工程，才能取得最佳的工程效果。一项伟大工程，绝不能以破坏生态环境与生态系统为代价，而是要最大限度地从工程实践中实现与提升工程的生态价值。正是由于考虑到工程的生态价值，保护脆弱的高原生态系统与生态环境，青藏铁路工程为野生动物修建迁徙通道，为藏羚羊留下了回家的路，也为人类自身可持续发展留下了机会。

6.1.2.4　科技价值

工程的科技价值是指，通过工程实践活动，不断实现科学发展与技术进步：促进与提升工程科学、管理科学、社会科学等科学发展，自主实现重大技术变革与技术创新[6-6]。特别地，现代工程尤其是大型工程实践需要以先进的管理科学、管理方法、工程技术等作为核心支撑，不断解决新的科学与技术难题，创新发展工程管理科学与工程管理技术。

6.1.2.5　人才价值

工程的人才价值，是指通过工程管理，锻炼培养出卓越的工程管理人才。在某种意义上讲，工程管理是"成物"与"成人"高度统一的实践过程。大型工程活动，不仅能够创造出十分珍贵的物质成果，即"成物"过程；而且能够培养出各级各类优秀人才，即"成人"过程。例如，经受了大型工程严格考验的工程管理者，其思想境界往往更为高远，其攻克难关的能力显著增强，是工程活动"成人"过程的典型代表。

6.1.2.6　文化价值

工程的文化价值，是指通过工程实践创造出具有标志性的工程成果，这一成果具有三个方面的显著特征：具备重大文化内涵、彰显时代精神、经得住历史与时间考验。任何一项工程活动与工程管理实践，都应该传承人类文明与民族精神，既充分发挥先进文化的感召力，又加强文化建设与积淀，以便更好地提升工程活动水平与层次。例如我国的万里长城是人类建筑史上罕见的古代军事防御工程，是一座稀世珍宝，也是艺术非凡的文物古迹，是中华民族与整个人类的骄傲，象征着中华民族坚不可摧的意志和力量。始建于明朝永乐十五年（公元1417年）的天安门，不仅在建筑艺术上极为讲究：城门五阙、重楼九楹，显示帝王的"九、五"之尊，而且高度浓缩了中华古代文明和现代文明进程，已经成为中华人民共和国的象征，成为中国人民乃至世界人民神往的地方。

6.1.3　实现现代工程价值的辩证思考

现代重大工程管理往往涉及社会、经济、科技、自然、环境等多个领域，面对其间错综复杂的关系与矛盾，必须遵循辩证思维与系统思维相结合的原则和方法，按照全面、协调和可持续发展的科学发展观要求，科学艺术地处理这些辩证关系，实现工程的经济、社会、自然、科技等多元化价值。

6.1.3.1　工程管理理论与工程管理实践的互动发展

工程管理实践是工程管理理论的起点和落脚点，它是以现有人工自然为基础，进行一系列的工程活动，实现工程目标，直至最终退役。现代工程管理过程，就是不断从工程管理实践中提炼工程管理理论，继而将工程管理理论指导工程管理实践的过程，在双向互动作用中协同发展，实现工程管理理论与工程管理实践的更高水准结合。

现代工程实践活动具有高科技性与高度复杂性两个方面的特征，面临着更多的不确定性，往往带来更高风险。因此，以科学的工程管理理论为指导，不断规范与完善工程管理实践过程，预测和控制工程活动的可能结果，有利于降低工程活动风险。过去，人类社会的某些工程乃至重大工程活动，由于在早期决策论证阶段缺少了多元价值元素考量等工程理论指导，最终导致这些工程不仅没有达到预期效果，反而带来了一系列的自然破坏、生态恶化等严重问题。据此，工程理论指导是否恰当已经"先验"地决定了工程活动能否取得成功，直接影响到其未来的命运。随着工程活动的突飞猛进，工程管理理论也需要不断创新与突破，才能更好地指导工程管理实践。工程管理者应当立足于现代工程实践日新月异的发展，不断变革工程管理理念，创新与发展工程管理理论，用以有效指导工程管理实践，最终提升工程管理实践效果，实现工程活动目标[6-7]。

6.1.3.2　工程管理理念与工程管理模式的深度融合

工程管理理念是工程管理者用于管理工程活动的基本思维，它以有形规制或无形渗透两种不同方式影响到各级管理层行为模式，贯穿于整个工程管理过程，影响到工程管理的规范、模式、方法和效果。工程管理模式是为实现工程管理理念而实施的管理方式，主要通过管理策略、管理技术、管理方法和管理工具进一步显现出来。工程管理理念与工程管理模式之间存在着深度融合与相互促进的关系。一般地，工程管理理念影响与决定了以怎样的工程管理模式、方法和技术去实现特定的工程目标。反之，在工程管理实践中，工程管理模式、方法和技术的综合运用又会进一步孕育出新的工程管理理念。

工程管理活动就是通过工程管理理论指导工程管理实践，有目的、有计划、有步骤地实现工程既定目标，不断满足人类与社会发展的需要。工程管理理念将影响工程管理活动全过程，决定了工程的发生、发展与结果。在当今社会，经济转轨、社会转型与生态危机等各种效应叠加，工程管理理念也由追求单一经济价值转向多重价值目标，这将实现引导工程管理活动朝着人与自然和谐共处、人与社会和谐发展、人与人和谐相生的方向不断迈进。此外，随着现代科学技术特别是信息科学与技术的发展，不仅为工程管理活动提供了强有力的管理技术和管理工具，也深刻影响着人们的思维方式转变以及思想境界的提升，能够进一步提升工程管理理念、工程管理模式和工程管理方法。

6.1.3.3 工程管理体系与工程管理细节的协调统一

工程管理体系是指在工程活动过程中，在一定的时空范围内，各种工程管理要素和各个工程管理环节按照一定秩序与方式组合而成的整体。相应地，工程管理细节是指构成工程管理体系的各种构成要素总和以及各个环节划分。从空间角度来看，工程管理体系与工程管理细节之间是整体与部分的关系，前者包容后者；从时间角度来看，两者是过程与环节的关系，彼此相互依赖。总体来看，若工程管理过程中某环节功能状态低下，就会成为整个工程管理体系的"瓶颈"，削弱工程管理体系的整体功能发挥，产生"木桶效应"。哲学层次的整体与部分、过程与环节相关理论，要求在工程管理实践中既要建立完善的工程管理体系，明晰管理理念、严格管理模式，又要规范细节管理，以细节管理的"小善"获得工程管理体系的"大美"。

现代大型复杂工程，其工程管理体系结构出现了几个方面新的特征：由简单结构向复杂结构、静态结构向动态结构、显性结构向隐性结构、层次结构向网络结构等的方向不断演化与发展。此外，现代工程活动范围也越来越广泛，远远超出了传统的纯粹农业活动或工业活动，逐渐演变成大规模创造人工自然的活动。在这些大型复杂工程活动中，其建立的工程管理体系往往涉及科学、技术、经济、社会、自然、文化、伦理等多元异质要素，需要组建多个层次各异、功能互补的复杂系统，对现代工程管理提出了新挑战。基于此，现代工程管理必须做到工程管理体系与工程管理细节高度协调统一。一方面，需要从战略高度建立完善的工程管理体系。这要求工程管理者具备较高境界和远大眼光，善于冲破传统的束缚，创新思维、更新理念，能够敏锐发现工程活动中不断产生的深层问题，抓住问题的主要矛盾与矛盾的主要方面。另一方面，需要通过细节管理来达成工程多维价值目标。工程细节管理，不仅是一种实践行为，能带来客观的经济利润与社会效果。它更是一种态度，能成就工程管理组织建设与工程文化氛围形成。因此，工程细节管理能够起到"四两拨千斤"的效果，有利于整个工程活动既定目标的实现[6-7]。

6.1.3.4 工程管理规范与工程管理创新的互相促进

工程管理规范是为实现工程价值和工程目标时，工程管理者遵循的行为准则，主要由各种规章、制度、标准、办法、守则、条例等构成。一个科学合理的工程管理规范，可以保证现代工程活动的正常进行与可持续发展，促进现代工程管理水平的提高，达到工程既定价值目标。但是，工程管理规范不是也不应该一成不变，随着时代的发展、工程实践的深入、管理水平的提高，工程管理规范也会不断地提升和完善，最终实现工程管理创新。工程管理创新是指在工程管理过程中，对原有的工程管理理念、组织、制度、方法、技术、工具等诸多方面的突破与改进，产生可以为工程管理规范所接受的工程管理活动，表现为工程管理规范由"破"到"立"的动态调整与动态变化。例如，现代工程实践中，必须遵循经济、科技、社会、生态等多个方面的统筹兼顾，体现多元价值目标，辩证地否定了工业文明时代片面追求经济效益的弊端。

与以往任何时代相比，现代工程价值目标设定更明显表现出多元性。在日益复杂的现代工程实践中，如何尊重与实现工程多元价值，需要细致考虑多元价值目标之间的轻重缓急等关系，要求工程实践者自觉践行科学的工程管理规范，进而形成工程建设"合力"。可以说，任何工程管理规范都不是永恒不变的真理，其合理性与科学性具有一定的时空界限。因此，工程管理者必须依据现代工程活动的主体需要、客体对象、技术装备等实际情况，不断改进与完善工程管理规范，促进工程管理规范与工程管理创新的辩证统一与互动发展。

6.1.3.5　工程管理队伍与工程管理制度的共同提升

工程管理者或工程管理队伍，既是工程管理制度的制定者，也是工程管理制度的实践者。工程管理制度能够规范工程管理者的行为、提升工程管理者的境界。而工程管理者的每一次提升又能进一步洞悉工程管理制度的"品质"，促成工程管理制度的与时俱进与协调发展。因此，工程管理者与工程管理制度存在相互作用、共同提升的关系。一个科学合理的工程管理制度，能够规范整个工程活动，可以及时地处理和协调工程活动出现的各种关系与各种矛盾，提升工程活动的节奏与效率。实践中，工程管理制度的确立需要得到大多数工程实践者的认同和理解，这种认同能够进一步促进工程管理制度的自我强化，使其逐渐由外在的强制转变为内在的自觉[6-7]。

随着工程管理实践深入，工程实践活动的复杂性不断增强，迫切需要大量优秀的工程管理人才。优秀工程管理人才的涌现，除了需要不断提高我国高校工程管理教育的水准外，还需要不断完善工程管理制度。在科学合理的工程管理制度推动下，可以培养、锻炼与造就出一支高素质的新型工程管理队伍。这支高素质的工程管理队伍，可以站在更高的层面上，以远大的眼光重新审视并修正现有的工程管理制度，保证其科学性与合理性。这一辩证过程，恰恰体现了工程活动"一切为了人"、"一切依靠人"以及二者的统一，最终实现"以人为本"的工程管理核心宗旨。

6.2　工程经济价值

对工程项目的经济价值进行评价是工程项目前期工作的重要内容。客观科学地评价工程项目的经济价值，对于提高项目投资决策的科学化水平，减少和规避投资风险，引导和促进资源的合理配置，充分发挥工程项目的经济效益，具有重要作用[6-8]。下文将从工程的自身经济价值、外部经济价值和国民经济价值三个方面展开分析。

6.2.1　工程的自身经济价值

6.2.1.1　直接经济价值与间接经济价值

价值是指客体能够满足主体需要的有用性，即客体的属性和功能能够满足主体需要的功效或效用[6-9, 6-10]。作为人类开发和利用自然资源的一种手段，工程项目为人类社会创造了巨大物质财富，具有重要的经济价值。工程项目的经济价值可分为直接经济价值和间接经济价值。

工程项目的直接经济价值是指工程项目本身可以直接为社会提供的经济效益的货币表现形式。大多数工程项目都是以盈利为目的而开展的，对企业来讲，只有达到一定的盈利水平或者获得一定的利润，工程项目才具有投资价值。与工程项目的直接经济价值相对应的是工程项目的间接经济价值。间接经济价值是由工程项目实施与运营所引起的或衍生出来的社会经济效益的货币表现形式。在日常的工程实践活动中，人们往往注意了工程项目直接经济价值的评估，而忽略间接经济价值的评估。工程项目的间接经济价值主要体现在四个方面：一是科学技术上的间接价值；二是人力资本水平上的间接价值；三是管理水平上的间接价值；四是企业品牌上的间接价值。

从科学技术的角度来讲，在工程项目建设过程中，企业可能会发明某项新技术，或者攻克某项技术难关。该项新技术不仅可以应用于本工程项目，而且可以应用到该企业同类工程项目之中，并且还可能产生技术扩散与溢出效应，从而该项新技术能够在整个行业中应用。随着新技术应用次数的不断增加，其收益不断上升，但这些收益在某一次的直接经济评价中就没有充分体现出来。

从人力资本积累的角度来讲，企业在完成某项工程项目的过程中，也会培养出工程项目所需要的、能为企业带来更大价值的人才。在现实生活中，高学历者并不等于"人才"，只有将所学的理论知识与技能应用于工程实践中，做到理论与实际有机结合，才有可能成为真正的工程技术与管理人才。工程项目的建设，为高学历者提供了实践机会，增强其从事实际工作的能力。工程师、技术工人以及其他普通劳动者，通过"干中学（Learning by Doing）"，在工程项目建设中积累经验，提升自身的知识和技能水平。因此，工程项目建设本身为企业的进一步发展提供了数量更多、质量更高的人力资本。

从管理水平提升的角度来讲，每一项工程项目的建设与运营都会带来经验教训，经验来自实践而又指导实践。通过工程项目建设，企业可以吸取经验教训，促进企业内部管理的科学化、合理化与规范化，提高企业的管理水平。

从企业品牌的角度来讲，企业可以通过优质的工程项目树立企业的品牌。企业品牌是一种无形资产，是企业参与市场竞争的重要手段。品牌可以展示企业的综合形象，具有不可估量的市场价值。但如果企业的工程项目建设失败，则会影响企业的品牌价值，使得企业与其他企业竞争同类工程项目时处于不利地位。

建设工程项目，不仅要考虑其直接经济价值，而且要考虑其间接经济价值。例如，安徽淮南顾桥矿井是国家重点建设工程和安徽省"861"重点督查工程，是淮南矿业集团实施"建大矿"、"办大电"、"做资本"发展战略，是建设国家级煤炭基地和大型煤电一体化能源基地的核心工程项目。淮南顾桥矿井建成以来，直接经济价值十分突出。但其间接经济价值也不容忽视，具体表现为三个方面：第一，通过该工程项目的建设，大量的新设备、新工艺、新技术、新材料得到应用，通过设备更新与技术攻关，整个矿井的技术装备水平都达到全国煤炭行业的先进水平，充分体现了工程项目的科学技术价值。第二，在淮南顾桥矿井的建设过程中，该工程实行项目经理负责制，与项目经理签订建设责任状，赋予项目部充分的自主管理权，管理体制的变革大大提高了管理效率。该工程项目的实施，提升了企业的管理水平，培养了管理人才，为企业进一步发展提供了管理经验。第三，顾桥矿井项目高质量的建设，也有力地推动了淮南矿业集团的企业品牌建设[6-11]。

6.2.1.2　近期经济价值和远期经济价值

以时间长短为划分标准，工程项目的经济价值还可分为近期经济价值和远期经济价值。近期经济价值是指当期可获得的收益，远期经济价值是指工程竣工以后若干年、几十年甚至几百年可以获得的收益。工程项目都是以满足一定的经济和社会需要为目标而建设的，无论是在建的还是已竣工的工程项目，都应该而且必须满足最初的建设目标。一般来说，大多数工程项目能够在中短期内都实现其近期经济价值。但一项优质工程应该不仅仅追求短期的收益，实现工程的近期经济价值，还应关注其远期经济价值。细数我国很多大型工程项目，诸如三峡工程、南水北调工程、高速公路与高速铁路项目等，都能够兼顾近期经济价值和远期经济价值。战国时期的都江堰水利工程就是一个典型的案例。

案例：都江堰水利工程的近期和远期经济价值[6-12]

战国时期（公元前256年）修建的都江堰水利工程，位于四川省都江堰市西，坐落在成都平原西部的岷江上。它由秦国蜀郡太守李冰主持修建，至今仍能正常使用。

1. 都江堰的近期经济价值

都江堰位于岷江由山谷河道进入冲积平原的地方。由于河道狭窄，岷江和其他支流水势会随山洪暴发而骤涨，往往会泛滥成灾，而洪水退去，又是沙石千里。受玉垒山阻碍，形成"东旱西涝"的局面。

蜀郡太守李冰在职期间，通过深入调查研究，总结已有治水经验，最终在岷江出山流入平原的灌县，建成了都江堰。都江堰工程的当期经济价值主要表现为：有效解决了"东旱西涝"的问题，使成都平原成为"沃野千里，天府之上"的粮食产区。都江堰工程竣工后，成都平原逐步成为全国重要的经济中心。

2. 都江堰的远期经济价值

都江堰水利工程的远期经济价值主要包括防洪灌溉价值、生态功能价值与旅游价值。都江堰水利工程充分利用当地的自然条件与地理环境，根据特殊的地形、水脉、水势，因势利导，无坝引水，自流灌溉，科学地解决了江水自动分流、自动排沙、控制进水流量等问题，可以说都江堰水利工程是一项伟大的"生态工程"[6-13]。都江堰水利工程除了防洪、灌溉、水运等效益外，还有相当高的旅游价值。目前，都江堰已成为世界文化遗产、世界自然遗产、国家级风景名胜区、国家5A级旅游景区，这是当年都江堰工程项目设计时并没有想象到的远期经济价值。

6.2.1.3 工程的自身经济价值评价

对于工程的自身经济价值的评价，传统方法主要是对工程项目进行财务评价。根据国家现行的财务制度、价格体系和工程评价的有关规定，从财务角度来分析计算工程的直接费用成本和直接经济效益，编制财务报表和计算财务评价指标[6-14]；通过对工程项目的基本生存能力、盈利能力、偿债能力和抗风险能力等财务状况进行分析和评估，判断工程项目的财务可行性，为工程投资决策提供科学依据[6-15]。对于工程的财务评价一般采用现金流量分析、静态和动态获利性分析以及财务报表分析等方法。其中，现金流量分析是以工程作为一个独立系统，反映工程在建设期与生产经营期内各年流入和流出的现金活动，即工程寿命期内各年现金流入与现金流出的数量。静态分析法，是不考虑时间因素的影响而直接以总投资支出与投产后的收益额进行分析计算；动态分析法则是考虑资金的时间价值，采用折现现金流量的分析方法进行分析计算；而财务报表分析是根据工程的具体财务条件及国家有关财税制度和条例规定，把工程在建设期内的全部投资和投产后的经营费用与收益，逐年进行计算和平衡，用报表格式来反映[6-16]。

对工程项目自身的经济价值进行评价，一般是对工程的直接经济价值、近期经济价值进行分析，而对于工程的间接经济价值和远期经济价值并未作评估。对于工程的自身经济价值进行评价，不仅包括对工程进行传统的财务评价，还应包括对工程产生的间接经济价值和远期经济价值进行评价。对于工程项目的间接价值进行评价，有着相应的评价方法。首先，工程项目实施带来的技术进步是提升企业经济效益与社会效益的重要因素，是推动企业转型升级的动力和源泉。评价工程项目实施所带来的技术进步，常用的方法有指标体系法、生产函数法、数据包络分析法和费用折算法等。其次，对于工程项目所带来的人才培养的评价方法有很多种，可以通过工人平均受教育程度、科技人员比率、工人平均技术等级等指标来衡量企业的人才质量与数量；也可以通过人才测评的手段和方法来对工程项目中具体的人才进行评定。再次，对于管理水平的评价，可通过管理绩效来评价。最后，企业品牌的评价可以依据《商业企业品牌评价与企业文化建设指南》GB/T 27925—2011，从品牌的重要性、成长性、营利性、稳定性、协同性五个方面，采用具体的指标对企业品牌价值进行评价。

对工程项目进行经济评价，一般会遇到两种情况，一种是单方案评价，即投资项目只有一种技术方案或独立的项目方案可供评价；另一种是多方案评价，即投资项目有几种可供选择的技术方案可供评价。对于单方案评价，采用财务评价就可以决定项目的取舍。在实践中，往往面临的是多个方案的选择问题。与单方案的经济评价相比，多方案的评选要复杂得多。方案之间一般存在三种类型的经济关系，即互斥关系、独立关系和其他相关关系，如表6-1所示。根据方案之间不同的关系，可选用不同的比较方法来选择最优方案[6-17]。

方案类型与评价方法 表6-1

方案类型			评价方法
单方案评价			利用投资回收期、投资利润率、资本金利润率等指标直接评价
多方案评价	互斥关系	寿命期相同	单独分析法、增量分析法、差额内部收益率法、最小费用法
		寿命期不全相同	最小公倍数法、研究期法、净年值法
	独立关系		互斥方案组合法、净现值率排序法
	相关关系	混合型方案	双向排序均衡法、Weingartner优化选择模型
		互补性方案	根据方案是否对称选择评价方法
		现金流量相关型方案	根据方案间关系进行方案组合，然后按互斥型方案的评价方法进行比选

　　对于多方案的评价比较，可以简单地直接采用上述方法。但若要对方案的经济价值进行全面评价，还应该考虑方案的间接价值和远期经济价值。有些公益类的工程项目，如大型水利工程项目，就更需要注重远期价值。如果某方案在多方案的评选中，并不是最优方案，但与最优方案相比，其间接经济价值和远期经济价值要远远高于最优方案，也可以考虑选择该方案。例如，中国的高速铁路工程，在建设初期，就有节约高效的铁路电气化改造方案和使用成本更高的高铁方案两种方案的争论。短期来看，铁路电气化改造方案工程成本较低，而高速铁路成本高，且高铁工程项目的债务负担重，短期内的收入很难弥补其成本，当期经济价值并不大。但如果考虑其远期经济价值，高速铁路的建设将大大地缩短各区域间和城乡间的时空距离，促进区域间、城乡间各种要素的快速流动，促进区域经济的协调发展，有着很大的远期经济价值。这正是铁路部门坚持选择高速铁路方案的原因。在多方案的评选中，应该综合考虑方案的直接经济价值、近期经济价值评价与间接经济价值、远期经济价值的评价。

6.2.2　工程的外部经济价值

　　工程项目会带来外部性经济价值，即工程项目的建设与运营对社会、其他组织和个人造成了正面（负面）影响，它们却没有承担直接的收益（成本）。工程项目的外部性包含正外部性和负外部性两个方面，而无论是正外部性还是负外部性，都无法使资源配置达到帕累托最优状态。工程的外部经济价值，是工程建设和运营所导致的未计入工程收益与成本之内的经济价值。解决工程的外部性问题有助于提升工程项目的资源配置效率。

6.2.2.1 工程的正外部性

以工程的正外部性为例，图6-1中，横坐标表示产出水平，纵坐标表示产出价格，MR_H是边际收益曲线，MR_E是边际外部收益，MR_S是边际社会收益曲线。其中，$MR_S = MR_H + MR_E$。工程项目主体在进行生产决策时并不考虑其行为给其他人造成的影响，而只计算自身的成本与收益。对项目主体而言，其最优产出水平是Q_H，因为在这一产出水平，边际收益等于边际成本，但是Q_H的产出水平并不是社会最优的产出水平，没有把产品生产所造成的外部收益考虑进去，对于社会来讲，符合社会最优的产出水平是Q_S，在Q_S的产出水平下，边际社会收益等于边际成本，项目主体承担了决策的外部收益。

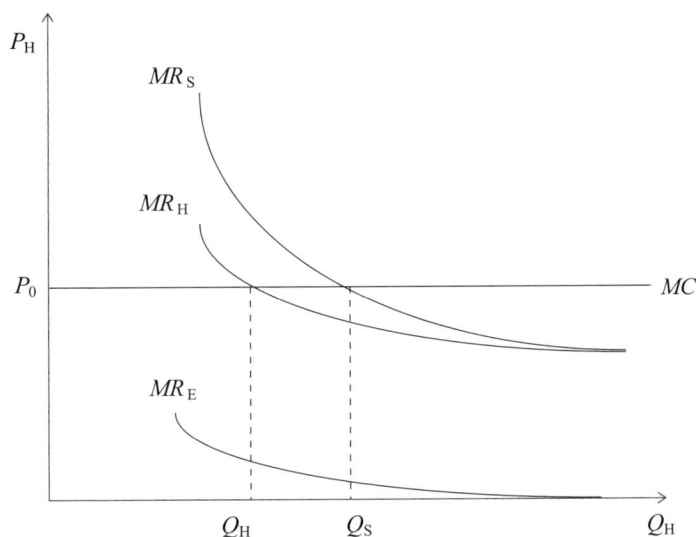

图 6-1 生产的正外部性基本原理

工程的正外部性即外部收益，指可被工程投资经营主体之外的其他主体免费获取的收益[6-14]。以三峡工程为例，除了本身的发电所带来的直接货币收益之外，其正外部性主要体现在以下几个方面：第一，防洪效益。三峡水库防洪库容221.5亿m³，经三峡水库调蓄，能有效控制上游洪水。第二，环境保护效益。代替了大批火电机组的三峡水电站，每年可节约煤炭消耗5000万t，有效降低二氧化硫等污染物和二氧化碳的排放量。第三，水库将形成1150km²的水面，除航道外，仍有近700km²的水面，流速变缓、水质变肥、水表层转暖，是适合虾、贝、鱼、鹅、鸭、鳖生长的淡水水产养殖基地。第四，改善航运条件。三峡工程位于长江上游与中游的交界处，能够有效改善重庆至武汉间通航条件，节约运输成本[6-18]。获得上述外部收益的组织、企业和个人并未向三峡工程投资经营主体偿付相应的费用，因此，这些收益属于三峡工程项目的正外部性。

工程项目的正外部性能使投资经营主体之外的人免费获益，而工程投资经营主体却没有得到应有的收益，依靠市场机制无法达到资源配置的最佳状态。解决工程项目的正外部性问题的基本思路大致有两个方向：基于政府管制视角的"庇古学派"和基于市场调节视角的"科斯学派"。前者倾向于由政府介入解决问题，主张采取政府行政干预的手段；后者倾向于由市场解决问题，主张由所有权人自主协商。

1. "庇古津贴"

英国经济学家庇古（Pigou，Arthur Cecil，1877～1959年）在《福利经济学》（1920）中提出了著名的"庇古津贴"理论。该理论要解决的问题是，在存在正外部性的情况下，要使社会总福利最大化，应该怎样做。"庇古津贴"理论认为，可以利用政府补贴来降低私人供给成本以实现社会福利最大化的目标，即将正外部效应溢出的那部分福利用来补偿企业的损失。就三峡工程而言，政府可以对防洪、环保、养殖、航运等正外部性给予一定的补贴，降低三峡工程的建设与运营成本，鼓励社会资金参与带有较强外部性、公益性工程项目的建设与运营。

2. 国有化

国有化是政府对外部性进行直接干预的主要方式之一。把工程项目主体的私人收益与社会收益融合成整体，能够有效解决正外部性工程市场供给不足的问题。国家所有的正外部性工程项目，其经营目标更加偏向于追求社会收益最大化的目标，使其供给数量与规模达到社会最优化水平[6-19]。

3. 产权交易

在产权交易分析中，"科斯定理"指出，只要产权明晰，交易成本为零，无论初始产权赋予谁，最终市场均衡的结果是有效率的。在工程管理中，可以借助"科斯定理"，通过市场机制来解决工程外部性问题。在现实经济活动中，明确财产权往往是很困难的，交易成本也并非很小，不同的权利界定与划分，会引致不同的资源配置效率，产权制度的设置成为优化资源配置的基础。例如，在一些公共资源保护的工程项目中，可能出现共享资源利用不当的问题，而出现"公有地悲剧"。导致"公有地悲剧"发生的重要原因是产权缺失或不明晰。如果能够通过明晰产权的方法，将共有资源的产权分配给个人，则能有效防止公共资源的滥用，防止出现"公有地悲剧"。

6.2.2.2　工程的负外部性

以工程项目建设运营造成污染为例，图6-2中，横坐标表示产出水平，纵坐标表示成本与产品的价格，D_H是产品需求曲线，假定市场完全竞争，D_H具有无穷大的弹性，MC_H是边际成本曲线，MC_E是边际外部成本曲线，MC_S是边际社会成本曲线，则有$MC_S = MC_H + MC_E$。工程项目主体在进行决策时，不考虑其行为给外部造成的间接影响，而只计算自身的直接成本与直接收益。此时，项目主体的最优产出水平为Q_H，因为在这一产出水平，其边际成本等于边际收益。但是，由于没有把社会成本考虑进去，Q_H的产出水平并不是社会最优的产出水平，真正的社会最优产出水平是Q_S，在Q_S的产出水平下，边际社会成本等于边际收益，项目主体承担了决策的社会成本。由于产出水平Q_S低于Q_H，最终Q_S所造成的污染水平小于Q_H所造成的污染水平。

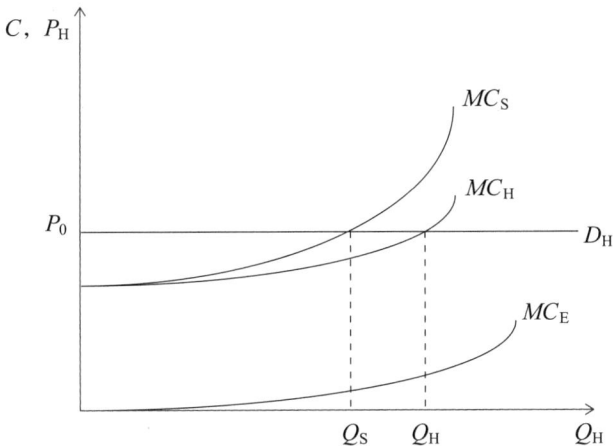

图 6-2　生产的负外部性基本原理

工程的负外部性即外部成本，指落在工程投资经营主体之外的社会成本，该成本无法从投资经营主体处得到补偿，而是由外部组织和个人无偿地或不等价地承担[6-20]。例如，三峡工程在带来诸多正外部性的同时，也带来以下几个方面的负外部性：第一，三峡水库蓄水后，库区水位提高、水流减缓、水体扩散能力减弱、污染物的滞留时间变长。如果生活污水和生活垃圾未经有效处理直排入江，在污染生态环境的同时可能引发一些传染性疾病。第二，三峡水库工程对生物多样性产生影响，对洄游鱼类影响最为严重。第三，尽管三峡工程尽了很大努力安置好移民，但移民背井离乡，其生产生活、社会文化心理等或多或少会受一些不良影响。第四，三峡库区蓄水后，长江沿岸的一些千年古镇被淹没，如涪陵白鹤梁、忠县石宝寨、云阳张飞庙、丰都鬼城等。解决负外部性问题的方法，也可以从政府力量和市场力量两个方面入手，主要有以下四种方法。

1."庇古税"

在《福利经济学》（1920）中，庇古还最先提出"庇古税"，即对产生负的外部性的工程征收税费，可以抑制产生负外部性的工程活动。以排污行为为例，按照排污者对环境造成的危害程度加以征税，征税额度等于企业生产的社会成本与其私人成本之差。我国治理企业污染而实施的"谁污染，谁治理"政策，就是庇古税的一个具体应用。例如，针对三峡工程造成的水质污染，政府可以按污染程度对其征收一定的税收，用来弥补社会为该工程承担的部分成本。对于三峡工程带来的移民安置问题，政府可以要求工程主体拿出一部分安置费用，用来改善移民生活条件。"庇古税"从法律责任角度来考虑负外部性问题，是目前被各国政府普遍采纳的一种措施。

2. 公共管制

公共管制是指政府可以凭借其行政权力做出相关决策，来管制市场中负外部性等行为。对于工程项目中的负外部性问题，可以通过政府管制来解决。比如，针对化工企业排放"三废"带来的环境负外部性问题，政府可以确定排污标准，对超过排污标准的企业进行相应的处罚，甚至勒令企业关闭。但是公共管制在一定程度上缺乏效率，并不能完全解决负外部性问题。

3. 协商谈判

如果存在产权划分、交易成本较低且参与人数较少的时候，人们可以通过私下谈判解决工程负外部性问题。例如，某化工厂排放的污水对附近居民的生活带来了负的外部性，附近居民可以与工厂协商，要求支付一定的污染治理费或赔偿费，以弥补附近居民为该工厂承担的污染治理成本。但是产权的初始界定及高额交易费用的存在，会对协商结果产生一定的影响。

4. 企业合并

将施加和接受外部成本的经济单位合并是解决负外部性的一种重要手段，其既可能源于工程主体与受负外部性影响者之间的自愿交易，也可能来自于政府的行政干预。例如，某化工厂在生产过程中对附近的农业带来的负外部性，在没有进行企业合并情况下，化工厂造成的污染由农场来买单，其不会愿意承担污染治理的责任。但是，若将化工厂与农场合并后，污染带来的成本将由合并后的企业负担，企业决策者必须综合考虑化工产品的收益与化工产品污染的成本，控制污染以达利润最大化，企业合并后的污染程度将会低于合并前的污染程度。

6.2.2.3 工程的外部经济价值评价

近些年来，为了解决工程本身与各方面社会关系的相互协调问题，工程的外部经济评价逐步受到重视。例如，世界银行对发展中国家的开发性投资工程就十分重视工程的外部效益。对工程外部经济性进行科学合理的评价，是人类文明和工业化的必然趋势，它纠正了传统的过分强调财务评价的弊端。因此，开展大型工程的外部经济评价，已逐渐成为人们关注的焦点。

传统的工程评价只评价了工程经济效益本身，而忽略了工程项目外部性的评价。工程的外部经济评价，必须同时考虑工程的直接费用与间接费用、直接效益与间接效益。工程的间接效益与间接费用统称为外部效果，是指在工程项目以外，而未计入工程项目的效益与费用。计算工程项目的外部经济效果时，要满足两个条件：相关性条件和不计价条件。相关性条件是指工程项目的实施对与本工程项目无直接关系的各方会带来影响。例如，三峡水库工程项目中附近居民与项目本身并无直接关系，但是该项目的实施却对附近居民的生产生活造成了重要的影响。不计价条件是指工程项目的外部经济效果没有通过交换，也不需要对其效果进行补偿[6-21]。仍以三峡水库工程项目为例，三峡库区蓄水后，长江沿岸多处千年古镇被淹没，这种负外部性的经济价值并没有通过交换来达到，也没有人对这种负的外部经济效应买单。

需要注意的，并不是所有外部性都会导致资源配置不当。根据作用机制的不同，外部性可以进一步细分，划分为技术外部性和资金外部性。技术外部性由于技术上的联系而形成，与市场价格体系无关。资金外部性主要得益于市场机制的传导作用而形成，与市场价格机制存在直接关联[6-22]。由于资金外部性主要通过价格手段来体现，依然能够发挥市场机制的作用，这种外部性不会导致市场失灵。由于技术外部性不能反映价格变化的结果，不通过市场机制起作用，可能导致市场失灵。如果工程项目的投资方是政府，那么工程项目所要实现的一系列国民经济效益应该属于政府在决定对工程进行投资建设前应考虑到的"内部收益"，此时，工程项目的外部性已被内部化，不会造成市场"失灵"。但是如果工程项目的投资方主要是私人资本，则上述国民经济收益就没有纳入到私人账户之中，此时，应该注意对工程项目的外部性进行评价[6-23]。目前，大部分技术外部性评价难以进行非常精确的量化评价，只能以定量与定性相结合的方式进行评价。

6.2.3 工程的国民经济价值

任何国家、地区在国民经济现代化建设进程中，都需要根据社会经济发展的整体需要，从事一些重大工程项目的建设，以解决社会经济发展中带有全局性的关键问题。重大工程建设对于国民经济发展方面起着举足轻重的作用，在做出决策之前要对工程进行财务评价和国民经济评价[6-24]。重大工程建设项目除了做出财务评价之外，还需要站在国家和社会公众的角度，分析工程项目的产业经济价值、区域经济价值以及科技经济价值，并对其做出正确的国民经济评价，以此判别工程项目在资源配置方面的合理性。比如，我国高铁工程项目，不仅仅要分析工程本身的经济效益，还应分析高铁工程项目对所经过城市社会经济发展的影响，对其他运输方式的影响，对金融市场及其他利益相关者的诸多影响等。

6.2.3.1 工程的产业经济价值

一些重要基础性工程项目的建设是行业发展的必要前提。如交通运输行业或物流行业的发展必须依靠公路、铁路、航空等工程项目的建设；水利水电行业的发展必须依靠大坝的修筑及相关设备的安装。总之，基础性工程项目的建设活动是该行业赖以生存和发展的基础。

工程项目的建设活动不仅促进本产业的发展，而且会带动与促进其他相关产业的进一步发展。例如，一个建筑工程项目的建设，可以有效带动建材、冶金、化工、机械、装修、家具、家电等50多个相关产业的发展。例如，中国运营里程最长的高速铁路——京深高铁，全长2439km，把珠三角、长江中下游城市群、环渤海经济圈连成一体，促进了沿线经济圈的物流、商贸、旅游等相关产业的发展。

从产业内的关系来看，一些重大工程项目与行业内其他同类性质的项目具有替代关系，企业相互之间具有较强的竞争性。特别是有些工程项目特别巨大，其投产后对行业内的市场会形成重大冲击，直接导致整个行业产品价格的下降，影响整个行业包括自己本身的赢利能力，甚至因产能过剩，形成恶性竞争，危害整个行业的发展。比如，我国一些产能过剩的行业，往往是由于对工程项目建设与产业经济发展之间的关系缺乏必要的宏观管理所造成的。从产业间的关系来看，工程与已有的工程既可能存在互补关系，也可能存在竞争与替代关系。例如，各种交通工程如果缺乏有效的协调与管理，会形成一种交通方式对另外一种交通方式的替代，如高铁对高速公路、民航等在某种程度上的替代，从单个运输方式来讲是合理的，而从整体运输体系效率来讲可能不一定合理。如果对各种交通建设项目进行有效的协调与管理，则各种交通方式会错位竞争，形成互补关系，从而有利于整体运输体系效率的提高。工程项目建设与产业经济发展之间的关系还涉及与上下游产业之间的关系。上游产业往往掌握着工程所需要的某种资源，比如矿产等原材料，或掌握核心技术。有较高进入壁垒的行业，如果上游产业被其他国家控制，或者产业上游的核心技术缺失，就会制约工程甚至整个产业的发展。工程的下游产业处在整个产业链的末端，在一些行业中，企业往往通过品牌壁垒控制着销售市场。如果缺乏从产业上下游的视角对工程项目进行管理，则工程项目的利润同时受到上下游企业的盘剥，有可能被锁定在产业链的低端。因此，工程管理必须注重产业上下游之间的关系。

6.2.3.2 工程的区域经济价值

大型工程项目建设对区域经济发展有着重要的意义，我国各级地方政府都把重大工程项目建设作为区域经济发展的重要内容来谋划实施。尤其经济欠发达地区，政府部门往往通过大型工程项目建设，达到增加就业、提高居民收入、增加税收、带动区域经济增长的目的。

重大工程项目的建设往往成为区域经济新的增长点。一方面，重大工程项目本身通过固定资产投资拉动区域经济增长。另一方面，重大工程项目通过产业前向关联、后向关联、侧向关联，带动相关产业的发展，促进区域经济增长。在一些欠发达山区，一项重大交通基础设施项目往往能打通制约区域经济发展的瓶颈，会让众多产业发展受益，对区域经济增长的带动作用特别显著。同时，投资的增加会通过投资乘数作用使地区生产总值成倍增加。因此，重大工程项目的建设是区域经济增长的助推器，是撬动区域经济发展的重要"支点"。

重大工程项目建设与运营为地方政府培育新的税源。重大投资工程项目不仅仅在建设期间涉及许多税费项目，需要缴纳大量相关税费，而且工程项目投产运营后，会带来源源不断的税费收入。与此同时，重大工程项目还带动许多配套产业的发展，带来企业利润与居民收入的增加，并因此带来税收的进一步增加。

工程项目建设运营能够提供更多的就业岗位、提高当地居民的收入水平。当地就业率的提升意味着收入水平的提高与生活条件的改善。工程项目还通过带动其他产业发展，提升其他行业员工的收入水平。与此同时，新的工程投资项目还会提高企业家的管理水平、提升员工的素质与技能、让员工积累更多的经验，通过人力资本水平提升，进一步提高员工的收入水平。

一些重大的环境基础设施和民生工程项目的建设，能够增强区域的环境承载能力，不仅成为地方招商引资的优势和品牌，带动区域经济发展，而且会改善居住环境，提高居民的生活质量。特别是对于一些重工业工程项目，在实施与运营的过程中要注意分析区域环境容量，注重环境友好与资源节约，严格执行国家的各项环境标准，最大限度地降低工程项目对当地资源、环境与生态的破坏程度，使得综合效益最大化[6-25, 6-26]。

然而，大型工程也可能会使当地的用电、用水等基础设施、原材料紧张，抬高当地的生产品、生活品的价格；征地拆迁、耕地占用、用工、移民等方面也可能与地方政府及居民产生系列的矛盾，影响整个工程的顺利进行；有时候，会出现投资开发地与企业注册地分离，大型工程项目建设跨省、跨市带来的税收征管、利益分配矛盾等问题。因此，工程建设与区域经济发展之间的关系应该纳入工程管理的框架之内。

6.2.3.3　工程的科技经济价值

工程项目的开发和建设对科技创新具有重要的推动作用。一方面，科学技术对工程项目的建设具有极为重要的支撑作用，另一方面，现代工程项目的建设又对科学技术的发展提出了更高的要求，为科技的发展注入了动力。例如，我国在实施的载人航天工程方面，取得了良好的科技经济效益。载人航天工程融合了众多的高新技术，这些高新技术无法通过技术市场得到，只有靠自主研发。载人航天工程项目建设有力地促进了我国相关基础科学研究和应用技术研究的进步。

6.2.3.4　工程的国民经济价值评价

1．产业经济价值评价

工程项目建设对产业发展具有重要影响。产业发展涵盖产业规模扩张、产业绩效提升、产业技术发展、产业结构优化等多个方面，且随时间变化而动态变化[6-27]。工程项目的产业经济价值评价指标主要有规模、效益与技术进步三类：（1）产业规模指标。从产业规模方面，主要考虑产业总产值、资产总计、从业人员数、产业人均资本投入和企业平均规模这五个指标，这些指标通过对产业规模和资本规模的反映体现产业的发展过程。（2）产业效益指标。使用成本费用利润率指标来反映企业经营成果，即单位成本利润率反映产业发展的效率和营利能力[6-27]。（3）技术进步指标。主要包括：高新技术产业产值、增加值，及其与全部产业产值、增加值的占比。

2．区域经济价值评价

评价工程项目的区域经济价值的指标主要有：（1）经济增长的贡献率。某项工程项目的建设及运营，对当地经济增长的贡献率是多少，用于衡量其对区域经济增长的影响。（2）新增就业率。用来评估重大工程的建设对于当地就业水平的影响，工程项目建设是否带来了新的就业岗位。采用工程项目实施后预期增加的就业岗位数量和预期减少的就业人数的差值与工程实施之前当地的就业人数之比表示。在工程项目的建设中，有些重大工程占用大量的耕地及其他自然资源，不仅没有给当地带来新的就业岗位，反而造成失业率上升，造成一系列的社会问题，也给工程项目建设本身带来负面影响。因此，使用预期工程新增就业率来评估工程项目建设对区域就业的影响。（3）居民收入水平的变化。采用工程项目实施后预期民居平均收入水平，与工程实施之前现有居民平均收入水平之差来表示。（4）财政收入。工程项目建设及运营期会给项目所在政府部门上缴的税金，可以通过投资估算及财务评价计算项目上缴税金金额。

3．科技经济价值评价

评价工程项目的科技经济价值可以从企业层面的技术创新活动和产业层面的技术进步来考虑。评价指标可以分为：（1）企业研发强度。企业研发强度的高低决定了企业的技术创新能力。一般用研发投入占企业销售收入比重，或者新产品销售收入占企业总销售收入的比重来表示。（2）全要素生产率（Total Factor Productivity）。全要素生产率的增长率通常被视为技术进步的指标，可以用来衡量技术进步在工程项目建设中的作用。需要注意的是，全要素生产率增长的来源不仅仅包括技术进步，还包括组织创新、管理创新、专业化等。（3）获得专利的数量。包括发明专利、实用新型专利和外观设计专利，用来反映技术发展活动是否活跃。

6.3　工程社会价值

工程人在认识自然、适应自然、利用自然与建设人工自然的过程中，需要结成一定的关系，进行有目的、有组织的社会行动[6-28]。现代工程活动对周边自然、生态和社会环境等都产生了重要且深远的影响，工程活动在改善人民的物质和文化生活水平，实现工程经济价值和生态价值的同时，必须兼顾工程的社会价值，实现人、自然和社会三者的和谐统一。工程管理的核心价值观是"以人为本，天人合一，协同创新，构建和谐"[6-29]。工程社会价值的实现需要工程共同体成员分工合作、共同努力，工程社会价值的实现过程也是工程共同体成员履行社会责任的过程。伴随着我国经济社会的快速发展，工程与社会的互动关系日趋复杂，需要我们以更为宽广的视角审视工程与社会的互动关系，更加系统全面地评估工程的社会价值。

6.3.1　工程共同体的社会角色

工程活动是在特定的时空背景下和具体的社会环境中进行的，任何一项工程活动，从构思、设计到可行性分析，到工程的实施和竣工验收，再到工程运营效果及其评估，直至最后的退役，都涉及众多社会因素。工程活动作为有目的、有组织的集体性社会行动，工程共同体是工程活动的基本组织形式[6-30]。社会角色作为一种符合一个人的社会地位或身份及其权利义务要求的行为模式，通常也代表一种社会期望，社会总是期望行为者按其社会地位或身份行事。行为者通常也是这样要求自己，尽量努力做出符合"角色期望"的行为。工程共同体的"异质"成员具有不同的社会角色，并且这种社会角色并不是一成不变的，而是被行动者策略运用着，也即工程共同体的众多成员既要受到角色规范的约束，又要追求行动主体自身的利益需求，这种双重存在是导致工程活动众多矛盾和社会问题的根源所在[6-3]。

工程活动嵌入在一定的社会结构和社会关系中，受到社会结构和社会关系的影响，同时工程活动作为社会大系统的组成要素之一，也会影响和带动社会结构的变迁。因此，研究工程活动需要分析工程共同体各成员在特定规则框架下的社会角色和互动模式，据此可以深刻揭示工程社会内部的各种矛盾和问题，更好地把握工程活动的发展变化规律。

6.3.1.1　工程共同体的构成要素

人类的发展过程是依靠自然、适应自然、认识自然和合理、适度建设人工自然的过程，工程活动架起了科学发现、技术发明与产业发展之间的桥梁[6-31]。"工程共同体"在工程管理理论的相关研究中占据了一个重要的位置，然而在工程共同体的认识上长期以来存在一个误区，认为工程就是工程师的活动，因而工程共同体就是工程师群体。然而，任何一项工程仅有工程师群体是难以完成的，现实的工程活动需要业主、承包商、监理单位、金融机构、政府部门以及社会公众等不同类型的成员各司其职、各负其责、协同工作。因而工程共同体是集结在特定工程活动下，为实现特定工程目标而组成的分层次、多角色、分工协作、利益多元、复杂的工程活动主体系统[6-30, 6-32]，是由业主、承包商、监理单位、工程师、金融机构、政府部门、社会公众和其他利益相关者等"异质"参与主体组成的复杂系统，各个主体具有不同的社会角色。

（1）业主。在工程活动中，包含政府、企业与个人在内的投资者会成立专门的组织或委派专门人员以业主的身份负责工程管理。业主是工程的所有者，在工程实施过程中，业主身份可以细分为资金筹措者、全过程的管理者与控制者（投资控制、进度控制、质量控制和安全控制等）。

（2）承包商。它是工程的具体实施者，是指具有一定生产经营能力、技术装备、人员和资金，具备相应的工程资质和营业资格，能够为业主提供所需产品和服务的企业。

（3）监理单位。是指为了控制工程建设的投资、建设工期和工程质量，按照法律、法规以及有关技术标准，代表建设单位进行质量监控、工期要求、安全管理等，协调各相关单位之间关系，而提供一种有偿专业化服务活动的机构。

（4）工程师。工程师在工程共同体中具有特殊的地位，扮演着多重角色。首先，工程师拥有专业的技术知识和实践经验，是工程共同体中的"技术权威"；其次，为了实现工程的预期目标，工程师需要协助工程管理者，制定有效的工程实施标准和技术管理制度；再次，由于工程活动的不确定性，工程师需要在工程实施过程中，根据具体的环境与条件在不同方案中选择最佳的方案并付诸实施。因而工程师是贯穿于工程活动始终，有机融合劳动、技术、管理等生产要素于一身。

（5）金融机构。现代大型工程项目资金需求大，需要金融机构提供支持，主要包括资金支持和信用支持等。

（6）政府部门。工程建设需要满足一定的社会目标，政府部门主要从社会视角对工程立项建设、实施过程以及工程质量等，履行社会管理和监督检查职能。

（7）社会公众。是指受到工程活动直接或间接影响的公众群体，主要包括原居民、周边社区组织以及最终用户等。

（8）其他利益相关者。是指除上述7类主体之外工程活动的其他参与主体。例如：与工程相关的非政府组织（NGO）、非营利组织（NPO）和新闻媒体等。

6.3.1.2　工程共同体的社会网络关系

工程活动是以集体活动或共同体活动的方式从事社会活动。现代工程共同体主要由投资者、承包商、工程师、管理者以及其他利益相关者组成，各参与主体是具有行为认知能力的行动者，根据各自的角色定位不同有着各自的利益诉求，并在规章制度的约束下通过工程活动得以实现，由此产生了工程共同体各参与主体间复杂的社会网络关系。首先，对于企业或个人投资者而言，会以委托代理关系的形式，委托业主行使所有者的职能，而对于政府投资的公共工程，其终极委托人为社会公众。其次，政府在工程的立项审批、工程共同体的设立等方面行使行政管理职能，同时对工程建设全过程进行监督。再次，工程的具体建设过程中，业主以招投标的形式委托承包商负责具体的实施工作，同时委托监理机构对承包商进行监督。金融机构为投资者和承包商提供资金支持。另外，工程师受雇于特定的工程活动共同体，工程师可能兼具技术专家、咨询专家、管理者等多重身份，在工程活动中负责工程设计、技术咨询、技术指导和技术管理，因此有学者将工程共同体中的工程师称为"边缘人（Marginal Men）"。最后，受工程影响的社会公众，除了通过工程论证会、听证会等参与工程前期的立项决策之外，还会对工程的实施过程以及工程的产出与社会影响进行全程监督。另外非政府组织、新闻媒体等利益相关者也会全程监督工程共同体，并将监督的结果反馈给政府相关行政主管部门。工程共同体各参与主体之间的互动关系见图6-3。

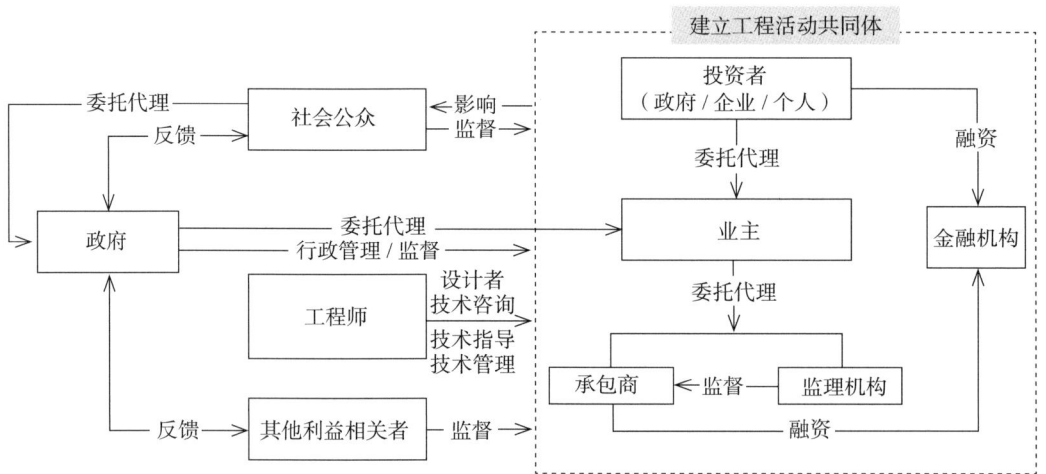

图6-3 工程共同体各参与主体的互动关系

复杂重大工程的重要特征是易于受政治、经济、社会等方面的影响，决策、计划和管理是众多利益相关者互动的过程[6-33]。由于外部环境的复杂性以及人类自身认知能力的有限性，难于对重大工程活动结果进行精确的事前预测[6-34]，导致复杂重大工程在实施过程中存在着诸多的不确定性，而这些不确定性易于导致利益相关者之间的矛盾和冲突，进而演变为社会问题（征地拆迁、工程移民等）。工程共同体的复杂性不但表现在它存在复杂的内部关系，而且它与外部社会之间也有着复杂的关系。

1. 工程共同体的内部社会网络关系

在工程共同体的复杂内部关系中，重点要处理好工程师、工人与投资者的关系。首先，在工程共同体中，工程师是工程活动的设计者、组织者、实施者和管理者，实现科学知识在工程领域的转化，将科学活动转变为直接生产力，在工程活动中发挥了重要作用。此外，工程师作为重要的沟通媒介，利用自身的专业知识和实践经验，及时传达工程信息，帮助工程共同体中的其他成员更好地理解工程，协助投资者、决策者和公众更好地完成工程决策。其次，工人与工程投资者、工程管理者、工程师之间存在着紧密的联系和互动关系。投资者给工人提供了就业机会，同时依赖工人完成工程的设计目标和计划，投资者的经济收益来自于工人的劳动。工程管理者与工人之间的关系主要是工程技术操作中的领导者与执行者关系。工人与工程师之间存在着技术规范上的指导与被指导关系。再次，任何工程活动都必须有一定的资本投入，没有投资和投资者就不可能有现实的工程活动。然而大型工程项目投资具有资金量大、时间长、不确定性因素多等特点，易于受到政治、经济、环境、社会等多个因素影响，特别是在投资决策时需同时考虑经济因素与伦理因素，权衡经济价值、生态价值、社会价值等多重价值。

2. 工程共同体的外部社会网络关系

在工程共同体的外部社会网络关系中，要特别注意妥善处理好工程共同体与工程用户、社会公众以及政府的关系。

（1）工程共同体与工程用户

工程用户的现实需要构成了工程项目存在的依据，工程的立项建设就是为了满足用户的需求，工程的设计和功能也是对工程用户需求的反映。由于一项工程往往存在多个工程用户，不同类型工程用户的利益诉求也会存在差异，这就使得不同工程用户之间可能存在利益冲突。由于某些工程项目的环境风险和运行风险等，可能会给工程用户带来损失。因此，在工程决策、设计、实施与运行维护过程中，应畅通信息交流渠道，建立用户利益的合理表达和参与机制，保障工程用户的知情权、话语权和选择权。

（2）工程共同体与社会公众

随着网络信息技术的发展以及民主化进程的推进，工程共同体作为变革自然、推动社会进步的执行者，工程共同体与社会公众的关系非常密切。任何一个组织要想更好的生存与发展，在社会及公众心目中树立良好的组织形象是必不可少的条件。"将公众的安全、健康和福祉置于至高无上的地位"是工程共同体必须承担的伦理责任[6-35]。工程共同体与公众的关系具体表现为：①工程共同体不仅是科学的应用者，更是公众的谋福利者，以为公众创造价值为荣耀，工作成果接受公众的检验；②工程共同体提供的公共产品与公众生活息息相关，接受公众的监督；③公众作为纳税人，对工程的目标规划、立项决策、建设过程和最终结果享有知情权，有权获知工程设计、生产、运营及产品服务等过程以及工程对环境与社会所造成的影响或所投入的努力。

随着现代网络信息技术的发展，新兴媒体在工程共同体与社会公众之间互动沟通中发挥重要作用，为了进一步提高工程共同体的公众形象。首先，需要加强工程共同体与社会公众之间的互动交流，通过面对面直接的交流（工程论证会、听证会等）以及大众传播媒介等，让公众更好地理解工程；其次，要通过各类培训和科普推广等，提高公众的工程认识，增强公众工程技术素养。

（3）工程共同体与政府

首先，政府是现代社会运行的组织者和管理者，在一些社会工程和重大工程的工程规划、决策、设计、实施、评估等环节，政府扮演着极其重要的角色。其次，工程共同体中的重要成员如投资者、工程师、工人等的历史地位、社会作用、工作环境和生活待遇等都与政府有着密切的关系。再次，随着新公共管理运动的推进，决策的科学化、民主化进程加快，政府在重大工程的决策机制方面，采取报告会、论证会、听证会以及各级人大、政协和新闻传媒等渠道，工程共同体与政府在重大工程决策环节存在着密切联系，工程共同体的参与权、知情权、咨询权受到日益尊重。

政府为了更好地服务于工程共同体，首先，政府为工程共同体营造良好的社会环境（政治环境、法制环境、投资环境等），特别是改革行政审批制度，提高审批效率，加强招投标环节的管理与监督，为工程承包和实施创造公平、公正的环境。其次，政府为提高工程共同体成员的业务素质创造条件，例如增加工人的岗前培训、技能培训，改革技师职称评审制度等。再次，政府为工程共同体提供必要的基础设施、条件，例如政府通过改造棚户区，建设经济适用房和廉租房等措施，改善工人的居住条件。南水北调工程中，政府设立移民搬迁安置指挥部，妥善解决搬迁移民的住房、交通、医疗、教育等问题。

6.3.1.3　基于全生命期的工程共同体社会互动关系

工程活动共同体产生于人类有目的性的建设人工自然过程中，如果把一项工程活动比喻为一台戏剧，那么，工程活动共同体就是演出这台戏的"演员集体"。不仅要求剧情有一个波澜起伏的过程，而且演员出场也有一定的先后顺序[6-36]。工程活动共同体的生命期大致可以划分为：酝酿准备阶段、建设施工阶段、运行维护阶段和解体阶段。

首先，工程的前期准备阶段，由于工程活动是人类有目的性的社会活动过程，因此工程活动首先需要在"可能世界"中选择一个合适的工程活动目标，那么这个首先提出工程活动目标的人就是该项工程的倡议者。例如，1802年，法国工程师Albert Mathieu – Favier就提出了兴建英法海底隧道工程的构想，政府部门、投资者、咨询机构以及社会公众等对工程的科学性、可行性等进行评估论证。1973年11月，英法两国政府签订了关于修建海底隧道的条约，并提出了具体方案。1984年11月，英法两国达成基本协议。1985年5月，两国政府最终选定具体方案。例如，在南水北调工程中，毛泽东主席在1952年10月就提出南水北调的伟大构想，相关部门和单位做了大量的规划和论证工作[6-37]。

其次，工程的建设准备阶段。企业或项目部是现代社会中最常见的一类工程活动共同体组织形式，对于一个特定的工程活动共同体的生命历程而言，设立工程项目部就意味着工程活动共同体的正式成立。例如在"南水北调"工程开工伊始，成立由国务院总理担任主任的南水北调工程建设委员会，并设立了一个正部级单位：国务院南水北调工程建设委员会办公室。同时，为了确保工程活动的顺利开展，需要以项目法人为主导，通过合同管理来协调承包商、勘测设计、监理、施工、咨询等建设业务单位之间的关系。

再次，建设施工阶段。工程实施活动的"全过程"包括"决策、设计、实施、安装、工程运行、工程废弃等"一些基本阶段。在工程施工活动的不同阶段，为了完成相应的任务，工程承包商、供应商、设计单位、监理和社会公众等工程活动共同体的成员之间会进行各种交互。注重工程施工过程控制，及时解决各种技术难题，特别关注工程的质量。例如，在英法海峡隧道工程中，为了解决通风问题、减少海底施工风险和提高运行、维护的可靠性，工程没有采用一条大跨度双线铁路共用隧洞，而是开凿两条铁路隧道，并在这两条主隧道间再开通一条服务隧道，实现与主隧道贯通。在南水北调工程中，为了全面加强工程质量管理，制定了质量责任终身制实施细则，很好地提升了工程建设质量。

最后，竣工验收阶段。在工程完工后，政府部门和业主等组织对工程竣工验收，同时业主会与承包商、供应商、设计单位等结算工程款等。另外，工程的完成和工期的结束也就意味着特定工程活动共同体的解体。例如，1994年5月6日，历时8年多，耗资约100亿英镑，经过1.1万名工程技术人员的辛勤劳动，英法海底隧道正式通车。南水北调工程东、中线一期工程已分别于2013年、2014年通水。

6.3.2 工程的社会责任

责任和价值是两个不同的概念，责任意味着正确、应当和义务，而价值包括善、优点。但是，责任与价值之间又具有内在统一性，责任包含在价值范围内。工程价值是工程活动创造出来的一种特殊价值形态，集中体现了工程活动及其成果对人类社会需求的满足程度，而工程责任是一种基于正确价值观下的工程价值选择行为。工程活动的范围广以及利益主体多元化等，决定了工程价值的多维特征。因此，从价值论角度，工程活动中的责任行为是一种价值选择，责任的履行是产生巨大外在价值的前提与基础。

6.3.2.1 工程社会责任的概念

工程社会责任是指在工程活动过程中，基于对社会、环境、未来负责，工程共同体通过工程价值的选择，尽可能降低或消除工程活动的负面影响。工程承担社会责任的大小影响工程的社会价值，工程社会责任与工程社会价值二者之间紧密相连。工程社会责任的核心是"以人为本、天人合一"，最终实现人与自然的和谐共存、人与社会的和谐发展。不同于技术责任和企业社会责任，由于现代工程活动涉及经济、科技、社会、文化与自然等多个方面，工程活动的社会责任主体众多，需要各参与主体之间的协同配合。2010年12月22日，《中国对外承包工程行业社会责任指引》正式发布，主要内容包括工程质量与安全，客户、业主、员工权益，自然环境保护等内容[6-38]。

6.3.2.2 工程社会责任的构成要素

在工程活动中，包括政府、业主、承包商、监理单位、工程师、金融机构、社会公众以及其他利益相关者在内的各参与主体承担的角色和作用各不相同，其担当的社会责任也应不同[6-39]。工程的社会责任应该是工程共同体的群体责任和共同体各成员个体责任的有机融合。下面从直接利益相关者的工程社会责任和间接利益相关者的工程责任两个方面，系统分析工程社会责任的构成要素，其中，直接利益相关者的工程社会责任的主体涵盖业主、政府、工程师和承包商，间接利益相关者的工程社会责任包括公众、媒体和非政府组织（NGO）。工程社会责任的结构见图6-4。

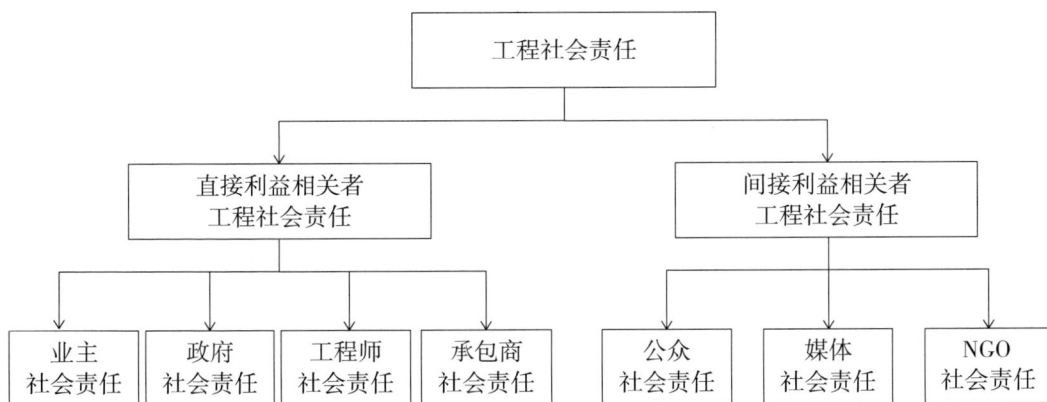

图 6-4　工程社会责任结构图[6-40]

1．业主的工程社会责任

业主作为工程投资决策者，应该承担的社会责任主要包括以下方面：第一，消除或减少工程全生命期各类负面影响。第二，建立公开、透明的交流机制和平台，便于公众获知工程相关的客观、真实的信息。第三，考虑到技术的"双刃剑"特征，积极利用技术来解决各类发展难题，并尽可能减少技术风险。第四，关注国家间、国际以及代际间的资源以及分配问题[6-41]。

2．政府的工程社会责任

政府作为工程的规划者、组织者和监督者，其工程社会责任贯穿于工程建设的全过程中，尤其在具有很强公益性和社会性特征的政府类工程项目中，立项决策的科学民主、审批过程的合法合规、实施过程的有效监督等构成了工程社会责任的重要内容[6-37]。随着新公共管理运动的深入，政府的工程社会责任是提升政府形象和政府威信的重要内容，其重要性进一步凸显。政府对工程社会责任的认识不足和执行不到位，产生了一些违背自然规律的"政绩工程"、"面子工程"等，容易诱发政府的信任危机和执政危机[6-42]。这也反映了政府在工程社会责任履行中存在政治价值与社会价值相互背离的问题[6-43]。

3．工程师的工程社会责任

工程师作为工程活动的方案设计者、决策参谋者和执行者，在工程共同体中发挥着关键作用[6-44]。工程师的多重角色也意味着其承担更多的责任，包括对雇主、同行、公众、环境和社会的责任[6-45]，这些责任的履行对工程师行为形成了多种限制，也迫使工程师需要在多个主体之间寻求利益均衡，而这往往使得工程师陷入伦理困境。此外，现代社会中，为了保证工程决策的科学民主，要求工程的利益相关者参与到工程决策中，这时需要发挥工程师的传播媒介功能，将工程有关信息及时、客观、真实、完整地传播给相关主体，保证他们的知情权和参与权，如此又扩大了工程师的社会责任范围。

4．承包商的工程社会责任

承包商和监理单位的工程社会责任是指在工程建设过程中，对投资者（业主）以及其他利益相关者所应承担的责任，从经济、社会、环境等多方面实现可持续发展。积极承担社会责任的承包商能够赢得客户信赖和政府支持，降低运营成本，提高运营效率，增强企业知名度，提高工程美誉度，吸引优秀人才加盟，因而社会责任是承包商实现可持续发展的基础。综上所述，在工程管理过程中，工程承包商要把社会责任融入自身的经营和发展中，兼顾经济利益、环境利益和社会利益，使工程建设有益于公众、环境以及整个社会。

工人是工程项目实施的具体操作者和执行者，工人在工程活动过程中的社会责任也是构成承包商工程社会责任的重要内容，具体表现为：首先，工人在工程活动具体实施操作过程中，应严格遵循遵守相关规定，并按照相关规程操作，避免误操作引发的环境灾难责任。其次，工人是工程活动可能引发环境与社会问题的最早、最直接感知者[6-3]。因此，他们有义务将公众的安全、健康和福祉放在首位，及早发现并报告各种问题，将各种风险因素消除在萌芽状态[6-46]。

5．间接利益相关者的工程社会责任

首先，在工程建设过程中，及时、真实、客观、完整地传播相关信息和知识，建立工程共同体各方之间有效的交流沟通平台，降低信息不对称，这是媒体承担工程社会责任的重要内容；其次，公众对于工程也负有一定的监督和举报责任；再次，非政府组织（NGO）以及非营利部门（NPO）工作人员，在工程规划、设计、实施、评估的全过程中，应该站在客观、公正的第三方立场，如实反映、监督工程中的问题，不仅要对自己的行为负责，也应当对公众和其他利益相关者负责。

综上所述，工程社会责任是指在工程建设过程中，基于对社会、环境和未来负责的态度，充分考虑工程对利益相关者所造成的现实和潜在的影响，尽可能降低或消除工程活动对人类和环境可能产生的各种危害。

6.3.2.3　工程社会责任的多阶段性与动态性

工程系统与社会系统、自然系统之间的协调是现代工程向着系统化方向发展的必然要求，这就需要工程共同体的相关参与主体具有强烈的社会责任感。工程活动是一项复杂的人类实践活动，工程建设可以分为立项决策、规划设计、建设实施、运营维护直至工程废弃等多个阶段，工程社会责任呈现出阶段性与动态性的特征，不同阶段、不同主体对工程社会责任的影响存在显著差异[6-40]。立项决策阶段要关注决策过程的科学民主、公正公平，建设实施阶段要注重人性化、生态化，工程运营维护与评价需要综合考虑多种收益。工程社会责任在不同阶段对工程活动主体的行为起着约束和调节作用。另一方面，由于现代大型工程活动涉及众多参与主体，使得工程社会责任包含多个层次和多个维度。Carroll（1979）认为企业社会责任主要包括经济责任、法律责任、伦理责任和自由裁量责任[6-47]。对于大型工程项目而言，还包括技术责任、管理责任、环境责任、生态责任等。因此，工程社会责任具有多阶段性、动态性与多维性的特征。

1．工程决策阶段

工程全寿命期起于工程立项决策阶段，该阶段的首要任务就是要确定工程的目标，科学、合理和可行的目标事关工程项目的成败。政府在此阶段中需要发挥指导、监督功能，严把项目审批关，按照科学、民主的决策程序，充分征询专家及利益相关者的意见，确保立项项目能够兼顾经济价值、环境价值和社会价值。此外，工程师作为重要的咨询专家身份参与到立项决策过程中，因而也承担着重要的责任。例如，南水北调工程非常注重决策咨询，成立了专家委员会，对工程项目涉及的重大技术、质量、经济及管理等问题进行咨询，最终进行科学决策。

2．工程规划设计阶段

为了实现工程预期的目标，在特定的时空环境和一定的资源约束条件下，对工程项目进行的谋划、构思，将思维世界中的工程项目概念通过工程语言和符号予以表示，形成工程项目设计说明书和图纸等文件资料。工程师在规划设计阶段的作用尤为关键，为了满足工程项目的功能性需求，设计师必须解决众多技术难题，同时设计中还要体现科学与人文的统一，实现人与自然的和谐共存。例如，南水北调工程中，工程师们解决了很多世界性的技术难题，东线一期工程全线设立13个梯级泵站，是亚洲乃至世界大型泵站数量最集中的现代化泵站群，中线穿黄工程采用盾构方式，这在国内外均属先例（图6-5）。

（a）南水北调中线穿黄工程　　　　　　（b）南水北调中线穿黄工程

图6-5　南水北调中线穿黄工程隧洞
资料来源：新华网

3．工程建设实施阶段

工程的建设实施是将设计意图转变为工程实体并形成最终产品的一系列活动。该阶段工程的社会责任主要落实在工程师、管理人员和工人等主体身上。在关注施工安全的同时，要注意施工对生态和周边居民的影响，同时要严格保证施工质量。南水北调工程实施阶段，为了全面保证工程施工质量，成立南水北调工程建设稽查大队、监管中心等单位，着力巡查质量问题。开展快速质量认证工作，科学评估质量问题对工程结构安全的影响，界定质量问题性质。实施质量责任追究制度，加大质量问题的惩罚力度。

4．工程运营维护阶段

工程活动是建设人工自然、运行人工自然和退役人工自然的集成性活动。工程运营维护阶段，工程的使用单位是社会责任的主要承担者。通过对工程成果的使用，使用单位在获得经济利益的同时，能够为生态环境、社会环境的改善提供支持。此阶段中的公众用户也对工程项目和产品负有一定的监督责任。

基于上述全生命期的分析，在工程活动不同阶段中，工程共同体中各成员的社会责任有所不同，因而工程社会责任是一个多阶段、多主体、多层次的概念，如图6-6所示。

工程活动主体承担一定的工程社会责任，其行为受到必要的约束和规范。工程社会责任既是满足工程可持续发展的必然要求，也是构建和谐社会的内在要求。一方面，作为一种集体性、综合性实践活动，工程活动融合了经济、科技、社会、文化、伦理等各种因素，需要工程共同体各成员的分工协作、通力配合。另一方面，工程活动作为一种社会性存在，涵盖工程项目决策立项、规划设计、运营维护及效果评估等

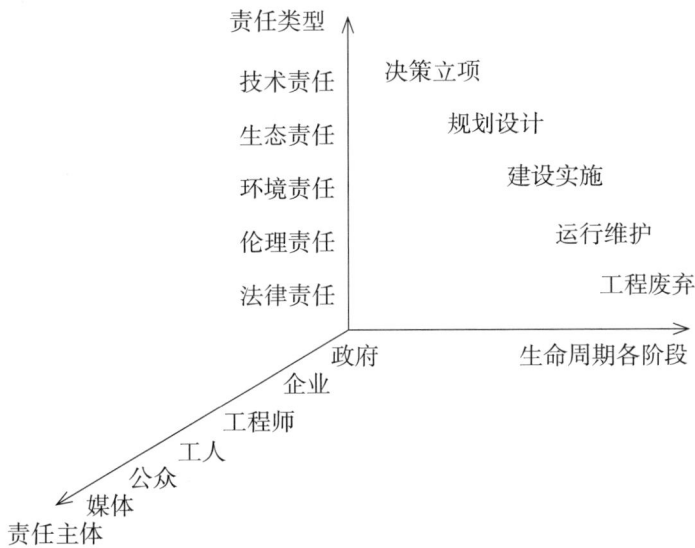

图 6-6　多维视角下的工程社会责任

各个环节，而这一系列环节都涉及社会因素。因此，任何工程项目都是存在于一定的社会结构和社会关系之中，并受一定时间和空间的限制和制约，因此分析工程活动时不能忽视工程项目的社会价值评价，尤其是对工程项目的社会风险和有可能产生的各种社会影响进行系统分析[6-48]。

6.3.3　工程的社会价值评价

现代工程活动作为一项市场经济活动，工程共同体的成员是"理性经济人"，追求个人利益最大化，较少关注工程活动的社会收益，并把工程造成的环境与社会损失转嫁给他人及未来，产生负的外部性，直接影响到工程的社会价值。因此需要工程共同体成员充分意识到，他们既是"经济人"也是"社会人"。工程管理必须注重社会价值目标，充分考虑公众的利益诉求与情感要求，承担必要的社会责任与道德义务，从而将可能发生的利益冲突化解在萌芽状态，促进社会和谐发展[6-49]，工程社会价值目标的实现离不开工程社会价值的评价。

6.3.3.1　工程社会价值评价的概念

1．工程社会价值评价的内涵

不同于经济、环境以及生态影响评价，社会价值评价坚持"以人为本"，强调社会分析和公众参与，将工程活动对人及社会的影响纳入价值评价框架中，综合应用社会学、人类学、经济学、管理学等相关学科的理论与方法，通过系统地调查、收集与工程活动相关的因素、数据和资料，识别、监测和评估工程活动的各种社会影响或社会风险。开展工程社会价值评价，有利于优化工程建设实施方案，提高利益相关者对工程活动的参与和支持力度，避免或降低工程活动社会风险，减少社会矛盾，保持经济发展与社会发展的协调，更好地促进人与自然、社会和谐发展，实现"天人合一"[6-50，6-51]。

为了全面反映工程活动与社会发展的互动关系，工程社会价值评价除了注重工程自身发展的可持续性，还突出整个社会的和谐运行，系统分析工程活动的各种社会影响或社会风险（直接和间接、短期和长期、现实和潜在、积极和消极）[6-52]。理论上对所有的工程活动均应进行社会价值评价，但是考虑到开展工程社会价值评价的成本较高，实践过程中，一般仅对于那些社会因素复杂、社会影响长远、社会矛盾突出、社会风险重大、社会问题严重的具有明显社会发展目标的重大工程活动，才进行全面系统的社会价值评价[6-48]。

2. 工程社会价值评价的主体与客体

第一，评价主体。工程社会价值评价过程中，要求评价主体站在社会整体的立场，以社会的价值标准作为评判依据，有别于个人评价、群体评价。评价过程中，评价者要关注"个体身份"和"社会身份"的有机融合，给出公正、客观的社会价值评价。

第二，评价客体。工程社会价值的评价客体是多元化的工程社会价值，为了系统分析工程社会价值评价对象的特征，需要重点关注以下几个方面：（1）评价目标的宏观性和多元性。工程社会价值兼具多重社会发展目标，具体包括经济增长、社会稳定、增加收入、减少失业、环境保护和文化传承等多个方面。（2）评价标准的差异性。由于环境的动态性、影响因素的复杂性、社会目标的多元化以及社会效益的多样性等原因，工程社会价值评价标准在不同行业、不同地区间存在一定差异。（3）强调利益相关者参与。工程活动的利益相关者是指能够影响工程活动或受到工程活动影响的群体。工程社会价值评价过程中，要深入系统地分析工程活动与利益相关者群体之间的利害关系，根据"工程活动带来影响→利益相关者受到影响→利益相关者做出反应→社会对工程活动产生影响→工程活动受到影响"的影响路径展开分析。而工程活动与当地社会之间的相互适应性以及工程活动的社会可持续性和社会风险等多方面的分析，均可参照此逻辑框架。

6.3.3.2　工程社会价值评价的内容

从工程社会价值的内涵可以看出，工程共同体各成员切实履行自己的社会责任，是提高工程社会价值的前提和基础。工程社会价值评价是以实现工程活动整体社会效益最大化为出发点，深入系统地分析工程活动的社会影响（如促进经济社会发展、社会公平以及可持续发展），客观评估工程活动与当地环境的互适性，系统识别工程活动过程中可能产生的各种不利影响和社会风险，更好地促进人与自然、社会的和谐发展。

1．社会影响分析

分析重大工程活动的社会影响，首先需要界定工程活动社会影响的区域范围。其次，识别受工程活动影响的个人或组织，包括直接影响和间接影响、主动影响和被动影响、现实影响和潜在影响等。再次，分析各种可能的社会影响效果，包括直接效果和间接效果、主要效果和次要效果、正面效果和负面效果等。另外，工程社会影响分析在内容上可分为国家、地区、社区三个层次，具体包括对收入水平、就业水平、生活质量、基础设施、公共服务、社会公平等方面的正面影响和负面影响[6-53]。

2．社会适应性分析

社会适应性分析重点考察工程活动与当地社会环境、人文条件、风俗习惯等相互适应关系，以及当地政府、群众和各种机构对工程活动的参与和支持程度。具体包括：第一，运用利益相关者分析方法，客观评价各利益相关者的重要性和影响力，确定工程活动的主要利益相关者，分析利益相关者的利益诉求；第二，分析不同利益相关者对工程建设和运营的态度和认可程度，首先分析当地政府对工程的态度及协作支持的力度，其次分析当地群众对工程的态度以及群众参与的程度，此外还要关注当地其他社会机构（例如环保组织）等对工程的态度与支持程度；第三，分析工程所在地区社会环境、人文条件、宗教信仰、民族关系、风俗系统等能否满足工程建设和运营需要[6-54]。

3．社会风险分析

社会风险分析是对可能影响工程活动的各种社会风险因素进行识别、评估，剖析导致工程活动产生重大社会风险的成因，并提出应对和处置社会风险的管理措施，尽可能降低或消除工程活动中可能存在的社会冲突和潜在社会风险。工程社会风险分析中需要特别关注下列几个方面：工程所在地区存在比较严重的社会公平问题；工程所在地区因产业结构升级调整面临大规模的失业人口；工程活动预期会产生重大的负面影响，如非自愿移民、环境污染、生态破坏等；工程活动会改变当地居民的行为方式、风俗习惯和价值观念；工程活动的成功实施高度依赖于社区支持等。

6.3.3.3　工程社会价值评价的方法

工程社会价值体现了工程对社会的责任和贡献，不同于工程技术方案评价、经济价值评价和生态价值评价，工程社会价值评价不仅关注工程项目自身发展的可持续性，还需要从社会发展的战略高度，全面系统分析工程活动对当地经济社会可持续发展的影响，强调利益相关者参与。在现有的评价的理论和方法体系基础上，工程社会价值评价强调多种因素的综合影响，重视评价基准的选择，注重利益相关者分析。

1．多属性综合评价法

由于工程社会价值的影响因素众多，包括直接影响和间接影响、当前影响和未来影响、现实影响和潜在影响，特别是一些定性评价内容，需要利用专家的知识与经验，存在较多的模糊与不确定性。因此，工程社会价值评价是一类典型的多属性模糊综合评价问题。简单地说，模糊层次分析法是将层次分析法和模糊综合评价法相结合的一种评价方法。该方法融合了层次分析和模糊综合评价两个方法的优点，通过层次分析法确定评价指标权重集，将定性分析与定量分析相结合，使评价结果更加科学合理。

对于工程社会价值评价问题，首先，遵循系统性、科学性、针对性、可行性以及定量与定性相结合的原则，构建一套系统完整的工程社会价值综合评价指标体系。其次，利用层次分析法，计算各评价指标权重。再次，采取专家调查、统计分析等方法，对定性指标和定量指标进行评价，将评价值经归一化处理后得到模糊评判矩阵。最后，根据评价指标的层次关系，建立模糊层次分析模型，对各级指标进行集结得到综合评价结果。

2．"基线"调查法

为了分析工程活动的影响，科学客观地评价工程社会价值，需要提供一个对比的基础。而"基线"（Baseline）调查法实质是一种对比分析方法，在工程活动实施前，采用多种调查方法和手段，对受工程活动影响的区域经济、社会发展现状进行全面系统调查，从而为后续工程社会价值评价提供比较基础。"基线"调查法在具体实施过程中，可以通过查阅文献资料、收集相关数据及统计资料，系统梳理受工程活动影响区域的经济社会发展的历史过程，全面地掌握当地的社会、经济、文化等方面的基本状况和基本特征。例如人口统计特征（居民收入、就业、民族、宗教信仰，风俗习惯、价值观等）、相关基础设施情况（文教、卫生、住房、交通等）、社区社会结构（生产的社会组织、社区组织等）。与此同时，还可以通过专家访谈、问卷调查等形式，开展针对工程活动的专项调查，以便深入了解各调查对象对工程的预期、态度、认可度和参与度。

"基线"调查法作为一种对比分析法，包括有无对比（有工程与无工程）和前后对比（工程建设前后），基线确定的准确与否至关重要。考虑到大型工程活动建设和运营期长，期间政策、环境、体制机制的变化以及其他工程的开工建设等均会引起社会经济状况变化，使得初期调查的结论可能发生变化，而这些并不是由于该工程引起的，所以应从动态的视角考虑工程活动的社会影响，特别注意"基线调整"问题。因此除了初期的"基线"调查外，还要适时收集资料评估当地社会经济状况在工程影响时限内可能的变化，以动态发展的目光进行"基线调整"[6-55]。

3．利益相关者分析法

利益相关者分析法主要是识别影响工程活动或者受工程活动影响的各个利益相关者群体，明晰工程活动与不同利益群体之间的利害关系，分析不同的利益相关者群体对工程活动的反应。具体工程管理实践中，可以通过构建利益相关者群体分析表，从利益相关者分类、与工程活动的利害关系、对工程的反应（态度和要求）以及对工程的影响力（大小和体现）等四个方面（表6-2），来系统反映工程活动与利益相关者的相互关系。

利益相关者群体分析表　　　　　　　　表6-2

利益相关者分类	与工程的利害关系	对工程的反应（态度和要求）	对工程的影响力（大小和体现）
一、直接利益相关者			
1.			
2.			
……			
二、间接利益相关者			
1.			
2.			
……			

资料来源：马小丁（2011）[6-56]。

（1）利益相关者的分类。根据利益相关者的定义全面梳理工程活动的利益相关者，并根据工程对不同利益相关者的影响路径，划分为直接影响和间接影响两大群体，另外考虑到不同利益相关者的特征差异（例如性别、年龄、民族、职业、宗教、风俗习惯、社会地位、个人能力等），可将两类利益相关者群体进行细分。

（2）不同利益相关者的利害关系分析。工程对不同利益相关者群体的影响存在较大差异，有人受益、有人受损，由此形成了不同的利害关系，进而会影响不同利益相关者对工程的利益诉求和态度。受益群体会对工程持赞成态度，并积极支持和参与工程项目，而受损群体则会对工程持反对态度，既受益又受损群体对工程的反应和态度将视补偿方案而定。

（3）不同利益相关者的影响力分析。不同利益相关者，由于权力与地位、所拥有的资源以及能力禀赋等方面的差异，使得其对工程活动影响力也不同。这里特别需要关注女性、少数民族等弱势群体的利益保护，避免社会不公引发的社会矛盾和冲突。

6.3.3.4 南水北调工程社会价值评价的案例分析

工程活动的跨领域特性以及利益主体多元化的现实决定了工程包含多重社会价值。南水北调工程是世界上迄今为止规模最大、距离最长、受益人口最多、受益范围最广的调水工程，整个工程跨越长江、淮河、黄河、海河等四大流域，产生了供水、抗旱、航运、除涝等巨大效益。这里将从促进区域社会经济发展、提升工程的环境生态价值、树立尊重历史和保护文物的典范以及实现和谐搬迁等四个方面，来分析南水北调工程的社会价值[6-57]。

1. 有力地促进了工程所在区域经济社会发展

南水北调工程分东、中、西三线解决我国北方地区，尤其是黄淮海流域的水资源短缺问题，构筑"南北调配，东西互济"的大水网格局。工程整体供水区域控制面积达145万km²，工程规划最终年调水量448亿m³，受水规划区约5亿人受益。随着水资源条件的改善，我国北方每年将增加工农业产值500亿元，并且能为区域经济社会发展、产业结构调整升级和城市化进程创造更多机会和空间。另外，南水北调工程还将产生农业供水效益、防洪效益、航运效益、排涝效益等多种综合效益。

2. 产生了巨大的环境生态价值

南水北调工程东、中线一期调水工程实施以后，有效地缓解了受水区的地下水超采问题，保护了当地的水资源承载能力，遏制北方地区水生态恶化的趋势，有助于生态环境的改善与恢复。更进一步，南水北调工程吸取了流域污染治理的经验教训，在污染治理、环境保护等方面积极探索，提出"先节水后调水、先治污后通水、先环保后用水"的总体原则，走出了科学规划、提前治污、保护生态的新路子，为其他流域污染治理树立标杆，不仅大幅度提高沿线水源水质，而且改善了工程沿线周边环境，使南水北调工程惠及面更广，更充分体现了工程的社会价值（图6-7）。

（a）南水北调沿线景观工程（一）　　　　　（b）南水北调沿线景观工程（二）

图 6-7　南水北调工程沿线景观
资料来源：新华网

3. 树立了尊重历史和文化的典范

南水北调东、中线工程途径中国文化和历史的集中区域，文物聚集度相当高，文物保护工作引起社会的高度关注。南水北调文物保护工作遵循"重点保护、重点发掘，既对基本建设有利又对文物保护有利"的原则，极力保护国家重要的历史文化遗产，尽可能降低工程建设对文物遗址的损害。工程选线论证阶段，特意绕开河南安阳殷墟、郑韩故城等国家级文物保护单位和北平皋遗址、山阳城、讲武城等省级文物保护单位。东线工程有相当长的渠段是利用古代运河修整、疏浚、拓宽后输水，充分维护、发挥好大运河的航运、输水、生态和景观功能，这也是积极保护该遗产经济、社会价值的重要手段。在工程实施过程中，东线发现陈庄西周城址，渠道为之改线。工程建设为重要文物"让路"、"改线"，充分体现出对历史文化负责，也成为现代工程尊重文化、保护文物的典范，是工程社会价值的重要体现。

4. 有效解决大规模移民，实现了和谐搬迁的目标

南水北调工程有大规模移民，其中仅中线的丹江口水库大坝加高工程就涉及移民安置34.5万人。为了科学合理地解决移民安置问题，遵循"以人为本、实事求是"的原则，制定针对性强的移民政策和相关扶持政策，提高征地移民补偿标准，将移民安置与当地经济社会发展相结合，地方政府多渠道筹集资金，完善移民新村的基础设施建设，增加医疗、教育等方面的公共服务供给，使移民群众早日融入当地社会，实现和谐搬迁的目标[6-37]。

6.4　工程价值的实现与提升

工程活动的核心意义在于价值创造，工程与价值紧密相连，工程活动承载着价值实现，工程活动发展水平体现着工程主体的价值追求与价值创造能力。前文已经论述，工程价值不仅指工程的经济价值，同时还包含工程的科技价值、自然价值、社会价值、人才价值和文化价值等，表现出多元化的特征[6-58]。新时期，在工程多元化价值体系中，不同维度价值准则之间可能是协调的、也可能是冲突，甚至可能存在部分协调、部分冲突的状态，工程多元价值实现与提升，离不开一系列的工程管理创新活动与创新思维。

工程活动本质在于创新，包括：时间、内容、程度三个方面。创新是工程发展的根本动力，有利于实现工程的和谐发展、可持续发展，离开创新观指导的工程活动只能是低水平的重复。本节以工程管理的创新观为指导，从工程管理顶层设计与工程管理实践两个方面，阐明如何通过一系列的创新活动以促进多元工程价值的实现与提升。

6.4.1　创新工程管理顶层设计

6.4.1.1　创新工程管理体系

川气东送工程是国家"十一五"重点工程，是统筹考虑人与自然全面、协调、可持续发展的客观要求而做出的一项重大战略决策。为保证工程顺利开展，构建了"指挥部一体化领导下的工程项目管理模式"，对工程活动实行一体化决策、一体化组织、一体化控制等，实现了工程活动的制度化、规范化与标准化。在近三年的工程建设中，创建了国内51项超深、高酸性气田开发建设工程技术与安全环保标准，创造了62项新纪录和高指标。逐渐形成了在复杂山地、水网密布等地区建设长距离、大口径管道的施工技术系列，逐渐建成了超深、高酸气田勘探开发、生产建设、运输配送及安全环保等企业标准体系，逐渐发展了一条集勘探、测试、开发、生产、净化、运输、销售、使用于一体的天然气产业链。

工程管理体系是一个旨在实现工程管理核心功能的系统，主要包括：工程管理理论、工程管理方法、工程管理组织、工程管理工具、工程管理实践等。工程管理体系可以视为连接工程管理理论与工程管理实践的桥梁，其建设与创新，关键在于：以先进的工程管理理念为指引、转变工程发展方式、创新工程管理理论与方法、指导工程管理实践活动、改善工程实践效果[6-29]。

1. 更新工程管理理念

工程活动过程就是一个创新过程，工程管理也是一个创新管理，主要包括：工程管理理念、组织方式、制度设计、技术变革、理论方法等诸多方面的创新。工程管理活动是一个由实践到认识、由认识指导实践、进而到再实践再认识的辩证过程，因而工程管理实践既是工程管理理论体系的逻辑起点，也是其最终归宿。自古以来，人在工程活动中居于中心地位，人既是工程活动的直接推动者，也是工程活动的最终归宿，"一切为了人，一切依靠人"就是这一理念的集中体现[6-29]。要深入揭示工程活动的本质与内涵，需要借助工程管理哲学的发展，工程管理哲学是指导工程实践的有效武器[6-59]。随着理论研究的深入和工程实践的发展，工程管理理念正逐渐从纯粹的工程思维，发展到哲学思维与伦理思维，进而形成工程科学、工程伦理学与工程哲学。工程思维，主要使用系统理论与方法、优化理论与方法，来组织工程活动，实现工程目标。伦理思维，主要强调公平与道德、责任与信用，追求工程共同体利益平衡、风险共担。哲学思维，主要使用辩证观、发展观、系统观，来协调工程管理实践过程，实现工程活动的可持续发展。要树立以科学发展观为指导思想，以工程哲学为总体统领，以可持续发展为最终目标的新型工程管理理念。这一新型工程管理理念必须体现"以人为本"，人与自我、人与自然、人与社会和谐发展的核心，必须体现工程的系统观、生态观、价值观、社会观、伦理观与文化观[6-60]。"以人为本，天人合一，协同创新，构建和谐"必然既是工程活动本身内容，也是工程管理理念的核心所在[6-29]。

工程管理理念贯穿整个工程活动始终，渗透到工程活动及其管理的各个阶段、各个环节，是工程活动的出发点和归宿，是整个工程活动的灵魂。只有坚持先进的工程管理理念，才能自觉地遵循经济规律、自然法则、社会规律、道德伦理、公平正义，实现工程可持续发展。

纵观工程活动的发展历程，随着工程管理理论与工程管理实践不断深入，工程管理理念也在不断创新与发展之中，大致可以划分为三个不同历史时代：听天由命、征服自然、天人和谐[6-61]。"听天由命"主要是古代工程形成的工程管理理念，是一种宿命论的管理思想，认为人及工程活动过程只能听由自然去安排，无法形成有效的认识自然、建设人工自然的人的能动活动。"征服自然"主要是近代工程管理理念，体现了人要战胜与征服自然的欲望，把人与自然对立起来，夸大了人的主观能动性，过分强调工程为人类征服自然的作用。"天人和谐"则是近代工程管理理念，充分表达了人与自然的和谐发展意愿，是科学发展观的基本观点。在不同的工程管理理念指引下，工程管理实践也往往表现出不同的命运。在"听天由命"工程管理理念指引下，由于不能充分发挥人的主观能动性，难以取得重大的工程实践成果，自然地也就不能很好地为人服务，既没有"一切为了人"，也没有"一切依靠人"。在"征服自然"工程管理理念指引下，工程活动盲目扩张，加大了对自然资源与生态环境的开发力度，不可避免地带来了自然资源掠夺式的开采与生态环境极大的破坏。人类不仅没有征服自然，相反表现得比较脆弱，已经并将继续受到来自自然的惩罚。"天人和谐"工程管理理念，既体现了人的主观能动地位，也强调了人类对自然的利用只能是有限度的，人类工程活动的目的不在于征服自然，而是为了实现人与自然的和谐、工程与自然的和谐，最终可以实现工程的多元价值目标。

2．转变工程发展方式

现代工程管理就是运用先进的管理理念、标准化的程序和方法、现代化的管理技术，对工程实践进行科学合理的计划、组织、协调与控制的活动过程。要想转变工程发展方式，首先需要树立正确的工程发展观，转变工程管理理念。

转变工程发展观念，应当从哲学的高度，由不同视角宏观审视工程实践[6-56]。从经济技术角度审视工程活动承担者的经济承受能力与科技匹配能力；从社会公众角度审视工程活动对社会公众的影响以及工程与社会的和谐；从自然生态角度审视工程活动对自然生态环境的影响以及工程与自然的和谐；从政府部门的角度审视工程活动的公平正义。和谐的工程管理理念不仅包括工程与自然的和谐、工程与社会的和谐，还包括工程共同体之间的和谐。过去，工程共同体在工程中的地位不同，拥有不同的工程信息量，容易导致由于信息不对称而产生的逆向选择与道德风险，工程共同体之间基本上是一种对立关系，造成各方利益失衡、引起市场资源配置效率低下、破坏社会公平公正的原则，导致工程多元价值难以实现。和谐的工程管理理念要求工程共同体共同参与工程管理，以保证参与各方目标和利益的实现，共享工程活动成果、共担工程活动风险。

从已有的工程实践来看，总体上我国工程活动取得了巨大成就，为国民经济与社会发展提供了强大的动力，提高了经济发展水平、改善了国计民生、增强了国家竞争力。然而，我国大部分工程活动缺乏自主创新能力，重复着高投入、高能耗、高污染工程发展模式与道路，带来了资源极大浪费，造成了环境恶性破坏，工程活动可持续能力较弱。甚至一些工程，如：面子工程、豆腐渣工程等，严重违背科学发展观的精神，造成了极其恶劣的社会影响。为此，需要进一步转变工程发展方式，推动工程活动从粗放型向集约型转变，走新型工业化道路。第一，以科技进步为支撑，提升工程管理水平，促进工程实践上层次、上水平，提升工程质量与效益，实现工程活动更好地为人服务；第二，把"循环经济"、"绿色经济"引入工程管理思想中，实现节约资源、保护环境等目标，减少工程活动负外部效应及其对自然环境与生态系统带来的损害，实现工程与自然的和谐；第三，提高社会公众对工程的参与度，发挥工程的正外部效应，促进社会公平，实现工程与社会的和谐。

3．创新工程管理理论

实际上，我国工程管理实践历史悠久，但是长期以来基本上都停留在传统管理模式与低水平发展阶段。随着社会制度变迁、科学技术进步、社会经济发展，工程实践规模、层次、复杂程度也在不断变化。工程是一个有组织、有目的的群体性活动，是一个多目标、多变量、多参数、多干扰的复杂系统，具有投资巨大、规模庞大、结构复杂、功能综合、时间漫长、不确定性等特点[6-62]。现代工程还具有"以高新技术为基础，以创新为动力"的鲜明特征，将各种资源、新兴技术与创意相整合，向知识密集、技术密集方向发展，具有显著的集成性与建构性特点。随着工程管理实践发展，已有的工程管理理论已经不能满足现代工程管理实践的需要，有必要创新工程管理理论与方法、建立相应的工程管理理论体系。

新时期特别是改革开放以来，我国开展了大量的大型工程实践活动，积累了丰富的工程管理经验。这些工程管理经验经过理论界与工程界的总结与升华，形成了一大批具有中国特色的理念、模式和方法等应用理论，产生了一些有影响的工程管理理论，如："精简、灵捷、柔性"生产系统理论，元决策理论与应用、智能型交互式集成化决策支持系统等。然而，完整的工程管理理论体系尚未建立[6-63]。工程管理理论体系是人们基于对工程管理实践活动的深刻认识，通过系统缜密的思维活动，对工程管理理论的构成要素及其组合方式进行规范。其核心功能在于，厘清工程管理理论研究发展脉络，界定工程管理理论的内容与范畴，揭示工程管理理论内部各要素之间的内在逻辑，指导工程管理实践健康、高效发展。

创新与发展工程管理理论，建立与完善工程管理理论体系，都需要在科学发展观与工程哲学等的总体指导下，依赖于工程管理实践的深入、工程管理理论方法与技术的应用、基础理论与方法的支撑。工程管理理论发展与工程管理理论体系建立，都离不开工程管理哲学的指导。工程管理哲学是对工程管理活动的根本问题的思考，探索工程管理活动的基本问题与基本规律，通过工程辩证观、工程发展观与工程系统观，开展工程管理本体论、工程管理认识论、工程管理方法论等的研究。工程管理哲学，主要从哲学的高度认识工程本质，探索工程管理的理念、世界观与方法论，有助于形成工程管理理论并指导和推动工程管理实践发展。工程管理活动中，实践是逻辑起点，没有工程管理实践，就不会诞生工程管理理论，更难以建立完善的工程管理理论体系。工程管理理论方法与技术是在工程管理实践中，同基础理论与方法交叉形成的，如质量管理、安全管理等，是工程管理实践的总结与提升，并最终指导工程管理实践。基础理论与方法，主要包括工程学、管理学、经济学、数学和信息科学等，为工程管理理论的产生、发展与完善提供了必要的基础理论与基本方法支撑。

6.4.1.2 创新工程管理制度

青藏铁路是我国实施西部大开发战略的标志性工程，是中国新世纪四大工程之一。整个工程自20世纪50年代决策开始，到2006年全线通车，历时近60年。青藏铁路工程采用了严格的合同化管理制度，采用的合同有：设计咨询合同、勘测设计合同、科研合同、施工合同、监理合同、采购合同、劳动合同、保险合同等，主要方法包括：精心策划合同体系、修订完善合同条款、全面确保合同目标。在合同管理过程中，明确部门职责，提高合同管理效率；依法订立合同，保证合同的合法性；严格审查合同，保证合同的完备性。工程管理实行动态管理，落实合同跟踪制度，工程建设主要克服了"多年冻土、高原缺氧、生态脆弱"三大难题，成为世界海拔最高、线路最长的高原铁路。

1．明晰工程产权制度

工程管理制度创新在一定程度上说，就是工程责、权、利重新划分的过程，容易出现管理主体缺失、监管缺位、政策缺陷等。为此，必须从明晰产权入手，通过产权划分确定明晰工程所有权与使用权，确定管理主体或法人主体，提高工程管理效率，实现工程多元价值目标[6-64]。

工程共同体主要包括：业主、承包商、监理单位、工程师、金融机构、政府部门、社会公众、其他利益相关者。业主（建设单位）作为工程的出资人和发起人，是工程权益的所有者和工程负责人，承担工程投资的责任与风险，有权决定工程总体设想、工程功能定位、工程投资规模、工程管理目标、工程运作模式及工程其他共同体等。根据委托代理理论，工程管理可以从招标、建设、运行各个环节进行激励相容式的制度设计，减少寻租、设租问题及工程质量安全问题[6-65]。激励相容的制度设计实际上就涉及工程发包人与代理人之间的利益分配问题。最新的工程管理理论认为，工程建设追求的目标并不是简单的工程成本、质量、工期和安全目标的实现，而是进一步追求各工程共同体的满意，做到工程共同体责、权、利的统一[6-62]。

2．优化工程组织结构

工程的组织，就是为了优化资源配置、提高管理效率、实现工程目标，通过一定的组织原则，使各工程共同体通过分工与协作以及划分不同的责、权、利，而构成的一种组合体，包括：工程组织结构与工程组织行为两个方面。工程组织结构主要在于考虑建立什么样的精干、合理、高效的静态结构形式，由组织内部构成和各部分间所确立的较为稳定的相互关系和联系方式；工程组织行为旨在动态研究如何才能发挥组织的最佳效果。工程组织中需要有权威的领导者进行领导，通过关注、激励和指导组织成员，进行有效的沟通，解决各种冲突与纠纷，统一组织成员的思想和行动，以实现组织愿景与工程目标。需要从外部因素和内部因素两个方面，依据工程目标、工程内容、工程组织目标、工程组织工作内容等，来考虑工程组织结构形式与工程组织行为模式，进行工程组织结构设计与优化。

就工程组织结构形式而言，大致可以划分为：功能式、项目式、矩阵式以及复合式。功能式工程组织结构形式，是由单个功能领域的一个团队组成，并为此设置相应的职能部门，使工程组织成为常规组织的一部分。项目式工程组织结构形式，就是将工程组织形式独立于工程职能部门之外，由工程组织自己独立负责其主要工作的一种组织结构形式。矩阵式是介于功能式与项目式之间的一种工程组织结构形式，又可划分为弱矩阵式、强矩阵式、平衡矩阵式；而复合式则由功能式、项目式、矩阵式进行复合而成的一种工程组织结构形式。每一种组织结构形式，都有自己的前提条件、优势与不足，不存在适应所有工程的万能组织结构形式，表6-3给出了不同的工程组织结构形式对比结果。在建工程，需要依据自身的特质从中选择最佳的组织形式。不仅

工程组织结构形式比较　　　　　　　　　　　　　　　　表6-3

比较项目	功能式	矩阵式	项目式
客户需求	不能及时反映与满足	迅速反映与满足	迅速反映与满足
资源利用	不能合理利用	能合理利用	资源重复配置与浪费
组织规模	较小	中等	较大
使用技术	标准	复杂	较新
复杂程度	较低	中等	较高
不确定性	较低	较高	较高
信息传递	缺乏沟通	信息沟通、信息回路复杂	信息沟通

如此，还要依据工程面临的主客观条件的变化，对工程组织结构形式进行调整，甚至进行工程组织再造。在进行工程组织再造时，需要慎重考虑：第一，在不得损害业主利益的同时，兼顾各工程共同体的利益；第二，新组织结构形式具有更高的管理效率，能够解决原有组织结构形式中存在的问题；第三，把握组织结构形式调整时机，保持工程进展连续性。

3. 创新工程管理模式

创新工程管理理念，不仅能够促进工程管理理论的发展与工程管理体系的创新，而且也能够促进工程管理制度的完善与工程管理模式的变革。如：从合作竞争理论发展到合作伙伴模式，从科学发展观到工程可持续发展等[6-62]。总结工程管理发展历程，可以发现其一般规律，其大致经历了萌芽时期、经验管理、行政管理、项目管理、全面创新等主要发展阶段，工程管理逐步从经验走向科学、从传统走向现代。

由中国古代工程建筑管理实践可以看出，工程管理与行政管理基本融为一体[6-66]。古代中国的社会经济制度是最为典型的农业经济社会，行政管理是社会管理中最为重要的管理模式。因此，任何一项工程建设及其相关的管理活动，往往都以官府的名义展开，才能取得相应的成效。其思想库成员主要由包括儒家、道家等在内的思想家组成，其行政管理过程充分体现了他们的主要思想观点，进而影响到古代工程管理实践活动结果。从新中国成立到20世纪80年代，由于实行计划经济体制，工程主要由国家财政拨款投资建设，政府部门既是业主也是行政管理部门，这种管理模式主要存在：投资主体单一、监督机制缺失等不足。改革开放特别是市场经济体制建立以来，在我国逐渐形成工程管理基本制度，主要包括：法人负责制、招投标制、投融资制度、工程监理制、合同管理制，改变了政府管理工程的计划模式，极大地提高了工程管理水平与管理成效。

工程管理制度在一定程度上决定了工程管理模式，就工程组织管理行为模式而言，大致可以划分为：政府主导型、政府主导＋企业参与型、政府主导＋企业主体型、企业主导型四种类型。不同工程组织管理行为模式的选择，主要受到经济体制、社会环境、技术水平和工程目标等因素的影响，科学合理地选择工程组织管理行为模式，有利于工程目标的实现[6-67]。不同的组织管理行为模式，在模式特点、运作机制、市场化程度等方面有所不同，详见表6-4。

随着工程管理理论与实践的发展、工程管理制度的变革，需要不断探索符合时代特征的新兴工程管理模式。工程管理模式的创新，旨在协调工程各方利益、激发工程管理效率、提升工程管理水平，最大限度地实现工程价值。

工程组织管理行为模式比较　　　　　　　　　　　表6-4

比较项目	政府主导型	政府主导+ 企业参与型	政府主导+ 企业主体型	企业主导型
模式特点	行政指挥与技术协同，政府为业主	行政指挥与技术协同，政府为业主、大企业为承包商	行政监督与技术协同，大企业为业主	行政监督与技术协同，大企业为业主
运作机制	行政指挥与技术指挥并行，政府负责整个工程活动	国家牵头、部委负责，政府将工程承包给大企业	部委负责指导与协调，大企业负责整个工程活动	政府对工程项目审批，大企业负责整个工程活动
市场化程度	低	低	中等	高
经典案例	两弹一星工程	载人航天工程	三峡工程、南水北调工程	煤炭开采工程、石油化工工程

6.4.1.3　创新工程管理技术

石油化工工程实施集成化管理，采用中国特色的新型管理模式：一体化项目管理组＋工程总承包商＋工程建设监理，强化"以技术改造为主，消除瓶颈制约"的工程建设理念，促进工程科技创新。将工程技术开发与重大石化工程建设相结合，开发成功一系列成套技术并在一批当代世界级石化工程中得到应用，如：中国石油油气开发技术、中国石油汽油质量升级核心技术。石油化工工程的工程管理技术创新依赖于工程技术创新，而工程管理技术创新的目的是为了进一步促进工程技术创新，实现工程多元化价值目标。

1．依靠自主创新促进工程科技进步

工程科技的迅速发展和自主创新，有利于促成资源节约和环境保护型的产业结构、经济增长方式和居民消费模式，有利于建设生态文明，对最终实现经济社会的科学发展与可持续发展具有决定性意义[6-59]。工程科技能够将科学知识转变为现实生产力，不仅直接提升工程活动的产出效率，实现工程价值目标，而且能够推动整个社会的科技进步，促进经济社会发展。

工程科技进步有多种实现渠道，依靠自主创新促进工程科技进步，是时代赋予我国工程活动的历史使命，对于我国经济发展和国家安全具有重要战略意义。要始终以重大科技工程为抓手，努力建设"产学研用"相互融合的自主创新体系，通过掌握与拥有自主知识产权的独特的核心技术，切实增强工程活动的自主创新能力，带动工程科技水平的全面提升。工程管理具有"产业相关性"，主要表现为工程科技进步带来的产品创新，而产品创新既是提升企业竞争力的源动力，也是科技成果转化为生产

力的具体体现。在今后一段时期，工程科技的作用将更加直接[6-68]，主要体现在：第一，在先进制造等领域，通过重大工程活动，不断促进科技进步，为产业升级提供保障，增强综合国力；第二，在信息技术领域，通过重大工程活动，攻克信息工程方面的核心技术，构建信息高速公路网络，不断惠及民生；第三，在能源安全技术领域，通过重大工程活动，开发新能源、发展替代能源、提高能源效率、优化能源结构，建设结构多元化的能源供应体系，确保能源安全。

在石油化工工程中，营造技术创新的浓厚氛围、促进工程技术含量的提高，不仅实现了工程绩效的提高，而且能够缓解与减轻日益严重的环境问题。2013年上半年，我国影响范围大、持续时间长的雾霾天气严重影响了空气质量，在众多的解决方案中，毫无疑问降低汽车尾气硫含量和提高汽柴油质量是其中可行解决方案之一。石油化工研究院自主开发的中国石油汽油质量升级核心技术获得成功，标志着中国石油进入质量全面升级阶段，成功实现了国Ⅲ阶段到国Ⅴ阶段的跨越，有效打破了国外石油技术在市场占有率方面的优势格局。这一工程科技水平的迅速提升与快速发展，将有利于促进我国石油加工水平与汽油质量的全面升级，有利于推动我国社会经济的绿色发展，从而实现工程与自然的和谐共生。

2. 建立与完善工程管理技术体系

工程管理技术就是将工程活动中涉及的资源进行合理配置，对工程技术进行系统集成优化，以实现工程目标的一系列方法与手段，是工程技术与管理艺术的统一。工程技术是工程管理技术的物质载体，工程管理技术是工程技术的方法论[6-69]。工程技术是工程活动的基础，离开工程科技进步，不仅工程多元价值目标难以实现，就连基本的工程活动也难以开展。不过，工程活动并非单纯的技术活动，而是技术与经济、社会、文化、自然、环境等因素的综合集成。重大工程要想取得突破性进展，既离不开工程技术创新与发展，也离不开工程管理技术创新与发展。工程技术创新，指工程实践中"硬技术"创新，主要包括：技术创造、技术发明、技术变革、技术转移等，可以通过自主创新与技术引进两种途径来实现。工程管理技术创新，指在工程管理理论指导下，对工程管理方法、手段、工具等进行改进，以提高工程管理效率，主要依靠工程管理者的经验和理论研究者的研究。在我国的工程管理实践中，相对于工程技术创新而言，工程管理技术创新相对落后，原因在于工程管理技术创新需要工程管理的经验与技术，需要理论研究者的研究与提升共同促成。

在我国工程管理实践中，不断有新的工程管理技术诞生，形成了一批典型的工程管理技术，如苏里格致密气田"一体化工作平台"的信息化管理，其核心是"智能化、数字化、模块化"开发建设和生产管理系统，即"数据自动录入，方案自动生成，异常自动报警，运行自动控制，单井电子巡井，资料自动共享"，使整个气田开发建设和生产管理过程实现了以信息化为基础的一体化管理。广州珠江黄埔大桥的格式化管理，主要通过工程建设业务格式化、施工业务格式化、监督业务格式化等措施，清晰地界定业主、施工与监理三方在公路工程建设活动中的业务范围和职责分工，提出了1400多张业务表格，应用于公路工程建设的各个环节，对规范公路建设管理活动与提升管理水平等具有重要作用[6-70]。这些典型的工程管理技术，无一不体现了"以人为本，天人合一"的工程管理理念，充分体现了工程活动"一切依靠人，一切为了人"的核心理念。

然而，我国现有的工程管理理念、工程管理制度与工程管理技术等，都是在特定历史时期与特定历史阶段提出的，是为了适应不断转型的经济社会发展需要，难免带有"临时性"、"短视性"、"片面性"等特点。创新工程管理技术，就是要从宏观视野，对工程管理技术进行整体谋划，消除工程管理技术内部的矛盾与冲突，旨在建立和谐统一的工程管理技术体系。

由于工程管理是开放环境下的管理，具有复杂性、多变性等特点，中国工程实践迫切需要具有中国特色的工程管理体系。工程管理的基本目标涉及：质量、安全、进度、成本、可持续等，关系到工程活动的成效。目前，工程管理理论主要从方法层面，对工程管理目标之间的相互关系、集成优化、协调控制等方面开展研究工作，尚缺乏从哲学高度，对工程管理目标进行重新审视与创新思维，以促进工程管理目标的和谐统一，实现工程共同体"和谐共赢"的管理目标。

6.4.2　创新工程管理实践

6.4.2.1　创新工程质量管理

为了提高秦山二期工程的国产化率，秦山2号机组的关键设备压力容器交由国内一家制造厂商建造。2003年7月，压力容器准备安装时，却发现焊接上存在质量问题，可能导致严重的安全隐患。安全是核电站的生命，在2003年10月秦山二期工程决定同西屋公司正式签订了返修合同。直至2004年3月，2号机组并网发电，比原定计划延期，给工程带来了严重经济损失：直接经济损失为每天100万元的贷款利息和迟发电每天650万元的损失。

1. 拓展工程质量内涵

工程质量是工程活动的基本道德和基本要求，关系到工程活动的成败，具有一票否决权。工程质量不仅综合标志着工程企业的核心素质，涵盖了工程领导者的境界、工程队伍的素养、科技水平的高低，也在一定程度上体现了政府行政部门的监管水平。传统的工程质量观，只涉及工程决策、工程立项、工程计划、工程招投标、工程实施、工程验收等工程实体这一狭隘范围，在本质上体现为工程经济价值目标。在这一工程质量观或价值目标指引下，不可避免地会陷入工程活动不顾及自然资源与生态环境的约束、不顾及社会及公众的影响，只是盲目地追求工程活动的经济价值，必然严重损害工程其他价值目标的实现，导致工程与自然、工程与社会不能和谐发展。

工程质量与社会和谐存在千丝万缕的联系，工程质量的优劣，直接影响到社会运转、经济发展、人民生活等一系列工程多元价值目标的实现[6-29]。随着工程理论研究的深入与工程实践的发展，需要使用新的工程管理理念、工程管理理论，从工程哲学的高度来审视工程质量，树立新的工程质量观或广义的工程质量观。现代工程质量观，要符合"天人合一"的工程管理理念，体现科学发展、和谐发展、可持续发展的要求。工程质量与工程和谐这两个概念既是物质的，也包含精神文化层面。现代工程质量观本质上就是多维度的可持续发展质量观，具有多维度与可持续两个显著特征。多维度，是指在空间维度上工程质量要突破工程实体质量的范畴，涉及工程全方位、全过程的质量管理；可持续，是指时间维度上将绿色、生态、节能、可持续等纳入工程质量管理范畴。

秦山二期工程由于工程延误带来了一定的经济损失，影响了工程质量。不过这一经济损失却换来了工程安全隐患的消除，避免了可能存在的核泄漏事故，把对自然环境的破坏降到了最低。按照现代工程质量观，这一做法以"牺牲小我"来"换取大我"，有利于实现工程与自然的和谐。

2. 创新工程质量监管体系

目前，中国总体工程质量水平不高，与其规模发展不相称，需要通过工程质量监管，实现工程质量水平的提升。贯彻执行多维度可持续发展的现代工程质量观，不能光靠先进的工程管理理念和工程主体的自觉行为，必须通过工程质量监管体系中的利害相关关系、法律责任关系、道德制约关系等进行控制，在工程管理实践中不断创新与发展工程质量监管体系。

工程质量控制与一般产品质量控制不同，具有自身的特质：第一，工程投资巨大、建设期长、涉及面广、影响力大，具有较强的风险性；第二，工程项目的质量特性较多，多维度与可持续是现代工程质量观的显著特征；第三，影响工程质量的因素众多，既有经济因素，也有政治因素，有时还受到国际经济与政治环境的影响。工程质量的持续提升需要工程共同体树立现代工程质量观、树立工程质量持续提升的理念，在组织中倡导学习和创新的氛围，明确工程质量持续提升工作机制，建立鼓励突破和创新的激励机制，鼓励组织成员自觉运用工程质量分析的结论，逐步提高工程质量规划标准，进而实现工程质量的持续提升。

6.4.2.2 创新工程安全管理

20世纪90年代末期，神华神东煤炭集团按照"四化"（即生产规模化、技术装备现代化、管理手段信息化、队伍专业化）模式首先在大柳塔矿进行改造试验。到2008年底，在煤炭行业的标志性指标中，已创出了九项世界纪录，取得了采掘工程管理与技术创新的重要成果。在"无人值守"的工程安全管理理念指引下，极大地提高煤炭生产的安全系数，降低了煤炭采掘的事故发生率。而"系统可靠、装备精良、人员精干、管理高效"的现代化工程建设新模式与工程科技进步，为"无人值守"理念的提出提供了重要的支撑。

1．更新工程安全管理理念

工程安全是工程活动的最基本要求，工程安全管理是工程管理中一个重要环节，要从人的不安全行为、物的不安全状态、环境的不安全影响和安全管理盲区等方面，进行因素归因。要更新工程安全管理理念，树立"以人为本"的工程安全管理理念。"无人值守"，即煤炭生产的危险境地中没有作业人员或者减少作业人员就是安全的，这一工程安全管理理念不仅有着重要的实践意义，也有重要的理论意义。第一，这一理念体现了对高危行业安全管理模式创新的逆向思维，凸显了工程科技在工程安全保障方面的功能，尽可能规避人本身的不安全因素，从源头上剪断工程安全事故链条。第二，这一理念体现了工程科技进步和工程管理创新的作用，建立了"环境、素质、责任"三位一体的工程安全管理体系，经历从强调人远离危险向危险远离人的转变过程，极大地提高工程安全管理的主动性。第三，这一理念体现了企业的人文关怀，志在努力改善职工的生产条件，尊重了职工的生命安全和身心健康，表现出工程活动"以人为本"的核心理念。

2．创新工程安全管理体系

要坚持以人为本，工程安全管理要实行制度化、标准化、规范化与体系化，要遵循"安全第一，预防为主，综合治理"的基本方针，不断创新与完善工程安全管理体系。在工程安全管理实践中，通过转变安全管理理念、建立安全生产制度、提高安全管理技术、实施安全生产教育、开展安全生产检查，最终实现工程安全管理目标。传统工程安全管理更多关注工程本身的安全状况，安全管理的重心安放在工程活动的物化结果层面，忽视对工程参与人员的安全保障。转变工程安全管理理念、创新工程安全管理模式、加强工程安全管理控制、完善工程安全管理体系，对于取得工程安全管理成效至关重要。树立"以人为本"的工程安全管理理念，就是要本着"一切为了人，一切依靠人"的原则开展工程安全管理工作。一方面，"一切为了人"是指工程安全管理活动需要以人为主体，围绕人的安全展开，经济利益或其他利益要无条件地服从人的安全；另一方面，"一切依靠人"是指充分发挥人的主观能动性，引导人在安全活动中进行自我教育、自我提高、自我管理，形成"我要安全"的主动型工程安全管理氛围。

要用全面的眼光看待工程安全管理问题，工程安全事故的发生，不仅对工程自身带来严重的损失，而且有可能危及工程外部，给社会造成严重的安全隐患。为此，在工程安全管理活动中，需要工程共同体成员的共同参与。

要用发展的眼光看待工程安全管理问题，工程活动一般具有建设期长、影响深远等特点，不仅需要在工程建设过程中实施工程安全管理，在工程建设之后也需要对工程安全实施监管。为此，在工程安全管理体系中，需要长期、动态实施工程安全管理。

要用开放的眼光看待工程安全管理问题，工程活动一般是在开放的系统环境下进行的，这为工程活动带来了诸多的不确定性，工程活动风险系数显著增加。为此，在工程安全管理体系中，需要考虑风险因素的变化对工程安全带来的影响，评估工程安全风险敏感性。

"无人值守"工程安全管理实践表明，除了工程科技进步带来减员增效外，专业化队伍建设提升了人员的综合素质和技能，实现了人为操作的规范化，减少了人为操作引致的工程安全事故，这一结果集中体现了"以人为本"的工程安全管理理念；管理手段的信息化，通过对煤矿管理经验的总结和对管理流程的规范，进一步提升了工程安全管理的数字化和自动化水平，这一结果集中体现了长期、动态进行工程安全管理的需要。

6.4.2.3 创新工程风险管理

对工程建设与管理而言，工程风险是指可能出现的影响工程价值目标实现的各种不确定因素及其带来的可能损失。工程风险的类型很多，主要有：资金与合同等经济与管理风险、自然灾害等环境风险、工程勘测等技术风险。工程建设与其他产品相比，具有主体众多、规模庞大、时间较长、环境敏感、技术复杂等特点，工程建设的复杂性与不确定性越来越多，比一般产品具有更大的风险。特别地，一些大型工程对社会经济发展和自然生态环境等都会产生一系列重大影响，导致工程活动多种风险并存并形成复杂性。

工程风险管理是指，通过风险识别、风险计量、风险评价与风险控制等方法，去认识工程风险，并以此为基础综合应用多种风险预测模型、风险控制技术、风险管理方法等对项目的风险实行有效的预防与控制。由于我国在工程风险管理实践过程中，存在着风险管理思想落后、风险管理方法陈旧、风险管理手段欠缺等问题，所以常常发生工程风险失控的情况。随着国民经济发展和经济体制改革深化，需要采用市场手段来解决工程风险管理中出现的问题，主要应用经济手段规范各市场主体的行为，形成以经济手段为主、行政手段为辅的工程风险管理体系，创新工程风险管理是时代的召唤。

1．认识工程风险管理特征

所有工程都存在风险，采用先进、合理、易操作的方法进行工程风险管理是实现工程预期价值目标的基本保证。与其他风险相比，工程风险除了具有客观性、不确定性等特征外，还具有可变性、相对性与阶段性，这是由工程项目自身特点所决定的。工程风险的可变性，主要表现在风险性质变化、风险后果变化、风险因素变化。工程风险的相对性，主要有工程主体的相对性和风险大小的相对性两个方面。工程风险的阶段性，主要表现在风险酝酿阶段、风险发生阶段和造成后果阶段具有明显的时段性特点，在规划阶段、设计阶段、施工阶段、运营阶段等不同阶段有着不同表现形式。

在工程风险特征识别的基础上，需要进一步区分工程风险的类型，可以划分三类：工程物理风险、管理能力风险和环境要素风险[6-71]。第一，在工程物理风险方面，主要包括建设风险、技术风险、材料风险与设备风险等。第二，在工程管理能力方面，主要包括决策风险、履约风险和责任风险等。第三，在环境要素方面，主要包括自然风险、经济风险、社会风险、政治风险和体制风险等。在工程管理实践中，这些不同类型的风险往往交织起来，形成相互关联、相互影响的复杂风险关系网络。

2．完善工程风险管理制度

目前，我国处于工程建设高峰期，众多大型工程建设具有规模庞大、费用高昂、技术复杂等鲜明特点，工程管理理论与实践取得了长足进步。虽然，不断出台了工程法人责任制度、工程多元化投资、工程资本金制度、工程招投标制度等，但与发达国家和地区相比，我国工程建设及其管理尚处于起步阶段，工程风险管理水平仍然落后，工程风险管理制度尚不健全。例如，在管理体制方面，由于我国尚处于市场经济初期，工程各参与主体都既不明确也不成熟，还没有完全建立诸如信用机制、工程担保和工程保险等各项制度，容易给建设工程形成风险。

随着工程管理理论与实践的发展，政府对工程管理由以行政手段直接干预为主的管理模式逐步转变为以经济和法律手段间接调控为主的管理模式，迫切需要建立以经济、法律、行政等为主的多种管理手段有机结合的工程风险管理方法，不断建立与完善工程风险管理制度。强调政府在工程风险管理中既应该发挥积极作用，但也不应过多干预，主要通过经济与法律手段进行工程风险管理。例如：美国政府在工程风险管理中，主要采取分类管理的措施，依法控制公共工程的风险管理，依法保护建筑业从业者的安全和健康，承保劳工赔偿险和海外工程政治险[6-72]。周群（2002）认为，应该尽快建立起参照国际惯例且符合中国国情的工程担保和工程保险制度，主要包括：投标信用担保制度、履约信用担保制度、预付款信用担保制度、保修担保制度、工程保险制度等[6-73]。因此，需要不断完善与创新工程风险管理制度，在积极开展工程风险管理理论与技术研究的同时，应该大力培养能够熟练掌握与综合应用工程技术、风险管理、金融保险、法律制度等方面专业知识的复合型人才，实现工程风险的有效管理。

3. 建立工程风险管理体系

随着工程风险管理问题研究深入，从风险识别到风险分析已经形成了一套较为成熟的定性与定量工程风险管理方法。目前，在工程风险管理中，急需建立完善的工程风险管理体系，主要包括：第一，建立业主、承包商、中介咨询机构、行业协会和政府在内的工程风险管理主体；第二，建立风险回避、风险转移、风险自留等工程风险管理机制；第三，建立风险识别、风险计量、风险控制、风险防范在内的工程风险管理方案。

对工程风险进行有效管理，可以采用综合集成的管理理念和管理方法[6-71]。实践中，主要以成熟的工程风险管理理论为基础，结合知识管理、组织管理、综合评价、人工智能等多学科领域的方法和技术，最终建成由工程风险系统内在运行机理体系、工程风险管理方法和技术体系、工程风险管理流程与组织体系、工程风险管理信息系统所组成的工程风险管理体系框架，实现对大型工程全生命期的持续与动态风险管理。

在工程风险管理实践中，不仅需要依据一般性的风险管理原则与方法，还需要考

虑到工程风险的特殊性，给出相应的工程风险管理措施。首先，要树立工程风险管理
目标，通过工程风险识别、工程风险评估等，对工程风险进行准确计量；其次，建立
工程风险预警方案，给出工程风险控制措施。最后，建立相应的风险分担机制，通过
风险规避、风险转移、风险分散、风险自留等操作，进行风险防范与控制。

6.4.2.4　创新工程可持续发展管理

王玉普对大庆油田采油工程进行了案例分析，深入研究了油田开采与经济、社
会、环境之间的辩证关系[6-74]。实践表明，面对越来越少的石油资源，只要能够贯
彻科学发展观，综合应用工程哲学，就有可能实现工程可持续发展。

1. 拓展工程可持续发展内涵

可持续发展体现了科学发展观的基本要求，更加注重经济社会的长远发展，不仅
能够实现与满足当代人的需求，而且还要兼顾后代人的发展要求，主要包括：人类可
持续、经济可持续、社会可持续、生态可持续、自然可持续。

将可持续发展观引入工程实践活动，提出工程可持续发展的命题。由于工程活动
涉及人类、社会、经济、科技、文化、自然、环境等诸多方面，需要对可持续的概念
与内涵进行拓展，给出工程可持续发展的界定。工程可持续，除了包括：工程经济价
值可持续、工程自然环境可持续、工程社会责任可持续，还应包括：工程人才成长的
可持续、工程科技创新能力可持续、工程文化传承可持续。工程活动"一切为了人"，
不仅在于工程活动创造的成果服务于人类，也在于工程实践活动对工程人才的培养。
卓越的工程人才（工程管理人才与工程师）不断成长，是开展新的工程活动的重要保
障，体现了工程活动"一切依靠人"的基本诉求。工程活动特别是大型工程活动承载
了大量社会责任，这一社会责任既包含工程的社会价值，也包含工程活动产生的负外
部效果。工程社会责任可持续，主要表现为持续实现与提升其社会价值、持续降低工
程活动的负外部效果，为工程活动赢得良好的社会声誉，最终实现工程与社会的和谐
共生。工程经济价值可持续，是工程得以生存与发展的基础，否则工程活动将会陷入
停滞，甚至萎缩。工程活动不仅能够产生物化的结果，而且能够促进科学发展、实现
技术进步。科技创新能力可持续，不仅是社会发展的需要，也是工程活动自身发展的
需要，有利于提高工程实践的产出效率，实现工程活动的多元价值目标。任何一项工
程活动过程势必受到特定历史时期文化氛围的影响，工程文化传承可持续表现为两个
方面：一方面，工程活动共同体的文化建设与传承；另一方面，工程活动结果对已有
文化的继承与发扬，它们都将影响工程活动的效率与工程价值目标的实现。工程自然

环境可持续，主要表现为工程活动成果不仅要实现与满足当代人的需求，又要不损害后代人需求满足的能力，最终实现工程与自然的和谐共进。

2．依靠工程科技进步实现工程可持续

在自然经济时代，重大工程并不多见，工程可持续发展问题尚不突出。随着市场经济体制建立与工业化步伐加快，大型工程乃至特大型工程层出不穷。由于经济社会不断转型变革与特定历史阶段经济社会发展的需要，工程管理理念、工程管理制度与工程管理技术等往往具有"临时性"、"片面性"。工程管理者往往只看到工程的经济价值，而忽视工程的其他价值，往往只看到工程的近期价值，难以看到工程的可持续发展价值，表现出"短视性"。在这种狭隘的工程管理理念与思路指导下，出现了不少片面的工程创新思路和工程评价标准，在工程管理实践中引致了许多不可持续发展的问题。

联系的普遍性原理告诉我们，可持续发展指导下的工程观不仅需要注重人与自然的和谐、人与社会的协调，而且需要特别强调工程的经济、社会、科技、文化、生态等各功能之间的相互补充与相互协调[6-75]。工程科技在工程活动中发挥了不可替代的作用，是推动生产力发展、促进经济增长的直接动力。在人类历史上，每一次工业革命都是工程科技巨大进步的产物，而每次工业革命又都促进社会生产力巨大飞跃。工程科技进步的结果必然带来产业结构升级与经济结构优化。由于工程科技自身的局限性，工程科技进步在为工程与经济发展提供强大动力的同时，也曾给自然、环境等带来消极的后果。要充分认识并积极发挥工程科技的正效应，逐步降低与克服其负效应，正确应用工程科技进步成果，造福人类。工程科技进步是实现工程可持续发展的重要手段。就工程经济价值可持续而言，工程科技进步能够实现经济增长方式从粗放型向节约型的转变，持续实现工程经济价值。就工程自然环境可持续而言，工程科技进步以可持续的方式，为使用可再生资源提供了有力的工具。就工程社会责任可持续而言，工程科技进步能够更好地发挥工程的正外部效果，为实现工程社会价值提供了可能。

大庆石油集团公司的工程实践表明：只要以科学发展观为统领，以先进的工程管理理念、工程管理方法为指导，正确地依靠工程科技进步，就可以实现工程与自然、工程与社会的和谐共进，达到工程可持续发展的目的。

参考文献

［6-1］ 张秀华.工程价值及其评价［J］．哲学动态，2006，（12）：42-47.

［6-2］ 赵建军，丁太顺工程的环境价值与人文价值［J］．自然辩证法研究，2011，27（5）：73-78.

［6-3］ 毛如麟，贾广社．建设工程社会学导论［M］．上海：同济大学出版社，2011.

［6-4］ 王建廷，李迎迎，肖忠钰．绿色工程管理及其工程价值观研究［J］．工程管理学报，2010，24（1）：41-45.

［6-5］ 张小飞，陈莉．现代化视域中的工程本质与价值选择［J］．西南石油大学学报（社会科学版），2009，2（1）：59-63.

［6-6］ 刘慧馨．建设工程的价值和提升价值的途径［J］．价值工程，2006，25（10）：62-64.

［6-7］ 杨善林，黄志斌，任雪萍．工程管理中的辩证思维［J］．中国工程科学，2012，（2）：14-24.

［6-8］ 许婷华，曲成平，杨淑娟．工程经济学［M］．北京：科学出版社，2012.

［6-9］ 高踞．岳阳"891"地下人防工程的旅游资源经济价值初探［J］．经济研究导刊，2010，90（16）：168-169.

［6-10］ 胡振华．对环境资源价值评价的判断［J］．经济管理，2004，（17）：31-33.

［6-11］ 课题组．淮南矿业集团公司顾桥煤矿［C］．全国大型煤矿建设现场会暨推进煤炭生产规模化现代化发展论坛．鄂尔多斯，2009.

［6-12］ 李可可，黎沛虹．都江堰——我国传统治水文化的璀璨明珠［J］．中国水利，2004，（18）：75-78.

［6-13］ 陈谋勇．感受都江堰［J］．城乡建设，2008，（9）：77-78.

［6-14］ 马晓鹏，马玉清．垃圾填埋气发电项目的经济评价及其政策建议［J］．可再生能源，2005，（3）：79-81.

［6-15］ 陈培．投资项目综合效益评价方法研究与应用［D］．南京：南京理工大学，2008.

［6-16］ 刘蕾．基于构件的建设项目经济评价系统研究［D］．哈尔滨：哈尔滨理工大学，2008.

［6-17］ 徐金兵．项目财务评价方法研究及在项目贷款中的应用［D］．上海：上海海事大学，2005.

［6-18］ 周大仁，蒋陆萍．从荆江分洪到高峡出平湖——湖北水利建设的辉煌成就［J］．学习月刊，2011，（15）：11-13.

［6-19］周西贤，周艳. 正外部性内在化的途径分析［J］. 和田师范专科学校学报，2010，29（4）：14-15.

［6-20］李明孝. 工程经济学［M］. 北京：化学工业出版社，2011.

［6-21］冯为民. 工程经济学［M］. 北京：北京大学出版社，2012.

［6-22］杜肯堂，龚勤林. 区域经济活动外部性分析［J］. 求索，2006（12）：1-3.

［6-23］林晓言. 运输外部性理论在项目评价中的应用［J］. 数量经济技术经济研究，2002，19（12）：93-96.

［6-24］杨双全. 工程经济学［M］. 武汉：武汉理工大学出版社，2012.

［6-25］谢喜丽. 重大建设项目区域经济影响评价方法研究［D］. 重庆：重庆大学，2010.

［6-26］劳承玉. 重大建设投资项目区域经济评价方法剖析［J］. 西南金融，2007，（10）：33-35.

［6-27］杜莉. 产业发展规划中的评价指标体系研究［D］. 大连：大连理工大学，2007.

［6-28］李伯聪. 工程共同体研究和工程社会学的开拓——"工程共同体"研究之三［J］. 自然辩证法通讯，2008，30（1）：63-68.

［6-29］何继善. 论工程管理理论核心［J］. 中国工程科学，2013，15（11）：4-11.

［6-30］李伯聪. 工程社会学导论：工程共同体研究［M］. 杭州：浙江大学出版社，2010.

［6-31］殷瑞钰. 工程与哲学［M］. 北京：北京理工大学出版社，2007.

［6-32］张秀华. 工程共同体的社会功能［J］. 科学技术哲学研究，2009，26（2）：90-95.

［6-33］段运峰，李永奎，乐云，钱丽丽. 复杂重大工程共同体的社会结构、网络关系及治理研究评述［J］. 建筑经济，2012（10）：79-82.

［6-34］Vidal L. A.，Marle，F.. Understanding project complexity：implications on project management［J］. Kybernetes，2008，37（8）：1094-1110.

［6-35］维西林，冈恩，吴晓东，翁端. 环境与发展译丛：工程、伦理与环境［M］. 北京：清华大学出版社，2003.

［6-36］李伯聪. 工程活动共同体的形成、动态变化和解体——"工程共同体"研究之四［J］. 自然辩证法通讯，2010（1）.

［6-37］丰景春，刘洪波. 工程社会责任主体结构的研究［J］. 科技管理研究，2008，28（12）：269-271.

［6-38］杜锦.《中国对外承包工程行业社会责任指引》发布［J］. WTO经济导刊，2011（1）：63-63.

［6-39］查尔斯. E. 哈里斯. 工程伦理：概念与案例［M］. 北京：北京理工大学出版社，2006.

［6-40］刘洪波. 水资源工程共同体社会责任探析［J］. 中国农村水利水电，2009（8）：63-65.

［6-41］ 鲍鸥．工程社会学视野中的工程投资者［J］．自然辩证法研究，2010，26（6）：48-53．

［6-42］ 杜澄，李伯聪．工程研究：跨学科视野中的工程［M］．北京：北京理工大学出版社，
2006．

［6-43］ 董德，张玉春．论当前我国公共产品双重价值取向的分离——以"民心工程"与"政绩工
程"的观点之争为分析基点［J］．南京师大学报（社会科学版），2012（6）：20-26．

［6-44］ 李伯聪．关于工程师的几个问题——"工程共同体"研究之二［J］．自然辩证法通讯，
2006，28（2）：45-51．

［6-45］ Robinson S．Engineering, business and professional ethics［M］．New York：Routledge Press，
2007．

［6-46］ 肖显静．论工程共同体的环境伦理责任［J］．伦理学研究，2009（6）：65-70．

［6-47］ Carroll A．B．A Three-Dimensional Conceptual Model of Corporate Performance［J］．
Academy of Management Review，1979，4（4）：497-505．

［6-48］ 田鹏，陈绍军．工程与社会行动的"嵌入性"分析视角——兼论工程社会学的研究现状
［J］．工程研究-跨学科视野中的工程，2013，5（4）：344-353．

［6-49］ 何继善，王孟钧．哲学视野中的工程管理［J］．科技进步与对策，2008，25（10）：1-3．

［6-50］ 王朝刚，李开孟．投资项目社会评价专题讲座（一）第一讲中国开展投资项目社会评价的
必要性［J］．中国工程咨询，2004（1）：43-44．

［6-51］ 丁烈云．工程管理：关注工程的社会维度［J］．建筑经济，2009（5）：8-10．

［6-52］ 中国国际工程咨询公司．中国投资项目社会评价指南［M］．北京：中国计划出版社，
2004．

［6-53］ 马小丁．社会影响分析——奇怪名称的前世今生（上）［J］．中国投资，2010（6）：100-
103．

［6-54］ 王朝刚，李开孟．投资项目社会评价专题讲座（一）［J］．中国工程咨询，2004（8）：
50-51．

［6-55］ 郭峰，张飞涟．建设项目社会评价中的几个重要问题及对策研究［J］．长沙铁道学院学
报：社会科学版，2002，3（1）：100-103．

［6-56］ 马小丁．利益群体分析方法——投资项目社会评价的分析工具（上）［J］．中国投资，
2011（5）：96-99．

［6-57］ 买生，汪克夷，匡海波．企业社会价值评估研究［J］．科研管理，2011，32（6）：100-107．

［6-58］ 杨善林，钟金宏．复杂产品开发工程管理的动态决策理论与方法［J］．中国工程科学，
2012（12）：25-40．

［6-59］徐匡迪. 发展工程哲学落实科学发展观［J］. 北京师范大学学报（社会科学版），2008
（1）：90-92.

［6-60］殷瑞钰. 哲学视野中的工程［J］. 中国工程科学，2008，10（3）：4-8.

［6-61］殷瑞钰，汪应洛，李伯聪. 工程哲学［M］. 北京：高等教育出版社，2007.

［6-62］王卓甫，杨志勇，丁继勇. 现代工程管理理论与知识体系框架（二）［J］. 工程管理学报，
2011，25（2）：132-137.

［6-63］何继善，王孟钧，王青娥. 工程管理理论解析与体系构建［J］. 科技进步与对策，2009，
26（21）：1-4.

［6-64］龚孟建. 社会学视野下农村水利工程管理制度改革研究［J］. 中国农村水利水电，2008
（2）：8-10.

［6-65］洪伟民，王卓甫. 工程监理寻租行为的博弈分析与对策［J］. 人民黄河，2008，30（2）：
66-69.

［6-66］何继善. 中国古代工程建筑特色与管理思想［J］. 中国工程科学，2013，15（10）：4-9.

［6-67］李同玉，孔德成，李存金. 国防科技重大工程组织管理模式演进路径分析［J］. 科技进步
与对策，2012，29（24）：42-46.

［6-68］徐匡迪. 工程科技的作用将更加直接［N］. 人民日报，2010：6-6.

［6-69］张少锦，王孟钧. 论工程管理技术体系化［J］. 科技进步与对策，2010，27（19）：23-26.

［6-70］王孟钧，张少锦，程庆辉. 重大工程规范化管理技术研究［J］. 科技进步与对策，2010，
27（6）：23-26.

［6-71］张德华，童纪新，程书萍. 复杂工程风险管理体系研究［J］. 工程经济，2014（11）：
44-49.

［6-72］吴增玉，刘长滨，程振华. 美国政府在工程风险管理中的作用［J］. 国际经济合作，2000
（1）：38-40.

［6-73］周群. 论工程风险管理制度的建立［J］. 中国工程咨询，2002（5）：23-26.

［6-74］王大洲. 工程哲学研究新进展——"工程与工程哲学研讨会"综述［J］. 哲学动态，2008
（3）：106-108.

［6-75］汪应洛，王宏波. 工程科学与工程哲学［J］. 自然辩证法研究，2005，21（9）：59-63.

第 7 章

工程管理创新论

工程活动的核心是"造物"或改变事物的性状，是通过这种造物或改变事物性状的活动来达到特定的目的[7-1]。工程具有唯一性，每项工程都是在特殊的环境中进行的，具有独特的目标与价值。每项工程都离不开创新，无论是技术上的创新，还是组织管理上的创新，或者投资方式的创新，应该说创新贯穿于工程活动的全生命周期，是决定工程成功与否的关键。工程创新是人类对自然资源、社会资源的利用与整合，是对诸如资本、人力、文化、政治、科技、法律等要素的选择、综合和集成过程。实践证明，这一过程不是自发实现的，而是创新主体通过一系列的组织与制度安排，依靠科学的管理手段来完成的。就如同阿波罗登月工程的总负责人韦伯博士在总结登月成功经验时曾经说过，"我们没有一项别人没有的技术，我们的技术就是科学的组织与管理"[7-2]。由此可以看出，科学的组织与管理是实现工程创新目标的重要途径，工程管理论必须将工程创新纳入自己的研究范围。

工程管理论关于工程创新的研究首先是对工程创新的本质与特征的思考，这是工程创新论的逻辑起点，任何有效的管理必须以对管理对象全面、科学的认识为基本前提，因为，对工程创新内涵的不同理解会导致不同的工程管理理念，比如，我们是将工程创新静态地理解为创造一项新的满足人们生产和生活需要的"人工物"，还是动态地理解为从工程决策、工程方案的设计、技术手段的选择、工程的具体实施、工程的运行、工程的社会评价到工程退役整个过程，如果是前者，伴随着工程项目的完成，工程管理的任务也就结束了，如果是后者，就需要对工程创新的各个环节做动态的、系统的、过程性的考量，工程创新的管理也必将延续到一个工程人工物的退役。

其次，工程管理论关于工程创新的研究应该关注工程创新目标约束与组织形式。一方面，离开对工程创新目标的思考，工程管理很难找到激励工程创新发生的核心要素，管理就会无的放矢，任何一项工程创新无论它最终以何种形态呈现出来，其目标都是为了满足人们的物质与精神需求，因此"以人为本"应该成为工程创新的目标，另一方面，离开对工程创新组织形式的探究，也很难真正通过管理的途径实现工程创新中各类异质性要素的整合，进而实现工程创新成功的目的，工程创新的本质是各类技术要素与非技术要素的集成，因此，协同创新必然成为工程创新的重要组织形式。

关于工程创新对工程价值的实现与提升已经在6.4节中作了详细论述，本章不再重复。

7.1 工程创新的内涵与特征

7.1.1 工程创新的内涵

创新最早是作为经济学的概念由美籍奥地利经济学家熊彼特提出的，他在1912年出版的《经济发展论》中是这样给创新下定义的："所谓创新，就是在生产体系中引入生产要素的新组合。"具体包括五个方面：引入新产品、引入新工艺、开辟新市场、控制原材料的新供应来源、建立新的企业组织[7-3]。其中，新产品和新工艺的引入可以被统称为"技术创新"，并被认为是经济发展的根本因素。熊彼特创新理论提出后引起了西方经济学家的普遍关注，关于技术创新的理论研究得以开展，形成了诸多技术创新理论流派。

同技术创新已经成为耳熟能详的概念相比，工程创新概念还不是十分普遍，它是中国工程界与工程哲学界在国家创新体系的概念框架下提出的。殷瑞钰院士曾经指出："建设创新型国家战略的实施过程中，工程创新是关键性环节，工程创新是创新的主战场。"[7-4]李伯聪教授也特别强调工程创新在国家创新体系中的核心地位，他指出："国家创新系统是一个复杂的系统，内容很丰富，其组成部分也非常复杂。如果我们把一个国家的整体性创新活动，比喻为一场国家范围和国家尺度的创新之战，那么，在这个创新之战的战场上，既存在着前哨战场、后勤战场，也有其主战场。工程创新是国家创新活动的主战场，在考察和评价一个国家的国家创新系统和建设创新型国家过程的成败得失时，关键是要看这个国家在工程创新这个主战场上的战况和成败得失如何。"[7-5]正是由于工程创新在国家创新体系中的核心地位，关于工程创新概念的研究引起学术界的关注。综合起来，目前关于工程创新概念的界定有如下观点。

从知识论的视角解读工程创新。殷瑞钰等将人类在认识自然、发展生产力过程中积累的知识归结为具有网络状特征，彼此有着复杂且丰富多彩联系的知识链：科学—技术—工程—产业知识链。从知识链的角度考察工程创新，每一项工程创新总伴随新知识的生成，这些新知识一经产生就转化为一定的生产条件，形成新的生产函数，为建造出合目的性的人工自然服务。每一项工程建设的完成也预示着工程知识的一次创新，因此，从知识论视角，工程创新是凝结于工程人工自然中的工程知识被并入到生产函数中而获得首次商业化应用的过程[7-6, 7-7]。

工程创新可以从内容、程度、时间三个纬度进行界定。工程活动在建设期的典型特征是创造一个世界上原本不曾存在的事物，从产生构想到形成工程实物，蕴涵着一系列创新。从内容上看，工程创新包括管理创新、技术创新、工艺创新、装备创新与材料创新等。不同领域的工程，其创新的基本表现和具体特点是有差异的；即使是在同一领域中，每项工程也会因为特殊的初始条件、边界条件和目标要求的不同，导致工程创新的差异。从层次上看，工程（包括工程管理）创新有工程规律发现、技术原理创新、技术发明创新、技术应用创新。工程规律发现应属于塔尖层次的创新，技术原理、技术方法、技术集成和技术应用则是处在塔尖下面的基层创新。从时间上看，工程创新是按照工程活动的过程展开的，依次经过决策、实施、运营的创新[7-8]。

从工程哲学的视角来看，李伯聪认为，工程创新的实质和基本内容是创新空间中的选择与建构。首先，工程创新作为一种人类有目的的活动，它的全要素和全过程都是创新者所进行的有目的的选择和建构活动，换言之，工程创新活动就是在创新空间中连续不断地选择和建构过程；其次，工程创新作为一种"嵌入社会"的活动，它的成果还要接受社会（对于许多项目来说，其含义首先就是指市场）的"再选择"，并嵌入、整合、建构到整个社会之中。前者是从创新者角度研究工程创新的选择和建构问题，而后者是从社会的角度（包括市场的角度）研究工程创新的选择和建构问题[7-9]。

从以上关于工程创新内涵的研究，我们可以得出以下认识：首先工程创新是对自然资源与社会资源的整合与集成，是人的主观能动性的最好体现。自然资源主要包括土地、水利、矿物等天然自然资源，同时也包括道路、桥梁、工厂、矿山等人工自然资源，社会资源主要包括政治、经济、文化、科技、法律等社会要素组成的资源；其次，工程创新的目标是建构出适合人类生存与发展需要的新的人工自然，因此，工程创新要始终坚持"以人为本"的价值追求；最后，工程创新是技术创新与管理创新的统一，技术创新为工程创新提供硬支撑，离开对原材料选择的创新、技术产品的创新、生产工艺的创新，工程创新就会成为无本之木、无水之源，但仅仅依靠技术创新还不能完成工程创新的目标，因为，各种自然要素、社会要素的整合与集成不是自动产生的，必须通过组织与管理才能使它们彼此链接、彼此融合、彼此协调，进而使工程创新过程顺利进行，因此管理创新是工程创新的链接条件、是工程创新的软支撑。

通过以上分析可以认为，工程创新是创新主体即包括投资者、设计者、实施者、管理者及其他参与者以满足人类需求为动力，以人与自然和谐为约束，利用和开发自然与社会资源，在一定的创新空间进行有目的的选择与建构，通过对技术和非技术等异质性要素进行集成和社会化运作，创造新的人工自然的过程。

7.1.2　工程创新与技术创新

为了能够更深刻地理解工程创新的概念，有必要探讨一下技术创新与工程创新的区别与联系。

7.1.2.1　工程创新与技术创新密不可分

一方面，工程创新以技术创新为基本构件。无论古代水利工程、土木工程还是现代航天工程、铁路工程，每一项工程创新都以技术创新为基本单元。技术创新是工程创新的基础，直接影响着工程创新的程度与水平，尤其是原始技术创新更会带来工程领域的巨大变革，3D打印技术的出现将会导致制造业的根本性变革，云计算技术的发展更是给电子通信工程带来翻天覆地的变化。应该说技术创新先进性是工程创新先进性的决定性因素，但并不是说越先进的技术创新对工程创新就越有利。工程创新以造物或改变事物性状为主要目的，工程的安全性、可靠性、有效性往往比工程的先进性更具有竞争优势。因此，对工程创新来说，绝大多数情况下，是选择适宜的、成熟的技术，而不一定是最先进的创新性技术，选择对于工程创新至关重要。另一方面，工程创新是技术创新成果的集成体现。工程创新是技术创新活动的实践基地，技术创新最终目标是要将潜在的生产力转变为现实的生产力，而现代社会的生产是网络化存在的，离散性的、单个的技术创新不能满足生产发展的需要，因此，需要通过工程创新将各领域、各行业的技术创新集成起来，满足人类更高的生产和生活需要。

7.1.2.2　工程创新不等于技术创新

工程创新与技术创新有着天然的联系。在有些人心目中工程创新就是技术创新，技术创新的规律性可以直接移植到工程中，无须再对其进行专门探讨，这在工程创新的实践中是不正确的。不能把技术与工程混为一谈，更不能把技术创新与工程创新混为一谈。在具体的工程创新实践中，技术创新的成功并不必然导致工程创新的成功。例如，摩托罗拉公司在20世纪80年代，投巨资历经12年完成的铱星系统就是一个在技术上获得巨大成功而在工程上遭到惨痛失败的典型案例。就技术创新而言，铱星卫星通信技术是先进的、完美的、无懈可击的，它实现了人类在地球上任何地方都可以相互联络的"神话"，被认为是现代通信技术的里程碑式的技术发明。但从工程创新的视角，由于铱星通信系统在运营的过程中市场定位的偏差、技术系统匹配性差、经济要素与管理要素缺乏创新性的整合，铱星通信工程仅仅运行了15个月便宣告破产。

铱星系统的命运告诫我们，在技术创新与工程创新关系的处理上，必须既承认二者的密切联系又要关注它们的本质区别。任何工程创新都必然是技术要素和经济要素、政治要素、资源要素、管理要素、社会要素、制度要素、伦理要素、心理要素等非技术要素的系统集成，据统计资料表明，技术创新对整个工程创新成功的贡献率仅占10%的比例，其他方面的创新，比如投融资方式的变革、营销模式的突破、组织管理方法的创新在工程创新中都起着重要作用，工程创新的关键往往是多种创新的综合与集成。

7.1.3　工程创新的特征

创新是工程的内在特质，工程创新是决定工程优劣，甚至是成败的关键。青藏铁路工程从1956年开始勘察设计一直到2006年7月全线通车，历时50年。这条世界上海拔最高、线路最长、自然条件极为困难的高原铁路工程的最终成功离不开一系列的工程创新。从冻土区筑路和盐湖筑路技术难题的攻克，到人员的增补，机器装备与工程物质、生活供应、医疗劳动保障、各部门各地区的组织与协调，都需要工程实践主体创新性地进行工作。而工程创新是一个集成了技术要素、经济要素、文化要素、政治要素、环境要素等多种要素的复杂系统，这是一个持续展开的、开放的、动态的过程，在这一过程任何环节的疏忽都有可能造成整个工程的失败。离开理论指导的实践是盲目的，也极容易导致失败。因此，深刻认识工程创新的本质与特征，依据工程创新的规律性开展工程创新活动是实现工程创新目标的必备条件。

7.1.3.1　工程创新是在过程中展开的，过程性是其本质特征

工程创新是工程创新主体在一定的时间、空间，一定的技术环境、社会环境、自然环境中有目的性地选择与建构连续展开的过程。工程活动具有过程性，从工程创新的目标设定到创新任务启动与完成，其间经过工程决策创新、工程设计创新、投融资体系创新、工程建设与组织管理创新、工程自量控制与检验创新、工程使用与维护创新、工程社会评价创新，以及工程废品处理与退出机制的创新等环节，最终实现工程整体或部分创新。

长江三峡工程在人类工程发展史上无疑是一项重大的创新，是自然和人类社会巨系统中的复杂系统工程，它涉及长江和长江流域的自然生态、人文环境、政治、经济

以及工程本身的建设和基础科学的复杂问题。为了实现预期工程目标，工程创新在如下三个阶段依次展开：第一阶段，思维决策的创新。在这一阶段通过广泛深入的调查研究、科学试验、设计论证，准确地认识自然和客观世界的方方面面，揭示事物的本质，在这些基础上完成决策程序。三峡工程的最终论证，分为14个专题，即水文、地质地震、泥沙、防洪、生态与环境、水土建筑物、机电设备、施工、电力系统、航运、移民、投资估算、综合经济评价以及综合规划与水位选择，由412位资深专家组成对14个专题进行了科学、详实的论证，最后结论是三峡工程在技术上可行，经济上合理，建比不建好，早建比晚建好。第二阶段，工程实施的创新。实施阶段的工程创新要对工程创新过程的质量、资金投入、进度加以系统控制。在这一阶段要有严格而清晰的流程，以经过审批的设计文件为依据，重大技术方案的决策，高质量标准的制定，资金筹措计划、工程总体进度，分项目的实施计划等各项计划的制定，建立信息系统实行数字化管理，时刻快速反馈工程创新信息，分阶段进行全过程的严格控制。第三阶段，运行经营阶段。为了实现工程创新预期目标，要通过一系列的组织与管理最大限度地实现工程的经济效益与社会效益。三峡工程的三峡电厂已有14台70万kW机组投入运行，总电力达980万kW，到2006年12月已累计发电1461kWh。机组安全运行为我国的电力供应形成了一个有力的支撑点。船闸的通航能力已经达到年过闸4500万t的水平。

7.1.3.2　工程创新活动是各类技术要素与非技术要素的集成，具有系统性与集成性

从知识论的视角来看，工程知识既不同于科学、技术知识，也不同于人文社会科学知识，而是工程实践基础上形成的跨学科的知识与实践体系。工程创新是在工程活动中的创新，工程创新中涉及科学、技术、经济、文化、政治、制度、心理、伦理、生态等复杂的要素，这些要素在工程创新活动中以一定的程序、规则、结构彼此集成在一起，在工程创新主体的选择与建构中实现工程创新的目标。工程创新是系统性存在的，而工程创新系统功能是通过各种异质性要素的集成来实现的。从哲学的角度看，集成是指构成系统的要素在系统目标的约束下彼此有机结合成为一个整体的动态过程，集成不是要素之间的简单叠加，而是围绕着一定的目标、按照一定的规则、通过一定的组织与管理，是各种异质性相互协同、彼此融合共同实现某种功能。工程创新的集成性特点主要体现在两个层次上：第一层次是技术要素层次，工程创新活动需要对多个学科、多种技术在更大的时空尺度上进行选择、组织和集成优化；第二层次是在工程创新活动中，把技术要素和经济、社会、管理等要素进行一定边界条件下的

优化集成[7-10]。

首先，工程创新是主体要素与客体要素的集成与连接，任何工程创新都是创新主体在一定的客观环境中进行的，在整个创新过程中要求主体要素与客体要素的最佳匹配。其次，工程创新是对科学、技术要素，自然、环境要素，社会、人文要素等异质性要素的整合，工程创新能否顺利展开主要取决于以上要素是否能够彼此协调。最后，从工程创新主体来看，参与工程创新的主体也是异质性的，包括工程的投资者、工程师、工程管理者、工人以及其他利益相关者。他们在工程创新中所处的地位不同、承担的职责也有很大差异，各自权利与义务也不同。工程创新成功与否在于各利益相关者的利益划分是否合理，各利益相关者能否在统一的工程创新目标之下整合为利益相关的共同体。

工程创新是一个对异质要素的集成过程，面临复杂的现实工程问题时，任何单一的学科都是很不充分的。只有将科学知识、技术知识、财务知识、营销知识、法律知识、美学知识乃至人类学知识等整合到工程之中；只有在工程创新中实现各利益关系的调和、各社会因素的整合；只有在工程创新中做到人、技术与自然环境的和谐，才能创造出令各方满意的"优质工程"。在这样一个对异质要素进行集成的过程中，需要匹配各种要素，调和各类要求，进行复杂的权衡。

7.1.3.3　工程创新过程中都会遇到壁垒和陷阱，工程创新具有风险性

由于唯一性是工程活动的基本特性之一，这就决定了工程活动必须进行创新，换言之，必须创新乃是工程活动的内在命令和必然要求。可是，创新者和管理者也必须清醒地认识到：创新可能成功（包括巨大的成功）；但也可能失败（包括惨痛的失败）。我国的许多国有企业在20世纪80年代和90年代进行了技术改造。从技术层面看，技术改造无疑是技术进步和追求创新的表现。可是，在技术改造浪潮中，许多人困惑地看到了"不搞技术改造是等死，搞技术改造是找死"的现象。这不能不使一些人感到某种理论的困惑和现实的迷惑。在国外，克里斯腾森于1997年出版的《创新者的困境：当新技术引起伟大公司失败的时候》，使人们注意到创新者并不必然是永远头戴桂冠的胜利者，他们也有陷于困境的时候。从哲学上和实践上看，工程创新的过程就是创新者从"可能性空间"走向"现实世界"的过程，工程创新之路是一条充满不确定性的道路，它可能通向成功，也可能走向失败，是一条壁垒重重和陷阱重重的艰难道路[7-11]。综合来看，工程创新的风险主要包括技术风险、社会风险和环境风险。

1. 工程创新的技术风险

工程创新要对各种工程技术进行综合与集成，但是在工程创新过程中，创新主体建构性和创新活动的价值承载及其复杂性表明，技术从本质上来讲是一种伴随着风险的不确定性存在。无论是生物工程中的生物技术，还是电子通信工程中的网络技术，或者材料工程中的纳米技术，它们在工程创新中为人类创造了一个又一个奇迹的同时，也把巨大的风险带给了广大人民。德国学者乌尔里希·贝克在反思现代社会的时候指出，伴随技术选择能力增长的是它们的后果的不可计算性，高度发展的核能和化学生产力的危险，摧毁了人们据以思考和行动的基础和范畴，比如空间和时间、工作与闲暇，在风险社会中，不明的和无法预料的后果成为社会主宰的力量[7-12]。现代科技的非线性发展，使人类陷入前所未有的风险环境之中，而科技发展所引起的多重风险通过工程创新逐级放大，引发了更广泛、更长期的不确定性，导致了技术、经济和道德上的多重风险。在现代生物工程中，纳米技术的引进使这一工程创新达到了前所未有的水平与高度，但同时也带来了许多潜在的风险。现在人类已经能够生产只有头发丝1/7000的纳米颗粒，如此微小的颗粒完全可能通过简单扩散和渗透的形式通过人体的肺泡和皮肤进入体内，给人的健康带来极大伤害。

工程创新中的技术风险很复杂，它可分为技术本身的原因和使用方面的原因。技术本身的原因主要是技术本身的局限性、不成熟、没有开发出和安全技术相配套的技术等。技术使用方面的原因主要是使用某项技术的人员操作不当，技术产品超过了使用期，使用技术的人忽视、粗心或不会使用与之相配套的安全技术等。但在现实中人为原因可能更多。比如，四环素事件对整整一代人的牙齿造成了伤害；农药毁坏了大片良田，污染了环境。但是无权要求技术专家提供完全确定的知识与完全安全的技术，因为这在事实上是不可能的[7-13]。但如果在工程创新过程中，创新主体能够充分认识到技术的不确定性，并在整个创新过程中加以控制与管理，就能减少技术风险导致的灾难。

2. 工程创新的环境风险

任何工程创新活动都是在自然环境与人群环境中完成，工程创新的展开必然会对原有的环境产生影响，进而出现许多无法预料的环境风险。核能的开发与利用是人类能源工程的重大创新，核工程在为人类提供了清洁、高效能源的同时会产生核废物或称放射性废物，给人类生存的环境带来了前所未有的风险；水利工程给社会带来了巨大的经济效益和社会利益，但不当的设计也可能破坏自然资源和生态环境，例如，在4.4.2节中提到的三门峡工程就是如此。1964年苏联为埃及在尼罗河上修建的阿斯旺大坝，在大坝建成前尼罗河每年向地中海输送泥沙并使之向海岸淤积的速度和海水对岸边的侵蚀速度大致相等。大坝建成后，泥沙被截留在水库内，地中海岸的冲刷得不到补偿，固有的自然平衡状态受到破坏。

3. 工程创新的社会风险

一般而言，经济效益是工程创新的核心目标之一，因为，有了工程创新的项目就会产生大量投资，有了投资就会带来经济效益。然而，还应该看到工程创新是同社会公众的利益密切相连的。某种程度上说，工程创新就是社会活动，工程创新归根到底是为人服务，"以人为本"是工程创新的基本理念，三峡工程、青藏铁路工程、南水北调工程、高速铁路是从"以人为本，为人服务"的理念出发，从工程创新决策、设计、施工与运行等环节充分考虑所有利益相关者的利益，因而得到了大多数民众的支持与配合。相反，有些工程仅仅从政绩、地区利益、局部利益出发，损害了其他利益相关者的利益，引发了群体性事件，造成了社会风险。近年来，一些地区爆发了由于大型基础设施工程选址引起的群体事件。其中影响较大的有厦门市民对PX（二甲苯）化工项目落地该市的抵制，广州番禺区居民对在番禺区大石街会江村附近建立生活垃圾焚烧场的抵制等，这类事件往往会对当地的社会安全带来危害，是由于"邻避项目"的建造引发的社会风险，国外研究者将这种行为称为"邻避行为"。所谓的"邻避项目"是指为社会民众带来生活上的便利与福祉，但却会给附近居民带来负面影响以至产生邻避情绪的公共设施，如核电站、化工厂、煤矿、垃圾处理站。中国政府十分重视对"邻避项目"社会风险的防范，"十二五"期间先后制定了《投资项目可行性研究指南》、《环境影响评价公共参与暂行办法》、《国有土地上房屋征收与补偿条例》，通过立法的方式有效地降低"邻避项目"工程的社会风险。

7.2　工程创新的目标与模式

人类是在理性的指导下进行实践活动的，工程创新作为一项重要的人类实践活动，当然必须置于理性之下。在理性指导下的工程创新活动就必须回答为什么创新？毫无疑问，工程创新是为人类创造更适宜的生存与发展环境，工程创新的目标是以人为本，现代工程创新活动是复杂化的巨系统，活跃着各种性质各异、彼此独立又相互关联的创新要素。这些要素的协同是决定创新成败的关键，协同创新是工程创新的主要模式。

7.2.1 "以人为本"——工程创新的目标

以人为本就是以人为目的，注重人的生命与价值，将人置于至尊至重的地位。

工程创新中的"以人为本"不仅主张人是工程活动的根本目的，回答了为什么要进行工程创新活动、工程创新活动"为了谁"的问题；而且主张人是工程创新活动的根本动力，回答了怎样进行工程创新活动、工程创新活动"依靠谁"的问题。"为了谁"和"依靠谁"是分不开的。人是工程创新活动的根本目的，也是工程创新活动的根本动力，一切为了人，一切依靠人，二者的统一构成了以人为本的完整内容[7-14]。一方面，所有的工程创新都是为了人，满足人的需要是一切工程创新的基本动力。美国著名心理学家马斯洛曾经将人的需要划分为逐次递升的五个等级，即生理上的需求，安全上的需求，情感和归属的需求，尊重的需求，自我实现的需求。马斯洛认为，当人的低层次需求被满足之后，会转而寻求实现更高层次的需求。另外两种需要即求知需要和审美需要，未被列入到马斯洛需求层次排列中，他认为这二者应居于尊重需求与自我实现需求之间。深入探究马斯洛的需求层次理论，以上诸多需要可以概括为两种需要，即人的物质需要及人的精神需要。

人类自有了工程创新活动以来，随着工程创新的形式变得纷繁复杂，工程创新的内容也不断变化，但每项工程创新的动力都来自于对人的物质与精神需要的满足：水利工程最先是为了满足人们农业生产的需要，房屋建筑工程是为了满足人们居住的需要，道桥工程是为了满足人们出行的需要，教堂与庙宇是为了满足人们情感与归属的需要，博物馆与大剧院是为了满足人们的求知与审美的需要，总之，从人的需要出发，以人为目的是所有工程创新发生并得以持续进行的目标与价值追求。中国的工程创新，处处体现了以人为本的思想。

另一方面，所有的工程创新都是人的创造性的实践活动，离开人任何工程创新都不可能产生。工程创新中的人既有个体性特征也有集体性特征，任何工程都由工程活动共同体来完成，他们既包括管理者、工程师也包括一般工人。工程活动共同体的知识、能力、责任意识决定了工程创新的成败，一项工程创新能否成功归根到底是由工程活动共同体决定的。一项好的工程创新首先得益于好的工程决策者，在日益规模化、复杂化的现代工程中，决策者的创新意识、风险意识、决策能力等都会给工程创新带来重要影响，而工程创新的有效性一旦离开了具有科学管理知识和丰富实践经验的工程管理者则难以得到保证。工程创新中的技术设计、工程实施、工程评估、工程运营也必须依靠工程师和工程人员来完成。中国当前的工程质量往往达不到理想状态，除了技术水平还与国际先进水平有差距之外，另一个重要因素是我们缺少具有高技能和好的职业操守的工人共同体。据有关资料表明，我国目前大部分工程主要由民工来完成。因此，在工程创新过程中如何培养符合工程创新需要的工程创新共同体是当下中国工程创新极其重要的课题。

工程创新的目标是"以人为本"，接下来是否要继续追问，以怎样的"人"为本。在中国历史上，"人"从来都不是独立存在的抽象个体，而是在天、地之间存在的作为众生的"人"。进一步说，在中国传统文化中的"人"是与天地合一的人。天人合一的思想是中国文化的核心理念。儒家把天地人看作是整体系统，强调天道与人道、自然与人为的和谐统一，强调人要敬天、畏天、顺天的同时又不否认人的主体能动性，而是主张胜天，把人的主体能动性与对自然规律的尊重结合起来，把顺天、敬天、爱物同知天、参天、戡天结合起来。因此，在中国语境下的"以人为本"的工程创新是具有"天人合一"特质的工程创新。

一项工程创新是否成功，是否具有正向价值，主要看其创新的结果，也就是通过工程创新而得到的人工自然在使用的过程中是否真正地实现了人与自然、人与自身、人与社会的和谐。

7.2.2　协同创新——工程创新的模式

7.2.2.1　协同创新概念的提出

在中国学术界，协同创新不是一个新概念，它最先出现于关于技术创新的研究中。伴随着技术创新规模的不断扩大和创新速度的加快，以及市场竞争的日益激烈。单一企业的技术创新已经无法满足其提升综合竞争力的需要，一些学者便开始探讨多个组织与部门联合起来进行技术创新问题，进而提出了协同创新的理论主张。

协同的概念是德国著名物理学家赫尔曼·哈肯（Hermann Haken）在其所创建的协同学中提出的[7-15]。所谓协同，是指各子系统间通过非线性复杂相互作用以使整体实现个体单独所不能实现的效果。此后，协同学在管理学领域有了进一步的发展，著名的战略管理专家伊戈尔·安索夫（H. Igor Ansoff）在《公司战略》一书中指出，这种使公司的整体效益大于各独立组成部分总和的效应就称为协同，可以被表述为"2＋2＝5"或"1＋1＞2"。日本的战略专家伊丹敬之对协同进行了比较严格的界定，他在《启动隐形资产》一书中把安索夫的协同概念分解成了"互补效应"和"协同效应"两部分，认为协同是一种发挥资源最大效能的方法[7-16]。

托马斯·费舍尔（Thermas Fisher）则给出了协同创新的概念，他认为协同创新是将各个创新主体要素进行系统优化、合作创新的过程，协同创新可以从整合以及互动两个维度来分析[7-17]。在整合维度上，主要包括知识、资源、行动、绩效，而在互动的维度主要是指各个创新主体之间的互惠知识分享，资源优化配置，行动的最优同步，系统的匹配度。而根据两个维度上的不同位置，协同创新是一个沟通—协调—合作—协同的过程[7-18]。迈克尔·吉本斯（Michael Gibbons）则认为，协同创新是各个创新要素的整合以及创新资源在系统内的无障碍流动。协同创新是以知识增值为核心，以企业、高校科研院所、政府、教育部门为创新主体的价值创造过程[7-19]。中国学者陈劲则主张，协同创新是企业、政府、知识生产机构（大学、研究机构）、中介机构和用户等为了实现重大科技创新而开展的大跨度整合的创新组织模式。协同创新是通过国家意志的引导和机制安排，促进企业、大学、研究机构发挥各自的能力优势、整合互补性资源，实现各方的优势互补，加速技术推广应用和产业化，协作开展产业技术创新和科技成果产业化活动，是当今科技创新的新范式[7-20]。

综合以上各位学者关于协同创新的研究，不难看出协同创新是当代科技发展背景下一种必然的创新模式。就工程创新而言，面对知识的爆炸性增长，面对日益复杂的创新环境和多元化的创新需求，无论是企业、科研机构、大专院校，还是政府都不能单独完成工程创新的目标，各个创新参与者必须在一个共同创新目标的引领下，开放共享、彼此合作、互为支撑，有效整合所有创新资源。

7.2.2.2 政府推动与市场驱动——工程协同创新的动力结构

协同创新要将有着不同利益诉求的创新组织整合在一起。从本质上说，从人类自然属性来看，为了实现组织利益的最大化，各个组织不存在合作的必然需求。任何一个组织如果能够将所有的创新要素成功控制，很难想象它会主动寻求协同创新的其他合作伙伴。没有人或组织愿意将原本属于自己的利益分出去给其他个人与组织。那么是什么促使越来越多的创新组织愿意将自己的创造性工作与其他创新组织分享，进行协同创新？或者换句话说，协同创新的动力来自哪里？这要从人类活动的两大领域来分析，尽管人类活动的领域十分广泛，例如，经济的、文化的、政治的、宗教的，但综合起来无非是在"私域"和"公域"两大领域活动。"私域"是作为经济人存在的人类个体实现个体利益的活动领域，行动的动力机制是市场；"公域"即公共活动领域，是作为社会人存在的人类个体为了满足族群存续与发展的需要而进行的活动，行动的动力机制是政府。

从中国工程创新的历史来看，中国古代工程大多是在"公域"活动领域的造物活动。无论是各朝各代的水利工程、军事工程，还是道桥工程，它们大多是为了满足人类生存发展的需要，因此，中国古代工程许多都是统治者代表国家推动的。例如，著名的万里长城、都江堰等，另外，亦或是体现统治者利益的宫殿与陵墓工程也是以国家的名义进行的，因为，在封建帝王时代，君主代表的就是国家。自近代以来，随着资本主义的兴起，市场经济成为普遍的经济发展模式，市场机制下的人类活动由"公域"转变至"私域"，利益成为工程活动的动力，市场作为分配利益的主要手段成为推动工程创新的最大动力。众所周知，西方近代工程创新主要以市场为推动力量，但由于中国近代史上，资本主义经济一直没有得到充分发展，因此，一直没有真正形成由市场推动的工程创新模式。新中国成立后，以政府推动的工程创新成为主要工程创新模式。从新中国创立到改革开放之前，中国一直实行计划经济，计划经济的实质是要把人从私有制的桎梏下解放出来，由政府代表全体人民的利益，计划人们的社会实践活动，当然也包括工程创新活动。中国的"两弹一星"工程就是在政府的周密计划和全面领导下完成的重大工程创新活动。但就像邓小平曾经讲过的，中国还处在社会主义初级阶段，在相当长的历史时期还必须发展社会主义的市场经济。因此，自1978年以来，中国开始进入市场经济全面发展与繁荣的时期。在30多年的市场经济发展的过程中，中国工程创新活动也逐渐形成了以市场驱动的协同创新模式。市场经济体制下的工程创新活动，本着谁投入谁受益的原则。中国的房地产工程、高速铁路工程、电子通信工程创新发展十分迅速，为中国综合实力的提升起到了重要作用。但市场经济也最大限度地激发了人类对私利的追求，参与工程创新的各个组织与部门为了实现各自的利益，形成利益共同体控制行业创新的利润，漠视公共利益，造成对于满足社会公共利益短期受益不大的工程创新不肯积极投入的现象。因此，为了纠偏市场机制的负面效应，20世纪90年代以来，通过国家创新体系的提出，到协同创新理念的传播，我国的工程协同创新开始逐步向国家推动与市场驱动的动力结构转变，而载人航天工程、青藏铁路工程、铁路提速工程、长江三峡工程等重大工程的协同创新正是在这两种动力的推动下得以实施和成功的。

7.2.2.3 政产学研用结合——工程协同创新的组织形式

1992年9月中国政府决定实施载人航天工程，并确定了三步走的发展战略：第一步，发射载人飞船，建成初步配套的试验性载人飞船工程，开展空间应用实验；第二步，突破航天员出舱活动技术、空间飞行器的交会对接技术，发射空间实验室，解决有一定规模的、短期有人照料的空间应用问题；第三步，建造空间站，解决有较大规模的、长期有人照料的空间应用问题。1999年11月20～21日，神舟一号圆满完成飞行任务，中国成功进行载人航天工程的第一次飞行试验。2013年6月完成天宫一号与神舟十号的载人飞行任务，2016年10月17日景海鹏与陈冬随神舟十一号飞船进入太空，在太空飞行33天，进行了一系列科学实验后，于11月18日乘神舟十一号飞船返回舱顺利返回。这是我国载人航天事业发展史上的又一重要里程碑，是建设创新型国家取得的又一标志性成果。中国载人航天工程共进行了11次飞行任务，参加研制和试验的广大工程技术人员攻克各种技术难关，坚持自主创新，创造了中国载人航天史上的辉煌，实现了载人航天技术的不断跨越。标志着载人航天工程第二步任务取得了重大成果，为今后的载人航天的发展、空间站的建设奠定了良好的基础。回顾中国载人航天工程成功的经验，就是采用了协同创新的工程创新模式，正如同神舟六号创新团队在对其发射成功作总结所指出的，越是高度集成的宏大系统工程，越要积极开展社会主义大协作，中国载人航天工程的顺利进行是政产学研用结合协同创新的结果。

政产学研用合作创新模式是指政、产、学、研、用合作主体之间所采取的不同合作方式、合作类型的标识。这种标识是由多个要素构成的，是一个具有内在结构和功能的复杂系统[7-21]，是中国工程创新尤其是大型工程创新的重要的组织形式。

1．以政府为引导

前面我们已经论述了目前中国的工程创新是由政府和市场共同驱动的，但由于中国市场经济运行的时间不长，各种创新资源和生产要素大多处在彼此分割的状态，况且关乎民生的大型公共设施建设的经验还不足，使得不能简单依靠市场机制来驱动的公益性民生工程创新的需求还不能得到很好的满足，因此，在一段时期内，政府对工程创新的引导作用不容忽视，特别是对诸如高速铁路、南水北调、垃圾处理等民生工程创新，政府除了要通过国家发展战略来引导，还需要通过公共财政投入给予资金方面的支持。在协同创新过程中，政府的作用大致体现在宏观指导、政策引导、利益整合、服务保障、财政支持等。

2．以产业为基础

企业是工程创新的实践主体，是协同创新系统中的核心要素。但参与工程创新的企业不是彼此没有关联的离散性企业，而是由产业链紧密连接起来的企业联盟，因此，工程中的协同创新是以产业为基础的，这也许是工程活动中协同创新与技术活动中协同创新的重要区别，在技术创新过程中，各个独立企业是协同创新的主体，而在工程中的企业协同是基于产业链基础上的协同，通过产业链将不同类型的企业连接起来，形成围绕工程创新目标的企业联盟，利用市场机制、利益共享机制将各类创新要素系统整合起来，共同实现协同创新的价值。

3．以高新技术为支撑

伴随着人工智能、大数据技术、量子技术、纳米技术、新能源技术、新材料技术的出现，21世纪的科学技术正以人类无法想象的速度向前发展，新的工业革命已经向我们走来，正在兴起的高新技术成为未来工程创新的支撑力量，新科技的发展比以往任何时候都需要以协同创新的形式进行工程创新活动，重大的科学发现和技术发明，为工程活动中创新资源的新整合提供了更多的可能性和途径，为在工程中产生和利用新知识提供了更加广阔的平台，科技的进步推动着高校、科研院所、企业之间互动与合作，成为协同创新的支撑要素。

4．以用户为导向

协同创新是通过政府的引导和制度安排，促进企业、大学、科研院所发挥各自的能力和优势、整合互补性资源、实现各方的优势互补，加速技术推广应用和产业化。协同创新系统的构成要素不是机械地堆砌在一起的，要素的协同需要系统内部或从系统外部产生打破原有平衡的力量，对于工程创新中系统平衡被打破是因为创新主体发现或者创造了"新的用户"，用户的显在或者是潜在需求成为协同创新系统各要素进行重新组合与行动的动力，用户需求是协同创新要素协同的根源，因此，用户需求始终是协同创新的方向标，是导致协同创新的重要初始条件。

总之，工程创新是通过协同创新来实现的，工程创新是多要素的集成系统，是充满风险的动态活动过程，在整个工程创新活动过程中各种要素的集成与整合不是自动实现的，工程活动主体对要素的选择与建构也不是偶然和随机的。在工程创新活动中，技术要素之间以及技术要素与非技术要素之间的集成与整合必须通过有效的组织与管理。与一般工程管理不同的是工程创新管理是围绕着创新目标实现的管理，或者说是基于创新的工程管理。

7.3　工程创新管理

7.3.1　工程创新管理的概念

工程创新管理，简言之就是为实现创新目标的工程管理。具体来说，工程创新管理是以工程创新为对象，通过有时限的柔性组织，对工程创新进行高效率的决策、计划、组织、指挥、协调与控制活动，以实现工程创新的整体目标。工程创新管理的对象是工程活动过程，工程创新管理的主体是所有参与工程创新活动管理的行动者。从宏观层面上有政府，主要通过政策工具对工程创新活动进行支持与规约。从中观层面有企业、大学、研究机构以及科技创新公共服务机构，主要通过各种公共创新平台的建构、激励机制、合作组织制度等管理手段对工程创新活动进行管理；从微观层面有具体工程项目管理者，主要通过对具体的工程创新项目的管理实现工程创新的目标。在本书1.3.1.4的基础上，有必要强调工程创新管理的如下特征。

7.3.1.1 工程创新管理是全过程管理

工程创新活动从工程决策开始，经过设计、施工、工程运营一直到工程退役，工程创新的过程性使得对工程创新的管理也必须是全过程的，而不仅仅是对于工程技术创新、工程投资创新、工程管理创新的单一环节进行管理。工程创新管理的过程性要求对工程创新管理实施动态的全过程控制，全过程工程创新管理的实质是以提升工程创新核心竞争力为目标，以创新性的工程理念为引导，以工程技术创新为基础，以各种创新（投入创新、管理创新、退役创新、评估创新、决策创新）的集成为手段，通过有效的管理机制、方法、手段，力求做到在工程创新活动中每一个创新主体在各个环节、各个时期积极主动地追求创新。

7.3.1.2 工程创新管理是复杂性系统管理

工程创新是工程创新共同体在复杂的时空结构中的集体选择与建构活动，在整个活动过程中各种创新要素如科学、技术、资金、政策、制度、文化、资源、创新主体等组成复杂的网状结构。工程活动的规模巨大，比如三峡工程、南水北调工程、载人航天飞机工程往往涉及上百亿的资金投入与几万甚至几十万的人力资源投入，需要集成科学、技术、金融、管理、社会、文化、政策、法律等多学科的知识资源。面对如此复杂的工程创新系统，任何线性管理思维和管理模式都无法实现对工程创新的有效管理。因此，必须采用复杂性的系统管理方法，建立系统的工程创新管理平台，将工程创新的人力资源、科学技术资源、自然条件、生态环境制约、文化、政策、制度等要素通过工程创新公共服务机构利用信息技术集成整合起来，构建工程创新信息网络系统，最有效地实现各类工程创新资源的协同与整合。

7.3.1.3　工程创新管理是风险管理

工程创新过程是一个充满壁垒与陷阱的过程，高风险性是它的重要特征。工程创新风险包括决策风险、技术风险、市场风险、组织风险、资金风险、信息管理风险、政策风险、外部环境风险等。如此看来，工程创新管理其实是在工程创新环境下的风险管理，其中包括创新风险的识别、创新风险的评估、创新风险的预警、创新风险的防范等。

7.3.2　工程创新管理的方法论

工程创新管理是以工程创新为对象，通过有时限的柔性组织，对工程创新进行高效率的决策、计划、组织、指挥、协调与控制活动，以实现工程创新的整体目标。由于工程创新具有复杂性、高风险性、广泛的社会性，这决定了工程创新管理方法不能仅仅停留在单纯从经济—技术角度展开的具体方法上，因为工程创新管理不仅是技术经济活动，更是社会管理活动，在工程创新管理方法中蕴含着深刻的哲学内涵，并在实质上指导和影响着工程创新管理的实践和发展。因此，需要对工程创新管理方法进行哲学思考，将其上升到哲学方法论的高度，从中提炼出一些规律性的东西。

7.3.2.1　工程创新管理的系统和谐论

工程创新管理是个巨型的复杂系统，包括工程技术子系统、社会子系统、生态环境子系统、政策子系统。每个子系统中都由多种异质性要素构成，各个子系统之间，以及各自子系统的要素之间必须达到和谐统一，才能实现整体最优的工程创新目标。和谐是工程创新管理的基本要求，工程创新管理的系统和谐主要表现在以下几方面。

1．不同创新主体之间的和谐

工程创新的主体是多元的，他们属于不同的子系统，都是工程创新活动的利益相关者，他们的利益诉求不尽相同，且大多存在将自身利益最大化的倾向。要确保工程创新产生，各参与者应具备一种共识和期望，即在创新带来新价值增值的同时，创新成果能得到合理的分配。当前工程创新中，创新人员等级不匹配、报酬与风险不对应等问题较为突出。工程主体应充分利用法律准则、行业公约及各利益相关者间的相互信任来孕育和谐。尤其应制定和谐的价值分配机制，使其与各参与方的可能贡献度及承担的风险度相匹配，以缓解创新可能带来对既得利益者利益的损害、对原有组织结构平衡的破坏等现象产生的负面影响。这样，具备较高满意度的各参与方才可能通过有效制衡，形成一股和谐的力量，提高工程创新的管理实效。

2．不同创新子系统之间的和谐

工程创新管理的目标是要通过各子系统之间的最优组合实现创新目标。在此过程中，工程技术系统与社会系统、自然环境系统的和谐是管理目标的基本原则。成功的工程创新既要考虑技术的先进性，更要考虑经济系统、自然生态系统对技术创新的支撑程度。工程创新管理要在以上三者之间进行权衡，既要保证技术的适度先进又要考虑经济与生态成本，因此，在工程创新中必须进行技术创新与经济成本和生态成本的风险与收益的综合评估。除此之外，任何工程创新的工程都应该是促进社会公平与公正，而不是相反。无论是电力工程还是交通工程创新，如果不是为促进整合社会的福利，而仅仅是对一部分人或一部分地区有利都是不公正的。工程创新的管理通过民主参与机制和公众使用后评估机制实现工程创新的社会和谐。因此，有效的工程创新管理是以最终实现人与自然、人与人之间的和谐为标志的。

3．工程创新中各行业的发展应和谐

工程各行业在供求、技术，尤其是创新方面的相互关联性，客观上要求行业发展必须相互协调，连锁互动。很难想象如果没有信息工程的创新，采矿、运输、安全等工程的发展将停留在哪个阶段；没有生物工程的创新，医疗、发酵工程的发展将受到何种限制；没有能源与矿业工程的创新，工业、材料工程的发展将滞后到何种程度。因此，要使工程创新的综合价值最大化，应首先保证科学基础理论、技术应用等创新；其次应建立开放式的和谐网络，均衡各行业发展速度，在和谐背景下，将产品或服务的蛋糕做大，再根据事先规定的规则来共同分享此蛋糕。换言之，应把工程内部各行业的创新结合起来，构建共赢创新网络，尽可能地相互借鉴创新成果，以充分利用创新成果的放大效应，促进各行业创新齐头并进并通过协同创新实现工程创新的目标。

7.3.2.2 工程创新管理的综合集成论

综合集成管理思想源于系统的管理思想，复杂性管理理论的核心在于被管理的对象是复杂系统，要利用复杂系统的相关理论进行管理。综合集成管理是一种基于系统方法论的管理概念，综合集成管理不是通过对管理资源的"线性"整合而形成一般的管理能力，而是通过对资源的管理"非线性"整合，涌现新的管理能力。例如，通过专家体系、知识体系与计算机体系的结合，形成解决复杂工程管理问题的方案，通过技术集成进行关键技术攻关等。因此，综合集成管理行为之本质不是追求掌握尽可能多的管理资源，而是构建一个具有驾驭复杂性能力的平台。这一平台在某种意义上可以理解为一种有效的管理组织、管理制度和机制。

综合集成管理主要针对系统复杂性的管理，从复杂性产生的主要原因考虑这一管理自然需要兼顾各主体的目标，需要考虑主体、客体与环境的统一，需要协调利益与风险关系，需要寻求方法多样性与综合效果的一致等。所有这些集中到一点即综合集成管理需要坚持从目标、运作、技术与方法方面贯穿统筹的原则。

如前所述，工程创新是复杂系统，在工程创新管理过程中必须坚持综合集成的方法论。首先，实施管理的主体是综合集成性的，它是由多主体组成的组织，这样的组织一般都存在一个核心主体。在不同的管理阶段、组织内个别主体可能被置换。通过学习与适应，构建平台，形成驾驭复杂性的管理能力。主体的能力不在于它拥有资源的能力，而在于制度设计、机制选择等综合协调能力。

在工程创新管理过程中的综合集成主要通过从定性到定量的综合集成方式实现。定性研究是定量研究的前提，而定量研究是定性研究的深入。综合集成管理中的定性与定量集成本质上是科学和经验的结合、逻辑思维和形象思维的统一，其一般步骤如图7-1所示[7-22]。

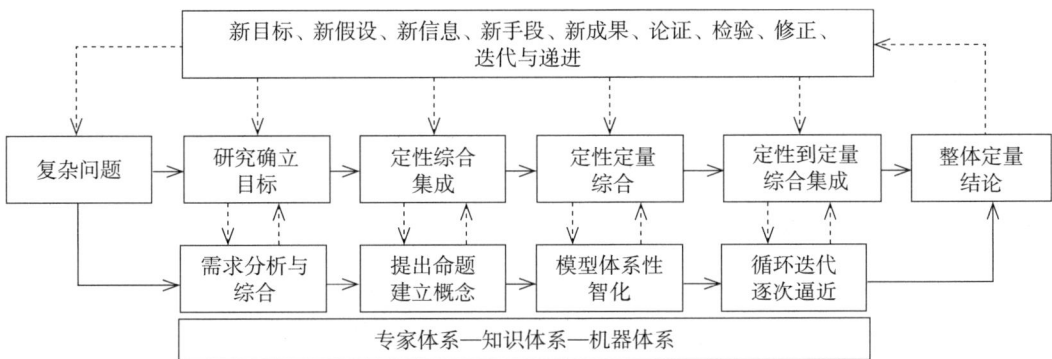

图 7-1　从定性到定量的综合集成的一般步骤

7.3.2.3　工程创新管理的辩证统一论

工程创新以技术创新为核心，面对系统性、复杂性不断加强的知识、技术性造物活动，它将各种创新资源综合集成起来。合理、科学的工程创新管理能够使工程创新实践中的科技效应以乘数，甚至以指数倍增，并能在战略统筹的高度整合工程创新实践的多元价值目标。工程创新管理活动已远远超出了经济与技术的范畴，成为一项复杂的综合集成活动，它需要以辩证的思维方式审视工程创新管理活动中存在的问题。

1．工程创新管理过程中经济效应与生态效应的对立统一

工程创新管理必须满足人类生存与社会可持续发展需要的自然价值效应。近代以来，工程往往被视为是将人的本质力量对象化的活动，人类在工程项目实践中享受着"征服"的愉悦和快感，同时把利润增长作为工程建设唯一追求的目标，很少考虑人类经济活动所不能脱离的自然生态背景，因而对工程活动可能产生的生态效应估计不足，甚至为了局部利益有意地规避和忽略可能产生的生态代价。工程创新管理作为一种经济组织行为，其本性之一是"逐利"，它不能逾越其经济目的，但如果仅仅将工程创新的经济效益作为工程创新的目标追求，不顾自然生态环境可持续发展与保护，不顾人类未来发展的长远利益，工程创新活动就会逐渐失去赖以生存的自然资源基础和社会环境的支撑，最终无法持续。因此，工程创新管理必须改变单一经济价值追求，工程创新管理应该朝着人与自然和谐共处、人与社会和谐发展、人与人和谐相生的方向发展。

2．工程创新管理过程中的规范化与管理创新的对立统一

工程创新管理规范是工程创新管理中为实现其价值和目标而制定的各种管理条例、章程、制度、标准、办法、守则等的总称。它是用文字形式规定了工程创新管理活动的内容、程序和方法，是工程管理人员的行为准则。确立科学的工程创新管理规范在现代工程规模不断扩大，工程价值目标日趋多元的形势下，对于保证工程创新活动的正常可持续进行、提高工程创新管理水平有重要作用。但工程创新管理规范不是一成不变的，随着时代发展、科技进步、管理水平的提高，工程创新管理规范也需要因时、因地、因人而不断地提升和完善。这一过程中的重点就是要正确处理"定"与"变"、"破"与"立"的关系。任何管理规范都应当具有相对稳定性，在一定的时间段内保持其连续性，不能朝令夕改，否则会造成员工的手足无措，无所适从。但工程创新管理规范的稳定是以不稳定的"破"为先兆、先存的，这个"破"到"立"的过程实质上就是工程管理规范不断创新的过程。

3．工程创新管理过程中管理体系与管理细节的对立统一

工程创新管理体系是指在工程管理的一定时空结构中，各种要素和各个环节按照一定结合方式构成的功能整体，相应地，工程创新管理细节则是构成工程创新管理体系的各种要素和各个环节。工程创新管理体系与工程创新管理细节之间从空间上看是整体与部分的关系，从时间上看是过程与环节的关系，两者相互依赖，没有部分和环节，不会有整体和过程；没有整体和过程，也无所谓部分与环节。工程创新管理体系作为整体和过程是工程创新管理各个部分和环节的有机结合，其功能应当大于各个部分和环节机械相加之和，整体和过程具有部分和环节所没有的新功能，即当各部分、诸环节以有序、优化的结构形成整体和过程时，整体和过程的功能就会大于各部分、诸环节功能之和。而当部分和环节以无序、非优化的结构形成整体和过程时，各部分、诸环节原有的性能就得不到发挥，力量削弱，甚至相互抵消，使整体和过程功能小于各部分、诸环节功能之和。而且，工程创新管理某部分或某环节功能状态的低下，会显现"木桶效应"，成为工程管理体系的"瓶颈"，阻碍工程创新管理体系的过程畅通，削弱工程创新管理体系的整体功能。总之，工程创新管理各部分、诸环节的功能状态和结合方式决定了工程管理体系过程是否畅通，功能是否优异。具体地说，工程创新管理体系最显著的特征是整体性和主导性，它规定着工程建设的主、客体地位和关系及各自权利与义务的基本界定，它也规定着自己特定的体系运行程序和方式，也有着与之相适应的特定的管理手段和方法。工程创新管理体系的结构构成侧重对根本原则的廓清、基本方法的确立，而不是对具体技术与业务细节的安顿。只有工程管理体系在整体上实现结构合理、过程畅通，各要素、诸环节才能各得其所、各安其分，并集成生成"整体功能大于部分之和"的系统效应。

参考文献

［7-1］ 何继善，王孟钧，王青娥. 中国工程管理现状与发展［M］. 北京：高等教育出版社，2013：13.

［7-2］ 徐振兴. 试析军事技术进步及其透明化［J］. 科技管理研究，2011（09）.

［7-3］ （美）约瑟夫·熊波特. 经济发展理论［M］. 北京：商务印书馆，1990：73-74.

［7-4］ 殷瑞钰. 工程创新是技术进步的主战场［N］. 学习时报，310期.

［7-5］ 李伯聪. 关于工程和工程创新的几个理论问题［J］. 北方论坛，2008（2）：101-105.

［7-6］ 殷瑞钰. 关于工程与工程创新的认识［J］. 矿产勘查，2006（8）：21-24.

［7-7］ 蔡乾和. 从四元知识链的视角看工程创新［J］. 东北大学学报，2008（5）：387-391.

［7-8］ 何继善，等. 工程和谐与工程创新的互动关系研究［J］. 中国工程科学，2008，（12）：4-9.

［7-9］ 李伯聪. 略谈科学技术工程三元论［A］. 杜澄，李伯聪主编. 工程研究（1）［C］. 北京：

北京理工大学出版社，2004，（1）：42-53.

[7-10] 殷瑞钰，汪应洛，李伯聪，等. 工程哲学［M］. 北京：高等教育出版社，2007：18-23.

[7-11] 李伯聪等. 工程创新：突破壁垒和躲避陷阱［M］. 杭州：浙江大学出版社，2011：4.

[7-12]（德）乌尔里希·贝克著，何博闻译. 风险社会［M］. 南京：译林出版社，2003：20.

[7-13] 张彦. 现代科技的风险类型及其博弈研究［J］. 武汉科技大学学报，2010（06）.

[7-14] 何继善. 论工程管理理论核心［J］. 中国工程科学，2013（11）.

[7-15] 赫尔曼·哈肯著，凌复华译. 协同学　大自然构成的奥秘［M］. 上海：上海译文出版社，2013.

[7-16] Veronica Serrano，Thomas Fischer. Collaborative innovation in ubiquitous systems［J］. International manufacturing，2007（18）：599-615.

[7-17] Duin H，Jaskov J，Hesmer A，Thoben K D. Towards a framework for collaborative innovation［M］. Boston：Springer，2008：193-204.

[7-18] 迈克尔·吉本斯. 知识生产的新模式［M］. 北京：北京大学出版社，2011：22.

[7-19] 陈劲，阳银娟. 协同创新的理论基础与内涵［J］. 科学学研究，2012，（2）：161-164.

[7-20] 熊厉，等. 协同创新研究综述——基于实现途径视角［J］. 科技管理研究，2011，（14）：15-18.

[7-21] 王安国. 政产学研用协同创新模式研究［J］. 中国地质教育，2012（4）：40-43.

[7-22] 盛昭瀚，游庆仲. 综合集成管理：方法论与范式——苏通大桥工程管理理论的探索［J］. 复杂系统与复杂性科学，2007，（6）：1-9.

第 8 章

工程管理环境论

工程环境论的主要研究对象为：工程、环境与工程环境、环境理论与工程环境理论。

环境理论是关于环境的观念（Concepts）、思想（Ideas）与学说（Theories）的总和，是关于人类活动与其所处环境之间关系的观念、思想与学说的总和。工程环境理论是环境理论的分支，与环境理论相关、相通：环境理论是整体理论与一般理论，工程环境理论是局部理论与具体理论。工程环境理论，有微观、中观、宏观之分。微观工程环境理论，如环境要素理论，主要探讨工程活动与环境要素的关系；中观工程环境理论，如自然环境理论或社会文化环境理论，主要探讨工程活动与自然环境或社会文化环境的关系；宏观工程环境理论，如综合性环境理论，主要对工程与环境的关系做整体性、综合性探讨。另外，工程环境理论，有潜在理论（Implicit）和显在理论（Explicit）之分；前者是非独立理论，包含在古代综合性哲学与科学学说体系之中，呈现形态为观念和思想；后者是独立理论，是现代学术界专门探究工程环境问题的结果，呈现形态为自觉的学说。潜在与显在，与理论的深度、高度及影响力没有必然关联；实际上，很多影响深远的工程环境理论都是潜在理论。

本章工程管理环境论，对工程环境问题做系统的理论总结与理论思考。理论总结主要梳理历史性观念、思想和学说，理论思考则主要对现实性问题展开理论性思考和探索。思考和探究的核心是工程活动环境及工程活动与环境的关系，既要以不同时期人们的认识为主线，总结出历史性综合学说与专门学说，又要展示出作者们对当代工程环境的基本认识。

环境（Environment），根据《韦氏第三新国际英语大辞典》的界定，指周围的事物，具体言之，指周围的条件、影响和力量；它们属于自然与社会文化两大范畴，因此，环境包括自然环境与社会文化环境两大部分[8-1]。自然环境包括气候、土地、生物等要素；其中，气候包含气流（风）、降水和干湿度等要素，土地包含土壤、水系、山系等要素，生物包含动物、植物、微生物等因素。社会文化环境包括政治、经济、习俗、文化遗产、法律等要素。为清晰见，本章的理论总结与理论思考以环境范畴及要素为骨架，以工程自然环境和工程社会文化环境为两条主线，从工程环境的演变、历史性学说、当代学说，到对工程环境问题的再思考，构建工程环境理论的体系。

工程活动一方面受环境约束，另一方面也反过来给环境带来不同程度的影响。

8.1 工程环境观的演变

进入21世纪后，在全球范围内，工程建设和运行等引发的自然和社会文化环境问题日益突出，严重影响人们健康生活，影响社会和谐发展。为达成可持续发展，亟需寻找或构建与时代相适应的、健全的工程环境观，它既不是鼓励对环境的"无所作为"，也不是纵容对环境的"为所欲为"，而是倡导在这两种极端中间寻求工程和环境的平衡与和谐。本小节拟对不同时期的工程环境观及其基本内涵做回顾式论述，以期为寻找或构建新时代的工程环境理论提供借鉴或参考。

8.1.1 不同文明阶段的主流工程环境观

人类文明的发展，由低到高，大致经历过采猎文明、农业文明、工业文明和后工业文明四大阶段。在这四大阶段，工程环境观呈现为以下四个主流类型。

采猎文明期，效法自然。受生产力发展限制，这一时期工程活动，以构木为巢与掘土为穴等简单建造为主，其主要特征是将工程活动与生产活动、生存需求融合在一起。《道德经》说："人法地、地法天、天法道、道法自然。"[8-2]这一说法将人排在自然、天、地、人链条的最末端，既见古人对自然的敬畏之心，也见古人的工程思维方式。

农业文明期，顺应自然。随着对自然的了解慢慢加深，人类逐步适应自然，并且开始采用手段利用自然，进行更为复杂的工程活动，住宅、园林、宫殿与寺庙等工程成果出现。这一时期工程活动主要特征是：既顺应自然，又满足人类生活需求、信仰需求，以及治理与审美等方面需求。顺应自然型工程环境观，包括很多具体观念，"天人合一"是核心观念。

工业文明期，征服自然。18世纪工业革命以来，思想界泛起的"驾驭自然，做自然的主人"之类观念，影响全球社会，引导人们征服自然，创造新型文明。人类开始通过科学技术企图控制、改造和驾驭自然，大规模地展开工程活动，铁路、大型水利设施、核电站等多种人工自然物纷纷出现。将自然的力量缩小，将人类的力量放大，是征服自然型工程环境观的思想基础。

后工业文明期，可持续发展。后工业文明，是一种没有工业文明弊端的新型文明。工业文明严重的弊端是不可持续，主要表现是环境污染与资源代际不平等消耗。在向自然挑战与索取的过程及结果中，人们逐渐发现，人类的力量不是万能的，对环境过度使用会给人类带来负面影响。这促使人们放慢开发脚步，重新思考"人—环境—工程"关系，开始追求可持续发展。可持续发展理念，首倡于西方，是一种现代意义上的"天人合一"理论，与中国古代"天人合一"理论遥相呼应。

8.1.2　对工程环境观演变的基本反思

对自然的认识变化和对工程活动结果的反思，是工程环境观演变与进步的基础。

蒙昧时期，人类基本只是被动地适应与依靠自然，对大自然进行原始索取，如以树叶为衣饰，以山洞为居所，基本上没有工程活动。文明初期，人类通过仰观俯察、远取诸物、近取诸身等途径，学会对自然的复杂索取与初步利用，小规模开展工程活动。文明成熟之后，人类对自然的认识加深，对自己的认识提高，开始对自然做无度索取与利用，大规模进行工程活动。大规模工程活动，向自然界排放废弃物与有害物，日积月累之后，严重破坏生态环境，严重影响人类生存和发展，使人类交出高昂学费。在交出高昂学费之后，人们开始寻找新的发展理论与策略，开始寻找与构建新型工程环境观。

在"人—环境—工程"关系中，对人类的力量的认识，在很大程度上决定工程环境观；因此，反思工程环境观，可以揭示其认识基础。在人与自然的关系上，过分低估人类的力量，和过高地估计人类的力量，甚至把人类当成自然统治者，都会导致有害于人类生存与发展的工程环境观。

对自然及其规律的认识，也在很大程度上决定工程环境观。对自然及其规律认识不足，以征服自然与改造自然为思想基础的工程环境观往往不利于人类的生存与发展。充分认识自然及其规律，以尊重自然及自然规律为思想基础的工程环境观，才能更好地引导人工自然建设，更有利于人与社会的可持续发展与改善。

对工程活动的社会作用的认识，也影响工程环境观。工程活动的过程，经常是社会结构调整与社会关系重构的过程。忽视这种调整与重构，会导致不健康的工程环境观，进而会导致不利于社会健康的工程活动。只有充分认识工程活动对社会结构与社会关系的影响，才能形成健康的工程环境观，引导人们在社会发展与改善的视域中展开工程活动，促进社会和谐与可持续发展。

8.2 关于工程环境的历史性学说

本节以工程活动及其与自然环境、社会文化环境的关系为主线，考察、厘清与阐释古代中国和西方关于工程环境的历史性学说，为改进当代工程管理提供理论与实践借鉴。从可获得的资料看，中国古代关于工程环境的观念、思想与学说较多，而西方古代相对较少。

关于工程自然环境的历史性学说，包括三个方面：气候环境学说、土地环境学说、生物环境学说。关于工程社会文化环境的历史性学说，包括多个方面，受可获性资料限制，本节仅讨论五个：政治学说、经济学说、习俗学说、文化（遗产）学说、法律学说。

8.2.1 关于工程自然环境的历史性学说

工程活动能够对自然环境产生重大影响，自然环境也能够对工程活动产生重大制约。这是工程自然环境学说的思想基础。自然环境包含三大要素，即：气候环境、土地环境和生物环境。关于工程自然环境的历史性学说，有些同时涉及三大要素，是综合性自然哲学学说；有些只涉及一大要素，是分支性自然环境学说。

8.2.1.1 自然哲学学说

1. 阴阳学说

阴阳学说，是中国古代自然哲学的核心学说。根据《哲学大辞典》界定，阴阳"本义是指日照的向背"，后来"用以指两种相互对立的气或气的两种状态"，再后来用来比附社会现象[8-3]，代表一切事物的最基本对立关系。阴阳学说首先是自然哲学，其次才是社会哲学与人文哲学。这一学说，参照天地与日月之分，将世界万物及其要素、属性、特征、功能、状态与原则等，分为阳与阴两大类，包括天地、日月、男女、刚柔、外内、实虚、表里、上下、前后、动静、吐纳、晴雨等无数组对立范畴。阴阳学说，将阴阳对立、共存、互容、化育等看成是万物生长、运动与变化的基本法则。作为自然哲学或宇宙哲学的基本学说，阴阳学说与当代矛盾论等遥相呼应。

在古代中国，阴阳学说是工程自然环境学说的基础性学说之一。在工程及工程与自然环境关系上，阴阳学说特别注重阴阳平衡与阴阳相济。

阴阳平衡，是天地间万物存在的前提条件。《易传》说，"一阴一阳之谓道"[8-4]。古人相信，"孤阴则不生，独阳则不长"[8-5]。阴阳平衡，是指导决策、设计、建设与维护等环节工程及工程管理活动的基本原则。如，降雨为阳，蓄水为阴[8-6]，在特定区域中、特定时间范围内，降雨量有多大，蓄水力就必须有多大。阴阳平衡，才能保证水不泛滥、不流失，才能保证云腾致雨的良性循环。在蓄水力不足的形势下，人们兴办水利工程来平衡阴阳。汉前，人们筑堤围湖，向水争田；汉代，已有蓄水力不足之虞，于是，人们开始构想与实施鉴湖（中唐之后逐渐淤积）工程，以舍田增水，促进农业生产。

阴阳相济，是世间万物运动的基本法则。据《淮南子》记载，"昔者黄帝治天下，而力牧、太山稽辅之，以治日月之行律，治阴阳之气，节四时之度，正律历之数"[8-7]。阴阳相济，是指导计划、组织和资源配置等维度上工程及工程管理的重要理念。如就建筑而言，古人以凸为阳、凹为阴，山为阳、水为阴，民居庭院选址与设计，都考虑有小山和水池，大型院落及园林选址与设计，更是考虑有山丘与水塘。这一点，在当代仍然受到普遍重视，以各大高校新校区建设为例，即使所选地址原来没有，也会人工设计与修造山丘与水塘，甚至山丘群与水塘群或小长河。湿地为阴，阴阳相济，建筑才有层次，有节奏，有生机。

2．中庸学说

中庸，根据《哲学大辞典》解释，是"儒家倡导的一种宇宙观、方法论和道德境界"[8-8]。中庸一词，出自《论语》；中庸学说，集成于《中庸》。《中庸》说："不偏之谓中，不易之谓庸。中者，天下之正道，庸者，天下之定理。"[8-9]中庸学说，首先属于宇宙哲学，其次属于知识哲学和人生哲学，是中国古代文化哲学的基础学说，也是中国古代管理哲学的核心学说，自宋之后，被儒家当成是治国理政心法。

"致中和"与"执两用中"是中庸学说两大核心思想，是指导古人工程活动的重要思想。中和，即中正、和谐。"喜、怒、哀、乐之未发，谓之中。发而皆中节，谓之和。"[8-9]"致中和，天地位焉，万物育焉。"[8-9]致中和，是一种生态思想，既在宏观层面上强调自然生态的平衡与社会文化生态的平衡，也在微观层面上强调世间万物的内在生态的平衡与人的精神生态的平衡。工程活动，不仅要考虑人类生活品质的提高，还要考虑世间万物生存条件的保护与改善，使它们处于应然位置，使它们繁衍永存。这就要求人类在工程活动中，关注自然界其他物种的多样性与差异性，尊重它们的生存权利、生存环境与生存方式，让它们自由化育、生生不息。

执两用中，即"执其两端，用其中于民"[8-37]，是一种生态思想，既重视自然生态的平衡，也强调社会文化生态的平衡。在自然方面，对于自然资源，工程活动既不能不利用，又不能无限制地消耗。在社会文化方面，对于社会资源，尤其是人力与钱物，工程活动既不能不利用，又不能无节制地使用，不能时时处处大兴土木，要"节用而爱人、使民以时"[8-10]。

8.2.1.2 气候环境学说

气候是指特定区域内温度、湿度、降水、潮汐、气流等状况及其变化态势。中国古代有专门记载气候变化的历法，《礼记·月令》中提及："昔周公作时训，定二十四气，分七十二候，则气候之起，始于昊，而定于周公也"[8-11]。气候变化呈周期性，形成四时与节气，为人们开展各类活动提供重要依据，更为工程活动提供重要指导。工程活动，首先要考虑顺应气候条件，如民居建筑，所在区域气候条件是决定密度、式样、屋顶坡度等设计与建造的重要依据。其次，要考虑调整与优化所在区域气候环境，如城镇与村落建设工程，设计与建造星罗棋布的陂塘，是增加水体分布、改善局地空气湿度、调节局地降水与气温等的重要举措。中国古代关于工程气候环境的观念、思想与学说有很多，其中天时观影响最为深远。

天时，是寒暑变化周期与节点。天时观要求各种工程活动顺应四时，正如《易·文言》所说，"与日月合其明，与四时合其序"[8-12]。稍深一步讲，天时观至少包括因时、宜时和及时等三层含义，三层含义既各自独立，又相互交合。

因时，即因时而动，强调人类活动，尤其是工程活动因时而兴，即"依据天时而行人事"[8-11]。一方面，"不先时而起"[8-11]，"时不至，不可强生；事不纠，不可强成"[8-13]。即在适宜的时间展开适宜的活动。另一方面，不违时而行，不逆时而动。中国古代工程，尤其是城镇建设等大型政府工程，都注重在人力资源使用上不违逆农时；一切有违逆农时的工程活动，都被看成是大兴土木、劳民伤财的非仁德之举。

宜时，即宜时而行，要求人类活动特别是工程活动依从与顺应时变。《商君书·一言》提及"治宜于时而行之，则不干"[8-14]。这里，"治"既是对人类活动的管理，也是对自然资源与社会文化资源的管理。于工程活动，宜时观，对计划、组织与资源开发及配置等，均有指导意义。

及时，指不后时而动，要求人类活动特别是工程活动在有效时间范围内把握机会。错过时机，就不可避免地产生"勤苦而难成"[8-15]的结果。古代很多工程，尤其是农业工程，都是及时而动。如水库建设多在冬季进行，原因有两个：一是冬季为农闲时节，人力较为充足；二是冬季为枯水期，便于工程开展，在低温地区，还可以借用冰冻之力，既能节省物力与人力，也能缩短工期。

8.2.1.3 土地环境学说

土地，是地表层天然资源。根据《韦氏新国际英语词典》界定，土地是地球表面土壤及其上所有自然资源[8-16]。土地，既包含地球表面土壤，也包含地球表面其他天然资源，如水与山等。因此，土地环境，包括土壤、水系与山系等三个要素。关于工程土地环境的历史性学说很多，限于篇幅，本小节仅仅探讨与此三要素有关的学说。

1. 地力观

地力观，是关于土地生载力及其最大生载限度的观念。这一观念要求人类活动，特别是工程活动与农牧业生产活动在土地生载力限度之内进行。土地能容纳万物，左丘明称："惟地能包万物以为一，其事不失。生万物，容畜禽兽，然后受其名而兼其利"[8-17]。但是，土地生载力是有限的，一块土地一年只能生养多少动物，只能种植多少植物，或者一共只能建造多少房舍，都不能超越上限。因此，古人根据土地生载能力进行工程活动与农林牧渔业生产活动。如，由于山地树木生载有限，不主张滥伐林木，并且禁止在春天，即草木生长之际砍伐林木。这种观念最早出现在大禹时期的禁令中，"春三月山林不登斧，以成草木之长"[8-18]。后来，齐相管仲在任时也制定春夏秋冬"四禁"，其"春禁"明确提出在春天禁止"伐大木，斩大山"[8-19]。《孟子》指出，"斧斤以时入山林，材木不可胜用也"[8-20]。再后，《荀子》指出，"草木荣华滋硕之时则斧斤不入山林，不夭其生，不绝其长也"[8-21]。再如，由于江河湖塘鱼鳖等水产动物生载力有限，鱼鳖捕捞不能过多，还必须在正当时间进行。孔子主张，"钓而不纲"[8-22]，即不用网大量捕捞鱼鳖，只用鱼钩少量钓取。《孟子》也称，"不违农时，谷不可胜食也；数罟不入洿池，鱼鳖不可胜食也"[8-23]。《孟子》还说，"五亩之宅，树之以桑，五十者可以衣帛矣；鸡豚狗彘之畜，无失其时，七十者可以食肉矣；百亩之田，勿夺其时，数口之家可以无饥矣……"[8-23]。耗尽地力，最终必然有害于人类持续生存与发展。

2. 借地观

借地观，是关于借助土地之力以进行工程活动与农牧业生产的观念。在中国古代，借地力首先是借水力。"上善若水。水善利万物而不争"[8-24]，水最善于滋养万物，最能给万物带来利益[8-25]。水力，有显在力量和隐性力量；显在力量可以直接借用，隐性力量可以通过特殊装置借用。如，筒车灌溉农田，借水之力才得以运转。

"凡河滨有制筒车者，堰陂障流，绕于车下，激轮使转，挽水入筒，一一顷于枧内，流入亩中。昼夜不息，百亩无忧。不用水时，栓木碍止，使轮不转动"[8-26]。借助水力，筒车轮可昼夜不停息，否则，必须"以牛力转盘，或聚数人踏转"[8-26]。另外，水力还推进人类工程制造。水域附近的居民，为适应水域周边环境，方便日常生产生活，发明建造水上工具或水上建筑。长江下游古越先民，为开展各种生产活动，发明舟船制造技艺[8-27]；余姚河姆渡上，古越先民为适应多水、潮湿的自然环境而创造出"干栏"式建筑[8-28]。

3．因地观

因地观，是关于顺应或利用土地或地理条件进行工程活动与生产活动的观念。土地或地理条件包括地势、地形与地性等多方面因素。

第一，因地势。土壤、水系、山系，都有具体形状与态势；因地势，是顺应或利用土势、水势与山势。古人进行工程，尤其是房舍与农业设施建造，都会顺应或利用地势，达到人与自然协调、人工与天工配合的状态。因地势，首先是各抱地势，如古代园林修建大多是"巧于'因'"，而"'因'者，随基势之高下"[8-29]，不仅园林基因地势而择，而且园林布局、设水、建馆、借景、引景等都因地势而设计。其次是各顺地势，特别是山势，如山中、山边或水边房舍，多顺山势或水势而建，鳞次栉比、层叠而上，如桂北、湘西、鄂西等山区的吊脚楼，一般坐西向东或坐东向西，与山系协调。最后，是各应地势，特别是水势。房舍与生产设施，可应水流之势建造，也可控制或拦截水流建造；但是，控制或拦截，时不过久，必有水患，不仅淹没或损毁所造之物，而且影响周边居民生活。古人反对控制或拦截水流，提倡依水行之势治水，开辟沟渠或掏挖与疏理已有江河底床，使水合理储存与畅流[8-30]。如此，江河之水方可达成"道冲"，而"道冲，而用之久不盈"[8-31]，继而避免洪涝之灾。

第二，因地类。土地类型具有多样性，不同类型具备不同功能，而且动物与植物有不同生载力。"草土之道，各有谷造"[8-32]。中国古人在进行工程活动与生产活动时，都是在尊重土地多样性的基础之上进行的。在操作上，根据土地功能使用土地，进行房舍建造、谷物与林木种植与水产养殖；如，谷物种植不在不可耕之地进行，房舍建造不占用可耕之地，因此，不恣意将池塘改为水田或旱地，也不会搞填塘或平溪造房之类的居住工程。在原则与目标上，讲求"和为贵"[8-33]，和是人与人、人与物、物与物的和谐共存，这种关系最为可贵[8-34]。

8.2.1.4 生物环境学说

生物环境，指由动物、植物、微生物等多种生命形式构成的有机体系统，是自然环境的重要组成部分。中国古人重视人类活动，特别是工程活动的生物环境，提出过一些学说，其中影响大的有以下三种。

1. 齐物观

齐物观，强调人类与天地间万物共存，各有其位，各在其位，又融合为一个整体。这是"天人合一"的一种良好状态。《庄子·齐物论》说，"天地与我并生，而万物与我为一。"[8-35]古代大型工程项目，从设计到建设再到运行，都注重人类生活与周围万物生存协调一致，达到物我为一。都江堰水利工程就是典型案例。这类工程有一个共同点，即舍弃一切过度措施，优化生态系统，使万物生生不息，从而使人类生生不息。苏轼在《于潜僧绿筠轩》中用"宁可食无肉，不可居无竹"来表达居住环境高雅的品位。

2. 和生观

和生观，主张多样性与差异性生物并存，相互促进，共同繁荣。《国语·郑语》说，"和实生物，同则不继"[8-36]。这种注重生物多样性和差异性的生态观念，对中国古代工程活动产生过重大影响。大型园林与大型屋宇群建设，都注重物种保护，甚至采取长期封山育林等手段保护林中各种生物，使它们安全生长，使它们生生不息。

3. 惜生观

惜生观，主张推人及物，惜生积福。承认非人类生命体的生存权利和存在价值，珍爱它们，善待它们，就是善待人类自身。儒家在阐述"仁"时，经常把道德范畴扩展到自然界一切生命体，由"仁民"继而"爱物"。惜生，在中国古代，见于日常生活，见于农林牧渔业生产，更见于工程活动。珍爱一切生命体，少捕杀或不捕杀野生动物，避免在生养季节宰杀畜养动物，不无节制地采伐野生植物，是为人类自己积福，为整个人类及其子孙后代积福。

8.2.2 关于工程社会文化环境的历史性学说

工程活动不但与自然环境相互影响，而且还与社会文化环境相互作用。社会文化环境可以为工程活动提供社会文化资源，还可以作为结构性因素影响工程活动，并且渗透到工程活动成果或产品之中。如长城与故宫等工程成果，都折射出它们出现之前的社会文化环境，同时又成为它们出现之后的社会文化环境的重要部分。中国古人重视工程社会文化环境，提出过不少学说，关涉政治、经济、法律等多个维度。

8.2.2.1 政治学说

"政治"一词，最早见于《尚书·毕命》:"道洽政治，泽润生民"[8-37]。政治和谐，符合天道，有利民生。《中国大百科全书》认为，政治（Politics）是阶级之间、民族之间、社会集团之间基于各自根本利益所发生的相互关系以及与此相关的活动。政治与工程管理关系密切。一方面，政治可以通过工程政策影响工程活动；另一方面，工程活动及其成果可以对政治形势局面产生重大影响。如，曹魏兴修农业、军事、水利工程，为其经济恢复和发展及后来军事伐吴提供坚实的物质基础和强大的军需保证，在相当程度上决定三国后期政治格局的变动[8-38]。中国古代政治思想体系中，包括丰富的工程政治思想，其中影响深远的有以下两个观念。

1. 工程决策观

中国古代工程决策观，主要围绕种类决策和决策权力两个核心形成。

第一，百工营国论，主张工程种类多元化与多样化。《周礼·考工记》"总序"指出:"国有六职，百工与居一焉……审曲面势，以饬五材，以辨民器，谓之百工。"[8-39]东汉郑玄注《考工记》:"百工，司空事官之属……司空，掌管城郭，建都邑，立社稷宗庙，造宫室车服器械，监百工。"[8-40]百工是周代营建制造主管职官名，管理天下百工、即各种工匠。百工，是工程人才种类，又是工程种类，强调工程种类及工程人才各类多元化与多样化，以满足政府、社会与民众需求。

第二，官员决断论，主张将工程，尤其是政府工程的决策权力交给政府官员。以都城建设为例，决策权力首先是选址权力，《周礼》记载说，"大司徒之职，掌建邦之土地之图与其人民之数，以佐王安扰邦国"[8-41]。都城选址，是"地官"的首长"大司徒"的职责。在都城选址确定后，由"夏官"中的"量人"安排设施项目与分配用地。至于都城中重要设施，则有相应官员负责设立与安排，如社稷宗庙等由"春官"系列的次长"小宗伯"负责，"小宗伯之职，掌建国之神位：右社稷，左宗庙。兆五帝于四郊"[8-42]。工程决策权力在官员，但重大工程的最高决策权力在最高统治者手中。《周礼》除了《冬官考工记》之外，每一篇章起首第一句是:"惟王建国，辨方正位，体国经野。设官分职，以为民极。"

2. 工程礼制观

礼，在古代中国，既是政治制度，也是道德规范。礼，对"君臣朝廷尊卑贵贱之序，下及黎庶车舆文服宫室饮食嫁娶丧祭之分"[8-43]都有详细规定。礼制见于日常生活、社会生活与政治生活，并延伸到工程领域，形成工程礼制，约束各种工程活动。工程礼制，对建筑工程活动约束最大。

第一，都城宫室建造礼制。古代都城选址必须符合"以安邦国，以宁万民，以怀宾客"的"教"的原则；都城规模以及都城内设施布局，必须遵循"以服邦国，以正万民，以聚百物"的"政"的要求；都城内基础设施或生活设施，如市场、社稷等，要满足"治"和"礼"的要求。一般城镇建设，也符合"以富邦国，以养万民，以生百物"的要求。不仅如此，礼制有"宫室之分"，对地方统治者的城邑、官署与住房等，也都有严格的等级规定。

第二，坛社庙建造礼制。对用于祭祀的坛、社与庙，也有严格的等级规定。据《史记·秦始皇本纪》记载："古者天子七庙，诸侯五，大夫三，虽万世世不轶毁。"[8-43]意思是说，古时候天子的祖庙为七庙，祭祀七代祖宗，诸侯五庙，大夫三庙，即使是万世以后也不能废除。

工程礼制，和礼制体系一样，是维护社会稳定的重要手段。不仅如此，客观上说，它还是保护资源、维护生态、促进社会可持续发展的重要手段。司马迁肯定礼制，"礼者，人道之极也。天下从之者治，不从者乱，从之者安，不从者危"[8-44]。

8.2.2.2　经济学说

工程活动，既受经济发展影响与制约，又推动经济增长与发展。中国古代思想家、政治家、经济科学家与工程科学家均高度关注这种相互作用、相互依存的关系，提出很多经济思想。其中，富国观、富民观、节用观、尽用观等思想，对工程活动产生过重大影响。

1．富国观

在古代思想家中，墨子吸收孔子的富民思想，将其推而广之，首先将富国之学理论化，提出富国论。把"国家富"作为治国的重要目标。他指出，"为政于国家者，皆欲国家之富，人民之众"，即都追求国家富裕，人口增长。随后，商君学派、管子、荀子、司马迁、李觏等人在此基础上，丰富过富国论。

富国观，主张增加国家财富的总量，以财富为工程建设基础，以增加财富为工程活动目标。工程活动依附于一个国家的物质财力，工程活动的规制、实施需要考虑一个国家的经济条件。国富则与工程活动相互促进，提高生产力及人民生活水平，增强国力。富国观具体体现在两个方面：第一，农工商并重的思想。农、工、商是解决国计民生不可缺少的部门，它们各有本末。西汉王符认为"夫富民者，离本守末则民贫。"[8-45]肯定工商业作为工程活动在社会生产中的作用，把工商业与农业都看成是社会财富的重要源泉。农业、工业、商业共同发展，以解决人民的衣食问题，为工程活动的实施提供物质基础。第二，采取政治、经济和军事相结合的措施。"作内政而寓军令""定民之居，成民之事""士、农、工、商"各就其业，各尽其力；"参其国而伍其鄙""武政听属，文政听乡"[8-46]，民忙时务农，闲时习武。这样，就可以使国家保持雄厚的经济、政治、军事实力，工程活动与经济共同发展。可以说，富国观体现工程建设与经济建设和谐统一的发展理念，具有极强的现实意义。

2．富民观

富民观，主张增加国民财富，以增加国民财富为国家治理基础。"凡治国之道，必先富民，民富则易治也。"[8-47]富民，不仅是国家治理的必然基础，更是工程活动的前提和基础。民众衣食温饱、基本物质生活资料得到保障，工程活动才能进行，工程活动时社会才会稳定。

具体地说，富民与工程活动在两个方面相互关联。第一，以农为本。发展农业生产，达到民富国强的目的。荀子提倡"强本"，即加强农业、大力发展农业生产，因为农业生产是财货的本源。荀子所说农业是大农业，包括"瓜桃枣李"、"荤菜百蔬"、"六畜禽兽"甚至"昆虫万物"等，即今天所说农林牧渔猎。在古代，农业代表生产力水平，发展农业，振兴经济，是工程活动的基石。第二，休养生息、轻徭薄赋。富民观倡导节俭厚民，切实减轻人民负担以蓄养民力，培植财源，并且保证农民拥有足够土地。使农民拥有土地，既是发展农业生产的关键，也是富民的必要条件。

3．节用观

节用，基本意思是节省费用，在中国古代语境中，主要是指节省政府开支。节用观，不仅见于儒家学说，也见于墨家学说。《论语》提倡，"节用而爱人"[8-48]。墨子对此思想有所发展，明确提出"节用"经济观，提倡在宫室修建、农事生产等具体工程活动上节约经济财力，不奢侈浪费。荀悦发展"节用"观，提出要节约民力财力，"认主承天命以养民者也，民存则社稷存，民亡则社稷亡"[8-49]。

节用观，于工程活动，有三个基本主张。第一，以民为利。原则是工程活动要为民服务，为民所用。"圣王为政，其发令、兴事、使民、用财也，无不加用而为者。"[8-50]圣王施政，发布命令、修建工程、使用民力和财物，是有益于老百姓才去做的。第二，因需而设。墨子在《辞过》中说："古之民未知为宫室时，就陵埠而居，穴而处，下湿润伤民，故圣王作为宫室"；"古之民未知舟车时，任重不移，远道不致，故圣王作为舟车，以便民之事"[8-51]。工程，无论是建筑还是制造，目的都是方便生活，而不是观赏和享乐，这是基本需要。超越基本需求，更高需要就是奢侈浪费。因此，当工程活动与人口、经济、资源以及生活基础基本相符时，则国泰民安；反之，则国不泰民不安。秦始皇统一六国之后大兴土木，修筑宫殿，修筑长城，使大批民工移劳工地，使农业生产严重不足，社会物资与社会消耗严重不平衡，因此，强大的秦帝国仅仅存活20来年便土崩瓦解。第三，以够为度。墨子提出，"是以其民俭而易治，其君用财节而易赡也"[8-52]。在墨子看来，统治者极度奢侈豪华，而引起上行下效，不仅败坏民风，而且还消耗国家财力，最终必然导致灭亡。

节用并不是不用，而是不能奢侈，这涉及"度"的把握问题。节用观已经蕴含可持续发展、保护自然、维护生态平衡等现代理念。

4．尽用观

尽用观，主张发挥物资一切可用之处，做到尽量利用与循环使用。对于中国古代工程活动和农业生产，尽用观主要体现在三个方面。第一，生活废弃物再利用。废弃物包括人畜粪便、蔬菜根叶、剩余食物等。人畜粪便，可以用作农作物肥料；蔬菜根叶，可以用作农作物肥料，也可以用来喂养牲畜；剩余食物，可以用作牲畜饲料。汉代农书《氾胜之书》记载商代人将粪便作为农作物的肥料；这显示，农业生产中物尽其用的观念与实践，在商代已经出现。第二，农林牧业链式开发。在鱼塘堤上种植果树或种植桑树，建造"果基鱼塘"与"桑基鱼塘"，将种植与养殖关联，形成良性循环生产链。第三，房屋建造旧物或废弃物循环利用。古代房屋修建，折旧与建新过程中，几乎不见建筑垃圾，旧砖瓦、木材、石料等，能再利用者都再利用，这不仅减少新材料消耗，而且还有效地解决材料运输与废弃物处理问题。破损到不能再直接用作材料，几乎全部再利用：木材，转作薪柴；砖瓦，粉碎后加入泥料，或打碎后铺路；石料，打碎后铺路，甚至烧制成其他材料，如汉代，人们将汉白玉烧成石灰实现二次利用。在中国农村，房屋建造旧物或废弃物再利用几乎成为一种传统，一直延续至今。

尽用观，与现代循环经济核心理念契合，对于可持续发展、自然保护、资源节约，有积极促进作用。

8.2.2.3　习俗学说

习俗，指习惯和风俗，在生活历史中逐渐形成，为区域居民群体共同遵守，是人类社会生活中最早产生的一种社会行为规范[8-53]。习俗学说，是关于习俗产生、变化、形态、意义与作用等的学说，一部分是历史进程中逐渐形成的观念，一部分是历代学者在考察或调研之后提出的思想。习俗学说，在多个维度或层面上影响与约束中国古代工程活动。影响力大的观念或思想有：群生共居观、宗天效祖观、阴阳相济观、尊卑次序观。

1. 群生共居观

群生共居，是指人们以群体方式居住与生活，它既是一种风俗，也是一种观念。在远古时代，人们用树木构巢，或者寻找天然山洞，躲避风雨和禽兽侵袭，或抵御外界侵袭，形成群体居住与生活方式。从原始部落，到氏族公社，再到村庄山寨，聚族群居习俗沿袭至今。

地理条件影响群居方式，并且在很大程度上影响居所建造。如，北方四合院，最初建造，是为满足四代或五代同堂的大家族居住需求。民国以后，由于家庭结构转变，大家庭被小家庭取代，才出现多户杂居一院的现象。虽然是多户杂居，但仍然是群居。再如闽南与闽西圆形土楼，是为满足复杂环境下大家族居住需要。土楼规模庞大，结构复杂，每座楼4~5层，每一层少则十几间房间，多则几十间房间，每个住户的家门都指向圆心，提示是大家族各户包容团结，合群奋斗，克服环境困难，共同创造美好生活。

2. 宗天效祖观

宗天效祖观，是一种以天为宗，崇拜并效法祖先的观念。"中国古代思想世界一开始就与天相关"[8-54]。在中国先秦诸子中，尤其是在儒家和墨家话语中，"天"指最本源的存在、超越万物的宇宙主宰。孔子继承传统，以"天"喻指万物本源、最高主宰，也认为"天"是四时与万物的创造者，人的命运的决定者。"子曰：天何言哉？四时行焉，百物生焉，天何言哉"。[8-55]庄子认为，"天"具有神秘性和自然性，圣人应该以天作为主宰，顺乎天的选择和取向。在《庄子·天下》中，庄子说道："以天为宗，以德为本，以道为门，兆于变化，谓之至人"[8-56]。

宗天效祖观，对中国古代工程活动，有直接指导意义，在房屋建造中尤其明显。比如，粤东梅州客家人有很强的宗族观念，聚族而居，围屋而住。围龙屋体现客家人独特的祖先崇拜观念，屋前半圆形的池塘与屋后半圆形的围屋构成一个圆形，中间的三堂与两侧的横屋组成方形。围龙屋的三堂雕梁画栋，祖堂宽敞庄严，祖龛金碧辉煌，显示客家人对祖先的崇敬之情。

工程领域的祖师崇拜，也是宗天效祖观的一种表现。在中国古代，工程从业人员，通常将本行业开创者尊为祖师，尊为神，认为他们具有保佑本行业及其从业人员的超自然力量。如，建筑业奉鲁班为祖师、为神，造纸业奉蔡伦为祖师、为神，冶金业奉太上老君为祖师、为神。祖师崇拜，既强化行业专业意识，又强化行业职业伦理。

3．尊卑次序观

尊卑次序观，是一种确认地位或辈分高低次序的观念。尊卑次序，存在于社会，存在于家族，存在于包括行业组织在内的一切社会组织。在古代中国人观念中，尊卑次序，还存在于空间位置，存在于世间万物。空间位置，以东南西北中五方视之，居中为尊；以乾兑离震巽坎艮坤八卦视之，乾位为尊。这种观念对于工程活动，尤其是城镇建设与房屋建造活动，产生过重大影响。商代已有"中央"概念，卜辞中有"五方"、"中央"之说；周初卜"天下之中"而作洛邑成周，"择中"观念更为明确。《吕氏春秋·慎势》曰："古之王者，择天下之中而立国，择国之中而立宫，择宫之中而立庙。"[8-57]。择中为尊的观念最早影响城都建造选址。地中为区域或全国的中央，都城建于中央，便于治理。

尊卑次序观，之所以影响工程活动，特别是城镇建设与房屋建造，是因为先民通过长期观察或观测认识到，土地方位有远近不同，日影也有长短朝夕不同："日南则景短多暑，日北则景长多寒，日东则景夕多风，日西则景朝多阴。"[8-58]而地中则是"天地所合者，地之中气与天之中气合也。合故四时交而无多暑多寒之患，风雨会而无多风之患，阴阳合而无多阴之患。盖四时风雨寒暑皆天地为之，其交、其会、其合皆天地之合为之也"[8-58]。古人特别重视中心和中轴。通观中国古代城市，在都城平面配置时，不仅倾向于将皇宫放在城区中央或中轴上，并且还通过色彩、体量、组合等系列方式来突出皇宫，使之成为中轴区或中央区最突出的一部分。如，北京故宫地处当时北京中心，其宫殿总体布局为中轴对称，整个宫殿沿着一条南北向的中轴线排列，左右对称，其中皇帝和皇后就居住在中轴线上的宫室中。北京院落建筑以庭院为中心，四周由房屋围合而成，故称"四合院"。四合院秉承"居中为尊"的传统观念，极其强调中轴对称布局。它通常有一条中轴线贯穿全院，坐北朝南，左右对称。

8.2.2.4 文化遗产学说

文化遗产是先人创造物的存留部分，有非物质的，也有物质的。文化遗产具有历史、科学、技术和艺术等多种价值。工程活动所涉文化遗产，在表层是环境中的物质文化遗产，在深层是非物质文化遗产。在工程活动中，如何对待"祖宗留下来的"一切，古人有很多认识，有很多观念；其中，影响深远的有以下两组。

1．观德、存德、效德观

观德、存德、效德观，是关于后人观摩、保存和效仿先人德行的观念，具体指后人在祭祀、瞻仰宗庙与先人遗物时，不仅可以观看到祖宗的美好德行，更能将这种德行存于心中，并在以后的社会实践中自觉效仿。"大德必得其位，必得其禄，必得其寿。"[8-59]"七世之庙，可以观德，天子立七庙，有德之王则为祖宗，其庙不毁。故可观德。"北魏郦道元著《水经注》，不仅列举水道经过郡县都会名称，而且还兼记故城遗址现状，并附以按语、考证，对河道经过的大小地名，名胜古迹，记载尤详。[8-60]古人为向后人呈现祖德，使后人崇尚与效仿祖德，在工程活动中，一方面尊重和注重保护活动环境中宗庙与先人遗物等，以保护文化遗产，一方面通过设计与建造呈现祖德，以延续文化传统。

2．知命、明命、革命观

命，在中国文化语境中，主要指使命，指天赋使命，即人作为人必须担负的各种使命。知命、明命和革命观，是关于知晓、理解，并且根据时代变化自觉担负天赋使命的观念。《中庸》开篇讲"天命之谓性，率性之谓道，修道之谓教"，"命，犹令也。"[8-9]"大甲曰：顾諟天之明命"，疏"天之明命，即天之所以予我，而我之所以为德者也。"[8-9]对于工程活动，知命、明命、革命观，包含两方面意思：一是把保护与维持包括前代人工程活动成果在内的物质与非物质文化遗产当成天赋使命；二是根据时代变化，创造性地推动工程技艺或技术发展，并且创造出新型工程成果，以满足时代需求。如，宫殿和庙宇建造，注重修葺与扩建相结合。具体做法是：修葺原有建筑物，在原有建筑基地上或周边扩建新建筑物。如孔庙，春秋时期鲁哀公命人在孔子故宅基础上建庙，后代人或修葺或扩展，到明代已经基本形成现有规模；再到清代雍正下令大修，庙内共有九进院落，以南北为中轴，分左、中、右三路，纵630m，横宽140m，有殿、堂、坛、阁460多间，门坊54座，御碑亭13座，逐渐形成今日曲阜孔庙建筑群[8-61]。

8.2.2.5 **法律学说**

中国法律历史悠久，起源于夏商时期，兴盛于先秦时代。中国古人治理国家，注重道德引导，但是，并不放弃法制约束力，对于工程活动，亦是如此。中国古人重视工程活动法律、法规的制定与执行，关于工程法律、法规的学说非常丰富，涉及多个维度，多个层面。本节主要讨论洪范说、营造法式说和工程法治观。

1．洪范说

"洪范"是《尚书》中的一篇，也是一部法典的名称。《尚书》的孔安国《传》说："洪，大；范，法；言天地之大法。"[8-62]《洪范》大法内容由纲目和条文两个部分组成，共九条大法，称《洪范》九畴。九条大法为："初一曰五行；次二曰敬用五事；次三曰农用八政；次四曰协用五纪；次五曰建用皇极；次六曰乂用三德；次七曰明用稽疑；次八曰念用庶征；次九曰向用五福，威用六极。"[8-63]

五行学说是《洪范》的根本指导思想。《洪范》五行是：水，火，木，金，土；"水曰润下，火曰炎上，木曰曲直，金曰从革，土爰稼穑。"[8-64]在中国古人心中，水火木金土五行是构成万物的要素，也是生产与生活根本资源，五行生克使世间万物发展变化，五行中和能造福，五行失和则能降灾，因而，对它们既有崇拜，也有敬畏。《洪范》将五行置于九条大法首位，即反映出这种崇拜与敬畏，表现出对自然及其规律的尊重。

《洪范》九畴，在中国古代，作为"天地之大法"，既是国家治理的大法，也是工程管理的大法。作为工程管理大法，《洪范》以两种方式发挥作用：一是直接指导或影响工程活动；二是催生下位法规或法律，通过它们指导或影响工程活动。周代之后，法治体系不断发展与完善，工程法治也逐渐形成。

2．营造法式说

营造法式，指以标准与法规等规范与约束营造活动。"式，法也。"[8-65]《新唐书·刑法志》说："式者，其（百官有司）所常守之法也。"[8-66]《宋史·刑法志》说："使彼效之之谓式。"[8-67]式也是一种法律形式。在古代中国，营造法式出现很早，至北宋集大成于《营造法式》。《营造法式》由李诫编纂，是一部建筑设计和施工规范，由官方颁布施行。该书以建筑工程为对象，以工艺为核心，将技术与管理结合起来，指导或约束工程活动。《营造法式》对建筑规划、设计和施工等多方面进行严格制定。

对于建筑工程规划与设计，《营造法式》制定和采用模数制。书中详细说明"材分制"，并以"材"为权衡的基本单位。凡度屋之大小、屋宇之高深、名物之长短、曲直举折之势，规矩绳墨之宜[8-68]，皆以此制为标准，让各种建筑营造有技术标准规范可依循。虽然各种营作制度有严格规定，但《营造法式》并未具体限定建筑物群体组织的布局和单体建筑的平面尺寸，皆"随宜加减"[8-69]就给予设计者较大的创造空间，得以因地制宜、因材施工。

对于营造过程，《营造法式》总结与承传前代建筑技术经验，对后世工程营造有极大帮助。前代许多传统营造技术，可以帮助后代人规避风险。如，凡立柱都有"测角"及柱"升起"[8-69]使得架构向内倾斜，大大增加整体架构的稳定性。在结构与装饰上，《营造法式》讲求和谐统一。对大小木作、石作、砖瓦作、彩画作等，既有详细条文，又配以具体图样，对于定柱、斗栱等构件机构形制大小及构造方法等不仅有技术规定，而且还有艺术加工方法。

在工程管理上，《营造法式》也有严格要求。为杜绝贪污浪费与根除腐败，该书用大量篇幅叙述工限和料例。对劳动定额和工种构建，有不同的工值计算方法；在料例上，对于各种材料使用及用量都有详尽而具体的定额。这些规定，对工程造价预算、工程施工，工程监管、工程验收等，都具有积极的指导意义。

《营造法式》对于工程活动，既是宏观上的管理法规，也是微观上的技术规范，在中国工程法治史上有重要地位。

3. 工程法治观

在中国，"法治"思想在战国时期已经出现。法家认为：与礼相比，法更为客观、公正，更能够体现"公"意；在效用上，法较德、礼更为显著，它可以"定分止争、兴功惧暴"，促使上下一致，富国强兵[8-70]。对于工程活动，中国历代统治者都重视法规法律制定与执行，工程法律法规相当完备，工程活动每一层面、每一环节都受法律法规约束。由于中国是农耕国家，不论是统治者还是平民百姓，都十分关注与农业密切相关的工程，因而，在农业工程及相关工程上，法律法规最详细、最丰富，其中，水利法和营缮法最具代表性。

水利法的出现，是水利事业发展的标志，也是水利工程管理的标示。先秦时期已经有水利法规。《礼记·月令》："季春之月，命司空曰，时雨将降，下水上腾。循行国邑，周视原野，修利堤防，导达沟渎，开通道路，毋有障塞。"[8-71]。秦朝有《工律》、《徭律》、《司空律》等水利工程或相关工程法律；汉朝《九章律》包括水利工程或相关工程法律《兴律》；唐朝颁布《水部式》、《唐律疏议》、《营缮令》、《沙州敦煌县行用水试行细则》等水利工程法规或法律；宋朝有《农田水利约束》；金代有《河防令》；明清两代，《工律》中专设《河防》卷。

其中，唐代《水部式》，由中央政府颁行，是水利及水利工程管理法规，包括农田水利管理、碾硙的设置及其用水量的规定、航运船闸和桥梁渡口的管理和维修、渔业管理以及城市水道管理等多方面内容[8-72]。如水渠建造与控制，《水部式》规定，"泾、渭、白渠及诸大渠用水灌溉之处，皆安斗门，并须累石及安木傍壁，仰使牢固，不得当渠造堰。诸灌溉大渠有水下地高者，不得当渠造堰，听于上流势高之处为斗门引取。"[8-73]《水部式》还规定，灌区管理的好坏将作为有关官吏考核晋升的重要依据[8-72]。从这些条款看，统治者注重通过法律法规，对工程活动进行规范、约束与监管。

对于营缮，唐代有专门建筑法规《营缮令》。北宋李诫编纂的《营造法式》，也是营缮大法，针对建筑设计和施工等设置有严格法规。清代为加强建筑业管理，于雍正十二年（1734年）由工部编定并刊行一部《工程做法则例》作为控制官工预算、做法、工料的依据。全书内容大体分为各种房屋营造范例和应用工料估算限额两大部分。它既是工匠营造房屋标准，又是主管部门确定验收规程、核定经费的依据。

洪范说确立工程法治的思想主线，后世《营造法式》等法律法规秉承法治观念，将工程法治思想落实到工程活动各层面与各环节，中国工程法治观在不断演进中完备与完善。

8.3　关于工程环境的现当代学说

随着历史不断向前推进，工程环境理论也在不断发展。工程环境问题，在全球范围内受到高度关注，政府机构、社会组织、学术团体与个人投入时间与精力，进行理论与实践研究，形成现当代学说体系。关于工程环境的当代学说，包括工程自然环境学说、工程社会文化环境学说两大部分。

8.3.1　关于工程自然环境的现当代学说

关于工程自然环境的现当代学说，主要包括气候环境理论，即只有一个地球说、温室效应说和气候变化说；土地环境理论，即改造观、保护观和发展观；生物环境理论，即生态平衡理论、环境友好理论和人与自然协调发展理论、可持续发展理论。

8.3.1.1　气候环境理论

前文已提及工程与气候环境之间存在相互影响的关系。符合自然规律的工程活动能够优化特定区域内的气候环境；反之，以污染环境为代价盲目追求经济发展的工程活动会造成恶劣的气候影响。随着社会发展，工业化程度加深，经济利益驱使下的高消耗、高污染的工程活动越来越多，远远超过环境的自我调节与净化能力，致使全球范围内都不同程度地出现大气环境污染问题。在这一背景下，保护气候环境是当代人对工程活动与气候环境关系的主流认知。

1."只有一个地球"说

"只有一个地球"说，要求人类在利用自然资源进行工程等活动时考虑到环境的承受力，考虑人类的长远利益。1972年6月5～16日，联合国在瑞典首都斯德哥尔摩召开人类环境会议，公布《联合国人类环境会议宣言》(*Declaration of United Nations Conference on Human Environment*；下文简称《环境宣言》)。《环境宣言》认为：在工业化国家里，环境问题一般同工业化和技术发展有关；人们在采取各种活动时，必须更审慎地考虑它们对环境产生的后果，同时，为这一代和将来世世代代的利益考虑，地球上的自然资源，其中包括空气、水、土地、植物和动物等，必须通过周密计划或适当管理加以保护[8-74]。在工程领域，这一思想对于工程决策、设计和实施环节有重要指导意义。工程活动不能只顾眼前的经济利益，更应充分考虑工程实施之后对环境和人类后代利益产生的长期影响。

2．温室效应说

温室效应说，强调"全面控制温室气体排放"，尤其防止工程活动导致温室效应进一步恶化。这一思想源于1992年6月4日在巴西里约热内卢举行的联合国环发大会（地球首脑会议）上通过的《联合国气候变化框架公约》(*United Nations Framework Convention on Climate Change*，英语简称UNFCCC；下文汉语简称《框架》)。《框架》认为，"气候变化"是指除自然元素外，人类活动直接或间接地改变地球大气组成而造成的变化。《框架》的宗旨是将大气中温室气体的浓度稳定在使气候系统免遭破坏的水平上。这一水平应当在足以使生态系统能够自然地适应气候变化、确保粮食生产免受威胁，并使经济发展能够在可持续进行的时间范围内实现[8-75]。《框架》是世界上第一个为全面控制二氧化碳等温室气体排放，以应对全球气候变暖给人类经济和社会带来不利影响的国际公约；是国际社会在应对全球气候变化问题上进行国际合作的基本框架；同时更是缓解全球范围内温室气体排放的权威性国际框架。关于温室效应，我们认识到它是地球上生命赖以生存的必要条件，但是，人类活动引起的温室效应增强、造成的气候变化将对全球环境带来重大影响。同时，人类活动对温室效应的影响十分复杂，既可增强，也能减弱，通过人类的共同努力可有效控制气候变化[8-76]。

3．气候变化说

气候变化说，认为气候变化主要由人类活动导致，为了全人类的共同利益，应立即采取行动减少影响气候变化的行为，改善气候恶化的现状。这一观点源于2010年255名美国国家科学院院士发表的公开信《气候变化与科学诚信》（*Climate Change and the Integrity of Science*），此信是对2009年11月"气候门"事件（Climate Gate）的回应。信中指出：一系列客观事实表明，人类的一些行为所引起的气候变化，正在威胁我们赖以生存的社会和生态环境。虽然自然因素一直对地球气候变化有影响，但是现在人类活动对气候变化的影响更为显著。地球变暖的变化速度在现代是前所未有的，由此，也会引发其他变化，如，加快海平面上升速度、加快水循环速度、增加海洋酸性等，这些变化进一步威胁海岸城市、食物和水公园、海洋和淡水生态系统、森林、高山环境等。最后，信中呼吁人们应为公共利益立即行动起来，减少影响气候变化的不当活动，着手解决引起气候变化的问题[8-77]。造成气候变暖的原因既有自然因素，也有人为因素。其中，人类对于气候变化的影响更大，这已成为多数气候研究者的共识。自工业革命以来，人类排放的温室气体的浓度一直在稳步上升，1850年大气中二氧化碳的浓度是280ppm，2008年达到385.2ppm。现在每年上升2~3个ppm，且保持稳定持续上升态势[8-78]。在工程领域内，因用地需要大量砍伐树木，重大工程过度消耗能源，大量排放温室气体等，都是致使气候劣化的不当行为。此外，气候变化和工程活动将诱发多年冻土变化，例如多年冻土退化、活动层厚度增大、多年冻土温度升高等。然而，因为青藏高原地质、地理、土体性质和气候差异，多年冻土对气候变化和工程活动的响应过程也有一些差异[8-79]。虽然近几十年来，我国重大工程建设的数量和规模不断增加，但气候变化，特别是升温、降水强度增加以及极端天气频发，它们会通过影响重大工程的设施本身、重要辅助设备以及重大工程所依托的环境，从而进一步影响工程的安全性、稳定性、可靠性和耐久性，并对重大工程的运行效率和经济效益产生一定影响。气候变化还对重大工程的技术标准和工程措施产生影响[8-80]。因此，如何减少工程对气候的不利影响，也是工程决策者和设计者要考虑的主要议题。

8.3.1.2　土地环境理论

关于土地环境的当代学说主要涉及土壤、水系、山系这三种环境要素。在当代，对待土地环境的态度基本经历了两个阶段，也伴随产生了三种不同的学说、思想或观念。起初，人们为追求物质，不顾后果地对土地环境进行改造，直至后来遭致环境报复，才逐渐意识到，对土地环境发展的维护也是开展一切工程活动需要首先考虑的因素。

1. 改造观

改造观，主张将能创造财富或有创造财富潜质的自然资源进行改造并加以利用，使其利于人类发展需要。改造观，在很大程度上受"人定胜天"观影响。在中国古代，"人定胜天"一直是与"天人合一"并存的理念，该学说在20世纪后期尤为盛行。在土地环境方面，人们怀揣"人定胜天"、"没有做不到，只有想不到"等思想，不顾后果，对其进行大力改造。

改造观曾经盛行于农业与农业工程领域。为获得更多耕地面积，收获更多粮食，人们对湖区及湖内淤积处进行围垦造田。例如，洪湖、鄱阳湖、洞庭湖、滇池等湖泊周边被围垦造田，湖容减小。昔日八百里洞庭，吞长江，纳四水，浩浩荡荡，是中国第一大淡水湖，是著名鱼米之乡，也是鸟类和其他野生动植物的天堂；然而，由于人水争地，洞庭湖湿地已经大量萎缩[8-81]。另外，在全国各地，大量山地与陂塘被改成水田，使山坡植被损坏与蓄水体消失，并且使山丘树林或灌木消减，从而导致水土流失。

改造观还曾经盛行于城镇房屋建筑工程与公路修造工程领域。城镇房屋建筑工程和公路修造工程，是利国利民之大事。但是，在相当长的一段时间之内，在工程计划与实施中，人们过度平山填塘，过度开采自然材料，盲目追求速度与效益，都会给土地环境带来相当程度的破坏。如有些山区，为发展旅游业而修建省级或县级公路，在施工过程中，为降低运输成本，在公路沿线建立许多采石场以就地取材，众多采石场不仅对山区自然景观造成破坏，还造成水土流失、山体滑坡等自然灾害，而且来往车辆，对山谷的湿地也带来极大影响[8-82]。又如，为满足各种建设工程石材需求，有些城市周边，随处可见采石场，使数千万年才形成的土层消失殆尽，使山体林木渐渐稀少形成一片片"秃斑"，机器轰鸣直接影响附近居民正常生活，沙尘蔽日使城市空气遭到严重污染，使当地甚至更远地区沙尘暴频发[8-83]。

2. 保护观

保护观，主张在工程活动中建设和谐人工自然的同时，兼顾土地环境保护，提倡确保各种工程活动及其后续影响都在土地环境承受范围之内。面对发生诸多由土地环境破坏而引发的自然灾害，人们渐渐意识到：人类制造的环境破坏越多，越需要用高效的制度加以控制[8-84]。为此，为减慢乃至制止对环境的破坏，人们便行动起来，对环境加以保护。在这种观念引导下，国际社会纷纷制定环保策略。1972年联合国在瑞典的斯德哥尔摩召开了由113个国家参加的联合国人类环境会议，讨论保护全球环境行动计划，通过《人类环境宣言》，并建议将这次会议开幕的6月5日定为"世界环境保护日"。中国政府也对环境保护尤为重视,近年来提出构建"资源节约型、环境友好型"的"两型社会",逐渐将环境保护提上重要日程;并在工程实践中付诸实施,对已破坏的环境进行及时治理,对将要开展的工程提前采取防护措施。

近年来,保护观也逐渐渗透到土地环境三要素有关的工程活动之中。在水系方面,退田还湖工程大面积开展,它是将经围垦成农田的湖区或湖内淤地恢复为湖面的工程措施。为推动工程进展,国家或政府采取一定措施给予支持,开展湖区保护。如洞庭湖湿地保护在中国各级政府部门和国际社会的支持下,被列入洞庭湖区,乃至被提上长江中下游国民经济可持续发展议事日程。洞庭湖各部分先后被列为国际重要湿地,开展大规模的退田还湖工程、湿地恢复和保护工程[8-81],遵循可持续发展道路,将治湖与治山、治河、治江相结合[8-85]。同时,实现人与水和谐相处的准则,从与水争地转向主动退让[8-86],从而有效遏制洞庭湖湿地生态系统的退化趋势。在山系方面,为保护山系环境,联合国呼吁各国政府推动侵蚀控制措施,鼓励人们使用成本低、操作简单、易于使用且节约资源和对环境友好的产品替代日常用品[8-87]。中国政府在多数地区还通过制定相应保护条例或保护战略启动山体保护工程。如陕西省制定《陕西省秦岭生态环境保护条例》,条例对山系开发作相应说明,对与生态功能保护无关、对生态环境影响较大的工程项目实行禁止开发、限制开发、适度开发的规定[8-88]。此外,在世界范围内提倡的退耕还林工程也重在保护山系。退耕还林宗旨是对易造成水土流失的耕作田地采取停耕措施,并因地制宜地栽种相应林木,恢复森林植被。该项工程建设包括两方面内容,一是山坡耕地处退耕还林;二是荒山荒地处造林。中国国家林业局的统计显示,1999~2011年,全国累计完成退耕还林工程建设任务2894.4万公顷,相当于再造了一个东北、内蒙古国有林区[8-89]。我国许多废弃矿山和老矿山未实施地质环境治理和土地恢复工程,矿区内环境恶劣。为了解决废弃矿山遗留的环境问题,国家提供了专门的政策和资金进行治理,但亟需从技术层面上提出一套适合国情的设计理论。在总结废弃矿山地质环境治理工程特点的基础上,提出了矿山地质环境治理工程设计的原则、指标和流程,并将设计理论用于广西凤山石灰岩矿山的治理工程设计。治理工程设计重点考虑矿山地质环境问题主导因素和未来土地利用等指标,治理措施包括危岩清除、削坡、坡面平整、锚固、排水工程、挡墙工程、景观和雕刻工程等[8-90]。此外,治理工程范围内林区面积的大幅增加有效遏制、减缓了水土流失和土地沙化速度,生态状况得到明显改善。土壤方面的保护工程活动主要表现在道路修建时,会充分考虑道路周边土地环境。如,青藏铁路修建时就充分考虑了环境保护因素:为稳定冻土层和便于野生动物穿行,在原设计量的基础上，新增修了大量桥梁和隧道。同时，为了不破坏铁路两侧的土壤植被，铁路修建时也采取一系列措施。诸如，施工车辆活动范围被减小到最低限度；将施工场地线路占地处的地表草皮逐步谨慎迁出，移植养护后再铺回原处，用于桩基周围的植被恢复；宁肯绕远，也不在有植被的地方取土；工地产生的废料，全部堆放在指定位置，运往格尔木或拉萨垃圾厂处理等[8-91]。

3．发展观

发展观，主张人类的需要和发展以不影响环境生存和发展为前提的学说，旨在提醒人们进行工程活动的同时要顺应土地环境特性，适时、适量、适当利用，使其得以更新并得到较好发展。在土地环境中，发展观是遵循土地环境资源循环或延续利用规律的工程活动学说。这也是发展观在当代有关土地环境工程活动思想理念的聚焦及反映。

在当代，人们逐渐意识到：土地环境资源不是某部分人的资源，更不是某一代人的资源，而是当代所有人共有的资源，更是后代人的资源。近年来，人们往往秉承代际平等理念，立足于正确处理土地环境和发展两者之间关系，以人类社会可持续发展为最终目的，用发展的眼光、思维及行动进行各种工程活动。如，联合国为呼吁各国遵循发展思想保护环境，在1992年里约热内卢会议上推出《里约环境与发展宣言》[8-92]；中国政府在2003年十六届三中全会上提出环境"可持续发展"战略等。在诸多政策和战略思想的指导下，土地环境资源的利用目标转移到既满足人们当前发展需要，又不削弱子孙后代满足其需要之能力发展，以期实现土地环境资源利用的稳定、延续等发展目标。

8.3.1.3 生物环境理论

生物环境理论强调正确处理好人类与生物、人类活动与生物环境之间的关系，以实现人与自然的和谐相处。就工程活动而言，主要强调人们在规划和实施某项工程活动时，要考虑到其周围的生物环境，与其和谐相处。在当代，关于生物环境的理论学说主要包括生态平衡论、环境友好论、人与自然协调发展论和可持续发展论。这些理论对于指导人类活动、正确处理人类活动与生物环境的关系具有深远的现实意义。

1．生态平衡论

生态平衡论，是一种处理经济乃至社会发展与生态环境相互关系的思想，主张用生态平衡作为原则来制订社会发展战略，看待和评价人类与环境有关的一切活动和目标。1909年美国学者威廉·福格特在《生存之路》一书中首先提出这一思想。他看到由于人类活动造成生态平衡的破坏及其严重后果，认为恢复生态平衡是人类的"生存之路"[8-93]。这一思想已被当今世界许多环境理论派别所接受，对于防止生态退化，促进人类生态意识的觉醒有重大意义。

生态平衡是指在一定时间和相对稳定的条件下，生态系统内各部分（生物、环境和人类）通过能量流动、物质循环和信息传递，使它们的结构和功能处于相互适应与协调的动态平衡中[8-94]。生态平衡既涉及生物与生物之间的平衡，也与人类的活动相互牵连。人类活动的恰当与否关涉生态，要求人们用实践理性来指导人与自然之间的关系。所以，人类应从自然界中受到启示，不消极地看待生态平衡，而是发挥能动性，打破不符合人类要求的旧平衡，建立适合人类需要的新平衡，在生态系统限定内，不断提高人类的生活质量。生物链存在于各种生态系统中，它是由动物、植物和微生物相互提供食物而形成的相互依存，而且能够实现物质和能量的获得和传递的链条关系，也可以理解为自然界中的食物链。它形成大自然中"一物降一物"的现象，维系着物种间天然的数量平衡。生物链的稳定性则是指在一定时期一定区域内，生物链中动物、植物和微生物保持相互比例上的稳定，使它们之间由于相互捕食而形成的相互依存的关系能够得到延续，也能够使物质和能量的传递得到延续[8-95]。1906年美国亚利桑那州的卡巴森林为保护鹿群，捕杀肉食动物，导致鹿群大量繁殖却没有食物，濒临灭绝；20世纪50年代末，新疆伊犁引入意大利黑蜂进行人工驯养，40年后，虽然引进黑蜂给本地带来一定的经济效益，但是本地伊犁黑蜂却因此遭遇"灭顶之灾"，当地众多依赖伊犁黑蜂传粉的植物也受到影响。这些事例揭示一个道理，人类只是生物链中的一个链条上的一个节点，人类对大自然的认识还不够系统和全面，大量的人类活动往往会对生物链造成破坏，这样会给生态平衡带来巨大的危害。究其原因，生物链的稳定性是和生态平衡紧密联系起来的[8-96]。一般来说，生物种类愈多，即物种多样性程度越高，生物链关系愈复杂，那么生物链越稳定，则调节生态平衡的能力就愈完整有效，生态系统就越趋近平衡状态。

众所周知，水利工程能满足人们对于供水、防洪、灌溉、发电、航运、渔业及旅游等方面需求，对生态维护也具有积极作用。通过调节水量，水利工程可以抵御洪涝灾害对生态系统的冲击，改善干旱与半干旱地区生态状况以及调节生态用水。但是，事物几乎都具有两重性。水利工程也可能在流域和区域水平上对生态系统产生重大影响。人类为自身的安全和经济利益，在疏导河流、整治河道、筑坝奎水等方面，不仅明显改变地理地貌，影响局部气候，同时也大幅度地改变河流自身的形态，特别是在不同程度上降低河流形态多样性。降低河流形态多样性的后果是严重的，它将导致水域生物群落多样性的降低，使生态系统的健康和稳定性都受到不同程度的影响。

因此，在人类活动与生物环境之间的关系中，人类不能一味地从生物环境获取生物资源，而应该保护生物和维持足够多的生物资源量，确保生物资源的平衡，从而达成生态平衡。

2. 环境友好论

环境友好论，主张人与环境和谐共生，以人对环境的友好，换得环境对人的友好。环境友好（Environmentally Friendly）理论，出自联合国《21世纪议程》："整合型农业有害物管理与控制"："整合型农业有害物质管理……是环境友好的，和促进农业可持续性的"[8-97]。

从环境友好论，延伸出环境友好型社会论。环境友好型社会论，提倡构建一种人与自然和谐共生的社会形态，其本质特征是人类的生产和消费活动与自然的生态系统实现协调持续的发展[8-98]。人与包括生物、土地、水在内的自然环境和谐相处、共荣共生，要求全社会都采取有利于环境保护的生产，生活方式，建立人与环境良性互动的关系。反过来，良好的环境也会促进生产，改善生活，实现人与自然和谐相处。所以，环境友好的旨归是人和环境的"身心健康"都能得到保证。

建设环境友好型社会，是以人与自然和谐发展为目标，以环境承载能力为基础，以遵循自然规律为核心，同时倡导环境文化和生态文明，追求经济、社会、环境协调发展[8-99]。其要领是将生产和消费活动规制在生态承载力、环境容量限度之内，有效监控生产和消费全过程，并采取多种措施降低污染排放量、实现污染无害化，最终降低社会经济系统对生态环境系统的不利影响[8-100]。在全球面临着资源短缺、生态破坏、气候恶化等诸多挑战的情况下，建设环境友好型社会无疑是人类发展的一条明路。这不仅是生态文明的诉求，也是应对环境危机的必然选择。

3. 人与自然协调发展论

人与自然协调发展是人类社会可持续发展、长久生存的永恒主题。人和自然是一个既互相联系又相互制约的整体。一方面，人必然依赖于自然界；另一方面，自然界作为人的作用对象，也因为人的活动而发生改变。人类为了创造新的、更舒适的生存条件而不断地适应和利用自然，但是，人类的活动不能违背自然规律。所以，在建设人工自然的实践过程中，必须通过自觉的活动来完善、发展自己，提高对受动性的认识和对受动性的控制能力，保持人与自然的协调发展，从而实现人类的可持续发展战略[8-101]。从环境保护的角度出发，既要反对生态中心主义，也要抵制人类中心主义。

作为一种生物存在，人类与其他物种一样是自然大家庭中的一个重要组成部分。

在一个和谐的自然生态中，人类与其他物种的关系理应平等。人类的智慧使人类有能力改变或调节自然系统的功能，这并不意味着人类可以随心所欲地支配自然。日趋严重的生态危机和气候恶化是自然对人类的教训，人类只有改变传统的与自然对立的关系模式，建构起人与自然的伙伴关系模式，平等地与其他生物和谐相处，与自然协调发展，才能保住人类的生存根基。

在人和自然关系上，人工自然可以起双重作用。一方面，人工自然既是人和自然矛盾的直接根源，又是调节人和自然关系的手段；另一方面，人工自然的完善，可以与天然自然保持动态平衡，实现二者关系的可持续发展。人和自然协调发展的基本条件是：不断推进人对自然界的认识，不断完善和拓展人工自然[8-102]。

4．可持续发展论

可持续发展，是一种进程，它"既满足人类发展目标，又维持自然系统继续提供人类经济与社会赖以存在的自然资源与生态服务的能力"[8-103]。可持续性发展理念，20世纪70年代出现雏形，80年代初兴起，1992年，经里约热内卢联合国环境与发展会议宣言《里约环境与发展宣言》（*Rio Declaration on Environment and Development*）推动，成为一种全球性理念。该宣言的可持续性发展理论的核心是，"必须平等地满足当代与未来各代人的发展与环境需求"[8-104]，即发展机会与资源享用的代际平等。换言之，可持续发展论，从全球性视角出发，着力强调一个基本原则：人类要永远生存和发展，不能为当代人的利益而牺牲子孙后代的利益，不能为局部的利益牺牲社会整体的利益，不能为区域利益牺牲全球的利益；否则，一损俱损，最终会危及整个人类。

可持续性发展是建立在社会、经济、人口、生态环境协调发展基础上的发展模式，包括社会可持续发展、经济可持续发展、人口可持续发展、生态可持续发展等多个面度。生态可持续发展是社会、经济、人口可持续发展的基础；因此，必须有正确生态观指导，才能维护与保持生态系统的可持续发展，才能保障社会、经济、人口可持续发展。

可持续性发展论，要求人类在各项活动，尤其是工程活动中，充分发挥尊重自然、保护自然，避免给自然环境，尤其是生物环境带来不利影响。这一点，已经为世界各国工程领域普遍接受与执行。英国迪恩森林的大堰桥（Bigsweir Bridge）修缮并重新油漆是一个案例。动工之前，修缮者开展大量环境调查，以核实在工地附近存在的必须保护的物种，并采取缓解措施，以减少对蝙蝠的干扰[8-105]。有"人类第七大奇迹"之称的世界第一大坝伊泰普水电站也是一个案例。建成后，大坝改变了当地的自然景观，河道上游的风景点七星瀑布被淹在水底，下游鱼产量减少，1982年水库蓄水后发生的事故使82万km²流域面积的生态环境系统突然变化，野生动物几乎面临灭顶之灾。吸取教训后，巴西更为重视环保，采取措施，使巴拉那河鱼类可以沿产卵通道上溯到水坝上游繁殖，大批稀有动物也被精心转移护理，使种群得以保留。伊泰普公司在水坝沿岸植树2000多万株，建造200~300m宽的林带，使水库边的绿色和热带雨林连成一片，保护了库区的水体[8-106]。

1992年之后，中国政府决定：不重蹈发达国家先污染后治理、先破坏后补救的覆辙，在各项工程活动中提前避免环境污染与破坏。青藏铁路和西气东输工程都是极好案例。建设者们提前考虑环境保护、野生动物迁徙等因素，采取有效措施，维护周边生物的生存，维持生物的多样性。

环境友好论、人与自然协调发展论、可持续发展论都强调正确处理人类活动与自然环境之间的关系，以实现人与自然的和谐共处。尊重自然规律，促进人与自然和谐共生，保护生物物种多样性，维持生态平衡，是人类生存之必须。

8.3.2 关于工程社会文化环境的现当代学说

关于工程与社会文化环境关系的现当代学说，主要包括政治学说、经济学说、习俗学说、文化遗产学说和法律学说。

8.3.2.1 政治学说

关于工程与社会文化环境的现当代学说，基本上都从工程决策角度考察工程管理理论与实践问题，主要有行政决策论和科学决策论。

1. 行政决策论

行政决策论，是关于工程决策行政化诸多问题的观念、思想或理论。在科学决策兴起之前，多为以行政手段进行工程决策提供理论支持或解释；在科学决策兴起之后，多对以行政手段进行工程决策持批判态度。

工程决策行政化，或工程活动中行政决策，指由行政首长进行决策，而因为专业知识缺乏，调查、分析、讨论和论证等不够，行政首长"拍着脑袋做决定"。在很多国家，工程决策历史上都有过一段行政决策，中国也不例外。当代中国工程决策历史有一个清晰的嬗变过程。20世纪50~70年代，工程决策从程序到主体都很不规范，个人决策痕迹较重；80年代，决策机制开始转变，集体决策逐渐替代个人决策；20世纪90年代之后，逐步进入"咨询决策时代"，改革和完善决策机制、推进决策科学化与民主化列为政治文明建设和政治体制改革的八项内容之一[8-107]。当前，工程决策正从行政决策向科学决策发展。

随着改革开放步伐加快，政府与社会各界日益认识到科学决策的必要性和急迫性。中国工程院正在加快国家工程思想库建设，努力为工程科技发展中的重大问题和国家社会发展中的战略问题提供系列研究和咨询服务。

2．科学决策论

科学决策论，主张工程决策科学化，或以科学手段进行工程决策。科学决策论者认为，一项科学化工程决策一般要符合以下决策标准：工程目标要造福人类与社会；工程目标可实现；工程具有可持续发展性；工程危害公众的健康和安全及环境程度低[8-108]。

工程活动的科学决策由决策主体做出，而决策主体包括政府人员、工程技术专家、工程运营者及公众。政府在决策中起主导协调作用，负责调配决策资源，建立各决策者之间的沟通联系纽带；工程技术专家为工程决策提供技术支持；公众在一定程度上监督工程实施的质量，对政府、企业等行为起到很好的舆论监督作用。美国土木工程师协会（The American Society of Civil Engineers，英语简称ASCE）规定有几条原则，以落实工程活动对环境和人类的保护作用：量化，沟通，管理风险；运用综合系统方法；在决策过程中实行健全的领导和管理；调节关键基础设施以应对动态条件与惯例[8-109]。

专家论证是工程决策科学化的关键所在，也是达到科学决策的必要保证。因为工程决策是一项复杂的系统工程，在重大工程进行决策之前，遴选论证专家，建立相应的专家论证委员会，是重大工程论证工作开展的重要一步[8-110]。"专家能从专业的角度论证工程项目决策的可行性和科学性。一项工程项目决策经过专家的准确论证，能够增加其科学含金量，避免无谓的浪费和失误。基础设施建设项目工程的投资和管理、关系公共利益的福利建设等，都应该经过科学而严密的专家论证，提供论证分析的可行性报告，才能决定是否投入实行"[8-111]。

专业专家论证方面，美国的做法值得借鉴。美国是一个工程和技术大国；美国国家科学院和国家工程院，是美国工程和技术领域最具权威性的独立咨询机构，其主要职能是为政府部门、国会以及社会公众提供关于工程和技术的调查、评估、政策建议等方面权威性的专业咨询服务。美国工程院，虽然成立还不到50年，但规模已发展到同"百年老店"的美国科学院旗鼓相当的程度，在为国家提供有关科技、工程、教育的政策咨询活动中扮演着不可或缺的角色，是名副其实的国家工程智库。

重大工程决策对人民的生活方式、经济活动方式有重要影响。公众的诉求会通过电视、报纸、网络等途径对政府等决策主体施加舆论压力从而干预工程决策。所以，从舆论干预和社会稳定的角度看，科学的工程决策也显得尤为重要。

8.3.2.2　经济学说

工程活动是经济活动的重要形式，受经济系统运行的基本规律制约。工程管理要考虑的一个重要问题就是资源使用的最优化，即以最少的消耗获得最大的积极收益。当代学者对工程活动与经济规划运作之间的相互关系进行过大量思考和研究，已经形成许多学说，具有代表性的主要有三种：低碳经济理论、全生命期理论、生态足迹理论。

1．低碳经济理论

低碳经济（Low-carbon Economy）理论，主张构建以低能耗、低污染、减少温室气体排放为基础的经济发展体系。这一理论最早出现于2003年的英国能源白皮书《我们能源的未来：创建低碳经济》，是在全球气候变暖对人类生存和发展形成严峻挑战的背景下提出的。发展低碳经济，是提高能源利用效益、积极承担环境保护责任、建设生态文明城市、实现经济发展与资源环境保护双赢的必然选择[8-112]。

在低碳经济成为时尚的当今，节能减排、生态环保在工程领域受到普遍重视。工程决策者与管理者们力求减少经费、时间、人力资源花费，提高资源利用效率。这一追求，不仅体现在工程活动过程之中，而且还体现在工程活动成果之上，如，以绿色、环保为主题的低碳建筑已经是建筑行业一股不容忽视的源潮流。

2．全生命期理论

全生命期理论，是一种关注产品或服务系统寿命的每一环节的评价理论。根据国际标准化组织（International Standardization Organization）定义，全生命期评价（Life Cycle Assessment，英语简称LCA）是对某产品或某服务系统的全生命期中与该产品或服务系统功能直接相关的环境影响、物质和能源的投入产出进行汇集和测定的一套系统方法[8-113]。

全生命期理论，从环境学的角度对原材料的全生命期（采集、加工、运输）和产品的全生命期（生产、销售、使用、保养、回收、报废）内的生命期资源利用、能源消耗和废弃物排放等进行全方位的定量化研究，主要着重于研究产品对资源和能源、生态环境、人体健康等方面的影响及成本估计[8-114]。中国主要将全生命期评价方法应用于建筑产品，即从生态环境角度出发，涵盖原材料开采、建材加工、构配件制造、规划设计、建筑施工、运行使用、维护保养、拆除报废和回收利用的整个过程，计算建筑产品全生命期系统内相应的影响指标并进行比较评价，以寻求建筑功能、资源利用、能源消耗和环境污染之间的合理平衡[8-115]。

在工程活动中，也必须要求建筑功能、资源利用、能源消耗和环境污染之间达到合理平衡。即使工程的功能价值很大，能耗对环境的破坏超过其功能价值，也是不应该进行的。有不考虑全生命期的工程往往得到不良后果，如珠海机场工程，由于对客货量及地区经济增长的估计严重不合理，盲目扩大建设规模，忽视"一次规划、分期实施"的原则。投入使用时，珠海机场仅拖欠的工程款就达17亿元，所有经营收入全部被法院冻结，一些设备和物业也被查封；运行5年后，实际客流量仅达到设计能力的6%，每月客流量仅相当于广州白云机场一天的客流量；货邮吞吐量不及设计能力的1/60；年亏损额达2000万元[8-116]。

3. 生态足迹理论

生态足迹（Ecological Footprint），也称生态占用，是由加拿大大不列颠哥伦比亚大学规划与资源生态学教授里斯（Willian E. Rees）20世纪90年代初提出的一种度量可持续发展程度的方法，是基于土地面积的、最具代表性的可持续发展量化指标。其具体指在现有技术条件下，指定的人口单位内（一个人、一个城市、一个国家或全人类）需要多少具备生物生产力的地域空间，来生产所需资源和吸纳所衍生的废物。生态足迹通过测定现今人类为了维持自身生存而利用自然的量，来评估人类对生态系统的影响[8-117]。生态足迹可以将每个度量单位中每个人消耗的资源折合成为统一的地域面积，通过计算区域生态足迹总供给与总需求之间的差值——生态赤字或生态盈余，从而准确反映不同区域对于全球生态环境现状的贡献[8-118]。

从生态足迹理论看，工程活动则应该遵循节俭原则，所有的工程建设都要尽可能减少对自然、生态、资源的占有或者破坏，实现可持续发展。中国采取简单易行的措施，如推广使用节能灯泡，推广利用太阳能、风能发电等，不仅节约资源而且环保。

8.3.2.3 习俗学说

如前文所述，习俗是生活历史中逐渐形成、为区域居民群体共同遵守的习惯和风俗，是人类社会生活中最早产生的一种社会行为规范。随着时代变化，一些旧习俗因不能适应社会发展需求而消失或被废止，一些新习俗顺应时代需求而出现或被提倡。对于工程活动，习俗有相当影响或制约，新习俗思想或学说对于工程社会文化环境改善十分重要。

1. 移风易俗论

移风易俗，指改变不良的旧习俗、确立优良的新习俗。移风易俗是改良社会品质的重要手段。《史记·李斯列传》记载："孝公用商鞅之法，移风易俗，民以殷盛，国以富强。"[8-119] 在工程语境下，移风易俗所指较宽，可以指工程移民对迁入地地域文化习俗的适应，也可指工程文明语境下社会习俗整体重构。

随着城镇化和工业化进程加快，大型水利、电力和交通工程使工程移民规模不断扩大。从某种意义上说，移民从原住地迁移到安置地，是一种文化迁移、融合与同化运动。一般而言，原居住地与安置地的习俗文化存在差异。如，三峡库区移民，其原居地民居多为倚山而建，好为独家居，民谚说，"有钱难买独家村"。还有民谣说，"上山雾里钻，下山触到河，对山喊得应，见面要半天。"土家族房舍，依山势高低而建，多为吊脚楼式，其建筑方式和使用特点尤其适合山居。而迁入地的民居，常常是一个族姓群体集聚而居，形成一个自然村落[8-120]。而迁居地则因为重视农事时节，习俗完全不同。

习俗的差异性使得移民很难融入迁居地民众的生活中，从而导致移民产生巨大的文化心理失落感。因此，在移民过程中，有必要充分考察移民的风土人情和文化习俗，确保移民工程合情合理地开展，以使移民有个良好的心理过渡。

2. 乡规民约论

乡规民约，是基层社会组织尤其是村落组织约定或制定的社会行为规范，是村落文化的重要组成部分。乡规民约，有由村落行政组织制定或指导制定的"乡规"，也有由村民集体商议制定的"民约"，主要内容包括三方面内容：其一，对本村落的资源与设施的维修和监护，如村落的土地、水域的监护等。其二，村落社会一般还会形成一些明确个人责任与权利的约定，用以减少村落内部纠纷；为避免村民在生产中争夺土地、水源、河道等公有生产资料，村落成员之间也形成一些相应的规约。如记载山东某一村落的村规："村内一切土地所有权归集体，村民申请批划宅基地须有完整的审批手续和协议……"[8-121]。其三，管理村落的共同生活秩序，包括村落议事、村规民约、对违规的制裁、纠纷调整等。如广西、湖南、贵州的侗族每年都要召开两次"款会"："三月约青"和"八月约黄"，制定并宣布青苗季节和收获季节的生态资源保护及禁忌等事项[8-122]。

乡规民约，对于乡村村落建设工程活动，有直接决定作用。一些乡规民约直接关涉建设工程规划、决策、实施、维护等过程。许多少数民族地区的乡规民约直接将古老的习惯整理编写为条文，村民毫不突兀地继续遵守着已遵守几千年、几百年的规约，执行起来非常顺畅和适应。乡规民约，对于当代乡村建设，有重要作用。

乡规民约对乡村村落周边水利、电力与道路等建设工程有重大影响，可以促进、也可以妨碍周边工程实施、运行与维护。如风力电站建设，将硕大的风车树立在山区挡风位置，会给乡村自然环境带来视觉与声觉影响，也会给村民日常生活与生产带来影响，要顺利施工、顺利运行、顺利维护，对所在村落或相关村落乡规民约必须有深刻了解，既需要尊重原有乡规民约，也需要适度引导乡村社会根据时代变化接受新生事物。

8.3.2.4　文化遗产理论

当今，文化遗产在全球范围内受到重视。1972年11月，第17届联合国教科文组织大会通过《保护世界文化和自然遗产公约》。公约中对文化遗产和自然遗产有明确定义，其中文化遗产包括文物、建筑群和遗址三个部分[8-123]。保护已有文化遗产并与之和谐统一成为当代工程活动的指导思想。

1. 保护观

保护观，要求工程活动的开展要对已有的文化遗产进行建设性保护，不能随意拆除和毁坏。从20世纪60年代开始，相关国际组织机构就通过发表宪章、公约和建议对文化遗产进行保护。联合国教科文组织发布过一系列保护历史文化遗产的建议和公约，如1968年发布《关于保护受到公共或私人工程威胁的文化财产的建议》，提出要保护所有的文化财产[8-124]；1972年发布《保护世界文化和自然遗产公约》，提出各缔约国应对本国领土内文化和自然遗产的确定、保护、保存、展出和留传竭尽全力，并负有关国家责任[8-125]；1976年发布《关于历史地区的保护及其当代作用的建议》，建议强调对历史地区进行建设性保护[8-126]。国际古迹遗址理事会也发布过相关宪章，如1964年发布《国际古迹保护与修复宪章》，提出除特殊情况不得全部和局部搬迁古迹[8-127]。1982年发布《佛罗伦萨宪章》，明确提出对历史园林的维护、保护、修复和重建[8-128]；1987年发布《保护历史城镇与地区宪章》，提出保护、保存和修复城镇和城区[8-129]。区域组织也发布过相关公约，如1976年美洲国家组织各成员国政府发布《美洲国家保护考古及艺术遗产公约》。我国于1982年第五届全国人民代表大会通过《中华人民共和国文物保护法》，对历史文物的保护做出详细明确的规定[8-130]。2003年国务院第8次常务会议通过并实施《中华人民共和国文物保护法实施条例》，指出国务院文物行政主管部门和省、自治区、直辖市人民政府文物行政主管部门，应当制定文物保护的科学技术研究规划，采取有效措施，促进文物保护科技成果的推广和应用，提高文物保护的科学技术水平[8-131]。

从以上宪章、公约和建议等可见，国内外对于保护和修复文化遗产给予极大的重视。工程活动要在保护优先的理念下进行工程决策、方案设计、表现手法及材料筛选等，从而在源头上尽可能减少对文化遗产的影响和破坏。然而现实中不乏保护不到位甚至破坏的案例。如三峡库区地质灾害治理与白帝城景观保护。在举世闻名的白帝城附近，为防止因地质条件不佳出现山体滑坡，有关部门沿坡体建起混凝土框架格，以保护坡体；但是，每到夏季"排混"之时，水体下落，就使整个边坡灰白色的混凝土骨架和黄色泥土暴露无遗，防护工程与山体上绿色树林形成鲜明反差，也与树丛掩蔽中的粉墙黛瓦古建筑极不协调，使"白帝凌空"景观黯然失色[8-132]。

2．融合观

融合观，指工程规划与设计尊重前人劳动与创造，尊重历史建筑与器物，尊重环境，与周边已有建筑与器物风格、特点相融合，建设浑然一体、和谐统一、不显突兀的人工自然物。建筑大师杨廷宝先生曾说过，"在完整的建筑群中新建和扩建，有时并不一定要表现你设计的那个个体，而要着眼于群体的协调"[8-133]。所以，工程设计应考虑拟建造的工人自然物与周边文化环境一致，"搭调"。20世纪90年代初清华大学图书馆扩建被认为是一个成功案例。除细节上有所创新之外，新馆与老馆风格基本一致，在选址、建筑风格、主要材料运用和处理手段等方面都有体现。选址上新馆没有抢占中心地位；建筑风格上依然采用清华园建筑的形象特征，即红砖墙、坡瓦顶，局部平顶女儿墙，主要部分或重点门窗用半圆拱，体现宁静的文化气氛；材料选择上使用红砖灰瓦，基本与旧馆相同[8-134]。新馆与老馆、历史与现代相映成趣，既增加了历史内涵和自由开放的时代气氛，又保护了文化遗产。然而，现实中也有一些新旧冲突的工程案例。如某地在维护土家吊脚楼古建筑时，在屋顶上用石灰粉勾画一道道白色的边，檐头还加刻龙头凤尾，使原本朴实而以形体美见长的土家建筑多出些无谓的装饰，被认为是不伦不类[8-135]。

8.3.2.5　法律学说

在当今世界，各国都在不断完善与充实工程法律体系，力求以完备的法律法规体系引导与规范工程活动。当代工程管理的主流是法制化，是通过建立健全的工程管理法律体系，让工程活动有法可依，使工程管理进入法治轨道。对于工程活动，当代法治观中有代表性的是规范观和保障观。

1. 规范观

规范观，主张在工程施工过程中，用法律规范当事人、政府部门与市场主体的各种行为。法律法规确定合法与违法的界限、合理与不合理的界限，是工程主体及利益相关者的行为准则。

在当代中国，立法与执法部门，通过法律法规体系，不仅规范工程活动本身，还规范工程活动对自然环境与社会文化环境的责任与义务。后者为落实工程环保理念、发展绿色工程、实现工程活动可持续发展提供动力与后盾。

在建筑法方面，《民用建筑节能管理规定》第七条："鼓励民用建筑节能的科学研究和技术开发，推广应用节能型的建筑、结构、材料、用能设备和附属设施及相应的施工工艺、应用技术和管理技术，促进可再生能源的开发利用。"[8-136]在建设阶段，建设单位不得要求设计单位、施工单位违反民用建筑节能强制性标准进行设计、施工；设计单位、施工单位、工程监理单位及其注册执业人员必须严格执行民用建筑节能强制性标准；工程监理单位对施工单位不执行民用建筑节能强制性标准的，有权要求其改正，并及时报告。又如在青藏铁路建设过程中，动一锹土都要符合法定规范，没有环保措施工程不许开工。这种严格的环保管理措施促进了青藏铁路建设环保工作的开展。在高原上建设铁路的施工便道是有严格的界限管制的，长宽要用红线划出，不许越雷池一步，违者重罚。青藏高原许多地区地势平坦，开始时司机看到一马平川，有时不按界限会车，破坏环境，随之而来的处罚是十分严厉的。一次，一名司机在工地运送物资时绕出便道10m左右，局指挥部知道后，除对司机处罚外，还对司机所在的项目部处10万元罚款，项目部经理还要带人去把草地恢复好[8-137]。

2. 保障观

保障观，主张通过法律法规与标准，保障工程活动有效进行，保障当事人及利益相关者各种权益。保障主要落实在三个方面：一是保障工程各方当事人依法开发和使用资源的权利；二是保障利益相关者各项权益；三是保障工程质量。

如资源使用，《中华人民共和国宪法》第九条明确规定："国家保障自然资源的合理利用，保护珍贵的动物与植物。"[8-138]这就赋予工程主体方使用资源的权利与自由。《中华人民共和国水法》总则第六条规定："国家鼓励单位和个人依法开发、利用水资源，并保护其合法权益。开发、利用水资源的单位和个人有依法保护水资源的义务。"[8-139]它保障水利工程主体对水资源的合理使用权限。

如工程质量，中国建筑业有句谚语，叫作"质量是建设工程的生命"。工程质量不仅影响着工程产品在人们心中的信誉与形象，更直接关乎民众安危与社会稳定。

《中华人民共和国建筑法》第二章第十四条规定："从事建筑活动的专业技术人员，应当依法取得相应执业资格证书，并在执业资格证书许可范围内从事建筑活动。"[8-140]即保障施工队伍整体业务素质水平，避免由于施工人员业务能力原因而导致工程质量问题。第六章"建筑工程质量管理"共12条，对建筑工程质量各方面提出要求，予以法制保障。

对于工程质量保障，标准也是有效手段。国际标准化组织（International Organization for Standardization，英文缩写ISO）制定有国际标准9000（ISO9000）族；首个标准于1987年制订，后经不断修改完善而形成系列标准。作为该组织成员国，中国不仅在9000族下形成工程质量保证体系，还形成工程质量管理体系。

8.4 关于工程环境的现当代综合性学说

随着工程科技进步，随着自然科学、社会科学与人文科学进步与相互渗透，现当代工程环境学说体系中，已经出现一种综合性学说，即整体考察工程自然环境与社会人文环境，整合政治、经济、文化与法律等多学科理论与方法论而形成的学说。在这些综合性学说中，环境安全理论、环境正义理论和可持续消费理论具有代表性。

8.4.1 环境安全理论

环境安全（Environmental Security）理论，是探讨个人、社会与国家在所处环境中安全问题的理论。环境安全，建立在环境防范与防御基础之上，环境的集体防范和环境的集体防御是环境安全的核心[8-141]。具体地说，环境安全指人类生存环境与工作或生产环境的安全性，是20世纪60年代末和70年代的热门话题，主要出现在环境问题及其相关问题的探讨中[8-142]。环境安全，包括工程环境安全，涉及两个方面：第一，工程自身所处环境的安全问题；第二，工程活动对环境安全的影响问题。进一步说，工程环境安全包含两项内容：一个是资源安全（Resource Security），另一个是人类安全（Human Security）[8-143]。

资源安全，指在工程活动中，自然资源可以被持续、稳定、及时、足量、经济地获取，并且不会对环境及人类健康构成威胁。具体涉及以下两方面，一方面是资源利用本身是安全的，工程本身不劣化人类生存生产环境。如，人类利用水资源时不会导致洪水泛滥从而危及环境、生命。再如，汽车、火车等交通工具本身不会既污染环境又影响人类身体健康。另外，还指资源的长存、持续、不枯竭，如人类不会面临煤、石油等资源的耗尽，不会面临水资源的枯竭等。

人类安全，既指人类个体的可持续发展，又指全人类的永寿，重在强调与人相联系的环境是安全的[8-142]。首先，人类个体可持续发展包括人类身心健康能得以保证以及个体生命的自然终结，如人类健康不会受到因环境破坏而引发自然灾害的威胁；人类不会时常担心自己身体因环境污染而面临疾病威胁；人类个体生命也不会因为某种疾病肆虐而提前结束。其次，全人类的永寿也涉及两个方面，即子孙后代有资源可以享受和人类自身能够繁衍。如自然资源，包括煤、石油以及各种动植物等，可以延续至子孙后代而不至于枯竭或灭绝，还如人们不会受塑化剂类产品的使用而严重影响生育能力等。

8.4.2　环境正义理论

环境正义（Environmental Justice）理论，强调人类不分世代、国籍、民族、种族、性别、文化、阶级、贫富等，都平等地享有安全、清洁及可持续性环境的权利，以及免受环境破坏的危害之自由。环境正义是一种在道德与准法律层面上对人与自然关系的一种规范与约束[8-144]。环境正义并不是像法律那样衡量人的行为的正确与否，它更多的是让人的行为受道德层面的约束。如一位解决环境问题的负责人，如果不能够很好地处理本国环境恶化问题，那么他就会因无作为受到人们的谴责。虽然，他的不作为没有触犯法律的强制性规定，但是，用正义的标准来衡量，这种不作为就是不合时宜的。

环境正义理念的产生可追溯到1972年，联合国在瑞典首都斯德哥尔摩召开人类环境会议。会议在一定程度上，对南北平等问题达成一致。同年，由丹尼斯·米都斯（Dennis Meadows）主笔的《增长极限》（The Limits to Growth）中提出，承载着过度增长的人口以及资源被过度消耗的地球已经不能够维持健康、令人满意的可持续发展状态。1982年联合国召开的世界环境与发展会议，在经济增长、环境极限以及平等问题上进行更为广泛深入的讨论，并在1987年出版《我们共同的未来》（Our Common Future）。该书认为不平等是全球环境问题的一个基本议题，如果人类要在环境问题的解决上有一个真正的进步，就要解决环境问题背后的贫困与不平等问题。20世纪90年代美国的大量事实表明，排放废弃物的工业实体往往选择土地、劳力较为廉价的地区，而这些地区往往是拥有少量人口、欠发达地区。1990年，布拉德（Bullard）的

《倾泻物：种族，等级与环境质量》(*Dumping in Dixie: Race, Class, and Environmental Quality*) 出版后，引发多位学者对环境正义的讨论，至此，环境正义的理念为美国学者所认可。1992年，世界环境与发展会议中的所有成果均涉及环境正义问题。2002年的联合国环境与发展会议中提出，对于发展需求的关注一定程度上减少对于环境问题的关注。由此出现一系列以环境正义为核心内容的著作，使得环境正义再次成为人们解决环境问题的焦点[8-145]。

环境正义包括代内 (Intra-generational) 正义与代际 (Inter-generational) 正义。对于这两种环境正义，可分别从狭义环境正义、广义环境正义、生态正义三个理论视角进行审视。

狭义的环境正义认为人类在环境保护的过程中，要为人类的需要、希望、创造力谋福利。现有的国家、国际组织机构和政府是处理环境问题、实现环境正义的主要责任人。可通过制定环境政策、提升经济水平等措施解决环境问题。也可以在突破固有国别限制的情况下，展开多方对话，在环境正义上达成道德层面的一致意向，注重发挥国际机构的作用，加快实现国家、国际环境法律制度等的建设。现今，在我国大气污染防治工作的开展上，区域联防联控已经上升为国家层面的治理手段。尤其在京津冀地区，联防联控已成为共识。在2013年一季度74个城市空气质量状况排名表中，前十位空气污染较重的城市中河北省就有五个城市上榜。原因之一是北京的发展需要周边城市供给原材料，因此河北省建设大量钢厂，燃烧大量煤满足北京发展的需要，这种行为等同于将无污染的产品给别人，把污染留给自己。但是，单纯地限制河北重工业的发展并非长久之计，对此，2013年，北京和天津已经分别与河北签署合作框架协议，其中就包括共同推动首都经济圈规划等7个重点合作领域[8-146]，旨在合力带动河北的经济持续健康发展。

广义的环境正义旨在强调环境问题的解决需要超越地域限制，考虑提升社会福利与社会服务能力，注重改善现今体制与经济发展模式。在当代，改善全球合作机制，发达国家应对弱势群体以及遭受现代化进程负面影响的群体承担起更多职责。在代际正义上，不仅仅要保障人类基本的生存福利，还要提高生活质量，即健康、教育、社会福利等。也就是说，下一代所享受的是与我们当代一样的自由与机遇。现今的一个普遍共识为：在全球气候变化所带来的问题中，欠发达地区比发达地区面临更严峻的形势。这是因为：其一，相较于欠发达国家，发达国家现代化程度较高，是温室气体的主要排放者；其二，因廉价劳力和低额土地占有费，部分发达国家将高污染的工厂建在欠发达地区；其三，部分发达国家将有危害的废弃物转移到欠发达国家，通过小利益引诱，倒在他国的土地上，或埋，或烧，或转移。因此，从环境正义角度看，发达国家应成为环境问题的主要责任者。各国应展开积极对话，促进环境问题的有效解决。

生态正义更为关注负面的环境影响，而不仅仅是人类活动给环境造成的负面影响。具体来讲，生态正义一方面提倡人类的活动不能破坏环境，另一方面，一方活动也不能污染他方环境。较为典型的例子如蒙古、中国、日本和韩国联合治理蒙古沙尘暴项目。沙尘暴是因植被遭到破坏、生态环境恶化而引发的，虽然，沙尘暴是在某一个国家、某一个地区生成，但是，却影响到或可能危及相邻国家、相邻地区的生态环境，因此，即便沙尘暴不是因为本国、本地区因素导致，但是为共同拥有良好的生活、生产环境，就需要共同承担起环境治理的责任。生态正义理论认为对环境的保护是每一个人的权利与义务，强调在处理环境问题上，注重人与人之间、国与国之间的关系。同时，提倡展开更为积极的环境对话。在代际公平上，十分注重环境的可持续发展。

由此，根据环境正义、生态正义理念，在工程活动的设计与实施中，不能威胁到他人享有良好环境的权利与自由，这里既涉及自然环境，也关乎社会环境，因为人人有享有良好生存环境的自由，也有享有良好社会环境的权利。

8.4.3 可持续消费理论

可持续消费（Sustainable Consumption）概念，在1994年联合国环境署发表的《可持续消费的政策因素》报告中首次出现。可持续消费，指在自然资源和有毒材料使用量最少、不危及后代的前提下满足人类的基本需求，提供相关的产品以及服务，提升生活质量的消费模式。可持续消费观念现已成为21世纪消费模式的主流[8-147]。在当今世界，许多国家都建立基于可持续性消费的治理模式，从消费的角度实现自然、经济、社会与人的可持续发展。

可持续消费是一种现代的生活观念，更体现出一种工程观念，指导工程活动的各个环节。任何工程不能随意破坏资源，更不能过度消耗资源，工程活动的实施不能超过自然环境承载能力的限制，而且消费也要有利于生态平衡及环境保护。我们应从自然环境与社会环境两个方面去思考工程活动的可持续消费理念。

（1）从工程与自然环境的关系来说，体现了正确认识工程与自然的关系。

工程活动的消费模式不是人类对自然资源的占有，而应当保持人与自然和谐共生的互利关系。也就是说，在工程活动实施过程中应当使自然资源和有毒材料的使用量最少，进而使生产出的服务人类的产品或工程在其生命周期中产生的污染物最少，对环境的污染最小。可持续消费既要求实现资源的循环再生使用，实现最优化效益，又要求达到环境污染程度和废弃物排放程度最小。工程活动对自然资源的消费不能超过生态环境承载力限制，始终以利于自然环境保护和维护生态平衡为旨归。

（2）从工程与社会环境的角度来说，凸显了消费的公平性。

公平是工程活动、社会资源与环境三者之间和谐相处的重要基础。生存和发展是每个人的基本权利，是社会的使命。消费以个体生存与社会的发展为最终目标，这是工程的设计实施都应遵循的目标，因此当代工程活动的消费不能损害未来工程活动的消费能力。我们应该转变工程规制实施的方式，实现工程与社会环境的和谐。当代社会，"绿色公交"是一种城市低碳的出行代步工具，包括天然气、燃料电池、混合动力、氢能源和太阳能动力等汽车。其废气排放量比较低，是环境友好型代步工具，贴近时下倡导的低碳生活，其生产使用体现可持续消费观。

可持续消费是人类发展的永恒主题，是可持续发展经济理论研究的基本命题之一。健康的消费模式促进经济的稳定发展，没有可持续性消费就不可能有可持续性发展，要有可持续性发展必须先有可持续性消费[8-148]。在工程活动中实施树立可持续消费观念是建立和谐社会，推动我国经济可持续生产与发展的理念基础。

8.5　对工程环境学说演变的历史性回顾与审视

在人类文明发展史上，对于工程环境，不同时代有不同态度和思想，因此有不同观念、思想或理论。前文已经梳理历史性与现当代自然环境学说、社会文化环境学说与综合性环境学说，本节将对历史性与现当代工程环境学说做整体性回顾和总结，并从自然环境和社会文化环境两个维度，梳理出工程环境学说演变的历史主线。

8.5.1　对工程环境学说的历史性回顾

工程环境学说，无论是自然环境学说还是社会文化环境学说，因为人类思维能力与行为能力在不断改善，一直在变化与完善。

8.5.1.1　对工程自然环境学说的历史性回顾

工程自然环境学说主要关涉气候、土地和生物等三个维度。

（1）关涉气候维度的工程环境学说。中国古代关于工程气候环境的观念、学说有很多，其中天时观、阴阳观对古代工程实践活动的影响较大。天时观强调各种工程活动不能违背四时和天时顺序，即工程活动要不违时而行，不逆时而动。阴阳观是一种强调阴阳平衡的观念。阴、阳是两种最基本的矛盾势力，阳多为事物向上的、强壮的、动态的发展状态，而阴多指事物向下的、虚弱的、静态的发展状态。如，气候环境中的降水为阳出，蓄水为阴纳。阴阳观强调人类在工程活动中，一方面要保持、达成降水与蓄水的平衡；另一方面要注重增加水体分布，利用星罗棋布的陂塘，达成云腾与致雨的平衡，从而调节周边气候生态环境。随着社会发展，工业化程度逐步深化，经济利益驱使下的高消耗、高污染的工程活动越来越多，全球范围内都不同程度地出现了大气环境污染问题。在这种背景下，保护大气环境成为当代人们对工程活动与气候环境关系的主流认知。保护大气环境的学说主要包括"只有一个地球"观、温室效应观和气候变化观三种基本观念。这些观念强调人们的工程活动不能只顾眼前的经济利益，要充分考虑工程实施之后对于环境产生的长期影响，尽力维护后代利益。

（2）关涉土地维度的工程环境学说。古代的土地工程环境学说主要包括地力观、借地观和因地观。地力观认为土地作为一种自然资源，本身能蓄积力量，人们的工程活动要遵循土地生载能力。借地观是借助土地之力而进行活动的观念学说。在古代工程活动中，人们大多是借水之力。因地观是人们依据土地的具体情况，如地形、地貌等，进行各种活动。它要求人们在工程实践活动中要考虑地势、地道、阴阳、五行等因素。在当代，人们对待土地环境的态度基本经历了两个阶段，产生了两种不同的学说。起初人们把物质利益凌驾于环境利益之上，对土地环境进行大力改造，即改造观，如万亩工程和修路致富工程。直至后来遭致环境报复，人们逐渐意识到，土地环境资源不是某部分人的资源，更不是某一代人的资源，而是当代所有人共有的资源，更是后代人的资源。一切工程活动的开展都要考虑其对土地环境的影响。现代人对待土地环境主要持保护观和发展观。保护观要求人们在工程活动中要兼顾经济利益和环境利益。发展观要求人们用发展的眼光看待各种工程活动，人们在开展各种工程活动时，要考虑对土地资源的循环或延续利用。

（3）涉及生物维度的工程环境学说。处理好人类活动与生物环境的关系是改善人类与自然关系的重要一环，在工程管理过程中，处理好工程实践活动与生物环境各要素的关系也十分重要。在古代，关于生物环境方面的工程环境理论主要有齐物观、和生观、惜生观和中庸观。齐物观强调人天并立，各有其位，大型工程实践活动要顺应自然规律，不破坏自然资源。如，李冰主持修建的都江堰水利工程，就是充分尊重自然规律，合理利用自然资源为人类服务的典型案例。和生观主张"和实生物，同则不继"。惜生观要求推人及物，惜生积福，强调万物的多样性和差异性，认为只要相异的事物相互协调并进，就可以不断发展。中庸观主张执两用中，中正平衡。这些学说强调人们在工程活动中对生态资源的开发要有节度，注重自然资源的可恢复性。在当代，关于生物环境的理论学说主要包括生态平衡论、环境友好论、人与自然协调发展论和可持续发展论。这些理论对于指导人类活动、正确处理人类活动与生物环境的关系具有深远的现实意义。生态平衡论，是一种处理经济乃至社会发展与生态环境相互关系的理论，主张以生态平衡为基础制定社会发展战略，看待和评价人类与环境有关的一切活动与目标，强调在处理人类活动与生物环境之间的关系时，不能一味地从环境中获取生物资源，而应积极保护生物多样性。环境友好论认为要采取有利于环境保护的生产、生活方式，建立人与环境良性互动的关系。人与环境协调发展论认为人与自然协调发展是人类社会可持续发展、维持长久生存的永恒不变的主题。可持续发展论认为生态可持续发展是可持续发展模式下的一个非常重要的方面，是资源、经济、社会可持续发展的基础。总的来说，环境友好论、人与自然协调发展论、可持续发展论都强调正确处理人类工程活动与自然环境之间的关系，以实现人与自然的和谐共处。

关于工程自然环境的学说，或蕴藏"人定胜天"观或相似观念，或蕴藏"天人合一"观或相似观念。自然环境学说的演变历史过程，是两种主导观念的博弈过程。

8.5.1.2 对工程社会文化环境学说的历史性回顾

工程社会文化环境学说，如前文所说，涉及政治、经济、习俗、文化遗产和法律等多个层面。和自然环境学说相比，社会文化环境学说变化更加激烈。

（1）政治层面上的工程环境理论。政治与工程管理的关系是相辅相成的，政治方面的工程环境理论主要集中在工程决策观和工程礼制观两种观点。就工程决策观而言，古代主要是百工营国论和官员决断论两种形式的融合。具体而言，在古代的项目工程中，百工各司其职，共同完成项目的建设工作。百工中的工匠是项目的设计者和施工者，发挥主要作用。各级部门的政府官员在征集各方意见的基础上，依据工匠的项目设计对工程的施工做出最终决策。与古代不同，近现代的工程决策主要有行政决策和科学决策两种形式。目前，我国的工程决策正从行政决策向科学决策发展。就工程礼制观而言，古代的工程礼制观主要包括都城宫室礼制和坛庙礼制。都城宫室礼制对不同阶层统治者的城邑和"住房标准"有严格的等级规定。古代的坛庙礼制规定，只有天子才有资格在郊外筑坛祭天，诸侯及士大夫只许筑社坛祭社神。这些礼制使古代的城市布局和建筑形制烙上中国传统文化的独特风格。随着近现代社会中等级制度的瓦解，虽然工程礼制观在工程活动中的影响力已不如从前，但是人们在一些标志性工程项目的建设过程中还是要郑重考虑工程礼制这个因素。

（2）经济层面上的工程环境理论。经济是影响工程运作的有效要素之一，工程活动是经济活动的重要形式。关于工程活动的经济环境，工程管理者要考虑的一个重要问题就是以最少消耗获取最大收益。我国古代在工程活动中主要奉行富国观、富民观、节用观、尽用观等经济思想。可以说，古代的这些工程经济思想，在一定程度上蕴含着可持续发展、维护生态平衡的现代理念。当代学者对工程活动在经济环境中的规划运作进行思考和研究，形成许多具有代表性的学说，主要包括低碳经济理论、全生命期理论和生态足迹理论三个学说。

（3）习俗层面上的工程环境理论。人类在进行工程实践活动时，往往容易受到习俗潜移默化的影响。中国古代工程环境的习俗学说主要包括群生共居观、宗天效祖观、阴阳相济观、尊卑次序观。这些习俗学说对古代工程建筑的设计和布局产生了重要影响。如，北京极具特色的四合院，闻名世界的福建土楼等，就是受群居思想影响的建筑物。建筑业以鲁班为神，纸业以蔡伦为神，冶金行业奉太上老君为祖师，就是宗天效祖观的具体表现；中国传统建筑物形成了以院落为中心和单元的基本平面格局，就是受阴阳相济观的影响。北京的四合院极其强调秩序井然的中轴对称布局，就是秉承了"居中为尊"的尊卑次序观。近现代习俗方面的工程环境理论主要包括移风易俗论和乡规民约论两种思想。随着各种大型水利、电力和交通工程的开工建设，大批工程移民成为必然。鉴于习俗文化的差异性，在工程移民的过程中必须充分考察移民的风土人情和文化习俗，确保移民们有良好的心理过渡。乡规民约是在我国农村各个村落里约定俗成的习俗，其内容直接涉及工程规划、决策、实施、维护等方面。在当代乡村建设的规划工程中，要充分尊重这些乡规民约。

（4）文化遗产层面上的工程环境理论。文化遗产作为工程环境的一个影响因素，对工程的决策、设计、实施、运行产生一定影响。我国古代在处理工程活动与文化遗产关系时，主要有观德、存德、效德观和知命、明命、革命观两种思想。古人认为，尊重和保护祖宗的宗庙、遗物等方式可以激发后人崇尚祖德，励志效仿。古代工程活动的开展大都秉行这种观德、存德、效德的思想，因而很好地保护了文化遗产。此外，古人强调要在深知自己天赋使命的基础上，有针对性地开展工程活动。古代的宫殿和庙宇建筑并非全部重新修建，一部分是在原有建筑基础上进行扩建和延伸，即在知命和明命的基础上，合理地实施工程活动。这种知命、明命、革命的思想既尊重和保护已有的文化遗产，又传承和续写历史文化。现当代文化遗产方面的工程环境理论主要包括保护观和融合观。保护观是指工程活动的开展要对已有的文化遗产进行建设性的保护，不能随意拆除、毁坏。融合观是指工程设计时要尊重具有历史价值的建筑，与周边已有建筑的风格保持和谐统一。虽然人们大力提倡在工程活动中要保护文化遗产，但是现实中仍不乏破坏文化遗产的工程活动案例。如地处长江三峡入口的奉节县城有举世闻名的白帝城，为了防止山体滑坡，其沿坡体建起的防护工程与其古建筑极不协调，使白帝城景观遭到破坏。

（5）法律层面上的工程环境理论。中国古代关于工程法律的学说比较丰富，主要包括洪范说、营造法式说和工程法治观。洪范说的理念确立了工程法律的思想主线，产生了一些具体的法律思想观念，如五行观——尊重自然规律，讲求天人合一；五福观——赏罚合一，以民为本；稽疑观——民主决疑。这些法律思想在工程立法、执法过程中发挥了一定效用。《营造法式》说秉承法治观念，对建筑的各种设计标准、规范和有关材料、施工定额、指标等进行了严格规定，将法治思想贯穿于工程活动之中。《营造法式》还蕴含着一系列的节约型设计技巧，对元、明、清木构建筑设计甚至是当前建筑设计活动都具有重要的指导价值[8-149]。工程法治观也体现了法律学说的思想，在法治的基础上容纳了很多合理的法律内容，以完善工程法治。当代工程管理的主流是工程法制化。法律法规对工程起着引导作用，还有规范和保障作用。在工程施工过程中，法律一方面规范着与工程有关的当事人、政府与市场主体的行为，以保障工程的质量；另一方面保障工程各方当事人依法开发、使用资源的权利和自由。总之，相关法律法规的制定与执行是贯彻工程环保理念、发展绿色工程、实现工程活动可持续发展的有力后盾。

关于工程社会文化环境的学说，或隐含"敬天法祖"观或相似观念，或隐含"破旧立新"观或相似观念。社会文化环境学说的演变过程，在一定程度上，是两种主线观念的博弈过程。

8.5.2 工程自然环境学说中的两条主线："人定胜天"观与"天人合一"观

在工程自然环境理论体系中，一直存在两种观念或理念："人定胜天"观或相似观念，"天人合一"观或相似观念。这两种观念或理念，一直在博弈，一直在博弈中指导工程活动。"人定胜天"与"天人合一"都是中国古代哲学在天人关系上的主张。"人定胜天"，意指人类可以依靠自身力量利用、控制和改造自然。"天人合一"，意指人与天或人与自然相互统一、不可分割、和谐发展。"人定胜天"观或中外相似观念，与"天人合一"观或中外相似观念，都指向人与自然的关系定位；前者指向人与自然分离，后者指向人与自然关系相合。从古至今，在中外工程活动中，都存在着两种观念的博弈。

8.5.2.1　"天人合一"观

"天人合一"，在中国古代，一直是工程自然环境学说中的主导学说。中国古人是崇尚与敬畏"天"的。"天人合一"观最早可追溯至盘古开天辟地之时，不过其思想却源于自然崇拜，即初民社会时期的天命观。"天人合一"的观念起源于原始社会的"报"，即祭祀上天，后来由对上天的"畏"变为对上天的"敬"。而神话中的盘古开天辟地就是象征人类对自然规律的探索。在古代工程活动中，天人合一思想具体表现为人们或是顺应天意或自然规律，亦或实现工程与周围自然和谐、协调，使其成为一体，从而达成天工与人工相互促进、相互协调的宗旨与理念。例如，古人依据季节气候变化决定工程活动，修建水库往往选择少雨的冬季，一是考虑到冬季农活甚少，因而人力充足，顺应"人和"，二是因为冬季的枯水期便于开展水坝修建活动，顺应"天时"。又比如，古时修建的都江堰、郑国渠等水利工程也是充分发挥水力优势，兼具分水、溢洪排沙、引水等作用，充分利用地势、地形，合理利用水力条件，利于人民生产和生活，造福人类，充分反映"天人合一"的工程环境观。在历史性工程自然环境学说中，气象环境学说中的"天时观"和"阴阳观"，土地环境学说中的"地力观"、"借地观"和"因地观"，生物环境学说中的"齐物观"、"和生观"、"惜生观"和"中庸观"，都是古代天人合一思想的具体体现。

在中国古代，"人定胜天"观也不时地冒出头来，但它一直只是支流。多数人对自然怀揣敬畏，在工程活动中，即使再利用与少许改造，也不会放弃"天人合一"观，也不会打破"天人合一"的格局。

8.5.2.2　"人定胜天"观

随着科学技术的进步，人类认识自然、适应自然、利用自然的能力大幅度提高，征服自然的欲望也大幅度扩张。在这个背景下，"人定胜天"观一度抬头，在工程自然环境学说中占据主流地位。

工业革命极大地解放生产力之后，很多人认为，人类依靠科学和理性，在征服自然、改造自然方面有无限的能力，"人定胜天"或相似口号，在全球社会发展和经济活动领域中唱响，在工程领域也不例外。20世纪中后期，在"人定胜天"或相似观念的驱动下，人类制造出许多在自然状态下不可能出现的工程奇迹。

在中国，"人定胜天"观在20世纪50年代后期曾经一度成为工程活动的主导思想，在"大跃进"和"文化大革命"两个期间达到极点。在"人定胜天"和"改天换地"思想主导下，砍伐树木，破坏草场，围湖造田，所谓"开荒开到山顶上，插秧插到湖中央"；大炼钢铁，"两条腿走路"、"土法上马"、土法开矿、冶炼，土法办厂；消灭四害（蚊、蝇、鼠、雀等），掠夺性开发野生动植物资源。20世纪90年代，还有一些学者认为"人定胜天"并非片面强调人与自然的斗争，生态环境的恶化也并非是在"人定胜天"的思想指导下所产生的恶果。

8.5.2.3 两条主线博弈的结果及其启示

在"人定胜天"或相似理念的驱动下，人们一度尽情地开发与改造自然，然而，在开发与改造之后不久，环境问题就毫不留情地给人类沉重的打击。

在西方国家，在20世纪，特别是20世纪末，环境问题逐渐暴露。1934年美国的"黑风暴"，60年代的伦敦烟雾事件、洛杉矶光化学事件、比利时马斯河谷事件，当今世界性的人口剧增、森林锐减、臭氧层出现空洞等，持续的干旱或暴雨，频频光顾的沙尘暴，污染的空气和海洋等，无一不是环境问题。20世纪后期以来，世界上几次大坝重大失事，如法国马勒巴赛拱坝、意大利瓦央特拱坝、美国提堂土石坝造成严重生命财产损失，大坝安全成为重大研究课题。1960年竣工的意大利瓦依昂水库（当时世界上最高的拱坝），于1963年发生库岸滑坡，是世界上著名的损失最惨重的滑坡事件。这些问题，几乎都与工程活动相关。剧烈的无节制的工程活动和工程界生态文明观念的缺失，带来巨大的生态和社会风险，温室气体排放量不断增加，全球气候变暖，臭氧层空洞出现，生态破坏、物种消亡等，都对人类生存的环境造成巨大威胁[8-150]。

在中国，环境问题也十分突出。污染，荒漠化，过量开发导致资源急剧减少，水土流失，环境问题频频出现。青海湖是一个生动案例。青海湖畔大规模农业开发，从"大跃进"时期开始；在"人定胜天"口号的鼓舞下，大手笔的开垦活动使湖畔75万亩的最好草场变成耕地。20世纪80年代，环青海湖一带又进行新一轮的开垦。90年代，为在环湖地区大面积种植油菜，短短几年内上马6个国营农场，开垦荒地30万亩；

当地农民也蜂拥而上，开垦荒地5万亩。大规模开垦之后，青海湖及其流域生态环境急剧恶化：水位持续下降；沙漠化不断扩大，草地退化严重；渔业资源濒临枯竭；珍稀濒危野生动物濒临灭绝；土地越来越盐碱化。

面对种种环境问题，人们开始反思。"天人合一"观，在价值、德性、意志等多方面都高于"人定胜天"观。"天人合一"观或相似观念，既利于自然，又利于人类，能确保人与自然和谐的延续或向更加优越方向发展，对工程活动有更具深远的指导意义。

8.5.3　工程社会文化环境学说的两条主线："敬天法祖"观与"破旧立新"观

在工程社会文化环境理论体系中，也一直存在两种观念或理念："敬天法祖"观或相似观念，"破旧立新"观或相似观念。"敬天法祖"观注重历史传统与祖宗规制，而"破旧立新"观则主张打破旧规旧俗、建立新规新俗。这两种观念或理念，也一直在博弈中指导工程活动。

8.5.3.1　"敬天法祖"观

"敬天法祖"观，主张敬畏上天，效法祖先，遵守祖制。前文论述过的宗天效祖观，尊卑次序观，观德、存德、效德观，乡规民约论，都或多或少地隐含"敬天法祖"观。祖制，不仅具备历史文化意义，还在相当程度上维护社会秩序和稳定，对于工程活动有指导意义。古代建筑都遵循祖制，如《唐六典》规定，"王公以下屋舍不得重拱藻井，三品以上堂舍不得过五间九架，厅厦两头，门屋不得过五间五架；五品以上堂舍不得过三间五架，厅厦两头，门屋不得过三间五架，仍通作乌头大门……"[8-151]。古代居住空间遵循礼仪体现等级性，并形成次序，例如，天子之堂九尺，诸侯七尺，大夫五尺，士三尺[8-152]。

在当代中国，仍然有一些人在生产活动与工程活动中遵循祖制。如粤东梅州客家人宗族观念、居住方式与围龙屋建造，前文讨论过，这里不重复。又如，工程领域的神崇拜，前文也讨论过，这里也不重复。

8.5.3.2　"破旧立新"观

工程社会文化环境学说中，潜在的与显在的"破旧立新"观，一度直接地或间接地产生过较大影响，20世纪80年代以来，在此起彼伏的开发工程中，许多文物古迹、具有地标价值的街区和建筑烟消云散。长沙是一个典型案例。近年来有十多处有历史文化价值的老建筑消失，包括坡子街的福禄宫、幸福桥的鸳鸯井、教育街的中山纪念堂、蔡锷北路的左宗棠公馆、福源巷的左学谦公馆、望麓园的沩宁试馆；许多老街在短短几年内消失，包括走马楼、柑子园、臬后街、北正街、营盘街，只留地名供后人凭吊[8-153]。在国外，"破旧立新"的案例也时有可见，如罗马尼亚国会大厦建设。这座大厦，地下有几层，地面高12层，富丽堂皇无疑令世人惊叹，但是，布加勒斯特市部分历史中心区，其中包括3万间民居和8个教堂，都不得不为它让路[8-154]。

8.5.3.3　两种观念博弈的结果与启示

"敬天法祖"和"破旧立新"两种观念一直存在于工程活动中。两种观念时而博弈，时而兼容。在现代社会，对于工程活动，"破旧立新"与"敬天法祖"，都是必需的。

如城市建设，一方面要建设规模更宏大、功能更完善的新城，另一方面要保护有历史文化意义的旧城，善待城市的历史文化血脉。如何看待城市发展中的"新"与"旧"？"立新"是否必然伴随大规模的"破旧"？怎样处理好城市建设"破"与"立"的关系？厘清这些问题，才能规避"伪城市化"风险，不断提高城镇化推进的质量，使城市发展步入永续发展的轨道[8-155]。实际上，现代城市要持续发展，必须兼顾"敬天法祖"与"破旧立新"之路。评价城市建设，要看两个水平：新区建设水平和旧城保护水平，两者缺一不可。越是历史文化积淀深的城市，新城建设与旧城保护的博弈越为突出，而博弈的结果不是一方胜出，而是达成平衡，实现城市现代化建设和历史文化保护的和谐统一。在欧洲，罗马、巴黎、伦敦、柏林、雅典等历史文化名城，无一不是走的保留旧城、发展新城的路子。在亚洲，东京、首尔等历史文化名城在发展战略上均采用建设副都市中心或卫星城、保护旧城的策略。在中国，洛阳、西安、平遥、丽江等城市，尊重历史，尊重自然，珍惜祖先留下的宝贵资源，依托深厚历史文化积淀和原生态的自然风光，打造自己鲜明的风貌特色，成为远近驰名的"地标"。

"敬天法祖"与"破旧立新"兼顾，对于一切工程活动，都有指导意义。

8.6　对工程环境问题的再思考

随着社会的不断发展，工程实践活动日见频繁，工程活动对环境的负面影响也逐渐凸显。为此，有必要对工程环境问题作进一步的思考。

8.6.1　工程与环境关系处理过程中存在的问题

近年来，工程与环境关系处理的过程中，时常有人将工程的经济利益凌驾于环境利益之上。一些人在工程活动中享受着"征服"的愉悦和快感，很少考虑人类经济活动所不能脱离的自然生态背景，以致一些工程项目潜藏着严重的生态危机和自然风险[8-156]。为追求工程经济利益的最大化，一些人往往忽视环境利益，并由此引发各种问题。其中，自然生态系统破坏严重和文化遗产保护不力是主要问题。

8.6.1.1　自然生态系统破坏严重

自然生态系统破坏严重，指人们在工程活动中违背自然规律，过度开发和利用自然资源，使原有的生态系统遭到严重破坏。工程活动对自然生态系统的破坏，归纳起来，主要表现在以下几个方面。

第一，对地表的破坏。工程施工期间，如清理表土、土石方开挖、改移河道、开采料场等活动易造成地表植被破坏、地形改变，加速地表侵蚀，增大地表径流，增加水土流失，改变自然流水形态，加剧水质恶化；使土壤结构破坏、土壤肥力下降、地基下陷等，造成自然生态环境的严重破坏。

第二，对动植物的永久性破坏。经济的发展与人类的需求使许多动植物处于濒临危亡的境地，而工程活动在其中扮演重要角色。"由于对野生动植物资源和生态环境的需求和压力不断增大，对野生动植物栖息地的破坏、掠夺式开发利用环境等原因，使许多野生动植物严重濒危。根据我国自然资源科学调查所积累的大量资料初步统计，我国现有300多种陆栖脊椎动物、约410种和13个类的野生植物处于濒危状态"[8-157]。

第三，对水生态的破坏。水利工程的建设易破坏区域水环境的生态平衡，影响水生物的正常繁殖与生存，减少了生物的多样性；工程项目实施过程中产生的生产、生活污水的排放使地面水受到污染甚至累及地下水源，同时污水中含有的化学毒素严重危害水生物的生存环境，甚者直接毒害水生物，致使水生物大面积死亡。

第四，对大气生态的破坏。工程施工排放的碳氧化合物等有毒气体，如一氧化碳、二氧化氮、二氧化硫和可吸入颗粒等都对大气产生污染，使空气质量恶化。如今，各大城市出现的雾霾天气在一定程度上与不合理的人类工程活动有关。

8.6.1.2　文化遗产保护不力

文化遗产是人类历史文化的结晶，具有特定的文化价值、科学价值和美学价值。充分认识文化遗产的重要性，保护已有的文化遗产是当代工程活动的应有指导思想。然而，在工程实践活动中，人们对文化遗产的保护意识淡薄，有意或无意地忽视对文化遗产的保护，使得一些珍贵的历史文化遗产成为城镇化建设的牺牲品。由于文化遗产保护意识淡薄所导致的工程实践问题主要表现在以下两个方面。

第一，对古建筑的破坏与仿造。如今，我国在工程活动领域存在一种怪现象，即一边拆"真文物"，一边建"假古董"。近些年，一些古建筑被肆意拆毁，然后工程实践者们模仿古建筑建起新的建筑，这样的建筑，俗称"山寨建筑"。"山寨建筑"只是建筑，既没有历史的沉淀，也没有古建筑所特有的古味与历史厚重感，缺乏特定的历史文化价值。例如，贵州镇远古城素有"滇楚锁钥、黔东门户"之称，遗存有楼、阁、殿、宇、庙、祠、馆等古建筑50余座，古代民宅、巷道、码头、驿道处处可见。近年来，在对旅游资源的开发与利用过程中，这些古建筑却遭受人为的严重破坏。老街上原汁原味的明清木质房舍，大部分被改建成砖石结构，新建"古镇"的风格并没有保留黔东南的吊脚楼，而是一律画蛇添足地改建为徽州建筑的马头墙。又如，湖南省怀化市洪江古商城是"全国重点文物保护单位"，被誉为中国资本主义萌芽时期的"活化石"，有近10万 m^2、380余栋明清古建筑。如今核心区外的许多精美建筑都已夷为平地，在瓦砾堆上新建的楼盘和酒店与古城风貌格格不入。类似于这种"拆真建假"的工程实践活动不胜枚举，令人惋惜，值得人们反思。

第二，对地下文物的破坏。地下文物包括古墓葬、遗址、遗存等。近些年来，在工程建设过程中大量地下文物被破坏，海量文物"被出土"。在城市建设过程中，往往出现先施工再考察的情况，在施工之前未对文物进行考古调查、勘探，结果导致许多地下文物在建设施工时遭受破坏。房地产开发到哪里，文物就出土在哪里；高速公路修到哪里，考古队就到哪里"救火"——这几乎是最近十多年来中国考古发现的"定律"[8-158]。人们在工程实践活动中破坏地下文物的事例不计其数，文物保护力度堪忧。例如，2005年7月，北京市西城毛家湾中央文献研究室进行暖气沟改造，途中发掘出120多万片元末到明中期的瓷片。由于此项目既不在埋藏区内，面积也不在万平方米以上，施工前无法开展地下文物保护，造成大量瓷片流失。又如，2008年，北京市地铁四号线的圆明园站在施工前未进行文物保护，施工方将铺路石条拆除，使大量清代御道建设的信息丧失，仅剩三合土的路面。再如，2013年1月，南京某工地在施工期间接连发现多座六朝墓葬，但施工单位不仅没有向文物部门通报，还在接到市文化综合执法总队下达的《责令整改通知书》后，继续违规强行施工，最终导致5座六朝墓葬被毁。此外，2013年6月，广州市地铁六号线二期（萝岗车辆段）工程建设造成大公山遗址考古工作现场遭受破坏。经专家评估，5座墓葬已全部被推毁，且被毁墓葬年代为先秦时期，对广州先秦历史的研究具有非常重要的价值。

8.6.2 处理工程环境问题的对策及其理论基础

处理工程环境问题，可以采取以下几个对策。

8.6.2.1 坚持可持续发展观，促进工程与环境共同发展

可持续发展，宗旨是既能相对满足当代人的需求，又不能对后代人的发展构成危害。丁烈云院士提出，开展工程项目建设，除应追求其经济目标外，还必须考虑项目对就业和环境等社会因素的影响[8-159]。历史的经验证明，在"天人合一"观指导下的工程活动，可以促进人与自然、社会三者和谐共处、互利互惠，自然环境能够为工程活动开展提供资源等物质基础。如古代的天时观、借地观、因地观等就是在遵循自然规律的条件下既能使物尽其用又能保证不破坏资源的可承载力，达到天工与人工的相互协调。因此，在工程实践活动中，必须正确处理好工程建设与自然环境、社会环境的关系，优先考虑环境保护问题，避免对自然环境进行过度干预，肆意掠夺自然资源的做法。中国工程院汪应洛院士曾提过，我们应该把工程理解为生态循环系统之中的生态社会现象，工程的创新与建设，必须符合生态循环的规律[8-160]。

8.6.2.2 以环境安全理论为指导，维护资源安全和人类安全

环境安全已经是一种全球性诉求。工程活动，既要维护资源安全，又要维护人类安全。维护资源安全就是要保障生物正常繁衍与生存，确保生物多样性。维护人类安全一方面要以维护生物安全为前提，使人类免受劣化资源与环境的伤害，同时减少或降低工程活动对人类生产、生活造成的负面影响。必须把生态文明建设放在突出位置，尊重自然、顺应自然、保护自然，筑牢国家生态安全屏障，实现经济效益、社会效益、生态效益相统一[8-161]。

"人定胜天"、"征服自然"等观念存在着极大的安全隐患，对工程本身不安全，对相关的人和物都不安全。如，围湖造田、与水争地，首先是加快湖泊沼泽化的进程，湖泊面积不断缩小与地表径流调蓄出现困难导致旱涝灾害频繁发生，威胁人类的

生命；其次是水生动植物资源衰退，湖区生态环境劣变，使鱼的种类不断下降，数量减少，威胁生物的多样性。

注重"天人合一"、在顺应自然的条件下进行的工程活动才是安全的。如被誉为"世界水利文化鼻祖"的都江堰水利工程，它充分利用当地西北高、东南低的地理条件，根据江河出山口处特殊的地形、水脉、水势，因势利导，无坝引水，自流灌溉，使堤防、分水、泄洪、排沙、控流相互依存，共为体系，保证了防洪、灌溉、水运和社会用水综合效益的充分发挥。与现在通过往江河投沙来抗洪的活动形成了极大的反差，洪水将沙土带入河道，护坡的沙子投入后一并把江底垫高，使得河面变窄，河床变高。我们每年看似治理了洪水，但违背自然规律的治理方式为下一年埋下了隐患，所以每年的洪水都是历史新高。同时，也造就大量的悬河，如湘江底面远远高于周边城市的地表，洪水一来，只能用排灌站抽水排涝，一旦水量超过抽排能力，就发生内涝，以致城市低洼地带出现"看海"与"泛舟"事件。

8.6.2.3 以全生命期为指向，建立环境影响评价制度

全生命期评价，作为一种国际性产品与服务系统评价方法论，对工程环境评价具有建设性意义。如在进行水利工程建设时，实行环境影响评价制度，不仅要对工程项目进行经济评价，而且要进行环境影响评价，科学地分析开发建设活动可能产生的环境问题，并提出防治措施。通过环境影响评价，可以为水利工程建设项目选址提供依据，防止由于布局不合理给环境带来难以消除的损害。具体而言，首先是对当地的天气环境、水文、水质、土壤、水生生物、人口等进行调查。其次就是根据调查的结果进行环境影响预测，对拟建水利工程建设可能对当地环境造成的影响进行预测，并预测造成影响的程度。最后对拟建水利工程建设进行综合评价（包括自然环境和人类生产、生活环境），即通过一定的原则和方法，从整体上评价拟建工程的各要素和过程可能对自然环境和社会环境造成的改变及改变程度，为比较选择方案提供依据。在工程实践活动中，不仅要做到合理利用自然资源为人类造福，建设和谐的人工自然，同时也要对工程活动背后可能造成的潜在隐患进行评估，从而达到工程活动的贡献最大化。工程专家提出，要掀起建筑行业的"绿色风暴"，强化生态文明意识，从建筑的设计、建造到使用、维护的全生命期，都致力于绿色环保[8-162]。而金智新则认为，要加强环境审计，以环境保护为条件，为加快经济社会可持续发展战略目标的推进过程，把环境审计纳入到运作过程中，并成为保护环境的重要监督手段，这是以保护环境推进可持续发展的自然发展过程[8-163]。

8.6.3　树立环境关怀理念，培养环境美德，实现环境正义

人类的生存和发展离不开对资源的开发和利用，然而，正是人类对资源的开发和利用才导致一系列的环境问题。要使人类的行为与环境相和谐，减少各种环境问题和生态危机的发生，必须具有环境关怀理念。建立健全的工程环境理论，有利于指导工程活动，使人类在享受工程活动成果的同时享有美好的环境，享受自然赋予的益处。因此，在工程活动中，必须处理好工程与环境的关系，树立环境关怀理念，培养环境美德，实现环境正义。

8.6.3.1　遵循自然规律

大自然是一个整体，人类作为地球生态系统的一个组成部分，当然割不断与大自然的联系。一方面人类的生存和发展离不开对自然资源的开发和利用；另一方面，自然是不可征服的，人类对自然的干预力度越强，自然对人类的反弹力就越大。如今人类对自然的干预程度已经远远超出自然的承受范围，大自然也正以其特定的方式——水土流失、土地沙化、大气污染、酸雨肆虐——对人类进行全方位的报复与惩罚，人类自身的生存正面临全面危机。面对这严酷的事实，人类必须彻底反省以往的理念与行为，重新思考与定位人与自然的关系，充分尊重自然，做到利用自然与保护自然两者兼顾。

具体而言，在工程活动中，人类要尊重自然，遵循自然规律，合理利用自然资源，保护生物的多样性，维护生态平衡。事实上，人们已经越来越关注人类活动，特别是工程活动对自然环境的影响。为维护自然环境健康，世界各国都在进行系列努力，如制定环境保护法律、法规、条例与标准等，强化环保意识，促进环保行动。在中国，宪法明确规定："国家保障自然资源的合理利用，保护珍贵的动物和植物。禁止任何组织或者个人用任何手段侵占或破坏自然资源"[8-164]。全国人民代表大会常务委员会于1979年通过并颁布《中华人民共和国环境保护法（试行）》[8-165]，第十二届全国人民代表大会常务委员会于2014年第八次会议修订通过。在英国，于1990年颁布《环境保护法案》（*Environment Protection Act 1990*）[8-166]，1991年颁布《水资源法案》（*Water Resources Act 1991*）[8-167]。不少国家都通过制定系列环境保护法律法规来制约工程活动，促进人们在尊重自然规律的前提下合理利用与保护自然资源，建立和谐的人工自然。

8.6.3.2　培养环境美德

在现代文明飞速发展的今天，环境污染、能源危机、生态失衡等环境问题日益困扰着人类。在这种背景下，培养环境美德，强化对环境的道德关怀，是一种时代需求。环境美德，既关怀人类的利益，又关怀非人类存在物的利益。

杰弗里·弗雷泽（Geoffrey B. Frasz）对环境美德的定义是：环境美德指两种恶习（Vices）之间的中道（Mean），具有这种美德的品质在某种程度上能够使人通往美好的生活环境[8-168]。托马斯·希尔（Thomas Hill）提出"适度谦逊"的环境美德，他说："人们常常认为会破坏自然环境的那些人必定没有正确地理解自己在自然秩序中的位置，因此一定不是无知，就是没有谦逊（Humility）的品质"[8-169]。弗雷泽认为，要成为优秀的环境公民，除了谦逊，还需要仁慈，"对环境仁慈的培养，是优秀环保公民的组成部分"[8-170]。目前，环境美德已经成为环境伦理学的核心概念，许多西方的伦理学家及哲学家都对此进行了深入研究。如，2005年美国科罗拉多州立大学哲学系副教授菲利普·卡法罗（Philip Cafaro）和美国东北大学哲学系副教授罗纳德·赛德勒（Ronald Sandler）出版第一本合编的文集——《环境美德伦理》（*Environmental Virtue Ethics*）。这些相关的研究成果，在一定程度上为培养环境美德提供了一定的理论指导。

从现代西方的环境美德思想来看，要抑制人们对环境的破坏，使人类真正发自内心地关爱自然，仅仅靠法律或环境伦理规范是不够的，人类还必须培养环境美德。我们必须知道我们是谁，应该成为哪种人。只有当人类真正理解自己在自然中的位置，改变自己对自然的冷漠态度，不再把自然仅仅当成工具，成为品德高尚的人时，或许才能使自然环境真正得到保护，实现人与自然的共同繁荣，最终建立人与自然的和谐关系。因此，我们当代工程实践活动中的环境关怀一定不能忽视对环境美德的培养。沈国舫院士认为，要通过环境意识、态度和行为以及价值观的改变来促进环境问题的解决[8-171]。

8.6.3.3　坚持环境正义

环境正义，根据美国环境保护署的定义，是：经由环境法令、计划及政策，以确保不同种族、文化及收入之人类均能获得公平之待遇。在1997年于墨尔本大学所召开的环境正义问题国际研讨会上，针对环境正义做了以下定义：减少在国家、国际与世代之间，因不平等关系而导致的不平等环境影响。1991年在美国华盛顿所召开的有色人种环境高峰讨论通过的"环境正义原则"包括17项，如：一是尊重地球及生态系，环境正义强力主张应尊重我们赖以生存的地球、生态系及所有物种间之相互依存关系，不容有任何生态系破坏；二是人类应互相尊重，彼此平等，环境正义要求所有公共政策应以所有人类之互相尊重及平等为基础，不容有任何歧视或差别待遇[8-172]。

在传统的正义观念里，不论是程序正义还是实体正义大都强调公平、公正。但是，它们更多地关注个体的而非整体的公平、公正。环境正义作为一种新兴的正义观在一定程度上突破传统正义观念的范畴，更多地关注由于环境问题而导致的整体的环境不公现象，特别是国家和民族间的不公平。可以说环境正义是指在所有与环境有关的行为和实践中不同国家、民族、阶层的人都享有合理的权利，承担合理的义务，受到公平公正的待遇。

如果要实现环境正义，就必须实现两个重要的转变：一方面要从对特殊的"自己后代"的关怀延伸到对普遍的"下一代人类"的关怀；另一方面得从对于金钱财富的过度重视转变为对生态财富的更加重视。只有这样，才能实现当代人与后代人之间的平等。

环境正义强调每一个人与每一代人都平等地享有安全、清洁及可持续性环境的权利，以及免受环境破坏的危害之自由。这就要求我们在任何社会实践活动中，都要尊重大家共同的环境利益。当然，我们在工程实践活动中也要记得坚持环境正义，既要注意保护大家共同的生存环境，又要在保护环境的过程中为人类的需要谋福利。

* * *

··· 参考文献 ···

[8-1] Gove，F. B. *Webster's Third New International Dictionary of the English Language Unabridged* [K]. Springfield：G. & C. Merriam Company，Publishers，1976：760.

[8-2] 陈鼓应. 老子注译及评价 [M]. 北京：中华书局，1985：163.

[8-3] 冯契. 哲学大辞典 [K]. 上海：上海辞书出版社，1992：709.

[8-4] 周振甫. 周易译注 [M]. 北京：中华书局，1991：235.

[8-5] 程登吉. 幼学故事琼林 [M]. 上海：上海古籍出版社，1992：75.

[8-6] 张少雄. 治水三策——中国易学水资源治理工程及工程管理策略 [C] //《中国工程管理环

顾与展望》编委会. 中国工程管理环顾与展望——首届工程管理论坛论文集锦. 北京：中国建筑工业出版社，2007：345.

[8-7] 何宁. 淮南子集释·览冥训[M]. 北京：中华书局，1998：476.

[8-8] 冯契. 哲学大辞典[K]. 上海：上海辞书出版社，1992：194.

[8-9] 朱熹. 四书章句集注[M]. 北京：中华书局，1983：17.

[8-10] 朱熹. 四书章句集注[M]. 北京：中华书局，1983：49.

[8-11] 孙希旦. 礼记集解[M]. 北京：中华书局，1989：399.

[8-12] 朱熹. 周易本义[M]. 北京：中华书局，2009：41.

[8-13] 哲学卷编委会. 中国学术名著提要·哲学卷[M]//中国学术名著提要编委会. 中国学术名著提要. 上海：复旦大学出版社，1992：35-36.

[8-14] 商鞅. 商君书[M]. 石磊，译注. 北京：中华书局，2010：91.

[8-15] 孙希旦. 礼记集解[M]. 北京：中华书局，1989：965.

[8-16] Gove F. B. Merriam-Webster. Dictionary：land[K/OL]. http://www.merriam-webster.com/dictionary/land.

[8-17] 徐元诰. 国语集解[M]. 北京：中华书局，2002：578.

[8-18] 黄怀信. 逸周书校补注释[M]. 西安：西北大学出版社，1996：207.

[8-19] 黎翔凤. 管子校注[M]. 北京：中华书局，2004：995.

[8-20] 朱熹. 四书章句集注[M]. 北京：中华书局，2010：203.

[8-21] 王先谦. 荀子集解[M]. 北京：中华书局，1988：165.

[8-22] 朱熹. 四书章句集注[M]. 北京：中华书局，2010：99.

[8-23] 朱熹. 四书章句集注[M]. 北京：中华书局，2010：204.

[8-24] 朱谦之. 老子校释[M]. 北京：中华书局，2000：31.

[8-25] 姜国钧. 老子讲义[EB/OL]. http://blog.china.com.cn/jiangguojun/art/4782162.html.

[8-26] 宋应星. 天工开物[O]. 东京：日本九州岛大学综合研究博物馆藏书（出版时间不详）：8.

[8-27] 浙江省文物考古所，等. 浦阳江流域考古报告之跨湖桥[M]. 北京：文物出版社，2004：40.

[8-28] 浙江省文物管理委员会，浙江省博物馆. 河姆渡遗址第一期发掘报告[J]. 考古学报，1978（1）：42-48.

[8-29] 陈植. 园治注释（第二版）[M]. 北京：中国建筑工业出版社，1988：47.

[8-30] 张少雄. 治水三策——中国易学水资源治理工程及工程管理策略[C]//《中国工程管理环

顾与展望》编委会. 中国工程管理环顾与展望——首届工程管理论坛论文集锦. 北京：中国建筑工业出版社，2007：348.

[8-31] 朱谦之. 老子校释［M］. 北京：中华书局，2000：18.

[8-32] 黎翔凤. 管子校注［M］. 北京：中华书局，2004：1096.

[8-33] 朱熹. 四书章句集注［M］. 北京：中华书局，2010：51.

[8-34] 张少雄. 治水三策——中国易学水资源治理工程及工程管理策略［C］//《中国工程管理环顾与展望》编委会. 中国工程管理环顾与展望——首届工程管理论坛论文集锦. 北京：中国建筑工业出版社，2007：347.

[8-35] 陈鼓应. 庄子今注今译［M］. 北京：中华书局，1983：80.

[8-36] 佚名·国语·郑语［M］. 陈桐生，译注. 北京：中华书局，2013：128.

[8-37] 佚名. 尚书［M］. 王世舜，王翠叶，译注. 北京：中华书局，2012：349.

[8-38] 武剑青. 曹魏水利工程与三国后期政治格局的变动［J］. 安徽农业科学，2010（21）：114.

[8-39] 闻人军. 考工记译注［M］. 上海：上海古籍出版社，2008：1

[8-40] 郑玄. 周礼注疏［M］. 上海：上海古籍出版社，2010：287.

[8-41] 杨天宇. 周礼译注［M］. 上海：上海古籍出版社，2007：145.

[8-42] 杨天宇. 周礼译注［M］. 上海：上海古籍出版社，2007：284.

[8-43] 司马迁. 史记［M］. 北京：中华书局，1974：1053.

[8-44] 司马迁. 史记［M］. 北京：中华书局，1974：789-790.

[8-45] 王符. 潜夫论笺校证［M］. 北京：中华书局，1997：263.

[8-46] 管仲. 管子［M］. 李山，译注. 北京：中华书局，2009：128.

[8-47] 管仲. 管子［M］. 李山，译注. 北京：中华书局，2009：256.

[8-48] 孔子. 论语［M］. 张燕，译注. 北京：中华书局，2007：12.

[8-49] 荀悦. 申鉴［M］//中国学术名著提要编委会. 中国学术名著提要·政治法律卷. 上海：复旦大学出版社，1997：148.

[8-50] 墨翟. 墨子［M］. 李小龙，译注. 北京：中华书局，2007：78.

[8-51] 墨翟. 墨子［M］. 李小龙，译注. 北京：中华书局，2007：39.

[8-52] 墨翟. 墨子［M］. 李小龙，译注. 北京：中华书局，2007：80.

[8-53] 史仲文，胡晓林. 中华文化习俗辞典（文化习俗）［K］. 北京：中国国际广播出版社，1998：1.

[8-54] 葛兆光. 中国思想史：第1卷［M］. 上海：复旦大学出版社，2005：19.

[8-55] 朱熹. 四书章句集注［M］. 北京：中华书局，2011：168.

［8-56］陈鼓应. 庄子今注今译［M］. 北京：中华书局，1983：855.

［8-57］许维遹. 吕氏春秋集释·审分览［M］. 北京：中华书局，2009：460.

［8-58］孙怡让. 周礼正义（第三册）［M］. 北京：中华书局，2000：722.

［8-59］朱熹. 四书章句集注［M］. 北京：中华书局，1983：25

［8-60］佚名. 中国古代的文物保护［EB/OL］.［2010-06-17］http://www.chinabaike.com/artic le/1/78/433/2007/20070520113145.html.

［8-61］潘谷西. 中国建筑史［M］. 北京：中国建筑工业出版社，2001：127.

［8-62］李学勤. 尚书正义［M］. 北京：北京大学出版社，1999：352

［8-63］李学勤. 尚书正义［M］. 北京：北京大学出版社，1999：355.

［8-64］李学勤. 尚书正义［M］. 北京：北京大学出版社，1999：357.

［8-65］许慎. 说文解字［M］. 徐铉，校订. 北京：中华书局，2012：271.

［8-66］欧阳修，宋祁. 新唐书［O］. 北京：中华书局，1975：1199.

［8-67］脱脱. 宋史［O］. 北京：中华书局，2012：1201.

［8-68］蒋孔阳. 中国学术提要：艺术卷［M］. 上海：复旦大学出版社，1996：962.

［8-69］蒋孔阳. 中国学术提要：艺术卷［M］. 上海：复旦大学出版社，1996：963

［8-70］北京大学法学百科全书编委会. 北京大学法学百科全书·中国法律思想史［K］. 北京：北京大学出版社，2000：206-207.

［8-71］孙希旦. 礼记集解［M］. 北京：中华书局，1989：432.

［8-72］中国大百科全书总编辑委员会. 中国大百科全书：水利卷［K］. 北京：中国大百科全书出版社，1992：437.

［8-73］水部式残卷. 敦煌社会经济文献真迹释录［M］. 北京：书目文献出版社，1986.

［8-74］UNEP. Declaration of the United Nations Conference on the Human Environment［EB/OL］. http://www.unep.org/Documents.multilingual/Default.asp?documentID=97&ArticleID=1503.

［8-75］United Nations. United Nations Framework Convention on Climate Change［EB/OL］. http://unfccc.int/resource/docs/convkp/conveng.pdf.

［8-76］程东来，钟学斌. 温室效应与气候变化及人类活动的关系［J］. 咸宁学院学报，2008（6）：86-88.

［8-77］Gleick et al. Letters：Climate Change and the Integrity of Science［J］. Science. 2010（328）：689-690.

［8-78］郑国光. 深入学习实践科学发展观，强化公共气象服务能力［EB/OL］.［2008-11-04］http://news.xinhuanet.com/politics/2008-11-04/content_10303182. htm.

［8-79］吴青柏，等. 青藏公路沿线多年冻土对气候变化和工程影响的响应分析［J］. 冰川冻土，
2005（1）：50-54.

［8-80］陈鲜艳，等. 气候变化对我国若干重大工程的影响［J］. 气候变化研究进展，2015（5）：
337-342.

［8-81］丁文杰，谭剑. 中外专家发布《洞庭湖宣言》呼吁湿地保护［EB/OL］.［2007-12-04］.
http://news.xinhuanet.com/newscenter/2007-12/04/content_7199178.htm.

［8-82］佚名. 香格里拉开山修路破坏生态［EB/OL］.［2007-04-02］. http://www.sznews.com/
epaper/szwb/content/2007-04/02/content_1004510.htm.

［8-83］佘晖. 山西开山取石酿成沙尘暴危及京晋生态［EB/OL］.［2005-03-22］http://www.
stone365.com/news/info-2212.html.

［8-84］Gabriela Kütting. Global Environmental Politics—Concepts，Theories and Case Studies［M］.
New York：Routledge，2011：119.

［8-85］王孝忠. 洞庭湖治理的调查与思考：人给水让路水给人出路［N/OL］. 人民日报，2006-
10-13（15）. http://58.68.146.102/rmrb/20061013/15.

［8-86］龚金星. 时评：愿洞庭湖无病忧［N/OL］. 人民日报，2006-10-13（15）. http://58.68.146.
102/rmrb/20061013/15.

［8-87］The United Nations. The Rio Declaration on Environment and Development［R］. New York：
The United Nations，1992：10.

［8-88］陕西省人民代表大会常务委员会. 陕西省人民代表大会常务委员会公告（第七十九号）
［EB/OL］.［2016-01-14］http://www.gov.cn/flfg/2007-12/10/content_829788.htm.

［8-89］章轲. 我国十几个省区明确要求重启退耕还林工程［EB/OL］.［2012-11-07］. http://
finance.sina.com.cn/nongye/nyhgjj/20121107/095313601018.shtml.

［8-90］唐朝晖，等. 矿山地质环境治理工程设计思路探讨——以广西凤山县石灰岩矿山为例［J］.
水文地质工程地质，2013（2）：123-128.

［8-91］荣忠霞. 青藏铁路环保，人文精神的体现［EB/OL］.［2006-06-15］. http://news.
xinhuanet.com/politics/2006-06/15/content_4700489.htm.

［8-92］The United Nations. The Rio Declaration on EnvironMent and Development［R］. 1992.

［8-93］Vogt，W. Road to Survival［M］. New York：Kessinger Publishing，1948.

［8-84］林文雄. 生态学［M］. 北京：科学出版社，2007.

［8-95］方嘉禾. 世界生物资源概况［J］. 植物遗传资源学报，2010（2）：121-126.

［8-96］王学梅，等. 生物多样性国际研究态势分析［J］. 生态学报，2010（4）：1066-1073.

［8-97］ United Nations. United Nations Conference on Environment & Development，Rio de Janerio，Brazil，1992：Agenda 21［C］. http:www.un.org/sustdev/agenda21.htm.

［8-98］ 张国富，刘靖宇. 环境友好型社会内涵的哲学思考［J］. 思想理论教育导刊，2009（7）：61.

［8-99］ 文钊. 环境友好型社会概念及影响［EB/OL］.［2014-09-29］. http://www.cenews.com.cn/historynews/06_07/200712/t20071229_36712.html.

［8-100］ 莫凡. 什么是环境友好型社会（内涵）［EB/OL］.［2005-11-04］. http://www.southcn.com/nflr/llzhuanti/hjyhxsh/hjzl/200511150510.htm.

［8-101］ 李延瑾，徐琳. 人与自然协调发展是人类实现可持续发展的必由之路［J］. 理论月刊，2001（7）：51-52.

［8-102］ 祝伟. 刍议人与自然协调发展的实践维度［J］. 传承马克思主义论，2013（2）：32-33.

［8-103］ Wikipedia. Sustainable Development［K/OL］. Wikipedia. https://en.wikipedia.org/wiki/Sustainable_development.

［8-104］ United Nations. General Assembly Report on the United Nations Conference on Environment and Development，Annex 1，Rio Declaration on Environment and Development［R/OL］. http://www.un.org/documents/ga/conf151/aconf15126-1annex1.htm.

［8-105］ Institution of Civil Engineers. Structures and buildings. Featured case studies. Case study：Bigsweir Bridge repainting［EB/OL］.［2014-01-13］. http://www.ice.org.uk/topics/structuresandbuildings/Case-Studies——Information/Bigsweir-Bridge-repainting.

［8-106］ 汪秀丽. "人类第七大奇迹" ——伊泰普水电站［EB/OL］. http://www.people.coM.cn/GB/paper2515/9692/893080.html.

［8-107］ 江泽民. 全面建设小康社会，开创中国特色社会主义事业新局面——在中国共产党第十六次全国代表大会上的讲话［J］. 北京支部生活，2002（12）：4-19.

［8-108］ 董云蒂. 工程决策民主化机制研究［D］. 沈阳：东北大学商学院，2009.

［8-109］ The American Society of Civil Engineers. Guiding Principles for the Nation's Critical Infrastructure［EB/OL］. http://www.asce.org/Infrastructure/Guiding-Principles-for-the-Nation-s-Critical-Infrastructure/.

［8-110］ 卢广彦. 重大工程决策失误与重大工程决策机制构建［J］. 中国科技论坛，2009（04）：34.

［8-111］ 赵克. 地方公共产品供给决策分析——以桂林市"两江四湖"工程为例［J］. 理论月刊，2009.（7）：23-29.

［8-112］ 温艳. 发展低碳经济的理论内涵研究［J］. 生产力研究，2011（8）：10-14.

［8-113］ International for Standard organization. 1997. ISO14040 Environmental management：Life

Cycle Assessment Principles and FrameWork［S］．Geneva：International Organization for Standardization.

［8-114］ Victor. G Haiek. manageMent of Engineering Projects［M］．Third Edition. New York：Mc Graw-Hill Comapy，1984：61-62.

［8-115］ 张丽，刘长滨．建筑产品的全寿命周期环境影响评价［J］．北京交通大学学报：社会科学版，2005（12）：39-44.

［8-116］ 陈伟．重大工程项目决策机制研究［D］．武汉：武汉理工大学商学院，2005

［8-117］ 温艳．发展低碳经济的理论内涵研究［J］．生产力研究，2011（8）：10-14.

［8-118］ 辛毅等．生态足迹理论在我国民族地区可持续发展研究中的应用［J］．中国人口资源与环境，2014（11）：144.

［8-119］ 司马迁．史记·李斯列传［M］．北京：中华书局，1982：256.

［8-120］ 湖北省巴东县地方志编纂委员会．巴东县志［M］．武汉：湖北科学技术出版社，1993：480.

［8-121］ 曙升．沂源民俗［M］．北京：人民日报出版社，2002：26-27.

［8-122］ 江帆．生态民俗学［M］．哈尔滨：黑龙江人民出版社，2003：220-222.

［8-123］ 保护世界文化和自然遗产政府间委员会．保护世界文化和自然遗产公约［R］．巴黎：联合国教育、科学及文化组织，1972.

［8-124］ 联合国教育、科学及文化组织．关于保护受到公共或私人工程威胁的文化财产的建议．1968.

［8-125］ 联合国教育、科学及文化组织．保护世界文化和自然遗产公约．1972.

［8-126］ 联合国教育、科学及文化组织．关于历史地区的保护及其作用的建议．1976.

［8-127］ 第二届历史古迹建筑师及技师国际会议．国际古迹保护与修复宪章．1964.

［8-128］ 国际古迹遗址理事会，国际历史园林委员会．佛罗伦萨宪章．1981.

［8-129］ 国际古迹遗址理事会．保护历史城镇与地区宪章．1987.

［8-130］ 全国人民代表大会常务委员会．中华人民共和国文物保护法．1982.

［8-131］ 中华人民共和国国务院．中华人民共和国文物保护法实施条例．2003.

［8-132］ 谢怀建，沈平．长江三峡地质灾害治理中的景观保护与建设方法探索［J］．重庆建筑大学学报，2007（2）：7.

［8-133］ 桂立新．人创造建筑，建筑也塑造人——访关肇邺院士［EB/OL］．［2011-03-25］．http://www.tsinghua.org.cn/alumni/infoSingleArticle.do?articleId=10069006.

［8-134］ 韦庆媛，等．关肇邺与清华图书馆的献歌情结［J］．建筑，2012（14）：77.

［8-135］ 赵奎，等．土家族吊脚楼的建造特点——以鄂西彭家寨古建测绘为例［J］．华中建筑，

2007（6）：150.

［8-136］ 中华人民共和国住房和城乡建设部. 民用建筑节能管理规定［S/OL］. 中华人民共和国住房和城乡建设部. http://www.mohurd.gov.cn/zcfg/jsbgz/200611/t20061101_159082.html.

［8-137］ 佚名. 青藏铁路建设过程中的环保故事［N］. 人民日报，2005-12-12（8）.

［8-138］ 中华人民共和国全国人民代表大会. 中华人民共和国宪法［S/OL］. 中央政府门户网. http://www.gov.cn/zhengce/2014-03/21/content_2643049.htm.

［8-139］ 中华人民共和国全国人民代表大会. 中华人民共和国水法［S/OL］. 中央政府门户网. http://www.gov.cn/gongbao/content/2002/content_61737.htm.

［8-140］ 中华人民共和国全国人民代表大会. 中华人民共和国建筑法［S/OL］. 国务院法制办公室. http://www.chinalaw.gov.cn/article/fgkd/xfg/fl/201104/20110400338908.shtml.

［8-141］ Soroos，M. Environmental security and the prisoner's dilemma［J］. Journal of Peace Research，1994（3）：323-324.

［8-142］ Kütting，G. Global Environmental Politics—Concepts，Theories and Case Studies［M］. New York：Routledge，2011：57.

［8-143］ Kütting，G. Global Environmental Politics—Concepts，Theories and Case Studies［M］. New York：Routledge，2011：59.

［8-144］ Kütting，G. Global Environmental Politics—Concepts，Theories and Case Studies［M］. New York：Routledge，2011：87.

［8-145］ Kütting，G. Global Environmental Politics—Concepts，Theories and Case Studies［M］. New York：Routledge，2011：88-90.

［8-146］ 新闻周刊. 本周视点：扔不掉的污染［EB/OL］.［2013-06-15］. http://news.cntv.cn/2013/06/15/VIDE1371310079869668.shtml.

［8-147］ Kütting，G. Global Environmental Politics—Concepts，Theories and Case Studies［M］. New York：Routledge，2011：72-75.

［8-148］ Kütting，G. Global Environmental Politics—Concepts，Theories and Case Studies［M］. New York：Routledge，2011：77.

［8-149］ 杨浩.《营造法式》中的节约设计思想研究［J］. 中华文化论坛，2014（12）：143-147.

［8-150］ 徐匡迪. 发展工程哲学落实科学发展观［J］. 北京师范大学学报：社会科学版，2008（1）：90-92.

［8-151］ 李林甫，等. 唐六典［M］. 陈仲夫，点校. 北京：中华书局，1992.

［8-152］ 杨天宇. 礼记译注［M］. 上海：上海古籍出版社，2007.

［8-153］ 甄荣. 长沙的老建筑正在消失，谁在抹去"长沙记忆"［EB/OL］.［2011-08-11］http://hunan.voc.com.cn/article/201108/201108110921304836.html.

［8-154］ 佚名. 盘点世界最丑的十大建筑［EB/OL］［2012-01-13］http://business.sohu.com/20120113/n332087125.shtml.

［8-155］ 李强，等. 聚焦城市建设的"破"与"立"［J］. 群众，2013（6）：81-83.

［8-156］ 杨善林，等. 工程管理中的辩证思维［J］. 中国工程科学，2012（2）：14-24.

［8-157］ 国家林业局. 全国野生动植物保护及自然保护区建设工程总体规划［EB/OL］.［2010-10-12］. http://www.forestry.gov.cn/main/218/content-452802.html.

［8-158］ 章苒. 工程建设过程中大量地下文物被破坏凸显文保隐忧［EB/OL］.［2010-02-09］http://news.xinhuanet.com/society/2010-02/09/content_12959643.htm.

［8-159］ 丁烈云. 工程管理：关注工程的社会维度［J］. 建筑经济，2009（5）：8-10.

［8-160］ 汪应洛，刘宏波. 工程科学与工程哲学［J］. 自然辩证法研究，2005（9）：59-63.

［8-161］ 张樵苏. 习近平：尊重自然顺应自然保护自然坚决筑牢国家生态安全屏障［EB/OL］.［2016-08-24］. http://news.xinhuanet.com/politics/2016-08/24/c_1119448608.htm.

［8-162］ 鲁贵卿. 掀起建筑业"绿色风暴"［J］. 施工企业管理，2015（4）：46-47.

［8-163］ 金智新，等. 煤矿环境审计研究［M］//中国煤炭经济研究文选编委会. 2007煤炭经济研究文选. 北京：煤炭工业出版社，2007：423.

［8-164］ 中华人民共和国全国人民代表大会. 中华人民共和国宪法［S/OL］. 中央政府门户网. http://www.gov.cn/zhengce/2014-03/21/content_2643049.htm.

［8-165］ 中央政府门户网站. 中华人民共和国环境保护法自2015年1月1日起施行［EB/OL］.［2014-04-25］. http://www.gov.cn/xinwen/2014-04/25/content_2666328.htm.

［8-166］ The Stationery Office. Environmental Protection Act 1990［EB/OL］. http://www.legislation.gov.uk/ukpga/1990/43/contents.

［8-167］ The National Rivers Authority. Water Resources Act 1991［EB/OL］. http://www.legislation.gov.uk/ukpga/1991/57/section/165.

［8-168］ Frasz，G. B. Environmental Virtue Ethics：A New Direction for Environmental Ethics［J］. Environmental Ethics，1993（15）：259.

［8-169］ Hill，T. Ideals of Human Excellence and Preserving Natural Environments［J］. Environmental Ethics，1983（5）：216.

［8-170］ Frasz，G. Benevolence As An Environmental Virtue［M］// Sandler，R. Environmental virtue ethics. Lanham，Md：RowMan & Littlefield Publisher，2005：127.

［8-171］沈国舫，汉森. 中国环境与发展国际合作委员会2013年关注问题报告：环境与社会［J］.

环境可持续发展，2014（4）：15-26.

［8-172］彭国栋. 浅谈环境正义［J］. 自然保育季刊，1999（28）：6.

第 9 章

工程管理人文论

工程伴随着人类的起源而产生，同时又跟随着人类的演进而发展。任何工程，无论是满足人们物质需求抑或精神寄托，都是由人主导、由人建造。工程活动不应当只是为了创造人工自然，也不应当仅仅局限于功能的满足，更应当成为人类关照自身生存、设计自己未来的创造性的实践，同时还塑造和提升人的本性。因此，工程活动的全过程，既是技术集成性活动，又是文化活动。作为工程产物的人工自然必然强烈地体现着浓厚的人文内涵，承载着文化，记录着历史。

本章以工程为"基点"，以人文为"支柱"，追根溯源，首先以历史悠久，量大面广，且人们最为熟悉的人居工程为切入点，梳理了与人居相关的工程历史与人文脉络，探讨了工程文化的形成、传承与保护，剖析了工程与艺术的关系，并阐述了工程艺术的审美特征、美学体现和中西方工程艺术的比较。只有在工程建设中真正融入人文关怀，才能树立"天人合一"的现代和谐工程理念。

9.1　工程人文

9.1.1　人文与工程人文

人文，是人类文化的简称。《辞海》对此的定义是：人文指人类社会的各种文化现象。"人文"一词最早见于《易经》："观乎人文，以察时变；观乎人文，以化成天下。"在中国，人文思想源远流长，于文学艺术、科学和哲学以及政治文化中都有所体现。"己所不欲，勿施于人"的仁爱精神、主张"仁政"和"以人为本"的政治主张以及"天人合一"的哲学理念，在中国历史的发展过程中虽不曾一以贯之，但一直属于中国的主流文化。

人文在西方也经历了漫长的变化、发展历程。人文思想植根于古希腊罗马文化，中世纪遭到摧残，文艺复兴以后得到弘扬，并且成为新兴资产阶级反对封建专制、反对宗教神学的思想武器。人本主义、人道精神、自由、平等、博爱，这些源于文艺复兴并在以后的宗教改革、启蒙运动中得到强化的人文主义思想，已经深深地扎根于西方社会中。孟德斯鸠的"天赋人权"、卢梭的"主权在民"、康德的"人是目的"等都是西方人文主义思想的表达。近代以来西方哲学、科学和艺术的繁荣，均是人文精神结出的累累硕果。人文之于西方，亦指人类的文化。

人文由人和文化两个密不可分的方面构成：一方面，人是文化的主体和文化的创造者，文化是人的本质力量的对象化；另一方面，文化也就成了人的存在方式，具有属人的性质，是人何以区别于动物、人之所以为人的显著标志。人不仅是文化的创造者，也是文化的享有者，没有人就没有文化，文化缺失人也不能称之为人。人文的核心是人。所以，尊重人、爱护人、一切为了人、承认和保护人权、以人为本等，即成为人类社会的共识。人文，也可以称之为人文性。所谓人文性也就是人的文化属性，是人类思想和精神的象征，是人类文明的象征。

工程人文，或者说工程的人文性，是指以"人"为主体的工程所具有的人的属性和工程所蕴含的各种文化现象。广义的工程人文性，是指与工程相关的一切物质的和精神的要素，范围十分广泛。狭义的工程人文性是指与工程功能合一的社会伦理、文学、艺术等，范围相对较窄一些，侧重于人文的精神要素。无论是广义的工程人文性还是狭义的工程人文性，都要体现"以人为本"这个核心。

9.1.2 工程的人文性要求

工程的人文性要求，不仅要实现工程与人的和谐，而且也要实现工程与自然、工程与文化的和谐。具体来说，工程的人文性包括以下三层涵义：

（1）必须坚持以人为本，实现工程与人的和谐，这是工程建设的目的。"以人为本"是工程人文的核心思想，也是本章节的出发点和落脚点。工程为了什么？这一点可追溯到工程的源头和起点，工程的出现就是为了满足人类衣食住行各方面的需要，为人类创造更好的生活工作条件。因此，工程的本质作用和根本目的就是为人服务。中国从古到今有许多为民造福的工程，都体现了"以人为本"的价值取向。例如，国家修建青藏铁路，修建黄河小浪底水利枢纽工程，不是刻意塑造"世界第一"的形象工程。前者是为了结束中国唯一不通铁路的省级行政区——西藏没有火车的历史，促进西藏经济社会发展，巩固民族团结、保障边疆安全；后者则是为了消除几千年来黄河两岸人民所遭受的水患之苦，归根到底都是为了人。

（2）必须尊重自然环境，实现工程与环境的和谐，这是工程建设的前提。无论工程的作用和功能如何，它都是处在自然环境之中的，必然要受到自然规律的约束。人们在利用工程手段改变自然、满足自身需求的同时，必须意识到这种活动会对自然造成的影响。在人类历史的长河中，有些工程之所以能够千年不朽、历久弥新，究其根本原因，乃是尊重自然规则、重视工程与环境和谐共生的结果。修建于公元前256年的都江堰水利工程便是一个经典范例。反观如今的许多工程建设，违反生态规律、破坏自然、污染环境的问题频频发生，倡导尊重环境的人文精神，是迫在眉睫的现实诉求。工程是人与城市、人与自然的桥梁，人们要在尊重环境、理解环境的前提下利用自然，创造出与周围环境相统一的工程，进而实现与自然和谐相处。

（3）必须传承历史文化，实现工程与文化的和谐，这是工程建设的基础。自然的美丽在于色彩多样，世界的繁华在于文化丰富。工程产品在追求外观形式美的同时，也应当注重其所能传达的历史文化精神等内在美。工程建设要因地制宜，要和不同地域、各种文化习俗及当地人民的生活爱好相契合，要融入当地的历史文化，并维护城市发展在历史文化上的连续性，这样的工程才具有长久的生命力。故宫、颐和园、天坛等中国精美的古代工程和米兰主教教堂、巴黎圣母院等西方著名的中世纪建筑，都是历久不衰的杰作。

9.2　工程与人居

随着人类的起源、发展和演进，工程的范围、规模、意义也随之扩展和延伸。不同时代、不同地区的工程体现和承载着不同的人类文明，处于不同发展阶段的人类创造了与其发展阶段相适应的工程，处于不同地区的工程也呈现出强烈的地域文化特色。工程与人密不可分、相互作用，工程对于人类而言，其本质是为人类服务，是为适应人类在不同时期、不同地区的生活方式而不断变化演进。

9.2.1　工程的本质特征

公元1世纪，古罗马建筑师马可·维特鲁威（Marcus Vitruvius Pollio）在他的经典著作《建筑十书》中提出建筑要符合三个基本原则——"适用、坚固、美观"[9-1]。

从维特鲁威所处的时代到当今时代，尽管经历了不同的时代变迁，但这三个因素依然是优秀建筑的最基本要素。不仅建筑如此，对于所有工程而言，也是最基础、最本质的特征。

9.2.1.1　"用"：工程的使用特征

从工程与人类"衣、食、住、行"等活动的密切关系来看，工程生来就是为人所用的，因此"用"是人们对工程的根本要求，也是工程应具有的基本要素之一。一方面，工程的"用"是指工程具有的各种用途。各种类型的工程用于满足人类不同的需求。以与人类活动最密切相关的房屋建筑工程为例，可以对房屋建筑的主要用途加以区分：有和人们日常生活直接关联的住宅、商场、学校、医院等；有与生产交通有关的各类工厂、仓库、电站，以及各种码头、车站、机场等；有与精神文化有关的图书馆、影院、音乐厅、展览馆、广播电视塔等；有与社会活动相关的办公楼、会议厅、酒店、咖啡厅等。另一方面，工程的"用"也表达了要满足使用者的舒适与便利要求。如人们会考虑建筑的内部空间大小分割是否方便等使用功能，关注保暖、隔热、防潮、采光是否满足基本要求，是否具有隔声或传声的功效，以及建筑物内部交通便捷和连接方便等要求。不论如何，工程的使用功能都是为了满足人的需求，都是为人服务的。

9.2.1.2 "固"：工程的坚固特征

固，即牢固、耐久、安全。体现在工程上就是指工程产品要具有一定的承重性、抗压性，有一定的使用寿命，不易倒塌，同时有一定的安全保障。"固"是工程应具有的最基本要素。要保障工程使用功能的实现，最重要的前提就是工程的"固"。试想，不论是一栋楼房、一座桥梁，还是一个隧道，如果不够坚固而倒塌或坍塌了，它们所有的功能都将随之而去，一切无从谈起。近年来，我国的一些工程，特别是建筑领域，片面地追求"新、大、奇、特"的建筑效果，导致了不少单纯追求豪华、新奇，忽视牢固、耐久、安全基本建设要求的工程，威胁着老百姓的人身财产安全。此外，有些过分追求视觉上的冲击，忽视结构体系的合理性和牢固性以及防火、防震、疏散性能，既不经济又存在安全隐患。因此，牢固、耐久、安全是工程的最基本要求。

9.2.1.3 "美"：工程的审美特征

对工程而言，"美"是指工程具有美感，能让人产生愉悦的情感。长期以来，人们运用科学、技术来建设工程，并审视着工程作品的美。工程美不仅表现在工程物的外在造型上，而且也表现在整个工程的建造过程中。

首先，工程的"美"表现在工程建造物的外在形式上，主要是指工程的艺术体现。这是一种可直观的、比较持久的、固定的存在。同时，工程的"美"还包含工程建造物要与周围的环境协调统一。在建筑规划选址时就要充分考虑周围的自然环境，尊重自然，顺势而为。在建筑设计时要研究自然，融入自然，顺应自然。

其次，工程"美"也体现在工程活动的过程中，这也是容易被人们忽视的一种过程中的"美"。美就是工程雅致、系统、有序、和谐，其核心是和谐。在工程活动过程中是将观念存在通过工程实践转化为现实存在，不仅要对工程成果的功能、建造和运维等作出周密的安排，还要求其"形式"上的美观与和谐，"操作"上的便利与舒适，给人以美的享受[9-2]。

9.2.2　人居形式的演变

人类社会发展至今，历经了漫长的历史进化与演变，从社会形态来看，依次经过原始社会、游牧与农耕社会以及当今的工业化、信息化社会五种社会形态。每个阶段的工程都是人们在当时特定生产力发展水平的基础上按照人类生存和发展的需要而建造的。因此，每个社会形态下的工程都呈现出与当时人类生产生活方式相适应的工程种类、特点和水平。由于人居工程与人类关系最为密切，下面就以人居工程为例来说明这个问题。

9.2.2.1　原始社会的人居工程——人居起源

在原始社会，生产水平低下，人们的生活起居都是就地取材，依靠大自然的赐予。人类最初的住所，也就是当时的工程，有巢居和穴居两种工程形态，分布在不同的地域[9-3]。原始巢居主要是一种被长江流域沼泽地带的居住者广泛采用的建筑工程形式，因为长江流域气候温暖、湿润，适合构架透风、轻盈的巢居。原始穴居是一种被黄河流域黄土地带居住者所广泛采用的早期居住形式，因为黄河流域气候干燥、寒冷，并有土质细密适合挖穴的黄土层，为穴居提供了良好的自然条件[9-4]。

9.2.2.2　游牧社会的人居工程——移动人居

"游牧"，顾名思义，是一种游移不断、居无定所的状态，是人类为了适应旱区和半干旱区的生态环境，而逐渐形成的一种与自然和谐发展的生产生活方式。在我国蒙古广袤草原上出现了两种建筑物的雏形，一种服务于人类精神生活，即固定性宗教活动场所——敖包祭坛；另一种服务于人类物质生活，即伴随游牧移动的住宅——穹庐（蒙古包原型）。在漫长的历史进程中，这两种建筑物的造型款式，以及所承载的文化内涵和使命象征不断得以充实和完善。直至13世纪，两者分别从当初简陋的圆锥体石堆和窝棚形状发展成外部造型相似、文化象征多元、寄情寓意多彩的敖包和蒙古包。

9.2.2.3　农耕社会的人居工程——村落人居

农业的出现为人类工程的演化和进步奠定了基础。农业的发展使人类生产生活方式由原来的采集、狩猎转变为以农耕为主，原来的采集者、狩猎者转变为种植者和饲养者。这样，人们对于居住方式就提出了更高要求。人们不再需要四处奔波寻找食物，而是可以在一处定居下来。房屋建筑工程开始出现并逐渐发展壮大形成村落，并由村落进一步发展为建筑城镇。人们在定居下来后有了更多的精力和时间，于是，适应农业生产和日常生活需要的原始手工业也逐渐发展起来。人们摸索出制陶和制铁的技术和方法，有了最初的制陶和冶金工程。农业的发展离不开防洪和灌溉，水利工程应运而生。而铁器的广泛使用也使大规模水利工程的兴建成为可能。

9.2.2.4 工业化社会的人居工程——城区聚居

随着人类社会的发展与进步，在资本积累和科学技术发展的基础上，以大规模机器生产为特征的工业生产活动应运而生，给人类社会带来翻天覆地的变化。机器大生产使人类发展突破了人力和畜力的束缚，也带动了交通的大发展，大量农村人口以前所未有的速度和规模向城市集聚，出现了所谓的城市化运动。技术进步和革新使得大规模工程接连出现，如运河、隧道、桥梁、铁路等。这些新兴工程的出现基本构成了工业化社会城市建设和发展的基础性要素，即是围绕着城市中生活的人来运转的。工业化城市中的人居工程已经远远超出了原来的"只求有个安居之所"这一简单需求，朝着让城市中的人感觉到方便、快捷、舒适的方向转变。

9.2.2.5 信息化社会的人居工程——市镇聚居

20世纪中叶，随着电子计算机的发明和使用，高新技术特别是信息技术的广泛应用，人类的生产活动、生活活动和社会活动开始进入信息化、智能化、自动化时代，给人类带来了前所未有的便利。人们把这个时代称为"信息化社会"。所有的工程无一例外呈现出当代社会"信息化"的特征，充满了"人性化"色彩，致力于最大限度地满足人类需求，为人类打造最为便捷、舒适的生产生活方式和环境。"信息化"使人类交流、沟通变得越来越方便、快捷，从而使"分散生产"、"家庭办公"等成为可能，通过互联网人们足不出户就可以实现办公、学习、交友、购物等活动。这样，人们就不一定要集中在大城市中居住，而是可以比较分散地在小范围内居住，于是越来越多的小城市、小城镇就逐渐发展起来。

纵观整个人类社会的发展进程，工程与人的关系是相辅相成、相互促进的。一方面，人类社会的发展及人类日益增长的物质文化需求，促进了工程的不断完善和创新；另一方面，工程的发展又推动着人类社会不断向前，并使得人类的需求日益多元化和高端化。不管人类社会如何演进发展、工程的深度和广度如何扩展，作为满足人类基本需求的工程，过去、现在、将来也必定伴随人类发展始终。

9.2.3 人居工程的自然因素

工程要考虑自然因素，工程要与自然融合，也就是将人的存在与天、地相结合，即人与自然的融合。因此，不同的自然条件必然创造出不同的人居工程。下面将从自然环境、气候、地形、材料四个方面来分析自然因素对人居工程的影响。

9.2.3.1 自然环境差异

人是自然环境中的一个有机组成部分，强调人与自然的和谐相处是中国传统哲学中"天人合一"的重要思想。通常讲的"风水"就是要描述人与万物赖以生存的人居环境与生态环境。包括对阳光、空气、水等生态条件的认识及运行规律的推演，对山川河流与地理面貌的考察利用，对春夏秋冬四时的顺应以及对日月星辰天文现象的观测与运用等。所谓风水意味着良好的生态环境。比如说，在北半球生活的人们，理想的宅居地必是坐北朝南，负阴抱阳，背山面水，左右各有丘陵环抱为佳，即所谓"左青龙，右白虎，前朱雀，后玄武"就是这种讲究。

9.2.3.2 气候条件差异

气候条件可以说是影响工程风格的最基本和最普遍的因素。一般而言，自然和社会因素的差异，会导致不同地区工程风格迥异。不同地区处在同一个气候带的工程却呈现出较大的相似性。

如在热带雨林，当地乡土建筑为了满足通风、避雨、遮阳的需求，屋顶就设计得比较张扬显现，而建筑物的墙体则几乎隐退到了屋面以下，显得收敛隐蔽，这就形成了具有当地特点的建筑风格。在寒冷的北方森林和高山环境中，为了抵抗飞雪严寒，建筑物则大多采用较为厚重的原木结构，建筑物墙体为满足保温需要就设计得比较厚实，而屋顶则建造得较为平缓坚固，以利于囤积积雪，这就形成了这些地区的建筑风格。

9.2.3.3 地形地貌差异

无论是单体建筑还是聚落群体建筑，地形地貌特征对于建筑工程形态都有着直接的影响。可以说，地形地貌是影响和决定建筑风格特征的另一项基础性因素。

聚落地理学家将不同地形地貌环境的聚落分为线型、圆形和集簇型三种类型。线型聚落一般出现在有明确边界和方向的环境中，如河道、海岸、峡谷等；圆形聚落通常呈现在较为开阔、无边际的风景中。集簇型聚落通常出现在有集中倾向的自然环境中，如盆地和山丘，托斯卡纳的山城等，都是集簇型聚落的典型代表[9-5]。

9.2.3.4 原料材料差异

从原始社会人类创造第一个人居遮蔽工程开始，建筑就与当时的地方材料、自然资源紧密相连。因为强烈的地方性垄断，地方材料和资源特色为地域建筑创造了条件也设定了限制，也就在物质基础上影响了地域建筑风格的形成。

黄河流域是中华文化的发祥地，古代有茂密的森林。土和木就成了我国古代建筑采用的主要材料，因而我国建筑素有"土木建筑"之说。而罗马典型代表建筑——穹窿建筑，其材料正是来源于当地的火山灰资源所调制成的天然混凝土。

9.2.4　人居工程的文化因素

不同的自然环境自然能塑造出风格各异的工程。然而，在相似或相近的自然环境中，工程特征是否一定也会雷同呢？答案是否定的。工程不仅仅是一个构筑物，它是由人创造出来的，带有人性，凝聚着人们的意识观念、价值取向等，因而是一种文化的体现。文化差异必然导致工程特征的差异。

本节中，我们将把文化所包含的社会的组织结构、宗教信仰和传统习俗等要素，综合为地区文化差异和民族文化差异两大方面来分别探讨其对工程的影响。

9.2.4.1　地区文化差异

从我们常说的中西方地区文化差异来看，由于对地区特性和文化精神上的理解不同，存在着不同特征的工程表达方式。以庭院住宅为例：中国传统社会的社会秩序通常是以宗法血缘为基础的，家族观念渗透和影响到社会生活的各个方面。一个家族就是一个小社会，四合院是这种观念的直接产物，能让人感觉到尊卑分明，长幼有序，男女有别。相比较而言，西方的血缘家庭观念比较淡薄，推崇家庭成员之间的人格平等和个性自由，在住宅建造中与我国的四合院风格有所不同。

我国地域辽阔，不同的地区之间也形成了特点鲜明的地方文化，深刻地影响着当地的工程特色。以当代铁路客站建设为例。优秀的客站建筑设计是以建筑语言综合体现地域特征、人文特色、时代风貌、交通特征等文化因素，具体体现在客站建筑的立意、造型、空间等方面。中国幅员辽阔，地域、地形、地势、气候的变化巨大，地方文化各具鲜明特色，势必对工程文化产生明显影响。中国高铁发展迅速，遍布全国的铁路客站已经成为当地的标志性建筑，其建筑风格都力图传承和发扬着城市的地域文化。例如，北京南站吸取了天坛的建筑元素构建其造型；呼和浩特站顶部穹顶设计给人以蒙古包的感觉；拉萨火车站与布达拉宫有着共同的建筑语言；苏州站外立面比较细致的尺度组合与城市气质相呼应；长沙站的站房造型设计为山峦的起伏曲线，站台雨棚状似水波浪堤，体现出长沙"山水洲城"的独特地域风貌。武汉素有"白云黄鹤之乡"的美誉，武汉站的建筑造型采用"千年鹤归"的立意造型。大厅屋顶中部突起象征"中部崛起"，水波状的屋顶寓意"江城武汉"。周围环绕的九片屋檐呈同心排列，取意于中国传统建筑重檐意象，象征武汉"九省通衢"的地理位置和沟通全国、辐射周边的路网性交通枢纽的地位（图9-1）。

图 9-1　武汉高铁站外景

9.2.4.2　民族文化差异

中国和日本都属于东方之国，文化范围上同属于儒家文化圈，日本文化深受中国文化的影响。民居建筑工程上明显地表现出中日两国文化的同一性，同时也反映了两国之间的差异。中国四合院、日本的和式住宅作为两国传统住宅的代表，是各自哲学文化、民族风俗、宗教规制、生活习惯等因素综合的产物。虽然两国的地理环境、生活习惯、社会经济发展有着多方联系，但中日建筑风格因为两个民族的文化差异而具有明显不同的特征。作为民居，中国的四合院与日本的和式住宅无论在结构形态上，或者是室内装饰上都体现出不同的审美情趣。可见，同一文化圈中的不同民族的工程建筑也呈现出与各民族文化相契合的特征。

中国是个多民族的国家，各族人民在居住上呈现出"大杂居、小聚居"的特征，各民族在交流融合的过程中也保留着自身民族特色的文化，这种特色文化在各自的工程建筑，特别是民居建筑上体现得非常明显。宗教信仰以及宗教文化是一个民族文化的重要组成部分，这些很自然会显著地呈现他们自身的工程上。

9.3　工程与文化

一般而言，文化是人类所创造的物质成果和精神成果的总和，是人类在长期的历史活动中所积淀的结果，反过来，人类的物质和精神活动又受到自身编织的文化惯势的影响与约束。工程文化既有一般文化的共性，也强烈凸显着自身文化的个性。工程文化有着中西之别，地域之差。工程文化，见证着历史的发展，沉积着人类的情感，镌刻着文化的记忆，沿袭着未来的脚步。在当前中国迅猛的城镇化进程中，传承与保护祖先创造的工程文化遗产意义重大，也迫在眉睫。

9.3.1 工程文化的概念

凡是人类创造的物质产品都是有文化意义的，工程产品也是具有文化意义的产品，都凝结了人类的智慧。中国著名建筑学家吴良镛认为："建筑的问题必须从文化的角度去考虑。"事实上，人们早就将建筑工程与文化联系在了一起。雨果曾经说过"建筑是石头的史书"，歌德则认为"建筑是凝固的音乐"。以这样的视角，工程也就属于文化的范畴，它有着特殊的主体与特征行为，以不同的方式改变着人们的思维方法、行为方式与生活方式等[9-2]。同属于人类智慧结晶的工程和文化，并非各自独立、互不相交的"平行线"，而是有着十分紧密的联系。文化内存于工程活动中，并通过工程活动和工程结果得以"外观"显现。

那么，究竟什么是工程文化呢？殷瑞钰院士等认为，"工程文化"由"工程"和"文化"两个概念组成[9-6]。张波在《工程文化》认为"工程文化是文化的一种表现形式，是'工程'和'文化'的融合[9-7]"。"工程"和"文化"既有共同性，又有差异性。广义文化包含着工程，文化既作为背景承载着工程，又像空气一样弥漫在整个工程活动中；工程活动则作为一种相对独立的社会活动在广义文化中拥有自己独特而重要的作用。工程文化贯穿于工程活动的始终，直接影响着人类文明的进步与发展。

如果给工程文化下一个简短的定义，工程文化是指工程共同体在工程活动中形成的，并为大家所接受的风俗、习惯、制度、规范等，以及工程实体所反映的物质文化的总和，还包含着工程自身所蕴含的历史、艺术、功能、质量等特质文化。工程文化的核心是蕴含在这些文化元素中的工程价值观，工程活动中的各种制度和物质载体以及精神现象，都是工程价值观的反映和表现。

工程共同体是工程文化的主体，是指包括工程的业主方、设计方、施工方、监理方、使用方等相关的不同主体之间因工程活动而相联系的社会群体。工程文化在工程活动中形成并随工程的进展而发展。工程人受到先进工程文化的熏陶，自然会意气风发，对工程活动产生正能量作用，直接影响和决定工程的性质，如工程是否节能环保、是否具有人性化等。

无论什么样的工程或工程活动，实际上都是人类利用自然界的实践活动。那么，工程文化就应当体现"以人为本"、"道法自然"、"天人合一"的内涵。首先，工程文化是在既是"为人"的、又是"人为"的工程活动中产生和形成的，因此，工程文化应顺乎人性，以人为本，并以追求工程与人之间的和谐为目标导向。其次，工程作为人类认识自然、借助自然力量的实践活动，要顺应自然的规律。自然界是天，自然规律是天意，只有敬天、畏天，才有风调雨顺、盛世太平。工程造物者应按照"道法自然"、"天人合一"的价值导向，追求工程与自然、人与自然之间的和谐，形成独特的工程文化。因此，高层次的工程文化应该是以人为本、顺应天道、尊重自然，讲求天道人伦和谐统一的文化。

9.3.2　工程文化的特征

由于工程是最具时代性、地域性和社会性的产品或活动，在不同时代、不同地域、不同行业环境中会呈现出不同的文化特色，因此工程文化具有时代性、地域性、行业性特征。一是时代性。文化具有时代的烙印，工程文化也是在一定的时间和空间中产生与发展。因此，古往今来的工程不可避免地被打上时代烙印，展现出不同历史阶段的文化特征。二是地域性。工程建设于某个特定地区，每个地方都有自己独特的自然风貌和地域文化。因此，工程活动必然受到当地的地理环境和风土人情，即地域文化影响。三是行业性。工程属于特定行业和产业，必定易被本行业环境影响，如市场化程度、法治程度、技术水平及人员素质等[9-8]。工程文化的这三个特点，对工程品牌文化的形成具有重大影响。如果一项工程具有一定历史文化价值，或在特定区域内有标志性特征，或在行业内具有技术代表性，或质量、功能等处于行业领先地位，就会产生强大的品牌效应，成为品牌工程，并形成相应的工程品牌文化。

有文化的建筑才是真正有生命力的建筑。建筑的文化性，既可以强调历史价值，又可以引导时尚方向，同时还可以表达对地域性、民族性的深层次理解。

9.3.3　工程文化的形成

任何工程文化都不是由单一因素所决定的，而是由工程建设过程、运行过程，以及与工程相关的人或物等要素共同集合而形成的。

9.3.3.1　工程人在建设过程中形成的文化

工程的建设过程是建造主体有意识、有目的、有导向地对自然资源进行转化和利用的过程，主体的作用不容忽视。一项工程一旦决策实施，为了共同的目标，在统一指挥下，在工程活动过程中，所有相关的人都会遵守共同的行为规范、操作规程，从而形成一种共同的文化取向，因此，工程文化是团体智慧的结晶，是一种群体文化。

由于工程实践的具体性和差异性，在这些实践中表现出不同的"工程风格"，酝酿和形成了风格各异的工程文化，不同的工程建设企业有着不同的工程文化，即便在同一个建设单位，不同的工程项目，甚至同一项目的不同阶段，也各有其自身的鲜明特色。工程活动的主体包括业主方、设计方、施工方和监理方，他们在工程实践中形成相应的衍生文化[9-2]。

业主方。业主的意志、理念、需求等直接决定着工程的价值导向，影响着工程文化的形成。

设计方。设计者的文化素养、专业技能水平、价值观，以及对工程和环境、社会、经济等关系的态度和处理方式等，都会直接影响工程文化的形成。一方面，工程设计师应具备基本的工程文化知识。设计师应了解一般技术、工程科学知识，以及有关工程项目的地方性知识如民族习俗、风土人情等，从而准确把握时代特征与地方特点。另一方面，工程设计师还应具有一定的文化底蕴。这主要包括设计者自身社会背景、宗教信仰、价值观、文化素养以及审美品位等。可以说设计者自身的文化直接主导着一项工程的本体文化，一项工程蕴含的文化品位的优劣与设计师的文化水平高低有着直接关联。

施工方。在施工过程中，施工方的文化道德素养也是影响工程文化的一个重要因素。如工程师是否制定了科学的建造标准和工程的管理制度；工人是否遵守了操作守则、劳动纪律、生产条例；后勤人员是否提供了安全设施和生活保障；整个团队是否具有凝聚力等，都成为工程文化的一部分。一项工程建成后的质量优劣直接取决于施工方在施工时是否形成了高质量的工程文化。在施工过程中，应该体现"以人为本"的原则。一方面，施工方的施工主体是工人，工程凝结着工人们的汗水，施工方对于工人的态度会影响工人的工作态度，从而直接影响工程的进度和质量。因此，对工人的管理要"人性化"，让他们能享受良好待遇和感受同等关怀。另一方面，施工方要考虑施工过程对于周围环境的影响。如在施工中，在工地周围安装防护栏、防护网，以确保行人和行驶车辆的安全；尽量避免在夜间施工，以减少噪声污染等。

监理方。在工程建造过程中，监理方参与工程建造的全过程，主要起着控制和协调的作用，因此监理方对工程文化形成的作用也不容忽视。监理方要对工程进行投资、工期、质量、安全等方面的监督控制，并且要协调施工过程中各方的关系，对于工程的经济性、效率性、实用性、安全性以及整个工程活动是否和谐、有序、稳定都有一定的影响，而这些都是工程文化的具体体现。

9.3.3.2　使用者在使用过程中形成的文化

前文中说到工程建造的最终目的是服务人类，满足人的需要，那么作为目标群体的工程使用者的特征势必与工程文化的形成有重要联系。大到一个国家、社会因农业、军事、科技等发展的需要而产生的对于水利工程、军事工程、航空航天工程的不断改进和完善的需要；小到一户居民对于住宅的个性化需求，都会对工程的方方面面产生影响，从而形成特定的工程文化。

作为工程的成果的人工自然，在付诸使用的同时，在使用者的心目中，又是一个文化产品。建造者从设计到施工，给这个人工自然赋予了相应的文化内涵。然而既然是一个文化产品，不同的人群在欣赏的时候，自然会仁者见仁，智者见智。也就是说，使用者会赋予人工自然以相应的文化内涵。虽然这种赋予在相当程度上会受到建造者的思想影响，然而由于使用者是一个复杂的群体。工程越大，使用者的群体也就越大，他们的文化、风俗习惯越是多样化。在使用过程中间很自然地会形成一种与建造者并不完全相同的使用者的文化。广州的电视塔与一般高塔不同，它身躯扭转，造型美观，人见人爱，人们到那里总要多看它一眼。建造者给了它一个响亮的命名："少女回眸"。然而，广州市民却给它赋予了一个非常有浓厚乡土气息的称呼，叫"小蛮腰"，显得更加亲切、可爱、上口。

在工程的使用过程中，呈现出两个方面的文化特征：一方面，不同的建筑工程呈现出不同的风格，使用者通过建筑工程的外观造型特征就能直接判断出其类型和属性，如政府、学校、医院、教堂、寺庙的建筑风格都迥然不同，让人一目了然，基本不需要通过关注文字标志来识别。另一方面，工程的使用功能也各不相同。不同的工程是为了满足人们不同的需求，如住房用于居住，医院用于就医，学校用于读书，办公楼用于工作，剧院、博物馆、图书馆等则用于满足人们的精神文化需求。在工程的使用过程中，既要让人觉得实用，又要让人感到舒适。如公共场所的无障碍通道，生活、就业、就学、就医、健身和娱乐设施完善配套的居民小区，都能够为使用者提供极大的便利，从而在使用过程中不知不觉形成了"以人为本"的文化特征。

9.3.3.3　相关者形成的文化

除建设者、使用者之外，与工程相关的社会公众和环境也可能影响工程文化。

一方面，社会公众对工程文化的形成产生影响。社会公众尤其是社会媒体对于工程的评判或报道，如工程是否美观、合理，是否具有经济价值、社会价值、生态价值等，都会间接影响或促成社会对于工程的认识，从而成为工程文化的组成部分。要使公众对工程文化产生积极影响，需要两个条件：首先，公众要理解工程。这就需要公众具备一定的科学素养，同时也要保证社会公众对于工程的知情权；其次，公众要参与工程。在许多工程活动中，公众既是"观众"，又是"演员"，公众参与有利于各方利益的权衡和各种价值观的交流，同时也会给工程注入新的文化元素。

另一方面，工程周边环境也会对工程文化产生影响。任何一项工程都处于一定的自然、社会环境中，必须符合自然的生态规律和社会的运行规律，与周围环境、风格保持协调一致。要顺应和服从自然生态规律，减少对自然环境的破坏，同时也减少对社会环境的影响，如减少噪声、扬尘污染等，努力使工程实践与周边环境相互协调发展。工程生态理念、环境理念、可持续发展理念等工程文化的新趋向，就是在环境的影响下产生的，其中由于人类对自然界的破坏而引起自然界强烈"反弹"的现象，是工程生态文化产生的最重要根源。国内外都有这样的例证，开发楼盘坚持顺地势而为，宜低则低，宜高则高，不采取"挖山"或"填沟"的措施，而是顺应天然地形，建起的房子错落有致，这样不仅使原有的自然韵律得以保留，保护了自然环境，而且还大大节约了资源，也适合人们更好地居住。这就是尊重自然生态规律的表现。

总之，从文化形成的过程来看，工程是多种矛盾的综合体，主要表现在两个方面：一方面，工程是历代文化的积累和延续，它是一种凝固的文化，是能够让当代人亲眼看到并长期保存的一种文化状态，如历代遗存下来的建筑；另一方面，工程又是一种不断创新发展的文化，它要求业主、设计者、建造者、监理者和使用者都要遵循自然规律、社会规律，在工程实践中不断创新工程文化，其中包括要充分尊重社会公众的反映，充分考虑环境因素，使工程文化不断充实、丰富和发展，成为引领工程健康发展的"罗盘"和工程进步的动力源泉。

9.3.4 工程文化的传承与保护

随着中国大范围大规模城市改造的实施，很多古街老建筑都将被拆除，取而代之的是新的钢筋和混凝土大楼，原先的城市历史文化风貌便这样逐渐被掩盖磨灭了。岁月失语，惟石能言。岁月就这样悄无声息流逝掉了，但石头是会说话的，能见证历史的存在和发展。工程含有丰富的历史信息，如同石头写就的史书一般。如北京的菊儿胡同，周庄的前街后河，乌镇的水格房，凤凰的吊脚楼，都是祖先生活的纪录，凝聚着厚重的文化。如果不加以保护，都将失而不返、不可复得。可以说，工程文化遗产是城市共有的信仰和象征，维系着城市的核心情感和价值。如果保护不力，失去的不仅仅是建筑物本体、历史文化街区的机理与历史性城市风貌，还包括对传统文化的信仰和地域文化的信心。因此，在工程开发的同时一定要注重历史文化的保护与传承。工程文化保护与传承包括两方面内涵：一是对传统工程文化的扬弃；二是对工程所处地区的民俗民风的保护和传承。只有不断加强对异地风情、生活习惯、民俗民风的保留，才能使传统民居充满活力，也更有生命力，从而更有利于建筑工程的实物保护。

那么，如何来保护和传承工程文化呢?

第一，保护第一，开发服从保护。

在对老城和建筑遗产保护开发的过程中，要始终坚持保护第一、利用第二，只能在保护的前提下利用，不能在利用的前提下"保护"；开发必须服从保护，从而实现社会效益和经济效益的最佳结合。

为了达到保护第一的目的，可邀请社会学家、艺术学家、文物学家、历史学家、建筑学家等，对各地历史文化名城的工程建筑古迹进行系统盘点和价值评估，从大文化的角度，通盘考虑，协调沟通，加大重点保护的力度，整顿和限制低水平开发，避免重复开发，取缔非法开发，杜绝破坏性开发。

第二，注重传承，整体保护。

在保护中应坚持两个理念：一是注重城市的整体性保护。在保护中不是仅仅保留一座桥、一块碑、一栋房子、一家店铺，而是一片老街、一条河流、一个乡镇的整体保留。二是传统工程保护与环境保护并重的理念，其具体内容包括对具有历史文化价值和富有传统特色工程的实物保护、传统工程本身所具有的文化底蕴的保护和其所在地的生态环境和社会环境的保护。除了对单体建筑或群体建筑进行保护外，保护城市文脉，注重新建建筑与城市文脉的结合，也是保护历史工程或建筑的一项重要工作。这就需要在城市的规划和建设中，不仅要考虑功能、技术、安全和经济等物质因素，而且要有形式美感、地域特色、民族特征符号等文化价值的诉求，使新的建筑元素能很好地体现城市文脉的传承。

西安南门区域的改造建设就很好地保护和传承了历史文化。西安南门区域位于西安著名的历史轴线长安龙脉的中心。这一轴线串联起汉、唐、明、清、现代等不同历史时期的文化遗存，也是西安文化、旅游、商贸、交通的核心区域和重要城市节点，是古城西安最重要的门户。

为了更好地传承历史文化、提升城市品质，西安对南门区域进行了全方位改造。其改造的设计理念、设计手法和设计成果的基本特征可以用"九合"来概括，即缝合、连合、融合、整合、叠合、协合、形合、意合、神合。通过缝合古代建筑，修补历史空间，来连续历史文脉，真正让游客和市民走进历史，感受人文，体验文化。同时又与现代文明无缝对接，实现西安古老历史与现代风采的完美交融。西安南门区域改造，不仅仅体现在对文物的保护修复、对文化的展示传承上，也体现在整合各种社会资源的基础上，对南门区域的市政交通、生态环境、生活配套等进行综合改善，协同提升。南门区域改造，不仅要求"形同"，即确保站在城墙上，所有可见建筑都与城墙风格相一致，使其最大限度地重现西安古都的历史风貌；而且追求"意合"和"神似"，即不仅仅停留在模仿外形的"修修补补的工作"上，而是在改造中始终注重体现并丰富西安历史文化内涵，提升城市品位，弘扬人文精神，从而使形、意、神兼具并互通，达到形同意合、意合神似、形意神通的人文效果（图9-2）。

图 9-2　修复后的全景图

西安南门区域的保护传承，较好地解决了古与今、新与旧、修与补的现实难题，使西安古貌新颜，青春焕发。在全方位整体性的保护理念下改造后的南门区域，将依托于古城墙，凸显西安深厚的文化内涵，彰显城市与文化和谐相处的气息，使古建筑充分融合于现代生活，成为古都西安的"城市客厅"。

9.3.5　工程建设企业文化

企业文化是社会文化体系中的一个有机的重要组成部分，是企业在实践过程中形成的一种行为和习惯，体现在精神、制度、物质文化三个主要层面。工程建设企业文化是从事工程行业的企业在工程建设活动中所形成的，体现本行业特点，促进本行业发展，凸显本行业特色的文化。工程建设企业文化对企业的工程建设具有重要的导向作用，能直接影响企业所建工程的人文价值，进而影响工程建设企业的发展空间。

9.4　工程与艺术

工程与艺术密不可分。工程艺术也属于工程文化，因艺术与工程的联系十分紧密，艺术之于工程的意义尤为重要，所以有必要单列一节来讲述工程艺术的含义、特征、表现和中西工程艺术的差别。广义艺术也包括管理艺术，工程管理需要艺术思维和方法，唯其如此也才会有艺术化的工程产品。

9.4.1　工程艺术的含义

艺术是指运用创新的思维意识、创造性的方式方法，来反映比现实形象更具有典型性的形象或社会意识形态。艺术一般分为：语言艺术（文学）、表演艺术（音乐、舞蹈、杂技）、综合艺术（戏剧、电影、曲艺）、行为艺术（人身表现）、造型艺术（雕塑、绘画、书法、篆刻、影像、建筑、环境、园艺、设计、创造）、思维艺术（感知、推断、整合、想象、创意、发现、发明）、管理艺术（组织、示范、讲演、动员、说服）等。

工程体现艺术。从狭义上来说，工程艺术主要指建筑工程艺术，即指建筑工程建成后的建筑物和构筑物的艺术。从此层面来看，工程艺术可以等同于建筑艺术。而广义上来说，工程艺术还包括工程建设过程中体现的艺术，即工程人在审美原则指导下，灵活地运用理论、知识、经验和智慧，通过塑造工程美、创造美，来表现工程，以实现工程目标的智能[9-2]。需要指出的是，工程美不能仅仅理解为房屋建筑或园林建筑之美（当然这两方面很典型），水利工程、交通工程、石化工程、冶金工程、电力工程等，都体现着工程之美。

9.4.2　工程与艺术的关系

首先，工程本身具有美感和艺术性。它是富有创造性的工程造型和美的表现艺术。同时，工程是为了造福人类的，为人所"用"的，因此，可以说工程是一门

"实用艺术"。其次，工程又是艺术的载体。它包含、体现了许多门类的艺术，聚集融合了诸如绘画、雕塑、书法、音乐、光影等多种艺术门类，并使这些艺术相互渗透与交融，是多种艺术的聚集体和融合体[9-9]。这里所说的艺术载体不仅指单体建筑，而且也指群体建筑，如一片街区，甚至包括一座城市。例如，巴黎、威尼斯、维也纳、鹿特丹这些城市，处处都弥漫着浓郁的艺术气息，承载着丰富多彩的艺术情怀。

优美的天际线是城市的五线谱，是城市韵律美的体现。在大理古城，没有高楼大厦，没有车水马龙，但人们却可以看到这样的景致：青瓦覆盖的大屋，层层叠叠；街道两旁高度不一的小楼，错落有致；每一间店铺都有自己的造型与色彩，形成不同的风格，远远望去，银器的耀眼、糕点的鲜亮、珠宝的华丽、玉石的精美、服饰的靓丽、图案的五颜六色……使人仿佛沉浸在艺术的殿堂。一座城市的艺术魅力，绝不仅仅靠一些景点、一些建筑就能体现的。城市作为艺术的载体，是通过遍布于街道和建筑上的材料、颜色、造型和彼此之间的相互搭配，在大面积的整体效果中呈现出来的。

9.4.3 工程艺术的审美特征

工程艺术因其本身特有的特征，而呈现出自身独有的审美特征。工程的审美特征在工程活动的各个环节都能得以体现，既表现在工程设计、建设过程中对建筑外观、内部装饰等方面审美情趣的追求上，又表现在人工自然对社会的贡献以及与人、与社会、与自然的和谐关系上。

只有实现内在功能与外在形式的协调统一，这样的工程才具有审美价值，在土木工程中，客观性最丰富、鉴赏范围最广大、又与人生关系最密切者，实无过于建筑工程。因此，下面主要讨论建筑工程的审美特性，并将其归纳为四个"统一"。

一是物质与精神的统一。工程以物质形态存在，但它也表达精神情感，它不仅是一个实体，用自身的形状颜色等外观给人以视觉冲击，它还具有精神内涵，也可以通过隐喻、象征、暗示等精神因素来作用于人[9-9]。二是实用与审美的统一。毋庸置疑，实用是工程必须具有的基本属性。人是爱美的生物，在满足了基本的使用功能的基础上，人们必然会对工程提出更高层面的美的需求，因此审美也是工程必须具备的要素。三是科技与文化的统一。工程是科技和文化艺术的统一体。工程是依据科学技术建造的，同时，工程的建设主体是人，是人们按自己的风俗习惯、美学感受等主观意志创造而成的，隐含着深刻的文化含义。不同地区、不同民族因其文化的差异所呈现出来的工程就具有不同的特色。四是造型与环境的统一。对工程的审美不但在于工程的外部造型，而且也与工程产品周围的环境有很大的关系。

9.4.4 工程艺术的美学体现

工程具有诗意的美。自古以来，建筑常被誉为"凝固的音乐"、"石头的史诗"，是经久不衰、历久弥新的。不同工程艺术品不仅能给人带来外观上的美感，满足人的实际需求，而且它本身就是文化和思想的载体，能体现不同时期的历史、文化特点以及自身的独创性与创新精神。

9.4.4.1 形式美

"形式美"是最显而易见的，其主要指工程外在层面上的美、由工程法则所创造出来的美，包括人工自然本身和环境。人工自然的造型、空间结构、质地、装饰、色彩等，能通过视觉直接感知，给人带来视觉上的美感，甚至是冲击。人工自然所处的环境包括周边的人工环境和自然环境，人工自然与环境之间和谐与否，会对人工自然本身的视觉美起到增强、冲淡乃至相反的作用。国家大剧院本身的造型确有特色，然而它身处庄严的人民大会堂和历史博物馆旁，常常被批评为不伦不类。

9.4.4.2 内容美

由于工程的首要目的是为了"用"，因此，其功能性、实用性、舒适性、经济性也不容忽视。如果脱离了功能、实用、舒适、经济等"内容美"，只是在建筑和景观美化上做文章，却没有切实地在营造建筑实用、舒适上下功夫；外表美观，但结构布局、日照、通风等设计却不符合生态要求，渗、漏、裂等建筑质量通病严重，于是陷入"唯美主义"的误区。

9.4.4.3 思想美

工程的思想美主要体现在两个方面。一是文化之美。古往今来，任何工程都凝聚着创造者在生产生活中积累的经验和智慧，承载着丰富的历史信息，蕴藏着深厚的文化内涵，体现出独特的时代精神。这些都形成了工程的文化之美。二是创新之美。美的东西往往都不是循规蹈矩，陈陈相因的，通常都别具一格或带有某些新意。如中国园林中每一处看似平常的亭台楼阁、假山石头、小桥流水，经创造者独具匠心的设计、组合，便能呈现出非同寻常的景观。

9.5 工程人文精神

9.5.1 都江堰与三门峡

人们熟知的都江堰与三门峡，同样是水利工程，同样有美好的期望和出发点，而结果却南辕北辙：一个顺应当地的水文自然条件因势利导，一个不顾黄河的"性情"，盲目崇拜人类自身的能力，将其"一刀两段"；一个就地取材，一个利用工业化社会成果之一的钢筋混凝土；一个惠泽了千年至今仍然在发挥着作用，一个却在完工不久便问题重重，至今仍处两难境地。两者在治水结果上的鲜明对比，不仅反映了人类在认知自然、利用自然上的曲折道路，更让人们深刻体会到工程建设中蕴含的人文启示：自然的才是永恒的；本土的才是全球的；人本的才是本源的。

9.5.1.1 自然的才是永恒的

人与自然是紧密相连、相互作用的。人具有认识自然、利用自然的主观能动性，在生产、生活过程中不断调整与自然的关系，达到人与自然的和谐统一。同时，自然会对人类的行为产生反作用。都江堰是人与自然和谐相处的结果，是人类利用自然、顺应自然，且造福人类的范例。它充分利用地形特点修建工程，乘势导引灌溉用水，排泄洪水泥沙，体现了人与自然的协同。人类要控制自然就必须了解以及掌握自然规律，特别是要抓住使其行为或状态发生根本转变的临界点，恰当地利用，不能随意逾越。都江堰的鱼嘴位置，飞沙堰坝高程，就都存在着临界点，乘临界点之势而利导，才能巧夺天工。

三门峡工程的失败，除了历史原因外，更主要的是没有遵循黄河流域及其水文变化的自然规律而仓促上马，以至过于注重下游的灾害防治而忽视了黄万里所预想的"潼关以上将大淤，并不断向上游发展"的严重后果，"按下葫芦浮起瓢"，看似暂时解决了问题，实际却转移和制造了问题。

因此，人们认识到，面对永恒的自然，必须心存敬畏；面对自然规律的刚性，必须严格遵循。人们只有在认识和掌握客观规律，按照自然规律办事的前提下，发挥人的主观能动性，才能创造出造福千秋万代的精品工程。

9.5.1.2　本土的才是全球的

都江堰之所以有如此强大的生命力还在于它的本土性。都江堰的鱼嘴、宝瓶口、飞沙堰等主体工程，都充分体现了将此前的丰富治水经验与具体工程相结合，展示了其所依据的本土性。这样一来，才形成我们今天看到的具有厚重文化，承载漫长历史，经久尤新的工程典范。

相比之下，以苏联专家为主导援建的三门峡水利工程，不了解黄河流域的历史渊源，将他们本国的治水经验生搬硬套到黄河流域的综合治理上，结果"水土不服"。苏联专家科洛略夫的那段"力排众疑"的争辩"想找一个既不迁移人口，而又能保证调节洪水的水库，这是不可能的幻想、空想，没有必要去研究。为了调节洪水，需要足够的水库库容，但为了获得足够的库容，就免不了淹没和迁移"，这个"免不了"，让原本可以"缓一缓、再论证"的机会都没有了。可事实证明，中国古代都江堰工程及后来的小浪底工程就做到了让"免不了"变成"免得了"。

民族的才是世界的，本土的才是全球的。苏联治水经验在本国能成功正是因为尊重了本国的历史和水文特点；都江堰水利工程的成功也在于尊重了四川盆地当地的历史特色和水文状况；而黄河流域的治理成功也应建立在其自身独特的历史文化和自然条件上。工程建筑的生命力在于突出本土地方特色和文化氛围，这样才会具有强大的生命力和人文价值。

当然，强调本土性并不是一味地拒绝借鉴、汲取外来的先进思想、制度、文化和技术，而是"兼容并蓄"又不失本色，这样才能与时俱进，不以"老古董"贻笑于后人。

9.5.1.3　人本的才是根本的

都江堰工程之所以能够惠泽千秋，究其根本原因还是在于其始终贯彻了"以人为本"的思想。无论是尊重自然规律、尊重历史，还是尊重本土文化，最终目的都是为了服务于人，满足人的需要，而且不仅满足当代人的需要，也能造福后代子孙。而三门峡水利工程开始从"以人为本"的目的出发，结果却偏离了当初的目的，本质上没有真正地做到"以人为本"。真正的"以人为本"，要注重现代科学技术与人文的结合，注重环境保护、协调发展和可持续发展，在增强经济实力的同时保护好人类赖以生存的家园[9-10]。

"以人为本"是科学发展观的本质，是一切工作的出发点和归宿。它要求经济发展必须是可持续的，是维护生态平衡的，是有利于人的身心健康和全面发展的；要求走出见物不见人误区的，走出用单纯的经济价值作为衡量一切的标准。人既是工程的创造者，又是工程的使用者，因此，工程的建造过程和结果都必须从人的角度出发，尊重人、理解人、关心人，把人作为能够推动工程建设和发展的重要主体，在符合人类社会和自然环境发展规律的前提下，以改善和提高人民群众的生活水平为依据，不断激发人类的创造力，创造出更加"人性化"的工程，满足人民群众日益增长的物质文化精神需要。唯有如此，社会的发展才有动力之源，否则便会走向枯竭和衰亡。

9.5.2 城镇化建设中的人文迷失现象

上述分析主要聚焦于个体工程。倘若分析群体工程、城市中的工程，则自然使人联想到当前中国的城镇化建设。城镇化进程将使国家的经济、社会、文化等方面发生巨大变化，是一个长期而又复杂的系统工程。它首先面临大规模的基础设施工程建设，为城镇化提供基础和保障，是实现城镇化的必要条件。因此，在城镇化一开始就必须处理好工程与人的关系，实现以人为核心的基本诉求。

自新中国成立，尤其是改革开放以来，城镇化步入全新的发展时期，并在艰难曲折的探索中不断前进。这一时期，中国城镇化成就显著，发展速度惊人。到2015年，城镇化率已由1978年的17.9%提高到56.1%，增长了38.2个百分点。但与发达国家的80%城镇化率相比，今后仍有很长的路。

随着城镇化进程不断加快，大规模的建设使各地城市的面貌发生了巨大变化。西安各新建或改建城区，大气磅礴，一片盛唐景象，使人联想起整个中国巨大城镇建设的成就。广州的市政建设气势恢宏，金融区的地上地下各具功能，高大建筑坐落有次，各显姿色。特别是整个城市城中有多处湿地，四周景色展现南国风情，令人流连忘返。西安、广州这样的案例不胜枚举，使整个中国面貌一新，国内外专家均对中国的市政建设极其赞赏。在规模如此之大、速度如此之快的城镇化的同时，由于经验不足等原因，也出现了城市面貌雷同、建筑造型相似，地下设施落后等迷失现象[9-11]，虽然只是万紫千红的百花园中的几根枯枝败叶，但也必须很好地加以认识和总结，才能进一步提高中国城镇化的质量和水平。

9.5.2.1 城市面貌雷同

许多城市出现同质化，"似曾相识"，彼此雷同，让人们感到审美疲劳。

随着城镇化进程的不断加快，城市越来越大，马路越来越宽，大楼越来越高，每个城市的面貌发生了巨大变化。但将全国各地的城市比较着看，一些城市的"长相"越来越像了，从高耸的写字楼到繁华的商业步行街，从林立的住宅楼到宽阔的中心广场，大城小城一个样，南方北方一个样，许多各具特色城市的原有风貌逐渐消退。导致的原因是多方面的，除了技术材料等客观因素以外，主观上讲，由于我国城镇化发展迅速，从城市主管部门到设计师的人文素养还没有跟上时代的步伐，达到应有的高度，从总体规划到具体设计一般都参考和模仿发达地区的城市建设，造成多城同面。

9.5.2.2 建筑造型相似

城市中"千楼一貌"的现象十分普遍。很多楼房的外表都十分相似，一样的玻璃幕墙，一样的外形构造，一样的高耸入云，一样的"高、大、宽、阔"，很容易让人迷路，找不到方向。近年来，全国各地在建和计划建设的摩天大楼如雨后春笋般出现，它们不断刷新着"最新"和"最高"的纪录。《2012摩天城市报告》显示，未来十年内，中国将以1318座超过152m（采用美国标准）的摩天大楼总数位列全球第一，达到现今美国拥有摩天大楼总数的4倍，而且中国在建及规划的摩天大楼投资总额将超过1.7万亿元。各地争建摩天大楼，想借此提升城市形象。但是，摩天大楼的兴建势必会消耗大量资源，超高大建筑还会使城市的"热岛效应"加重和安全风险增加。

9.5.2.3 地下设施落后

从2007年山东济南出现百年一遇的大洪水，排水系统几乎陷入瘫痪，2012年北京"7·21"特大自然灾害造成的78人遇难，到2013年，长沙暴雨掉入城市下水道的女孩，再到2015、2016年武汉全城被淹，2016年河北邢台发生极端的城市内涝，死亡多人……这种"重地上、轻地下"的城市建设，是亟待纠正的一种城市建设误区。雨果说，下水道是城市的"良心"。城市的决策者和建设者要以对人民高度负责的责任感，把城市建设好，特别要把包括城市下水道在内的地下工程建设好，这才是"以人为本"。

9.5.2.4 "空城"现象

城市盲目扩张、圈地，缺乏合理有预见性的规划，就会导致地圈到了，却不知道建什么，不知道如何开发、如何利用、如何填充实体化的产业，从而导致一些"空城"的出现。空城都有共同特点：公共建筑富丽堂皇，道路超前的宽，景观面积超前的大，而居民楼大量空置。除了停在恢宏行政中心的几辆车外，城市里汽车较少；除了在效果图上熙熙攘攘以外，现实中则显得冷清。有专家曾测算，要想消化所有空置房，各地需要花费相当长时间。

9.5.2.5 县府"白宫"

随着国家财政的逐年增加，政府部门的办公条件也应当适当地逐步改善。然而，有的地方政府却超标准建楼堂馆所。有的县政府办公大楼比照美国白宫修建，市政广场规模不亚于天安门广场。这些楼堂馆所，动辄占地上百亩甚至数百亩或占据城市黄金地带，有的甚至成了当地有名的标志性建筑，成了当地"最美风景"。如某市政务大楼，建筑面积近40万m^2，是迄今为止世界第二、亚洲第一的单体建筑；中央有庭院，为"四角大楼"，仅次于美国五角大楼的60万m^2，可谓气势磅礴。这样大手大脚地修建楼堂馆所，办公标准远远超过实际工作需要，显然是本末倒置、主仆颠倒，有违公共财政的理念与精神。

9.5.2.6 洋设计师的"浪漫"

中国是目前世界上兴建剧院最多的国家，每座歌剧院几乎都是所在城市的地标性建筑。它们中的绝大部分有一个共同点：出自外国设计师之手。当前，中国似乎已经成为西方浪漫设计师的"试验场"。据统计，目前世界排名前200位的工程公司和设计咨询公司中，80%在中国设立了办事机构。中国主要城市相当大一部分的标志性建筑，都出自洋设计师之手。著名设计史论家、美国洛杉矶艺术中心设计学院理论系教授王受之也认为，"现在被我们无异议地称为地标性建筑的，都是经过时代的沉淀，在一段时间后集中建造的一批与民族文化有关的建筑。比如埃菲尔铁塔是法国建筑师做的，天安门也是我们中国的设计师设计的。它是由国家出动力量，通过民族内部一批精英设计专家设计出来的建筑，这种建筑才能称之为地标。但是现在，我们周围的许多建筑却都是外国明星建筑师设计的，他们本身和民族传统文化的沉淀毫无关联，而这些建筑的成长期也过于仓促"[9-12]。

9.5.3 人文精神的回归路径

城镇化是一个自然的历史过程，城镇化也是中国实现现代化的必由之路。新型城镇化的提出，是期望中国的城镇化不要重复西方国家城镇化所走过的老路、所经历的沉重教训，进而走出一条适合中国社会主义初级阶段这一基本国情的城镇化建设新道路。十八届三中全会后的中央城镇化工作会议指出，城镇化要遵循规律，因势利导，使之成为瓜熟蒂落、水到渠成的发展过程。城镇化应遵循"既要积极、又要稳妥、更要扎实"的原则，依据"方向要明，步子要稳，措施要实"的要求进行。这就需要做到三"敬畏"、三"优先"：敬畏山水，环境优先；敬畏历史，文化优先；敬畏人性，民生优先。

9.5.3.1　敬畏山水，环境优先

存在即合理。地球运转了几十亿年，才最终形成高高低低、沟沟壑壑、山山水水，这无不透露出大自然的奥秘，体现着大自然的规律。山川林木，草原湿地赋予人类生存栖息，繁衍发展的天然条件，理应受到珍惜和爱护。然而，有的人在自然规律面前毫无敬畏之情，认为可以"人定胜天"，任意地把山推平、将水填没，不珍惜大自然赐予人类的"礼物"，对自然造成了极大的破坏。

恩格斯曾指出："人类不要过分陶醉于对自然的胜利，对每一次胜利，自然界都进行了报复。"的确，人类每一次企图对自然界的征服、破坏，就是自然界对人类报复的开始。

在各种因素的驱动下，在诸多建筑工程中，先进施工技术和设备能够轻易地对原有自然地貌进行"三通一平"、"五通一平"、"七通一平"，任意地推坡、劈砍、填川、挖山。在建筑工程建设完成之后，为了提高工程环境的品质和吸引力，又花费大量人力、物力、财力进行人工雕琢，诸如挖池、堆山、地面铺装、人工草坪等，不仅浪费了资源，破坏了原来生态面貌，甚至可能还会带来不可预想的生态灾难。

中国建筑工程能耗巨大，占社会能源总消耗量的46.7%。建筑产品减少1%的能源消耗量，就相当于10个长江三峡的发电量。因此，必须进行绿色建造、绿色施工，加快绿色建筑发展，大力推进节能减排。在城镇化的每一项工程的建设过程都要体现"绿色建造"，如在规划、设计时，要避免工程对于自然环境的破坏；在施工时，要坚持"绿色施工"，重视节能、节地、节水、节材等；同时还要保证最终建造出来的建筑物也是节能、低碳、环保的"绿色建筑"。因此，在城镇化建设中，要摒弃"人定胜天"的错误观念，遵从"天人合一"原则，坚持以环境优先、尊重自然界的规律，将城镇建设置于整个经济社会和生态系统中；综合考虑区域的人口、资源、经济、社会和生态环境等重要因素，按照区域环境承载力确定城镇化的发展规模、速度及其布局，保持城镇化与经济、社会和生态系统的平衡与协调。

9.5.3.2 敬畏历史，文化优先

尊重祖先、尊重传统是全人类的共识。联合国先后通过了《保护世界文化和自然遗产公约》、《保护非物质文化遗产公约》、《保护和促进文化内容和表现形式多样性公约》等文件，要求世界各国政府加强对人类文化遗产和自然遗产的保护。

文化是一个民族的精神和灵魂，促进中华文化的繁荣复兴，是新型城镇发展的历史责任[9-13]。然而，当前中国在城镇化的建设过程中，有的却轻易将祖先流传下来的东西抛诸脑后，殊不知丢弃的是最本质、最宝贵的精神文化财富。文化也是一座城市的精神和灵魂，当前的"多城同面"、"千楼一貌"已经让人们很难识别出城市的地方文化特色。因此，在城镇化建设过程中，不要"数典忘祖"，而要"饮水思源，传承创新"；不要"全盘西化"，而要"洋为中用"。要尊重祖先、尊重历史，保留地区特点，体现民族特色，"古为今用"。要坚持保护性开发、留下历史的记忆，不能自毁文化。

9.5.3.3 敬畏人性，民生优先

归根结底，城镇化的最终目的是为生活在城市中的人服务的，要敬畏人性，把人民的生存、生活摆在第一位。城市，应该使人们的生活更好，生活品质更高。每当驻足于城市的某个角落，或行走或倾听都应该能让人有种心旷神怡的舒适感。因此，在城镇化的规划、设计和建设过程中，始终要坚持"以人为本"，时刻体现出"人性化"，把生活在其中的人是否舒适，是否满意放在首要位置来考量。

城镇化过程中，一方面，要考虑到人的整个生命周期的需要，如出生、入托、上学、就业、就医、养老等；另一方面，要考虑人的多方面的需求，不仅是衣食住行等基本生存需要，也要考虑人的精神文化需求。具体到城镇化进程中的每一项工程的设计、建造等过程，也都要体现"以人为本"的理念，满足人的各方面需求，让人感受到舒适和便捷。如在规划新居民区或改造老居民区的过程中，不仅要在住宅结构、质量、隔热、采光、节能等方面优化设计，而且要考虑室外自然环境的美化，周边社会环境的安静、安全；不仅要为居民休闲、娱乐以及居民间的交流提供场所与空间，而且要全面考虑居民的交通、购物、上学及就医方便。在规划时可将居民区与办公区安排在同一区域，改善"职住分离"的现状，尝试"前厂后院"的格局，这样既缩短了人们上下班途中所耽误的时间，提高了效率，又从源头上削减了人们不合理的出行需求，有效缓解交通拥堵现象。又如有些医院设立的残疾人专用通道，有些城市的地

铁、轻轨、出租、公交等交通工具"零换乘"的实现，都是尊重人性、"以人为本"的具体体现。而且，城镇化要因地制宜，根据不同地区人们的不同生产生活方式进行相应的规划设计，不能搞"批量化生产"。总之，在城镇化规划设计以及推进过程中，不要"以物为本"，而要"以人为本"。不要从面子工程来考虑，而要从为老百姓提供便利和服务来考虑；不要从政绩工程来考虑，而要从提升人民生活品质来考虑；不要从官员个人喜好和利益考虑，而要从如何拓展城市幸福空间的角度来考虑。这样才能符合"以人为本"、民生优先的要求，真正达到城镇化造福于人类的根本目的。

参考文献

[9-1] 维特鲁威. 建筑十书 [M]. 北京：知识产权出版社，2001.

[9-2] 徐炎章，吕洁. 试论工程文化的价值观 [J]. 工程研究–跨科学视野中的工程，2008（4）：78–88.

[9-3] 丁大均，蒋永生. 土木工程概论 [M]. 北京：中国建筑工业出版社，2003.

[9-4] 陈伟. 穴居文化 [M]. 上海：文汇出版社，1990.

[9-5] 李崴. 辽南海岛旅游型村镇住居模式探讨 [D]. 大连：大连理工大学，2008.

[9-6] 殷瑞钰，汪应洛，李伯聪. 工程哲学 [M]. 北京：高等教育出版社，2007.

[9-7] 张波. 工程文化 [M]. 北京：机械工业出版社，2010.

[9-8] 王卉佳，沙砾，李迁. 从系统科学角度来审视工程文化的内涵——兼论工程文化的构建 [J]. 科协论坛（下半月），2011（3）：187–188.

[9-9] 张晓洪. 从"建筑艺术"质疑建筑是艺术——建筑、艺术的本质特征和建筑审美特征探讨 [J]. 华中建筑，2002（20）：42–44.

[9-10] 曾孔生，孔祥清. 中国思想文化与"以人为本" [J]. 攀登，2005（5）：146–149.

[9-11] 鲁贵卿. 建设工程人文实论 [M]. 北京：中国建筑工业出版社，2016.

[9-12] 李晓婷. 地标性建筑不可本末倒置 [N]. 广东建设报，2014.

[9-13] 李树同. 创新发展模式推进人的城镇化 [J]. 城乡建设，2014（1）：6–8.

第 10 章

工程管理伦理论

10.1 概述

在追求发展速度与经济效益、推崇个人成就与自我超越的时代，何为人类存在之本质，何为生活真正之幸福，对这些问题的反思和省察，决定着人的道德伦理观念如何演进。亚里士多德认为"幸福是灵魂的一种合于德性的现实活动"，而"合乎德性的现实活动必然是快乐的"[10-1]。亚里士多德以善界定幸福，以善的合目的性说明幸福获得的自然性和普遍性，从而为其幸福论的展开提供了价值论基础。法国哲学家笛卡尔则指出德行是人之为人的前提，"如果没有德行，才能越大，灾难越大"。一个有伦理道德的人，意味着具有良善、责任、诚实、正义、平等、自由等优良品质。人通过遵守并坚持伦理品质，得以追寻更高幸福，获得更多自由。

从古至今，道德伦理一直是人类社会秩序的守护神。国以德治为重，民以德高为荣。在治国方略中，法治是刚性约束，以他律的强制教化手段维护国家尊严；德治是软性约束，以自律的修身克己方式规范社会言行。道德伦理之于每个人，既开显其智慧之筋，又内炼其精神之骨。正如黑格尔所言，只有精神上的道德力量发挥其潜能，举起其旗帜，爱国热情和正义感才能在现实中施威致用。而人作为社会整体机能的重要组成，绝不应该沦落为"物质上的贵族，精神上的乞丐"，更应注重道德意识的持续提升和道德行为的不断践履。

工程作为一种"社会性试验"，必须得到伦理的辅佐。但是，对于工程是否需要伦理，业界依旧存在较大争议，这已成为阻碍工程管理取得良好绩效的一大障碍。工程与伦理的融合，既有利于实现"把好的工程做好"之善举，也有益于工程伦理学的持续繁荣，还有助于工程界真正落实"把公众健康、安全、福祉放在首位"这一人本价值理念。

本章开宗明义地梳理了工程伦理的本质，以工程师个人的职业伦理作为出发点，辨析了工程中伦理问题是否存在、如何辨识以及后果为何这三大疑虑，并为工程师解决伦理问题提供了相关的方法论指导，最后厘清了工程伦理学研究从工程师个人责任伦理视野下的"狭义工程伦理"走向工程共同体视角下的"广义工程伦理"必须完成的七大转变，以最终达到伦理与卓越并行不悖的理想境界。

10.2　工程伦理的本质及发展现状

10.2.1　工程伦理的本质

"伦""理"二字自古有之，早在《尚书》《诗经》《易经》等著作中已经分别出现[10-2]。许慎在《说文解字》中注释道："伦，从人，仑声，辈也，明道也；理，从玉，里声，治玉也。"[10-3]"伦"最初指可区分人的辈分，"理"则是指玉石的纹理，由此引申，"伦"可指类别、秩序，而"理"则蕴含着"道理"的意蕴。"伦理"两字合用，最早见于《礼记·乐记》："凡音者，生于人心者也；乐者，通伦理者也。"[10-4]中国古代社会常常以伦理作为人类社会生活关系中应当遵循的道理和规则，或人类社会生活的秩序、规则及合理正当的行为[10-5]。

尽管中国伦理思想起源较早，且内涵丰富，但"伦理学"这一称谓则是随着西方文化的影响，于19世纪以后才开始被广泛使用。在西方，"伦理学"（Ethics）一词源于希腊文"Ethos"。在《荷马史诗》中，"Ethos"表示驻地、居所[10-6]。古希腊哲学家亚里士多德从气质、性格的意义上最早使用该词，赋予其"伦理的"、"德行的"意义，并构造了"Ethica"，即伦理学一词。因而"Ethics"既可意为习俗、风尚、性格、思想方法，又可指代"伦理学"，即研究道德的起源、本质、作用及其发展规律的科学。

中文"伦理"的含义解释大体也可分为两种形式：一是"伦理学"，表示一门学科，是对人类道德现象的理论研究；二是"伦理道德"，指人们相处的行为规范，包括人们关于道德的思想言行等[10-7]。基于意思一，工程作为一种社会实践活动，必然具有其内在的伦理维度。正如唐·威尔逊（Don Wilson）所言，"工程伦理是被工程这一职业所接受的与工程实践有关的道德原则"。基于意思二，工程师作为一种职业，应当具有其独特的职业伦理。阿尔伯特·弗洛里斯（Albert Flores）提出的"工程伦理是从事工程职业的人们的权力和责任"即是明证。从这些颇具代表性的定义中，不难解读出工程伦理作为社会实验的实践性特征以及作为伦理准则的规范性特征。

迈克·W·马丁（Mike W. Martin）和罗兰·辛津格（Roland Schinzinger）指出，工程伦理是"应当被工程从业者同意且经过论证的关于义务、权利和理想的一套道德原则，发现此原则并将其应用于工程实践是工程伦理学学科的中心目标"[10-8]。该定义涉及6个关键要素。

（1）"工程从业者"意味着工程伦理的研究对象不仅限于工程师。其寓意为：一方面，虽然工程师是工程决策的参谋者，工程方案的提供者、阐释者，工程活动的设计者、执行者以及监督者，其"发动机"作用无可替代；但工程偏重"集体性活动"，工程活动的主体是由工程师、投资者、管理者、工人以及其他利益相关者构成的工程共同体，工程伦理的研究对象面向工程共同体及与之相关的伦理问题[10-9]。工程共同体分为"工程活动共同体"与"工程职业共同体"：前者指具体实施项目建构的"参与者联盟"，强调"组织各成员一起开展工程活动"；后者指行业协会，属于职业共同体范畴，侧重于从业人员合法权益的维护[10-10]。另一方面，工程伦理学的研究起点是工程师职业伦理——"关于工程师的伦理"，即基于狭义视角研究工程师在职业活动中对雇主、公众、环境、社会所担负的责任。工程主体的多元化构成使得工程伦理研究应从广义视角予以考虑，即"关于工程的伦理"，注重对"工程共同体"的决策伦理、管理伦理和工程活动的环境、经济、政治、社会等伦理问题的研究[10-9]。

（2）"义务、权利和理想"表明工程伦理有助于实现"把好的工程做好"的善举，主要包含两个层次：一是指引工程向善的方向发展。工程活动强调以人类利益为导向，应用科学原理最优化地将自然资源转换为"人工自然"。它并不是以解决技术问题为最终旨归应用科学知识的求解过程，而是一个摸索和试错的过程，是非善恶等伦理问题渗透其中。工程本身并不直接具有道德意义上的善[10-11]。工程伦理涉及"义务、权利和理想"等价值判断，能为工程师面对善恶摇摆时的伦理抉择提供道德法则。二是促进良善工程的实现。在面临道德问题时，工程人员易遭遇难以正确识别道德问题的尴尬，时常陷入伦理抉择的两难困境。内化的伦理敏感性不但是及时发现和厘清工程中伦理问题之关键，而且对工程师慎重进行伦理决策具有潜移默化的影响。而工程伦理恰恰在培养工程人员"道德敏感、道德抉择"等方面效果显著[10-12]。

（3）"道德原则"是指工程伦理包含一定的规范和原则。《牛津英汉百科大辞典》界定"伦理是道德规范"，是"人际关系中所共同遵守的规范"[10-13]。相应地，工程伦理必然包含关涉道德责任和义务的行为规范，其首要意义在于"建立工程人员应有的认知与实践原则，及工程人员之间或与团体及社会其他成员互动时应遵循的行为规范"。工程师可经由"判断力"（Urteilskraft）将伦理学建立的道德原则应用于个案，或依据"实践智慧"（Phronesis）对具体情境加以审慎衡量[10-14]。工程伦理规范言明了工程人员应利用专业知识和实践经验善尽其责，达成增进社会福祉的目的，发挥

"服务和保护公众，教育、激励、支持负责任的专业人员，提升职业形象"[10-15]等重要作用。

（4）"发现"体现了工程活动中人的主体性，可从三个过程加以解读：①主体性主导——祛魅。主体性实质上是"人的自我认识、自我实现、自我超越的生命运动及其表现出来的种种属性，如自主性、选择性和创造性等"。人类的工程活动凭借主体性有目的地实现对世界的祛魅，即"世界从神圣化走向世俗化、从神秘主义走向理性主义的过程"[10-16]。②工具理性凸显——迷失。在祛魅世界的过程中人类主体性的发挥，极大地改变了世界面貌和民众观念。马克思·霍克海默尔（Max Horkhaimer）指出"自然沦为没有任何理性设定的目标且没有任何限度的全面剥削的手段"，由此引发的价值理性消退和工具理性凸显使得人类陷入对技术的崇拜与迷信中。秉持"技术至上主义"的最高信条肆无忌惮地征服和控制自然，人类生存环境受到极大威胁，艾瑞克·弗罗姆（Erich Fromm）伤心地呐喊"19世纪的问题是上帝死了，20世纪的问题是人也死了"[10-17]。③价值理性回归——返魅。极度劣化的生存环境以及惨绝人寰的工程科技灾难使人类更理性地审视"从必然王国走向自由王国"的梦想，基于价值理性回归的返魅促使人们承担环境伦理责任以谋求可持续发展这一终极理想。人们经历"认识—实践—再认识"的过程，方能发现真正利于永续发展的"原则"。

（5）"应用于工程实践"强调工程伦理学不仅是理论伦理学，更是实践伦理学[10-18, 10-19]。一方面，如德尼·古莱（Denis Goulet）所言："真正的伦理学是一种实践，它对一个人社会行为价值观的内容与意义做出批判性思考。"[10-20]工程伦理学集道德理论研究与实践问题解决于一体，在助推伦理理论建构与发展的同时，提高个人对伦理抉择和价值判断的道德敏感，促进"负责任的工程实践"。另一方面，工程伦理并非将一般伦理理论简单、机械地应用于实际问题，而是建构于工程实践性和伦理规范性的相互渗透、融合，聚焦于工程问题的真实情境，凭借工程师明智的道德判断力和坚强的伦理意志力，达到"工程是一种社会实验"的实践性目的。

（6）"学科"意指工程伦理还应被视作对工程中所涉及伦理问题进行理论研究的一门科学。"伦理"既包含个人的道德观念、"栖居之所"的价值理念以及人际交往的行为规范，还包括学科意蕴，即对人类道德现象进行理论研究的"伦理学"。与之相对应，工程伦理（学）可理解为指导工程实践的道德价值、解决工程中道德问题以及论证与工程有关的道德判断的活动和学科[10-13]，其研究内容聚焦于五个方面[10-21]：①建立工程伦理体系的核心和基础问题；②分析工程活动各阶段面临的价值冲突、道德冲突和整合问题，引起领导者、管理者以及工程师对工程活动中伦理课题的关注；③探讨工程技术领域的典型伦理问题；④伦理审视工程活动过程，重点探讨在一般工程环节的运作中涉及道德审视与约束的内容；⑤提出工程从业者应具备的道德素养和伦理规范。

马丁和辛津格的研究突破了狭义的工程伦理——工程师职业伦理——的限制，更倾向于从工程多元化主体——工程共同体——的广义视角探究工程伦理问题。但是，广义视角下工程伦理学的内涵并非仅限于此。如上所述，工程伦理是指工程共同体以可持续发展为旨归，基于保护公众健康、安全、福祉及对环境的责任承担，对全生命期内涉及的工程伦理问题加以伦理考量和道德抉择的规范和准则以及对其进行系统性理论研究的学科[10-9]。工程伦理学的产生，赋予工程师努力以积极意义[10-22]，增强工程师在工程中有效处理复杂性道德问题的能力，增进工程师的道德自治。其作用不仅在于对工程的事后理论反思，更在于使伦理考量渗透到工程建造的全过程，进而创造出更加合意的人工自然，造福人类社会。

10.2.2　国外工程伦理的研究综述

工程伦理学起源于20世纪60年代，尤以欧美发达国家为代表。工程伦理研究前沿的演进历程分为三个阶段：第一阶段是学科基础形成期（20世纪50年代初至80年代末期），这一时期，学术界试图从不同角度建构工程伦理，但还没有形成聚焦中心、较为成熟的常规科学，尚处于缓慢发展、没有统一范式的前科学阶段。第二阶段是学科领域拓展期（20世纪90年代初至90年代末），这一时期工程伦理研究出现了百花齐放的局面，形成了一定研究规模，并且组建了固定研究团队。第三阶段是学科拓展与纵深发展并存期（20世纪90年代末至今），这一时期伦理挑战、基因工程、伦理决策成为备受关注的新问题。工程伦理领域中除了前一阶段尚需深入探讨的问题外，伦理实践、伦理意蕴等成为新一轮的研究热点[10-23]。

10.2.2.1　美国工程伦理学

经过几十年的发展，美国工程伦理学已经比较成熟和规范，形成了相对完善的伦理章程与稳定的学术建制，促进了美国工程的良性发展。美国工程伦理从职业伦理学的学科范式入手，结合案例研究，围绕工程师在工作实践中面临的道德问题和选择，展开深入研究，内容包括"工程师的个体责任"、"工程实践中的责任问题"、"工程协会的责任"[10-24]等，其基本目标是发展一种"预防性伦理"，即培养工程从业者事先考虑实践中可能涉及伦理问题的习惯，增强其对此类问题的敏感性、反思能力和应对技巧，即道德自觉[10-25]。埃迪·康伦（Eddie Conlon）与亨克·赞德福特（Henk Zandvoort）将这一"职业伦理学"模式称之为"个体主义进路（individualistic approach）"：它围绕工程师个体的职业活动展开，假定工程师面临着某种伦理问题且需要做出决策。以伦理准则为中心的工程伦理学研究适应了美国工程师职业组织强化伦理规范和工程教育机构加强工程伦理教育的需要，普及和推广速度很快，一度成为美国工程伦理学研究的主流。

美国工程伦理当下正经历从微观到宏观的转向[10-26]：超越工程师对雇主负责的狭义工程伦理，关注工程师群体和工程职业对当下及未来在生态保护、永续发展等方面的社会责任[10-27]。约翰·莱德（John Ladd）指出工程伦理既要考虑个体工程师与其委托人、同事和雇主的关系，还要考虑工程职业活动与社会的关系；在"广义工程伦理"概念下，责任的主体是工程系统，对象是自然、人类整体，需要考虑科技进步、工程变迁与人类社会的互动关系[10-28]。科技进步日新月异，工程对人类和自然的影响呈现脱缰之势，从工程共同体的群体视角"全景式"地建构宏观工程伦理学势在必行。在美国工程伦理教育方面，"工程共同体"已逐步成为主要教育客体[10-29]，工程师和伦理学者的合作共同体也受到更广泛关注。整体而言，美国工程伦理学呈现出新特点，主要表现在三个方面：一是研究对象的专一化、建制化；二是研究方法的多样化、实践化；三是研究趋势的国际化、综合化[10-22]。

10.2.2.2　德国工程伦理学

德国工程伦理学主要是在技术伦理学和应用伦理学的框架下进行，着眼于工程和技术伦理问题的解决原则和战略选择，重点研究伦理责任和技术评估问题[10-30]。马克斯·韦伯（Max Weber）区分了"责任伦理"和"信念伦理"，认为"信念伦理"的行动目标从可能的后果看毫无理性可言，"责任伦理"的行为则须顾及行为后果，在行动领域里责任伦理优先[10-31]。汉斯·约纳斯（Hans Jonas）发展了以"责任"为主线的伦理，将责任的范围扩大到对全体人类（尤其是子孙后代）以及整个自然界[10-32]，使责任问题成为工程伦理研究的核心问题，并提醒人类从长远的、否定性的结果方面考虑问题，审慎使用科技力量。汉斯·伦克（Hans Lenk）在此基础上提出的"责任"异于康德的"本能性的道义与良知"，更强调"关注后果"，甚至还要为"不可预测的后果负责"[10-33]，认为除传统的因果责任外，人们还应当承担起关爱性的保护与预防责任[10-34]。而尤尔根·哈贝马斯（Jürgen Habermas）与其合作者卡尔·奥托·阿佩尔（Karl-Otto Apel）构建的"商谈伦理学"，通过主体间的交往实践，为抽象的形而上伦理原则真正实施提供了可能解释，并且为实践的职业伦理学创建了现实基础[10-35]，为解决人类该担负何种责任、如何担责等问题进行了理论尝试。

除了学术研究百花齐放，德国工程师协会也对提升工程师的责任伦理意识、规范其职业行为高度重视。2002年德国工程师协会颁布了《工程伦理的基本原则》[10-36]，其目的在于帮助工程技术人员提高对工程伦理的认识，为其行为提供基本的伦理准则和标准；在责任冲突时提供判断指南和支持标准；以及协助解决与工程领域有关的责任问题争议，保护工程技术人员。同时要求工程师对职业行为及其后果负责；对职业准则、社会团体、雇主和技术使用者负责；尊重国家制定的、与普遍道德原则不相违背的法律法规；明确自己对技术质量、安全性与可靠性的责任；发明与发展有意义的技术和一些技术问题的解决办法[10-33]。此原则的颁布意味着"工程师担责"变得越来越紧迫且不容忽视。

10.2.2.3 日本工程伦理学

日本工程伦理学立足于东方文化传统，在吸收美国成果的基础上逐步形成并走向成熟，其思想发展大致划分为三个阶段[10-37]：第一阶段发展町人（工商业者）伦理思想，即由工商业者自发形成的关于从业和为人处事的原则；第二阶段关注企业对社会和企业内部的职业伦理研究；第三阶段引进美国工程伦理学体系，成功吸纳并有所发展。

日本工程伦理不仅在思想上有着清晰的发展脉络，而且研究也独具特色，主要体现在三个方面。一是日本没有十分鲜明的职业传统，也不是典型的资本主义模式，但是却借助"年功序列制""终身雇佣制"等"以人为中心"的管理模式淡化了企业雇主、工程师雇员与公众之间的伦理冲突，创造了令人惊叹的工业繁荣。二是日本本土文化与英语国家的文化传统截然不同，例如，日本文化以群体价值为导向，强调群体高于个人，因而日本工程伦理实践的主体不是工程师个人而是雇主——大企业或公司，工程师不强调对职业的认同，而强调对公司认同，即服从和忠诚于公司。但是日本却较为成功地引入了美国的工程伦理体系，并在模仿西方专业主义模式方面取得了可观成绩。三是日本重点强化实践伦理理念，鼓励工程师将"有用的工程伦理学必须是在出现工程伦理问题的现场能解决问题的"这一实践智慧作为从业行为的指南针[10-25]。总之，日本独特的文化背景导致其与美国模式的工程伦理学体系"和而不同"，并另辟蹊径，描绘出一幅跨文化工程伦理实践的新图景。

10.2.2.4　前苏联工程伦理学

前苏联丰富的伦理思想由大力发展的工业化孵化而出，并且技术活动被定义为社会或全人类的行动，技术的道德评价被确立为实现理想社会的可能性。而后其工程伦理学在"工程师伦理学"的名义下展开研究[10-38]。学者们认为工程伦理学是研究工程师与集体之间的相互关系、工程师之间相互关系以及在生产集体中工程师与工人之间的关系问题，工程劳动的对象是旨在利用自然界物质的生产过程和工艺过程。涅斯捷罗夫（В. Г. Нестеров）等人合著的《工程伦理学》一书即为代表，该书是专门研究工程师职业实践活动伦理观点的第一本著作，聚焦于工程师职业伦理研究，为工程师行为提供指导准则。

1986年的切尔诺贝利核电站灾难，彻底惊醒了苏联学者所认为的"社会主义条件下技术自发地具有人道主义性质"的迷梦，他们开始反思技术创造带来的种种问题（尤其是生态问题和工程师的责任问题），并逐步接受西方工程伦理学的主流思想[10-39]。在经历多种价值冲突的社会文化背景中，工程伦理研究实现了从作为对社会主义道德原则的应用，到借鉴和吸收西方工程伦理学理论和方法的转变。目前，俄罗斯学者将"工程伦理学"定义为研究工程师的个人行为和制定调整其职业活动伦理规则的科学，是应用伦理学的一个分支。他们将工程伦理学视为一门独立学科，或者看成关于调整工程师职业实践活动伦理规则的总和[10-40]。

国外工程伦理研究呈现以下特点：

（1）在建设成熟度方面，美国的工程伦理学较为完整，占据着西方工程伦理思想体系的制高点，并引领了未来的探索走向。其他各国的研究则以本国现实为依托，吸纳美国理论长处，借由本国文化助力，呈现出异彩纷呈、各具特色的繁荣景象。

（2）在研究内容方面，由关注工程中的实践问题向工程伦理建制化发展，理论逐步完善，加强了对工程历史及工程协会与章程的研究，形成从责任伦理到团体伦理、从个体伦理到交往伦理、从规则伦理到德行伦理的研究转向。

（3）在核心关注点方面，工程人员伦理素养的提升日益受到重视，各国逐渐加强工程伦理教育力度。

（4）在未来趋势方面，工程伦理视野将拓展到关注全球化背景下工程创新产生的社会伦理问题、科技创新的飞速化带给人类的技术伦理问题以及气候变暖形势下工程建设引发的生态环境问题等广义工程伦理问题。

10.2.3 国内工程伦理的研究综述

10.2.3.1 中国传统的工程伦理学

虽然工程活动在中国历史久远，但工程伦理这一概念却是极为现代的"时髦品"。在15世纪之前的上千年间，古代中国在技术领域一直占据领先位置，是重要的技术输出方，具有技术系统原创型、工程演化原发型等特点。特别是中国的造纸、火药、印刷术、指南针四大发明，曾经改变了世界面貌。到了近现代时期，随着西方工业革命浪潮的兴起，欧洲成为现代文明的发源地，中国逐渐沦为"追赶者"，科学技术日渐式微。但是，发展态势的暂时落后不能抹灭中国传统科技伦理的价值，相反，正因为古代中国工程发展路径和发展方式的独立演化和自主创新，造就了中国传统科技伦理的独具特色和卓尔不群，其中精华对于指导现代工程伦理研究仍然贡献巨大。对此，伊利亚·普里高津（Ilya Prigogine）就曾赞同道："中国文明对人类、社会与自然之间的关系有着深刻的理解……中国的思想对于那些想扩大西方科学范围和意义的哲学家和科学家来说，始终是个启迪的源泉。"古代中国在天文历法、地学、数学、农学、医学和人文科学等许多领域，都做出过突出贡献，李约瑟（Joseph Needham）说道："要是没有这种贡献，就不可能有我们西方文明的整个发展历程。"而且诸多发明创造体现了人与自然和谐发展、科学精神与道德理想相结合的理性光辉，例如举世闻名的都江堰工程。

中国传统伦理思想内容博大精深、源远流长，展现着中华文明的独特类型，至今也仍以不同的形式和程度存活于社会大众心中，成为社会发展与创新所特有的文化资源和思想根基。在现代高科技迅猛发展与国际融合交流加强的趋势下，土木工程行业更需要传统伦理思想的引导。传统科技伦理思想大致沿着以下五条路径影响着科技实践活动：知识伦理、技术伦理、营造伦理、医学伦理与生态伦理[10-41]。其基本内容有三点：一是知识与道德的统一；二是自然知识与伦理道德相结合；三是科学研究存在于社会的各个阶层[10-42]。其基本精神特质包括：天人合一、以道驭技、以人为本和经世致用。其中，天人合一是哲学基础，以道驭技是理论核心，以人为本是价值归依，经世致用是突出特征[10-43]。传统建筑就是集成这些基本精神特质的最好典范。在中国传统文化观念中，建筑从来都不只是单纯的居所和用具，更是秩序、权力、礼仪、道德的体现。例如，由于深度影响中国古代建筑类型与风格的儒学思想提倡礼制，即以礼为治国之本和个人立身行事的准则，因而产生了如殿堂、宗庙、坛、陵墓等建筑。传统建筑从布局方位、形体大小、结构构件到装饰设计，处处凝结着强烈的政治伦理规范，不仅彰显上下有序、尊卑有礼的国家结构，存在壁垒森严的等级，更被赋予"齐家治国"的社会教化作用[10-44]。《黄帝宅经》对此有高度概括："夫宅者，乃是阴阳之枢纽，人伦之轨模"[10-45]。可以说，中国传统建筑几乎在每个方面都强烈反映着中国传统的伦理文化。

中国传统科技伦理的活性元素对于现代工程伦理学、生态伦理学、工程科学等学科的发展存在重大的理论借鉴价值，中国传统科技伦理中的真知灼见也是解决人与自然间矛盾的一剂良方和克服当代人类科技异化问题的理性选择[10-46]。随着科技发展对社会的负面影响日益加深，部分国内外学者开始从中国传统文化中寻找科技伦理智慧，其研究主要集中在如下领域：天人关系论、真善关系论、科技价值观、科技人文观以及传统科技伦理理论体系。中国古代虽然只有技术一词而无科学与科学家概念，但发达的科学技术却足以称道，许多享誉世界的科学家、发明家的科学思想与科技道德值得发掘[10-47]。只是由于中国古代典籍中很少有在宏观层次上讨论科技伦理思想的内容，导致目前的研究还处在零星的、微观的、局部的研究阶段，系统而全面研究中国传统科技伦理思想的著作还很稀缺。

10.2.3.2　中国现代工程伦理学

中国现代工程伦理学源于对技术的哲学反思和引进西方的技术批判理论，研究始于20世纪80年代，属于工程伦理研究领域中的"后发者"。目前看来，国内学者的工程伦理学研究主要借鉴了美国工程伦理学的研究成果，并对其进行了比较深入的剖析。

近年来，中国台湾地区对工程伦理的关注不断提升，特别是爆发"9·21大地震"之后。台湾地区率先接触美国工程伦理学并在此基础上逐渐形成具有台湾特色的工程伦理教育体系，激发了工程师群体对工程伦理意识的重视。1990年，台湾清华大学与中原大学率先开始讲授"工程伦理"课程；在1991年的相关会议上与会者达成共识，呼吁推动大专院校开展"科技伦理"与"工程伦理"的相关课程；之后，陆续有元智大学、交通大学、逢甲大学、台湾大学、中华大学等学校加入此行列[10-48]。学者们从课程设置、教学方法及教学效果评估等方面进行了广泛研究，并将关注重点落在工程伦理规范的制定上。2007年颁布的《工程伦理手册》，明确工程从业人员需承担的责任、遭遇冲突如何抉择，并以案例分析详细阐明伦理守则的相关规范，对工程从业人员行为进行规约并提供指导。

大陆地区工程伦理学研究呈明显的阶段性特征[10-49]：第一阶段，启蒙认识阶段（1989～1999年），开始反思技术发展引发的疑虑。以1989年发表的《技术伦理学——理论与实践》（黄麟雏）[10-50]和《技术终将失控？——"深蓝"获胜引起的思考》（曹南燕）[10-51]为起点，尝试从伦理视域窥视工程技术问题。这一时期，主要对包括军事、生态、医疗、工程技术发展带来的问题展开伦理反思，例如第六次全国医学伦理学术讨论会（1991年）的召开。第二阶段，探索前进阶段（1999～2005年），渐进引入工程伦理学的理念。以1999年《工程伦理学》（肖平）[10-12]和2003年《工程伦理学及其若干主要问题的研究》（李世新）[10-2]的出现为重要标志，相关研究开始逐渐深入，关于工程伦理内涵、工程伦理规范、工程伦理基本原则等问题的初步探讨取得较大成就，力图纠正工程活动中伦理"缺位"和道德思考对工程的"遗忘"这两种倾向。第三阶段，稳步发展阶段（2005年至今），以《工程伦理——概念与案例》（查尔斯·E·哈里斯，2006）[10-52]与《工程伦理学》（马丁和辛津格，2010）[10-15]两本书中译本的出版作为标志，全面开展工程伦理学学科定位、研究主题、制度建设等重大主题的探讨。学者们引进并翻译诸多国外学者的经典专著，深入剖析工程伦理案例，积极与国外同行进行学术交流。但是，当前中国工程伦理学研究主要面临以下三方面问题：（1）理论问题研究较多，案例研究与具体问题研究较少；（2）伦理学家与工程师（管理者）之间的对话与合作有待进一步加强；（3）在引进国外理论成果时缺乏本土化研究，对实践有效性关注不够。

由于工程项目全球化，形成于美国背景的工程伦理学受到愈来愈多来自美国本土和其他国别文化背景学者们的批判性审视。工程伦理学在西方已经取得的理论进展，使得国内学者能够避免对工程伦理学的狭隘理解，以开放视角广泛而深入地探究工程活动中的各种道德问题，研究从工程实际中生发出伦理问题的应用伦理学。基于理论积累、实践呼唤以及工程哲学的伦理转向研究这三方面的准备，大陆地区工程伦理研究主要在科学技术哲学的大体系中展开，重点关注生物基因、计算机网络等高新领域以及土木、能源等关系国计民生的行业，聚焦于工程目标评价、大型工程项目所涉及的利益公平、生态伦理等问题。其研究视角可归纳为两个向度：向度一体现为工程与伦理互促增长，从伦理到工程——运用伦理学的视角和方法研究工程伦理学，以伦理道德引导和助推工程实践的良善发展；从工程到伦理——探寻工程发展对伦理道德的影响，树立崭新的伦理思想。向度二重点关注工程的实践性和职业性特质[10-52]：工程伦理既是对工程实践所涉及的道德价值、道德问题和道德决策的研究，又是工程师应当努力具备的独特的职业伦理和个人伦理。尽管工程师已成为工程伦理问题关注的焦点，但从伦理责任、伦理教育及伦理知识等视角获取的研究成果却表明：工程师仍处于一个被动的伦理角色，其自身的主观能动性和自动自发意识均没有得到有效发挥。工程伦理学未来的努力方向是职业化（Professionalism），强调工程师在专业上的卓越和伦理上的完整，即过硬的职业技术与完善的人格[10-53]。而树立伦理思维正是工程师由被动伦理角色向主动伦理角色转变的重要途径之一[10-54]。

综上所述，对工程伦理学的研究存在两条途径：一是从科学和技术的角度将工程视为技术的应用；二是从职业和职业活动的角度将工程伦理归结为工程师的职业伦理。不论沿用以上何种视角，工程伦理的研究极易陷入以工程师为起点，通过关注工程师个体的伦理素养以及工程师应承担的伦理责任，为工程伦理学的研究确定初始外观的境地，即狭义工程伦理学。例如，菲利普·J·赫梅林斯基（Philip J. Chmielewski）认为"工程伦理是指向工程研究和设计人员的伦理，而工程研究和设计人员最主要的群体就是工程师，他们是工程事业的主要参与者，也是工程活动的主体"。工程师作为工程伦理的唯一对象，须确保"促进一种负责任的工程实践"。这表明探索"工程师如何成为有德之人"以及解决"如何培养工程师自愿选择作当责者"，是狭义工程伦理学不能回避的问题。然而狭义工程伦理学过于注重伦理观念对工程师职业行为的影响，既不能促进工程师更好地理解技术转型日新月异的移动互联网时代所出现的全新工程伦理问题，也未能帮助工程师彻底脱离传统情境下两难困境的"达摩克利斯之剑"。狭义工程伦理带来的更严重影响是，这种囿于工程师"单一主体"的研究，使得工程伦理突围的努力沦为徒劳挣扎。李伯聪也指出，工程伦理学研究应当从"狭义"走向"广义"，研究主题从对"工程师的职业伦理"的研究转变为对"工程决策伦理"、"工程政策伦理"和"工程过程的实践伦理"的研究[10-55]。工程伦理学的发展亟需将伦理主体由工程师个体转变为工程共同体，从而实现工程伦理学的宏观转向。

10.3　工程中突出的伦理问题

工程与人类生活密切相关，其中涉及人与自然、人与社会和人与人之间复杂的关系，而伦理问题就蕴含其中[10-56]。随着工程本质特征的渐变，人们对工程伦理需求的必要性亦日益凸显：（1）技术进步使人类掌握了巨大力量，技术由简单工具转而成为建设人工自然、创造"工程王国"的利器，因此对技术进行伦理反思刻不容缓；

（2）工程师正在从一个向雇主和顾客提供专业技术服务的职业演变为一种以既对社会负责又对环境负责的方式为整个社群服务的职业[10-57]，工程师的职业伦理应运而生；

（3）工程从来没有像现在这样对人类生活产生如此巨大的影响，渗透到人类生活的方方面面，且工程内含某些超出工程发起者预料的结果，必须有伦理规范加以规约。工程中的伦理问题，已成为哲学家和工程师所公认的重要研究领域。而在做出任一专业伦理判断之前，首先必须能够发现潜在的伦理问题；倘若未能对潜藏于工作环境中的伦理问题有所察觉，那么之后可以作为对策之道的专业伦理行为也就不可能产生。

10.3.1　工程是否存在伦理问题

尽管伦理诉求是工程活动的一种内在规定，但对于工程是否存在伦理问题仍存争议。

10.3.1.1　工程的科学应用观

"工程的科学应用观"认为工程是科学的应用，只有技术上的先进与落后之分，而无道德上的好坏之别[10-58]。这一观点成立的依据体现在以下两点：其一，工程师的任务是建设和谐的人工自然，科学家的任务是认识和解释世界，而建设人工自然的前提是认识世界，科学是工程的基础和前提。其二，工程以科学及其延伸学科为基础，工程技术人员产生成果的依据也是科学。此观点得到普遍认同。其中托马斯·特雷德戈尔德（Thomas Tredgold）给工程所下的最早、最具官方性质的定义体现了这一思想："工程是为人类的便利而运用自然界伟大力量的艺术，是自然哲学中最重要原理的实际应用。"[10-59]大卫·R·雷耶斯·格拉（David R. Reyes-Guerra）也认为工程是把通过学习以及实践所获得的数学与自然科学知识，加以选择地应用到开辟合理使用天然材料和自然力的途径上以为人类谋福利的专业之总称[10-60]。在"工程的科学应用观"这一认识论根源的指引下，工程师将自身工作视为自然科学的应用，认为自己所从事的工作不关乎价值判断，更不涉及伦理道德。故此，工程师对自身行为所造成的影响无需承担伦理责任。正如德索尔（F·Dessauer）所言："工程师的技术创造是通过'内在计算'把人的目的与一个给技术难题设计解决方法的超验'第四王国'联系起来，工程师个人对自己的技术活动几乎无任何道德责任可言。"[10-61]把工程建造理解为"纯粹智力活动"的价值观，导致技术创新主体不能很好地发挥对技术的伦理责任。

把工程看作是科学之应用的观点，只看到了科学是工程的重要知识来源，却忽视了工程与社会之间的紧密联系。对此，迈克·W·马丁和罗兰·辛津格强调，工程不是为了解决某一孤立的技术问题而沿着一条笔直的道路应用科学知识的求解过程，相反，它是一个摸索、试错的过程。任何一项工程都具有独特性，不是已有的科学知识甚至其他工程知识和以往工程经验所能完全涵盖得了的，它需要工程师发挥类似艺术创造意义上的直觉和灵感。所以，"失败是一切有用的工程设计中所固有的"，工程中内在地存在着危害人们生命、健康和财产安全的风险因素。"用户及公众能够接受何种风险？""怎样确定可接受的风险水平？""谁来确定这个标准？"等问题，都不是简单地应用科学理论就可以解决的纯粹技术性质问题，而是带有伦理性质的难题。工程之中存在着丰富的社会伦理问题。

10.3.1.2 技术自主论

"技术自主论"认为技术自成体系，其发展不受外界因素的影响。这一观点在西方有着广泛影响力和众多拥护者。其代表人物雅克·埃吕尔（Jacques Ellul）认为"技术的特点在于它拒绝温情的道德判断。技术绝不接受在道德和非道德运用之间的区分。相反，它旨在创造一种完全独立的技术道德"。"在现代技术中，人们不再具有判断自由和选择自由"，"技术不再可预见，人们也不再为技术设置目标"，"人类最终将完全臣服于技术"。诺曼·列维特（Norman Levitt）也认为："技术的发展是自主的，它不会受到社会政治、文化和伦理道德等因素的影响和制约。其结果是形成并培育了一个巨大的技术结构，这个技术结构没有任何人特别地设计或计划过。"[10-62] 技术自主论否定技术伦理的存在，认为技术与道德之间没有关联性，伦理道德不可能约束技术的发展；事实恰恰相反，技术作为一种推动社会变更的力量，支配和决定人的道德观念和社会状态。以技术发明和技术创造为职业责任的工程师，对技术的本质理解更容易倾向于技术自主论[10-63]，将技术和工程活动造成的负面影响归结到技术独有的本质属性上，并以此作为不承担伦理责任的借口和为卸责行为辩护的依据。

工程技术的发展是技术系统与外部社会（包括伦理道德）相互作用的过程。一方面，技术的发展具有内在的继承性和连续性，存在着技术的"累积"和"自我强化"效应，相对于人的利用、控制和支配，技术表现出某种抗拒性和自主性。另一方面，技术归根到底是由人承担和进行的、适应自然、创造物质财富的活动；没有人的物质欲望和精神需求作为动力，就不会有技术的产生和发展；离开了人尤其是工程师，技术更不可能存在。所以，必须承认人对技术的决定和选择最终拥有能动性，人不能推卸对技术发展应担负的责任。

10.3.1.3 工程工具论

"工程工具论"者将工程视为达到目的的手段或工具体系，认为每一种技术都被用来解决特殊的问题或服务于人类特定的目的。在工具论者看来，技术的价值在于实现社会为之设定的目标，例如其代表人物卡尔·西奥多·雅斯贝尔斯（Karl Theodor Jaspers）认为："技术仅仅是一种手段，它本身并无善恶。一切取决于人从中造出什么，它为什么目的服务于人，人将其置于什么条件之下，"[10-64]。在"工程工具论"的指导下，工程技术和人工自然只有"工具性"和"功用性"。作为发明、创造工具的主体，工程师并没有义务对工程造成的恶果承担伦理责任，其职责是完成工程任务，无须从伦理维度考虑工程技术产生的影响。

"工程工具论"割裂了工程技术与它的社会后果之间的联系，忽视了现代工程实践及其结果的复杂性。对技术造成的超出预见的消极后果，工程师无须承担伦理责任，这一观点更是暴露出"工程工具论"的局限性和荒谬性。工程伦理学要研究的恰恰就是针对技术负作用而引发的"预防责任"问题。

工程以价值为导向，"工程活动的目的是要形成一个'更有价值'的世界……人类的工程活动则是一个'创造'和'提升'价值的过程，它是一个以价值性为进步尺度和指标的过程"[10-65]。受"工程的科学应用观""技术自主论"以及由此引申的"工程工具论"等传统技术观念的影响，工程人员时常难以明确自身应担负的伦理责任，将所从事的职业活动视为自然科学的应用，认为技术本身及其发展完全自主，并将工程理解为达到目的的工具和手段，导致其伦理责任意识淡漠。但正如涂尔干（Emile Durkheim）在《职业伦理与公民道德》[10-66]中所指出的，伦理问题是专门性职业在专业发展进程中的一个重要问题，不容忽视。随着各工程师专业学会的建立，工程伦理问题被正式提出，工程伦理问题的识别与辨析引起广泛关注。

10.3.2 如何辨析工程伦理问题

伦理因素是工程的内在蕴涵，工程中本来就存在大量复杂、开放和含混的伦理道德问题，并非伦理学家把伦理维度硬塞给工程，或者带着伦理学的变色眼镜把工程视为道德负载。但是，"在工程活动中'纯粹'的伦理问题一般来说不存在，伦理问题常常和其他问题'密切结合'在一起，在研究和分析工程伦理问题时，必须把伦理分析和其他维度的分析结合起来，否则，对工程中伦理问题的分析就难免要陷于'浪漫主义'的幻想或'空中楼阁'式的空谈"。马丁甚至认为，"能够熟练地识别出工程中的伦理问题，这是学习工程伦理学的第一个重要目的，也是培养和提高道德意识的必由之路"。

　　工程实践中的伦理问题是当代世界所面临的主要社会问题之一。这缘于工程为社会提供的技术产品或设计方案等服务具有中间性、双重性和过渡性等特征："中间性"指技术所追求的效用价值处于价值阶梯表中的较低层次，并非最终的善或目的，而是实现最终善的手段；"双重性"指工程既可为善的目的服务，也可被恶的目的控制，其使用价值的善恶难以简单判断；"过渡性"指"工程产品如同商品一样是为了用户的最终消费和使用"及"工程师将从事工程工作视为晋升经理或领导者的台阶而非最终归宿"。上述特征使得工程中的伦理问题具有复杂性和间接性，易被遮蔽。马丁等人通过研究发现，在一个产品的生命周期循环中，从产品设计、生产、制造、成品、使用，直到产品的报废，整个过程都蕴涵着道德与伦理问题。也有学者从关涉内容的视角对工程伦理问题加以分类：与工程相关的生态伦理问题、技术伦理问题、社会伦理问题以及责任伦理问题。对于工程伦理究竟应当解决哪些问题，什么才是突出的工程伦理问题，学者的观点存在"微观视角"与"宏观视野"之分歧。

　　从"工程师的伦理"这一微观视角分析，工程师伦理问题是研究的基础和重点。立足于帮助工程师摆脱道德困境。工程中的伦理问题聚焦于三个方面：一是工程师与伦理的关系问题，表现为许多工程师应提升对伦理问题的关注，意识到工程中道德问题的复杂性，避免陷入伦理困境；二是工程师的责任问题，表现为工程师既有义务向公众告知技术应用可能产生的危害公共安全的不利后果，又要实现履行职责所赋予道德责任的自治；三是工程师的角色冲突问题，表现为扮演复杂、多重角色的工程师如何化解冲突并实现利益均衡。上述工程中的伦理问题均与职业伦理息息相关。就像朗（T.A.Long）所说："今天困扰具有反思意识的工程师的伦理问题是这样一些问题，如说真话、保密和对雇主/客户的责任与对公众的责任之间的冲突等。而这些伦理问题几百年来已经为医生所司空见惯。"所以，"如果认为工程伦理学的目的是为了达到阐明一套伦理原则，它们单个来说都是必需的，合起来则足以使工程伦理学不同于商业伦理学，那么，实现这样的目的希望渺茫。因为，当且仅当存在为工程实践所独有的伦理方面时，才存在一个这种意义上的工程伦理学……"[10-67]

　　但是，工程师的多元角色使工程伦理关涉的问题更为复杂。一方面，医生和律师以个体为主要单元从事职业活动，具有实行独立专业判断的较大空间。而工程师大多受雇于公司，与营利性企业具有不可消解的关联。作为雇员，工程师需以雇主的利益诉求为目标采取行动，即对雇主承担"忠诚责任"。另一方面，作为工程活动的主体，工程师承载着专业人员的角色，还需以专业知识为依托，遵循客观规律，营造利于人类生存的环境，即承担起"独立的职业责任"和"真正的社会责任"。工程师角色显示出技术及经济的双重效用，这种工作环境使得技术价值与商业价值紧密纠缠，工程决策与管理决策相互交错；加之工程师在职场上明显处于弱势地位，常常导致其陷入忠于雇主与履行社会责任的价值冲突中。

工程活动伴随着巨大风险，内含着某些未知、难测的后果。乌尔里希·贝克（Ulrich Beck）指出"尽管风险只是一种可能性，但危险的一次证实将意味着无可挽回的自我毁灭。"[10-68] 人工自然的价值属性及工程的风险性表明工程并不带有必然的善，工程活动具有超出预期目的之外的附带效果。这可以区分两种情况：一种情况是工程的利弊结果由同一人群承担，涉及的伦理问题主要是技术的利益与风险如何权衡。例如建设核电站是解决能源供应紧张的有效途径，但是它也潜伏着巨大的危险性。另一种情况是工程技术后果的社会非中立性，即技术后果（包括利益和风险）不是对全社会所有人都一律平等。

不管工程师面临哪一种选择，都回避不了"工程活动蕴藏的伦理问题更为复杂多变"这一客观事实，要准确辨析工程伦理问题就必须从"工程的伦理"这一宏观视野开展研究。"工程的伦理"指向处理产业中工程师的角色、工程师所在组织中的伦理、职业工程社团（学会）的伦理，以及职业的伦理责任等伦理问题，覆盖工程师的职业伦理、工程的责任问题、工程的伦理规范、工程中利益关系的协调、工程活动各要素间的关系等方方面面。还有研究者依其属性进一步将其分为五类[10-69]：一是明显违反道德上的"善"的问题；二是灰色领域内非黑非白的道德问题；三是无明显违反法律与道德，但积重难返的"陈规陋习"问题；四是不容于法律，但不易被察觉或不便依法执行的问题；五是关系利害冲突——抉择两难的问题。

中国台湾学者对此做了更具体的研究。王晃三将工程专业中比较常见的工程伦理问题整理分为两种[10-70]，一种是在工作职场常会遭遇但并非工程人员所独有的问题，包括据实陈述问题、隐私权问题、回扣问题、公物私用问题等共12项；另一种则是与工程师专业中经常会遭遇或专业关联性特别高的问题，包括：胜任问题、业务机密问题、文件签署问题、身份冲突问题等共12项。冯道伟归纳出土木工程师最可能面临的专业伦理问题共27项，并将其分成三类，即：专业相关伦理、工作伦理和管理伦理。江政宪归纳出营建工程伦理道德常见问题共39项，经过提请专家反复勾选，最后，统计出工程安全问题、工程质量问题、工程污染问题、黑道介入问题、专业技师分工的冲突问题、利益团体施压问题等共计16项主要伦理议题。林铁雄则从分析"9·21大地震"着手，归纳台湾地区工程界常见之工程伦理问题有7大要项[10-71]：（1）借牌现象；（2）施工马虎、监工不实；（3）黑道介入问题；（4）民代关说包揽工程；（5）白道绑标；（6）抢标的问题；（7）公务人员的心态问题等。同时林铁雄还指出，要确保工程专业能力得以发挥，必须具备健康的工程生态环境，也就是要建构具有工程专业能力与工程专业伦理的工程师与从业人员所组成之工程界。

国外学者同样重视伦理问题的识别和辨析，其研究既包括工程中所蕴含的一般伦理问题，即把工程作为一个整体考察其中涉及的伦理问题；又涵盖具体工程领域的伦理问题。例如罗萨·B·品库斯（Rosa B Pinkus）等人认为，工程项目在费用、风险和工期之间的权衡产生出现实的伦理问题。而马丁和辛津格更是在《工程伦理学》一书中专门用一章论述"工程是一种以社会为对象的试验，风险是工程的内在属性，所以工程富含深刻的伦理问题"[10-15]。展望21世纪，沃尔夫认为工程伦理问题将愈加突出。技术创新速度越来越快，工程系统日益复杂，势必出现以往工程师所不曾碰到的伦理问题。这不仅限于工程师个人的行为是否恰当，而且关系到工程职业整体的行为是否恰当。全球化浪潮下工程伦理问题呈现新的特质，其研究聚焦于两方面的问题：一是工程师置身于国际背景下，即在涉及不同文化传统、不同经济技术发展水平的国家之间进行工程工作时会遇到的伦理问题；二是工程的影响跨越国界，如环境污染、军事技术等。例如查尔斯·E·哈里斯（Charles E. Harris）就强调，"工程师跨国工作所遇到的最重要的问题或许是贿赂问题。应该把贿赂问题同索贿、打点和礼物区分开来"。可见工程伦理问题不仅是国内外研究者眼中的重点课题，也是难点之一。

10.3.3 工程伦理问题使得工程师面临两难困境

伦理意识淡漠是导致工程师不能处理好工程中事关社会伦理的重大问题、酿成严重后果的根源之一。美国学者奥古斯丁（M. Augustine）观察到，在伦理问题上陷入困境的工程师大多数并非人品不佳，而是由于他们没有意识到所面临的是伦理问题。结果，"他们作出了糟糕的决定，玷污了自己的名誉，使自己的余生受到牵累"[10-72]。一旦工程师对上述工程伦理问题的存在缺少基本的敏感，极易面临两难困境，正如马丁所言，"如同在其他地方一样，工程中也会出现伦理困境，这是因为道德价值多种多样，可能会引发冲突"。

（1）"公司雇员"身份的忠诚责任与"职业人员"身份的职业责任之间的冲突。"公司雇员"身份使工程师在接受薪金时"顺理成章"地"接受"和"认可"忠诚于受雇公司及其雇主这一条件和伦理原则，于是"忠诚"成为工程师群体重要的"道德原则"。另一方面，作为一种独立的职业，工程师掌握专业技术知识，是工程领域的专家，最了解技术发展的方向和速度，最清楚什么对社会有利，须承担"为公众谋取福利"的职业责任。雇主的利益诉求与公众利益不可避免地存在着冲突，当雇主所提要求有悖于客观规律或工程师职业道德时，工程师选择一味地忠诚于雇主，亦或是以专业视角承担职业责任违背雇主的指令，均会受到另一方的诘难，工程师难免陷于两难困境中。

（2）专业权威的独立决策与从属地位的权利受限之间的冲突。作为工程活动的主体，工程师因掌握的专业知识和所具备的实践经验，通常被认为是工程决策中的权威[10-73]，在工程活动中具备独立决策的能力。然而，技术力量集中于工程共同体金字塔上部，决定了从事具体工程活动的"基本行为主体"是企业而非工程师[10-74]。正如马里奥·奥古斯托·邦格（Mario Augusto Bunge）提出的"应用科学和技术研究开发的目标，是由经营者和政治家而非科学家和工程技术专家选择的。"[10-75]工程师在工程组织中"话语权"不够，对其研发的技术成果没有最终决定权。对此，克莱夫·斯特普尔斯·刘易斯（Clive Staples Lewis）尖锐批评道："人们常说技术发展是人类征服自然力量的增长，其实这种力量不是赋予一般意义上的人的，而只是把自然当作中介来使一部分人相对于另一部分人的力量增长。"处于此种职业主动性与从属地位被动性的冲突中，工程师的决策和行为难以完全体现工程师的真实意愿。然而，公众问责时却将目光聚焦于工程师，使其陷入权责失衡的困境中。

（3）工程专业的价值冲突问题——科学与商业之间价值张力的拔河。人们普遍认为，专业社会服务具有利他性，追求私利被视为与专业身份和社会声望相矛盾[10-76]。工程师的职业行为在专业背景下毫无疑问具有利他性，但与营利性企业不可分割的联系使工程师提供的服务同时具有私利性，即"成本"通常被视为"技术结果适合度"的内在标准，工程师随时需要考量项目的投资收益率。从专业角度看，虽然经济性因素为工程师的专业服务提供了可能的专业市场，但工程师的专业形象却因此被烙上"急功近利"和"贪图私利"的印记，陷入价值冲突之中。科学与商业间的张力被认为是塑造工程师职业角色的最重要动力之一，但这种双面角色，无疑为工程专业覆盖了一层不可消解的价值冲突阴翳，使它遭受了专业伦理和职业道德的双重指责。

（4）工程固有的风险性、多元主体性等特征使工程师陷入承担扩大化的伦理责任困境中。一方面，工程充满创新性、不确定性，其结果从来不是完全积极或消极，而是正负效应并存。工程师"按图施工"时往往无法预测最终结果的好坏，而且在运用专业技术知识降低风险的过程中，一旦出现因不可抗力因素导致工程事故，人们大多将过错归咎于工程师，并强求工程师承担"超出工程师能力范围的责任"。另一方面，参与工程活动的人员并非仅限于工程师，企业雇主、管理者、政府监管部门等均是工程活动中不可或缺的力量，特别是当专业化分工程度越来越高，工程师个人在整体工程活动中只能起到细微作用。这就是汉斯·约纳斯所描述的："我们每个人所做的，与整个社会的行为整体相比，可以说是零，谁也无法对事物的变化发展起本质性的作用……'我'将被'我们'、整体以及作为整体的高级行为主体所取代，决策与行为将'成为集体政治的事情'。"每一成员承担相应的伦理责任是其职业的应有之义，但不能将责任主体局限于工程师群体。

10.4　解决工程伦理问题的方法

10.4.1　工程伦理学研究为工程师解决伦理问题提供方法论指导

工程伦理学的研究方法主要有两种："职业伦理范式"和"面向工程实践的范式"，这是学界普遍接受的观点。"职业伦理范式"是根据工程实践活动自身的特点，结合伦理学中的相关概念、规范和原则进行理论分析，以制定工程伦理原则和规范来约束和限制工程师的行为。如马丁在《工程伦理学》[10-15]一书中就提出利用功利主义、权利伦理与义务伦理、美德伦理等基本伦理理论，分析并探讨工程中常见的风险与安全、责任与权利、诚实与欺骗等概念，指出它们的伦理内涵和价值指向。而"面向工程实践的范式"是典型真实事件的案例研究方法，是结合工程伦理的相关理论进行阐述和分析，并以此展现工程中内蕴的伦理问题。通过真实的案例研究，分析工程活动中涉及的具有不确定性和风险的伦理问题，帮助工程师提高识别、表达和解决复杂伦理难题的能力。查尔斯·E·哈里斯等人合著的《工程伦理：概念与案例》[10-52]一书便是这一研究范式的典范之作。

工程伦理学研究包括理论分析研究和描述性案例研究。"理论分析研究"一般直接给出伦理规范，缺乏对规范本身的理论论证，因而招致了一些学者的批评。例如，兰登·温纳（L.Winner）批评美国工程伦理学界惯常围绕工程伦理准则开展案例教育的做法，即只纠缠于细节而忽视大局，只见树木不见森林[10-77]。而"描述性案例研究"因典型案例的特殊性、具体性而不具有更大的普遍性与适用性，造成方法上的局限性。虽然存在缺陷，但上述两种研究方法符合韦伯（Weberian）的"理想模式"，此种模式可在一定范围内聚焦反面观点。它们并不互相排斥，具有融合的趋势，即对工程伦理案例进行描述的同时展开理论分析，理论分析研究也利用案例以验证可靠性、提升说服力。而何种模式更优主要取决于其在一定范围内更有利于找到结合点。

对于如何研究工程伦理学，诸多学者具有不同见解。迈克尔·戴维斯（Michael Davis）在《像工程师那样思考》一书中认为，哲学方法和自然科学方法均可用于工程伦理学的研究中，不存在方法的统一性。工程伦理学的研究方法应该是一个方法论的集合，至少有五种方法可用：哲学的、决疑的、技术的、社会的以及职业的[10-78]。尽管他推崇职业的研究进路，但他也认为，这五种研究进路是互补的，都对工程伦理乃至工程哲学做出了贡献。还有学者提出工程伦理的研究方法分为三类：一是"直面实事本身"的现象学方法和"语言分析"方法，即在研究时应将"面对实事本身和生活世界""面对制度实在和社会实在""面对社会人和主体间性"当作三个基本的理论原则和方法论原则。例如美国纽约州立大学的阿曼图博士（Joe Amato）描述了1944年以来美国工程职业的历史发展，并从本体论角度研究工程设计的理论，在语境中解释了技术。但这种叙述性语境描述也仅仅存在于对历史的考察中，在关注现实问题上显得过于空泛。二是经验研究和理论研究，即二者的良性互动、相互补充才是工程伦理学"脚踏实地"前进和发展的基石。三是跨学科研究方法，即处理好工程伦理学与工程哲学、工程经济学、工程社会学、工程史学等学科的关系。以案例来展开研究的罗萨·B·品库斯等人以美国航天飞机主体发动机的决策、设计、制造为案例，通过跨学科分析其涉及不确定性和风险的评估，强调工程师如何识别、表达和解决复杂的伦理难题，并指出以三个最基本原则：能力（Competence）、责任（Responsibility）和西塞罗（Cicero）的第二信条"保证公众的安全"（Protecting Public Safety）作为分析框架来表达和解决在实践中产生的伦理问题。

其他研究方法还包括调查研究法，如罗伯特·迈基（Robert McKee）通过调查斯坦福大学的工科学生和工程师过去五年里所提交的工程伦理问题，发现并指出面向工程伦理主题的多种经验方法的价值。正如理论分析能够阐明具体案例研究的争论，对于工科学生和实践者观点的探究和调查也能够拓宽焦点问题。

对于伦理学的不同界定影响着工程伦理学研究方法的探讨和确立。传统西方伦理学认为伦理学是研究善的学科，更关注公共行为。亨利·西季威克（Henry Sidgwick）则认为伦理学应该是"关于正当或应当的科学或研究；当然，这种科学或研究以个人的自愿行为为基础"[10-79]。伦理学可指引人们的行为向善的方向发展，并实现由"他律"到"自律"的转变。伦理理论是伦理学研究的结晶，是具有明确性、系统性、清晰性和某种程度的抽象性和普遍性，可以用来指导实践的一系列推论。例如，功利主义提倡追求"最大幸福"，考虑最大多数人的最大快乐；美德伦理倡导从个人修身做起，对广泛伦理问题予以关注，将美德渗透在伦理问题的解决过程中；以"柔性""包容"著称的关怀伦理也是解决工程伦理问题的关键方法；以"前瞻性、自律性、关护性、整体性"为特征的责任伦理，为技术世界中工程师的行为提供价值判断的尺度；境遇伦理学则成为瞬息万变现实境况中进行道德决断的新方法。工程的复杂后果使之具有伦理意义。结合下述案例，对五种主要的伦理理论进行解读，以期为工程师运用不同的伦理理论从差异化视角解决伦理问题提供思路。

柯尔·道格拉斯是某五金公司销售员，正在为新奥尔良市某商厦的玻璃幕墙连接件订购业务竞标准备讲稿。该商厦为超高层建筑，外部全部采用点式玻璃幕墙，所以所需的连接件数量巨大，业务利润相当可观。柯尔所属五金公司生产的连接件缺损率为3.5%，在一般建筑中足以保证幕墙的牢固稳定，但是新奥尔良市特殊的地理位置和自然气候对连接件的质量提出更高要求。新奥尔良是美国路易斯安那州南部港口城市，濒临墨西哥湾，大西洋的飓风可以轻易登陆上岸。柯尔所属公司生产的连接件可以抵抗较弱飓风的吹袭，但是面对强飓风的肆虐就有些"疲于应对"。据气象专家统计，美国东海岸强飓风平均每十年登陆一次，但是偶发的恶劣天气也可能造成强飓风突然而至，例如2005年卡特里娜飓风的侵袭就令民众"措手不及"。柯尔清楚其间的问题，但又想赢得这项业务。因为如果柯尔赢得这次销售，他将在正常工资基础上获得另外30000美元的酬金。但如果柯尔将连接件缺损率告诉承包商，其所属五金公司可能会将这笔生意输给那些连接件可靠性更高的对手[10-80]。因此，柯尔·道格拉斯面临的伦理抉择为是否应该向工程承包商指出：若遭遇强飓风侵袭，其公司生产的连接件可能会失效，而玻璃幕墙坠落到商厦下面的繁华步行街，将会造成严重人员伤亡。

10.4.1.1 功利主义（Utilitarianism）——"幸福是目的"

目的论是指如果某种行为能得到预期的结果（例如，愉悦、获取知识、事业提高、自身利益的实现或效用），那么可以认为这种行为在道德上正确或可接受[10-80]。杰瑞米·边沁（Jeremy Bentham）和约翰·史都华·密尔（John Stuart Mill）提出的功利主义是目的论的形式之一，功利主义者认为"每一个人所实施的行为或所遵循的道德规则应该为每一个相关者带来最大的好处（或幸福）"[10-81]。"功利主义以快乐作为衡量行为对错的标准，此处说的快乐并非行为者自身的快乐，而是所有相关者的快乐。在他的快乐和其他人的快乐中间，功利主义要求他要像一个无关利害的、仁慈的旁观者一样的严格公平。"[10-82]功利主义考虑到任何道德行为的一切相关者。然而，当代功利主义为了贯彻功利主义的精神，避免功效原则的"最大多数人"与"最大功效"可能产生冲突的争议，通常把"最大多数人"这一条件去除，只求达到最大功效，以长远来看，每个人都可能直接或间接受惠[10-83]。

如果柯尔是功利主义者，做决定之前，他会分析不同选择所带来的效用，并采用能获得最大效用的方案。在案例中，可能的效用包括通过商厦带动当地经济、借助工程创造数百个工作机会、增加五金公司的收入等。而成本则是连接件缺损率可能会增加玻璃幕墙在强飓风天气时的坠落风险（毕竟这种风险不可知）。作为功利主义者的柯尔可能会认为用公司的连接件来固定玻璃幕墙比通知幕墙承包商连接件或许会在强飓风天气时失效的效用更大，因此，他会对公司的连接件缺损率保持沉默。

相关案例：在20世纪70年代，福特汽车公司的平托（Pinto）是美国销售量最好的超小型车之一。然而不幸的是，当另一辆车从后面撞上它时，它的油箱容易爆炸。有500多人因为购买的平托突然着火而丧生，有更多的人遭遇严重烧伤。其中一名烧伤受害者为这一有缺陷的设计而状告福特汽车公司。其实，福特的工程师们早就意识到了这种油箱所带来的危险。然而，公司的经理们作了一项得失分析后认为，修补这种油箱所获得的利益（包括所挽救的生命和所阻止的伤害）并不值得他们在每辆车上花费11美元——这是给每辆车装上一个可以使油箱更加安全的设置所需的花费[10-84]。但是要衡量一起交通死亡事故对功利的全部影响，人们必须考虑受害者未来幸福的丧失，而不仅仅是福特公司收入的损失和受害者的葬礼花费。

10.4.1.2 美德伦理（Virtue Ethics）——"我该是（Being）什么样的人"

伦理的讨论一直被描述为义务论与功利论之争。义务论强调行为的对错取决于行为本身；功利论则坚持行为的对错要视行为所带来的后果而定。有学者指出过多关注两者之争，恰好折射出二者都忽视了人的德性在伦理抉择上的重要性。美德伦理指出伦理范围不是宏大、两难、边缘伦理问题之总和，更不应单方面关注伦理问题，而必须考虑践行者生命的连续性，关注其"为人"（Being）而非单一地讨论其"践行"（Doing）。美德伦理起源于亚里士多德（Aristotélēs）的《尼各马可伦理学》[10-85]，认为"人生的目的是幸福，人的基本活动是理性——一种善的活动"。美德伦理强调的是"善人"或"德性人"的发展，而不是抽象的规则，不是行为或规则的结果，除非这些东西源自于善人或德性人，或者促使成为善人或德性人。该理论认为，道德行为真正的核心在于行为主体养成良好的习惯或美德。美德伦理学发展至今有其自身优点，表现为：（1）美德伦理造就善良的人，它试图通过激励人们行善而谆谆教导美德观念。（2）美德伦理使理性与情感相统一，认为美德不但是以一定方式行动的意向，而且是以一定方式感觉的意向，其目的是运用理性促使人们做有道德之事。（3）美德伦理强调适度，认为"一切事物的适度"是人们应该努力追求的。美德伦理学的复兴可以消除道德逻辑化和虚拟化弊端，使行为主体的道德观不至于陷入自我中心主义的泥沼。

如果柯尔遵循美德伦理，则他可能会考虑美德要素，并且告诉潜在客户连接件缺损率及他本人对幕墙坠落、人员伤亡的关心，在介绍产品时他也不会肆意吹捧或者刻意隐瞒风险。因此他可能建议客户选择其他产品或其他公司，以减小玻璃幕墙坠落的可能性。

相关案例：弗里茨·托德（Fritz Todt）曾是德国著名的土木工程师，1933年纳粹党上台后任德国公路总监，5年内完成了3000km高速公路的建设，主持修建"大西洋壁垒"和法国北海岸潜艇基地，在马奇诺防线对面建造了巨大的齐格菲防线，并修筑了一排东方墙与东方斯大林防线相对峙。1940年3月任纳粹德国军备军需部长，其所领导的"托德小组"是希特勒最为仰仗的工程建设组织，他也被认为是第三帝国最高授权建筑事务的指挥官。托德作为一名专业素养极高的工程师，其主持的很多桥梁和服务站被称为"现代主义的大胆创新"，单就技术成就而言，无疑享有盛誉[10-86]。可惜的是，这些极具创造力的人工自然，最终沦为纳粹军事行动的强大助力，为希特勒的疯狂行径提供了战争资源，从这个意义上看，托德的职业活动让工程蒙上了"恶"的阴霾，也使自己背上"恶魔帮凶"、"战争推手"的恶名。

10.4.1.3 关怀伦理（Care Ethics）——"以情动人"

"关怀伦理"首先由道德心理学家卡罗尔·吉利根（Carol Gilligan）于1982年提出，1984年女性主义教育哲学家内尔·诺丁斯（Nel Noddings）赋予"关怀"一词哲学的意涵，进一步提出女性主义的关怀伦理学及其在道德教育上的实践主张。女性主义关怀伦理在理论建构层面试图通过摆脱由男性所确立的秩序与等级模式而重塑新的伦理自我，重写一种能够兼顾女性声音、凸显女性关怀的伦理话语。就道德价值取向而言，男性更偏好公平与公正，女性则更偏向关怀和责任；就道德思维方式而言，男性更多地指向个体性与逻辑性思维，女性则更多地指涉关系性和情境性思维；就道德判断发展模式而言，男性遵从个体化、分离与自主性的发展模式，女性则遵循自我保存的、自我牺牲的与非暴力化的发展模式。男性道德观关系到公正、权力、竞争、独立性和守规则，而女性道德观涉及慷慨、和谐、顺从和努力维持密切关系[10-87]。诺丁斯强调的"关怀"既是存在处境之中人与人相遇的生命激荡，更是态度上的接纳和不断承诺，唯此关怀关系才能开花结果。学习如何真实地审视自我和面对他人，不必因外在制约而压抑内在情感去忍受他者，也不会对周遭人物麻木不仁而漠不关心，且自由地运用所学去关怀别人和关爱自己[10-88]，此乃诺丁斯"关怀伦理学"的主旨。工程伦理将其运用于更广泛的工程境域中，以期实现"工程为人类谋利"。

如果柯尔是关怀伦理论者，他会重点考量是否有人会因此受到伤害，是否会影响公众福祉。尽管柯尔及承包商会获得期望的经济利益，但是坠落的玻璃幕墙会危及人们的生命安全。柯尔作为拥有专业技能的权威人士，较之民众更知晓内情，也更能预防风险的发生。如果柯尔知情不报，那么这一欺瞒行为对于毫不知情的民众而言极不公正。如果柯尔看重公正理念，并拥有对他者关照的情怀，选择告知承包商是必然之举。

相关案例：阿斯旺水坝于20世纪70年代初竣工。从表面上，这座水坝给埃及人带来了廉价电力，减少了水旱灾害，灌溉了农田。然而，阿斯旺水坝的建设却彻底破坏了尼罗河流域的生态平衡，造成了一系列灾难：由于尼罗河的泥沙和有机质沉积到水库底部，使尼罗河两岸的绿洲失去了几亿吨淤泥这一重要"肥源"，土壤日益盐碱化；由于尼罗河河口供沙不足，河口三角洲平原内陆收缩，使工厂、港口、国防工事有沉入地中海的危险；由于缺乏来自陆地的盐分和有机物，致使沙丁鱼的年捕获量减少1.8万t；由于大坝阻隔，尼罗河下游的活水变成相对静止的"湖泊"，导致血吸虫病蔓延[10-89]。"环境关怀"和"人本关怀"的缺失，使阿斯旺水坝在带来不菲利益的同时，衍生出灾难性后果。

10.4.1.4 责任伦理（Responsibility Ethics）——"当责"

责任伦理作为应对科技负面效应的"前瞻性、自律性、关护性、整体性"伦理，超越传统伦理以人类为中心而忽视自然和生命固有价值的缺陷，为技术世界中工程师行为提供价值判断尺度。以亚里士多德的德性论、基督教的良心论、康德的义务论、边沁的功利主义以及约翰·罗尔斯（John Rawls）的正义论等为代表的传统伦理学是聚焦于人与人之间道德规范的"近距离的伦理"，其道德目标关注的自由与德行、道德标准侧重的内在行为准则与外在规范实质上是对人的善与权力的关照。概言之，"整个传统的伦理学就是一种人类中心论的伦理。"[10-90]然而，技术在全球引发的不可预知的破坏性后果日益明显，技术时代的道德责任原则亟需突破人类中心主义的限制。约纳斯从当代人对"已经存在"的自然和"未来"生命的责任出发，提出以"关注人类未来生存可能性"为绝对命令的"远距离的伦理"——责任伦理，即必须树立强烈的"当责"意识。合理归咎是工程师承担伦理责任的必要前提。责任伦理学将伦理学关系由"人与人"扩展至"人与自然和社会"，强调对科技进步结果的哲学反思、社会发展后果的伦理追问、人类未来趋势的忧患求索，其兴起与发展是当今现实对伦理规范提出新要求的一种回答[10-91]。

如果柯尔认同责任伦理，他会从责任本体的视角审视自身行为，把履行职业责任放在首位，尽义务告知幕墙承包商有关连接件缺损率的情况，并详细说明强飓风可能导致幕墙坠落并造成潜在的人员伤亡。

相关案例：1995年6月29日下午5点52分，曾是汉城地标的三丰百货店一大半几乎瞬间垮塌。在20秒之内，5层百货大楼层层塌陷至地下4层内，事故共造成502人死亡，937人受伤，财产损失高达2700亿韩元（约合2.16亿美元）。事后的原因调查最终聚焦于三丰集团会长在建设工程中的横加干预和独断专行——为求结构功能的增加，擅自变更设计图纸，私自加大结构负重，最终导致惨剧的发生。而设计师、施工管理者以及监理工程师在此事故中都丧失了"当责"意识，并未承担工程师不能逃避的"底线责任"。设计工程师的"曲学阿世"、施工管理者（原承包商拒绝按照新设计施工，结果会长解雇了他们并将任务委派给自己下属的施工公司）的"顺水推舟"与监理工程师的"姑息纵容"，三者的渎职行为使得工程隐患不能被尽早发现、及时解除，最终令韩国国民蒙羞[10-92]。

10.4.1.5　境遇伦理（Situational Ethics）——"境遇决定实情"

约瑟夫·弗莱彻（Joseph Fletcher）在20世纪60年代提出了境遇伦理的思想。境遇伦理学又被称为环境论、偶因论、语境主义，甚至现实论，这些命名都指出了境遇伦理学的核心思想：任何时候都要根据行为者所面临的境遇——当时当下的具体环境因素、背景，由行为者本人自主地做出行为选择[10-93]。现实境况瞬息万变，若一味用僵化的伦理法则和教条分析现实生活，不免陷入理论与实际脱节的窘境。故而，弗莱彻认为科学时代和当代人类最典型的文化特点就是相对主义，在此时代背景和文化底蕴下的伦理也需顺应时势，摒除"完美""绝对""决不"之类的描述，从真实确切的实践中考察伦理。境遇伦理自身具备的相对性为其提供解困利器，然而，其本身蕴含的绝对性也备受争议。对境遇伦理学而言，真正的道德只有一条——"爱"："只有'爱'这一戒律是绝对的善"[10-94]，"爱是唯一的规范"。境遇伦理给予"爱"坚实而难以撼动的地位。有鉴于此，其被视为存在"绝对主义"倾向。L.J.宾克莱（L. J. Binkley）指出："不管弗莱彻对其立场的最初解释如何，在他的伦理学里面，除了我们应当从爱出发尽力做最大量的好事外，是没有什么原则或规则的。"亚历山大·米勒（Alexander Millet）更是将其简化为：境遇伦理学有一个绝对成分和一个计算成分。通过考察绝对的"爱"和对现实境况的"计算"，可为实践者提供有效指导。

柯尔如果认同境遇伦理，将秉持"爱"的最高原则，分析不同境遇下的伦理问题以及不同的伦理抉择对各利益相关方产生的影响，并根据自身的道德观念做出相应抉择。"己所不欲，勿施于人"，柯尔会设身处地为未来有可能遭遇玻璃坠落风险的受害者设想，运用同理心来妥善处置产品质量问题，从而坦诚告知承包商潜在危险。

网络道德是典型的境域伦理。由于在网络环境中的约束与监管都相对较难，要求道德水准不高者"慎独"极为不现实，这反映出网络道德的易失范性，口无遮拦的愤青、乱闯禁区的黑客比比皆是。网络社区的虚拟性和隐匿性特点，使得网民较少考虑虚拟空间的不良行为在现实世界产生的恶果。人肉搜索、不负责任的谩骂等，都折射出部分缺乏道德自律者缺乏社会责任感，甚至发展成网络犯罪，如网上诈骗、传播电脑病毒等。从网络伦理的特点来看，一方面，它作为与信息网络技术密切联系的职业伦理和场所境遇伦理，反映了这一高新技术对人们道德品质和素养的特定要求。另一方面，它作为一种新型的道德意识和行为规范，受经济政治制度和文化传统的制约，具有一定的民族性和特殊性。现实生活中一些道德原则未必适用于网络世界，根据网络世界特征设定适当的道德标准，是对境域伦理学观点的践行[10-95]。

10.4.2 工程伦理问题的解决方法

解决工程伦理问题的途径并非唯一和既定，工程师既要做到伦理自律，提高主动发现伦理问题的敏感力和深入了解伦理问题的洞察力；又要充分利用他律，根据伦理原则和伦理规范，灵活选择应对之策，增强选择恰当途径的判断力和切实解决问题的执行力。自律强调工程师自觉地遵守职业道德规范，自主地进行自我约束，自发地采取必要纠偏措施。具体体现为：工程师既要拥有内化伦理规范进而形成价值取向和道德追求的能力；又要具备良好的伦理想象力，开阔伦理视野，超越技术思维的局限性。他律强调以强制性的正式规则来约束工程师的恣意妄为。具体体现为：工程师既要合理遵循和运用伦理规范，即注重企业组织文化、规范项目管理内容以及研讨伦理规范问题；又要善用共识与协商，同利益相关方取得共识，包括目标共识、程序共识和道德共识。协商是达成共识的手段，而共识是进入协商的基础。共识与协商的最终目的是达成利益相关者的和谐相处[10-96]。基于商谈伦理学，工程伦理学对话包含三种不同层面：职业、舆论、制度。职业层面的对话在工程技术人员之间进行，致力于保证具体工程项目中利益分配的公正；舆论层面的对话在工程技术人员与公众和媒体之间进行，致力于从社会舆论层面对工程实践开展实时监督；制度层面的对话在工程技术人员和管理人员之间进行，致力于通过制度化途径为公众利益的有效实现提供制度保障。目前关于工程伦理问题解决的措施和策略研究比较零散，其发挥的效果也不甚明显。实现自律与他律的完美结合，才是工程师解决伦理问题的最有效方法。

最早解决工程伦理问题的方法，源于美国工程伦理学家曼泰尔（Mantell）在20世纪60年代提出的一种将工程方法调整为伦理方法的思路。他认为，伦理问题与工程问题差不多一样复杂，而且都是应用原理解决问题：工程应用的原理是科学技术理论，伦理应用的原理是伦理理论。工程方法在解决人类物质问题方面获得极大成功，将这种方法稍加调整来处理伦理问题，也一定会在解决人类精神生活的问题方面取得极大进展。在曼泰尔思想的启发下，1990年在芝加哥举行的工程伦理教育会议（CEEE）上，与会者提出了一种处理伦理问题的决策模式。其决策过程有7个步骤：（1）识别和界定伦理问题，并准备随时作出修正；（2）调查和核查事实；（3）形成备选处理办法，并继续核查事实；（4）根据备选处理办法所需要的资源及它们可能产生的结果来分析这些备选处理办法；（5）构建理想的选择，并说服其他人或与之协商，以便付诸实施；（6）预测理想选择之缺陷或不如意的结果，并采取措施作好预防；（7）采取行动（回到第（1）、（2）步，查看是否解决了伦理问题，并检查有无遗漏任何事实）。

除了七步法之外，国外工程伦理已经研究开发出工程伦理决策的其他一系列方法，如哈里斯等人建议的划界法（line-drawing）和创造性的中间方法（creative middle way）以及伦克提出的解决各种责任之间冲突的优先次序原则等。

工程师面对伦理考量时需遵循三个步骤：一是明确识别工程的伦理意蕴，辨析工程伦理问题，这是开展工程伦理学研究的前提和基础；二是具体判断工程的伦理性质（是好还是坏，正负价值大小如何），并采取相应的解决之道；三是检测所作决定是否合理。下面从三个步骤探讨伦理问题的解决程序。

10.4.2.1 判断问题是否为伦理问题

当代伦理学发展的一个重要转向就是从元伦理学走向应用伦理学。应用伦理学中的"应用"二字远非应用伦理学理论以解决现实问题之意，而是"实践"之意，指群体通过协商，把普遍原则与当下特殊情景、事实与价值、目的与手段等结合起来，在一定程度上达成关于新出现伦理问题（如克隆技术）的共识。工程伦理研究以帮助工程师解决面临的伦理问题为最终旨归，力图改善工程行业的伦理环境。工程实践中的伦理难题不是简单搬用原则便可解决的，实践伦理始于问题，其首要目的也是解决问题。实践伦理考察的焦点是问题情境以及来自实践者的经验性伦理和受利益相关者影响的经验性伦理，强调导向行动且蕴含于"行动"中。

哈罗德·戈特纳（Harold Gortner）提出一系列问题来引导决定者，为伦理决策提供参考架构[10-97]。将其引申到工程领域中，有助于工程师识别工程中的伦理问题，具体内容如下：这个问题是否产生重大的价值冲突？问题中的价值是否可以被确认？或透过其他努力是否可以发现它们？在这些彼此竞合的价值中进行分析和合理排序。欲达成完善伦理决定，以下问题必须加以审视：法令——哪些法律可以告诉我们该怎么做？哲学与文化脉络——透过哲学或文化要素的澄清，可否发现合理性响应？专业与专业主义——专业训练是否有助于找到解决之法？组织动态——与组织的关系是问题的一部分吗？个人层面——在处理伦理困境时，"我"在其中扮演何种角色？

也有学者将价值分析方法应用于工程伦理问题识别。首先，尽可能使道德问题条理化，并将其转化为伦理价值的冲突；然后，应用价值分析方法解决矛盾。在价值分析的同心环模型中，核心价值被排列在中心，外围价值在边缘，权威价值在二者之间。这种价值排列是共识的结果，每一文化中都存在着共识性的核心价值，不同文化间的差异主要体现在核心价值中。

这一阶段的核心问题是促进"职业视角"与"社会视角"的融合。一方面，向工程技术人员指出单纯"职业视角"的局限性，发现其中的问题，运用工程伦理原理对具体问题进行分析；另一方面提供观察问题的"社会视角"，使工程技术人员了解工程伦理问题可能产生的后果和社会影响，以及解决工程伦理问题的办法。通过解释达到理解，需要工程师和伦理学家的共同努力。

10.4.2.2　从伦理视角全面分析两难困境

在工程实践中，工程师时常会陷入工程伦理困境，产生诸多伦理困惑：如何权衡工程活动的成本与效益问题？如果选择执行雇主的命令，那社会公众的利益又该如何保障？如果检举揭发不道德行为会面临被解雇、遭报复的危险，而不揭发又有违职业伦理，工程师该怎么办？根据劳伦斯·科尔伯格（Lawrence Kohlberg）的个体道德发展理论，人处于不同的道德水平层次，所表现的道德心理和行为存在差异；人处于不同的道德情境之中，可依赖的内外条件也有所不同。要帮助工程师走出伦理困境，可根据工程师具有的道德水平和道德情境来分别加以考虑：（1）当工程师面临基本的伦理困境时，可以通过运用伦理规范方式，在伦理原则和准则的指引下摆脱困境；（2）当工程师面临超出伦理规范考虑的范畴时，可以采取伦理商谈和达成共识的方式，符合大多数人的期望；（3）当工程师处在无外界条件约束的情况下，则需要工程师依靠自身的道德自律规约个人行为，发挥伦理的自主性作用。这三种方式综合体现在工程师的伦理行为之中，一名工程师会遭遇多种伦理困惑，需要采取相应的伦理处理方式，而不可依赖于一种模式。

处理伦理问题不是一种呆板过程，需要创造性思维。哈佛大学哲学教授西塞拉·博克（Sissela Bok）提出"博克模式"伦理抉择模式，主要分为三个部分：第一步是询问自己的良心，第二步是寻求专家意见，第三步是进行公开讨论。此模式最大的优点在于面临伦理困境时不仅仅要审视自己内心，还需努力寻求变通之法，并在询问他人意见后做出正确的道德抉择。但由于步骤依据经验而得，其结果往往缺乏理论依据，可靠性相对较低。哈佛大学神学家拉尔夫·波特（Ralph Potter）提出了"波特方格"伦理抉择模式。这个模式提出通过四个步骤来解决遇到的伦理困境，从而做出抉择和判断。这四个步骤分别是："（1）理解事实；（2）概述决定的内在价值观；（3）运用相关的哲学原则；（4）清楚地表明一种忠诚"[10-98]。不同于博克模式，这种判断方式最大的优点在于并非盲目地做出抉择和决定，而是在理解事实真相的基础上对自己的内在价值观进行比较，同时应用适当的道德原则，最后站在不同的立场上判断自己忠实于谁而做出最后抉择。在波特模式中，行为者常常在价值观、道德原则以及忠诚之间无法取舍，因而面对迫在眉睫的道德难题时，往往难以快速做出道德抉择。

迈克·W·马丁整合得出解决伦理困境的步骤：（1）道德清晰：识别相关的道德价值。解决伦理困境最基本的步骤是意识到它们。只有在道德概念清楚的情况下，才能更好地识别出工程中的道德问题，这也是工程伦理决策问题研究的针对性所在。（2）概念清晰：澄清关键概念。（3）了解事实：获得相关信息。解决道德困境的主要困难往往是事实的不确定性，而非冲突的价值本身。（4）了解选项：考虑所有选项。起初，伦理困境似乎逼迫工程师陷入"非黑即白"的两难抉择，但细致观察常可找到其他选择。例如，工程师可采取以下方式解决利益冲突：①回绝。拒收礼物、拒绝泄漏企业机密资料。②放弃。放弃非法收益、放弃伦理决策权。③离职。辞去项目管理者的职务、离开企业。④不参与其中。不参加对与自己有潜在关系的承包商的评估。⑤揭露。向社会公众披露可能存在的危害、向有关政府部门举报工程腐败受贿事件、向上级领导报告工程中潜在的非法利益交换情形。工程师采取哪种方式更为恰当？这就需要工程师综合权衡方案利弊。（5）理由充分：做出合理决策。如果没有理想的解决方案，至少需寻求一个满意的方案，即赫伯特·亚历山大·西蒙（Herbert Alexander Simon）称之为"令人满意的"（Satisfying），而非总是寻找最优解（Optimum Solution）。

阿瑟·安德森（Arthur Anderson）的"情境判断过程"，指出伦理情境分析判断有7个步骤，依次为[10-99]：（1）事实如何？先收集相关资料，即影响情况的重要因素。（2）道德问题何在？①在这种情况里，有哪些问题会牵涉伦理道德，而不只是纯粹的技术问题或其他非道德问题。②还可以把道德问题分为"个人的"、"公司组织的"及"社会制度的"等方面。（3）有哪些解决方案？以头脑风暴法提出各种问题解决方法。（4）有哪些主要利益相关者？（5）评估各方案的道德性。①针对每一方案和所牵涉到的人，必须评估其在道德上的质量。②考虑所有关系人（和团体）的基本权利，以及其优先次序。③考虑每个方案的正义面，即其公平性和公正性，以及对社会正义的影响。换言之，就是对大多数人必须最有益。（6）有哪些实际的限制？①针对最合乎道德的方案，找出在实践此方案时，在实际能力上所遇到的限制、困难和风险。②有哪些因素（如个人、公司、社会）可能会限制落实此最佳方案？而这些阻碍是否可以克服？（7）该做哪些最终决定？决定之后还必须设计具体执行的前后步骤和临时处理意外的办法。"步骤"的意思不是单向、独自的运动，而是共同的并以重复模式进行的活动。对应的道德价值及相关事实的初步探讨之后，可能跟随着概念的清晰及额外信息的收集，反过来它们又激起对应用和价值以及相关事实含义的细致理解，最终使得解决伦理困境的合理答案清晰、知情和理由充分。

此外，玛西娅·希尔（Marcio Hill）、克里斯汀·格拉泽（Kristin Glaser）与朱迪·哈登（Judy Harden）[10-100]提出女性主义观点的伦理分析模式，兼顾理性评价与感性直觉两个面向，从辨别问题与定义问题开始，继而发展解决策略、选择解决策略，藉由过程中的审视与评估决定，提供进一步反思，用作下一次问题解决的起点。特里·L·库珀（Terry L. Cooper）从察觉、描述、界定、确认、规划、选择、解决7个步骤对摆脱伦理困境展开思考[10-101]；戴维·B·雷斯尼克（David B. Resnik）从构设问题、搜集信息、探索不同意见、评估不同意见、做出决定、采取行动的过程探究伦理[10-102]。上述学者均尝试从动态过程视角探究解决伦理困境的方法，但彼此之间的显著性差异并不突出。

10.4.2.3　检测所做决定是否合理

卡罗尔·刘易斯（Carol Lewis）认为伦理推理与决定是解决问题的一种形式，因而发展出决策检核表（Decision-Making Checklist），以促进更负责及更令人满意的解决方法。包括：（1）事实（Facts）：是否搜集相关的事实与法令？（2）同情（Empathy）：是否站在他人的角度审视自己的决定？（3）重大影响（Underlying Causes）：是否审查决定者、他人以及外在事件对伦理问题影响的程度？（4）利益相关者与责任（Stakeholder and Responsibility）：是否考虑不同利益相关者对问题的影响？（5）动机与目标（Motives and Objectives）：是否审查决定者的动机与目标为何？（6）可能结果（Possible Results）：想象问题的可能结果是什么？谁会受影响？（7）潜在伤害（Potential Harm）：决定的结果对谁造成伤害？（8）参与（Participation）：考虑谁将参与决策，以什么形式参与？（9）长期规划与预期改变（Long-Term Frame and Anticipated Change）：长期规划与预期决定过程中可能的改变？（10）揭露与公开（Disclosure and Publicity）：决策过程可以被揭露与公开吗？（11）呈现面貌与沟通（Appearance and Communication）：决策的结果对组织的未来有何影响？以什么面貌面对社会大众？（12）普遍性与一致性（Universality and Consistency）：决策者必须衡量是否与之前政策具备一致性。

解决伦理两难问题，是一种与工程创造类似的过程，同样需要工程师发挥聪明智慧。伦理准则能提供解决困境的直截了当答案，但并不总是如此：（1）准则不能代替道德上好的判断——诚实、公正、负责任的道德判断；（2）解释伦理准则也需要好的判断[10-103]；（3）好的道德判断的形成是工程经验形成的重要部分；（4）好的道德判断也是学习工程伦理学的主要目的。准则就像烹饪手册，能否做出美味佳肴更取决于厨师的智慧和悟性。

此外，寻找合适的伦理方案还需注意伦理原则的先后排序。例如，工程行业普遍存在的"管理决定"大于"工程决定"的现象——雇主或高层管理人员压制和反对工程师的专业意见。约瑟夫·雷林（Joseph Raelin）说："因为教育背景、社会环境、价值观、职业利益、工作习惯和见解的不同，管理层与职业层存在着自然的冲突。"这种"对抗关系"甚至会导致雇主或管理者出于公司利益而强迫工程师行败德之事。倘若工程师胆敢举报，将被企业视为挖组织墙角的"叛徒"或"异端分子"而加以报复。对此工程师必须坚定立场，忠于专业判断，而不应随意做出有违伦理原则的决定。工程师应意识到必须首先忠于职业，因为职业不仅是谋生手段，而且担负着公众的特殊期待。既然专业人士这一身份在工程师多重身份中最为重要，伦理标准自然也就成为工程师决策时所依据的最高标准。

从"始"——对所要研究问题展开分析，到运用安德森等的"动态分析过程"或希尔的"女性主义分析视角"，研究摆脱伦理困境的具体步骤，至"终"——运用决策检核表核查所选解决方案是否合理，这一过程可为解决伦理问题提供指导，帮助工程从业人员摆脱伦理困境。

10.5 工程伦理学的未来——工程共同体视角下的广义工程伦理学

10.5.1 工程伦理研究需适应工程共同体趋势

美国等西方发达国家正在实现由狭义到广义的转向——工程师既要对雇主履行个人责任伦理，更要关注工程师群体在职业公正、信息公开、代际公平、社会公义等方面的集体责任伦理[10-27]，具体表现为：工程主体由单一工程师主体向多元网络主体演进；多元主体之间借助对话与协商达成理解和共识；利他与共生成为各成员考量组织策略的核心价值观；企业公民的理念逐渐得到普及等。这些变化都共同指向一个重要概念——工程共同体。与传统单一组织相比，工程共同体呈现出更为复杂的组织特性，加之技术进步和社会变迁的增速使得工程共同体各成员自身处于更加不确定的组织形态和文化冲击中，这些都迫使工程伦理学的研究必须与之相适应。

首先，工程的复杂性、系统性以及多要素综合集成性诉诸的群策群力，决定了工程并非"个体性活动"而是"集体性活动"。工程的巨型化要求工程活动需凝聚更多人员的力量，而项目组织的庞大使得每名工程师所掌控的权力相应地被稀释，在权力消减的同时工程师所承担的责任也急剧萎缩，工程师以"权力受限"作为不履行伦理责任借口的现象屡屡上演。工程师伦理责任限度依因果力、解决力、影响力分为必须承担的直接责任、选择担当的共同责任、采取行动的见证责任以及表达关切的未来责任，并因三个变量作用的变化而灵活调整[10-104]。工程伦理研究不能再仅仅面向工程师个体，而必须将工程共同体这一团体主体作为新的研究对象。

其次，工程师自身固有的局限性决定了工程伦理研究需突破个体视角的限制。工程师因其具有的"大学教育背景"可能遭遇"所学非所用""知行不合一"的个人发展障碍，因承受过大生存压力、受到社会不良思潮影响而易引起道德塌方，因坚持原则、特立独行、不同流合污而遭到其他工程利益群体的白眼、蔑视甚至报复，这三者共同动摇了工程师决心成为"有良心的、勤勉的看门人"的根基。"知""情""意""行"彼此渗透、相辅相成，形成上螺旋体系，藉由"明知、创情、炼意、践行"，将道德实践的经验内化，以提升"未来工程师"的工程伦理素养[10-105]。只有将工程师个人的荣辱融入工程共同体的协同发展中，才能在保障工程取得成功的同时，为工程师的道德良心找到安居之所。

再次，工程中伦理问题的复杂性加剧了这一问题解决的难度。传统意义上人们总是把工程伦理问题的解决归咎于"个别工程师的两难困境"，但这种机械式思维无助于问题的真正解决。复杂性正如艾德姆德·G·西巴尔（Edmund G. Seebauer）和罗伯特·L·拜瑞（Robert L. Barry）所理解的那样，在于艰难的利益均衡、难以调和的雇佣关系、日渐高涨的环保组织抗议声以及不可预测的技术影响力等因素的混合效应[10-106]。唯有从多元主体的视角，才有可能找到开启洞门的那句"芝麻开门"。

最后，工程的境域性特征使工程实践正在被社会所建构，体现在社会价值观念通过工程风格、工程目标的社会决定以及工程方案优化等途径渗透到工程设计及最终产品中[10-107]。从工程社会学视角考察伦理问题有助于促进一种普遍工程伦理学的发展，正如李三虎提出："科学—技术—工程之间的关系，要从工程的视角看技术、看科学，同时需要引入社会建构论视角，展开关于工程的社会学研究"。鉴于工程以社会作为实验对象，工程共同体研究理所当然成为工程伦理学发展的应然趋势[10-108]。

在约瑟夫·赫科特（Joseph R. Herkert）看来，狭义视角与广义视角的争论对于工程伦理学而言，既隐含着挑战又蕴藏着机遇。赫科特试图在狭义视角的基础上重视广义视角的研究，通过融合两种视角，获得更加宽阔的视野以寻找解决伦理困境的有效方案。在工程共同体视角下工程伦理学应当从哪些方面实现由狭义向广义的转向，对这一问题的深入探究，既契合了"将工程看成社会实验"的更高诉求，又能为工程师提供道德敏感这一重要的"软件"资源，还能加速工程伦理意识在中国的推广和普及。

10.5.2　工程共同体理念的形成与发展

工程活动虽古已有之，工程共同体却是在近代社会才逐步形成。第一次工业革命之前的工程活动大多属于"临时性"社会活动，工程项目以临时征召农民和手工业者的方式开展。项目完工后，参与项目的农民和手工业者须"回到"原来的土地或作坊继续从事生产活动。该时期至多存在"暂态"的"工程共同体"。就劳动分工和阶级分层而论，工程活动的构思者、指挥者和操作者，其基本身份依旧保持农民、手工业者或官员，并未发生身份分化，即只存在非严格意义上的"农民共同体"和"官员共同体"。

随着近代社会经济发展、生产扩大、科技进步、分工明晰，古代社会的工匠逐渐分化，形成了工人、工程师、投资者、管理者等不同社会阶层。第一次产业革命时，社会的主要生产活动方式由工厂制代替了手工工场，机器代替了手工劳动，科学研究的成果被逐渐应用于工业生产，工程师作为一个专门的职业开始登上历史舞台。第二次产业革命时，先进工业化国家大量兴建民用工程，工厂制度迅速发展，工程师随着工业化和现代化的不断发展而完善，与工匠或工人逐渐分化为两个阶层。

本文所研究的工程共同体，聚焦于"工程活动共同体"，指集结在特定工程活动下为实现同一工程目标而形成的层次多样、角色纷繁、分工明确、利益多元的虚拟化组织，是由投资者、工程师、工人、管理者、项目所在社区居民及其他利益群体共同构成的"异质共同体"。对此，李伯聪做了形象的比喻："如果把工程活动比喻为一部坦克车或铲土机，那投资人可比喻为油箱和燃料，管理者（企业家）可比喻为方向盘，工程师可比喻为发动机，工人可比喻为火炮或铲斗，其中每个部分对于整部机器的功能都不可或缺。"[10-109]上述比喻局限于与工程活动相关度较大的参与者，并未提及受工程影响以及能影响工程的其他利益群体，尚未完全站在工程共同体的高度来解读工程运行的本质。一方面，忽视任一成员的利益诉求，必将导致项目遭遇不可预料的风险；另一方面，只有充分发挥各成员的协同效应，才能确保项目成功。把握住现代工程越来越显著的巨型性、社会性、集体性，有助于真正落实工程共同体的理念。

10.5.3 工程共同体的特征及其给工程伦理学发展所提出的新挑战

与传统单一组织相比，工程共同体呈现出更为复杂的组织特性，加之技术进步和社会变迁的增速使得工程共同体各成员自身处于更加不确定的组织形态和文化冲击中，这些都迫使工程伦理学的研究必须与之相适应。

（1）组织性质上，工程共同体隶属于社会亚文化群，具有"项目临时性、成员流动性、资源重组性"等"组织虚拟化"特征。各成员在共享核心技术时互存戒心，共同体内部易出现信用危机；各成员对共同体这一"虚拟组织"难以产生强烈的组织认同感，其归属感亦不强；工程师有意将不履行伦理职责归咎于伦理责任的划分不够清晰，甘愿把角色定位于"工具人"。

（2）动力机制上，工程共同体从事活动的动力源于生存和社会生活的双重需要。一方面，工程共同体作为工程活动主体的趋势不可逆转，工程师的个人追求（包括成就需求、亲和需求、自主需求及权力需求等）与工程共同体的愿景之间存在"适配"与"契合"的关联性。另一方面，工程共同体不仅要借助项目这一载体更好地生存，更要凭借项目的实施打造"有良心、有良知的企业公民"的好形象。

（3）结构分层上，工程共同体符合管理层次简化、组织结构精干、权力下放充分、信息共享畅通、横向联系频繁等"扁平式"组织的显著特征。但管理模式与组织职能的异变，使得各成员在致力成为"伦理主体"时遭遇新的管理障碍。

（4）主体构成上，工程共同体由多元主体构成，价值观多元，处理不妥当时会导致不可避免的价值冲突：共同体成员太过注重局部利益而忽视整体发展，工程建设沦为"公有地的悲剧"；团队合作中的信任缺失；运行效率低下；摩擦升级，矛盾激化。互信互利机制的确立，在于达成价值共识：从大局和长远出发；尊重差异，包容多样，平等对待；互利、互惠和共赢；适度调整自我价值[10-110]。在此种情况下，商谈与博弈能够为伦理学研究提供新方向。

（5）承认路径上，工程共同体寻求工程共同体内部认同和社会外部肯定，但内部认同和外部肯定诉诸的角色扮演和责任承担不可避免地存在矛盾。各成员追求外部肯定体现在对社会承担"守护责任"，需以公众福祉及社会可持续发展为基本向导，这将与职业责任的承担产生冲突，引起角色模糊甚至角色迷失，导致责任缺失。

（6）制度性目标上，工程共同体旨在赢得市场、寻求社会实现，并将自在的世界（自在之物）变为自为的世界（为我之物）。这包含三层目标：一是共同体在实现盈利目标时不能肆意损害自然，威胁到人类生存；二是要让人工自然能满足人类的精神需求，实现"诗意地栖居"；三是共同体必须体现"以人为本"，关心存在者之"存在"，实现"为多数人而建造"。

10.5.4　工程共同体运转障碍凸显伦理在中国工程建设中的缺失

中国经济的高速发展与工程建设紧密相关，这既给各工程共同体成员带来全新的工程伦理难题，也对传统道德观念如何应对"人心不古"提出了前所未有的考验。毋庸讳言，既有的道德体系在经济浪潮的冲击下连连失守，"世风日下"的哀鸣不仅未能提振社会风气，反而导致"弱肉强食"此类竞争生存哲学大行其道。下述国情要素皆为工程共同体良性运转无法躲避的障碍。

（1）中国社会的人际关系遵循"涟漪模型"。费孝通指出中国的人际交往格局是

"以己为中心"、由近及远的"差序格局"[10-111]，关系、人情和面子是形成这一格局的三个关键因素。关系"暗含着持续的利益互换意义的友谊"[10-112]；人情是交换的结果，在报和欠的循环往复过程中获得并变得更加稳固；面子是在关系的关联中获得的权力，可以是无交换发生的结果[10-113]。中国人通过关系、人情和面子的运作，以牺牲规则、理性和制度为代价，获取不可估量的社会资源、非制度性的社会支持和庇护及以势压人的日常权威[10-113]。这一传统渗透到社会的各个角落，工程共同体自然也无法独善其身。在处理利益纠葛时，道德和法律的作用程度依循关系的亲疏远近而伸缩自如，其危害体现在三个方面：首先，分化人际关系，不利于资源整合；其次，造成人际间的冲突和矛盾，不利于共同体内部稳定；最后，对弱势群体的生存极为有害，不利于社会和谐。关系、人情和面子作为人们争取自身利益的一种策略，内含"把人当作手段而不是目的"的行为方式，是对伦理原则的极大挑战。

（2）中国传统文化对"工程"颇有贬斥。封建时代"政治至上"观念造成的官本位思想根深蒂固[10-114]，形成重士农轻工商、重道轻器的社会风气，工匠（工程师）的社会地位一度较为低下。进入到现代社会，受"工程仅仅是科技的附庸"这种观念的影响，工程作为一门独立学科的地位时常被质疑，工程师的贡献往往被归于科学家的名下，工程建造也很难被视作具有独立创新性和独特创造力的实践活动。这些轻视工程活动和工程师的思潮反映出社会对工程活动的认同度还有待提高。由此引起的共同体内部各成员工作积极性不高、对本职工作缺少成就感、个体责任意识淡薄、工程创新动力不足等，都大大减弱了工程创造的内在动力。

（3）社会转型影响人的信仰及价值体系的转变，增大了共同体良性发展的难度。韦伯认为，近代西方理性主义的兴起及其全面发展使得人的物质生活极其丰富，人们以更加昂扬的斗志追求财富增长，但人的精神世界却变得越发空虚[10-115]。由此引发的物质主义与享乐主义导致"一切价值以'己'为中心"的"自我主义"蔓延，"自我"成为人的精神支点。这进一步导致价值虚无和信仰缺失，进而出现角色迷失，各成员在利益驱动下丧失对自身角色的清晰定位，既难以构建独立的是非、善恶、美丑等评判标准，又很难形成真正的利益共同体。

（4）经济改革新政的持续有效亟待道德体系建设的完善。在获得巨大经济成就的同时，道德缺失的现象也呈现较大的增长趋势，特别是在被广大民众视为腐败高发区的工程领域更是如此。如果不尽快对腐败行径和非伦理行为加以遏制，舒缓由"次道德"甚至"不道德"行为激发的社会不满情绪，不仅工程共同体这一不应该虚拟的"虚拟组织"将名存实亡，甚至工程活动的成功也将成为"水中月，镜中花"。例如，地方政府大力推行"土地财政"，强迫农民低价出让土地和家园成为"流民"，征地过程采取以强凌弱、违法强拆、滥用专政、雇黑行暴等手段[10-116]，从而引发大量暴力对抗征地拆迁的群体性事件。这种对土地资源的不合理规划和利用，不仅严重违反"环境伦理"的基本要求，而且罔顾"关怀伦理"的以人为本，遑论尊重、遵照、遵循"代际伦理"的永续发展？再如，"第二代"农民工群体提出"农民工市民化"的诉求，而城市则采取"经济接纳、社会排斥"的方式加以回应。在社会学意义上，"第二代"农民工是没有故乡，没有未来的中国独特的城乡二元格局之外的"第三元"，是城市和农村之间真正的"两栖人"[10-117]。农民工作为工程共同体不可或缺的重要组成部分，对共同体的可持续发展至关重要，其所遭遇的生存困境拷问着共同体中占据强势地位的各个主体，是否真正遵循了"以人为本""尊重生命"以及"人人平等"这三大原则，而这种对生存境况的关怀、对生活质量的重视、对生命价值的尊重，恰好契合工程伦理所蕴含的基本价值尺度——主体性尺度。

工程共同体的固有特征结合中国国情，既给工程伦理学在中国的推广提供了助力，也蕴藏着部分阻碍工程伦理学发展的制约因素。根植并发展于中国思想文化特色的工程伦理学，成为解决当前发展困境和开拓未来发展前景的必行举措。从主体思潮来看，当代中国正面临中国传统文化、马克思主义文化和西方文化三股思潮并存的局面，应当汲取三种伦理文化精神之所长，互补单一文化思潮之所短：让马克思主义的伦理文化在政治和意识形态领域起到主导作用；让西方文化中的自由—公正精神在经济领域产生激励作用；让传统伦理文化中的人文精神在个人生活、家庭生活、职业生活和社会公共生活领域发挥积极作用[10-118]。从工程文化来看，中国工程伦理的发展既有融汇古今的文化基础，又有兼顾中外的发展机遇，助推了"以人为本，天人合一，协同创新，构建和谐"工程管理理论体系的完善："以人为本"回答了工程活动"为了谁"和"依靠谁"的问题；"天人合一"阐述了工程与自然、工程与社会间相辅相成及和谐统一的关系[10-119]；"协同创新"道出了资源共享、群策群力、统筹发展和创新进步的重点；"构建和谐"指明了工程管理理论体系建立的信念基础和奋斗目标。从社会文化发展的角度看，中国"当代文化变迁并不是一个孤立的过程，它是中国当代社会整体变革的一个组成部分，同时也是社会整体变革的投射和反映"[10-120]，这将对工程实践产生不言自明的巨大影响。因此工程伦理学在建立之始和发展之中，理当顺应社会文化的变迁方向，以期具有更大的包容性和适应性。正如威廉·伍尔夫（William Wulf）所言："当代工程实践正在发生深刻变化，带来了过去未曾考虑的针对工程共同体而言的宏观伦理问题，这些问题源于人类越来越难以预见自己构建的系统的所有行为，包括灾难性的后果。由此，工程将成为一个需要更加密切地与社会互动的过程。"[10-121] 中国工程伦理学的发展需契合主体思潮的并存趋势、紧抓工程文化的融合优势、顺应社会文化的发展走势，从而发展本土化的特色伦理学。

10.5.5　工程共同体视角下的广义工程伦理学

哈里斯认为："研究工程伦理的价值之一是，它能促进一种负责任的工程实践。"这说明探索"工程师如何成为有德之人"以及解决"如何培养工程师自愿选择作当责者"，是工程伦理学的基本任务。狭义工程伦理学回答的正是这些问题，但"工程师伦理学"不等同于工程伦理学，工程伦理学的发展亟须突破狭义视角固有局限的藩篱。美国等西方发达国家正在实现由狭义到广义的转向——工程师既要对雇主履行个人责任伦理，更要关注工程师群体在职业公正、信息公开、代际公平、社会公义等方面的集体责任伦理[10-74]。具体表现为：工程主体由单一工程师主体向多元网络主体演进；多元主体之间借助对话与协商达成理解和共识；利他与共生成为各成员考量组织策略的核心价值观；企业公民的理念逐渐得到普及等。在此背景下，中国也应更加重视在宏观视野例如工程共同体视角下的工程伦理，具体表现在以下七个方面：

（1）工程伦理关注的对象由狭义伦理问题扩展至广义伦理问题。

工程伦理学的研究始于"工程师职业伦理"[10-66]，对"个体职业道德""工程师间的关系""忠诚于雇主"等狭义伦理问题的探讨，建构了传统伦理学通向工程伦理学的桥梁。但查德·德汶（R. Devon）直接而尖锐地批评传统个体伦理学（Individual Ethics）聚焦于"工程师困境"的研究方法，太过局限于工程师职业规范的视角，只可视为工程伦理学研究的起点，必须辅佐以广义的社会伦理学（Social Ethics）研究，才能构建完善齐备的工程伦理学体系。而工程为社会创造福利的宗旨使得工程伦理的关注对象扩展至"公众福祉""社会可持续发展"等宏观伦理问题。这在美国国家职业工程师协会（NSPE）的伦理行为准则中已有明确规定："关注公众的安全、健康和福祉是工程活动的首要任务"。此外，随着许多非传统性问题不断出现，跨越"职业伦理"的传统边界而进入伦理学研究的新疆域是工程伦理学发展的必然诉求。

（2）工程伦理关注的时间域由"当下"延伸至"未来"。

这包括两方面的内容：一是对自然的合理开发利用。违背自然规律对资源进行掠夺式开采有悖于工程为人类谋取福利的旨意。工程人员在对自然界"祛魅"的过程中，以价值理性为基础，由"人类中心主义"或"生命中心主义"逐渐过渡到"生态中心主义"，合乎规律地运用自然资源。二是在满足代内公平的基础上兼顾代际公平，平衡当代人和后代人的生存条件和权力[10-122]。功利主义——"满足最大多数人幸福的诉求"；情感主义——"对后代人利益和需要设身处地的考量"；自由主义——"确定本代人与后代人的公平须以承认和肯定后代人的权利为前提"[10-123]；都共同指向：工程伦理关注的时间域应由当代人拓展至后代人。"不损害未来一代需求的前提下满足当代人需求"，将伦理关怀的对象拓展至后代人，有助于谋求人类社会的可持续发展。

（3）工程伦理关涉的主体由工程师演进到工程共同体中的核心利益相关方。

工程决策是工程活动的核心环节。在涉及需要工程专业知识的技术事项上，工程师自主决策是责无旁贷的义务，即典型的工程决定（PED：Proper Engineering Decision）；在涉及组织福利等方面，管理者自是当仁不让充当决策者，即典型的管理决定（PMD：Proper Management Decision）。但当面对伦理规范所要求的存在模糊边界的领域，即"工程师应保护的公众健康和安全的范围"时，管理者以利益为导向所做的决策与工程师基于科学规律所做的决策可能存在冲突，组织的权力结构往往使得典型的管理决定占据上风，甚至屡屡上演"领导决定"的专断行径：管理者要么越俎代庖替代工程师的决策职能，要么强迫工程师采取有违伦理意识的败德行为。要想解决工程决策主体单一化与工程活动集成多要素、综合多元利益诉求等固有属性间的矛盾，必然要提升工程共同体中各核心利益相关方的工程决策权，以及落实公众参与环节，这样才能促进决策工作，展现更高的伦理水准。

（4）工程伦理的行动理念由关注人工自然的功能实现度拓展至全生命期实施效果。

工程活动伴随着巨大的风险，工程伦理学的作用在于使伦理考量渗透到工程建造的全过程，创造出更加合意的工程产品[10-124]。这需要三方面的转变：一是莱德提出的"预防性伦理"设计理念，即秉持前瞻性、主动性、关护性原则，以未来行为为导向，主动为造福人类、保护自然尽责，对科技行为的可能危害保持警惕，或降低风险的不利后果[10-125]，由此实现对工程的前馈控制。二是工程人员需转变行动理念，即以低碳经济所倡导的"低能耗、低排放、低污染"和循环经济所宣扬的"废物减量化（Reduce），资源的再使用（Reuse）、再循环利用（Recycle）、再组织（Reorganize）和再思考（Rethink）"作为行动指南。三是采用系统思维下"经济、环境、社会"三重绩效的评价模式，将工程伦理关注的视域延伸至工程结束后的阶段，"做出合理的伦理决定，以避免可能产生更多更严重的问题"[10-126]。

（5）工程伦理的研究方法在微观方法（Micro-level Approach）基础上引入宏观

方法（Macro-level Approach）。

自工程伦理学诞生以来，典型真实事件的案例研究法以及涉及工程实践活动概念、规范、原则的理论分析法居于主导地位[10-28]，但案例研究法因案例的特殊性和具体性导致其普遍性和适用性受限，而工程伦理规范则因内在冲突在面对实践情境时易引发伦理困境，导致质疑声不断。此外，20世纪作为"第一个以技术起决定作用的方式重新确定的时代"[10-127]，引发了"人的异化"这一重大伦理问题，也令工程伦理问题呈现双向性、交叉性、多元性、复杂性等特点。科学、技术、社会与工程相互渗透，工程伦理研究须关注科学、技术、社会等广义问题，科学技术论（Science and Technology Studies，简称STS）等广义方法的引入势在必行。通过在"社会视角"的解释模式下更多地考虑工程实践中伦理问题的社会文化背景，根据新情况、新问题提炼新的伦理原则[10-128]，能够帮助工程伦理打开技术黑箱，明辨工程设计中的伦理问题。

（6）工程伦理的学理基础经历技术伦理—职业伦理—社会伦理的演变。

技术伦理的核心为运用技术的工程活动是否关涉伦理问题，主张工程不是价值无涉的解题过程，而是含有价值负载的决策过程，道德问题渗透其中[10-9, 10-15]。职业伦理关注工程师个人的伦理责任问题，"忠诚"成为工程师群体重要的"职业道德原则"[10-129]，同时工程师凭借职业自觉意识承担职业责任。社会伦理强调工程是以人为对象的社会规模性试验，涉及公众及社会的福祉。学理基础从"技术伦理——运用技术从事工程活动"上升到"职业伦理——凭借专业知识及职业自觉意识履行职业责任"再升级为"社会伦理——关照工程的社会效益"，凸显工程共同体各成员都应将社会作为重点关注对象，自觉承担社会责任，保护人类共同的家园。

（7）工程伦理的影响范围从区域化向全球化蔓延。

这体现在三个趋势：一是工程引发的科技进步正在改变全人类的生活方式。对此，罗伯特·E·麦吉恩（Robert E. McGinn）总结六点，即能力的直接延伸、质的创新、减少或消除风险、改进功能、替代、提供表达内在生活的手段。科技与工程已逐步形成互惠共生关系——科学技术是工程的理论支撑，工程的建造需求又促进技术创新。二是工程人员置身于国际背景中，即在不同文化传统、不同经济技术发展水平的国家间开展工程活动时，将会遭遇文化冲突并因此难以确立价值观念的伦理困境。三是工程活动所产生的影响不仅限于所在区域，如环境污染和军事技术所引发的问题会跨越国界限制波及全球。

工程的本质是一种人的集体性物质存在方式，工程中的狭义和广义伦理问题常常交织在一起。工程实践的成败与否不再仅仅系于工程职业自身，而是正在被社会建构所决定。这就给强调"工程师最注重对雇主负责"的狭义工程伦理学提出了新的挑战：怎样才能均衡工程参与各方利益诉求并依循"自由的逻辑"实现人类社会的可持续发展？工程共同体这一"多元异质结构"以既对社会负责又对环境负责的方式确保工程在短期利益和长远需求之间取得平衡，从而推动工程伦理学研究逐渐向广义转向，即跨越"职业伦理"的传统边界更多关注：（1）工程整体与社会的关系；（2）工程师在更广阔社会语境下的职业责任；（3）工程决策在社会政治层面的影响；（4）工程在为子孙后代提供优质永续环境方面所做的努力。从工程共同体视角出发建构广义工程伦理学，不仅能强化工程师的天职——为社会建造日益美好的生活，更能将工程与伦理胶合成一张"无缝之网"，实现伦理与卓越并行不悖。

参考文献

［10-1］ 亚里士多德. 尼可马科伦理学［M］. 苗力田，译. 北京：中国人民大学出版社，1994：27.

［10-2］ 李世新. 工程伦理学及其若干主要问题的研究［D］. 北京：中国社会科学院研究生院，2003.

［10-3］ 许慎. 说文解字［M］. 北京：中华书局，1963.

［10-4］ 佚名. 礼记·乐记［M］. 北京：人民文学出版社，1986.

［10-5］ 李向峰. 校园环境规划与设计的伦理学思考［J］. 南方建筑，2003（4）：68-70.

［10-6］ 荷马. 荷马史诗［M］. 罗念生，王焕生译. 北京：人民文学出版社，1994.

［10-7］ 李世新. 工程伦理学研究的两个进路［J］. 伦理学研究，2006，26（6）：31-35.

［10-8］ Martin M W，Schinzinger R. Ethics in Engineering［M］. Boston：McGraw-Hill，2005.

［10-9］ 王进. 论工程与伦理的融合［J］. 工程管理学报，2015（1）：23-27.

［10-10］ 王进. 工程共同体视角下的工程伦理学研究［J］. 中国工程科学，2013（11）：97-102.

［10-11］ 李世新. 工程伦理学概论［M］. 北京：中国社会科学出版社，2008.

［10-12］ 肖平. 工程伦理学［M］. 北京：中国铁道出版社，1999.

［10-13］ 牛津英汉百科大辞典编辑部. 牛津英汉百科大辞典［K］. 台北：百科文化公司，1985.

［10-14］ 王进. 从伦理行为构成视角谈工程师的实践智慧内涵［J］. 自然辩证法研究，2010，26
（12）：42-47.

［10-15］（美）迈克·W·马丁，罗兰·辛津格. 工程伦理学［M］. 李世新译. 北京：首都师范大
学出版社，2010.

［10-16］ 王泽应. 祛魅的意义与危机——马克斯·韦伯祛魅观及其影响探论［J］. 湖南社会科学，
2009（4）：1-8.

［10-17］ 文小勇，石颖. 技术与道德之间：文化祛魅的困境反思与突围［J］. 电子科技大学学报
（社科版），2005（1）：37-41.

［10-18］ Pinkus R L，Shuman L J，Hummon N P，et al. Engineering Ethics：Balancing Cost，
Schedule，and Risk［M］. Cambridge：Cambridge University Press，1997：20.

［10-19］ 李伯聪. 绝对命令伦理学和协调伦理学［J］. 伦理学研究，2008（5）：42-48.

［10-20］（美）德尼·古莱. 发展伦理学［M］. 高铦等译. 北京：社会科学文献出版社，2003：
29.

［10-21］ 宁先圣. 工程技术人才观探析［D］. 沈阳：东北大学，2006：42.

［10-22］ 张恒力，胡新和. 福祉与责任——美国工程伦理学述评［J］. 哲学动态，2007（8）：
58-62.

［10-23］ 齐艳霞. 工程决策的伦理规约研究［D］. 大连：大连理工大学，2010.

［10-24］ Harris C E，Pritchard M S，Rabins M J. Engineering Ethics：Concepts and Cases［M］.
Belmont：Wadsworth，2000：17-18.

［10-25］ 唐丽，田鹏. 日本工程伦理思想探略［J］. 辽东学院学报，2007，9（1）：29-32.

［10-26］ Herkert J. Future Directions in Engineering Ethics Research：Micro Ethics，Macro Ethics and
the Role of Professional Societies［J］. Science and Engineering Ethics，2001，7（3）：403-
414.

［10-27］ 郭飞，王续刚. 中国的工程伦理建设：背景、目标和对策［J］. 华中科技大学学报（社
会科学版），2009，23（4）：116-121.

［10-28］ Ladd J. The Quest for a Code of Professional Ethics：An Intellectual and Moral Confusion［C］
//Chalk R，Frankel M S，Chafer S B，et al. AAAS Professional Ethics Project：Professional
Ethics. Washington，DC：AAAS，1980：154-159.

［10-29］ 张恒力，钱伟量. 美国工程伦理教育的焦点问题与当代转向［J］. 高等工程教育研究，
2010（2）：31-34，46.

［10-30］ 姜华. 工程使用中的伦理问题研究［D］. 大连：大连理工大学，2009.

［10-31］（德）马克斯·韦伯. 学术与政治［M］. 冯克利译. 北京：生活·读书·新知三联书店，1998：107.

［10-32］Jonas H. The Imperative of Responsibility：in Search of an Ethics for the Technological Age［M］. Chicago：The University of Chicago Press，1984.

［10-33］王国豫. 德国技术哲学的伦理转向［J］. 哲学研究，2005（5）：97-98.

［10-34］朱葆伟. 工程活动的伦理责任［J］. 伦理学研究，2006（6）：36-41.

［10-35］（德）尤尔根·哈贝马斯. 对话伦理学与真理的问题［M］. 北京：中国人民大学出版社，2005：2-3.

［10-36］德国工程师协会. 工程伦理的基本原则［A］. 工程·技术·哲学［C］. 大连：大连理工大学出版社，2002.

［10-37］Luegenbiehl H C. Ethical Autonomy and Engineering in a Cross-Cultural Context［J］. Techné：Research in Philosophy and Technology，2004，8（1）.

［10-38］（苏）阿尔汉格尔斯基. 职业伦理学和其他专门形式的伦理学［M］. 哲学译丛，1987（4）：27-34.

［10-39］万长松. 苏俄工程伦理学研究述评［J］. 燕山大学学报（哲学社会科学版），2007，8（1）：133-139.

［10-40］万长松. 俄罗斯技术哲学研究［M］. 沈阳：东北大学出版社，2004：171-175.

［10-41］陈万求，邹志勇. 中国传统科技伦理产生发展的规律性［J］. 伦理学研究，2008（2）：89-94.

［10-42］许晶. 从中西方科技伦理思想的演变探讨科学技术的价值向度［D］. 武汉：武汉理工大学，2003.

［10-43］陈万球. 中国传统科技伦理思想研究［D］. 长沙：湖南师范大学，2008.

［10-44］黄珂峰，陈纲伦. 中国传统建筑的伦理功能［J］. 建筑，2004，22（4）：3-7.

［10-45］佚名. 黄帝宅经［M］. 沈阳：辽宁教育出版社，1991.

［10-46］陈万求，柳李仙. 中国传统科技伦理的价值审视［J］. 伦理学研究，2011（1）：63-66.

［10-47］徐少锦. 我国科技伦理学研究的回顾与展望［J］. 武汉科技大学学报（社会科学版），2001，3（4）：1-3.

［10-48］饶忻. 工程伦理教学探讨［J］. 通识教育季刊，1999，6（3）：62.

［10-49］李霞. 安全文化视角下的工程伦理研究［D］. 山西：山西财经大学，2011：9-11.

［10-50］黄麟雏，陈爱娟. 技术伦理学——理论与实践［M］. 西安：西安交通大学出版社，1989.

［10-51］曹南燕. 技术终将失控？——"深蓝"获胜引起的思考［J］. 哲学研究，1998（2）：
　　　　11-16.

［10-52］（美）查尔斯·E·哈里斯，迈克尔·S·普理查德，迈克尔·J·雷宾斯. 工程伦理：概念和
　　　　案例［M］. 丛杭青等译. 北京：北京理工大学出版社，2006：13-14.

［10-53］丛杭青. 工程伦理学的现状和展望［J］. 华中科技大学学报（社会科学版），2006（4）：
　　　　76-81.

［10-54］王进. 伦理思维视阈下现代工程的"真""善""美"解读［J］. 道德与文明，2010（2）：
　　　　101-105.

［10-55］李伯聪. 关于工程伦理学的对象和范围的几个问题——三谈关于工程伦理学的若干问题
　　　　［J］. 伦理学研究，2006（6）：24-30.

［10-56］唐丽. 美国工程伦理研究［M］. 沈阳：东北大学出版社，2007：1.

［10-57］Beder S. The New Engineer［M］. South Yarra：Macmillan Education Australia PTY Ltd，
　　　　1998：41.

［10-58］甘绍平. 科技伦理：一个有争议的课题［J］. 哲学动态，2000（10）：5-8.

［10-59］Durbin T P. Critical Perspectives on Nonacademic Science and Engineering［M］. Bethlehem：
　　　　Lehigh University Press，1991：61.

［10-60］邹珊刚. 技术与技术哲学［M］. 北京：知识出版社，1987：355.

［10-61］Mitcham C. Ethics and Technology，Research in Philosophy & Technology［J］. Greenwich：
　　　　JAI press Inc，1989（9）：25.

［10-62］（美）诺曼·列维特. 被困的普罗米修斯［M］. 戴建平译. 南京：南京大学出版社，
　　　　2003：160.

［10-63］（荷兰）E·舒尔曼. 科技文明与人类未来［M］. 李小兵等译. 北京：东方出版社，1995：
　　　　370.

［10-64］Jaspers K. Origin and Goal of History［M］. New Haven：Yale University Press，1953：115.

［10-65］李伯聪. 工程哲学引论［M］. 大象出版社，2002：402.

［10-66］（法）爱弥尔·涂尔干. 职业伦理与公民道德［M］. 渠东译. 上海：上海人民出版社，
　　　　2001：17.

［10-67］Martin M W，Schinzinger R. Ethics in Engineering：Third Edition［M］. New York：The
　　　　McGraw-Hill Companies，1996：14.

［10-68］（德）乌尔里希·贝克. 风险社会［M］. 何博闻译. 南京：译林出版社，2004：60.

［10-69］江政宪. 营建工程伦理与职业道德研究［D］. 台北：朝阳科技大学，2001.

［10-70］王晃三. 溶入各工程专业课程的伦理教学设计［J］. 国科会研究计划报告，1994.

［10-71］林铁雄. 建构台湾之工程伦理环境——九二一集集大地震建筑物震害之省思［R］. 义守大学土木系技术报告ST903，20011001.

［10-72］李世新. 工程伦理意识淡漠的原因分析［J］. 北京理工大学学报，2006（6）：93-97.

［10-73］Beder S. The New Engineer：Management and Professional Responsibility in a Changing World［J］. South Yarra：Macmillan Education Australia，1998：229-332.

［10-74］李伯聪. 微观、中观和宏观工程伦理问题——五谈工程伦理学［J］. 伦理学研究，2010（4）：25-30.

［10-75］（美）邦格. 科学技术的价值判断与道德判断［J］. 哲学译丛，1993（3）：5-10.

［10-76］王昕红. 专业主义视野下的美国工程教育认证研究［D］. 武汉：华中科技大学，2008：66.

［10-77］Winner L. Engineering Ethics and Political Imagination［M］//PT Durbin. Broad and Narrow Interpretation of Philosophy of Technology. Dordrecht K：Lower Academic Publishers，1990：53-64.

［10-78］Michael Davis. Thinking Like an Engineer——Studies in the Ethics of a Profession［M］. New York：Oxford University Press，1998：83.

［10-79］（英）亨利·西季威克. 伦理学方法［M］. 廖申白译. 北京：中国社会科学出版社，1997：28.

［10-80］（美）O. C. 费雷尔. 约翰·弗雷德里克. 琳达·费雷尔. 商业伦理［M］. 陈阳群译. 北京：清华大学出版社，2005.

［10-81］（美）雅克·蒂洛，基思·克拉斯曼. 伦理学与生活［M］. 程立显，刘建等译. 北京：世界图书出版公司，2008.

［10-82］Rachels J. The Elements of Moral Philosophy（fourth edition）［M］. New York：The McGraw-Hill Companies，2003：102.

［10-83］李瑞全. 儒家生命伦理学［M］. 台北：鹅湖杂志社，1999：12.

［10-84］（美）迈克尔·桑德尔. 公正［M］. 朱慧玲译. 北京：中信出版社，2012.

［10-85］亚里士多德. 尼各马可伦理学［M］. 邓安庆译. 北京：人民出版社，2010.

［10-86］（德）威廉·夏伊勒. 第三帝国的兴亡（上下册）［M］. 董乐山译. 北京：世界知识出版社，2012.

［10-87］胡军良. 道德的"性别"之思——基于女性主义关怀伦理的视角［J］. 云南社会科学，2011（6）：20-25.

［10-88］李佳蓉. 伦理美学品格教育的力量：以Nel Noddings思想初探［J］. 美育双月刊，2010

（177）：66–75.

［10–89］ 史少晨. 我们现在很多对阿斯旺大坝的宣传带有误导性［EB/OL］. http://it. sohu. com/20070321/n248858664. shtml. 2007–03–21/2014–05–11.

［10–90］ Wolf J C，Jonas H. Eine naturphilosophische Begründung der Ethik［A］. Hügli A，Lübcke P. Philosophie im 20. Jahrhundert［M］. Reinbek Verlag，1996.

［10–91］ 毛羽. 凸显"责任"的西方应用伦理学——西方责任伦理述评［J］. 哲学动态，2003（9）：20–24，42.

［10–92］ 何健安. 韩国三丰百货大楼坍塌后的深思［J］. 施工技术，1995，（3）：38–40.

［10–93］（美）约瑟夫·弗莱彻. 境遇伦理学——新道德论［M］. 程立显译. 北京：中国社会科学出版社，1989：19.

［10–94］ Joseph F. Situation Ethics［M］. Philadelphia：The Westminster Press，1966：28.

［10–95］ 徐恩芹，张景生，李娟，等. 信息技术价值观与网络道德养成的相关性研究［J］. 电化教育研究，2012（12）：34–40.

［10–96］ 王健. 工程活动中的伦理责任及其实现机制［J］. 道德与文明，2011（2）：101–105.

［10–97］ Gortner H F. Ethics for Public Managers［M］. New York：Greenwood Press，1991.

［10–98］ Patterson P，Wilkins L. Media Ethics：Issues & Cases［M］. Boston：McGraw Hill，2002：83.

［10–99］ 詹德隆. 伦理决定、情绪影响及德行培育的互动关系［M］//辅仁大学. 专业伦理与教学论文集（二）. 台北：辅仁大学出版社，1997.

［10–100］ Hill M，Glaser K，Harden J. A Feminist Model for Ethical Decision Making［M］// Rave E J，Larsen C C. Ethical Decision Making in Therapy：Feminist Perspectives. New York：Guilford Press，1995：19–37.

［10–101］ Cooper T L. The Responsible Administrator：An Approach to Ethics for the Administrative Role（4th edition）［M］. San Francisco：Jossey–Bass，1998.

［10–102］ Resnik D B. The Ethics of Science［M］. London：Routledge，1998.

［10–103］ Davis M. Professional Responsibility as Just Follow the Rules［M］// Davis M. Profession，Code，and Ethics. Burlingto：Ashgate Publishing Company，2002：83–98.

［10–104］ 王进. 境域关注下工程师伦理责任归咎限度分析［J］. 自然辩证法研究，2013，29（10）：38–43.

［10–105］ 王进. 融渗式工程伦理教学中"知情意行"的统一［J］. 现代大学教育，2011（4）：100–105.

［10-106］ Seebauer E G，Barry R. Fundamentals of Ethics for Scientists and Engineers［M］. New York：Oxford University Press，2001.

［10-107］ Paul T D. Critical Perspectives on Nonacademic Science and Engineering［M］. Bethlehem：Lehigh University Press，1991：69-72.

［10-108］ 李伯聪. 工程共同体研究和工程社会学的开拓——"工程共同体"研究之三［J］. 自然辩证法通讯，2008，30（1）：63.

［10-109］ 张秀华. 工程共同体的本性［J］. 自然辩证法通讯，2008（12）：43-47.

［10-110］ 胡敏中. 论价值共识［J］. 哲学研究，2008（7）：96-102.

［10-111］ 费孝通. 乡土中国［M］. 北京：生活·读书·新知三联书店，1985.

［10-112］ Wong Y H，Chan R Y. Relationship Marketing in China：Guanxi，Favoritism and Adaptation［J］. Journal of Business Ethics，1999，22（2）：107-118.

［10-113］ 翟学伟. 人情、面子与权力的再生产——情理社会中的社会交换方式［J］. 社会学研究，2004（5）：48-57.

［10-114］ 周家洪. 论传统文化对科学技术的负面影响［J］. 武汉科技大学学报（社会科学版），2005，7（1）：81-84.

［10-115］ 马克斯·韦伯. 新教伦理与资本主义精神［M］. 于晓，陈维纲，译. 北京：生活·读书·新知三联出版社，1992.

［10-116］ 童中贤. 城市建设中的征地拆迁与权益保障［J］. 武汉市经济管理干部学院学报，2004，18（3）：17-21.

［10-117］ 刘传江，程建林. 第二代农民工市民化：现状分析与进程测度［J］. 人口研究，2008，32（5）：48-57.

［10-118］ 孔润年. 中国特色社会主义伦理文化建设构想［C］//陕西省社会科学界联合会. 陕西社会科学界第3届学术年会辉煌60年中国特色社会主义理论与道路专题论坛文集. 中国陕西西安：陕西省社会科学界联合会，2009：240-243.

［10-119］ 何继善. 论工程管理理论核心［J］. 中国工程科学，2013（11）：4-11.

［10-120］ 刘东超. 当代中国文化变迁和社会心态演变［J］. 学术探索，2004（3）：102-105.

［10-121］ Wulf W A. Engineering Ethics and Society［J］. Technology in Society，2004，26（2-3）：385-390.

［10-122］ （美）卡尔·米切姆. 技术哲学概论［M］. 殷登祥，等译. 天津：天津科学技术出版社，1999：60.

［10-123］ 陈新夏. 可持续发展与人的发展［M］. 北京：人民出版社，2009：226.

［10-124］廖小平. 论代际公平［J］. 伦理学研究，2004（4）：25-31.

［10-125］李世新. 工程伦理学研究的范式分析［J］. 北京理工大学学报（社会科学版），2010，12（3）：101-104.

［10-126］Mitcham C，Duval R S. Engineering Ethics［M］. New Jersey：Prentice Hall，2000：96.

［10-127］（德）伽达默尔. 科学时代的理性［M］. 薛华，等译. 北京：国际文化出版公司，1988：63.

［10-128］朱勤. 实践有效性视角下的工程伦理学探析［D］. 大连：大连理工大学，2011：12.

［10-129］徐海波，程新宇. 论工程师的伦理困境及其选择［J］. 自然辩证法研究，2008，24（8）：52-56.

索 引

• • •